PETER BADGE · SANDRA ZARRINBAL

GENIALE BEGEGNUNGEN

WELTREISE ZU NOBELPREISTRÄGERN

INHALT

EINLEITUNG

Vorwort – Peter Badge   9
Geleitwort – Gunnar Stålsett   25
Geleitwort – Aaron Ciechanover   27

REISE IN DIE VERGANGENHEIT

Prolog 32
› **Grass'** Schatten   36
› **Ciechanovers** Lichtgestalten   48
› **Rotblats** Paradies   82
› **Bethes** lila Wolken   89
› **Hoffmanns** Poesie   98
› **Ôes** Licht   107

URLAUBSREISEN

Prolog 114
› **Dehmelt** „mit der Sonne bekleidet"   117
› **Eddy Fischer** im Washington-T-Shirt   124
› **Ed Krebs** mit Schlips und Pyjama   132
› **Buck** im Irrtum   137
› **Don Thomas** im Fred Hutch   142
› **Kydland** in voller Montur, **Linda** ganz in Weiß   145

DIE ELVIS-NOBEL-ROUTE

Prolog 154
- **Dr. NO** – I Got a Woman 157
- **Cohen** – My Desert Serenade 164
- **Heeger** – Almost 170
- **Guillemin** – Jailhouse Rock 173
- **Markowitz** – King of the Whole Wide World 177
- **Edelman** – Suspicious Minds 179
- **Soyinka** – Viva Las Vegas 185
- **Doherty** – Heartbreak Hotel 194

LANGE WEGE

Prolog 208
- **Mandelas** langer Weg in den Ruhestand 210, 217
- **De Klerks** „Presidential Blend" 214
- Mit **Arch** in der Bierhölle 223
- **Marshall** und **Warren** grüßen Monty Python 227
- **Dohertys** Einmaleins für Nachwuchs-Laureaten 238
- Zwei Nancys und ein **Jimmy Carter** 242
- **Tutus** sündiger Segen 252
- **Gordimers** Schloss ohne Märchen 257

VON DILI ÜBER HAVANNA INS WEISSE HAUS

Prolog 266
- **Ramos-Horta**s Insel des schlafenden Krokodils 268
- **García Márquez**' meditierender Papagei 293
- **McFadden** und **Heckman** auf dem grünen Kaiman 306
- ¿**Pérez Esquivel**? ¡Sí, sí! 313
- Fotógrafo Internacionale do Presidente **Ramos-Horta** 317
- Post von **Obama**: Yes, we can do it! 325
- **Ramos-Horta**s Oktoberfest bei Bismarck 338

GRENZÜBERSCHREITUNGEN

Prolog 344
- **Solschenizyns** „Hello" 346
- **Gorbi** und Eyjafjallajökull 364
- **Kim Dae-jungs** Knallfarben 375
- **Aung San Suu Kyi** – Einkehr 384
- **Aung San Suu Kyi** – Wiederkehr 401
- **Doris Lessing** und die Freunde von Ulli 406
- Warten auf **Dario Fo** 412
- **Doris Lessing** und die Freunde von Yum Yum 415

ZIELE

Prolog 420
- Double-Shot für **Sanger** 424
- Die drei von der Doppelhelix – **Watson, Wilkins, Crick** 438
- Die Mannigfaltigkeit des Lebensspiels – **John F. Nash Jr.** 458
- Das Beste zum Schluss – **Rita Levi-Montalcini** 506

SEE YOU! WIR SEHEN UNS!

Prolog 518
- **Higgs** und das gottverdammte Teilchen 521
- **Levitt** und der brennende Mann 542

ANHANG

- Danksagungen 554
- Verzeichnis aller genannten Nobelpreisträger 558
- Namensregister 568
- Auswahlbibliographie 574

Für
Gabriel García Márquez

VORWORT

„Warum wollen Sie eigentlich alte Männer fotografieren?"
Der in Deutschland geborene und in die USA ausgewanderte Physik-Nobelpreisträger Hans Georg Dehmelt, zur Zeit dieser Frage zweiundachtzig Jahre alt und nur mit einer eher knapp geschnittenen Badehose bekleidet, blinzelte aus seinem Liegestuhl zu mir hoch in die Sonne und wartete auf meine Antwort.

Ja, warum wollte ich, selbst Ende zwanzig, alte Männer fotografieren? Der Fotografentraum handelt doch eigentlich von Models und Mädels. Also warum?

Fakt ist: Ich wollte zunächst nicht.

Im Jahr 2000 hatte ich gerade ein Buch über Oskar Sala, den Pionier der elektronischen Musik, gemacht. Sala war fast neunzig Jahre alt, und die Arbeit hatte drei Jahre gedauert. Ich sehnte mich nun nach frischem Wind vor der Linse, ja, durchaus nach Mädchen, Models, Mode. Als mich die Direktoren des Lemelson Center for the Study of Invention and Innovation am National Museum of American History, der National Portrait Gallery des Smithsonian und des Deutschen Museums Bonn fragten, ob ich mir vorstellen könnte, Nobelpreisträger zu fotografieren, war mein erster Gedanke tatsächlich der, den nun Dehmelt formulierte: Alte Männer fotografieren? Nicht schon wieder!

Gesagt habe ich das nicht. Das gehört sich nicht, und mein zweiter Gedanke war auch gleich: Nobelpreisträger als „alte Männer" zu titulieren, das war irgendwie besonders despektierlich. Dehmelt fand das anscheinend nicht. Ich war ihm dankbar. Seine Frage legitimierte meinen seinerzeitigen Gedankengang gewissermaßen.

Ich blieb dem Sonnenanbeter in Badehose die ehrliche Antwort nicht schuldig und verriet ihm, wie es damals weiterging:

Ich sagte zu, mir einige der „alten Männer" anlässlich der Tagung der Nobelpreisträger in Lindau/Bodensee einmal anzusehen. Dieses jährliche Treffen wurde 1950 von zwei Lindauer Ärzten initiiert und ein Jahr später offiziell von Graf Lennart Bernadotte ins Leben gerufen. Der Graf, der mit dem schwedischen Königshaus verwandt war, lebte auf der schönen Insel Mainau im Bodensee. Die heute als „Blumeninsel" bekannte Sehenswürdigkeit hatte er von seinem Vater und dieser sie wiederum von Königin Victoria von Schweden geerbt. Der schwedische Adelige hatte also qua Herkunft gute Verbindungen zur Stockholmer Nobel-Stiftung, und es gelang, eine Tagung mit großer Bedeutung für Nachwuchswissenschaftler zu etablieren, die kurz nach dem Krieg neue Netzwerke für die isolierte deutsche Wissenschaft schuf und sich fortan immer stärker internationalisierte. Dem heute durch Graf Bernadottes Tochter Bettina angeführten Tagungs-Kuratorium steht mittlerweile die „Stiftung Lindauer Nobelpreisträgertagungen" zur Seite. Über 280 Nobelpreisträger unterstützen hier die Arbeit des Stiftungsvorstandes um Wolfgang Schürer. Dem Ehrensenat gehören Persönlichkeiten wie die deutsche Bundeskanzlerin Angela Merkel und der US-amerikanische Tycoon Bill Gates an.

Als ich im Juni 2000 zum ersten Mal nach Lindau kam, ahnte ich, dass ich Einblicke in eine für mich völlig neue Welt gewinnen würde, allerdings nicht, dass diese sich ganz anders als erwartet darstellen würden. Die Spitzen-Wissenschaft und ich – bislang noch keine Liebesbeziehung. Ich bestaunte diesen oder jenen medial gepriesenen „Durchbruch" oder Forscher, redete mir aber erfolgreich ein, mich nicht sonderlich dafür zu interessieren. So musste ich mir nicht eingestehen, dass ich schlicht befürchtete, die nähere Befassung mit der „höheren" Wissenschaft würde mir nur die engen Grenzen meiner eigenen Vorstellungswelt aufzeigen.

Kurz vor Lindau entsann ich mich zudem eines Bauchgefühls, das mich, noch Oberstufenschüler, im Dezember 1991 beschlich, als mein Vater mir beim Frühstück freudestrahlend und mit einem kleinen Anflug von Pathos und Stolz in der Stimme verkündete, Göttingen, unsere Heimatstadt, habe nun wieder zwei Wissenschaftler mehr, die einen Nobelpreis erhalten hätten. Die Professoren Erwin Neher und Bert Sakmann seien soeben mit dem Nobelpreis für Medizin ausgezeichnet worden. Und ich wisse doch sicher aus der Schule, dass Göttingen in der Vergangenheit schon außergewöhnlich viele Nobelpreisträger hervorgebracht habe. Ich hatte allerdings weder von den neuen Laureaten noch vom „Göttinger Nobelpreiswunder" gehört. Natürlich ist es albern, aber in dem Augenblick war es irgendwie ein ungutes Gefühl, den Vater so stolz auf Leistungen zu sehen, mit denen ich als sein Sohn niemals auch nur annähernd würde aufwarten können.

Zwar leide ich wirklich nicht darunter, mich ohne jede Aussicht auf einen Nobelpreis durch mein Leben zu fotografieren, doch um sich jenen damit bedachten Herrschaften als intellektuell einigermaßen durchschnittlich Begabter auszusetzen, muss man schon ein wenig das beschriebene Bauchgefühl überwinden, welches Wilhelm Busch als allzu menschlich erkannte:

Wenn andere klüger sind als wir,
das macht uns selten nur Pläsier,
doch die Gewissheit, dass sie dümmer,
erfreut fast immer.

Wenig Anlass zur Freude also in Lindau für mich. Nun, wie so oft im Leben kam alles ganz anders, und zwar in Gestalt des ersten Nobelpreisträgers, dem ich in Lindau begegnete: Es war Edmond Henri Fischer. 1992 hatte er zusammen mit Edwin G. Krebs den Nobelpreis in der Sparte „Physiologie oder Medizin" erhalten, für ihre Entdeckung der Mechanismen, welche die Stoffwechselvorgänge in Organismen steuern, so vereinfacht die offizielle Vergabebegründung.

Mit dem Biochemiker sollte ich einen ersten Fototermin absolvieren. Fischer stellte schon in den ersten Minuten klar, wer hier der Chef war: ich! Er machte keine Anstalten, mir das Heft aus der Hand zu nehmen, mich mit „guten Ideen" zu bombardieren, den Gelangweilten, Gehetzten oder gnädig Ausharrenden zu geben, der im entscheidenden Augenblick ein Glas frisch gepressten Erdbeersaft ohne merkbare Nüsschen verlangt. Allzu oft hatte ich dergleichen mit prominenten Zeitgenossen erlebt, die dem Irrglauben anhingen, erst Staralüren machten den richtigen Star.

Andersherum:

Sind Nobelpreisträger Stars?

Ist Edmond Fischer ein Star?

Er kommt bei Google auf 6 Millionen Einträge – Lady Gaga auf 530 Millionen. Ab wann darf man frisch gepressten Erdbeersaft ohne spürbare Nüsschen fordern? Sind Google-Einträge überhaupt ein Seismograph für irgendwelche Starqualitäten? Das Gütesiegel „Nobelpreisträger" erklärt am besten der gebürtige Stockholmer Alfred Nobel selbst. Der bestimmte in seinem Testament vom 27. November 1895, dass die Zinsen aus seinem Vermögen jährlich als Preise an diejenigen auszuteilen seien, die „der Menschheit im vergangenen Jahr den größten Nutzen gebracht haben".

In dieser Liga werden keine Wildcards verteilt.

Übrigens liegt in diesen Vergabekriterien der Schlüssel zu den „alten Männern". Eine Leistung offenbart ihren „größten Nutzen für die Menschheit" oftmals erst, wenn sie, wie dann eben auch ihr Schöpfer, ein wenig in die Jahre gekommen ist. Die Vergabekomitees der verschiedenen Fächer wollen sicher sein, dass tatsächlich eine revolutionäre Leistung gelungen ist, und zu dieser Sicherheit finden sie zumeist erst Jahre, wenn nicht gar Jahrzehnte, später. Es gibt aber auch eine Reihe jüngerer Preisträger. Werner Heisenberg etwa (Physik 1932) war zweiunddreißig; Insulin-Entdecker Frederick G. Banting (Medizin 1923) auch; der jüngste Wissenschafts-Laureat, Lawrence Bragg, wurde 1915 mit fünfundzwanzig Jahren Physik-Nobelpreisträger. Die Kategorie Frieden führt seit 2014 die „All-time-Jüngstenliste" mit Malala Yousafzai, einer Siebzehnjährigen, an. Der älteste Preisträger, Leonid Hurwicz, nahm als Neunzigjähriger 2007 den Preis im Bereich Wirtschaftswissenschaften entgegen. Der Preis für „Ökonomische Wissenschaften in Erinnerung an Alfred Nobel" ist kein klassischer Nobelpreis, sondern eine Ehrung, die 1969 von der Schwedischen Reichsbank gestiftet und erstmals vergeben wurde. Alfred Nobel hat nie eine Wirtschaftsausbildung genossen, war aber einer der erfolgreichsten Industriellen seiner Zeit; 1896 hinterließ er 90 Fabriken in 20 Ländern, 355 Patente und ein Vermögen von 33 Millionen schwedische Kronen (damals ca. 140, heute ca. 690 Millionen Euro).

Was natürlich längst erwähnt gehört, ist, dass Nobelpreisträger schon deshalb nicht alle alte Männer sind, weil sich auch Frauen unter den Geehrten befinden. Ausgerechnet im gerade erwähnten Fach Wirtschaftswissenschaften finden wir allerdings nur eine Einzige, und insgesamt sind sehr knappe 6 Prozent aller Nobelpreisträger weiblich, und das liegt daran, dass Frauen im zwanzigsten Jahrhundert in der Wissenschaft und Forschung der hier führenden Staaten unterrepräsentiert waren. Eine dieser – auch deshalb – ganz besonderen Wissenschaftlerinnen durfte ich noch kennenlernen: Die italienische Medizin-Nobelpreisträgerin Rita Levi-Montalcini war viele Jahre die älteste aller lebenden Laureaten, sie wurde einhundertdrei Jahre alt.

Professor Edmond Fischer zählte „erst" runde achtzig, als er, vor der Linse auf meine Anweisungen wartend, darauf bestand, dass ich mir endlich das umständliche „Herr Professor – würden Sie vielleicht" abgewöhnte, um ihn schlicht „Eddy" zu rufen. Als Eddy dann am Abend mit seinem Freund, dem Chemie-Nobelpreisträger Michael Smith, an der Hotelbar saß und mich dazubat, da ahnte er wohl nicht, dass er mich nicht nur mit dem unkompliziertesten Fototermin meines bisherigen Fotografenlebens beschenkt hatte, sondern auch der Grund dafür war, dass ich nunmehr unbedingt „alte Männer" fotografieren wollte.

Ich hatte Feuer gefangen! So ist das, wenn man Erwartungen, Vorurteile, Meinungen hat und merkt, dass man völlig falschliegt. Man wird neugierig. Es ging nicht mehr darum, „alte Männer" zu fotografieren, es ging nun darum, etwas zu erfahren über diese Menschen, denen bescheinigt ist, dass sie ihrer Spezies den größten Nutzen gebracht haben. Ich wollte versuchen, durch meine Fotos ein wenig von ihrer Persönlichkeit zu vermitteln, die trotz der ausdrücklichen Auszeichnung der Person ja doch hinter der Leistung verschwindet. Die Leistung ist der Star. Das galt früher noch mehr als heute; die Entdeckung des ersten Physik-Nobelpreisträgers Wilhelm Conrad Röntgen etwa ging Ende des vorvergangenen Jahrhunderts zunächst ganz ohne seinen Namen durch die zeitgenössische Presse. Heute ist sein Name Verb. Googelt man gezielt die Leistung, dann passt er wieder, der Google-Seismograph – Laser, Radar und DNA schaffen locker „Lady-Gaga-Werte".

Ich war nun neugierig auf „den Nobelpreisträger, das unbekannte Wesen". Wie viele Eddys würde ich treffen unter jenen, die es sich zum Lebensinhalt machen, zu entdecken, zu verstehen, zu erklären und zu benennen, was bisher unentdeckt, unverstanden, unerklärlich und unbenannt ist? Und unter jenen, die nichts mehr und nichts weniger getan haben, als aus dieser Welt eine friedlichere zu machen? Oder jenen, die uns in Vorstellungswelten entführen, in denen Kinder nicht mehr wachsen wollen, keine Zeit wie diese ist, goldene Notizbücher geführt werden oder hundert Jahre Einsamkeit herrscht?

„Wissenschaft ist wie ein Krimi. Man weiß, wo man beginnt, aber man weiß nie, wo man ankommt."

Das habe ich oft gehört. Mit meinem Nobelpreisträger-Projekt war es ähnlich: Als ich es im Sommer 2000 startete, da wusste ich, dass ich rund um den Globus Nobelpreisträger fotografieren würde, wo ich nach über 400 Begegnungen und 15 Jahren des Reisens ankommen würde, das wusste ich nicht.

Dass ich einmal mit Eddy Fischer zusammen Lammbraten zubereite, mir John F. Nash Jr. per E-Mail die Wahrscheinlichkeit vorrechnet, dass wir im Zug zum Treffpunkt ohne Absprache einander gegenübersitzen, dass ich ohne Termin und gültiges Visum in Moskau auf einen Fotoshoot mit Alexander Solschenizyn hoffe, dass ich die Neurophysiologin Linda Buck beim Brautkleidkauf berate, Timor-Lestes Präsident José Ramos-Horta auf Staatsbesuch nach Kuba begleite und mit dem Biochemiker Aaron Ciechanover die heiligen Orte Israels besuche – das hätte ich mir nie vorstellen können, und manchmal wundere ich mich noch heute darüber, dass dieser Erfahrungsschatz mir gehört.

Doch all diese unvergesslichen Momente und Erlebnisse sind noch nicht das, was ich mit „ankommen" meine. Das Nobelpreisträger-Projekt führte mich in etwa 160 Städte in über 40 Ländern auf 6 Kontinenten; ich habe x-mal die Welt umflogen und Menschen besucht, die diese Welt „bewegt" haben. Ich durfte so viele Eindrücke sammeln, wie ich es mir für mein ganzes Leben nicht vorgestellt habe. Eindrücke, die mir wertvolle Einsichten und Erkenntnisse verschafft haben. Ich startete als ungestümer, junger, deutscher Fotograf und ging auf große Entdeckungsreise, wie „meine"

Nobelpreisträger. Heute, gereift und reich an Erfahrungen, fühle ich mich als Weltbürger. Als ziemlich verwöhnter Weltbürger. Mit einer ordentlichen Portion Demut habe ich erkannt, wovon ich ein winziger Teil bin, welch kleinen Ausschnitt der Welt ich bislang als „meine" sah, wie privilegiert mein Platz ist, wie eng meine Sicht, wie vermessen und ichbezogen meine Wünsche und Hoffnungen sind. Die Einsicht in die eigene Bedeutungslosigkeit angesichts der Ausmaße des großen Ganzen? Nein – darum geht es mir gerade nicht. Was mich bewegt, von meinen Begegnungen zu erzählen, von ihren einzigartigen, berührenden, skurrilen, überraschenden, auch banalen und beängstigenden Momenten, das ist die eindringliche Botschaft, dass es sich jederzeit lohnt, dieser Welt ihre Geheimnisse zu entlocken.

Die Nobelpreisträger zeichnet aus, dass sie genau das wollen. Sie resignieren nicht angesichts der Größe einer Aufgabe, der scheinbaren Unlösbarkeit eines Problems, der Undurchdringlichkeit einer Materie. Wissenschaft ist Suche, Irrtum, Versuch, Zufall, Geduld, Glück. Der Nobelpreis belohnt einen Erfolg, doch diesen ermöglicht nicht selten eine Chronologie des Scheiterns. Und das Bahnbrechende kommt oftmals nicht jubelnd und siegessicher, sondern leise, unerkannt oder unterschätzt, manchmal gar als „Akt der Verzweiflung".

Der Preis in einer Wissenschaftskategorie soll für die „bedeutendste" Leistung vergeben werden, der Preis in der Kategorie Frieden für den hier „besten" Beitrag, und den Nobelpreis für Literatur bekommt, wer das „herausragendste Werk in idealer Richtung" schuf. Alfred Nobel bestimmte einst die fünf Gebiete Chemie, Physik, „Physiologie oder Medizin", Literatur und Frieden als jene Disziplinen mit dem Potential zum größtmöglichen Nutzen für die Menschheit. Vielleicht nähme er heute beispielsweise die Nanotechnologie, Informatik oder Ozeanografie hinzu. Dass auch dort einmal wesentliche Neuerungen mit „Menschheitsbedeutung" zu finden sein würden – für Nobel 1895 noch nicht sichtbar.

Die „Bedeutung" einer Leistung für die Menschheit, den „besten" Beitrag für den Frieden oder die „ideale Richtung" eines literarischen Werks kann man nicht zählen, wiegen oder messen. Die Preiswürdigkeit einer Leistung ergibt sich nicht zwingend, manchmal nicht einmal die Zuschreibung an den oder die Ausgewählten.

Dass es um Herausragendes geht, steht außer Zweifel. Oft kann ich eine Entdeckung oder Erfindung mit Dingen meines Alltags in Verbindung bringen und dann selbst die Dimension der dahinterstehenden Leistung ermessen, aber nicht immer erschließt sich dem Laien die Genialität dieser oder jener Arbeit. Dazu sind die Gefilde, in denen sich Wissenschaft hier abspielt, einfach zu hoch. Es kommt auch vor, dass Preisentscheidungen als „verfehlt" kommentiert werden, andere Leistungen oder Personen als „übergangen" gelten. Vergabeentscheidungen sind nicht unantastbar. In diesem Buch aber kann es um solche Diskussionen nicht gehen. Dies schon deshalb nicht, weil ich nicht einmal ansatzweise über ausreichende Beurteilungskriterien verfüge, zuallererst aber, weil meine Arbeit nicht die Leistung, sondern den Nobelpreisträger in den Mittelpunkt stellt. Mein Fokus liegt auf dem Menschen, seiner Persönlichkeit außerhalb der Attribute, die die Laureaten selbstverständlich auszeichnen: Begabung, Intelligenz, Genialität. Nobelpreisträger auf Super-Brains zu „reduzieren", würde sie zu eindimensionalen Superlativen machen. Das würde ihnen nicht gerecht. Es gibt ihn nämlich gar nicht: *den* Wissenschaftler. Das Bild des verwirrten Professors, des im Elfenbeinturm langsam wunderlich werdenden Exzentrikers, der die Menschheit um den Preis seiner eigenen Weltvergessenheit weiterbringt, ist völlig schief. Ich schämte mich schon an jenem ersten Abend in Lindau für diese klischeehafte Sichtweise. Keiner der Tagungsteilnehmer machte den Eindruck, als sei er gefangen in einem engen Wahrnehmungsausschnitt. Im Gegenteil. Nach den vielen Begegnungen mit den Laureaten bin ich sicher:

Herausragende Leistungen auf einem bestimmten Gebiet erzielen gerade nicht die „Fachidioten"!

Den Aphorismus des Göttinger Professors und Multitalents Georg Christoph Lichtenberg „Wer nichts als Chemie versteht, versteht auch die nicht recht" habe ich irgendwann vollends erfasst. Spitzenleistungen erfordern den multipel Begabten, den vielseitig interessierten, jederzeit unersättlichen, sich im Austausch mit anderen bewegenden Geist. Alle Wissenschaftler kennen ein Leben neben der Wissenschaft, und damit meine ich nicht die Banalität, dass auch diese Menschen einen Alltag haben. Es hat mich durchaus verwundert, dass ich fast ausnahmslos auf Preisträger traf, die sich intensiv und voller Leidenschaft auch mit ganz anderem als „ihrer" Wissenschaft beschäftigten. Sehr viele, die meisten, haben regelrechte Zweitbegabungen. Eddy Fischer entschied sich erst nach der Aufnahme am Genfer Musikkonservatorium für die Wissenschaft und begleitet auch schon mal eine wunderbar singende Christiane Nüsslein-Volhard am Flügel; auch Manfred Eigen ist ein brillanter Pianist mit eigener CD, Walter Gilbert bildender Künstler und Fotograf, Douglas Osheroff und Martin Karplus sind ebenfalls Fotokünstler, Roger Guillemin entlockt dem Computer Digitalkunst, Roald Hoffmann erklärt die Chemie lyrisch und schreibt Theaterstücke. Das ließe sich seitenlang fortsetzen.

Die Welt dieser Wissenschaftler, die „eigene Welt" der Wissenschaft, existiert, aber nicht im Sinne einer isolierten Dynamik. Sie findet mitten unter uns statt, ist Teil unserer Gesellschaft und agiert mindestens so globalisiert wie etwa die Wirtschaftswelt. Wissenschaftlicher Austausch funktioniert über Landesgrenzen, politische Systeme und unterschiedliche Weltanschauungen hinweg. Doppel-Nobelpreisträger Frederick Sanger war überzeugt: „Wir sind alle Studierende der Natur, und ich glaube, dass das gemeinsame Interesse aller Wissenschaftler und Studierenden der Welt viel dazu beiträgt und viel dazu beitragen wird, die heute so dringliche Freundschaft zwischen den verschiedenen Nationen zu festigen." Amerikaner, Russen und Chinesen forschen an einem Problem, und falls sie es gemeinsam lösen, teilen sie sich den Nobelpreis. Nobel hat ausdrücklich betont, dass die Nationalität bei der Preisvergabe keine Rolle spielen darf.

Wir können dankbar sein, dass die Nobelpreisträger sich und ihre Fähigkeiten in den Dienst der Menschheit gestellt haben, aber wir dürfen uns selbst aus der Verantwortung nicht deshalb entlassen, weil es uns an ihrer Genialität fehlt. Es ist eine Binsenweisheit, dass Erfindungen, Entdeckungen, Fertigkeiten und Fähigkeiten zum Guten oder zum Schlechten genutzt werden können. Dass Alfred Nobel die Kategorie „Frieden" wegen der Zwiespältigkeit seiner Dynamit-Erfindung schuf, vermutete nicht nur Albert Einstein. Der „größtmögliche Nutzen" – letztlich liegt er (auch) in unseren Händen, nicht (allein) in denen der Schöpfer und Entdecker. Diese Verantwortung tragen wir alle gemeinsam, und sie lässt sich nicht auf jene abwälzen, die uns mit dem Dilemma der Machbarkeit belasten. Meine Weltsicht hat enorm bereichert, dass ich Menschen getroffen habe – Wissenschaftler und Staatsoberhäupter –, die ganz unmittelbar mit folgenschweren Entscheidungen und Problemen konfrontiert waren, von denen wir oft leichtfertig behaupten, sie am Stammtisch treffen oder lösen zu können.

Sind wir denn wirklich schon fein raus, wenn wir den Anspruch, die Welt voranzubringen, allein mit dem Hinweis auf die eigene Unzulänglichkeit parieren?

Manchmal komme ich von den Reisen zurück, voller Eindrücke zwar, aber eben doch nur mit einer Handvoll Filmrollen. „Die Welt" verändern kann ich damit sicher nicht. Aber ein Stückchen Welt verändern kann ich. So, wie das jeder in seinem Umfeld und seinem Einflussbereich kann. Ich freue mich, wenn junge Leute in meine Ausstellungen kommen, dieses oder jenes Portrait länger betrachten und sich plötzlich interessieren: Was genau hat dieser Herr, jene Dame denn erforscht? Wenn meine Portraits Neugier auf die Laureaten und ihre Wissenschaft auslösen, dann habe ich etwas bewirkt.

„Die Welt verändern" – das darf und soll man für sich herunterbrechen auf den Beitrag, den man persönlich leisten kann. Er muss nicht bewertet und eingeordnet werden. Sogar jene mit den ganz großen Beiträgen mögen das nicht. Für die meisten ist es irritierend, dass sie, kaum Nobelpreisträger, nun plötzlich als Experte für alle Lebenslagen und -fragen gehandelt und durchaus unfreiwillig auf das „Podest der Allwissenheit" gehoben werden. Dass wir das tun, ist wohl allzu menschlich, suchen wir doch ständig nach Vorbildern und Experten.

Wer als ausgewiesen „wissend" dasteht, ist begehrt,

und obschon die unterstellte Allwissenheit auch Nobelpreisträgern nicht beschieden ist, führt dieser Irrtum dennoch zu fruchtvollen Ergebnissen. Die Nobelpreisträger selbst sehen sich nicht als Weltenretter, sondern auch „nur" als „Beitragende". Sie freuen sich über die Anerkennung ihrer oft lebenslangen Arbeit und wundern sich über die explosiv-weltweite Aufmerksamkeit. Wenn man bedenkt, wie übervoll superlativ heute alles ist, wie Prominente gehypt und Sensationen im Minutentakt gefeiert werden, dann sind die wahren Helden vergleichsweise mediale Randnotiz. Die meisten sind erleichtert, wenn das Blitzlichtgewitter vorüber ist. Sie bleiben auch nach dem Nobelpreis das, was ich einst im Archäologiestudium als griechische Figuren kennzeichnend lernte, aber erst jetzt mit Bedeutung füllen kann: „stille Größen". Einige aber nutzen – dankenswerterweise – ihre Chance, neben Fachlichem auch ihren Ideen und Visionen Gehör zu verschaffen. Den jungen Wissenschaftlern in Lindau rief der britische Chemie-Laureat

Harold Kroto 2011 den Appell des Friedensnobelpreisträgers Joseph Rotblat zu: „Besinnt euch auf euer Mensch-Sein und vergesst den Rest."
Natürlich ist es uns „Normalos" unmöglich, den Leistungen von Nobelpreisträgern in vergleichbarem Sinne nachzueifern, aber in dem einen oder anderen „ausgezeichneten" Menschen etwas zu erkennen, was wir im eigenen Leben nutzen können, was uns motivieren kann – das finde ich spannend, und das ist mein Hauptgrund, davon zu erzählen.
Es war mein aufrichtiges Bemühen, für die Fotos herauszufinden, was den Portraitierten in ihrem Leben wichtig ist, was ihre Persönlichkeit ausmacht, wie sie sich selbst sehen oder gesehen werden wollen. Ich habe die Laureaten in völlig unterschiedlichen Kontexten getroffen: zumeist in privater Umgebung, oft an ihrer Forschungs- und Wirkungsstätte, auch an ihrem Urlaubsort, auf der Lindauer Tagung oder in Stockholm während der „Nobel-Woche". Für ein Portrait hatte ich manchmal nur Minuten, manchmal Stunden, manchmal mehrere Tage Zeit. War es eine kurze Begegnung, musste ich sehr rasch herausfinden, wo sich Ansätze fanden, die mir etwas mitteilten über den „Menschen hinter dem Nobelpreisträger". Was konnte ich abbilden und transportieren?
Gewissermaßen nebenbei habe ich durch die Reisen zu den Laureaten viel von dieser „Menschheit" kennengelernt, der die Nobelpreisträger den größtmöglichen Nutzen gebracht haben. Die „genialen Begegnungen" meinen daher auch meine Reiseerlebnisse, meine Erfahrungen in nahezu allen Regionen der Welt mit so vielen unterschiedlichen Menschen und Kulturen. Mit manch einem, der meinen Weg kreuzte, stehe ich heute in freundschaftlicher Verbindung; wir besuchen einander, tauschen uns aus, vermitteln Kontakte. Es sind wertvolle Beziehungen und Freundschaften entstanden, zu Laureaten, zu Politikern und Staatsoberhäuptern, zu Prominenten und zu Menschen „wie du

und ich" rund um den Erdball. Ich scheue mich nicht, diese Netzwerke gelegentlich zu nutzen für „meinen Beitrag". Wenn ich irgendwo durch meine „Drähte" helfen, etwas bewegen oder positiv verändern kann, dann versuche ich das. Als mich 2011 der Friedensnobelpreisträger und damalige Präsident von Timor-Leste, José Ramos-Horta, fragte, ob ich in Deutschland Honorarkonsul für sein Land werden will, fühlte ich mich hoch geehrt. Gerne setze ich mich für diesen mutigen Mann und seine wunderbaren Landsleute ein.

Ob man schlauer wird, wenn man viele Nobelpreisträger trifft, wurde ich in einem Interview einmal gefragt. Die Frage war sicherlich nicht ganz ernst gemeint. Schlauer in dem Sinne, dass man dazulernt, das ganz sicher. Wenn man viel mit Menschen zu tun hat, lernt man viel über Menschen. Und wenn man viel mit außergewöhnlichen Menschen zu tun hat, lernt man ganz Besonderes.

Das Wichtigste, was ich durch das „Nobelpreisträger-Projekt" über mich und über uns alle gelernt habe, ist, dass man Dinge bewegen kann, jeder an seinem Platz und mit seinen Mitteln dasjenige, was sich an seinem Platz und mit seinen Mitteln bewegen lässt. Man muss nur etwas genauer hinschauen, aufmerksamer durchs Leben gehen, ein wenig mehr Anteil nehmen an dem, was um einen herum geschieht, dann erkennt man, was genau es ist. Es gibt keine größere Befriedigung, als diese Herausforderung anzunehmen.

Das Wichtigste, was ich über die Nobelpreisträger gelernt habe, ist, dass sie viel mehr sind als „nur" genial.

Als junger Mensch etwas über unsere Welt durch „alte Männer" und alterslose Damen zu erfahren, die schon ihr ganzes Leben damit verbringen, sie mit aller Leidenschaft zu erforschen und zu verbessern – was für ein Glück!

VORWORT

Für Hans Georg Dehmelt, den ich in Seattle zur vereinbarten Fotoshoot-Zeit beim Sonnenbad am Pool angetroffen hatte, war meine Antwort auf seine Frage immerhin so überzeugend, dass er für das Foto keine weitere Vorbereitung für nötig hielt. Wem es Passion war, „alte Männer" zu fotografieren, der würde vor einem zweiundachtzigjährigen Physiker in Badehose sicher nicht Halt machen. Der Nobelpreisträger erhob sich von der Sonnenliege und setzte sich auf einen Gartenstuhl:

„Bitte sehr. Machen Sie Ihr Foto!"
Ich drückte auf den Auslöser.
Wieder eine geniale Begegnung.

Peter Badge,
Januar 2015

DER NOBELPREIS...

...ist die höchste Auszeichnung für herausragende Leistungen in Wissenschaft und Literatur sowie für das Streben nach Frieden in der Welt. Die Preisträger, die jährlich am 10. Dezember in Stockholm und Oslo vor die Weltöffentlichkeit treten, zeigen allen Menschen, welche Leistungen möglich sind, was man schaffen und erschaffen kann, wenn man für eine bessere Welt kämpft. Sie sind ein Quell der Inspiration, und viele möchten wissen: „Wer sind diese Giganten unserer Zeit?"

Mit seinen Portraits beweist Peter Badge sein besonderes Talent als Fotograf und gibt uns die Möglichkeit, viele Nobelpreisträger aus nächster Nähe zu erleben. Mehrere Schwarzweiß-Portraitbände liegen bereits vor und nun folgt das neue Buch mit seinen Bildern und den Texten der gleichermaßen inspirierenden Autorin Sandra Zarrinbal.

Als Mitglied des Norwegischen Nobelkomitees, dem ich seit fast 20 Jahren angehöre, schätze ich diese Nahaufnahme, und in meinen Augen sind die Fotos und Texte eine weltweite Verbeugung vor Alfred Nobels genialer Vision einer Welt voller Menschlichkeit, Wissenschaft und Frieden.

Dr. Gunnar Stålsett, Bischof em. des Bistums Oslo
Ehrenpräsident von Religions for Peace, Mitglied des Norwegischen Nobelkomitees

GELEITWORT

Die Geschichte des Nobelpreises ist ein Abbild der Geschichte der Menschheit im 20. Jahrhundert. Nehmen wir die Entdeckung der „X-Strahlen" durch Wilhelm Conrad Röntgen, mit denen man erstmals das Innere des Körpers durchleuchten konnte, ohne in ihn einzudringen. Oder die Entschlüsselung der DNA-Doppelhelix, die das Geheimnis der Vererbung lüftete und die Mechanismen aufzeigte, wie Krankheiten „geschehen", was ihnen zugrunde liegt – und wie man wirksame Arzneimittel dagegen findet. Oder die Erforschung der Bildung und des Zerfalls von Ozon. All diese Entdeckungen haben unser Leben revolutioniert und verbessert. Das geschriebene Wort, es hat uns geistig und moralisch bereichert. Das mutige Vorgehen derjenigen, die unermüdlich für Gerechtigkeit, Frieden und Menschenrechte kämpfen. Ihre Lektionen und Lehren, wie wir Schwerter zu Pflugscharen schmieden. Alles mit dem Ziel, den Menschen zur würdigen Krone der Schöpfung zu machen. Wir sind noch nicht da, wo wir hinwollen. Aber wir sind auf dem richtigen Weg und sind schon eine weite Strecke gegangen. Wer aber sind die Menschen hinter all diesen fast unmenschlichen Leistungen? Was ist das Geheimnis ihres Erfolgs? Gibt es eine Anleitung, wie wir wie sie sein oder werden können?

Mit ihren beiden Werkzeugen – künstlerischen Fotos und lebensnahen Geschichten – liefern uns Peter Badge und Sandra Zarrinbal natürlich kein Patentrezept, denn das gibt es nicht. Aber sie geben jedem von uns etwas, was wir für uns selbst mitnehmen dürfen. Die behutsamen Schwarzweißfotos geben einige Geheimnisse dieser Frauen und Männer preis. Eindrucksvoll dabei die fragenden, bohrenden Blicke. Ihre Augen sahen, was anderen verborgen blieb, und sie hinterfragten es. Aufmerksame Ohren, die genau hinhörten. Oft voller Zweifel, ob ihre Wahrnehmung sie nicht täuschte. Die milden Gesichter, erfüllt von Demut und der Erkenntnis, dass Wissen ständig wächst und kein Ende kennt. Denn je mehr wir wissen, desto mehr gibt es, was wir nicht wissen. Eine Spur von Traurigkeit als Spiegel des Bewusstseins, dass wir Menschen schwach und zerbrechlich der Allmacht der Natur gegenüberstehen.

Förmlich magisch fangen Peters wundervolle Fotos all das ein. Der Text funktioniert anders, aber ähnlich. Er erzählt von Menschen, die aus purer Neugier ihrer Intuition und ihren Ideen folgten, so wie Alice dem weißen Kaninchen. Die mit grenzenloser Leidenschaft und Liebe das tun, was sie tun. Das gibt ihnen die Kraft und die Fähigkeit, Fremdes zu erforschen und Licht in die Dunkelheit zu bringen. An ihren Überzeugungen festzuhalten und dabei gegen Skepsis und Unglauben anzukämpfen. Paradigmen zu verändern und auch angefeindet zu werden. Ihnen ging es nicht um Auszeichnungen, sondern um den unbändigen Willen, immer neue Rätsel zu lösen. Wieder und wieder die Tür einen Spalt zu öffnen und sie als Erste aufzustoßen.

Das klingt schon fast nach einer Anleitung, aber es sind wohl tatsächlich eher kleine Hinweise. Das eigentliche Geheimnis nämlich geben Peter und Sandra nicht preis: welche Eigenschaften und Charakterzüge zusammenkommen müssen, wann sie was tun müssen, welche Mengen wovon vonnöten sind. Es ist nicht so, dass sie uns etwas verschweigen, denn tatsächlich gibt es gar kein

Geheimnis. Sie überlassen es uns, unserem Leben selbst die richtige Richtung zu geben. Aber sie zeigen uns anhand der Gesichter und der Worte dieser Menschen, dass alles möglich ist und dass wir alle es schaffen können.

„Fang am Anfang an", befahl der König würdevoll.
„Lies bis zu Ende und hör dann auf."
Lewis Carroll, Alice im Wunderland

Aaron Ciechanover
Technion – Israel Institute of Technology, Haifa, Israel
Nobelpreis für Chemie, 2004

REISE IN DIE VERGANGENHEIT

PROLOG

Bzzz klack. Bzzz klack. Bzzz klack. Bzzz ... Was zum Teufel ...? Ich spurte von der Küche ins Büro zurück. Der Drucker spuckt Papier um Papier. Ich habe die Mail von Eddy im Postfach gesehen, wollte sie lesen, mir aber erst einen Kaffee machen und derweil den Anhang ausdrucken. Unmittelbar nach dem Tastenbefehl zum Drucken habe ich das Büro verlassen. Nun kehre ich, den heißen Kaffee in der Küche stehen lassend, eiligen Schrittes zurück. Herrje, habe ich etwa – mit den Gedanken schon bei der Frage, ob ich überhaupt noch Kaffeepads dahabe – aus Versehen irgendwelche Nullen zugesetzt, wo sie nicht hin sollen? Habe ich den Druckbefehl für 100 Exemplare des Mail-Anhangs erteilt? Bzzz klack. Bzzz klack. Ich sammele Zettel vom Boden auf. Nein, keine Kopien. Nur das Einzeldokument, aber 54 Seiten Textanmerkungen, insgesamt 320, mit der völlig identischen Information:

„GELÖSCHT – Edmond Fischer – 25.03.2014".

Vor einigen Tagen habe ich meinem vierundneunzigjährigen Freund Eddy einen Entwurf für die Einleitung zu diesem Buch zu lesen gegeben. Eddy ist nicht mehr und nicht weniger als die Initialzündung für mein Nobel-Projekt und damit auch für dieses Buch. Er ist der Grund für die beste Entscheidung meines Lebens. Also gehört das im Vorwort zu diesem Buch erwähnt, und natürlich soll Eddy es vor allen anderen wissen. Ich ahne Widerstand gegen seine herausgehobene Stellung und plane Zeit ein, in der ich ihn überreden muss, dass es gar nicht anders geht, als Dinge so zu erzählen, wie sie sind, und er war eben „mein erstes Mal" – mein erster Fotoshoot mit einem Nobelpreisträger. Jedem Anfang wohnt ein Zauber inne, findet Literatur-Nobelpreisträger Hermann Hesse (1946) schließlich auch. Eddy ist kein Literatur-Nobelpreisträger und sieht das weit weniger poetisch.

Er hat das gesamte Vorwort lektoriert, nein, pulverisiert. Kein Absatz ohne rote, blaue, grüne Änderungen.

„This is a pain in the ass" – findet Eddy deutliche Worte und meint trotz seines Lösch-Zuges nicht den Einleitungstext als solchen, sondern die Computerfunktion zum Verfolgen der Änderungen. „Es tut mir leid, dich mit E-Mails zu bombardieren", beginnt die nächste Mail. Eddy schickt Versionen und Versionen, irgendwann eine angebliche „finale Version in Rot und Blau". Dazu bedauert er, es seien Teile sichtbar, die eigentlich gelöscht seien und der Ursprungstext erscheine auch anders als vorher und überhaupt, „a pain in the ass" eben. Nun, unke ich in Gedanken, die Ferienhaus-Nachbarschaft zu einem Microsoft-Mitbegründer allein macht noch keinen IT-Spezialisten.

Ginge es nicht um das An- und Ausschalten der Funktion „Änderungen verfolgen", sondern um Enzyme, dann hätte Eddy den Mechanismus, wie man sie aktiviert und lahmlegt, sicher gefunden. Aber Computer betreiben keine reversible Proteinphosphorylierung.

„Zu viele Noten, Herr Mozart!", steht in der neuesten Eddy-Mail. Eddy kann Kritik sehr charmant verpacken. Zu viele Attribute, zu viele Partizipien, vor allem aber: zu viele „Eddy-Sätze"! Obwohl ich „meinen ersten Nobelpreisträger" jetzt schon über ein Jahrzehnt kenne, hat er mich mal wieder auf das Höchste erstaunt. Sorgfältige Lektüre des ihm Zugesandten habe ich erwartet, aber nicht, dass er sich diese enorme Mühe mit dem Text geben würde. Die Seiten mit den verschiedenen Farben, Durchstreichungen und Kommentarkästchen sehen aus wie moderne Kunst oder eine meiner alten Chemie-Klausuren, bei deren Durchsicht Eddy sicher nichts mehr anmerken, sondern nur noch weinen würde.

Was mache ich jetzt?

Ich habe dem Computer-Spezialisten Eddy Fischer aus Seattle keine weitere Zeile des Buches mehr vorab geschickt. Eddy hat für mich gekocht. Eddy hat für mich Wagner auf dem Flügel gespielt, Eddy hat mir die schönsten Badebuchten auf Lopez Island gezeigt, Eddy hat mich mitten in der Nacht vom Flughafen abgeholt, mich ständig durch halb Seattle kutschiert, Kontakte für mich eingefädelt und Fototermine arrangiert.

Eddy Fischer – Gigant

Beim Textredigieren ist jetzt wirklich Schluss. Diese erneute „Übererfüllung" kann ich nicht annehmen. Edmond Fischer ist zu gut für diese Welt. In jedem Sinne.

Wir werden beide mit meiner Geschichte leben müssen, der von einem Fotografen und seinem „Nobelpreisträger-Projekt". Ich bin in eine mir unbekannte Welt aufgebrochen, die für mich auf ewig Geheimnisse bewahrt, die sich mir nie erschließen werden und die ich deshalb auch nicht vermitteln kann. Aber für das, was ich vermitteln möchte, dafür steht Eddy wie kein anderer. Mit ihm hat alles begonnen. Hinter seinen Schultern habe ich mich hineingetraut in diesen kleinen Kreis der ganz Großen. Weil ich durch ihn zu ahnen begann, wen ich kennenlernen würde: keine „alten Männer", sondern außergewöhnliche Menschen und herausragende Persönlichkeiten – mögen sie selbst auch noch so oft betonen, dass sie aus jenem Grund „herausragen", den schon Isaac Newton in einem von Ovid entliehenen Bild beschrieb:

„Wenn ich weiter sehen konnte, so deshalb, weil ich auf den Schultern von Giganten stand."

Mein erstes Kapitel führt uns an zwei Anfänge: an den Beginn meiner Weltreise und zu den Giganten der „frühen Nobelpreisjahre". Dass die heutigen Laureaten auf ihren Schultern stehen, damit haben sie sicher Recht. Und doch ist es nicht das ganze Geheimnis. So viel sei verraten:

Giganten auf den Schultern von Giganten sehen besonders weit.

Auch wenn sie kaum 1,70 Meter sind, wie Eddy.

***

EPISODEN

Grass' Schatten / **Ciechanovers** Lichtgestalten
Rotblats Paradies / **Bethes** lila Wolken
Hoffmanns Poesie / **Ôes** Licht

Jede Weltreise hat eine erste Station. Meine heißt Behlendorf. Dass die Fahrt in die 400-Seelen-Gemeinde eine Reise in die Vergangenheit wird, ahne ich nicht. Es ist wenige Monate nach der Lindauer Nobelpreisträgertagung im Jahr 2000, ein Herbsttag, und ich stehe an der Kreuzung zweier Landstraßen bei Lübeck. Hinter mir hupt einer. Er sieht wohl mein Autokennzeichen und denkt, ich weiß nicht, wohin, weil ich nicht von hier bin. Noch bin ich immerhin Deutscher in Deutschland. Das wird in Zukunft nicht mehr oft vorkommen. Außerdem starre ich auf den Wegweiser „Krummesse 9 km" deshalb so lange, weil ich eben doch von hier bin. Irgendwie. Ein bisschen zumindest. Meine Mutter hat in der idyllischen Endmoränenlandschaft in Schleswig-Holstein eine für ihre Generation ungewöhnlich ruinenfreie Nachkriegs-Kindheit verbracht. In dem kleinen Krummesse besaß mein Großvater die Dorfapotheke. Bodo Volger allerdings war keineswegs Landei, hatte bis in den Krieg hinein eine Apotheke in Berlin-Steglitz geführt.

„Krummesse 9 km" – das gibt's doch gar nicht!

Der Wagen hinter mir schert jetzt einfach aus. Vielleicht hat mein Großvater der Großmutter des mich gestenreich Überholenden einst bei Sturm und Hagel die Magenpillen vorbeigebracht. Vielleicht. Wie soll der ungeduldige Ortsansässige ahnen, dass mir erst jetzt, wo ich hier den spärlichen Verkehr aufhalte, aufgeht, dass Behlendorf so nah an meinem eigenen Leben liegt? Unvorbereitet überfallen mich Erinnerungen, die mich vom Abbiegen abhalten. Meine Schwester Stephanie und ich liebten als Kleinkinder Mutters Gute-Nacht-Geschichten, vor allem jene, die mit „Als ich noch ein kleines Mädchen war ..." begannen. Nichts ist spannender für Kinder als Erzählungen der Eltern „von früher". Mama und Papa waren einmal selbst Dreikäsehochs? Dass man mit Gänsen durch die Luft fliegen kann (Dank an die erste weibliche Literatur-Nobelpreisträgerin Selma Lagerlöf für „Nils Holgersson"!) – das ist für das kindliche Vorstellungsvermögen keine Herausforderung. Aber das keck lächelnde Mädchen Karla mit den adretten blonden Zöpfen auf dem Schwarzweißbild ist Mutti? Da werden die Augen kugelrund, das hat Magie. Mehr als alle Märchen aus 1001 Nacht zusammen. „Noch eine Geschichte!", erbettelten wir uns Aufbleibenszeit, „... die vom Kater Eusebius!" Eusebius, der Unglückselige, hatte Rattengift gefressen und in den Wäldern um Krummesse einen elenden Tag zwischen Himmel und Erde verbracht, bis er sich wieder zufrieden schnurrend von Karla und ihren drei Schwestern im Puppenwagen spazieren fahren ließ. Wir mochten auch die Geschichten von Großvaters abenteuerlichen Medikamentenausfahrten

Meine Mutter Karla (links) mit Schwestern und Eusebius

bei Schnee und Eis oder Sturm auf die umliegenden Gehöfte, die von den fetten Kröten im Keller und die von den frostigen Überlandfahrten im vereisten Schulbus, dem die Heizung fehlte. Mutter erzählte die Wintergeschichten gerne in heißen Nächten im Sommer, damit uns Kinder ein wenig imaginäre Kühle umwehte.

„Peter, nun fahr endlich weiter! Der Herr Grass wartet doch auf dich."

Gerade habe ich mir Klein Karla mit dicker Strickmütze vorgestellt, wie sie ein kleines Loch in die beschlagene Busscheibe haucht, nun höre ich ihre erwachsene mahnende Stimme als mein mütterliches Über-Ich. Es hat, wie das eben so ist mit dem Über-Ich, Recht. Ich muss zu meinem ersten Nobelpreisträger-Fotoshoot nach dem Kick-off in Lindau: zum deutschen Literatur-Nobelpreisträger von 1999 **Günter Grass**. Ich setze endlich den Blinker und fahre Richtung Behlendorf, Krummesse und Mutters Kindheit erst einmal hinter mir lassend.

Also Behlendorf. Eigentlich etwas außerhalb davon. In unmittelbarer Nachbarschaft lebt nur der Wald. Günter Grass wohnt hier seit Jahrzehnten, weil „die Landschaft zu jeder Jahreszeit schön ist und zum Bleiben verlockt", wie er einmal sagte. Frau Grass öffnet mir die Tür. „Sie werden schon erwartet." Eine höfliche Umschreibung dafür, dass ich ein wenig zu spät bin.

Als Günter Grass und ich uns schließlich begrüßen und die ersten Worte wechseln, bekomme ich einen kleinen Schreck.

Ich verstehe ihn nur mit einigem Aufwand. Das liegt zum Teil an meinem in Rocklegenden-Portrait-Zeiten überstrapazierten Hörorgan. Wie oft habe ich vor der Bühne neben den Megaboxen stehend Konzertfotos geschossen, ohne mir die Ohren zu verplomben. Die Art, wie Grass spricht, leise und an den Wortenden schon mal mehrere Buchstaben zu einer Geräuschüberlappung zusammenziehend, bereitet mir Schwierigkeiten. Übrigbleibende Laute verschluckt der Raum. Mein Hörvermögen wird sich in Zukunft durch die ständige Höchstleistung, hochbetagten Herrschaften mit nicht immer passgenauen Gebissen zu lauschen, sehr verbessern. Heute habe ich noch Schwierigkeiten. Wie man das instinktiv so macht in diesen Situationen, deute ich also ein Nicken an, als der Schriftsteller mich in einer Satzpause fragend ansieht, und da er mich daraufhin in sein Arbeitsstudio führt, nehme ich an, dass ich gerade zugestimmt habe, hier die Fotos zu machen. Das Studio liegt wenige Schritte vom Haupt-Haus entfernt. Wir machen es uns in einer kleinen Sitzgruppe bequem, Grass entzündet ein Pfeifchen. Nachdem ich ihn in meinen privaten Bezug zur schönen Gegend hier eingeweiht habe, erkläre ich ein wenig näher, was es mit dem Foto-Projekt auf sich hat. Dass ich nicht mit einem Bild im Kopf zum Termin komme, sondern die Situation mein Chef ist. Ich mache kein Foto, es ergibt sich aus dem Moment. Der Nobelpreisträger versteht. Ich ihn jetzt auch. Die Akustik ist hier besser. Mich überrascht seine Ausdrucksweise. Die Wortwahl kommt mir „jung" vor. Vielleicht hat aber auch Klein Fritzchen in mir erwartet, dass ein Literatur-Nobelpreisträger ausschließlich in Sprachakrobatik kommuniziert, schriftlich wie mündlich. Ich lichte den auch in Umgangssprache Versierten ein paar Mal vor einem Bücherregal ab, bin aber unzufrieden. Grass ist ein Kreativer, ich brauche daher keine lange Erklärung für mein: „Es tut mir leid. Das war's irgendwie noch nicht."

Ich schaue mich um, werfe einen Blick in das angrenzende Zimmer:

„Ihre Werkstatt ... wo Sie die Skulpturen machen ... ist das dort? Da, könnte ich mir vorstellen, finden wir, was wir suchen ..."

„Gerne. Kommen Sie!"

Günter Grass schreibt nicht nur. Dieser Umstand ist ein erster Beweis in der endlosen Kette von Beweisen, die noch folgen sollen, für eine außergewöhnliche Multibegabung, die ich bei fast allen Nobelpreisträgern als Gemeinsamkeit entdecken werde. Ich halte diese nunmehr für ein Charakteristikum der ganz Großen, eben gerade auch der ganz Großen in einem Spezialgebiet. Der Schriftsteller Günter Grass ist gleichzeitig Maler, Grafiker und Bildhauer. „Bildender Künstler habe ich gelernt. Als Schriftsteller bin ich ungelernt", sagt er.

Als die Gegend um Behlendorf und Krummesse noch von keinem Nobelpreisträger, sondern von Eusebius per Puppenwagen erkundet wurde, begann Grass Grafik und Bildhauerei zu studieren. Erst in Düsseldorf, später in Berlin. Seine Bücher zieren eigene Illustrationen, vor dem Günter Grass-Haus in Lübeck stehen seine Skulpturen.

Günter Grass – ungelernter Schriftsteller

Die Hansestadt kann sich neben dem großen Sohn Thomas Mann seit der Auszeichnung des Wahl-Lübeckers nun mit einem zweiten Literatur-Nobelpreisträger schmücken. Nach Manns Jahrhundertroman „Die Buddenbrooks" habe lange kein Erstling mehr einen derartigen Wirbel ausgelöst, bis Grass' „Blechtrommel" kam, verglich der Literatur-Jury-Chef der Schwedischen Akademie der Wissenschaften, Horace Engdahl, in seiner Laudatio die Werke der beiden. Günter Grass war mit Thomas Manns Sohn Golo befreundet. Der brachte den Freund 1968 sogar einmal als Bürgermeister von Berlin ins Spiel, aber der politisch stets Mittrommelnde blieb letztlich von Ämtern unbehelligt.

Ich folge dem Bildhauer nun in seine Werkstatt und sehe mich um. Weder Kunst im Chaos noch arrangiertes Werkzeugstillleben. Mich wundert zunächst, dass das Licht, das durch die weißen, romantischen Sprossenfenster fällt, dem Bildhauer Grass für seine Arbeit ausreicht. Für meine reicht es nicht. Dann erst entdecke ich den Bau-Strahler und habe eine Idee für eine fotografische Portrait-Metapher, die durch späteres Geschehen gänzlich uminterpretiert werden wird. Ich ahne nicht im Geringsten die zukünftige Brisanz meiner Eingebung, Grass auf dem Foto an einer Skulptur arbeitend in der Weise einzufangen, dass ich ihn mit dem Schattenriss seines Kopfes auch visuell verdopple. Als ich den Strahler entsprechend ausrichte, blickt Grass an die Wand. Ich deute auf den entstehenden Schatten:

„Das sind Sie – der Schriftsteller und der Bildhauer!"

Er hat meine Intention längst erkannt, zieht seinen Arbeitskittel an und postiert sich im Lichtkegel. Ich justiere so lange, bis der Schattenriss so aussieht wie ein „schreibender" Grass, während der echte den modellierenden Bildhauer markiert.

In meinem ersten Portrait-Buch der „Nobels" erklärt der Portraitierte in der Bildunterschrift dazu selbst:

„Glücklicherweise habe ich nicht nur einen Beruf und so konnte ich mich nach dem Stockholmer Ereignis allem Schreibzwang entziehen und mit Töpferton an Skulpturen arbeiten. Der Wechsel zwischen den Disziplinen, vom Stehpult mit dem Manuskript zu den Aquarellkästen oder der Radierplatte zum Zeichenbrett oder, wie jetzt, zur Drehscheibe. Dieser mir seit Jahren gewohnte Wechsel hält beweglich und lässt Routine nicht aufkommen; schließlich arbeite ich nicht in einem Elfenbeinturm, sondern in einer Werkstatt, die ich nur gelegentlich verlasse, um als Bürger im politischen Streit ein Wort einzulegen."

Um Streit war der schon mal als das „Gewissen der Nation" gehandelte Günter Grass nie verlegen. Der Elfenbeinturm war für ihn weder Arbeitsstätte noch Zuflucht, wenn ihm die verbalen Geschosse seiner Kritiker und weltanschaulichen Gegner um die Ohren flogen. So wie Eier und Tomaten im September 1965 bei seiner Cloppenburger Wahlkampfrede für den damaligen Kanzlerkandidaten: den gebürtigen Lübecker und späteren Friedensnobelpreisträger Willy Brandt. Über Grass' Wahlkampfhilfe für einen Kanzlerkandidaten wunderte sich damals das US-Magazin *Newsweek*:

Das sei „ein dramatischerer Akt als etwa die Mitarbeit amerikanischer Schriftsteller in der Präsidentschaftskampagne Eugene McCarthys."

Es ist viel Dramatik gewesen im Leben und Wirken von Günter Grass, und so gar nichts ist hier an seiner Wohn- und Wirkungsstätte davon sichtbar. So ahne ich nicht, dass sogar noch Luft nach oben ist.

„Fortsetzung folgt …" überschreibt Grass seine Nobelvorlesung.

Ein leiser, mit der nötigen Arbeitsruhe ausgestatteter Fotoshoot geht zu Ende. Mein Modell hat meine Wünsche und Überlegungen jederzeit erspürt und respektiert. Ich habe voll und ganz den Eindruck, einen sich und die Welt mit großer Sensibilität wahrnehmenden Menschen vor mir zu haben. Wir sind beide mit unserer Arbeit an diesem Tag sehr zufrieden, und nachdem wir uns draußen verabschiedet haben, mache ich von dem Künstler Günter Grass noch eine Aufnahme, wie er zurück ins Haus geht.

***

Nun ist Zeit für den Umweg in Mutters Kindheit. Ich fahre nach Krummesse, parke vor dem Haus, in dem sie mit ihren drei Schwestern aufgewachsen ist. Ich bin noch nie zuvor dort gewesen, denn ich habe meine Großeltern erst kennengelernt, als sie bereits in Lübeck wohnten. Die Apotheke gibt es nicht mehr, aber ich erkenne Gebäude und Umgebung sofort. Es sieht genauso aus wie in meinen Träumen, in denen ich die Gute-Nacht-Geschichten nacherlebt habe. Mutter hat alles wunderbar beschrieben, und die Bilder zu ihren Erlebnissen sind in meinem Kopf gespeichert, als hätte sie sie mir vererbt. Nun brenne ich einige auf den frisch eingelegten Farbfilm meiner Leica M6.

Farbaufnahmen mache ich selten, meine Personen-Portraits sind alle Schwarzweißbilder, und ich hoffe, einen berühmten Ahnen damit nicht allzu sehr zu verärgern. Die Fotografie ist mir nicht in die Wiege gelegt worden, aber in Reichweite daneben: In der väterlichen Linie bin ich mit Hermann Wilhelm Vogel verwandt, und der Fotochemiker hat Ende des vorletzten Jahrhunderts dafür gesorgt, dass blaue Kleider auf Fotos nicht länger weiß und rote nicht mehr schwarz erscheinen. Mit der orthochromatischen Sensibilisierung legte er den Grundstein für die Tonwertrichtigkeit von Farbaufnahmen. Und der Krummesse-Großvater besaß immerhin eine große Sammlung von Fotokameras, die ich bei meinen Sommerferien-Aufenthalten ausgiebig bewundern durfte.

Ich trete einen Schritt zurück, drehe mich wie Ballhaus seine Kamera, und als ich zwei streunende Kätzchen entdecke, muss ich lächeln. Sind die auf den Spuren von Ur-Ur-Ur-Großkater Eusebius unterwegs?

***

Was für ein unerwartet privater Ausflug! Auf der Rückfahrt nach Berlin wundere ich mich, dass mir nicht gleich bei der Terminabsprache der Gedanke gekommen ist, dass Behlendorf nicht allzu weit von Krummesse entfernt liegt.

Manchmal holt einen die Vergangenheit ein, wenn man es nicht erwartet.

Da ich mich gerne in meinen Erinnerungen an die Geschichten meiner Kindheit verloren habe, kann von einem „einholen" im Sinne einer unwillkommenen Konfrontation mit Verdrängtem oder Vertuschtem natürlich keine Rede sein.

Anderes gilt für die mehr als sechzig Jahre alte Vergangenheit, die Günter Grass sechs Jahre nach unserem Treffen einholt. Er öffnet ihr allerdings selbst die Tür. Ich bin sehr froh, dass ich einen persönlichen Eindruck von dem Mann habe, der im August 2006 öffentlich bekennt, Mitglied in Hitlers Waffen-SS gewesen zu sein, mit siebzehn Jahren. Grass, jahrzehntelang mahnende Instanz im sich stetig an den Lasten der Vergangenheit abarbeitenden Deutschland – selbst derart verstrickt? Und viel entscheidender: kein Wort darüber all die Jahre! Oder doch? Man wird durchaus fündig, es gibt auch mehr als bloß literarisch verpackte Andeutungen von Grass selbst, aber da sie medial nicht breit aufgegriffen wurden, hätte der Schriftsteller schon höchstselbst das dicke Ausrufezeichen setzen müssen. Das tut er erst jetzt.

„Es musste raus"

ist Grass' mündlicher Kommentar, „Vom Häuten der Zwiebel" sein in Buchform gegossener literarischer. Die „Geständnis-Autobiografie" ist gewissermaßen das Prequel zum Schriftstellerleben des Günter Grass, das 1959 mit der Veröffentlichung der „Blechtrommel" beginnt. Der Welterfolgsroman über den kleinen Trommler Oskar, der „vorsätzlich das Wachsen einstellt", schafft es nicht nur in Stockholm zum Nobelpreis. Verfilmt durch Volker Schlöndorff, gibt es in Hollywood 1980 einen Oscar für Oskar. Grass erzählt nun in seinem „gattungslosen Erinnerungsbuch", wie er es bezeichnet, Oskars lange unbekannte Vorgeschichte. Dem bei Kriegsausbruch knapp zwölfjährigen Danziger folgt er darin, teilweise in der dritten Person, durch seine Jugendjahre. Mit fünfzehn meldet sich der begeisterte Jung-Nazi als Freiwilliger zur Wehrmacht, die Einberufung lässt auf sich warten. Als sie kommt, führt sie ihn vom Arbeitsdienst in die Division „Frundsberg" der Waffen-SS und damit in des Führers Elite-Einheit. Die genauen Umstände und wann ihm das klar wurde, daran erinnert sich der ehemalige Soldat nicht mehr.

Kanzler Kiesinger fordert er zum Rücktritt auf, Helmut Kohl tadelt er schwer wegen dessen Besuchs mit US-Präsident Ronald Reagan auf dem Soldatenfriedhof in Bitburg. Doch Ladeschütze Grass hätte selbst einer der Männer der Waffen-SS sein können, die dort neben den Wehrmachtssoldaten ruhen.

Ein Mann, der Werke „gegen das Vergessen" schreibt, vergisst die eigene Verstrickung.

Sie zu erwähnen jedenfalls. Die Enthüllung schlägt hohe Wellen. Nicht nur in Deutschland. Die römische Zeitung *La Repubblica* schreibt vom „globalen Schock".

Ich staune. Ich staune über die ungeheure Bandbreite der Stellungnahmen, die das Bekenntnis hervorruft. Es gibt fast keine denkbare Meinung, die man nicht irgendwo abgedruckt findet: die Waffen-SS-Mitgliedschaft als PR-Trick für das neue Buch? Big News eines eitlen „Herrenmensch-Literaten", den nun endlich restlos alle kennen sollen? Schlicht ein bei „innerer Einkehr am Lebensabend noch aufgefundener Nachtrag"? Selbstüberwindung in „mutigem Schmerz"? Eine „großen Respekt abnötigende Beichte ohne Not"? „Überfällige, aber weder sein künstlerisches Werk noch seine moralische Integrität gefährdende Offenbarung"?

Ungefragte geben Antworten, Gefragte verweigern sie. Es ist eine ziemliche Aufregung im Sommer 2006 um den Schöpfer des Brauseschleckers Oskarchen. Warum verschwieg Grass so lange, dass er mit der „Blechtrommel" nicht nur der Verführung und Begeisterung „der Deutschen" im Dritten Reich nachspürte, sondern auch seiner eigenen?

Ist gar der Nobelpreis an allem schuld?

Ein renommierter deutscher Literaturkritiker analysiert forsch, dass dem Literaten schlicht die Zeit davongelaufen sei: Um seine Aussichten auf einen Nobelpreis nicht zu gefährden, „durfte" er sich an seine Waffen-SS-Mitgliedschaft nicht erinnern, solange sich Stockholm nicht regte. Nun aber werde man ihn dem Schriftsteller kaum mehr wegnehmen. Das tut man auch nicht. Die Antwort der schwedischen Nobel-Stiftung auf entsprechende Forderungen formuliert deren Executive Director Michael Sohlman eindeutig: „Die Vergabe ist endgültig."

Alfred Nobel wollte nicht nur schriftstellerisches Können belohnen, sondern ausdrücklich das „herausragendste Werk in idealer Richtung", „the most outstanding work in an ideal direction". Das Nobelkomitee sah durch Grass den „Bann gebrochen, der über Deutschlands Vergangenheit lastete". Die offizielle Vergabebegründung formuliert das noch etwas poetischer: Der Schriftsteller habe „in munterschwarzen Fabeln das vergessene Gesicht der Geschichte gezeichnet".

Daran hat sich nichts geändert. Grass' prämiertes Werk steht da wie zuvor. Und wahrscheinlich wäre es nicht, was es ist, ohne seine eigene Verstrickung. Die empfindet Grass als „persönliche Schande", und es war wohl innerliches Ringen, das literarische Höchstleistung erst möglich machte. Das Thema habe ihm ohnehin die Zeit diktiert, erklärte der Schriftsteller schon in seiner Nobelpreis-Rede. Hätte er die Wahl gehabt, dann wäre er einfach seinem „Spieltrieb" gefolgt und hätte „so unbeschwert wie harmlos im Skurrilen" seine Rolle gefunden.

***

Werk und Nobelpreis bleiben unangetastet, die Person Grass bleibt es nach der späten „Beichte" nicht.

Die Diskussion geht auch an meinem Portrait-Projekt nicht spurlos vorbei.

Längst findet sich 2006 mein „doppelter" Grass in verschiedenen Fotobänden abgedruckt, und die Aufnahme wird nun kurzerhand umgedeutet. Zu verlockend, zu naheliegend ist es, in meinem Foto vom Bildhauer und seinem Schriftsteller-Schattenriss jetzt Grass und seinen höchst persönlichen Schatten der Vergangenheit zu sehen. Mehr noch: Der Umschlag einer Ausgabe der „Nobel Faces" ist mit einem Fotomosaik mehrerer Portraits gestaltet. Der Zufall will es, dass der Buchrücken allein Grass und die Rückseite seinen Schatten zeigt. Steht das Buch im Regal, blickt der Literatur-Nobelpreisträger den Betrachter scharf von unten über seine Brille schielend an.

Der Herausgeber der „Nobel Faces", Nikolaus Turner, erhält ein Fax aus Santa Barbara, das auf den Bucheinband mit dem „doppelten" Grass Bezug nimmt. Ist die herausgehobene Stellung noch vertretbar? Absender ist Walter Kohn. Die Causa Grass veranlasst Kohn außerdem zu einem Schreiben an die Schwedische Akademie.

Der jüdische Chemie-Nobelpreisträger, 1923 in Wien geboren, entkommt den Nazis mit einem der Kindertransporte nach England. Seine Eltern verlieren in der Shoa ihr Leben.

Walter Kohn kann seinen Nobelpreis 1998 krankheitsbedingt nicht in Empfang nehmen und ist daher ein Jahr später, im „Grass-Jahr", zur Verleihungszeremonie in Stockholm geladen. Zusammen mit dem vier Jahre jüngeren Grass nimmt er dort an einer Podiumsdiskussion teil.

Einige Jahre nach der „Grass-Beichte" spreche ich mit Walter Kohn in Lindau. Er erzählt mir von der Podiumsdiskussion. Sie beide seien die mit Abstand Ältesten gewesen und hätten sich schnell in vielen Fragen als Verbündete gesehen. Günter Grass habe ihn sehr beeindruckt und ihm später seine Bücher zugeschickt, die älteren und dann die jeweils aktuellen. Er habe sie alle gelesen, irgendwann dasjenige vom Häuten der Zwiebel. Als mich interessiert, ob er mit Günter Grass noch Kontakt habe, deutet er das Kopfschütteln nur an und sagt dann sehr leise: „Die Nobelpreis-Entscheidung war richtig. Zu jener Zeit."

Wenn man Walter Kohn nach seinen Lebensmaximen fragt, steht eine ganz oben: „Wer in der Welt etwas bewegen will, muss mit eigenem Beispiel vorangehen."

Es fällt vielen schwer, Grass und seinen Schatten in Deckungsgleichheit zu bringen, Walter Kohn besonders.

Kohn, Katz, Krohn, Kovacz, auch Cohen und Köhne – alles derselbe Ursprung: Kohen – das ist der Tempel-Priester, Peter. Deshalb!"

Ich stehe mit Aaron Ciechanover vor dem Grab eines Katz auf dem Jüdischen Friedhof von Göttingen. Dank Aarons Erklärung weiß ich jetzt, warum so viele Grabsteine mit dem gleichen Nachnamen zu finden sind. Der biblische Aaron, Bruder des Mose, war der erste Hohepriester. Wäre Aaron aktiver Kohen, dann dürfte er einen Friedhof gar nicht betreten, erfahre ich.

Das letzte Mal war ich vor knapp fünfundzwanzig Jahren hier. Eines Sonntags beschlossen meine Eltern, dass wir eine Führung über den Jüdischen Friedhof mitmachten. Da war ich pubertierender Schüler und hatte selten eine so blöde Idee gehört wie diese. Ein Friedhofsbesuch als Sonntagnachmittags-Event? Maulend und widerwillig trabte ich den Eltern und meiner großen Schwester Stephanie hinterher. Doch dann erlebte ich eine Überraschung. Es war, als dockten mich die Verstorbenen an eine Vergangenheit an, die ich bisher nur als auswendig zu lernende Seiten im Geschichtsbuch kannte. Die Namen und Daten auf den Grabsteinen katapultierten mich in ihre Zeit. Der Rundgang endete am Rande des Friedhofs, als wir uns unter einer Linde versammelten.

„Hier unter der alten Gerichtslinde wurden früher auch Todesurteile vollstreckt", holte mich der einzige Satz, an den ich mich von der Führung noch erinnere, damals unsanft in die Realität zurück. „Das älteste Grab stammt aus dem Jahr 1701", erklärt heute Harald Jüttner von der Jüdischen Gemeinde.

Es ist ein schöner Sommertag im Juni 2010, und ich bin wieder mit meinen Eltern auf diesem Friedhof. Mit ihnen und mit meinem Freund **Aaron Ciechanover** aus Israel. Er ist zum ersten Mal hier. Dabei wissen wir beide schon länger, dass wir das Interesse für Friedhöfe teilen, und diesen hier zu besuchen, ist in jedem Wortsinne naheliegend, denn wir stehen nicht nur auf dem Jüdischen Friedhof, sondern dieser wiederum ist Teil des Areals des Göttinger Stadtfriedhofs, auf dem nicht mehr und nicht weniger als acht Nobelpreisträger begraben sind. Aaron ist selbst Chemie-Nobelpreisträger, und wir sind auf dem Weg zur jährlichen Lindauer Tagung. Hier in Göttingen bei meinen Eltern machen wir einen Zwischenstopp, um Mutters Eierlikörtorte zu genießen und auf den Spuren von Aarons verstorbenen wissenschaftlichen Vorfahren zu wandeln, wie den Chemie-Nobelpreisträgern Otto Hahn und Walther Nernst oder den Physik-Nobelpreisträgern Max Born, Max von Laue und Max Planck. Und nicht etwa

Aaron mit meinen Eltern und Harald Jüttner auf dem Jüdischen Friedhof in Göttingen

nur, weil die Letztgenannten die Größe schon im Namen führen, sind sie für Aaron die „Giganten".

Insgesamt haben so viele Laureaten einen mehr oder weniger ausgeprägten Bezug zur Georg-August-Universität, es sind etwa fünfzig, so dass man vom „Göttinger Nobelpreiswunder" spricht. Die Verknüpfung des Lebenslaufs der Preisträger mit der Universitätsstadt in Südniedersachsen wird vonseiten der Göttinger natürlich gerne großzügig gehandhabt und auch schon mal ein Kurzzeit-Assistent eingemeindet.

Was meine eigene Verknüpfung mit Göttingen angeht: Ich habe einen Großteil meiner Kindheit und Jugend in dieser Stadt verbracht. Meine Eltern wohnen noch immer hier, allerdings nicht mehr in dem Haus mit dem Wäschekeller, den ich zum Fotolabor umwandelte, als ich begann, mich für Fotografie zu interessieren. Meine Wäschekellerzweckentfremdung war immerhin ganz harmlos, verglichen mit der chemikalischen Versuchsanstalt, die Radiochemiker Otto Hahn als Steppke aus der Waschküche seiner Mutter machte. Aber Klein Otto hatte immerhin eine Menge Einsen auf dem Zeugnis. Nein, nicht in den Naturwissenschaften: in Singen, Turnen und Religion.

Auslöser meiner Fotografenkarriere war der Besuch meiner Patentante Elke. Ich war erst fünf und eigentlich auf der Flucht vor ihren atemnehmenden Herzungen, aber eines zog mich immer wieder in gefährliche Nähe: ihre brandneue Pocketkamera. Das Ding hielt ich für die technisch aufregendste Innovation, die ich in meinem bislang kurzen Leben in den Händen halten durfte. Und als knuffiger Fünfjähriger schaffte ich schließlich, was nur knuffige Fünfjährige schaffen: Die glühend beneidete Tante sprach irgendwann die magischen Worte: „Schenk ich dir!"

So war Peter Badge mit fünf Jahren der stolzeste Pocketkamerabesitzer der Stadt und somit in der für ihn damals ganzen Welt. Später stand ich dann mit meiner Olympus-Spiegelreflexkamera bangend alle möglichen Krankheiten durch. Nein, jetzt kommt kein „Ich wollte immer schon Fotograf werden". Davon war ich weit entfernt. Ich wollte fotografieren, aber das war doch kein Beruf. Und selbst wenn ich es gewollt hätte, hätte ich den Wunsch aufgegeben, als ich bei einem Kaffeeklatsch-Nachmittag mit Verwandten gefragt wurde, was ich einmal werden wolle, und jemand rief: „Der Peter wird mal Fotograf."

Pah, jetzt erst recht nicht, schmollte ich damals in Gedanken. Ich habe es schon immer gehasst, wenn man für mich antwortet. Dann ereilte mich das Hobby-Fotografen-Schicksal. Kein Familienfest ohne „Die Fotos macht der Peter!"

Aber „der Peter" wollte ja auch feiern und nicht die mit Gummibärchentüte abgespeiste Arbeitskraft sein, die nachher noch die Prügel einstecken muss, weil ausgerechnet „die liebe Nachbarin kein einziges Mal drauf" ist oder „das Buffet so abgegessen aussieht" oder irgendwer meint: „So dick wie auf dem Bild bin ich aber in Wirklichkeit gar nicht." Ach, ich fand das Familienfest-Fotografen-Leben alles andere als erquicklich. Vielleicht habe ich deshalb die Vorliebe entwickelt, Einzel-Portraits zu machen. Keine Polonäse, keine verwüsteten Buffets, kein Grimassenschneiderlein in der Mitte des Gruppenbildes von Uromas Neunzigstem, das der Aufnahme einen Platz im Schuhkarton statt an der Wohnzimmerwand sichert. Ehrliche Eins-zu-eins-Situation.

Heute auf dem Göttinger Stadtfriedhof habe ich keine Fotografen-Verantwortung. Weder als Familienausflug-Chronist noch als Portraitfotograf. Die Kamera habe ich natürlich dennoch dabei, fotografiere, wie ich mag und was ich mag. Meine Mutter. Meinen Vater. Und Nobelpreisträger Aaron Judah Ciechanover in Jeans, grünem Hemd und tiefblauer Kippa, die einen Hauch lässiger sitzt als die hellblau satin-glänzende von Herrn Jüttner.

***

Aaron Ciechanover kenne ich seit 2004, seit er in jenem Jahr den Chemie-Nobelpreis zusammen mit Avram Hershko und Irwin Rose „für die Entdeckung des Ubiquitin-gesteuerten Proteinabbaus" gewann. Ubiquitinierung ist eine Art Abfallentsorgung, wie ich gelernt habe: Das System zerstört Proteine, die inaktiv sind und nicht mehr gebraucht werden, und es entsorgt gesunde, aktive Proteine, die jedenfalls zurzeit nicht gebraucht werden. Das sollte möglichst gut funktionieren, denn werden z. B. Proteine, die Zellteilung betreiben, wo keine (mehr) betrieben werden soll, nicht zerstört, dann entstehen Krankheiten.

Natürlich habe ich 2004, als ich in der Pressekonferenz für die Chemie-Preisträger sitze, von der Ubiquitinierung noch nie gehört, und von Aaron weiß ich auch nicht mehr, als dass er eben einer der Laureaten ist. Allerdings hat es ein ganz besonderes mediales Echo auf die Auszeichnung gegeben, denn Aaron und Kollege Hershko sind die ersten israelischen Nobelpreisgewinner in einem wissenschaftlichen Fach seit der Staatsgründung Israels. Friedens- und Literaturnobelpreise gingen bereits nach Israel, aber noch keine Preise in den klassischen Disziplinen. In Wertung und Worten von Aarons Freundin Rita Levi-Montalcini hat Israel erst mit ihm und Hershko „richtige" Nobelpreisträger.

Auf der Pressekonferenz geht es recht turbulent zu, und ich bin schnell beeindruckt, wie lässig Aaron auch die Journalistenfragen aus der Kategorie „Wie man es nicht macht" bewältigt. An jenem Tag hätte ich behauptet, Aaron sei Medienprofi; wie ich dann aber feststelle, ist geschickt-unaufdringliche Souveränität ein Wesenszug des Israelis, den er nicht antrainieren musste. Schon damals bedauere ich jedenfalls, dass es mir nicht gelingt, mit ihm in Kontakt zu treten. In Stockholm ist leider alles furchtbar hektisch, und die Laureaten absolvieren ein eng getaktetes Programm, sind ständig umlagert. Da ergibt sich nur zufällig eine erste Tuchfühlung, am ehesten noch im Fahrstuhl des Hotels. Ich wohne während der Preisverleihungen üblicherweise im Grand Hôtel, wo auch die meisten Laureaten untergebracht sind. 1901 fand im dem Spiegelsaal in Versailles nachempfundenen „Spegelsalen" das erste Nobelpreis-Bankett statt; mittlerweile ist das ins Rathaus verlagert. Man läuft im Grand Hôtel also den Laureaten zwar über den Weg, übt sich aber tunlichst in Zurückhaltung und hofft auf eine Gesprächsmöglichkeit auf einem der Empfänge. Diese ergibt sich mit Aaron Ciechanover leider nicht.

***

Unsere Wege kreuzen sich schließlich im darauffolgenden Sommer in Berlin.

2005 – das „Einstein"-Jahr! Das deutsche Bundesministerium für Bildung und Forschung hat es anlässlich des 100. Geburtstages der Relativitätstheorie und des fünfzigsten Todestages Albert Einsteins ausgerufen. Und so feiert Deutschland mit Ausstellungen, Events, Festakten und einem Würfelspiel den Mann, dessen Name zum Synonym für Genialität wurde. Dass die „Café Einstein"-Dependance in Berlin-Mitte angemessen mitfeiert, ist selbstredend, nur treibt es den Kaffeehaus-Besitzer Gerald Uhlig-Romero als offiziellen Förderer der Initiative schon im Vorjahr um, auf welche konkrete Weise. Als er in der Zeitschrift *Cicero* von meinem Nobelpreisträger-Projekt liest, nimmt er mit mir Kontakt auf, und es dauert nicht lange, bis wir uns auf eine Foto-Ausstellung in seiner Café-Galerie einigen. Auf einem Rechnungsblock, handschriftlich und knapp, wie es sich für Ehrenmänner gehört, halten wir fest:

„Einsteins Erben" kommen ins Café Einstein!

Zur Beschreibung des „Mitte-Einsteins" würde ich am liebsten einen süffig-inhaltsleeren Kommentar wie „Das Einstein ist echt Wahnsinn" loslassen, aber dann wüsste man nicht, dass das Café Einstein deshalb ähnlich genial ist wie der Namensgeber, weil es „welthaltig, geistreich, politisch, kunstvoll, freundschaftlich und immer prominent besetzt" ist. So hat das mal Volker Weidermann, Feuilleton-Chef der *Frankfurter Allgemeinen Sonntagszeitung*, trefflich zusammengefasst. Es ist eben das „wahre Hauptstadt-Feuilleton". Mit dieser Eigenschaft des Einstein bin ich vor meiner ersten Ausstellung dort – der viele folgen – noch nicht vertraut und ernte im Vorfeld ein mildes Lächeln des hier als Galerist fungierenden Café-Chefs, als ich ihn frage, wie die PR genau aussehen wird.

„Sie essen bis zur Ausstellungseröffnung jeden Tag hier mit mir zusammen zu Mittag. Dann haben Sie bis dahin alle Journalisten kennengelernt und umgekehrt."

Das mache ich und gewöhne mich in dieser Zeit so sehr daran, dass das „Einstein" fortan zu meinem zweiten Wohn- und Esszimmer in Berlin wird.

Im geografischen, politischen und touristischen Zentrum „Unter den Linden" platziert, pulsiert das „Mitte-Einstein" im Rhythmus der Stadt. Es verbindet alles, was zur guten alten Tradition der Kaffeehauskultur gehört, mit der Medien-Dynamik von heute und der mutig-forschen Antizipation von morgen. Bei Topfenpalatschinken und „Fiaker" stoßen Intellektuelle im Diskurs über den Zeitgeist direkt mit diesem zusammen. Der Journalist sucht seine Headline, der Dichter einen Reim, der Literat Inspiration, die Bundeskanzlerin den Außenminister, der Hollywood-Star das Hinterzimmer, der Hanns-Eisler-Student einen Platz für seinen Kontrabass, Tante Erna auf Hauptstadtbesuch ein viertes Beutelchen Zucker und Touristen mit verkniffener Miene die Toiletten. Ich suche im Einstein immer erst nach dem Patron und Erfinder des „leichten Macchiato", und dann berichte ich ihm bei einem solchen von meinen genialen Begegnungen in der Welt und er von seinen hier im Café.

„Einsteins Erben" hängen also ab Januar 2005 in der dem Gastraum angeschlossenen Galerie. Die Ausstellung wird ein großer Erfolg, und insgesamt etwa dreißig Laureaten schauen im Laufe des Jahres vorbei.

Glücklich begrüße ich zusammen mit Gerald Uhlig-Romero den Literatur-Nobelpreisträger Kenzaburô Ôe, die Chemie-Nobelpreisträger John B. Fenn und Kurt Wüthrich, die Physik-Nobelpreisträger Robert Coleman Richardson, Masatoshi Koshiba, Martinus Veltman, Tsung-Dao Lee und Leo Esaki, den Medizin-Nobelpreisträger Baruch Blumberg, Wirtschaftsnobelpreisträger Finn Kydland sowie den Friedensnobelpreisträger Shimon Peres. Den aufgeregtesten Presserummel verursacht Ausstellungsbesucher und (Noch-)Nicht-Nobelpreisträger Fidel Castro Díaz-Balart, weil der seinem Vater Fidel so ähnlich sieht. Die Presse giert nach Fotos. Fidelito, wie er gerufen wird, ist promovierter Atomphysiker und auf Einladung des Direktors des Max-Planck-Instituts für Wissenschaftsgeschichte, Jürgen Renn, in Berlin. Fidelito unterhält uns mit Witzen über die USA. Deren Botschaft befindet sich 2005 noch in unmittelbarer Nachbarschaft zum Café Einstein, und Fidelito freut sich für die Mitarbeiter der CIA, dass sie es jetzt doch so furchtbar leicht haben, ihn abzuhören. Dass Fidelitos Vater einmal Werbung

„Fidelito" Castro vor dem Portrait seines Nennonkels Gabriel García Márquez

für mein Fotobuch machen und ich als Delegationsmitglied der Republik Timor-Leste auf Staatsbesuch nach Kuba reisen werde, ahnen wir nicht ansatzweise, als ich den Physiker vor meinem Portrait seines Nennonkels, Literatur-Nobelpreisträger Gabriel García Márquez, ablichte.

An einem der Ausstellungstage schließlich tippt mir jemand auf die Schulter:

„Sie sind der Fotograf, nicht wahr?!"

Es ist Aaron Ciechanover. Es schließt sich ein erstes langes Gespräch an.

Aaron Ciechanovers Wurzeln liegen in Polen, in der Stadt Ciechanów. Ausgerechnet die Schweden zerstörten die Stadt 1657 fast völlig, es verblieben nur etwa vierhundert Bürger, und dass die Stadt nicht bald ganz verschwand, ist der damaligen Zuwanderung von Juden zu verdanken, die den entvölkerten Ort wieder zum Leben erweckten. Aarons Eltern kamen in den zwanziger Jahren des letzten Jahrhunderts aus Polen nach Israel, beseelt von dem Gedanken, am Aufbau eines jüdischen Staates im Sinne des Schriftstellers Theodor Herzl mitzuwirken. Die Teile der Familien seiner Eltern, die Polen nicht verließen, verloren ihr Leben durch „mordende Deutsche und ihre polnischen Kollaborateure". Aarons Miene verdunkelt sich, wenn er so spricht. Er sähe gerne, dass man sich allerorts der Verantwortung aus jener Zeit stellt, nicht nur in Deutschland, auch dort, wo man sich mitschuldig machte. Den Umgang mit der eigenen Schuld in seiner erbärmlichsten Form hat Aaron in seiner Jugend hautnah erlebt, als er den Prozess gegen einen der grausamsten Schreibtischtäter aller Zeiten, Adolf Eichmann, als Zuschauer im Gerichtssaal verfolgte.

Ich erzähle von meiner Israelreise mit dem damals fast neunzigjährigen Komponisten Oskar Sala, den ich zu einem Musikfestival im Rahmen eines deutsch-israelischen Kulturaustauschs begleitet und fotografiert habe. Dass ein Deutscher die Reise nach Israel immer mit besonderem Gepäck unternimmt, wurde mir bei diesem ersten Israelbesuch daran deutlich sichtbar, dass ich mit Oskar Sala jemanden aus der Generation begleitete, die bei der Einreise nach Israel eine zusätzliche Erklärung abgeben muss. Der auszufüllende Vordruck befragt vor 1928 Geborene nach einer etwaigen NSDAP-Mitgliedschaft, ferner ist Auskunft über die Einstufung durch die Entnazifizierungs-Spruchkammern unter Angabe der Registrierungsnummer zu geben.

Wie ist es für Aaron Ciechanover, nach Deutschland zu

kommen? Bei aller Anerkennung für den Umgang mit der Nazi-Zeit durch deutsche Bundeskanzler von Brandt bis Merkel, sein erster Besuch in Deutschland sei schon sehr zwiespältig gewesen, erläutert der Israeli. Bis heute könne er sich bei Begegnungen mit Deutschen nicht ganz von dem Gedanken ‚Was haben deren Eltern oder Großeltern wohl seinerzeit getan?' befreien.

„Man blättert im Leben immer wieder Seiten um. Aber alle bleiben im Buch, unabänderlich",

beschreibt Aaron Ciechanover historische Lasten, die sich durch Zeitablauf zwar in Ausprägung und Wahrnehmung verändern, jedoch nie „überwunden" werden. An dieses Bild muss ich denken, als ich später einmal von der Literatur-Nobelpreisträgerin Nadine Gordimer einen ähnlichen Satz höre. Gordimer, die einer jüdischen Familie entstammte und mit einem aus Deutschland emigrierten Juden verheiratet war, formulierte:

„Die Vergangenheit ist in unserer DNA."

Bemerkenswert: Der Biochemiker wählt die Buch-, die Literatin die DNA-Metapher.

Ein Portraittermin mit dem Friedensnobelpreisträger von 1992, Shimon Peres, führte mich nach dem Besuch mit Oskar Sala ein weiteres Mal nach Israel. Als Aaron Ciechanover fragt, welche heiligen Stätten und Orte ich schon besichtigt habe, muss ich allerdings weitgehend passen.

Und schon bin ich nach Haifa eingeladen.

***

Seither bin ich über zwanzigmal in Israel gewesen und nur ein einziges Mal, ohne Aaron Ciechanover zu treffen. Der Spitzenwissenschaftler, der auf der ganzen Welt unterwegs ist, nahm sich Zeit, um mir seine Heimat vorzustellen.

So erlebe ich Israel mit einem Chemie-Nobelpreisträger als Fremdenführer. Zuerst zeigt mir Aaron Haifa. Die Hafenstadt am Mittelmeer, zu Füßen des nördlichen Abhangs des Karmelgebirges, ist nicht nur Aarons Geburtsort, sondern das dortige Technion auch seine Forschungs- und Wirkungsstätte. Diese älteste Hochschule Israels wurde Anfang des letzten Jahrhunderts von deutschen Juden als „Technikum" gegründet und an ihrem ersten Standort als orientalisch anmutender Bau vom Berliner Alexander Baerwaldt geplant. Architekt Baerwaldt spielte Cello in einem Quartett mit dem Vorsitzenden des Deutschen Komitees für das Technische Institut in Haifa. Jener spielte Violine und pflanzte 1923 vor dem Technion-Gebäude zwei Palmen, die dort heute noch stehen. Das war nicht die einzige sein Leben überdauernde Leistung, denn jener Geiger und Gärtner hieß Albert Einstein. Wir werden in diesem Buch noch Laureaten kennenlernen, die das Glück hatten, dem Genie zu Lebzeiten begegnet zu sein. Aaron Ciechanover wäre gerne einer von ihnen, aber er entdeckt gerade erst seine Liebe zur Biologie, als Albert Einstein 1955 in Princeton stirbt. Zu jener Zeit pflückt der siebenjährige Aaron am Berg Karmel Blumen, die er zwischen die Seiten der schweren Ausgabe des babylonischen Talmuds presst.

Mit Aaron vor seinem Portrait im Weizmann-Institut für Wissenschaften / Rechovot, Israel

Das offizielle Portraitfoto von Aaron entsteht in Haifa; der Nobelpreisträger führt mich außerdem nach Nazareth, Jerusalem und zum Berg Sinai, dem Ort der Bergpredigt; wir besichtigen die zwischen Haifa und Tel Aviv gelegene

Stadt Caesarea und Kinneret am See Genezareth. An der Taufstelle Jesu am Jordan-Fluss freuen wir uns mit glücklichen Pilgern. Auf Vermittlung und Initiative von Aaron kommen Ausstellungen meiner Arbeiten im Israel National Museum of Science, Technology & Space in Haifa und im Weizmann-Institut in Rechovot zustande. Dass ich dort im Mai 2006 unter den Gästen des ehemaligen Staatspräsidenten Israels Ephraim Katzir bin, der mit einem traumhaften Fest unter freiem Himmel seinen neunzigsten Geburtstag feiert, ergibt sich allerdings wegen der engen Freundschaft Katzirs mit Eddy Fischer.

Die Reisen nach Israel haben mich als Fotograf, Deutscher, Tourist und Kunsthistoriker nachhaltig beeindruckt. Viele Orte und heilige Stätten, Forschungs- und Kultureinrichtungen, aber auch so manches wunderbare Restaurant hätte ich ohne Aaron niemals kennengelernt.

In Bet Sche'arim (Beit Shea'arim) haben wir unser gemeinsames Interesse für Friedhöfe entdeckt. Die archäologische Gräberstätte liegt nahe Haifa. Hier hatte im zweiten bis vierten Jahrhundert n. Chr. der Sanhedrin, der hohe Rat, als oberste jüdische und gerichtliche Instanz seinen Sitz, und nachdem sich viele Mitglieder des hohen Rates dort hatten bestatten lassen, wurde das zu einer Art Mode. In den über zwanzig unterirdischen Grabanlagen findet man etwa vierhundert Gräber. Die Nekropole gilt als berühmtester jüdischer Friedhof der Welt.

***

Der Jüdische Friedhof meiner Heimatstadt Göttingen ist eine oberirdische Ruhestätte für etwa hundert Verstorbene mehr, aber weniger berühmt. Unser Rundgang im Sommer 2010 führt meine Eltern, Aaron, Herrn Jüttner und mich zum Grab des ehemaligen Göttinger Oberbürgermeisters Artur Levi. Levi, unmittelbar nach dem Zweiten Weltkrieg aus dem Londoner Exil nach Deutschland zurückgekehrt, hat in Göttingen gelebt, gearbeitet und politisch gewirkt. Ich habe mich oft gefragt, wie der Verfolgung im Dritten Reich Entronnene jemals nach Deutschland zurückkehren konnten, schon gar, wie Levi, direkt nach Kriegsende; so mausetot zumindest Hitler auch gewesen sein mochte.

Vielleicht weil die Ehefrau Heimweh nach der schönen Landschaft verspürt und wegen der Pension, die nicht bis ins britische Exil geschickt wird? Das jedenfalls waren die Gründe, die Max Born seinem Freund im amerikanischen Princeton, Albert Einstein, für seine Rückkehr nannte.

Nachdem wir den Jüdischen Friedhof zum Stadtfriedhof hin verlassen haben, stehen wir vor dem Grab dieses Rückkehrers, den es 1954 aus dem Exil in Edinburgh in das Göttingen-nahe Bad Pyrmont zieht.

Anfang der zwanziger Jahre: Die Professoren Max Born und James Franck, beide aus jüdischen Familien, werden gleichzeitig nach Göttingen an die Georg-August-Universität berufen. Born übernimmt die theoretische Physik, sein Kollege besetzt den Lehrstuhl für Experimentalphysik. Franck erhält 1925 den Physik-Nobelpreis. Im Frühjahr 1933 kommt er der Demütigung durch Umsetzung des Gesetzes „zur Wiederherstellung des Berufsbeamtentums" zuvor. Das Gesetz erlaubt es, jüdische Beamte jederzeit zu entpflichten, also rauszuschmeißen. Franck schreibt an den Rektor der Georg-August-Universität, dass er „aus dem Amt scheiden" werde, denn „[…] unter den heutigen Umständen Staatsbeamter zu bleiben, verbietet mir eine innere Notwendigkeit."

Der Nobelpreis ist vor den „Rassegesetzen" der Nazis nichts wert, auf das sogenannte Frontkämpferprivileg für Soldaten im Ersten Weltkrieg will sich Franck gar nicht erst berufen. Einen Tag nur wagt die *Vossische Zeitung*, die das Schreiben vom 18. April 1933 abdruckt, zu hoffen, der Brief werde „zur Selbstbesinnung" helfen […]. Das Opfer, das er bringt, könnte zeigen, wohin der Weg führt, den man jetzt beschreiten will."

Doch da ist „man" längst von Sinnen und marschiert im Gleichschritt in den Untergang. Statt solidarischer Austrittswelle professorale Distanzierung vom als „Sabotageakt" verunglimpften Rückzug Francks: Über vierzig Göttinger Professoren – laut Born-Doktorandin und Physik-Nobelpreisträgerin Maria Goeppert Mayer „aus der zweiten Reihe" – unterzeichnen ein entsprechendes Schmier-Pamphlet, schließlich auch das „Bekenntnis der Professoren an den deutschen Universitäten und Hochschulen zu Adolf Hitler".

Gute Nacht, Deutschland. Die Nazis schmeißen die Intelligenzia raus – aus dem Land der Dichter und Denker wird eines der Banausen und Barbaren. Hitler-Deutschland reißt die Clique naturwissenschaftlicher Genies, die sich in Berlin am Kaiser-Wilhelm-Institut für Physik unter Direktor Albert Einstein und daneben in Göttingen zusammengefunden haben, auseinander. Der Braindrain beginnt.

„Born ging erst nach Cambridge, dann nach Edinburgh, Franck nach Baltimore und später Chicago, Einstein nach Princeton", fasst Aaron zusammen.

Ausgerechnet Aarons „Giganten" sind die Helden des Allerkleinsten.

Um in die Mikrostruktur der Materie vorzudringen, schmeißen sie die konservative Physik über Bord, und dann streiten die Revoluzzer Max Born und Albert Einstein über „Petitessen"; über die elementarsten aller Teilchen, die in Portiönchen („Quanten") Materie bauen, und wie weit sie nun aus der Reihe der herkömmlichen Physik schwingen. Ob der liebe Gott sie etwa würfelt oder der schlaue Einstein „dem Alten" doch noch in die Karten schaut und sie in einer „Weltformel" zähmt.

Aaron kennt noch eine Menge mehr Namen von Emigranten-Giganten, die Liste ist lang. Der Chemie-Laureat nennt sie in Anlehnung an einen Buchtitel zum Thema „Hitler's gift" (dt. „Hitlers Geschenk").

Tja, und geschenkt ist geschenkt. Die meisten Emigranten bleiben bei den Beschenkten, so sehr sich das vom Schenker befreite Deutschland schließlich müht, sie wiederzugewinnen. Die Stadt Göttingen verleiht 1953 Max Born und James Franck die Ehrenbürgerschaft. Born trägt sich ohnehin mit Rückkehrgedanken. Kein Verständnis des alten Freundes und Neu-US-Staatsbürgers Einstein dafür. Da mag ihm Born noch so glaubhaft vermitteln, dass er auf dem Fest zum 1000-jährigen Stadtjubiläum Göttingens eine Menge netter Leute getroffen habe, was der besuchsweise ebenfalls anwesende Kollege James Franck bestätigen könne.

Der Plan, „in das Land der Massenmörder unserer Verwandten" zurückzuwandern – für Einstein weit unter Borns sonstigem Ideen-Niveau.

Doch Max Born zieht nach Bad Pyrmont, und ein Jahr später, 1954, erhält er den Physik-Nobelpreis für die statistische Interpretation der Wellenfunktion.

„Merkwürdig verspätet", kommentiert Einstein im Glückwunschschreiben an seinen „lieben Born", denn alle anderen Quantenphysik-Pioniere haben ihre Gold-Medaille schon in der Glasvitrine. Das heißt, jene von James Franck bleibt lange leer. Sein Goldstück mit Alfred Nobels Konterfei hat ein Kollege im Krieg verwahrt und aus Angst vor Konfiszierung durch die Nazis in Königswasser aufgelöst; erst 1952 erhält Franck aus Stockholm einen zweiten Guss.

Mit der also erst 1954 prämierten bornschen Wahrscheinlichkeitsinterpretation bekommt man heraus, mit welcher Wahrscheinlichkeit bei der Durchführung einer Messung an einem Quantensystem ein bestimmter Messwert auftritt. Dass Freund Born dafür einen Nobelpreis verdient hat, findet der geniale Kollege Einstein durchaus, nur sei das alles noch unvollständig, nicht „der wahre Jakob". Albert Einstein wird zeitlebens kein Freund der Quantentheorie. Dabei hat er die Quanten selbst als konkrete Bausteine der Materie erkannt und von der traurigen Existenz als bloße Rechengröße in die reale Welt geführt. Dass man sich an die Eigenschaften und Gesetzmäßigkeiten dieser subatomaren Teilchen aber nur mit Wahrscheinlichkeiten heranrobben können soll, passt Einstein nicht. Ade konservative Physik? Physik und Zufall – das geht für ihn nicht zusammen. Er vermutet versteckte Variablen, die wir nur nicht kennen, und knurrt: „Der Alte würfelt nicht."

Das Gesellschaftsspiel, das zum Einstein-Jahr in Göttingen gelauncht wird, heißt daher „EinStein würfelt nicht", dabei meinte das Genie ja gar nicht sich selbst, sondern den „Alten" im Himmel, von dem die Bibel nicht offenbart, an welchem Schöpfungstag er die Quanten schuf und wieso.

Max Born bezeichnete sie einmal als eine „hoffnungslose Schweinerei".

Anders als Einstein arrangierte er sich aber nolens volens mit ihnen, und die heutige Physik tut's auch. Wir Kinder des Computerzeitalters würden sie sowieso nie mehr hergeben. Ohne die „Schweinerei"-Physik säßen wir augenblicklich in der – nach heutigen Maßstäben – kommunikationstechnischen Steinzeit. Nicht nur unsere Cyber-Welt würde untergehen, die gesamte moderne Informationstechnologie würde keinen Piep mehr sagen. Ohne Quantenmechanik ließe sich ein Touchscreen immer noch anfassen, aber zu keiner Aktion mehr verleiten. Allein mit dem Smartphone halten wir uns täglich massenweise Quantenphysik ans Ohr.

Computer, Laser, Mikrochips, DVDs, Kernspintomographie, Mikrowellenöfen, Solarzellen, Energiesparlampen – vielleicht hätten wir davon das ein oder andere auch ohne die Quantentheorie, aber dann wären wir dazu gekommen wie die Jungfrau zum Kinde und ständen staunend davor. So aber besteht unsere elektronische Welt nicht aus ein paar von Blinden gefundenen Körnern, sondern eben aus jenen Quanten, und die Jungs und Mädels in den Silicon Valleys duzen sie längst. Hätte Einstein seinen Briefwechsel mit Born per E-Mail führen können, wäre ihm angesichts des Anwendungsparadieses der Quantenphysik das bisschen Quantenzufall im Mikrokosmos sicher so egal gewesen wie mir. Nein, wohl doch nicht. Ihm ging es immer um das prinzipielle Verständnis der Natur, und Einstein wäre wahrscheinlich bis heute der Ansicht, dass die Quantentheoretiker ihre eigene Theorie nicht wirklich verstehen, auch wenn sie sich jetzt ohne Briefträger streiten können.

Max Born machte als „Architekt der Quantenmechanik" aus den revolutionären Ideen der modernen Physik erstmals überhaupt etwas Fassbares, wenngleich für mich etwa seine Matrizen-Formel nur insofern fassbar ist, als ich sie, mit Aaron vor Borns Grab stehend, tastend erforschen könnte, ist sie doch in den Grabstein gehauen: $pq-qp = h/2\varpi i$.

Einsteins $E = mc^2$ (Energie gleich Masse zum Quadrat der Lichtgeschwindigkeit) finde ich irgendwie hübscher, und da würde mir Einstein zustimmen, denn die Äquivalenz von Masse und Energie ist ein fassbares Naturgesetz aus der (speziellen) Relativitäts-, nicht der Quantentheorie. Schade, dass Einstein nirgends einen Grabstein hat, denn die Formel, die ja auch die Ruheenergie umfasst, passte perfekt, obwohl oder gerade weil es nach der Relativitätstheorie keine absolute Ruhe gibt. Aber das ist eine Geschmacksfrage. Jedenfalls für jemanden wie mich, der sich diesen Formeln eher mit ästhetischer Draufsicht statt inhaltlichem Durchblick zu nähern vermag.

Inhaltlich kann ich damit in etwa so viel anfangen wie mit Katzen, die gleichzeitig tot und lebendig sind. „Schrödingers Katze" – für mich Synonym einer Physik, die mich schnell ratlos macht, dabei sollte das Tierchen ausgerechnet dazu dienen, die ungewohnten Ungewissheiten der Quantenwelt, mit denen Einstein und ich nicht zurechtkommen wollen, verständlich zu machen. Ich brauche dazu allerdings einen Menschen, und das ist mein Freund Ekkehard Sieker, den ich später noch näher vorstellen werde und der sich als Wissenschaftsjournalist rührend um mein Weltbild der Physik kümmert, das voller weißer Flecken ist. Dank ihm bin ich auf dem Friedhof-Spaziergang mit Aaron schemenhaft vorgebildet, hatte er doch einmal die ultimative Geburtstagsgeschenkidee für mich:

Drei Tage Crashkurs Relativitätstheorie!

Zusammen mit zwei Wissenschaftsjournalisten ging es in gefühlt Lichtgeschwindigkeit durch Zeit und Raum.

Die Schwellenangst zum Subatomaren allerdings habe ich nie ganz überwunden und finde es einigermaßen tröstlich, dass die Pioniere der Quantentheorie ein äußerst gespaltenes Verhältnis zu den Quanten hatten. Auch Erwin Schrödinger: „Ich mag sie nicht, und es tut mir leid, jemals etwas damit zu tun gehabt zu haben."

Er reagiert sich also an dieser Katze ab.

Begrifflich kennt das als quantenmechanisches Maskottchen durch die Physiksäle streunende Tierchen ja fast jeder, aber wie es ihm genau geht, weiß keiner. Man könnte zunächst meinen, recht gut, da es sich ja in einer „Superposition" befindet, aber jene ist nur vermeintlich erstrebenswert, tatsächlich ein paradoxer quantenmechanischer „Überlagerungszustand", wie ich lerne.

Unterhalb menschlicher Wahrnehmungsgrenzen könnte uns so ein Zustand bei mikrokosmischen Objekten ja völlig kaltlassen, aber wo ist die Grenze, bis zu der solche quantentheoretischen Merkwürdigkeiten auftauchen? Wo gibt die Quantentheorie ihre Herrschaft an die bekannten Gesetze ab?

Der gedankenexperimentelle Tierquäler Erwin Schrödinger wollte nun einmal veranschaulichen, wie absurd sich die Quantentheorie im Alltagsbereich ausnähme.

Dazu verwandelte er also so ein mikrokosmisches Quant in eine makroskopische Katze und steckte sein imaginäres Haustier mit einem Atom in einen „Höllenmaschine"-

Kasten. Da wir von dem Atom nicht mehr wissen, als dass es nach einer Stunde mit 50-prozentiger Wahrscheinlichkeit zerfallen ist und dann ein Gift aktiviert, das die Katze tötet, können wir quantentheoretisch über den Zustand der Katze nach einer Stunde auch nicht viel mehr sagen, als dass sie wahrscheinlich tot und wahrscheinlich lebendig ist. Das Paradoxon an Schrödingers Katze ist also, dass sie tot *und* lebendig, nicht aber *entweder* tot *oder* lebendig ist. Wirklich? Einfach mal Tür auf und nachschauen? Kann man machen. Bloß ist für Quantenmechaniker dann der paradoxe Spaß vorbei und für Elementarteilchen erst recht. Die kriegen nämlich beim Nachschauen (einer Messung) Zustände, und zwar eindeutige. Und siehe da: Kaum ist die Tür offen, hat sich die Katze eben doch für tot *oder* lebendig entschieden. Erst die Messung als Wechselwirkung mit der Natur führt zu dem gemessenen Zustand.

Damit ist die Superposition für die Katz.

Das traurige Szenario nimmt die Quantenmechaniker so mit, dass sie regelmäßig zusammen mit der Wellenfunktion, die die Superposition beschreibt, kollabieren und deshalb mit ihren unentschiedenen „Schrödinger-Katzen-Zuständen" vollkommen zufrieden sind. Erst 2012 werden endlich zwei unerschrockene Quantenphysiker mit dem Nobelpreis belohnt, die „Schrödinger-Katzen-Zustände" herstellen, die man sogar messen kann, ohne dass die Quanten die Superposition ihrer möglichen Zustände verlieren. Serge Haroche macht das im Mikrowellenresonator, David Wineland werkelt mit der Ionenfalle, dessen (Mit-)Erfinder wir noch kennenlernen werden. Und was haben wir Nicht-Quantenphysiker von „stabilen" Superpositionen? Sie bringen uns z. B. näher an den Traum extrem schneller Quantencomputer, bei denen sich mit doppelter Prozessorenzahl die Rechenleistung nicht bloß verdoppelt, sondern exponentiell entwickelt (also etwa 2, 4, 8, 16 …). Dazu brauchen wir eine „heile" Quantenwelt, denn wenn Quantenüberlagerungszustände zerstört werden, sind gleichzeitig viele der ihnen zugeordneten Eigenschaften nebst den darin enthaltenen Informationen, bis auf die wenigen realisierten Zustände, futsch.

Einmal so betrachtet, ist es eben doch eine super Position, mit der Erwin Schrödingers Name auf ewig verschränkt ist.

Einstein allerdings glaubte Schrödinger nicht, dass seine Katze tot *und* lebendig ist. Eins davon wird sie sein, nur weiß Schrödinger es eben nicht. Der Unterschied ist der: Stellen wir uns vor, wir spielten in 100 geschlossenen Katzenkisten Mäuschen:

Ein Hardcore-Quantenmechaniker sähe nun 100 Katzen im Überlagerungszustand tot/lebendig und der Determinist Einstein 50 tote und 50 lebendige Katzen. Schrödinger gehören sie jedenfalls alle. Und Einstein mag zwar die unentschiedenen Quantenzustände nicht, aber seinen Wiener Duz-Freund umso mehr und anempfiehlt ihn nach Stockholm. Es klappt! 1933 gibt es für die zustandsbeschreibende Schrödinger-Gleichung (die Walter Kohns Dichtefunktionaltheorie später für das Vielelektronensystem leichter nutzbar machen wird) den Physik-Nobelpreis. Den muss sich Schrödinger nicht mit der Katze, aber mit dem britischen Kollegen Paul Dirac teilen. Nur nebenbei: Diracs imposanten Grabstein in Tallahassee/Florida bewacht keine Katze, sondern ein steinerner Hund.

Hier auf dem Göttinger Stadtfriedhof ist Erwin Schrödinger – definitiv (Mit-)Gigant – nur gedanken-experimentell begraben, aber jener Nobelpreisträger, der ebenfalls 1933 ausgezeichnet wurde (rückwirkend für 1932), ist immerhin mit einer zu seinem 100. Geburtstag aufgestellten Gedenktafel präsent: Born-Schüler Werner Heisenberg. Der Assistent erhielt den Nobelpreis für Physik vor seinem Lehrer, befand sich somit seit dem Jahr 1933 in einer Art paradoxem Überholungszustand.

Ausgerechnet Heisenberg. Ausgerechnet 1933.

Das ist recht ärgerlich für die Nazis, denn der nicht jüdische Heisenberg ist in ihrer unsäglichen Diktion ein „Weißer Jude", ein Feind der sogenannten „Deutschen Physik". Die Antisemiten bestimmen damals nicht nur, wer Jude, sondern auch, was Physik ist. Da dem modernen physikalischen Weltbild mit Relativitäts- und Quantentheorie überproportional viele Gelehrte jüdischer Abstammung anhängen, wird der Streit um diese Umwälzungen zum Nachteil der Experimentalphysik auch mit rassistischen Mitteln geführt. Physik kann für Nazis durchaus „arisch" sein.

Bereits 1920 kommt es – etwa vonseiten der „Arbeitsgemeinschaft deutscher Naturforscher zur Erhaltung reiner Wissenschaft e. V." – zu diffamierenden Angriffen auf Albert Einstein, so dass sich zwei damals schon mit dem Nobelpreis Ausgezeichnete für ihn einsetzen. Sie liegen ebenfalls hier, nahe dem Friedhofsteich, auf dem Göttinger Stadtfriedhof begraben:

Der Physik-Nobelpreisträger von 1914, Max von Laue, und der nur zwei Grabstellen weiter ruhende Chemie-Nobelpreisträger von 1920, Walther Nernst, springen dem als Plagiator und reklamesüchtig verunglimpften Forscher-Kollegen Albert Einstein in einer von mehreren Zeitungen in Berlin abgedruckten Verteidigungsschrift bei und geben ihrer Freude darüber Ausdruck, Einstein nahezustehen und sagen zu können, „dass er von niemandem in der Achtung fremden geistigen Eigentums, in persönlicher Bescheidenheit und Abneigung gegen Reklame übertroffen wird."

Max von Laue wird ein sehr guter Freund von Einstein, obwohl der sich für Gefälligkeiten auf sehr spezielle Weise erkenntlich gezeigt haben soll. Fragte von Laue: „Na, war das nicht wieder schön von mir?", entgegnete Einstein: „Du weißt doch: Das Schönste an dir ist deine Frau, dann kommt dein Beugungsbild und zuletzt dein prächtiger Haarschopf!" Die Pracht erschöpfte sich in einem Haarkranz. Weitere Frotzeleien der beiden sollen für außenstehende Nicht-Genies allerdings ohne erfassbare Pointe gewesen sein. Das durch von Laue postulierte Phänomen der Röntgenbeugung an Kristallen spielt eine wichtige Rolle bei der Strukturanalyse der DNA, von deren Protagonisten ich auch noch ausführlich berichten werde.

Als Max von Laue sich im Zusammenhang mit den „Reklamevorwürfen" für den Verleumdeten einsetzt, wartet jener noch immer auf seinen eigenen Nobelpreis. Einstein und Nobelpreis – von der Selbstverständlichkeit, die das heute für uns hat, waren die damaligen Umstände weit entfernt.

Dem Nobelkomitee wird Albert Einstein seit 1910 als Preisträger vorgeschlagen, ganz vehement irgendwann von jenem Nobelpreisträger, dessen Grab Max von Laue und Walther Nernst im Blick haben, wenn sie sich in ihrem mal umdrehen (was sie z. B. sicher machen, wenn Fotografen über Physik schreiben): Max Planck ruht ganz links außen, vom 2006 auf dem Göttinger Stadtfriedhof errichteten Nobel-Rondell aus gesehen.

Professor Planck, Max von Laues Doktorvater, wird 1919 mit dem Nobelpreis für 1918 ausgezeichnet.

Er ist der Auslöser der Quanten-Revolution im Weltbild der Physik.

Mit ihm geht Schlag 1900 das abenteuerliche Quanteln überhaupt erst los, als er bisher vermeintlich kontinuierliche Größen, wie die Energie, plötzlich in Portiönchen teilt, eben quantelt. Quanteln ist für ihn ein Rechentrick, eine Krücke, damit seine Strahlungsformel zur Beschreibung bestimmter elektromagnetischer Strahlung funktioniert. Plancks Einführung des später nach ihm benannten und nobelpreisprämierten Wirkungsquantums bildet das Fundament der Quantenphysik. Es beschreibt den kleinstmöglichen Energieumsatz und ist eine universelle Naturkonstante, die die Grenze des Messbaren in der Quantentheorie festlegt. Das Formelzeichen für etwas unvorstellbar Kleines passt locker auf jeden Grabstein: „h" – findet sich aber nicht auf Plancks letzter Ruhestätte. Aus dem Wirkungsquantum und den beiden weiteren Naturkonstanten, der Gravitationskonstante und der Lichtgeschwindigkeit, ergeben sich wesentliche Grundgrößen der Physik.

Die Geburtsstunde der Quantentheorie, welche viele Physiker in die Verzweiflung treiben sollte, feierte Max Planck zumindest in dieser Hinsicht angemessen:

„Ich kann die ganze Prozedur als einen Akt der Verzweiflung charakterisieren, da ich von Natur aus friedlich bin und alle zweifelhaften Abenteuer ablehne."

Also die Quanten mochte damals wirklich niemand, nicht mal ihr Erfinder, der beinahe stur an seiner Auffassung, sie als mathematischen Trick ohne reale Entsprechung zu nehmen, festhält und lange gar nicht sehen will, wie bahnbrechend seine Ideen sind. Aber Albert Einstein. Der erkennt die universelle Bedeutung von Plancks Arbeit vor vielen anderen, und umgekehrt ist Planck schon früh von der Preiswürdigkeit der Relativitätstheorie überzeugt.

Als er das nach Stockholm meldet, gewöhnt man sich dort allerdings gerade erst an die Quanten-Schweinerei im Mikrokosmos. Nun kommt auch noch einer und verbiegt den ganzen Makrokosmos – das ist schlicht zu viel des Umsturzes. Isaac Newtons Weltbild samt Gravitationsgesetz gibt es immerhin schon seit 1687, nachdem dem Astronomen zwanzig Jahre zuvor doch angeblich dieser Apfel auf den Kopf gefallen ist. Danach sind Zeit und Raum absolute Größen, die Bühne des kosmischen Geschehens. Einstein schreibt nach der speziellen Relativitätstheorie von 1905 dann 1915 mit der allgemeinen Relativitätstheorie das Schauspiel endgültig völlig um. Er ordnet Materie, Zeit und Raum ganz neu, macht aus Getrenntem ein unauflösliches Ganzes, das sich gegenseitig beeinflusst. Wenn nun alles, aber auch alles, eine einzige verworrene Beziehungskiste ist, dann sind Aussagen immer beobachtungsabhängig, also relativ.

Den Kern des Weltbild-Umsturzes bringt Einstein selbst am besten und knappsten auf den Punkt: „Früher hat man geglaubt, wenn alle Dinge aus der Welt verschwinden, so bleiben noch Raum und Zeit übrig. Nach der Relativitätstheorie verschwinden aber Zeit und Raum mit den Dingen."

Nur nebenbei: Weltbild-Umsturz hin oder her – so furchtbar schlimm erscheint mir das gar nicht, denn

was will man mit Zeit und Raum so ganz ohne Dinge?

Dem Nobelkomitee ist die Relativitätstheorie damals jedenfalls noch absolut unklar und überhaupt die Sache mit der theoretischen Physik und der dynamischen Struktur der Raum-Zeit nicht ganz geheuer, weshalb man den Preis zwar 1922 (für 1921) endlich an Albert Einstein vergibt, jedoch für eine Arbeit aus der Quantentheorie.

Einstein erhält die Auszeichnung für die Deutung des photoelektrischen Effekts mit Hilfe der Lichtquantenhypothese. Diese Deutung erkennt Plancks „Rechenkrücke--Quanten" als reale Phänomene, also Bausteine von Materie. Das veranlasst den Ideengeber zunächst zu dem Kommentar, damit sei der Kollege nun aber wirklich „übers Ziel hinausgeschossen".

Worum es geht, erfasst man ganz gut am Beispiel der Lichtschranke im Fahrstuhl. Die funktioniert wegen der Fähigkeit des Lichts zur Herauslösung von negativ geladenen Elektronen aus einer Metalloberfläche – und diese Fähigkeit hatte ausgerechnet der Physik-Nobelpreisträger von 1905 Philipp Lenard, der später führende Vertreter der „Deutschen Physik", präzise beschrieben, was wiederum durch die Entdeckung des Elektrons 1897 durch den britischen Nobelpreisträger J. J. Thomson möglich geworden war.

Die bis dahin herrschende Auffassung, Licht sei eine kontinuierliche elektromagnetische Wellenerscheinung, reichte für die Deutung dieser Phänomene nicht aus. 1905 erkennt Einstein also unter Zugrundelegung von Plancks Arbeiten zur Quantelung, dass Licht in bestimmten Situationen Teilcheneigenschaften hat: Das auf der einen Seite des Fahrstuhleingangs ausgesendete Licht erzeugt auf der anderen Seite beim Auftreffen auf den Sensor bewegliche elektrische Teilchen (die negativen Elektronen), die dann einen Strom bilden können. Einstein zeigt, dass dieser Vorgang physikalisch nur widerspruchsfrei zu erklären ist, wenn das auf Materie auftreffende Licht aus Lichtteilchen (Photonen) besteht, so dass man es sich als aus kleinen Energiepaketchen zusammengesetzt vorstellen muss. Wieder eine Geburt! Ein Zwitter: der Welle / Teilchen-Dualismus.

Die Nobel-Ehre für die Lichtquantenhypothese hindert Einstein nicht, am 11. Juli 1923 auf der 17. Nordischen Naturforscherversammlung seine verspätete Nobelpreis-Vorlesung über die „Grundgedanken und Probleme der Relativitätstheorie" zu halten. Zur Verleihungszeremonie nach Stockholm hat Einstein 1922 nicht reisen können. So ist der deutsche Gesandte dem Preis entgegengeeilt und hat dabei, staatsangehörigkeitsrechtliche Haken schlagend, den Schweizer Kollegen abgehängt. Deutschland schmückt sich also kurzzeitig mit dem jüdischen Reichsdeutschen Einstein. Als der 1933 die Staatsangehörigkeit loswerden will, ist das höchst kompliziert, verursacht einen sehr deutschen Behörden-Streit und gipfelt schließlich in einer von den Nazi-Oberen initiierten Straf-Ausbürgerung, einem Hinauswurf „mit Pomp", wie Einstein kommentiert.

Albert Einstein ist seit Hitlers Machtantritt nie mehr nach Deutschland gekommen, auch nach dem Krieg nicht, geschweige denn hat er sich vorstellen können, seinen Lebensabend hier zu verbringen wie Max Born. Nicht einmal eine besuchsweise „Rückkehr", wie James Franck sie praktizierte, kam für Einstein in Frage. Franck starb übrigens ausgerechnet auf so einer Göttingenreise, ist aber nicht hier begraben.

Aaron Ciechanover beeindruckt Einsteins Konsequenz in der Rückkehrdebatte. Er macht mich darauf aufmerksam, dass der Hinausgeworfene sogar die Wiederbelebung von Auszeichnungen und Mitgliedschaften mit deutschem Bezug ablehnte: das Angebot von Bundespräsident Theodor Heuss zur Erneuerung seiner Mitgliedschaft im Orden Pour le mérite gleichermaßen wie das Ansuchen von Präsident Otto Hahn, Mitglied der 1948 in Nachfolge der Berliner Kaiser-Wilhelm-Gesellschaft in Göttingen gegründeten Max-Planck-Gesellschaft zu werden.

Otto Hahn? Der ist hier auf dem Stadtfriedhof gleich neben Max Planck begraben. Sein hoch aufragender schlichter Grabstein aus Muschelkalk verzeichnet kein Geburts- und Sterbedatum. Aber ganz unten ist, wie bei Born, eine Formel in den Stein gehauen.

Er wollte nicht der „Vater der Atombombe" sein.

Aaron Ciechanover weiß natürlich, welche das ist, als er darauf deutet:

„... die Formel der Uranspaltung."

Mit Otto Hahn sind wir in des Pudels Kern. Ihm gelingt im Dezember 1938 die erste – als solche erkannte – Kernspaltung. Als verantwortliche Stellen in Nazi-Deutschland durch seine Publikationen gewahr werden, dass die neuesten Entwicklungen aus der Kernphysik einen Sprengstoff ermöglichen könnten, der die Wirkung konventioneller Sprengstoffe um ein „Undenkbares" übertrifft, handeln sie schnell. Ab jetzt gilt größte Geheimhaltung, und Deutschlands führende Kernphysiker werden in ein Programm zur

„Aufnahme von Versuchen für die Nutzbarmachung der Kernspaltung" eingebunden. Daraus entsteht das berüchtigte „Uranprojekt".

Kopf des Ganzen: Born-Überholer Heisenberg. Was interessiert noch die „Deutsche Physik", wenn der „Weiße Jude" für Hitler die Atombombe bauen kann?!

Die Frage ist nur: Kann er? Und wird er?

Dass es bei Kriegsende keine deutsche Atombombe gibt, kann nur zwei mögliche Ursachen haben: Entweder hat Heisenberg keine bauen können oder keine bauen wollen. Warum ist der Deutsche im Krieg zu dem Atomphysiker und Nobelpreisträger-Kollegen Niels Bohr nach Kopenhagen gereist? Um ihm zu berichten, dass er die Bombe bauen oder dass er den Bau verzögern will?

Die Beteiligten erinnern sich nach dem Krieg unterschiedlich an das Gespräch, steckt ja auch eine Menge Sprengstoff drin. Allerdings spielen weder die „heisenbergsche Unschärferelation" noch die „Kopenhagener Deutung" auf diese Unklarheiten an, denn in diesen fachbezogenen Dingen sind sich Bohr und Heisenberg fast so einig wie darüber, dass die Quantentheorie nur verstanden hat, wer „zunächst über sie entsetzt" ist.

Niels Bohr ist der Herr, dessen nach ihm benanntes Atommodell erstmals ein Atom auf Grundlage der Quantentheorie beschreibt. Die Elektronen umrunden den Atomkern nicht in beliebigen Abständen, sondern in gequantelten; will ein Elektron den Energiezustand wechseln und von einer Umlaufbahn (Schale) auf die andere, dann geht das nur mittels Quantensprung. So ein Quantensprung als Übergang zwischen zwei Werten einer physikalischen Größe im atomaren Bereich ist naturgemäß nicht mal ein Hüpferchen, sondern so was von winzig, dass ich mir weder von dem Vorgang eine Vorstellung machen kann noch davon, wie das Wort „Quantensprung" in ganz neue Bedeutungs-Dimensionen vorstoßen konnte.

Der Quantensprung wird sprichwörtlich, und der Inhalt des Kopenhagener „Atombomben"-Gesprächs beschäftigt später die Welt. Einmal auch Aaron und mich im Gespräch mit Chemie-Nobelpreisträger Walter Gilbert beim gemeinsamen Frühstück in Lindau. Über das Treffen Bohr–Heisenberg gibt es von dem britischen Schriftsteller Michael Frayn ein Theaterstück mit dem Titel „Kopenhagen", und im gleichnamigen Fernsehfilm mimt gar Bond-Darsteller Daniel Craig Heisenberg. Ein sehr gutes Theaterstück, sind sich Aaron und Wally einig, aber eben doch Fiktion. So oder so, am Ende habe sich Heisenberg gleich in mehrfacher Hinsicht verrechnet, fasst Aaron zusammen.

Jedenfalls fällt seinerzeit nach Otto Hahns Öffnung der Büchse der Pandora der Fachwelt bald auf, dass aus Deutschland keine Publikationen mehr zur Kernspaltung kommen. Das lässt den jüdisch-ungarischen Kernphysiker Leó Szilárd Böses ahnen. Der zählt 1 und 1 zusammen:

Kernspaltung in Kettenreaktion plus Einsteins Energieformel gleich Atombombe!

Er verfasst ein Schreiben an Präsident Roosevelt, das dringend zur Entwicklung von Nuklearwaffen rät. Die Sache scheint dem nach dem Reichstagsbrand aus Deutschland geflohenen Szilárd von äußerster Wichtigkeit, keinesfalls dürfen die USA eine deutsche Atombombe verschlafen. Aber wird man da oben Notiz von ihm nehmen? Szilárd braucht einen klingenden Namen als Mitunterzeichner und wendet sich an Albert Einstein. Man kennt sich aus Berliner Zeiten, als es noch nicht um die Entwicklung von Atombomben, sondern um die von Kühlschränken ging. Kein Witz!

Der auf der Leipziger Messe 1928 ausgestellte „Automatische Beton-Volks-Kühlschrank" geht auf ein Patent der beiden Physiker zurück, aber nie in Serie.

Einstein unterschreibt Szilárds Aufruf im August 1939.

Der „Fehler", wie Einstein später über seine Unterzeichnung sagen wird, ist die Geburtsstunde des Manhattan-Projekts, des US-amerikanischen Militär-Unternehmens zur Entwicklung der Atombombe.

Forschungsleiter wird ein ganz großer Göttingen-Fan („Die Naturwissenschaften sind hier viel besser als irgendwo sonst"): Der US-Amerikaner und ehemalige Doktorand von Max Born bestand 1927 alle Prüfungen „mit Auszeichnung", sein Name: Julius Robert Oppenheimer.

Die Vorfahren des New Yorkers stammen aus dem deutschen Oppenheim. Der Super-Streber – nicht wenige Gefährten halten ihn für ähnlich genial wie Einstein – hatte eine tolle Zeit in Göttingen, lebte dort seine beiden Steckenpferde aus: Physik und Dichtung. Auch wenn sich Paul Dirac, mit dem er eine Zeit lang unter einem Dach wohnte, lustig machte: „In der Physik versuchen wir, den Leuten etwas, das vorher noch niemand wusste, so zu vermitteln, dass sie es verstehen. In der Dichtung ist es doch genau umgekehrt."

„Oppie", wie ihn Freunde nennen, ist „sehr begabt" – bestätigt Max Born später. Auch den Wettlauf Manhattan-Projekt gegen Uranprojekt, Oppenheimer gegen Heisenberg, Göttingen gegen Göttingen, entscheidet „Oppie" für sich. Das macht ihn für die Welt zum „Vater der Atombombe" und Otto Hahn verpasst man den Titel gleich mit. Lise Meitner, die zusammen mit Otto Hahn an der Erforschung des Uranspaltungsprozesses gearbeitet hat, wird außerdem noch zu einer „Mutter der Atombombe".

Allein Otto Hahn bekommt Gelegenheit, sich mit einem Nobelpreis über die zweifelhafte Ehre hinwegzutrösten, aber es gelingt nicht recht. 1945 schon deshalb nicht, weil Hahn die für 1944 verliehene Medaille nicht abholen kann, da er sich noch mit einer Reihe weiterer Atomphysiker auf dem Landsitz Farm Hall in britischer Gefangenschaft befindet. Die Kollegen foppen den Ausgezeichneten mit einem Limerick:

Es war ein Kollegium in Schweden,
Das verlieh seinen Preis nicht an jeden.
Doch kriegt man ihn mal,
so ist's auch fatal,
denn man kommt nicht von Farm Hall nach Schweden.

In der Nachkriegszeit macht sich Otto Hahn nicht nur als entschiedener Kernwaffengegner einen Namen, er leistet außerdem einen wichtigen Beitrag zur Aussöhnung mit Israel. 1959 besucht er mit einer Delegation der Max-Planck-Gesellschaft den jungen Staat. Er wird von der Witwe des Staatsgründers Chaim Weizmann nach Rechovot zu einem Empfang geladen, trifft den Präsidenten des Weizmann-Instituts und späteren Außenminister Abba Eban und sieht sich den israelischen Atomreaktor an. Vonseiten beider Staaten wird der Besuch als „historisches Ereignis" gewertet. Auf Hahns Initiative hin bewilligt die Bundesregierung finanzielle Zuschüsse für das Weizmann-Institut.

***

„Menschen, die Geschichte schrieben" – ich habe viele davon auf der ganzen Welt kennengelernt, aber jene, die eine Beziehung zu „meinem" Göttingen haben, sind mir naturgemäß ganz besonders nahe. Mit Aaron Ciechanover habe ich mir noch ganz neue Verbindungslinien erschließen können und Zusammenhänge erfasst. Laienfragen an einen Nobelpreisträger? Dazu rate ich vehement! Kompliziertes zu vereinfachen und die Vermittlung auf den Empfänger passend zuzuschneiden – das ist nicht so einfach, und Nobelpreisträger können eine Menge „Nicht-so-Einfaches". Sie haben hohe Ansprüche, die höchsten an sich selbst. Im Lehrer-Schüler-Verhältnis sehen sie den Ball zunächst klar im eigenen Feld. Bevor der Schüler lernen kann, muss der Lehrer lehren können. Dass ich in Lindau den Kurzvorträgen oft etwas weiter folgen kann, als ich mir zugetraut hätte, liegt ohne Frage an wenig anderem als an deren didaktischer Güte. Aaron bezeichnet in seinen Ausführungen zur Ubiquitinierung die zu zerstörenden Proteine kurzerhand als „Opfer", und wenn er erklärt:

„Der Mann, der hier vor Ihnen steht, ist ein völlig anderer als vor drei Monaten. Alle Proteine brandneu!",

dann ist das doch leicht zu merken. Fast klingt es poetisch, wenn der Chemie-Laureat erläutert: „Körperlich erneuern wir uns ständig, auch jetzt, wenn wir miteinander sprechen oder uns schreiben, aber alles, was uns im Innersten ausmacht – Erinnerungen, Leidenschaft, Liebe, Verstand – das bleibt uns unverändert erhalten."

Wie wichtig die Poesie für die Chemie ist, habe ich auch erst durch Nobelpreisträger erfahren. Ich komme noch näher darauf zurück. Nicht zuletzt, weil es in Alfred Nobels Sinne wäre.

An jenem Nachmittag auf dem Stadtfriedhof in Göttingen hat mir Aaron die „Giganten" mit ihren Errungenschaften in ihre Zeit gestellt. Ob Wissenschaft machen darf, was Wissenschaft machen kann, war für viele Wissenschaftler der „Einstein"-Generation kein Vortragsthema auf einem Ethik-Symposium. Unsere kleine Zeitreise hat Aaron, meine Eltern und mich weit in düstere Vergangenheit geführt, aber keineswegs nur in Vergangenes. Wir sitzen danach beim Rittermahl in der Burgschänke auf der Plesseburg in Bovenden bei Göttingen und sind noch immer mit großen Fragen beschäftigt, den Herausforderungen und Prüfungen, die ihre Zeit an die Giganten stellte.

Der Fluch der Machbarkeit, Wissenschaft zwischen Fortschritt und Politik, Nutzen und Schaden von Erfindungen – welche Gedanken sind nun wirklich im Kopf des Wissenschaftlers, der doch „nur" eines will: die Natur verstehen?

Aaron seufzt:

„Naiverweise habe ich die Naturwissenschaft als eine Sprache des Friedens und Verstehens begriffen, die den Menschen ein besseres Leben schenken will. Doch irgendwann musste ich erkennen, dass es nicht in ihrer Macht steht, Menschen vor dem Bösen zu beschützen. Wir können, wie Alfred Nobel, Dynamit herstellen und es nutzen, um Straßen zu pflastern, Tunnel zu bohren und Brücken zu bauen, aber mit genau demselben Dynamit können wir unsere Brüder und Schwestern umbringen. Wir können mit radioaktiven Strahlen Krebs behandeln, sie aber auch als grauenhafte Bomben nutzen, um Menschen zu töten. Oder denken wir an das Haber-Bosch-Verfahren."

Auch das ist eine extrem ambivalente Errungenschaft. Mit Hilfe dieses Verfahrens, für das der Deutsche Fritz Haber 1919 den Chemie-Nobelpreis (für 1918) erhielt, lässt sich Stickstoff in Dünger oder Sprengstoff verwandeln. Hunger besiegen oder Menschen töten? Als sie von einer „Perversion der Wissenschaft" sprach, meinte Habers Frau und Kollegin allerdings Chlorgas.

Fritz Haber war der führende Mann in der Entwicklung der Chlorgaswaffen. Das Stichwort „Gaskrieg" erinnert an schreckliche Bilder aus dem Ersten Weltkrieg. Habers Frau beging, wohl auch aus Entsetzen über die Forschungen ihres Mannes, Selbstmord, erzählt mir Aaron. Otto Hahn hatte sich aus der Chlorgaswaffen-Entwicklung noch frühzeitig genug zurückgezogen. Einstein-Freund Haber musste als Jude 1933 ebenfalls emigrieren, die Kollegen Max von Laue und Walther Nernst hatten sich erfolglos für ihn eingesetzt. Er starb, bevor er 1934 einer Einladung von Chaim Weizmann, der ihm die Direktorenstelle der chemisch-physikalischen Fakultät des Weizmann-Instituts offeriert hatte, nach Palästina folgen konnte.

Die Atombombe ist ein einsamer Höhepunkt im Kapitel „Perversion der Wissenschaft". Hätte es sie ohne Hitler und den Wettlauf „Uranprojekt" gegen „Manhattan-Projekt" je gegeben, frage ich Aaron. Ja, definitiv, viel später zwar, aber so einen Verlauf könne man nicht aufhalten, meint er. Nazi-Deutschland betreffend habe es allerdings nur eine Möglichkeit für Wissenschaftler gegeben, nicht unterstützend mitzuwirken: zu gehen!

Für Aaron ist völlig klar:

„Nur Menschen, die eine zutiefst humane Überzeugung haben und die es als selbstverständlich ansehen, dass wir alle gleich sind und alle verdienen, in Würde zu leben, können diese Werte und ihre Mitmenschen schützen. Die Nationalsozialisten traten diese Werte mit Füßen, denn sie waren von der Überlegenheit einer einzigen Rasse und bestimmter Menschen überzeugt. Damit vernichteten sie andere und letztlich sich selbst.

Echte Wissenschaft ist untrennbar verbunden mit Moral.

Denn als Wissenschaftler müssen wir uns jederzeit fragen – und hinterfragen –, welche Konsequenzen unsere Forschungsarbeiten, unsere Entdeckungen und Erfindungen haben können. Deshalb gedeihen die Naturwissenschaften nur in einer freien Gesellschaft, in der die Menschen freie Entscheidungen treffen können. Unter totalitären Regimes hat Wissenschaft dazu keine Chance, denn das eine schließt das andere aus."

„Heisenberg blieb und machte mit ...", denke ich laut.

„Er war getrieben von Wissenshunger ...", versucht Aaron Beweggründe nachzuempfinden.

Irgendwann ist sie in der Welt – die Möglichkeit, die Spezies Mensch auf Knopfdruck zu vernichten. Hiroshima klärt grausam letzte Fragen. Was nun?

Anlässlich der Lindauer Tagung 1955 unterzeichnen achtzehn Nobelpreisträger – dreiunddreißig weitere tun es ihnen später gleich – das von Otto Hahn initiierte „Mainauer Manifest", auch Max Born und Werner Heisenberg:

„[...] Mit Freuden haben wir unser Leben in den Dienst der Wissenschaft gestellt. Sie ist, so glauben wir, ein Weg zu einem glücklicheren Leben der Menschen. Wir sehen mit Entsetzen, dass eben diese Wissenschaft der Menschheit Mittel in die Hand gibt, sich selbst zu zerstören. [...] Alle Nationen müssen zu der Entscheidung kommen, freiwillig auf die Gewalt als letztes Mittel der Politik zu verzichten. Sind sie dazu nicht bereit, so werden sie aufhören zu existieren."

Anlässlich der Auseinandersetzung mit dem damaligen deutschen Verteidigungsminister Franz Josef Strauß um atomare Bewaffnung wiederholt Hahn den Aufruf, und der erneute Appell 1957 geht als das „Göttinger Manifest" in die Geschichte ein. Die 18 Unterzeichner firmieren als die „Göttinger 18" in Anlehnung an ein mutiges aufständisches Professoren-Trüppchen um die Brüder Grimm, das 1837 gegen Verfassungswillkür von Ernst August I. protestierte und als die „Göttinger Sieben" zeichnet. An sie erinnert im Übrigen eine Stahlskulptur von Günter Grass.

Am eindrücklichsten vermittelt ein anderer Nobelpreisträger die apokalyptischen Dimensionen der Atombombe, einer, der sich der dazu nötigen Dramatik des Ausdrucks bedienen kann. Ein Mann der Wissenschaft *und* des Wortes: der britische Mathematiker, Philosoph und Schriftsteller Bertrand Russell.

Der Literatur-Nobelpreisträger (1950), dem Albert Einstein schon 1931 schriftlich seine „hohe Bewunderung" ausspricht, fasst den Scheideweg der Menschheit, an dem sie angesichts der Atombombe steht, in berühmt gewordene Worte:

„Wir wenden uns als Menschen an unsere Mitmenschen: Besinnt euch auf euer Menschsein und vergesst den Rest! Wenn euch das gelingt, dann ist der Weg in ein neues Paradies frei. Schafft ihr es nicht, riskiert ihr den Untergang aller."

So steht es 1955 im Russell-Einstein-Manifest, das Albert Einstein kurz vor seinem Tod unterzeichnet.

„Remember your humanity, and forget the rest!"

An wen geht der Aufruf? Die Politik? An jeden Einzelnen an seinem Platz, natürlich auch an den Wissenschaftler, das ist für Aaron Ciechanover unmissverständlich:

„Nur in der Hand gewissenhafter Wissenschaftler kann die Wissenschaft als Sprache des Friedens dienen und der Menschheit helfen."

Es gab ihn, diesen „Man of Conscience in the Nuclear Age" (Buchtitel, dt. „Mann mit Gewissen im Atomzeitalter").

P rofessor Rotblat ...?", flüstere ich in die Papiertürme hinein, ernsthaft befürchtend, dass sie schon ein Lufthauch meiner Worte zum Einstürzen bringen könnte.

Die Haushälterin des zur Zeit meines Besuchs im Jahr 2002 Vierundneunzigjährigen hat mich bis zur Schwelle des Arbeitszimmers seines Domizils im Londoner Vorort West Hampstead geführt und dann kehrtgemacht. Nun sehe ich mich hilflos um. Ja, wo ist der Friedensnobelpreisträger denn nur?

Ich stehe in einem Raum mit brusthohen Papier-, Heft- und Bücherstapeln, es müssen Millionen von Seiten sein. Ich wage keinen weiteren Schritt aus Angst vor einem Papier-Super-GAU.

Joseph Rotblat dagegen geht immer den einen entscheidenden Schritt weiter als andere. Zunächst den zur Tür hinaus aus Los Alamos, den Laboratorien des Manhattan-Projekts. Er sieht die Rolle des Wissenschaftlers im Nuklearwaffenwettlauf wie Lord Zuckerman, wissenschaftlicher Berater der britischen Regierung im Zweiten Weltkrieg:

„Geht es um Atomwaffen [...] dann ist der Mann im Labor derjenige, der als Erster sagt, man solle aus irgendeinem Grund einen alten Nuklearsprengkopf verbessern oder einen neuen entwickeln. Nicht der Befehlshaber im Feld, sondern er – der Techniker – agiert im Herz des Wettrüstens."

Joseph Rotblat verlässt 1944 das Unternehmen Atombombe, bevor der Job gemacht ist.

Er ist Mitunterzeichner des Russell-Einstein-Manifests und, neben Bertrand Russell, Mitbegründer der in dieser Kontinuität stehenden Pugwash Conferences on Science and World Affairs. Zusammen mit dieser Organisation erhält er 1995 den Friedensnobelpreis. Weil er wieder einen Schritt weiter ging als andere:

Der Manhattan-Projekt-Aussteiger

sah das Problem nie darin, dass Dinge nicht „in falsche Hände" kommen dürfen.

Die Atombombe darf in gar keinen Händen sein – dieser Gedanke kommt ihm nicht wie den anderen nachdem, sondern bevor sie fertig entwickelt ist.

Rotblat hat seine Kollegen dazu aufgerufen, es ihm gleichzutun und in Los Alamos und Livermore (USA), in Tscheljabinsk und Arzamas (Russland) sowie in Aldermaston (Großbritannien) die Laboratorien der Waffentechnologie-Forschungseinrichtungen zu verlassen. Atomwaffen zur Abschreckung zu „behalten" ist ihm keine Option, auch keine „politische" – wie man gerne hinzusetzt, wenn es amoralisch wird –, da sie etwas voraussetze, was nicht vorausgesetzt werden könne: dass Menschen rational handeln.

Das „Gleichgewicht des Schreckens" sieht Rotblat als Lotterie, in der das Leben der Menschheit auf dem Spiel steht. Dass ausgerechnet jenes Gleichgewicht nichts mit Glücks-, sondern mit Strategiespielen und mit rationalem Verhalten zu tun haben soll, werde ich durch die Begegnung mit John F. Nash Jr. noch lernen. Und dennoch behält Rotblat im Ergebnis wohl Recht.

Viele Hunderte Appelle, Pamphlete und Ausarbeitungen hat der Kernphysiker in seinem Kampf für die völlige Abschaffung von Nuklearwaffen verfasst. Falls er sie alle aufbewahrt hat, erklärt sich der Zustand dieses Arbeitszimmers sofort.

„Professor Rotblat?", versuche ich es jetzt doch noch ein bisschen lauter und räuspere mich ein wenig dabei. Hat sich das Blatt da hinten bewegt?

Da mich viele Nobelpreisträger in ihren Arbeitszimmern empfangen, kenne ich eine Menge Büros. Daher kann ich durchaus empirisch untermauert sagen, dass man vom Zustand eines Büros niemals auf die Qualität der Arbeit des Inhabers schließen sollte, auf gar keinen Fall dann, wenn das Büro nicht sein eigentlicher Arbeitsplatz ist. Ich kenne Chemiker, die im Labor durchdrehen, wenn ein Deckgläschen schief aufliegt, und im Büro sieht es aus wie im Kinderzimmer vor der Standpauke. Da arbeitet ein Entwickler moderner Technologien inmitten von verwelkten Grünpflanzen und staubigen Uralt-Modellen ausrangierter Faxgeräte, und der phantasievollste Schriftsteller kann keinen seiner schillernden Gedanken fassen, solange nicht auch das letzte inspirierende Accessoire aus dem trist-nüchternen Arbeitsumfeld entfernt ist.

Joseph Rotblat – „Papierhändler" und Manhattan-Projekt-Aussteiger

Büro-Zustände folgen eigenen Gesetzen. Vielleicht veröffentliche ich irgendwann noch mal ein Buch über Büros und Arbeitstische von Nobelpreisträgern.

Gerade will ich zum dritten Ausruf nach dem Professor ansetzen, da taucht aus den papiernen Fluten ein weißer

Haarschopf auf. Unsere gegenseitige „Entdeckung" hat etwas Skurriles, und als wir das zeitgleich wahrnehmen, müssen Professor Rotblat und ich noch vor dem Händeschütteln erst einmal beide lachen. Die Erheiterung dauert an, als wir einige Ansätze brauchen, damit sich unsere vorsichtig durch die Stapel hindurch manövrierten Hände auch zur Begrüßungsgeste treffen.

Der „Papierhändler" kennt die Frage, die man ihm zu stellen pflegt, wenn man diesen Raum zum ersten Mal sieht, und so antwortet er, ohne dass ich sie ausgesprochen habe: „Ja, ich weiß genau, wo hier was ist, wenn ich es brauche."

Ich glaube ihm, dass er eine unsichtbare Ordnung der sichtbaren Unordnung in seinem Kopf hat. Zu oft habe ich es schon erlebt, dass ich mit einem Laureaten auf irgendeine Mail oder ein Fax zu sprechen komme und derjenige dann, auf ein „Augenblick, ich habe das hier ..." hin, von einem Papierstapel die oberste Hälfte abnimmt wie beim Kartenspiel und genau die Mail herausfischt, um die es geht. Gemeinerweise kenne ich das Thema geheimnisvolle Zettelauffindung eher so, dass ich mir ganz sicher bin, dass ich das Schreiben der Bank mit der neuen Geheimzahl in die Schreibtischschublade gelegt habe, es sich aber irgendwann in der Küchenschublade wiederfindet, wenn ich von der Bank längst eine neue Karte samt Geheimzahl angefordert habe.

Professor Rotblat bietet mir keinen Sitzplatz an, weil es außer seinem Bürostuhl keinen weiteren gibt. Möglicherweise verbirgt sich in diesem Zimmer unter irgendeinem Bücherberg eine ganze Sitzgruppe, aber das werde ich nie erfahren.

Und nun? Small Talk über die Atombombe? Es überrascht mich, wie locker, ja mit einem gelegentlich verschmitzten Lächeln, der Professor über Schwerverdauliches spricht. Mir ist das sehr recht. Es hat etwas Belehrendes, wenn jemand bemüht ist, die Ernsthaftigkeit einer Sache durch besonders gravitätische Worte zu unterstreichen, als könne sein Gegenüber sie sonst nicht erfassen. Die Bedeutung der Angelegenheit steht außer Frage, und die Fakten sind wahrlich beeindruckend genug.

Der hochtalentierte Physiker verlässt tatsächlich als einziger Spitzenwissenschaftler das US-Atombomben-Projekt, *bevor* das missratene Kind geboren wird, und setzt sich damit postwendend Spionageverdacht aus. Dabei hat er bloß konsequent gehandelt. Wie die anderen auch ist er rekrutiert worden, um am Bau einer Atombombe *gegen Hitler* mitzuwirken. Als sich abzeichnet, dass Hitler weder Atombomben-Wettlauf noch Weltkrieg gewinnen wird, gibt es für Rotblat keinen Grund, das zerstörerische Unterfangen zu seinem perversen Ende zu bringen. Die anderen bleiben, obwohl sie ahnen, dass die Atombombe der Regierung auch für die Nachkriegsauseinandersetzung mit der Sowjetunion willkommen sein wird. Rotblat nicht. Er braucht nicht erst die Erfahrung von Hiroshima und Nagasaki, um den Schritt in die atomwaffenfreie Zone zu tun.

Die Atombombe bauen sie ohne ihn, und so engagiert er sich dann gegen das atomare Wettrüsten und für die Abschaffung aller Kernwaffen. Denn, wie er in seiner Nobelpreis-Rede feststellt: Rückentwickeln geht ja nicht! Vom ersten Treffen 1957 bis 1973 ist Rotblat Generalsekretär der Pugwash Conferences on Science and World Affairs, ab 1988 deren Präsident.

Ich fotografiere Joseph Rotblat in seinem Arbeitszimmer. Die meisten Bilder sortiere ich später als zu papierlastig aus. Des Professors Arbeitszimmer-Chaos ist nicht die Botschaft. Meine Wahl wird auf eine Aufnahme fallen, auf der Rotblat seine rechte Hand wie zu einem Stopp-Zeichen erhoben hat. Eine das Bild dominierende riesenhafte Hand eines im Vergleich dazu klein wirkenden Mannes zeigt der Welt, dass es so nicht weitergeht.

Laut Rotblat ist der Umstand, dass es bislang noch nicht zu einem Atomkrieg gekommen ist, etwa damals während der Kubakrise, nichts als Glück. Und sich auf das Glück zu verlassen ist kein guter Plan, weiß der Physiker. Die Abschaffung von Krieg schon. Unermüdlich erklärt er den Menschen, die schon die Vernichtung aller Atomwaffen für Utopie halten, dass das für ihn lediglich eine Zwischenstation sei: Erst müsse man die Atomwaffen abschaffen, dann den Krieg.

Es gab sogar jemanden, der, hätte er die Entwicklung der Atombombe noch erlebt, gewettet hätte, dass allein ihre Existenz den Krieg abschaffe: „Ich würde gerne ein Mittel oder eine Maschine von so schrecklicher massenvernichtender Wirkung erfinden, dass Krieg dadurch für immer unmöglich gemacht würde."

Doch Alfred Nobel irrte sich.

Um das Friedenspotential der Atombombe zu erkennen, müssten die Menschen etwas tun, was Rotblat als ein Leichtes darstellt: die Verantwortung, die jeder für sein Land und seine Kinder empfindet, schlichtweg auf die Menschheit ausweiten. Genau das sei gemeint mit den Worten des Russell-Einstein-Manifests „Remember your humanity, and forget the rest". Die Idee mit der ganzen Welt als Vaterland der Menschheit hatte ja schon Mark Aurel vor zweitausend Jahren, nur die Umsetzung in aller Konsequenz wollte und will nicht recht klappen. Den Einwand, dass es Krieg nun einmal immer schon gegeben habe, lässt Rotblat aber nicht gelten:

„Ja, was haben die Menschen nicht schon alles geändert, was es immer schon gegeben hat. Und was sie erst alles für unmöglich gehalten haben …!"

Dann lächelt er wie der Spitzbube mit wasserfestem Alibi.

***

Eines habe ich bei dem Gespräch mit dem Friedensnobelpreisträger trotz aller Klarheit missverstanden, und das führt zu meinem zweiten Besuch bei Professor Rotblat

Ende 2004. Das „Einstein-Jahr", von dem ich ja schon berichtet habe, steht bevor, und das *Cicero*-Magazin will Albert Einstein in besonderer Form würdigen.

Als ich mit dem verantwortlichen Redakteur der Zeitschrift, meinem Freund Wolfgang Glabus, nach London zu Rotblat aufbreche, da also vornehmlich wegen dessen Nähe zum berühmten Mit-Namensgeber des Russell-Einstein-Manifests.

Small Talk über die Atombombe?

„Wie war Einstein denn so?", fragt Wolfgang schon recht am Anfang des Interviews.

Als Rotblat dann klarstellt: „Oh, ich habe ihn nie persönlich getroffen", sehe ich in Wolfgangs Augen ganz kurz einen kleinen Atompilz, der mir gilt.

Auf meinem zweiten Portrait von Friedensnobelpreisträger Joseph Rotblat, das anlässlich dieses *Cicero*-Interviews entsteht, hält seine linke Hand eine Teetasse, die rechte auf ihrer geöffneten Innenfläche eine imaginäre kleine Last, sein Kopf ist etwas vorgebeugt, und das könnte der Moment gewesen sein, als er mit funkelnden Augen fragt:

„Was bitte ist an der Idee, Krieg abzuschaffen, Utopie?"

***

„Heute befinden wir uns glücklicherweise in einem Zeitalter der Abrüstung und des Abbaus von Atomwaffen. Doch in einigen Ländern geht ihre Entwicklung nach wie vor weiter. Ob und wann die Nationen der Welt sich auf ein Atomwaffenverbot einigen, bleibt ungewiss. Jedoch kann jeder Forscher für sich diesen Prozess beeinflussen, indem er dem Rüsten sein Wissen verweigert."

Das hat Joseph Rotblat in seiner Nobelpreis-Rede mit dem Titel „Remember your humanity" in Oslo gesagt, aber es war ein Zitat. Es sind die Worte eines seiner Kollegen beim Manhattan-Projekt, die Worte eines Nobelpreisträgers, der blieb, bis sich die Wolken über der Wüste New Mexicos lila färbten.

„Wissenschaftlich gesehen hatte das kein Interesse mehr für uns. Physikalisch war alles berechnet. Aber wir hatten hart gearbeitet und wollten sehen, ob wir alles richtig gemacht hatten."

„Das" ist der erste Atombombentest, und mit diesen Worten schildert **Hans Bethe**, was in ihm und Enrico Fermi vorgeht, als in der Wüste von New Mexico am 16. Juli 1945 der Countdown läuft und die beiden Physiker und Freunde in zwanzig Kilometer Entfernung abwarten, was passiert.

Zur Vorbereitung auf mein Treffen mit dem Physik-Nobelpreisträger von 1967 sehe ich mir einen aktuellen dokumentarischen Kurzfilm über Hans Bethes „Leben für die Physik" an, dessen Produktion mein „Mäzen" Dr. Klaus Tschira bzw. die seinen Namen tragende Stiftung zur Förderung von Naturwissenschaften, Mathematik und Informatik finanziell unterstützt hat. Dort kommt Hans Bethe, zum Zeitpunkt des Films bereits weit über neunzig, auch selbst zu Wort.

Sein „Leben für die Physik" beginnt am 2. Juli 1906 in Straßburg, wo Bethe als Sohn einer jüdischen Mutter und eines protestantischen Vaters geboren wird. Die Familie zieht nach Frankfurt. Dort studiert Hans Bethe Physik, setzt das Studium bald in München fort und promoviert bei Arnold Sommerfeld. Im Zusammenhang mit dem neuen Weltbild der Physik rund um die Göttinger Friedhofs-Clique und Albert Einstein hätte der Name Sommerfelds längst fallen müssen, ist er doch ein Pionier der modernen theoretischen Physik wie sie. Den „alten Husarenoberst", wie ihn Werner Heisenberg – ebenfalls Doktorand bei Sommerfeld – einmal nennt, hätte ich aber, auch wenn er einhundertvierzig Jahre alt geworden wäre, nicht in mein Foto-Projekt integrieren können, hält er doch „Nobel"-Rekorde der traurigeren Art: Die Königlich Schwedische Akademie der Wissenschaften erhält 81 Vorschläge für seine Auszeichnung, und es sind so viele Physik-Nobelpreisträger mit Arnold Sommerfelds Lehrstuhl verbunden wie mit keinem anderen, aber an ihm selbst geht die höchste internationale Auszeichnung für einen Wissenschaftler zeitlebens und damit für immer vorbei; posthume „Nobel"-Ehre sehen die Statuten nicht vor.

Eines der Talente, die Sommerfeld „aus dem Boden stampft", weil er „den Geist seiner Hörer zu veredeln" imstande ist – wie Einstein es formulierte –, ist Hans Bethe.

Nach 1933, als Deutschland von allen guten Geistern verlassen ist und verlassen wird, sorgt Sommerfeld dafür, dass auch Hans Bethe in Sicherheit forschen kann: Er vermittelt ihn an die Cornell University in Ithaca, 350 Kilometer von New York City entfernt, wo er 1935 Professor wird.

„Far above Cayuga's Waters" (dt. „Hoch über dem Cayuga-See") liegt der Campus der Cornell University, und es ist der Titel des offiziellen Uni-Songs, der ahnen lässt, dass man von dort einen sehr schönen Blick auf den Cayuga Lake hat.

Als ich nach einer Autoreise durch die herrliche Seen- und Berglandschaft des Upstate New York bereits eine Nacht in Ithaca verbracht habe, erreicht mich in aller Frühe ein Anruf von Rose Bethe. Ihr Mann sei beim Aufstehen gestürzt und leider nicht in der Lage, den in einer Stunde geplanten Fototermin einzuhalten. Die Absage an diesem Sonntagvormittag im November 2003 ist die jüngste in der Reihe der Absagen, die mir Rose Bethe bereits wegen des schlechten Gesundheitszustandes ihres Mannes erteilen musste, nur hatten sie mich bislang immer vor meiner Reise erreicht. Nun bin ich allerdings schon am Ort, und ein Fehlschlag der heutigen Begegnung bedeutet wohl ziemlich sicher einen Fehlschlag des gesamten Unterfangens. Vorsichtig frage ich Hans Bethes Frau, ob sie erlaubt, dass ich in zwei Stunden noch einmal anrufe, vielleicht fühle sich ihr Mann dann besser. Wir verbleiben mit diesem Plan.

Ich glaube fest an die Beeinflussung der Zukunft durch penetrantes „So-tun-als-ob".

Das bedeutet, dass ich mich einfach so verhalte, als stehe etwas, das eigentlich völlig ungewiss ist, bereits als Gewissheit fest. Dann kann das Schicksal gar nicht anders, als eintreffen zu lassen, auf was ich mich so vertrauensvoll vorbereitet habe. Ich fahre also durch Ithaca auf der Suche nach einem am Sonntag geöffneten Blumenladen, um mich schon mal mit einem blühenden Mitbringsel für Frau Bethe auszustatten. Es geht sehr entspannt zu an diesem spätherbstlichen Wochenende, und Ithaca ist ein sehenswertes Städtchen mit etwa 30.000 Einwohnern und vielen alten Gebäuden im klassizistischen Baustil, denen die Säulen eine stolze Erhabenheit geben. Ich könnte meine kleine Autotour durch die hügeligen Straßen der Universitätsstadt durchaus genießen, wäre ich nicht innerlich doch etwas angespannt, ob es nun noch klappt mit dem Besuch bei Bethes. Den das Schicksal bestechenden Blumenstraußkauf habe ich jedenfalls bald erledigt.

Hans Bethe und seine zehn Jahre jüngere Frau Rose wohnen seit 70 Jahren in Ithaca. Nach dem Krieg unternahm Arnold Sommerfeld einen Versuch, Bethe zur Rückkehr nach Deutschland zu bewegen. Allerdings hatte das Angebot, seinen, also Sommerfelds, Lehrstuhl in München zu übernehmen, einen Pferdefuß, der die Ablehnung quasi herausforderte: Sommerfeld machte keinen Hehl daraus, dass Werner Heisenberg seine erste Wahl war. Ausgerechnet Atombombenwettlauf-Verlierer Heisenberg. Bethe lehnte dankend ab. Selbst wenn man ihn als erste Wahl und auf Knien gebeten hätte: Warum hätte er seine Spitzenstellung in Ithaca als Leiter eines Kernforschungsinstituts aufgeben sollen zugunsten einer nur unter strengen Auflagen möglichen Arbeit auf diesem Gebiet im gerade mühsam durch Entnazifizierung und entbehrungsreiche Nachkriegszeit dem Wirtschaftswunder zustrebenden Deutschland? Aus Hans Bethe wird kein bornscher Rückkehrer. Es gibt weder Pensionsgründe, noch ist Heimweh der Ehefrau nach der schönen Landschaft überliefert. Die US-Amerikaner wissen, wie man Top-Wissenschaftler behandelt, und Ithaca im Herbst erfüllt auch wirklich jede Natur-Sehnsucht.

Die einschneidendste Unterbrechung der Ithaca-Zeit für Hans und Rose Bethe heißt Los Alamos. Bethe wird Leiter der Theoretischen Abteilung in den Kernforschungs-Laboratorien, und das Paar wohnt in der eigenständigen künstlichen Stadt, in der die qualifiziertesten Wissenschaftler des Landes am „Manhattan-Projekt" arbeiten. Bethe-Sohn Henry kommt dort zur Welt. Robert Oppenheimer höchstselbst hat Hans Bethe angeworben, man kennt sich von gemeinsamer Forschungsarbeit. Alles, was in Los Alamos vorgeht, ist hochgeheim. Wenn die Mitarbeiter reisen müssen, werden sie mit falschen Identitäten ausgestattet, und bis zur einfachen Hilfskraft darf niemand darüber reden, was er dort macht:

„Die Löcher in die Donuts"

habe sie auf Nachfrage geantwortet, wird eine Angestellte später in einer Dokumentation erklären.

Dass der tödliche Nutzen wissenschaftlicher Forschung einmal sein Lebensthema werden wird, ahnt der junge Physiker Hans Bethe nicht, als er 1938 den Menschen erklären will, „warum die Sonne immer scheint".

In jenem Vorkriegsjahr entsteht die 1967 Nobelpreisprämierte Arbeit, die nachweist, dass die Sonne und alle weiteren Fixsterne ihre Energie aus der Kernfusion von Wasserstoffatomen freisetzen und so Licht und Hitze aussenden können. Das Prinzip, auf das die Erklärung zurückgeht: mal wieder Einsteins $E = mc^2$. Ebenfalls 1938 erhält einer der wichtigsten Lehrer und Freunde Bethes einen Nobelpreis für etwas, was er missinterpretiert. Enrico Fermi gelingt 1934 die erste Uranspaltung, aber er wird für die Entdeckung des Elements 93 ausgezeichnet. Dass dieses nach einer Neutronenbestrahlung von Uran neu entdeckte, stark radioaktive Element durch Kernspaltung entstanden ist, kommt dem Physiker nicht in den Sinn. Der deutschen Chemikerin Ida Noddack sehr wohl, aber noch hält die übrige Fachwelt eine Kernspaltung für nicht möglich. Das ändert sich erst, als Otto Hahn nahezu zeitgleich zu Fermis Nobelauszeichnung dessen Versuch wiederholt und kapiert, was passiert ist. Otto Robert Frisch und dessen Tante Lise Meitner liefern dann die physikalische Beschreibung der von Hahn entdeckten radiochemischen Phänomene. In der Folge versteht aber wiederum Fermi als Schnellster, was sich mit den Erkenntnissen machen lässt – bzw. was die Deutschen, die gerade nach der Weltherrschaft streben, damit machen werden wollen, wenn sie richtig kombinieren: eine Bombe! Das Stille-Post-Spiel, das zum Manhattan-Projekt führt, beweist, dass er richtig liegt: Heisenberg flüstert das Wort „Atombombe" Niels Bohr ins Ohr, Bohr dann Fermi, der Szilárd, jener Einstein und diese beiden schließlich Roosevelt. Kurz darauf sucht dann Gelegenheits-Lyriker Oppenheimer seine Physiker-Elitetruppe für das Löcher-in-die-Donuts-Projekt zusammen und wird insbesondere unter den Nazideutschland-Emigranten, „Hitler's gift", fündig.

Mit dem hübschen Blumenstrauß auf dem Beifahrersitz wage ich ziemlich genau um High Noon den zweiten Anruf bei Bethes. Ich überlege meine Wortwahl. Einerseits muss ich deutlich machen, dass ich keinesfalls eine Belastung sein möchte, andererseits kann ich die Bedeutung des Termins schon deshalb nicht herunterspielen, weil es dann fast den Anschein hätte, als werde auf das Portrait von Bethe kein besonderer Wert gelegt, wo ja nun das Gegenteil der Fall ist. Ich muss aber gar nicht erst eine verbale Gratwanderung absolvieren, beginnt Rose Bethe das Telefonat doch direkt mit der guten Nachricht, es gehe ihrem Mann tatsächlich viel besser, und er wolle mich gerne empfangen.

Zwanzig Minuten später parke ich am Savage Farm Drive vor einer weitläufigen Seniorenwohnanlage mit hübschen Satteldach-Bungalows. Rose Bethe freut sich über die Blümchen, führt mich ins zum Wohnraum offene Esszimmer mit Durchreiche zur Küche und holt dann ihren Mann. Ich glaube fast, ich hätte Hans Bethe auch ohne das Video von der Tschira-Stiftung, allein aufgrund seiner Jugendfotos, erkannt. Er hat eine sehr eindrückliche Augenpartie, die irgendwie ein Eigenleben zu führen scheint und sich nicht darum kümmert, welcher Gesichtsausdruck sie umgibt. Seine Augen schauen immer keck und klug, aus einem ernsten wie aus einem lächelnden Gesicht. Der Pionier der modernen Physik trägt ein blütenweißes Hemd und ein dunkles, feinkariertes Sakko. Die modisch tief im letzten Jahrhundert zu verortenden Hosenträger verraten sein Alter beinahe eher als sein übriges Äußeres. Ich finde, er sieht für einen nahezu Hundertjährigen blendend aus, sage das aber nicht in der Befürchtung, er könnte denken, ich nähme seinen angeschlagenen Gesundheitszustand nicht ernst.

Hans Bethe begrüßt mich auf Englisch. Deutsche dieser Generation, die in ihrer Kindheit nicht mit dem Englischen so in Berührung gekommen sind wie wir heute, legen nur selten ihren starken deutschen Akzent ab. Nicht mal nach so vielen Jahren in Amerika. Es mutet mich immer wieder etwas seltsam an, wenn ich mich mit deutschstämmigen Emigranten auf Englisch unterhalte, weil ihnen das viel angenehmer und leichter ist, die Aussprache aber völlig Gegenteiliges vermuten lässt. Bethes gänzlich ti-eitsch-freies „SSSieory" erinnert mich an längst vergangene Englischstunden bei meinem fabelhaften Lehrer Dr. Joachim (Joe) Weiß, der auch jenen mit Engelsgeduld das „th" vorzüngelte, die gerade beginnen wollten, den gesamten anglo-amerikanischen Raum nur wegen dieses Lauts abgrundtief zu hassen.

Ich mache das Gesprächs-Intro mit dem Verweis auf jene Biografie-Doku, die ja erst unlängst gedreht wurde. Bethe schaut verständnislos, und ich befürchte schon, dass er sich gar nicht erinnert, als er sich zu mir beugt: „Bitte sprechen Sie in das linke Ohr! Das andere will nicht mehr."

Wir setzen uns, und Hans Bethe leiht mir sein linkes Ohr. Nun versteht er mich besser, aber ich habe weiterhin Schwierigkeiten. Der alte Herr kaut ein wenig die Worte, sie formen sich sehr langsam, und doch bemerke ich rasch, dass sie in seinem Kopf noch immer äußerst schnell fertig sind, nur servieren kann er seine Gedanken leider nicht mehr so fix, wie er sie fasst. Mir kommt mein Besuch bei Joseph Rotblat in London ins Gedächtnis. „Sie kommen in Professor Rotblats Nobelpreis-Rede vor ..."

Bethe nickt.

Als Manhattan-Projekt-Aussteiger Rotblat Dableiber Hans Bethe in seiner Nobelpreis-Rede 1995 mit dessen Appell anlässlich des 50. Jahrestages des Atombombenabwurfs auf Hiroshima zitiert, kämpfen die ehemaligen Kollegen längst Seite an Seite für Frieden und atomare Abrüstung.

„Alle Atomwaffen weltweit abzuschaffen. Halten Sie das für möglich?"

„Die Atombombe wird immer da sein. In den Büchern."

In der „Bethe-Bibel", wie das Standardwerk von Professor Bethe zur modernen Physik von seinen Kollegen genannt wird, steht zwar keine Bauanleitung für „die Bombe", aber es gibt sie heute auf Knopfdruck im Internet. Selbst wenn die Welt also morgen atomwaffenfrei wäre: Das Wissen ist unauslöschlich. Der Wettlauf Manhattan-Projekt gegen Uranprojekt kann jederzeit in jeder denkbaren Neubesetzung in seine modifizierte Neuauflage gehen. Das Vernichtungspotential bleibt immer das gleiche.

Sofern die Welt eines Tages den Dritten Weltkrieg führe, könne man im Vierten Weltkrieg jedenfalls nur noch mit Stöcken und Steinen kämpfen, unkte einst Einstein. Das stimmt wohl. Weiteres wird nach einem Einsatz von Massenvernichtungswaffen nicht mehr zur Hand sein. Und allzu viele Krieger auch nicht. Um Waffen und Krieger muss man sich natürlich gar keine Gedanken machen, wenn man den Krieg insgesamt abschafft, denke ich das, was Joseph Rotblat jetzt möglicherweise sagen würde.

Ein gemeinsames Leben: Rose und Hans Bethe

Hans Bethe und ich sind nun bereit für ein paar Fotos.

„Machen Sie nur zuerst Ihre Arbeit", nickt mir Rose Bethe zu, „aber danach darf ich Sie vielleicht noch um etwas bitten?" Ich verspreche, dass sie das auf jeden Fall darf, und entscheide gleichzeitig, dass ich Hans Bethe nicht zu einem Ortswechsel motivieren werde, obschon ich ihn gerne draußen aufgenommen hätte. Wie erwartet, ist der Nobelpreisträger erleichtert, dass er einfach so am Tisch sitzen bleiben kann. Ich schieße einige Portraits, dann wende ich mich an seine Frau:

„Was kann ich für Sie tun?"

„Wir haben da immer diese Weihnachtskarten mit Fotos von uns. Dieses Jahr wird es wohl zu beschwerlich für Hans, zum Fotografen zu gehen … es wäre sehr nett, wenn Sie …?"

„Das mache ich sehr gerne."

Rose Bethe stellt sich neben ihren auf dem Esszimmerstuhl sitzenden Ehemann, und ich gebe eine kleine Regieanweisung: „Wenn Sie sich ein wenig zu ihm herunterbeugen und Sie beide sich ansehen, wird es noch schöner ..." Es gelingt eine Aufnahme, die etwas sehr Seltenes einfängt:

den Blick einer lebenslangen Liebe.

Wenn man mal pathetisch werden darf, dann hier. So berührend kriegt das keine Hollywood-Inszenierung hin, nur ein gemeinsames Leben. Wie ich erfahre, ist Rose Ewald noch ein Kind, als Hans Bethe die Tochter seines Professors Paul Ewald zum ersten Mal trifft und ab und zu gebeten wird, auf sie Acht zu geben. Als sich die beiden später verlieben, hat Hans Bethe das gerne als Lebensauftrag begriffen. Erst im 99. Lebensjahr, im März des „Einstein-Jahres", wird er seine Rose unbeaufsichtigt zurücklassen müssen.

Nach dem kleinen Weihnachtsbilder-Shoot erlaube ich mir eine Gegenbitte. Ich lade Hans Bethe ein, Förderer der Stiftung Lindauer Nobelpreisträgertagungen zu werden, und freue mich sehr, als er die Erklärung, die ich ihm überreiche, sogleich unterschreiben möchte.

Hans Bethe zählt zweifelsohne zu den Emigranten-Giganten, die Aaron als „Hitler's gift" bezeichnet. Nach dem Zweiten Weltkrieg bereut Deutschland so manches, und „Hitler's gift" gehört dazu. Die Lindauer Ärzte Gustav Parade und Franz Karl Hein treibt der Gedanke um, Deutschland wieder Anschluss an die wissenschaftliche Weltspitze und internationales Renommee zu verschaffen. 1950 kommt ihnen die Idee einer jährlichen Nobelpreisträgertagung, und sie wenden sich an den „Nachbarn" von der Insel Mainau, Graf Lennart Bernadotte. Der Enkel von Schwedens König Gustav V. Adolf nutzt seine Kontakte zum Stockholmer Nobelkomitee und schafft es, zusammen mit dem dann gebildeten Kuratorium, eine Plattform wissenschaftlichen Austauschs von Weltruf zu etablieren. Der als Medizinerkongress 1951 mit sieben Nobelpreisträgern gestartete Wissenschaftsdialog ist heute ein vielbeachtetes Forum des internationalen Forschernachwuchses in den Nobelpreis-Disziplinen, die jährlich alternierend die Federführung inne haben. Dem Kuratorium, dem auch Mitglieder der preisvergebenden Komitees angehören, steht seit 2000 die Stiftung zur Seite. Über zweihundert Nobelpreisträger gehören ihr zu diesem Zeitpunkt schon an. Nun auch Hans Bethe.

Er gibt mir die Erklärung direkt zurück, und ich bedanke mich. Ich verspreche, mich gleich nach meiner Rückkehr nach Berlin um die Weihnachtsfotos zu kümmern und Abzüge zu schicken. Beim Thema Weihnachten kommt die Sprache auf meine Heimatstadt. Auch an Weihnachten ist nur selten einmal Weltreisepause, und es klappt nicht immer mit dem Familienfest bei meinen Eltern in Göttingen. Wer hat eigentlich mehr Nobelpreisträger – Göttingen oder Ithaca? Hans Bethe und ich können uns nicht ganz einigen.

„Immerhin einen weiteren Laureaten von hier treffe ich jetzt gleich", leite ich scherzhaft-versöhnlich über zur Verabschiedung. Ich möchte den Sonntag, der für Hans Bethe so unsanft begann, nun nicht weiter stören, und ich habe tatsächlich noch einen Termin an der Universität der Superhelden.

N icht viel zu sehen von künftigen Nobelpreisträgern der Cornell University. Die Gänge des Baker Lab(oratory) der Fakultät für Chemie und Biochemie in der nach Ezra Cornell benannten Eliteuniversität sind fast leer. Zu hören ist nur der Kaffeeautomat.

„So, bitte sehr. Der Kaffee."

„Prima, danke."

Roald Hoffmann ist ein Multitalent. Nicht, weil er an diesem Sonntagnachmittag in der Kaffeeküche seines Instituts Kaffee kochen kann. Er schreibt Gedichte, Theaterstücke und philosophische Reden. Dabei geht es häufig, nicht immer, um Naturwissenschaften und Chemie. Denn damit kennt sich der Chemie-Nobelpreisträger von 1981 aus. Er ist ein Paradebeispiel meiner „Der Olymp der Spezialisten ist voller Multitalente"-Theorie. Wer den Professor nicht, wie ich, an seiner Wirkungsstätte, sondern virtuell besucht, der wird in „Roald Hoffmanns Land zwischen Chemie, Poesie und Philosophie" willkommen geheißen. Der Mann im Strickpullover, der einen dort anlächelt, erscheint optisch wie der Klon vom Chemielehrer am örtlichen Gymnasium. Weit gefehlt. Chemie-Unterricht war gestern. Chemie-Vorlesung kann jeder. Was ist mit einer Chemie-Performance auf Nobelpreisträger-Niveau in Gedichtform?

„Theoretical Chemistry" (dt. „Theoretische Chemie") ist Chemie-Poesie in fünf Strophen, „The devil teaches Thermodynamics" (dt. „Der Teufel lehrt Thermodynamik") hoffentlich kein Selbstportrait.

Die Sprache der Wissenschaft sei eine Sprache unter enormem Druck. Hoffmann findet Metaphorisches und Poetisches allerorten. Ich muss zugeben, dass ich Chemie noch nie übermäßig poetisch fand. Und genau solche Leute wie ich lassen Hoffmann keine Ruhe. Ihnen will er zeigen:

„Chemistry is beautiful."

Die Naturwissenschaftler leihen sich Vokabular und Darstellungsform der Humanisten. Kein hinterhältiger Trick, sondern ein ehrlicher Beitrag, alte Feindbilder zwischen den Disziplinen, die uns die Welt erklären, aufzulösen. Nichts ist mehr auf ewig unvereinbar. Wie weit geht die Naturgesetzlichkeit, wo ist Unwägbarkeit nur noch lyrisch beherrschbar? Versteht der Poet die Natur gar besser als der Wissenschaftler, wie Novalis schon im 18. Jahrhundert behauptete? „Besser" und „schlechter" sind hier keine Kategorien für Hoffmann. Jedes Fach, jeder Zugang zur Welt hat seine eigene Existenzberechtigung und nutzt seine eigenen Mittel. Mit dem enormsten Chemiewissen wird man keinen mittelalterlichen Dichter verstehen können, sagt der Professor. Dass man Lyrik lieben und Chemie-Nobelpreisträger werden kann, hätte Alfred Nobels Vater Immanuel heftig bestritten. Der ist damals todunglücklich darüber, dass sein drittältester Sohn sich für Literatur interessiert und selbst Gedichte verfasst. Hoffmann hätte ihn eines Besseren belehrt:

Die Welt muss man sich von allen Seiten schauend erschließen!

Wissenschaft-Kunst-Crossover ist sein Ding.

Dass er auch innerhalb der Chemie Verbindungen schafft, liegt nahe. Ausgezeichnet für seine Theorien zum Verlauf chemischer Reaktionen, überschreibt Hoffmann seine Nobel-Vorlesung mit „Brücken zwischen anorganischer und organischer Chemie".

Ob auf einer intimen Kellerbühne in Greenwich Village oder bei seiner Stockholmer Bankettrede, in der der frisch gekürte Laureat ein Gedicht von Charles Tomlinson rezitiert – wer Roald Hoffmann begegnet, begegnet nie „nur" dem Chemiker.

Ich habe Hoffmann vor unserem Sonntags-Meeting hier in der Cornell University bereits einmal getroffen und einmal knapp verpasst. In Washington, D.C., im Smithsonian gab es 2001, ein Jahr nach dem Start des Projekts, die erste Präsentation meiner „Nobels" im Rahmen der Ausstellung „Nobel Voices: Celebrating 100 Years of the Nobel Prize". Über achtzig Portraits können damals bereits präsentiert werden. Hoffmanns Bild noch nicht. Als er also zur Ausstellung kommt, nutze ich die Chance ... und vermassele sie. Das Foto wird ein Crossover aus Fotografie und Esoterik, weil mein Objektiv mich im Stich lässt. Mein Modell findet vor dem Smithsonian einen appetit-anregenden Sitzplatz neben einem mit riesenhaften Postern des Snacks beklebten Hotdog-Stand. Augenblicklich hungrig und auf Talfahrt mit dem Blutzuckerspiegel, merke ich nicht, dass die Blende verklebt ist. Das Foto zeigt nun im Schneesturm tanzende Würstchen mit einem lächelnden Geist davor.

Zwei Jahre später in München bei der „Nobels"-Ausstellung im Deutschen Museum haben wir uns leider verpasst. Der dramatische Chemiker bereicherte mit einem seiner Theaterstücke das Rahmenprogramm.

Als nun die Reise nach Ithaca zu Hans Bethe bevorstand, habe ich Roald Hoffmann angekündigt, dass ich vorbeischaue. Auf ein Neues also.

Blende verklebt: blasser Laureat mit Hotdogs im Schneesturm

Wir trinken in Ruhe unseren Kaffee, bummeln dann ein wenig durchs Institut. 1933 war Otto Hahn hier Gastprofessor, seine Antrittsvorlesung hieß „Von der Wägbarkeit zur Unwägbarkeit". Auf dem Campus mit seinen unzähligen Fakultäten und Wohnheimen habe ich mich schon etwas umgesehen. Ich kenne die Cornell University ansonsten nur aus ein paar Szenen des 80er-Jahre-Teenie-Films „Der Volltreffer" (Orig. „A sure thing"). Dort kriegen sich am Ende John Cusack und Daphne Zuniga, obwohl Cusack erst dem „Volltreffer" nachstellt, einer Über-Blondine, bis er merkt, dass sein Herz „the real thing" will, echte Liebe eben, also die brünette Daphne. Ich finde, in dem Film geht es um eine Menge hochkomplizierter chemischer Prozesse, und werde auf späteren Reisen noch lernen, dass das erstens stimmt und man zweitens aus ökonomischer Sicht Über-Blondinen sowieso nicht nachstellen soll.

Vielleicht liegt es an meinem Gedanken an den übermütigen Teenie-Film, dass mir eine etwas arg jugendliche Idee kommt, wo ich Hoffmann fotografieren möchte: draußen vor seinem Institutsgebäude, in luftiger Höhe.

„Was halten Sie davon, wenn Sie sich da oben reinstellen, Herr Professor?"

Hoffmann schaut auf die Fassadennische, auf die ich weise. Es ist ein bisschen Akrobatik nötig, um dahin zu kommen, aber die nimmt der Crossover-Chemiker leicht auf sich. Mir allerdings wird ein klein wenig mulmig, als ich Hoffmann hinaufkraxeln sehe, denn es geht doch ein paar Meter in die Tiefe unter dem kleinen Podest. Zu spät. Nun steht der Nobelpreisträger bereits in der von einer spätherbstlich nackten Kletterpflanze teil-bewohnten Nische und greift nach einem kleinen Ast der Ranke.

Ich erinnere mich an Kindertage, als ich die Erfahrung machte, dass man viel leichter irgendwo hinaufklettern kann als wieder herunter. Wenn jetzt ein Windstoß kommt, muss eben ein ehemaliger Student der Cornell University zur Hilfe fliegen: Superman! Superman-Darsteller Christopher Reeve hat hier Anfang der Siebziger studiert und in zahlreichen Theaterstücken mitgewirkt. Chemie war nicht sein Fach, sonst hätte er auf Hoffmann treffen können, der 1965 seinen Lehrstuhl antrat. Eine Rettung wird Gott sei Dank nicht nötig.

Als kleiner Junge war der Sohn von Clara und Hillel Safran, für den die Eltern den Vornamen des Polarforschers Roald Amundsen wählten, ganz dringend auf einen Superman angewiesen.

Roald Safran wird am 18. Juli 1937 in Zloczew, damals Polen, in eine „glückliche jüdische Familie" hineingeboren, wie er in seinen biografischen Notizen schreibt, um die alle Nobelpreisträger von der Nobel-Stiftung gebeten werden – in eine glückliche jüdische Familie, aber „in dunkle Zeiten".

„Ein herrliches Wetter! Schönster Sonnenschein. Welch ein Glück!" – hält die Tagebuchnotiz von Joseph Goebbels zum 18. Juli 1937 fest. An jenem strahlenden Sommertag in dunklen Zeiten hält Adolf Hitler die Eröffnungsrede für das Haus der Deutschen Kunst in München. Dort erklärt der „Führer", der schon wusste, was Physik ist, nun, was Kunst ist, und er will den Deutschen zeigen, was keine ist. Mit der Ausstellung „Entartete Kunst" soll der „Säuberungskrieg gegen die letzten Elemente unserer Kulturzersetzung" beginnen. „Säuberungskriege" und Vernichtungsfeldzüge werden allumfassend und nicht mehr aufzuhalten sein, auch wenn der Friedensnobelpreisträger des Jahres 1937, Lord Robert Cecil, in seiner Nobelpreis-Rede in Oslo noch einmal beschwört, man könne die drohende Kriegsgefahr bannen, denn es seien schließlich die weitaus meisten Menschen gegen Krieg und Aggression. Das mag sein, hilft aber nichts. Hitler hat längst überdeutlich gemacht, dass er vom Frieden so viel hält wie von Quantenphysik und moderner Kunst.

Roald Hoffmann: Nobelpreisträger, Fassadenkletterer, Lyriker, Chemiker und Optimist

Die Verleihung des Friedensnobelpreises im Jahr zuvor (1936 für 1935) an den Publizisten und Pazifisten Carl von Ossietzky sehen die Nazis als „Aggressionsakt". Ossietzky, einst zusammen mit Albert Einstein in der Bewegung „Nie wieder Krieg" aktiv, hat Hitler da längst im Konzentrationslager verschwinden lassen. Der Herausgeber der Weltbühne hat sich nicht rechtzeitig aus dem Staub gemacht, und nun kann der „Märtyrer des Friedens", wie ihn Thomas Mann nennt, seinen Preis nicht entgegennehmen.

Der – nicht nur – missliebige Pazifisten wegsperrende deutsche Reichskanzler sieht sich vom norwegischen Friedensnobelpreis-Komitee düpiert, und seine scharfen Anwürfe gegen die norwegische Regierung führen dazu, dass die Vorschriften über die Zusammensetzung des Nobelkomitees geändert werden. Seither können in das fünfköpfige Gremium keine Abgeordneten mehr gewählt werden. Dass der Preis in der Kategorie „Frieden" von einem Komitee in Oslo vergeben wird, liegt daran, dass zu Lebzeiten Nobels Norwegen mit Schweden eine Union bildete und erst 1905 eigenständiges Königreich wurde. Das norwegische Parlament (Storting), das die Komiteemitglieder wählt, hatte keine außenpolitische Bedeutung, was in den Augen Nobels eine gewisse Unabhängigkeit der Entscheidungen garantierte. Nach 1905 wurde diese Bestimmung Nobels nicht abgeändert.

Hitler verfügt in Roald Hoffmanns Geburtsjahr 1937 kurzerhand, dass – „um für alle Zukunft beschämenden Vorgängen vorzubeugen" – kein Deutscher mehr den Nobelpreis, welcher Kategorie auch immer, annehmen darf. Auch das natürlich „für alle Zukunft".

Während des Nobelpreis-Annahmeverbots wird 1939 ausgerechnet ein deutscher Adolf ausgezeichnet, aber auch Hitlers Namensvetter darf nicht nach Stockholm. Adolf Butenandt, wie Roald Hoffmann Chemie-Nobelpreisträger, entschlüsselte die Geschlechtshormone und ist damit unter allen „Vätern von irgendetwas" ein ganz besonders paradoxer, nämlich der der Antibabypille.

Den Medizin-Laureaten von 1939, Gerhard Domagk, holt gar die Gestapo aus der Universität, und er findet sich wegen eines Dankesschreibens nach Stockholm in einer Gefängniszelle wieder.

Auf Nachfrage eines Wärters, warum er hier sei, erklärt der Entdecker der antibakteriellen Wirkung des Sulfonamid-Farbstoffs Prontosil: „Weil ich den Nobelpreis bekommen habe."

Der „Führer" tröstet das deutsche Wissenschaftsvolk mit dem „Deutschen Nationalpreis für Kunst und Wissenschaft". Erster Preisträger 1937: Alfred Rosenberg. Hitlers Chefideologe wird 1941 „Reichsminister für die besetzten Ostgebiete". Was das bedeutet, beschreibt Roald Hoffmann so:

„1941 schließlich brach die Dunkelheit herein, und die Auslöschung des polnischen Judentums begann."

Der kleine Roald verbringt seine ersten Lebensjahre mit den Eltern im Ghetto, dann im Arbeitslager. Der nächsten Station entkommen Mutter und Kind, weil es dem Vater gelingt, sie herauszuschmuggeln. Sich selbst kann Hillel Safran nicht retten.

Nach Versteck, Befreiung durch die Rote Armee und Aufenthalten in verschiedenen Flüchtlingscamps, auch in Deutschland, landet der zwölfjährige Roald 1949 mit seiner Mutter und dem Stiefvater Hoffmann in der Neuen Welt.

Er sei zeitlebens Optimist geblieben – und Kind,

sagt der Nobelpreisträger: „a child of war-torn Europe, of Jewish heritage and the American dream" (dt. „ein Kind des kriegszerrissenen Europas, des jüdischen Erbes und des amerikanischen Traums").

Mit dieser „Vergangenheit in der DNA" treibt den erwachsenen Roald Hoffmann weit mehr um als die Fortsetzung der Chemie mit lyrischen Mitteln: die ethische Verantwortung des Naturwissenschaftlers. Ethische und ökologische Belange in der Wissenschaft – kein Thema, das Hoffmann nur streift.

Nachdem ich das Portrait „Chemiker mit Ranke in Fassadennische mit Kalotte" im Kasten habe, schafft der Mittsechziger den Abstieg ohne Strauchelei, und ich bin erleichtert, als er fotografiert und unverletzt wieder neben mir steht.

Bei diesem sonntäglichen Treffen im November 2003 wissen wir noch nicht, dass ihm sein Engagement für eine verantwortungsvolle Wissenschaft in den Folgejahren noch mehr Preise einbringen wird als die Chemie. 2008 ergibt sich gar ein Bezug zu „meinem" Göttingen, denn der poetische Chemiker erhält die Lichtenberg-Medaille, die die Akademie der Wissenschaften zu Göttingen in Erinnerung an das exzeptionelle Multitalent Georg Christoph Lichtenberg an „besonders hervorragende und in der Öffentlichkeit angesehene Wissenschaftler" vergibt. Im Vorjahr der Verleihung des Preises empfiehlt sich Hoffmann beim Weltkongress der Internationalen Chemikervereinigung noch einmal für den Preis. Die Teilnehmer des Weltkongresses bekommen sein Theaterstück „Should've" (dt. „Hätte man bloß!") zu sehen, das von einem Chemiker handelt, dessen Forschungen an einem Nervengift bei einem Massenmord tödlichen Nutzen offenbaren.

Roald Hoffmann formuliert auf jenem Kongress ethische Verantwortung so:

„Egal ob man ein Gewehr macht oder ein Molekül, ein Gemälde oder ein Gedicht, man sollte immer fragen: Könnte ich damit jemandem Schaden zufügen?"

***

Als Hans Bethe am Morgen des 16. Juli 1945 nach dem ersten Atomwaffentest mit Enrico Fermi sieht, wie die Wüste gleißend hell wird und sich die dunklen Wolken lila färben, ist sein erster Gedanke: „Es funktioniert."

Der zweite: „Was haben wir getan?"

Hitler-Deutschland hat schon im Mai bedingungslos kapituliert, sein „Führer" ist seit zwei Monaten tot. Einige angesehene Wissenschaftler des Manhattan-Projekts versuchen, den Einsatz der soeben entwickelten Atombombe gegen das weiterkämpfende Japan noch zu verhindern.

Derselbe Szilárd, der Einstein zum Roosevelt-Schreiben überredete, unterzeichnet einen Appell an das US-Verteidigungsministerium. Namensgeber des Aufrufs ist dessen Initiator: Physik-Nobelpreisträger James Franck. Der Franck-Report allerdings hält nicht mehr auf, was durch das Einstein-Szilárd-Schreiben ins Rollen kam.

Am Nachmittag des 6. August 1945 erhalten Otto Hahn, Werner Heisenberg und Max von Laue, die mit weiteren deutschen Atomphysikern auf dem Landsitz Farm Hall nahe dem englischen Cambridge interniert sind, eine Nachricht: Am Morgen zündete eine Bombe mit 64 Kilogramm Uran im Stahlmantel in 550 Meter Höhe über Hiroshima. Ihr Codename: „Little boy".

Ein kleiner Junge auf der japanischen Insel Shikoku erlebt, wie mehrere Zehntausend seiner Landsleute in Hiroshima auf einen Schlag, weitere Zehntausende in den folgenden Wochen sterben. Der Pazifikkrieg hat ihm kurz zuvor den Vater genommen, Altersschwäche die vergötterte Großmutter, die ihm die liebste Geschichtenerzählerin gewesen ist. Nun trösten ihn die Abenteuer von Nils Holgersson und auch jene von Tom Sawyer und Huckleberry Finn, wenngleich ihn ein Freund warnt:

„Achtung – das hat ein Amerikaner geschrieben!"

In der Schule ändert sich nach der Kapitulation der Lehrplan: Statt des täglichen Schwörens, für den Tenno in den Tod zu gehen, beherrschen den Umerziehungsunterricht völlig neue Ideen von Volk und Staat. Die Atombombe, die Literatur, die Demokratie – das werden die Lebensthemen von **Kenzaburô Ôe**.

Ein weiteres Lebensthema kommt 1963 bei der Geburt des Sohnes von Ôe hinzu: Das Baby ist hirngeschädigt, und als die Ärzte ihre erste Annahme, dass das Kind neben anderen Behinderungen auch nicht sehen könne, revidieren, nennen seine Eltern es Hikari (dt. „Licht").

Über die Sprache wird sich der Junge nie mitteilen können wie andere, aber über „Music of Hikari Oe" – dies ist der Titel einer seiner CDs fröhlich-beschwingter Piano-Kompositionen. Der Vater leiht dem Sohn außerdem seine Stimme und zeichnet in seinen Büchern nach, was jener sprachlich nicht vermitteln kann: „Ich schreibe Hikaris Worte in genau der Reihenfolge auf, wie er sie sagt. Ich füge nur Kontext und Situation hinzu, und wie andere auf ihn reagieren. Durch dieses Verfahren werden Hikaris Worte verständlicher."

Ein Werk Ôes heißt „Der stumme Schrei". „Eine persönliche Erfahrung" erzählt von der Zeit kurz nach der Geburt Hikaris. 1964 verfasst Ôe einen Essay-Band über Atombombenopfer, die „Hiroshima-Notizen". Zentrale Figur des aus Interviews mit Opfern und Ärzten entstandenen Berichts ist Dr. Fumio Shigeta, eine authentische Person. Der Arzt leistet Übermenschliches in der Konfrontation mit unvorstellbarem Leid.

Ich habe auf der Lindauer Tagung selbst einen Mediziner kennengelernt, der damals in der verwüsteten Stadt Erfahrungen macht, die sein weiteres Leben entscheidend mitbestimmen werden: Gustav Born, Max Borns Sohn und übrigens Onkel von Olivia Newton-John. Einst hat er als Kind im Göttinger Elternhaus, bäuchlings unter den zwei aneinandergeschobenen Flügeln liegend, dem virtuosen Klavierspiel Heisenbergs gelauscht. Der junge Arzt ist im Sommer 1945 mit den britischen Besatzungstruppen in Hiroshima und sieht für ihn unvergesslich Furchtbares. Die Hiroshima-Erfahrungen werden zum Auslöser für seine intensive Forschung über Thrombozyten. Unzählige Opfer sterben damals in den Monaten nach dem Bombenabwurf an unkontrollierbaren Blutungen, da die Radioaktivität die Thrombozyten zerstört hat.

In den „Hiroshima-Notizen" des japanischen Literatur-Nobelpreisträgers begegnen wir diesen Ärzten der ersten Stunde und ihrem selbstlosen Bemühen um Hilfe für jene, die an den Folgen der Verstrahlung physisch oder psychisch zugrunde gehen. Ôe sieht Hiroshima als seinen „ersten wahren Anblick von Menschlichkeit". Es ist zutiefst menschlich, das Leiden anderer mitzutragen und zu lindern, erkennt er – nun gibt es für ihn keinen Zweifel mehr an der Entscheidung für ein gemeinsames Leben mit Hikari.

„Ich bin eine langweilige Person", sagt Kenzaburô Ôe einmal. „Ich lese viele Bücher, ich denke über viele Dinge nach, aber den Kern von allem bilden Hikari und Hiroshima."

1994 kaufen Vater und Sohn zwei Fräcke und reisen nach Stockholm. Dort nimmt der Vater den Literatur-Nobelpreis „für seine Erschaffung einer Welt im Werk, in der sich Leben und Mythos zu einem erschütternden Bild menschlicher Not in der Gegenwart verdichten" entgegen. Mag sich Ôe für einen Langweiler halten, er bleibt mit dieser Einschätzung allein. Eines rührt den Schriftsteller in den Stockholmer Tagen besonders: Eine Zeitungsbild-Unterschrift zu zwei Japanern im Frack lautet: „Kenzaburô Ôe und sein genialer Sohn".

2001 ist der Schriftsteller zur „Hundert Jahre Nobel"-Jubiläumsveranstaltung erneut in Stockholm.

Ich bin auch dort, krame in der Lobby des Grand Hôtels in meinen Reisedokumenten, als Kenzaburô Ôe ohne Schuhe die Treppe herunterkommt.

Dann steht er neben mir.
Auf schwarzen Socken.

Leicht amüsiert beobachte ich den Nobelpreis- und Socken-Träger, der eigentlich nie auf leisen Sohlen unterwegs ist. Albert Einstein machte es umgekehrt, er trug seine Schuhe gerne ohne Socken. Ôes unkonventionellen Aufzug nehme ich als Indiz für eine gewisse Lockerheit, weshalb ich ihn kurzentschlossen anspreche. Ein Portraittermin? Aber das könnten wir doch sofort erledigen. Ich könne in wenigen Minuten hoch in sein Hotelzimmer kommen. Ich wundere mich.

„Ja, gerne, aber sind jetzt nicht die Empfänge?"

Ich meine die in einer halben Stunde stattfindenden Ehren-Empfänge für die Laureaten durch die Botschaften ihrer Heimatländer. Ôe pustet kräftig durch die Nase und murmelt mehr zu sich als zu mir: „... gibt keinen echten Empfang für mich ... bin denen zu politisch ..."

Japans Obrigkeit tut sich schwer mit dem Landsmann, der seine Nobelpreis-Rede 1994

„Das zwiespältige Japan und Ich"

nennt und ein Jahr später den höchsten staatlichen Kulturpreis seines Heimatlandes ablehnt. Vorsorglich hat sich Ôe auch bereits jede posthume Ehrung durch das offizielle Japan verbeten.

Ja, er ist das, was man einen Intellektuellen nennt, einen politischen Schriftsteller, der sich zu Wort meldet. Kenzaburô Ôe hat gegen Atomwaffen, Kernenergie und Krieg nicht stumm angeschrien, sondern vernehmbar. Mit lautstarker Kritik an mangelnder politischer Klarheit und widersprüchlicher Werte-Positionierung hat er sich in der Heimat, die sanft vortastendes Benehmen schätzt, nach Kräften unbeliebt gemacht.

Ich solle ihm einen kleinen Vorsprung lassen, und dann könne ich gerne nachkommen, instruiert mich Sockenträger Ôe. Ich folge ihm also nach kurzer Wartezeit auf sein Zimmer, und es entsteht das Loungesessel-Foto. So habe ich es deshalb getauft, weil das Grand Hôtel absolut toll ist, die Räumlichkeiten wunderschön, aber besonders die Einzelzimmer vom Zuschnitt her eher heimelig. Einigermaßen fotokünstlerische Bewegungsfreiheit ist auf den Zimmern nur gegeben, wenn man das Modell im den Raum domi-

„Ich bin wieder ein Mensch!" – Ôes Lieblingssatz aus „Nils Holgersson"

nierenden Loungesessel platziert. Ergibt sich in Stockholm, wie mit Ôe, zwanglos die Gelegenheit zu einem Fotoshoot, nutze ich sie gerne, und das Resultat ist regelmäßig ein Loungesessel-Foto. Mein Ziel bleibt natürlich ein „richtiger" Portraittermin.

Sessel und Modell verhalten sich heute kooperativ, und das Portrait ist schnell erledigt.

Vier Jahre später, im Einstein-Jahr zu Besuch in meiner Ausstellung in Berlin, signiert Ôe die Aufnahme und verziert sie mit einem japanischen Stempel. Amüsiert sieht ihm Ökonomie-Preisträger Finn Kydland über die Schulter, und dann artet alles in einen regelrechten Schnitzelmania-Lunch aus, bei dem beide Nobelpreisträger angesichts der einsteinschen Spezialität „Wiener Schnitzel" in ungestüme Begeisterung ausbrechen. Kydland bedankt sich auf einem Kassenzettel schriftlich dafür, nach drei Jahrzehnten Entbehrung endlich wieder die Gelegenheit gehabt zu haben, ein Wiener Schnitzel zu genießen, und Ôe will nicht nachstehen und verfasst gar einen „Song" auf das Schnitzel, in dem er bekennt:

„Wenn ich einem kleinen Hammer lausche, der Fleisch klopft, werde ich glücklich."

Ernstere Themen als jene, die Kenzaburô Ôe umtreiben, gibt es nicht, aber ich habe den Japaner als einen Mann kennengelernt, der gute Laune verbreitet. Das schließt nicht aus, dass der

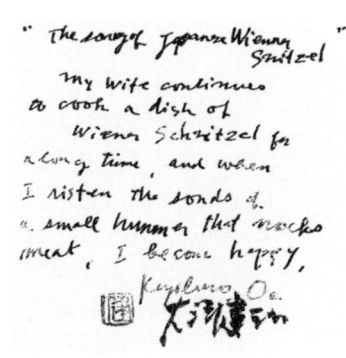

Japanisch-wienerischer „Schnitzelsong"

Literatur-Nobelpreisträger durchaus auch das ist, was die Presse mit der Beschreibung Ôes als „moralische Instanz" und „Gewissen Japans" meint. Halt, hatten wir das nicht schon so ähnlich?

Tatsächlich: Da haben sich einst zwei gefunden. Als Günter Grass 1999 den Nobelpreis bekommt, liegen er und Ôe sich in den Armen. Endlich.

„In der ‚Blechtrommel' hat Grass durch seinen Erzählstil sowie durch die Figuren etwas Besonderes geschaffen. Damit hat er die Weltliteratur beeinflusst. Durch sein politisches Engagement war er stets auf eigenständige Weise aktiv. Ich glaube, es war eine wunderbare Entscheidung, den Nobelpreis, der bald 100 Jahre alt wird, auf diese Weise zu feiern", freut sich der Freund damals.

Grass hat es damit knapp geschafft, dass die Mit-Autoren des 1995 erschienenen Buches „Gestern vor 50 Jahren – Ein deutsch-japanischer Briefwechsel" die Alfred-Nobel-Jubiläumsveranstaltung zusammen feiern können. Kenzaburô Ôe ist dort ohne seine Schuhe, Grass noch ohne seinen Schatten unterwegs.

***

URLAUBSREISEN

PROLOG

Die „Reise in die Vergangenheit" ist hier nicht zu Ende, nur weil die Kapitel nun anders heißen. Licht und Schatten des zwanzigsten Jahrhunderts werden mich auf meiner Nobel-Weltreise stets begleiten. Ich treffe Menschen, deren prämierte Leistungen und Werke aus dem letzten Jahrhundert stammen – das ist zwangsläufig eine ständige Reise in die Vergangenheit. Wir werden also fortlaufend historischen Ereignissen, vergangenen Zeiten und auch verstorbenen Nobelpreisträgern begegnen, die die Laureaten prägten, die ich mit dem Gongschlag für das einundzwanzigste Jahrhundert zu fotografieren begann.

Und doch wird es nach der Düsternis von Weltkrieg und Drittem Reich, in das uns der Anfang des folgenden Kapitels noch einmal kurz zurückführt, nun wirklich Zeit für Ferien, Feste und Fröhlichkeit. Und das, obwohl wir jetzt vom Regen in die Traufe kommen: in die Rain City, nach Seattle!

Für mich scheint dort ganzjährig die Sonne. In und um Seattle befinden sich meine Weltreise-Urlaubsorte!

Mein Nobelpreisträger-Projekt war nie ein „Job" für mich. Meine Fotoreise um die Welt ist keine „Arbeit" im herkömmlichen Sinne. Wenn ich neuen Bekannten erzähle, was ich so erwerbsmäßig treibe, dann höre ich oft: „Ach, das ist ja wie ständiger Urlaub." So exzeptionell wunderbar mein Nobel-Projekt ist – das stimmt natürlich nicht ganz. Auch in meinem Arbeitsleben gibt es lästige Verwaltungsdinge, Zeitdruck, Abgabetermine, physische Belastungen, kraftraubende Terminpläne. Ferner gilt es, vielen höchst unterschiedlichen Ansprüchen gerecht zu werden, auch meinen eigenen an mein Arbeitsergebnis, und vor allem muss ich ständig planen, planen, planen, damit alles so ineinandergreift, dass ich nicht plötzlich montags um zwei in Cambridge und dienstags früh um acht in Melbourne sein muss.

Kurz: Natürlich bin auch ich mal urlaubsreif.

Warum es mich dann nach Seattle zieht und was Kieferduft damit zu tun hat, dazu im folgenden Kapitel mehr.

Im Jahr 2004 bin ich zum ersten Mal in der nach Häuptling Seattle benannten Großstadt. Von einem Fototermin, der droht ins Wasser zu fallen, weil Portrait-Modell Hans Georg Dehmelt die Sonne genießt, rette ich mich zum Kurzurlaub auf eine (fast) einsame Insel zu Eddy Fischer. Eigentlich zum Bäumefällen angeheuert, faulenze ich in den Badebuchten von Lopez Island und „tröste" den Medizin-Nobelpreisträger, der unter dem „Fluch der Allwissenheit" leidet.

Zu meinem Wunsch, den Besuch bei Eddy möglichst bald zu wiederholen, hat das Stockholmer Nobelkomitee die passende Idee und vergibt sofort im nächsten Oktober den Medizin-Nobelpreis mal wieder nach Seattle. So wird Geruchssystem-Spezialistin Linda Buck zunächst ein Anlass, Eddy wiederzusehen und dann eine neue Freundin.

Was nobelpreisverdächtige Wissenschaftler-Freundschaft ist, studiere ich an den „Nobel-Eddys". Bei Edwin Krebs und Edmond Fischer klappt die Signalweiterleitung wie beim Cross-Talk auf Zellebene. Nur die Antennen für moderne Musik, die fehlen Wagnerianer Fischer, weshalb ihm im EMP-Museum die Cafeteria am besten gefällt.

Warum man E. Donnall Thomas' Namen mit Oper verbindet, habe ich glatt vergessen, als ich den Vater der

Knochenmarkspende unweit von Linda Bucks Refugium im Fred Hutch zwecks Portrait aufsuche. So ist das, wenn man sich wie im Urlaub fühlt. Alles schaltet auf Relaxen. Unbedingt in Seattle chillen muss ich 2006 nach einem Fotoshoot mit Finn Kydland. Der Termin mit dem Finanzmarktökonomen und seiner Ducati 748 in Vancouver hat mich extrem mitgenommen. Das hätte ich ahnen können, hat mich der Wirtschaftsnobelpreisträger von 2004 doch schon in Berlin auf eine Club-Hopping-Tour entführt, wie ich sie seit Jugendzeiten nicht mehr erlebt habe!

Nun kehre ich schon zehn Jahre in schöner Regelmäßigkeit auf meinen Weltreisen in Seattle zur Rast ein, zum Grill & Chill, zu Museumstouren, zur Betrachtung von Mäusenasenzellen, zu Hauskonzerten, zu Naturexpeditionen, zum Genießen des Wassers von oben, unten und allen Seiten, aber hauptsächlich, um Linda, Eddy und meine durch sie entstandene Seattle-Clique zu sehen. Wenn es für einen Weltreisenden wie mich „Urlaubsreisen" gibt, dann sind es die nach Seattle.

EPISODEN

Dehmelt „mit der Sonne bekleidet"
Eddy Fischer im Washington-T-Shirt / **Ed Krebs** mit Schlips
und Pyjama / **Buck** im Irrtum / **Don Thomas** im Fred Hutch
Kydland in voller Montur, **Linda** ganz in Weiß

Anfang der dreißiger Jahre in Berlin: Das Fach steht noch gar nicht auf dem Lehrplan, da will der kleine Hans Georg aber unbedingt schon das Buch „Umsturz im Weltbild der Physik" aus der Bibliothek ausleihen.

Herbst 1947 in Göttingen: Physikstudent Dehmelt trägt mit Kommilitonen einen der Weltbild-Umstürzler zu Grabe: Max Planck.

Die Jahre zwischen den beiden Ereignissen genügten dem Tausendjährigen Reich, um Europa in ein Trümmerfeld mit Millionen Toten zu verwandeln. Es machte aus dem begabten Physikstudenten einen Stalingrad-Überlebenden und aus dem genialen Physik-Nobelpreisträger Max Planck den Vater eines zum Tode Verurteilten.

„Mein Führer! Ich bin zutiefst erschüttert durch die
Nachricht, dass mein Sohn Erwin vom Volksgerichtshof
zum Tode verurteilt worden ist. Die mir wiederholt von
Ihnen, mein Führer, in ehrenvollster Weise zum Ausdruck
gebrachte Anerkennung meiner Leistungen im Dienste

unseres Vaterlandes berechtigt mich zu dem Vertrauen, dass Sie der Bitte des im siebenundachtzigsten Lebensjahr Stehenden Gehör schenken werden. Als Dank des deutschen Volkes für meine Lebensarbeit, die ein unvergänglicher geistiger Besitz Deutschlands geworden ist, erbitte ich das Leben meines Sohnes."

Das Gnadengesuch appelliert an Moral und Anstand, formuliert Vertrauen und Dankbarkeit, fordert Empathie und Mitleidsfähigkeit. Hitler schenkt ihm keine Beachtung. Das Todesurteil gegen Staatssekretär Erwin Planck wegen Teilnahme an der Vorbereitung des Attentats auf den „Führer" vom 20. Juli 1944 wird im Januar 1945 vollstreckt.

Zweieinhalb Jahre später stirbt Max Planck. Die Grabreden halten Max von Laue und Otto Hahn. Einer der sechs Sargträger: **Hans Georg Dehmelt**.

Der ist heute US-Bürger und Professor in Seattle, wo er ab 1952 an der University of Washington forschte. Das ermöglicht mir 2004 mein erstes Wiedersehen mit Eddy Fischer nach dem so folgenreichen Bodensee-Fotoshoot zum Projektauftakt.

Als klar ist, dass ich nach Seattle fliege, nehme ich sofort Kontakt zu meinem „Erstling" auf. Da der ja noch nicht wissen kann, welche Bedeutung unser damaliger Termin für mich hatte, gehe ich davon aus, dass er mich umgekehrt sicher vergessen hat. Weit gefehlt. Auf meine höflich-zurückhaltende E-Mail mit der Anfrage an den „sehr verehrten Herrn Professor Fischer", ob eventuell Zeit und Interesse an einem Treffen und vielleicht weiterem Foto bestehe, erhalte ich eine vierseitige Antwort, die mit der liebevollen Erinnerung an die vereinbarte Anrede mit „Eddy" beginnt. Selbstverständlich würde er mich gerne treffen, allerdings seien er und seine Frau Beverly nicht in Seattle, sondern in ihrem Haus auf Lopez Island, einem kleinen, zur Inselgruppe San Juan Islands gehörenden Flecken Meerbuchtumschlossene Idylle hoch oben im Nordwesten an der

Grenze zu Kanada. Anderthalb Stunden Autofahrt, dann eine gute Stunde mit der Fähre, und ich könne ein paar Tage Urlaub in seinem Haus machen. Da er einige Bäume fällen müsse und zufällig zwei Kettensägen vorhanden seien, treffe sich das alles sehr gut. Ich lese die Mail mehrmals.

Verdammt, ich habe zwar meinen Eindruck aus Lindau und weiß, dass ich es mit einem humorvollen Menschen zu tun habe, aber ich kenne Eddy ja noch nicht gut genug, um mir sicher zu sein: Was an der vierseitigen Literatur hier meint der Professor ernst, und was ist Flachs? Erst später lerne ich, dass Eddy immer meint, was er sagt. Er verpackt es charmant und höchst amüsant, aber der Wesenskern der Botschaft bleibt unangetastet von allem Augenzwinkern drum herum. Dieses Mal bin ich noch skeptisch: Ist das nun wirklich eine Einladung, gleich einige Tage dort zu verbringen? Und wenn ja, dann allerdings nur unter der Voraussetzung, dass ich mit einer Säge umzugehen weiß? Wäre es am Ende dreist von mir, dort dankend die Zweisamkeit mit seiner Frau zu stören, ohne mich auch nur um einen einzigen Ast zu kümmern?

Mir ist völlig klar, dass ich keinesfalls eine Kettensäge auch nur zur Hand nehmen, geschweige denn irgendwelche Arbeiten damit ausführen sollte. Laubsägearbeiten im Kunstunterricht waren schon blutig genug. Ich druckse in meiner Antwortmail also etwas unbeholfen herum zwischen Dank für die Einladung und vorsichtigem Hinweis auf wohl zu enttäuschende Hoffnungen in der Flora-Angelegenheit. Dann sei es also abgemacht, schreibt Eddy postwendend zurück, er und seine Frau freuten sich schon auf mich. Anliegend fände ich den Fahrplan der Washington State Ferries mit den Zeiten der Fähre von Anacortes zu den San Juans mit erstem Stop „Lopez Island", er hole mich am Anleger ab, und falls ich nicht mehr genau wisse, wie er aussehe:

Er sei der ältere Herr im Washington-T-Shirt mit den zwei Hunden.

Ich bin zu einem Kurzurlaub bei Eddy Fischer auf Lopez Island eingeladen. Kurzurlaub interessiert mich. Eddy interessiert mich. Lopez Island interessiert mich. Wenn ein Nobelpreisträger und ein Milliardär vom Schlage des Microsoft-Mitgründers Paul Allen, dem ein Riesenstück von der Insel gehört, es dort herrlich finden, dann muss ja was dran sein.

Ich freue mich also, meinen Portraittermin mit Professor Dehmelt mit einem Kurzurlaub verbinden zu können.

***

Der Tag der Reise. Als ich in Seattle lande, habe ich den ehrgeizigen Plan, zunächst den Fototermin mit Laureat Dehmelt zu absolvieren, um dann noch am selben Tag hoch auf die Insel zu fahren.

Ich kämpfe mich im Stop-and-go durch die schwüle Hitze und wundere mich, dass ich zur Verabredung mit dem Nobelpreisträger sogar überpünktlich bin, als ich mit meiner Fototasche unter dem Arm vor dem Apartmenthaus an der angegebenen Adresse stehe und den Klingelknopf drücke. Eine Minute vergeht und dann noch eine. Es dauert anscheinend etwas länger, bis der ältere Herr öffnen kann. Ich warte geduldig. Nach etwa zweieinhalb Minuten klingele ich lässig nochmals. Als das Warten in eine dritte Minute seit dem letzten Klingelversuch geht, drücke ich wieder auf den Knopf. In der dann seit dem ersten Klingeln gerechneten achten Minute entfällt das Warten zwischen den Versuchen. Ich läute mehrmals hintereinander im knappen Sekundenabstand. Wieder nichts. Das kann doch nicht wahr sein! Ich muss noch die Fähre nach Lopez Island erwischen! Ich brauche ein Foto von Dehmelt! Sonst läuft der ganze Seattle-Trip unter Urlaub statt Job, das ist projekt- und abrechnungstechnisch, außerdem psychologisch ungut. Ungut? Mein Gott, womöglich ist dem Dehmelt ja was passiert?! Das ist heute ein unangenehm heißer Tag.

Jetzt klingele ich Sturm. Dann zücke ich mein Handy und nutze die mir von dem Nobelpreisträger angegebene Nummer. Es tutet und tutet. Ich beende Anruf und Haustürklingeln. Das geht schief, fürchte ich. Noch rund hundert Meilen von Seattle bis zur Insel. Ich stelle mir die suchenden Augen eines „älteren Herrn im Washington-T-Shirt" vor, wie sie erfolglos die von der Fähre an den Lopez-Dock entladenen Passagiere nach einem deutschen Fotografen absuchen, der viel zu riskant geplant hat. Noch will ich nicht aufgeben, laufe durch die Apartment-Anlage, begegne eine halbe Ewigkeit überhaupt keiner Menschenseele, dann einem Hausmeister und spreche ihn an. Dehmelt? Nein, den habe er schon lange nicht mehr gesehen. Der sei meistens bei seiner neuen Freundin einige Blocks weiter. „Ach so, gut, wo ist das?" Erst als ich, unruhig tänzelnd, die Frage stelle, fällt mir auf, dass ich den auskunftsfreudigen Hausmeister lieber nicht zu weiteren Indiskretionen verleiten sollte. Er zuckt aber ohnehin die Schulter, nein, die genaue Adresse kenne er nicht.

Da kann man nichts machen. Das Unternehmen Dehmelt ist gescheitert.

Der Mann, der Elektronen fängt und in einen Käfig sperrt, ist mir entwischt.

Dehmelt erhält 1989 den Nobelpreis dafür, dass er ein wehrloses Elektron mutterseelenallein in einen Ionenkäfig warf. Anstifter: Mitlaureat Wolfgang Paul. Der hatte ihm gezeigt, wie man das mit Ionen, also elektrisch geladenen Atomen oder Molekülen, macht. In einem speziell konstruierten Käfig kann man sie mittels elektrischer und magnetischer Felder wie an unsichtbaren Fäden frei „schwebend" festhalten und in der Isolation ihr eigenwilliges Verhalten besser beobachten. Dehmelt hatte es dann bald auf ein einzelnes Elektron abgesehen. Ionenfallen sind in unserer Beziehung zu den Elementarteilchen ein Fortschritt, der sich mit dem Zusammenziehen eines Pärchens vergleichen lässt. Nun kann man den anderen mal eins zu eins studieren. Welche Eigenschaften hat der Partner? Und für Frauen immer ganz wichtig: Unter welchen Bedingungen ändern sie sich?

Mangels Nobelpreisträger würde mir akut allerdings auch eine Nobelpreisträgerfalle nichts nützen. Wo ist Elektronenfänger Dehmelt nur?

Ich suche den Weg zurück zur Straße, bin in Gedanken und renne daher beinahe eine ältere Dame um, die gerade aus ihrer Wohnungstür tritt. Erschrocken über meine eigene Plumpheit, bemühe ich mich um prompte Wiedergutmachung des Schrecks und halte der „Überrannten" die Haustür auf, obwohl ich ein ganzes Stück vor ihr dort ankomme. Die Hausbewohnerin nickt mir dankend zu, und dann höre ich mich fragen:

„Ach, sagen Sie, ich suche Professor Dehmelt. Sie wissen nicht zufällig, wo ich ihn finden kann? In seiner Wohnung scheint er nicht zu sein."

Trotz meiner Frage drehe ich mich schon Richtung Straße, erwarte keine Rettung mehr.

„Ja, sonnt der sich denn nicht mehr am Pool im Garten? Am Pool ... da müssen Sie mal schauen, junger Mann."

Jetzt wende ich mich wieder um. Die Dame deutet um die Hausecke.

Am Pool? Ich spurte los in den Garten. Da hinten liegt der Pool ... und daneben ein Mann im Liegestuhl. Professor Dehmelt. Ihn bedecken nur zwei Kleidungsstücke: ein beiges Sonnen-Hütchen und eine knapp geschnittene Badehose. Er wundert sich wahrscheinlich genauso über meinen Aufzug – bei der Hitze im zerknitterten Reise-Sakko – wie ich mich über seinen.

„Ich bin ja so froh, Sie endlich gefunden zu haben ... ich dachte, es sei Ihnen vielleicht etwas passiert ... na ja ... die Hitze ... also, wie schön ... herrlich hier am Pool ... haben Sie denn unsere Verabredung vergessen?", stammele ich atemlos Wirres zusammen vor lauter Erleichterung, dass ich jetzt doch noch eine Chance habe, meinen engen Zeitplan einzuhalten. Dehmelt rührt sich kaum aus seiner überaus entspannten Position. Er blinzelt zu mir hoch in die Sonne:

„Warum wollen Sie eigentlich alte Männer fotografieren?"

Mit dieser Frage habe ich nun nicht gerechnet. Ich schalte einen Gang runter. Jetzt mal beiseite mit dem Gedanken an die Fähre, ermahne ich mich. Der Sonnenbadende im Liegestuhl hat jeden Grund, entspannt sein zu dürfen, er hat eine ehrliche Frage, gib ihm eine ehrliche Antwort!

Hans G. Dehmelt „mit der Sonne bekleidet"

Ich muss trotz meiner zeitlichen Anspannung und neun Stunden Jetlag recht plausibel ausgeführt haben, wo für mich der Reiz des Projekts liegt und was ich mir zur Aufgabe gestellt habe. Nachdem ich damit geschlossen habe, dass ich die Laureaten so ablichten möchte, wie sie sich absolut wohl fühlen, kommt ohne Zögern die Aufforderung von Dehmelt:

„Dann machen Sie Ihr Foto!"

„So?", durchfährt es mich, während sich der Professor auf einen Gartenstuhl umplatziert. Mein Stutzen dauert nur kurz, dann drücke ich den Auslöser.

Alles sprach dafür. Dehmelts Wunsch, mein Zeitplan, die Philosophie des Projekts.

In seiner Stockholmer Rede hat Professor Hans G. Dehmelt am Schluss verraten, wo das neue Weltbild der Physik nach dem Umsturz des alten nun zu finden ist. In

Umdeutung des Spruches des englischen Malers und Dichters William Blake von der „Welt in einem Sandkorn", erkennt Dehmelt die „Welt in einem Elektron".

Und in Umdeutung des berühmten Blake-Gemäldes „Der große rote Drache und die Frau, mit der Sonne bekleidet" zeigt mein Portrait nun Hans G. Dehmelt, der sich aus dem Schnee von Stalingrad an den Swimming-Pool in Seattle rettete, als „Nobelpreisträger, mit der Sonne bekleidet".

Rushhour in Seattle. Ich stürze mich auf den fünfspurig ausgebauten Highway Richtung Norden, dann weiter über die Landstraßen durch die Einsamkeit und Schönheit der Natur im Norden des Bundesstaates Washington. Streng Eddys Beschreibungen folgend, lande ich auf einem riesigen Parkplatz am Fährhafen. Das Auto darf nicht weiter, denn es ist nur Einwohnern von Lopez Island erlaubt, eines mit auf die Insel zu bringen. Ich raffe das Nötigste zusammen, überwinde die letzten hundert Meter rennend, setze völlig außer Atem meinen Fuß im letzten Moment auf die Fähre und bin im Urlaub.

Nach einer knappen Stunde Fahrt erspähe ich an der Reling stehend vor mir das Ziel meiner Reise: Lopez Island und seinen weltberühmten Bewohner **Edmond Henri Fischer**. Beide strahlen in der späten Nachmittagssonne an der Anlegestelle, Eddys weißes Shirt blinkt wie ein Positionslämpchen, und über seiner Brust erkenne ich beim Näherkommen tatsächlich in großen Lettern „Washington". An seiner Seite, nein, seinen Seiten: die angekündigten Vierbeiner, zwei portugiesische Wasserhunde. In diesem Buch gibt es eine Menge erstaunlicher Verknüpfungen zwischen Personen und Ereignissen, die mir oftmals erst in der Rückschau auffallen, und als ich an Eddys Hunde denke, da geht mir auf, dass es sogar einige tierische Parallelen in den Geschichten gibt, aber dazu dann, wenn sie des Weges kommen. Ich nehme also auf der Rückbank des Wagens zwischen dem haarigen Empfangskomitee Platz. Vorne auf dem Beifahrersitz hat uns schon Eddys Frau Beverly erwartet. Wie Eddy seinen, findet sie auch ihren Namen anscheinend zu lang, firmiert lieber als Bev. Es ist, als hätten der Inselbewohner im Washington-Shirt und ich uns erst gestern in der Hotel-Bar in Lindau-Bad Schachen verabschiedet.

„Heute Abend gehen wir zum Dinner in ein Gourmet-Restaurant", kündigt Eddy freudig an, „und morgen werde ich für uns kochen."

Wir fahren über die Insel, die nach ihrem Entdecker Gonzalo Lopez de Haro benannt ist. Ich atme tief ein: Kieferduft! Eine meiner frühesten Kindheitserinnerungen ist mit dem Duft von Kiefern verbunden. Ich konnte gerade erst laufen, da begannen meine Eltern die Urlaube mit uns Kindern in Dänemark zu verbringen. Das ist er, der endgültige Beweis: Ich bin hier auf Lopez Island tatsächlich im Urlaub! Mein Blick geht zum Horizont: schneebedeckte Berggipfel im nahen Kanada. Ja, ich bin mit Eddy und Bev einer Meinung: Was für ein herrliches Inselchen!

Schließlich genießen wir Pizza & Pasta in einem Lokal, das Europäer jetzt nicht unbedingt mit Michelin-Sternen bewerfen würden. Eddys „Gourmet-Restaurant"-Ankündigung war eine seiner üppig und gerne verteilten Nettigkeiten, hier im Vertrauen darauf, dass niemand auf der Insel ein Lokal im wirklich strengen Gourmet-Sinne erwarten würde. Erschöpft von der langen Reise – ich weiß gar nicht, wie lange am Stück ich jetzt schon wach bin –, sitze ich nach dem Essen recht genudelt in den tiefen Polstern des Wohnzimmersofas, darf mich aber noch nicht ausruhen. Eine Hundenase stupst mich.

„Alie will dir eine Schlossführung geben", ermuntert mich Eddy. Gerne schaue ich mir die Räumlichkeiten in ihrer Begleitung ein wenig näher an.

Zu später Stunde sitze ich mit meinen Gastgebern noch bei einem Glas Wein zusammen, und die beiden erzählen mir, wie sie das Grundstück vor einer kleinen Ewigkeit entdeckt und gekauft haben, im noch völlig verwilderten Zustand. Wochenende für Wochenende habe Eddy die Ärmel hochgekrempelt, es eigenhändig gerodet und in einen bebaubaren Zustand versetzt. Irgendwann habe er kurz entschlossen den Pilotenschein gemacht und sich eine Cessna zugelegt, um die Reisedauer von Seattle hier herauf auf unter eine Stunde zu verkürzen. Weihnachten auf Lopez Island – eine Familientradition. Eddy hat zwei Söhne mit seiner 1961 verstorbenen Frau Nelly und als er und Bev 1963 heiraten, bringt sie eine Tochter mit in die Ehe. Mittlerweile ist Eddy längst Großvater.

Das Thema „Familie" ist in Eddys Fall ein „bunt-nationales". Geboren in Shanghai, hat Eddy einen Schweizer und einen US-amerikanischen Pass. Sein Vater war Österreicher, seine Mutter Französin.

Eddys Großvater mütterlicherseits schrieb für *L'Aurore*, jenes Journal, in welchem 1898 Émile Zolas berühmter Artikel „J'accuse" erschien, der den „Justizirrtum" um den fälschlicherweise verurteilten Artilleriehauptmann Alfred Dreyfus anprangerte. Die absichtlich falsche Anschuldigung des jüdischen Dreyfus, die Umstände und Folgen der antisemitischen Hetzjagd gingen als „Dreyfus-Affäre" in die Geschichte ein und gelten heute gleichermaßen als Lehrstück für Zivilcourage, Geburtsstunde des Begriffs der „Intellektuellen" und Gründungsanstoß für den ersten internationalen Dachverband für Menschenrechte durch die französische Menschenrechtsliga. Deren langjähriger Vorsitzender Ferdinand Buisson ist Friedensnobelpreisträger von 1927 (zusammen mit dem Vorsitzenden der Deutschen Friedensgesellschaft Ludwig Quidde). Ein gewisser Alfred Nobel soll Émile Zola allerdings einen „Schmutzschriftsteller" geschimpft haben. Das kommt daher, dass Zola zum Thema machte, was Nobel durchaus plagte: die Zweischneidigkeit seiner Dynamit-Erfindung. Die sogenannten „Dynamitarden" verwendeten den bei Bauvorhaben unschätzbar nützlichen Sprengstoff für Attentate und Anschläge; den deutsch-französischen Krieg 1870/71 „bereicherte" eine neue Waffe. Das veranlasste Schriftsteller wie Zola, Jules Verne und Nobels Landsmann August Strindberg zur werklichen Auseinandersetzung mit der „Waffe des kleinen Mannes" (Strindberg), und fortan bevölkert die Figur des irren, gewissenlosen Chemikers die Literatur. Roald Hoffmann bereitet ihm mahnend auch heute noch eine Bühne.

Eddy hat also einen Berührungspunkt zu Émile Zola. Das finde ich faszinierend, wie überhaupt seine multinationale Abstammung und „kosmopolitische" Kindheit. Da wird einem die Weltoffenheit gleich in die Wiege gelegt. Schon ist man näher dran, das große Ganze zu sehen. Außerdem kann man sich vor Landsleuten nicht retten, was jede Menge Chancen auf Mitfreude im Sinne eines sportlichen „Wir sind Papst"-Gefühls garantiert.

Das wird den kleinen Eddy im Schweizer Internat allerdings kaum getröstet haben, als ihn die halbe Welt von der Mutter in China trennte. Zur „kosmopolitischen" Kindheit gehörten auch lange, heimwehgeplagte Winter in Genf. Welche Freude, wenn der Sommer und mit ihm die Mutter aus Shanghai kam. Dann ging es nach Paris zum Cocktailkleider-Shoppen.

Mein erster Abend auf Lopez Island klingt deutsch und festlich aus. Der Biochemiker setzt sich ans Klavier. Wie schon in Lindau, als Christiane Nüsslein-Volhard dazu sang, spielt Eddy Wagner. Er ist ein großer Fan des Komponisten, schwärmt von den Bayreuther Festspielen. In jungen Jahren studierte Eddy am Genfer Musikkonservatorium und hat ernsthaft mit dem Gedanken gespielt, Pianist zu werden, wie er mir nach der Vorstellung erzählt. Doch so sehr er die Musik liebte, der ganz große Kitzel war ihm noch vor dem Ring der Nibelungen die Wissenschaft. Dort dauere es lange, bis man auf den vielen verschlungenen Pfaden eine

Spur finde, und ob sie zum großen Finale mit Tusch und Standing Ovations führe, das wisse man nie. Eddy sieht die Enttarnung der Ursache am Ende des wissenschaftlichen Whodunit als absolut unberechenbaren Erfolg:

„Der Nobelpreis ist die nachträgliche Anerkennung einer Leistung, nicht der Ansporn."

Deshalb sei die wissenschaftliche Goldmedaille mit dem Konterfei von Alfred Nobel auch nicht zu vergleichen mit der Goldmedaille für den Sportler bei Olympia.

Der nächste Morgen. Eddy will mit mir die Insel erkunden. Wir beginnen mit seinem Grundstück, durchwandern wilde Natur, Eddy im frischen Washington-T-Shirt und festen Schuhen. Die portugiesischen Wasserhunde begleiten uns vergnügt. Unweit des Hauses die zwei in der Mail erwähnten Bäume.

„Hier, die müssen weg.

Kettensägen habe ich schon rausgelegt."

Eddy lacht. Er wird mich von Holzfäller- und sonstigen Wald- und Gartenarbeiten verschonen. Immerhin mache ich eifrig Fotos. Eines von Eddy und den Hunden vor einem Holzhaus sitzend, das seine Kinder vor vierzig Jahren gebaut haben. Es wird das Foto, das ich für das Projekt auswähle.

Schließlich geht es zur Erkundung der neunundsiebzig Quadratkilometer großen Insel im Auto weiter. Wir schauen auch bei Freunden von Eddy vorbei, und in einer der herrlichen Badebuchten der Insel trauen wir uns ins Wasser. Brrr, deutlich unter Badewannentemperatur.

Abends, zurück in Bevs und Eddys Haus, kümmern wir uns in der Küche gemeinsam um den Lammbraten zum Dinner. Beim Essen sprechen wir über den „Fluch der Allwissenheit" wie Eddy die Last nennt, als Nobelpreisträger alle Fragen, die die Welt bewegen, zur – bitteschön genialen – Stellungnahme vorgesetzt zu bekommen, vorzugsweise von Journalisten, aber auch bei zwangloser Plauderei wo auch immer. Einmal als Nobelpreisträger geoutet, gilt man als allwissend, und dann mal los: Was ist mit dem Hungerproblem in Afrika? Was wird aus dem Planeten angesichts der Erderwärmung? Werden die Ressourcen nicht knapp? Auf welche Energie der Zukunft ist zu setzen? Wann besiegen wir Krebs und Aids? Eddy zuckt die Schultern und sieht mich an, als wolle er sagen: Zu schön, wenn ich das wüsste! Ich verstehe ihn, und doch muss ich meine „Mit-Normalos", die dem Allwissenheits-Irrtum verfallen, in Schutz nehmen. Es ist sicherlich keine so abwegige Idee, die „großen Fragen" der Menschheit auch an jene zu richten, die in besonderer Weise zum Erkenntnisgewinn beigetragen haben. Mal ehrlich: Wen soll man denn sonst fragen?

Flucht vor dem Fluch der Allwissenheit nach Lopez Island – Eddy Fischer

Die Abreise naht, und ich wünsche mir ein baldiges Wiedersehen, als ich am nächsten Morgen die Fähre besteige und nach dem Ablegen dem großartigen, zusammen mit Lopez Island immer kleiner werdenden Eddy zum Abschied lange winke.

***

Ein Jahr später, im Sommer 2005, bin ich wieder da. Nicht auf Lopez Island, aber in Seattle. Dank Linda Buck!

Ha, was für ein Coup! Kriegt doch im Dezember 2004 tatsächlich eine Wissenschafts-„Schnüfflerin" aus Seattle den Medizin-Nobelpreis – Neurobiologin Buck hat sich mit dem Geruchsempfinden beschäftigt. Man möchte meinen, Eddy hätte die Finger im Spiel gehabt. Dabei kennen sich die beiden trotz aller räumlich-fachlichen Nähe noch gar nicht.

2004, das ist ohnehin mein Nobel-Jahr. Aus dem Chemie-Nobelpreisträger Aaron Ciechanover und der Medizin-Nobelpreisträgerin Linda Buck werden Aaron und Linda, zwei meiner engsten „Laureaten"-Freunde.

Linda sehe ich auf der Pressekonferenz für die Preisträger in der Kategorie „Physiologie oder Medizin" zum ersten Mal. Sie findet traditionell am Karolinska-Institut bei Stockholm statt. Die Nobelversammlung, die sich aus fünfzig der dort tätigen Professoren zusammensetzt, bestimmt das Komitee, welches den oder die Nobelpreisträger auswählt. So hat es Alfred Nobel in seinem Testament vorgesehen. Dem Gremium bietet sich in dieser Kategorie eine recht breite Auswahl, denn das Feld ist weit abgesteckt. Da es in der Physiologie um die physikalischen und biochemischen Vorgänge in Zellen, Geweben und Organen aller Lebewesen geht und Nobel eine „Entdeckungsleistung" prämieren wollte, kommen viele Preisträger aus der Biochemie und nur wenige etwa aus der praktischen medizinischen Therapie. Den Preis in dieser Sparte als „Medizin-Nobelpreis" zu bezeichnen, ist also unzulässig verkürzend, aber griffiger im Lesefluss.

Der Raum der Pressekonferenz ist bereits überfüllt, als ich mich nach einem Platz umsehe. Stehen? Einige Journalisten haben es sich auf dem Boden ganz vorne bequem gemacht, ich quetsche mich dazu. Auftritt der Laureaten Linda Diane Brown Buck und Richard Axel. Beifall. Sie sitzen nun unmittelbar vor mir am Pult mit den aufgebauten Mikrofonen. Ich fühle mich im wahrsten Sinne des Wortes deplatziert, halte es für unangemessen, mich Laureatin Buck und ihrem Kollegen in einer instabilen Asana zu präsentieren.

Die Journalisten dagegen sind ungewöhnliche Parkpositionen gewohnt. Pressekonferenzen sind selten „würdevoll". Die Damen und Herren Berichterstatter schneidersitzen also nach Belieben. Ich allerdings fühle mich noch ein bisschen unwohler, als ich registriere, wie cool die beiden Laureaten sind, vor allem die charmant-dynamische, attraktive und humorvolle siebenundfünfzigjährige Dame. Ich erwische mich, wie ich versuche, den Blick der Professorin aufzufangen. Ein Lächeln auszutauschen gelingt mir leider nicht. Ich schreibe zeitnah zur Preisverleihung mein Gesuch um eine Foto-Audienz. Gewährt.

Also geht es erneut nach Seattle. Auch Eddys Mit-Laureat Edwin Krebs habe ich noch nicht in meiner Sammlung. Mit ihm will ich starten, und dann soll der Termin mit Linda Buck folgen. Freudig informiere ich Eddy Fischer von meinem Trip. Ich soll sagen, wann ich lande, er hole mich ab, geht es per Mail schon wieder mit den Eddy-Liebenswürdigkeiten los. Ich wage kaum, ihm meine Flugdaten zu schicken, denn ich werde mitten in der Nacht in Seattle ankommen, kurz vor der Geisterstunde. „Werde dich an der Gepäckabholung erwarten!", schreibt Eddy. Ich versuche gar nicht erst, es ihm auszureden. Dann hat der Flieger eine Stunde Verspätung. Die Geister haben längst ausgespukt, als ich am Gepäckband Eddy entdecke. Er ist frisch, munter und gut gelaunt. Auch noch eine weitere Stunde später, die wir am Gepäckband verbringen, weil mein Koffer einfach nicht kommen will. Eddy setzt mich also im Morgengrauen am Hotel ab, und wenige Stunden später steht er wieder in der Lobby, um mich erneut ins Auto zu laden und mitzunehmen zur University of Washington, zu Edwin Krebs.

Edmond Fischer und **Edwin Krebs**, die Nobel-Eddys, sind eine Wucht zusammen. Wissenschaftlich sowieso und menschlich genauso. Eddy und Ed – eine sich gegenseitig befeuernde, von hohem Respekt getragene und in ihrem Kern freundschaftlich geprägte Beziehung, die Höchstleistung möglich machte.

Mir ist das unmittelbar greifbar, als ich beide miteinander sehe. Sie wirken auf mich wie ein Tennis-Doppel aus den Top Ten. Eddy erspürt Eds Verhalten, Absichten und Gedankengänge und umgekehrt. Wenn der eine sich nach einer Sitzgelegenheit umsieht, rückt der andere schon einen Stuhl zurecht. Wenn der eine sich erhebt, ahnt der andere, dass es jetzt in die Cafeteria gehen soll, und reicht den Spazierstock. Jeder weiß vom anderen, wie er den Kaffee nimmt, organisiert die benötigte Anzahl Zuckertütchen und einen Löffel, wenn das Auge des Kollegen vergeblich den Tisch nach einer Umrührhilfe absucht. So greifen die Aktionen der beiden wie ein tausendfach geprobter Spielzug ständig ineinander, ohne dass verbale Abstimmung notwendig wäre.

Ein Team. Ein Nobelpreis.

Ein Team. Ein Nobelpreis.

Die Nachricht vom Nobelpreis trifft die Eddys im Oktober 1992 unvorbereitet. Eddy liegt bereits im Bett, als ein CBS-Reporter ihn mit der Neuigkeit weckt. Erst als der Name des Kollegen fällt, versteht Eddy, worum es geht.

Er tippt die schlafende Bev an und sagt so etwas wie: „Du, ich hab' den Nobelpreis!", woraufhin seine Frau Unverständliches murmelt und sich umdreht. Einige Stunden später, um 5 Uhr morgens, ein Anruf des Chefs der Presseabteilung der Universität: Der Präsident William Gerberding werde um 10 Uhr eine Pressekonferenz geben. Leider könne man Edwin Krebs telefonisch nicht erreichen, ob Eddy wisse, wo der Kollege sich derzeit aufhalte. Er werde das durch Eds Post-Docs rauskriegen können, verspricht Eddy.

Parallel ereignet sich Folgendes: Professor Edwin Krebs ist in der Nacht vom 12. auf den 13. Oktober 1992 allein in seinem Haus, seine Frau Dedee in London.

Als sie dort die Nachricht vom Nobelpreis für den Gatten hört, wählt sie umgehend die heimische Telefonnummer, aber der Hausherr hat sich bereits seiner Hörhilfe entledigt und verbringt eine von etwa einhundert Anrufen ungestörte Nacht. Erst am frühen Morgen

gegen sieben wirft sich der ahnungslose Laureat in einen bequemen Hausanzug,

um dem zu dieser frühen Stunde angekündigten Klempner, der den Badezimmerumbau in Angriff nehmen soll, zu öffnen. Verärgert, weil der Handwerker unnötig Sturm klingelt, reißt er die Haustür auf. Doch Professor Krebs blickt statt in das Gesicht des Klempners in grelles Scheinwerferlicht. Auf dem Anrufbeantworter findet der Ausgeschlafene dann noch fünfundsiebzig nächtliche Nachrichten zum Beweis dessen, was die Presseleute ihm vorwerfen, gänzlich ignoriert zu haben: Nobelpreisträger zu sein.

Eddy hat mir die Geschichte schon erzählt, und manchmal hört man sie als die „Pyjama-Story", aber Eddy stellte klar: Nein, nein, Ed öffnet ganz sicher keine Haustüren im Pyjama. Professor Krebs ist zu unserem Termin in Anzug und Krawatte erschienen. Das spricht für Eddys Version.

Als mich die beiden Eddys beim Erinnerungsaustausch gänzlich vergessen, kann ich mir das Szenario jenes aufregenden Tages jedenfalls nur zu gut ausmalen.

Bei einem Kaffee draußen in der Sommersonne, am angestammten Koffeinpäuschen-Lieblingsplatz, versinken die Wissenschaftler in eine kleine Fachbesprechung und in alte Zeiten. Vom Stammplatz der beiden hat man einen wunderbaren Blick auf den Vulkan Mount Rainier. Auch „seinetwegen" ist Eddy Anfang der fünfziger Jahre dem Ruf an die University of Washington gefolgt, denn der fast 4.400 Meter hohe, gletscherbedeckte Berg erinnerte ihn an die Schweiz. Kaum hergezogen, fühlte sich Eddy herausgefordert, den Schichtvulkan zu erklimmen.

An der Uni beginnt bald schon die Zusammenarbeit mit Ed Krebs. Der habe sich anfangs immer über sein Englisch lustig gemacht, weiß ich von Eddy. Es ist in der ersten Zeit keine Seltenheit, dass Eddy während seiner Vorlesungen plötzlich ins Französische fällt. Ständig habe Ed an seinem Englisch herumgenörgelt. Schlimmer als seine nur bescheidenen Fortschritte sei aber gewesen, dass Eds Englisch sich parallel verschlechtert habe, was dieser allerdings vehement abstreite. Was hätte der gestrenge Ed wohl erst mit „SSSieory-Bethe" angestellt?

Ich stelle mir schmunzelnd die Freunde bei diesen sicherlich höchst amüsanten Neckereien vor, ziehe mich als stiller Beobachter zurück und schieße ein paar Fotos, bis mich die beiden wieder bemerken.

Schließlich verabschieden Eddy und ich uns von Ed und starten in den Nachmittag.

Ein Freund hat mir eine Privatführung im EMP-Museum durch den Direktor Bob Santelli höchstselbst organisiert. Ich freue mich darauf, bin allerdings etwas skeptisch, ob der Programmpunkt auch den Geschmack des Wagnerianers an meiner Seite trifft. Irgendwas mit AMP (Adenosinmonophosphat) wäre ihm wohl lieber gewesen. Im EMP wird es zwar durchaus um Musik gehen – EMP steht für Experience Music Project –, allerdings mehr um Nirvana als um die Nibelungen. Das sei schon in Ordnung, beruhigt mich Eddy, als ich ihm meine Bedenken offenbare. Er interessiere sich sehr für die Architektur des Gebäudes. Es ist ein futuristischer Bau des Star-Architekten Frank O. Gehry, der – wie das eben ist mit Kunst – Begeisterung und Ablehnung gleichermaßen hervorruft. Ob also nun „geschmolzene E-Gitarre" oder „Hämmorhoide" – davon wollen Eddy und ich uns selbst ein Bild machen. Das Geld für das fetzige „Musik-Stück" kam übrigens zum Teil von Eddys Lopez Island-Nachbar Microsoft-Mitbegründer Paul Allen.

Im Museum erwarten uns neben einem riesigen Gitarrenturm Gitarrentrümmer, die kein Geringerer als der aus Seattle stammende, legendäre Jimi Hendrix aus seinem Instrument gemacht hat. Außerdem eine Menge mehr Devotionalien der ganz Großen im sogenannten populären Musikgeschäft.

Um eine Vorlesung über Wagner und den Ring der Nibelungen komme ich trotz oder wegen der Abstinenz der klassischen Musik nicht herum. Ich habe, ehrlich gesagt, nackte Angst vor Monstrosität und Walküren. Ich will nicht mit durchgesessenem Hintern wegen abschweifender Gedanken Tremoli verpassen, die man nicht verpassen darf. Und was, wenn ich Sieglinde toll finde und dann belehrt werde, sie habe eindeutig zu wenig Charakter in der Mittellage? Macht einen der heldische Siegfried nicht zur mickrigen Peter-Schnecke? Keine Antwort meines Nobel-Helden.

Wagnerianer Eddy versinkt in wummernden Beats unter einer Video-Großbildleinwand.

Er scheint ganz froh, als wir uns in der Cafeteria ausruhen. Ich habe etwas auf dem Herzen.

„Raus damit!", sagt Eddy.

Also, vorhin an der Uni, als die beiden Eddys da so vertieft waren in ihre kleine Fachbesprechung, da fiel mir auf, dass ich noch immer recht unbeleckt bin von dem, was sie jetzt genau erforscht haben. Ich hege die Hoffnung, dass

Eddy mir seine Forschung auf ähnlich leidenschaftliche Weise wie seine Liebe zur Musik nahebringen kann. Er kann.

„Ich male es dir auf!"

Eddy fingert nach einem ausliegenden Flyer, und dann geht es um das Wechselspiel der molekularen Ein- und Ausschalter, genannt reversible Proteinphosphorylierung. Dass Enzyme bei Bedarf das in der Muskelzelle gespeicherte Kohlenhydrat Glykogen in den Energielieferanten Glukose wandeln, war bekannt. Für die Entdeckung dieser Phosphorylase ging 1947 der Nobelpreis an Carl und Gerty Cori und 1971 für die Entdeckung des dabei beteiligten zyklischen AMP an Earl Sutherland Jr. Aber es mussten erst die beiden Eddys kommen, um herauszufinden, durch welchen Mechanismus die Enzyme aktiviert werden. Da gibt es also sogenannte Phosphatkinasen, die die Enzyme an-, und Phosphatasen, die sie ausschalten. An. Aus. Eddy behauptet, er und Ed Krebs hätten am Anfang ihrer Forschung keine Ahnung gehabt, dass die Proteinphosphorylierung eine der häufigsten Regulationsmechanismen des Überlebens und der Funktion unserer Zellen ist. Wird die schöne Balance gestört, entstehen Krankheiten. Auch viele Vorläufer von Krebsgenen sind Zellkernproteine (diese Erkenntnis verdanken wir den 1989 Nobelpreis-prämierten Harold E. Varmus und Michael Bishop), die dieser Regulation unterliegen. Funktioniert sie nicht mehr richtig, kann Krebswachstum die Folge sein.

Ich habe in Zukunft dann noch viele Gelegenheiten, die Sache zu durchdringen, denn Eddy ist fleißiger Lindau-Tagungs-Besucher. Über zehnmal hat er schon den jungen Wissenschaftlern verraten, was er so an „Cross-Talk" belauscht hat, der sich den ganzen Tag auf Zellebene in unserem Körper abspielt. Schon wegen der Nähe zu „seiner" Schweiz kommt Eddy gerne an den Bodensee, und die

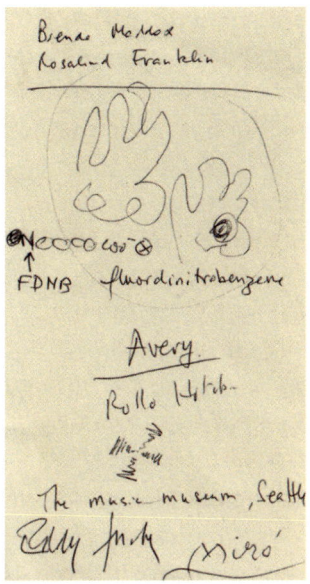

Die reversible Proteinphosphorylierung nach E. Fischer / Miró?

jungen Wissenschaftler danken ihm sein Engagement regelmäßig mit Standing Ovations, wenn er mit den anderen Nobelpreisträgern zur Eröffnungsveranstaltung in den Saal einmarschiert. „Educate.Inspire.Connect." – das ist das Leitmotiv der Tagung, und man findet es auf den vielen Fotos von Eddy, umringt von blutjungen Kollegen mit leuchtenden Augen, trefflich ins Bild gesetzt.

An jenem Nachmittag in der Cafeteria des EMP zeichnet mir Eddy diese Sache mit den An- und Ausschaltern auf die Rückseite eines Flyers. Den habe ich über die Jahre aufbewahrt. Wie ich anhand der weiteren Notizen darauf feststelle, müssen wir uns auch über Rosalind Franklin unterhalten haben; zu ihr später.

Anbei also die reversible Proteinphosphorylierung, wie sie der Entdecker sieht. Recht wolkig. Oder ging es doch um das Wetter in Seattle? Ist der Zettel gar ein Kunstwerk von Miró?

Am nächsten Tag der Termin mit **Linda Buck** im Howard Hughes Medical Institute (HHMI) am Fred Hutchinson Cancer Research Center. Eddy will mich vom Hotel abholen und hinfahren. Ich wehre mich nicht mehr gegen Eddys Liebenswürdigkeiten, es nützt ja doch nichts, ihm fallen immer neue ein. Wir sitzen im Vorzimmer von der Nobelpreisträgerin, haben uns der Sekretärin als Mr. Badge und Mr. Fischer vorgestellt, und dann kommt Linda Buck herein. Sie macht einen leicht gestressten Eindruck. Ach, schade, wenn sie keinen guten Tag hat heute, bin ich etwas enttäuscht, freue ich mich doch sehr, sie wiederzusehen. Linda gibt mir etwas abwesend die Hand, wendet sich sogleich Eddy zu, sagt einige höfliche Sätze, und dann sieht sie ihn fragend und auffordernd an:

„Also, wo möchten Sie die Aufnahmen machen?"

Eddy winkt ab. Oh, nein, er sei nicht der Fotograf, das sei ich und er lediglich mein Fahrer, auch aus Seattle und ein Portraitierter wie sie. Fahrer? Und Portraitierter wie sie selbst? Linda Buck stutzt kurz und versteht.

„Nein, Sie sind der Fotograf?", wendet sich Linda zu mir, dann zu Eddy, „und Sie ..."

„... eine Art Kollege", scheut Eddy das Wort „Nobelpreisträger" erneut und lächelt.

„Der Fahrer ... tse ...", Linda weicht die Anspannung aus dem Gesicht.

Eddys humorvolle Reaktion auf die Verwechslung hat die Atmosphäre in Sekunden aufgelockert. Verlegenheit kommt nicht auf. Linda lacht. Eddy und ich stimmen ein. Weiche Landung. Wir mögen uns.

Ein Fauxpas in Sachen „Who's who" ist bei den Nobelpreisträgern nicht selten, denn sie gehören zu einer völlig anachronistischen Spezies: Sie sind Mega-VIPs ohne die diesen Status heute zwingend bedingende Dauer-Medienpräsenz. Auf der Lindauer Tagung erkennt man die Nobelpreisträger zuverlässig an ihren blauen Kordeln für die Namensschildchen. Ohne diese müsste damit gerechnet werden, dass der Laureat von einem übereifrigen Ordner nicht zu seinem eigenen Auditorium gelassen wird, weil der Saal ja leider überfüllt ist.

Mein Fotomodell und ich starten die Suche nach einem geeigneten Portraitort. Wir reden über Natur, Bäume und Blumen; in der unmittelbaren Umgebung des Instituts findet sich davon allerdings nicht allzu viel. Irgendwann wählen wir einen einigermaßen hübschen Innenhof für die Aufnahme. Für mich sieht Linda gar nicht gestresst aus. Wir werden für die Fotobände dennoch ein Portrait auswählen, das bei einem der späteren Treffen in Florenz entsteht.

Lindas wissenschaftliche Aufmerksamkeit gilt den Mechanismen der Verarbeitung von Geruchsreizen im Gehirn. Wie kommen sie dahin? Was geschieht dort mit ihnen? Wie beeinflusst eine Geruchsempfindung unser Verhalten? Dass Geruchsempfindungen enorm auf uns einwirken, sieht man schon daran, dass jeder Kindheitserinnerungen hat, die mit Gerüchen so stark verbunden sind, dass man die Situation durch die Geruchserinnerung am intensivsten nacherlebt.

Kiefernduft: Da sehe ich grünstichige innere Bilder von Dänemark, assoziiere Ferien und spüre einen Hauch jenes längst vergangenen Gefühls unbeschwert-kindlicher Glückseligkeit. Ein Freund kann sich nicht mehr an das Gesicht seines Urgroßvaters erinnern, wenn der ihn unter die Achseln fasste und hochhob, aber beim Duft von Brisk-Frisiercreme spürt er die breiten Schultern, von denen er die Welt zum allerersten Mal von oben sah. Ein anderer hat von einem One-Night-Stand nur noch

Atemnot in Chanel-No.-5-schwerer Luft

in Erinnerung, übrigens Lindas Lieblingsparfüm, wie ich erfahre. Ansonsten mag sie aber eher naturnahen, erdigen Geruch wie den von Herbstlaub.

Die Laureatin, Enkelin schwedischer Einwanderer und väterlicherseits irischer Abstammung, hat den Weg des Kieferndufts in das persönliche Geruchstagebuch erforscht und in der Riechschleimhaut eine Familie von Geruchsrezeptoren gefunden, die über Nerven direkt mit der für die Wahrnehmung von Gerüchen zuständigen Gehirnregion verbunden sind. Bei einem meiner späteren Besuche wird mir Linda ihr Labor zeigen, das mich ein wenig an die „Wunderküche" meines Apotheker-Großvaters erinnert, wenngleich zwischen jener und dem Arbeitsplatz einer das Riechsystem erforschenden Nobelpreisträgerin wohl Welten liegen. Nicht nur die Zellen aus Mäusenasen, die ich mir unter dem Mikroskop ansehe, gab es bei Großvater nicht. Immerhin war aber der Gründer der europäischen Parfümindustrie, der im französischen Grasse ein Laboratorium zur Duftherstellung einrichtete, ein Apotheker.

Die sogenannte „Lex Buck", die man in der Nobelpreis-Geschichte findet, hat übrigens nichts mit Linda zu tun. Gott sei Dank, ist man versucht zu sagen, denn es geht dabei um die Verleihung des Nobelpreises für Literatur an die US-Amerikanerin Pearl S. Buck. Die Entscheidung für Buck, die einst an der Cornell-Universität in Ithaca studierte, stößt im Jahr 1938 auf wenig Gegenliebe, obgleich die Autorin sehr erfolgreich ist. Literarische Höhenflüge allerdings vermag in ihren eindrücklichen Schilderungen chinesischen Bauernlebens bis auf das Komitee kaum jemand mit Rang und Namen auszumachen. Jedenfalls ist es seither ungeschriebenes Gesetz, dass ein Literatur-Nobelpreisträger vor seiner Auszeichnung schon mindestens einmal nominiert gewesen sein muss. Nach Aussage des langjährigen Akademie-Mitglieds Horace Engdahl hält man sich an die Lex Buck.

„Eigentlich habe ich alle Publicity-Termine erst mal wieder abgesagt", eröffnet mir Linda Buck nach dem Fotoshoot im Freien plötzlich.

„Es war einfach zu viel. Der Termin mit Ihnen ist mir irgendwie durchgerutscht ..."

Wir lachen.

„Ich bin jetzt zeitlich etwas knapp ..., aber heute Abend treffe ich mich mit einem Freund und Kollegen zu einem Seespaziergang. Sie können sich gerne anschließen, wenn Sie mögen. Dann können wir unser Gespräch noch etwas fortsetzen. Falls Sie nicht schon anderes vorhaben ..."

Habe ich nicht. Ich sage sehr gerne zu, und da sind wir auch schon wieder am Büro. Dort treffen wir auf „meinen Fahrer" Eddy, der – vertieft in ausliegende Wissenschaftslektüre – auf mich gewartet hat.

Abends wechsele ich meinen „Chauffeur". Autoliebhaberin Linda holt mich in ihrem BMW vor meinem Hotel zu dem verabredeten Spaziergang ab. Sie stellt mir George Gaitanaris vor, mit dem sie schon an der New York Columbia University zusammengearbeitet hat. Normalerweise unterhalten die beiden sich stundenlang über Wissenschaft, aber heute macht es ihnen durchaus Freude, sich mit mir einmal durch die vielen Laureaten-Kollegen zu arbeiten, die ich schon portraitiert habe. Ohne Zugehörigkeit zum Wissenschaftsbetrieb an sich weiß ich allein durch meinen Portrait-Job häufig einiges über Hochschulpersonalien, Ehrungen, Forschungsaufträge oder schlicht über Verbleib und Wohlergehen der älteren Semester, die sich ganz ins Privatleben zurückgezogen haben.

Seespaziergang mit Geruchsspezialistin Linda Buck

Als mich Linda am Ende des Abends nach meinen Plänen für den nächsten Tag fragt und ich berichte, dass ich noch mal beruflich in ihrem Institut sein werde, da tippt sie zunächst auf Lee Hartwell als Foto-Objekt. Doch den Direktor des Fred Hutchinson Cancer Research Center und Medizin-Nobelpreisträger von 2001, der mit seinen Entdeckungen zum Ablauf der Zellteilung die Tumordiagnostik vorantrieb, habe ich bereits portraitiert. Ich bin also morgen Nachmittag nicht mit Hartwell, sondern mit Donnall Thomas verabredet.

Auf jeden Fall soll ich nach dem Termin noch mal in ihrem Büro vorbeikommen, sagt Linda. Zwei Sätze später verspricht sie mir eine kleine Sightseeing-Tour durch Seattle, und nach weiteren zwei Sätzen bin ich bei ihr morgen Abend zum Dinner eingeladen.

Als ich bei Donnall Thomas sitze, freue ich mich bereits auf die bevorstehende Stadtrundfahrt. Aber der kleine Umweg über das Büro des Medizin-Laureaten von 1990 lohnt sich. Der Nobelpreisträger, der mit vollem Namen **Edward Donnall Thomas** heißt, könnte ein dritter Eddy aus Seattle sein, doch er ist ein „Don". Meine Einstimmung auf ihn ist vor lauter Wiedersehensfreude mit Eddy Fischer und dem Spaziergang mit Linda und George am Vorabend ein wenig knapp geraten. Der Pionier der Knochenmarktransplantation erweist sich dankenswerterweise als sehr auskunftsfreudig. Er wird ja alles Hunderte Male erzählt haben, rollt für mich aber gerne noch einmal auf, was mir ganz neu ist: Ich habe tatsächlich nicht gewusst, dass die Arbeiten von Don Thomas, mit denen er die Knochenmarktransplantation als wirksame Therapie gegen Leukämie und andere zuvor tödliche Krankheiten einführte, so revolutionär waren, dass er in den sechziger und siebziger Jahren einer unter sehr wenigen war, die überhaupt an die Heilungschancen glaubten. Seine ersten Erprobungen an eineiigen Zwillingen verliefen hinsichtlich der Verträglichkeit der fremden Stammzellen erfreulich, nur brach die Leukämie später erneut aus. Der erste Patient, der von seinem Zwillingsbruder Stammzellen erhalten hatte, starb. Dann erkannte Don Thomas, dass die übertragenen Stammzellen besser minimal andersartig sein sollten als die eigenen, damit das somit aktivierte Immunsystem mithilft, den Krebs zu besiegen. Nur: Wie groß durften die Unterschiede sein, und welche Gemeinsamkeiten waren zwingend? Daran forschte der Mediziner unermüdlich.

1988 wurde Professor Thomas auch außerhalb der Fachkreise weltbekannt. Das lag an einem prominenten Patienten, den er hier am Fred Hutchinson Cancer Research Center behandelte: Star-Tenor José Carreras. Bei dem Sänger war im Jahr zuvor Blutkrebs diagnostiziert worden. Dank einer Knochenmarktransplantation stand Carreras im Sommer 1988 in Barcelona wieder auf der Bühne – geheilt. Don Thomas ist noch heute beeindruckt, mit welcher Zuversicht, welch großem Vertrauen und festem Genesungswillen sich Carreras der Behandlung aussetzte. Nur eines habe den Künstler umgetrieben: dass er durch die Behandlung seine Stimme verlieren könne. Don Thomas zeigt mir Bilder von Carreras und sich. Sie sind Freunde geworden.

Unzähligen Menschen hat der Mediziner persönlich und durch seine Forschungen das Leben gerettet. Das muss ein wunderbares Gefühl sein. Mit über achtzig kommt er immer noch mehrmals in der Woche in sein Büro. Was er sonst gerne macht, interessiert mich. Fischen, kommt ohne Zögern die Antwort. In Alaska. Begeistert erzählt er von den Bären dort, noch begeisterter nur von seinen acht Enkelkindern. Nicht nur der Nachkommen-„Erfolg" gebühre zur Hälfte seiner Frau – das glaube ich sofort – sondern der Nobelpreis auch, sagt er. Die soll mich kennenlernen, dachte er sich einst, als ihm ein unbekanntes Mädchen einen Schneeball ins Gesicht warf und er ihr hinterherspurtete. Dorothy Martin sollte ihm nicht entkommen, und einmal erwischt, hielt er sie fest, über sechzig Jahre. Seine Dottie gab ihre Journalistenkarriere auf, lernte Labortechnik und Bibliothekswissenschaften und unterstützte ihren Mann bei der Forschungsarbeit.

Die Hilfe und Mitarbeit seiner Frau sei von unschätzbarem Wert gewesen – für alles, was er erreicht habe, betont Thomas. Es liegt mir die Frage auf der Zunge, ob Thomas mit seiner Dottie mal mit dem Auto durch die Wüste gefahren ist und ihnen das Benzin ausging. Da gibt es nämlich diese Geschichte, die ich vom 2003er Chemie-Laureaten Peter Agre gehört habe:

Ein Nobelpreisträger, wie man ihn sich so gemeinhin vorstellt – also ein älterer, sehr seriöser, sich und die Welt ernsthaft betrachtender Zeitgenosse – macht mit seiner Frau Urlaub, und sie fahren gerade durch die Wüste in Kalifornien, als das Benzin ausgeht. An einer Kreuzung gibt es Gott sei Dank einen kleinen Shop und eine Self-Service-Tankstelle. Der Laureat steuert also die Station an, tankt das Fahrzeug voll, während seine Frau gelangweilt vom Beifahrersitz in die Gegend schaut. Als ein nicht mehr ganz taufrischer Hippie mit langen grauen Haaren und einer lustigen Handarbeit als Ohrring den Shop verlässt, stürzt sie plötzlich aus dem Auto, rennt auf den Typ zu, und die beiden knutschen wild. Der Laureat beobachtet all dies ohne sichtbare Regung, während er weiter den Benzinschlauch in den Stutzen hält. Der Tank ist voll, und er ruft:
„Darling, ich bin so weit!"
Seine Frau lässt von dem Hippie ab, steigt wieder ins Auto, und die beiden setzen die Fahrt fort.
„Was sollte denn das gerade?", will der Nobelpreisträger dann doch noch Näheres wissen.
„Ach, das habe ich dir nie erzählt", eröffnet ihm seine Frau nun bereitwillig, „in den Mann war ich mal sehr verliebt. Vor deiner Zeit."
„Tja", streckt sich der Wissenschaftler im Sitz, „da hast du ja noch mal Glück gehabt. Stell dir vor, aus euch beiden wäre was geworden ... du hier in der Wüste ... und nun ... so als Frau eines Nobelpreisträgers ..."
Da schaut ihn seine Angetraute von der Seite an, als wenn er nicht bis drei zählen könnte:
„Du verstehst wirklich gar nichts. Hätte ich ihn geheiratet, wäre heute ER der Nobelpreisträger."

Ich wage nicht Don Thomas auf die Geschichte anzusprechen. Es wird wohl nicht seine sein, mag er doch eher Alaska als die Wüste.

Wir verabschieden uns. Der Professor fragt mich, wo es denn jetzt hingehe, und meint damit natürlich, in welches Land ich nun reisen werde, zu welchem nächsten Portrait-Job.

Ich bin aber in Gedanken schon bei meiner jetzt unmittelbar anstehenden Verabredung und antworte spontan: „Zu Linda."

Pionier der Knochenmarktransplantation – Don Thomas

Etwas irritiert, als ich „Buck. Linda Buck" nachschiebe, aber freundlich lächelnd, weist mir Don Thomas den Weg zur Kollegin.

Ich entreiße Linda ihrer geruchsintensiven Spurensuche, und nach kurzer Zeit umhüllt uns Blumenduft. Linda führt mich zu den floralen Inseln der Stadt. Die Fahrt ins Grüne endet schließlich im Garten ihres Hauses in den Richmond Highlands.

Hier werde ich künftig manche Gartenparty feiern, für heute tut es das Glas Wein im Freien, das unser Scheidebecher wird.

E in Jahr später. Im Sommer 2006 simse ich Linda immer mal wieder Zwischenstände, wo ich gerade bin auf der Autofahrt von Vancouver runter zu ihr nach Seattle.

In Vancouver habe ich einen Motorradfahrer in voller Montur fotografiert. **Finn Kydland** ist norwegischer Wirtschaftsnobelpreisträger von 2004. Kydland liebt knifflige Wirtschaftsfragen und seine Ducati 748 von 1997. Mehrfach hatten wir verabredet, eine Fotosession mit Motorrad zu machen. Dazu musste ich aber nach Vancouver reisen, eine seiner Wahlheimaten, denn hier steht sein Gefährt.

Finn ist ein dynamischer Mann, auf der Straße und in der Makroökonomie.

Er brachte mich am Vorabend des Fotoshoots mit einer Bar- und Clubtour erst mal auf einen passablen Coolness-Level.

Das ist ihm bereits im Jahr zuvor in Berlin Herausforderung gewesen; es war Finn, mit dem ich die wohl umfassendste Clubbing-Tour seit Jugendtagen erlebte. Ob die Varietät an Hochprozentigem und das, was dadurch mit mir passierte, auch so ein „Angebotsschock" ist, von dem man in Finns Schriften liest, weiß ich nicht.

Finn hat sich in der Nobel-prämierten Arbeit von 1977 damit beschäftigt, was passiert, wenn Wirtschaftspolitik auf der Grundlage von festen Regeln einerseits oder mit Entscheidungsspielraum andererseits stattfindet. Dass für politische Akteure immer ein Anreiz besteht, sich zwecks kurzfristiger Vorteile von einmal anders getroffenen Entscheidungen zu lösen, führt zu einer Unberechenbarkeit, die langfristig nachteilig ist, also müssen dringend verlässliche Pflöcke in das Ganze.

„Glaubwürdigkeit" und „Vertrauen" als wichtige Größen für einen stabilen Konjunkturverlauf zu formulieren und dann mit ansehen zu müssen, wie Politiker versuchen, diese Begriffe zu buchstabieren, muss ernüchternd sein. Noch dazu wird der arme Finn natürlich nach jeder Konjunkturkrise gefragt, warum er sie nicht vorausgesehen hat. Dass das Risiko einer Finanzkrise in einem Modell berücksichtigt werden kann, die Eintreffenswahrscheinlichkeit aber dennoch unberechenbar bleibt, möchten Laien wie ich nicht verstehen. So ein bisschen real und nicht nur modellhaft hellsehen sollte ein Nobelpreisträger schon können – das ist wohl die Hoffnung, der auch so mancher Journalist erliegt, der die Finanzökonomen so gerne zu Kurs-Murmeltieren machen will.

Als ich Linda meine Kilometer-Fortschritte auf dem Weg nach Seattle durchsimse, merke ich am Tag nach dem Fotoshoot mit Finn, wie schwierig das mit dieser Eintreffenswahrscheinlichkeit ist. Zukunft ist eben Zukunft, und dass wir mit allem, was Voraussagen betrifft, noch immer ziemlich dumm dastehen, zeigt sich für mich stets aufs Neue auf der Autobahn und am klarsten – oder eben trübsten – am Wetterbericht. In Seattle soll ja die Vorhersage, dass es regnen wird, zumindest im Winter, recht verlässlich sein. Ich entsinne mich nur sonniger Zeiten, will aber nicht ausschließen, dass allein das fröhliche Zusammensein alles Trübe absorbierte oder ich den ein oder anderen Regentropfen im Rosarot der schönen Erinnerung getrocknet habe.

Mit offenem Visier – Finn Kydland

Mit dem Foto, das Finn in voller Motorradkluft zeigt, im Gepäck rase ich über Grenze und Highways nach Seattle zu Linda. Unabhängig von jeder Eintreffenswahrscheinlichkeit komme ich zu früh und doch zu spät. Als ich sie im Büro abhole, fragt Linda mich, ob ich etwas dagegen hätte, wenn wir noch kurz etwas erledigten vor dem Abendessen. Klar können wir das.

Wenig später steht Linda im Brautkleid vor mir.

Wir befinden uns in einem riesigen Brautmodengeschäft in Seattle, und daher kann ich nicht der Auserwählte sein, denn der Bräutigam darf das Kleid der Braut ja nicht vor dem großen Tag sehen. Spaß beiseite. Linda wird Roger

Brent heiraten, den sie 1994 kennengelernt hat und der ebenfalls Wissenschaftler ist.

„Du siehst aus wie eine Prinzessin. Eine Nobel-Prinzessin!", fällt mir spontan zu Linda ganz in Weiß ein.

Ein Brautkleid, in dem sie wie eine Prinzessin aussieht, will Linda aber nicht. Eifrig schleppt die Verkäuferin neue Hochzeits-Träume an, drapiert hauchzarte Spitzen und entrollt meterlange Schleppen. Nein, nichts dabei, leider. Die atemberaubende, am Dekolleté funkelnde schwarze Robe, in der Laureatin Buck aus der Hand des schwedischen Königs Carl XVI. Gustav die Nobelpreisurkunde und die rote Box mit der Medaille entgegennahm, ist schwer zu toppen. Aber bis sie auf Hawaii das Ja-Wort sagt, wird Linda noch fündig.

***

Es freut mich noch heute, dass ich Linda und Eddy miteinander bekannt machen konnte. Dass die beiden Silvester 2006 zusammen gefeiert haben, hat mich sehr berührt. Für Eddy ist es nämlich ein sehr trauriger Winter. Seit wenigen Monaten ist er Witwer, hat nach über vierzig Jahren Gemeinsamkeit seine Frau Beverly verloren. Linda dagegen hat Anlass zu großer Freude, sie beschließt das Jahr 2006 als Frischvermählte. Die Bekanntgabe ihrer Eheschließung mit Roger Brent im öffentlichen Register von O'ahu / Hawaii erscheint passenderweise unter dem 10. Dezember 2006, dem Tag der Nobelpreis-Verleihungen.

Eddy ist nicht nach Silvesterparty zumute, als Linda ihn anruft. Eddy und Beverly sind an Silvester nie ausgegangen.

„Normalerweise gehen wir sogar noch eher in die Falle als sonst", hat Eddy mir einmal den wenig feierlichen Umgang mit Jahreswechseln im Hause Beverly und Eddy Fischer offenbart. Von Lindas netter Einladung überrascht, sagt Eddy trotz gänzlich fehlender Feierstimmung zu. Über den Silvesterabend berichtet er einem Freund in einer Mail, die er mir später zeigt:

[...] Sie wohnt verdammt weit draußen im Nordwesten von Seattle, in den Richmond Highlands in Shoreline, mit Blick über den Puget Sound. Sie sagte, das sei schwer zu finden, und hat mir deshalb eine elaborierte Karte mit einer detaillierten Wegbeschreibung geschickt. Ich meinte nur, falls ich bis 23.00 Uhr nicht erschiene, möge sie bitte die Rettungskräfte alarmieren. Ich würde einen Koffer warmer Kleidung, ein Survival-Kit sowie Nahrung und Wasser für 3 Tage mitnehmen – für den Fall, dass ich verlorenginge.
Es war eine lustige Party. Jede Menge Essen, viele Gäste und dazu Champagner bis zum Abwinken (jeder hatte eine Flasche mitgebracht). Linda hatte zwei Monate zuvor auf Hawaii geheiratet, und ich lernte ihren neuen Mann kennen. Er kam aus Berkeley. Es waren rund 30 Leute auf der Party: Künstler, Schriftsteller, Forscher aus dem Hutch [Fred Hutchinson Cancer Research Center] und so weiter. Ich kannte keinen. Auf einmal kam ein Typ auf mich zu, helle Haare, jovial, kräftig gebaut; er schien sich bestens zu amüsieren, strahlte und sagte: „Hi, ich bin Vincent. Und wer sind Sie?" Ich entgegnete: „Ich bin Ed, schön Sie kennenzulernen." Er fragte mich dann: „Woher kennen Sie Linda?" „Nun ja, ich bin Biochemiker an der University of Washington. Unsere Arbeitsgebiete ähneln sich entfernt. Und Sie?" „Oh, ich bin ihr Ex-Mann."

Eddy hat seine Entscheidung also nicht bereut. Auf der fröhlichen Party amüsieren sich Lindas Künstler-, Schriftsteller- und Wissenschaftlerfreunde, Neu- und Ex-Ehemann gleichermaßen, und so kann auch Eddy nicht anders, als langsam wieder zu seinem wunderbaren Humor zurückzufinden. Linda und Eddy kommen wohlbehalten im Jahr 2007 an. Ich steige zur gleichen Zeit auf Bali über Alkoholleichen, aber dazu später.

***

Im neuen Jahr fotografiere ich Linda in Florenz. Sie hatte mir geschrieben, sie sei zu einem Vortrag in der Stadt und würde sich freuen, wenn ein Treffen klappen würde. Ich schaue gerne aus Berlin mal wieder in Florenz vorbei, habe Anfang der 2000er einige Zeit im „italienischen Athen" gelebt. Doch wie das so ist mit der Stadt, in der man wohnt: Man kennt sich aus und macht, was man eben so macht im Alltagsleben, aber eines sicher nicht: das, was die machen, die die Stadt nur besuchen.

Wer kennt einen Berliner, der die Reichstagskuppel besichtigt und im Dachgartenrestaurant Berliner Weiße bestellt?

Wie viele Göttinger kennen das Nobel-Rondell?

Und wer aus Seattle war schon im EMP-Museum?

Das kann man ja „immer noch" machen? Genau. Deshalb kenne ich in Florenz auch das beste Fotolabor und schöne Ristoranti, in denen ich um 5 Uhr nachmittags einen wunderbaren Aperitivo genießen kann (der unbedingt überall auf der Welt eingeführt gehört!), aber die Paläste der Uffizien, die habe ich nie von innen gesehen in jener Zeit. Weil der Zeitpunkt „immer noch" eben ein höchst theoretischer ist und der wissenschaftliche Nachweis seiner Existenz weiter aussteht. Die weltberühmte Kunstsammlung der Medici – die besuche ich also erst als Tourist. An der Seite von Mit-Touristin Linda Buck.

Wir plantschen im Schaum von Botticellis „Venus", treffen Giottos „Madonna mit Kind", Michelangelos „Heilige Familie", Rembrandts „Alten Rabbiner" und sogar „Adam und Eva", die uns Cranach vorstellt.

Schließlich begegnen wir Claudio. Der hängt nicht in Öl an der Wand, sondern sitzt in seinem grünen Renault Twingo auf der Straße. Claudio ist der Make-up-Artist meines Musiker-Freundes Marius Müller-Westernhagen. Die Presse schreibt gerne vom „Rockstar, der die Dinge ungeschminkt auf den Punkt" bringt, meint damit aber nicht, dass Claudio überflüssig ist, sondern Marius eben nicht von

Depressionen singt, wenn er „die Schnauze voll" hat, nicht von der Sehnsucht nach Liebe, wenn er „'ne Frau braucht" und nicht von Adipositas, wenn „Dicksein 'ne Quälerei" ist.

Mein Berufsleben kennt keine schweißtreibenden Bühnen-Auftritte

vor Tausenden Fans, und so hat Claudio mir noch nie die Stirn getupft, wohl aber schon öfter die Haare geschnitten, und das so top, dass ich sogar einmal aus lauter Sehnsucht nach einer Spiegelbild-tauglichen Frisur einen Florenz-Umweg geflogen bin. Apropos Sehnsucht: Irgendwo auf fernen Hotelbettenkopfkissen muss ich zudem einige mir lieb gewordene Haare nahe der Stirn endgültig verloren haben. Claudio vermag mit dem verbliebenen Rest-Haupthaar immerhin zu zaubern, was es noch ohne Zylinder hergibt.

Der Make-up-Artist freut sich sehr, als ich mit Linda nach dem Kulturnachmittag in seinen Twingo steige, befördert uns dann allerdings beinahe ins Jenseits statt in sein Lieblingsrestaurant, was nicht nur an seinem feurigen Temperament liegt. Wir bemerken zu spät, dass der Italiener eine Nuance zu fröhlich ist für Chauffeurdienste ohne unmittelbare Lebensgefahr.

Dazu brauchte es wahrlich keine komplizierten Analysen des Verhaltens im Straßenverkehr, wie sie Daniel McFadden so gerne anstellt. Wir werden dem Ökonomie-Laureaten noch ganz zufällig am Wegesrand begegnen, allerdings hat sich der US-Amerikaner nicht in Florenz, sondern nach Havanna verirrt.

Lieblingsrestaurant hin oder her – Coiffeur Claudio hat mit dem Auffinden der Lokalität heute Probleme, was ihn zu einem wilden Kreuz und Quer durch die Straßen veranlasst.

Er legt den Twingo in die Kurve, als gelte es, Dantes Inferno zu entkommen. Linda und ich haben mit der Trägheit unserer Massen zu tun. Die „Göttliche Komödie"

Ein göttlicher Abend in Florenz mit Linda und Claudio

des Florentiners Dante Alighieri lehrt uns nach einer Deutung übrigens die „göttliche Relativitätstheorie".

Manchmal glaubt man, es drehe sich die Welt nicht mehr um die Sonne, sondern um Einstein. Linda und mir hat Claudios Fahrstil jedenfalls erst mal den Magen umgedreht. Eben noch hungrig, ist uns der Appetit bei glücklicher Ankunft im Restaurant vergangen, und so brauchen wir eine kleine Weile, bis wir uns vorsichtig an etwas Ciabatta mit Olivenöl wagen. Wir ziehen dann aber bald mit Claudios Fröhlichkeit gleich. Beweisfoto anbei. Das offizielle Portrait von Linda entsteht an jenem Abend nicht. Bilder wie dieses aus Florenz gibt es viele. Die launig-entspannten Abende mit Linda, Eddy und der Seattle-Clique, in welcher Zusammensetzung auch immer, sind längst ungezählte.

Ich bin stolz, dass Linda dank mir auch eine ganz neue Geruchs-Entdeckung machte: die einer stilechten Berliner Hinterhof-Grillparty!

Ein Hauch von Chanel No. 5 sich sinnlich mischend mit tänzelndem Qualm partiell verbrannter Würstchen in vielbesungener „Berliner Luft, Luft, Luft". Dieser einzigartige Duftcocktail hat sicher genau den Weg von der Riechschleimhaut in unsere Gehirne genommen, den Linda so viel besser kennt als alle anderen.

Und nun verlassen wir meine Freunde aus der Rain City und nehmen Kurs auf die Sonne Kaliforniens. Noch ist der Urlaub nicht ganz vorbei, denn im dritten Jahr meines Nobelpreisträger-Projekts schaffe auch ich einmal Geniales: die perfekte Verbindung von touristischer Rund- und auftragserfüllender Dienstreise!

Elvis meets Nobel.

DIE ELVIS-NOBEL-ROUTE

PROLOG

Elvis Presley und Nobelpreisträger? Das passt für mich im Jahr 2002 wunderbar: Nobelpreisträger gibt es auf der ganzen Welt. Zu Beginn meines Auftrags kann ich mir die Orte aussuchen und dann die „entsprechenden" Nobelpreisträger zusammensammeln. Mein Finger fährt also über die Weltkarte und parallel über die Adressliste der Laureaten. Später wird mit dem Kreis der noch Unportraitierten auch die Welt kleiner, und schließlich diktieren die Wohnorte der noch Fehlenden die Reiseroute. Ortsbezogen so weit als möglich Angenehmes mit Nützlichem zu verbinden und insgesamt so effizient wie eben möglich zu sein, bleibt mir aber stetige Herausforderung.

Als ich während des Nobelpreisträger-Projekts eine Arbeit mit Portraits von Elvis-Impersonators beginne – das Projekt bekommt den schönen Namen „Elviswho" –, suche ich eifrig nach der optimalen Elvis-Nobel-Route. Eine personelle Schnittmenge gibt es (noch) nicht, also keinen mit dem Nobelpreis ausgezeichneten Elvis-Impersonator oder einen als Elvis auftretenden Nobelpreisträger. Allerdings werde ich erfahren, dass es mit Alan Heeger immerhin einen heißen Anwärter auf eine solche Doppelrolle gibt. Dazu später. Ich befasse mich zunächst mit der örtlichen Schnittmenge. Elvis-Impersonators finden sich logischerweise an

Orten, die ein Elvis-Fan (gibt es eigentlich jemanden, der kein Elvis-Fan ist?) „ab-reisen" würde, also definitiv Los Angeles, Las Vegas, Memphis und Tupelo.

Los Angeles, L.A. – ich spekuliere zunächst, die Stadt der Engel sei voller Nobelpreisträger, finde direkt an der UCLA allerdings aktuell nur den in New York geborenen Medizin-Nobelpreisträger von 1998, Professor Louis J. Ignarro. Aber in näherer und weiterer Umgebung von L.A. gibt es ganze „Laureaten-Nester".

So nehme ich im Sommer 2002 gerne die Einladung eines Mannes an, der Elvis sehr nahegestanden hat: Edward Michael Bonja, kein Eddy, ein Ed. Ich habe Ed in Berlin kennengelernt. Auf einem von Musical-Produzent Bernhard Kurz veranstalteten Konzert des als „Las Vegas Elvis" angekündigten Impersonators Paul Casey sind wir einander vorgestellt worden. Ed ist von 1970 bis 1977 Elvis' Tourmanager und Hausfotograf gewesen und außerdem ein Zeitzeuge der ersten Stunde des kometenhaften Aufstiegs des Elvis Aaron Presley. Eds Onkel, Tom Diskin, war der Geschäftspartner von Elvis' legendärem Manager Colonel Tom Parker. Ed erinnert sich:

„Als Thomas A. Parker begann, sich ‚Colonel' zu nennen, ermahnte meine Mutter uns Kinder, ihn nur noch mit ‚Onkel Colonel' anzureden, nicht mehr mit ‚Onkel Tom', wie wir ihn bis dahin genannt hatten, so etwa 1952. Meine Familie zog im Juni 1952 nach Los Angeles. Einige Jahre

Ed Bonja – Ex-Tourmanager von Elvis Presley

später arbeiteten unser richtiger Onkel Tom und Tom Parker häufiger in der Gegend von Los Angeles und kamen samstags sehr oft zum Abendessen vorbei. Bei einem solchen Abendessen im Jahr 1956 sagte der Colonel so ganz nebenbei: ‚Heute hab ich einen neuen Jungen unter Vertrag genommen, und ich glaube, der wird mal ziemlich groß ... Er heißt Elvis Presley.' Wir waren zehn Kinder in unserer Familie, und wir alle antworteten daraufhin dasselbe: ‚Elvis? Was ist das denn für ein Name?' Nun, der Rest ist Geschichte."

Einige der absolut legendärsten Elvis-Portraits stammen von Ed Bonja. Heute, in Zeiten des Internets, muss Ed, der keineswegs Reichtümer anhäufen konnte, immer wieder gegen die Verletzung seiner Urheberrechte an Fotografien vorgehen. Er hatte mich, als er in Berlin von meinem Elvis-Impersonator-Projekt hörte, gleich nach L. A. eingeladen. Ich hatte umgehend angedroht, wirklich zu kommen, bevor er mich wieder vergesse. „Werd' ich schon nicht", lachte er, und sein großer Bauch, der seiner quirligen Ausstrahlung keinen Abbruch tut, wankte.

EPISODEN

Dr. NO – I Got a Woman / **Cohen** – My Desert Serenade
Heeger – Almost / **Guillemin** – Jailhouse Rock
Markowitz – King of the Whole Wide World
Edelman – Suspicious Minds / **Soyinka** – Viva Las Vegas
Doherty – Heartbreak Hotel

Drei Monate nach diesem Treffen sitze ich also tatsächlich im Flieger nach Kalifornien, neben mir Elvis-Fan Monica, eine bezaubernde Schwedin, die in London lebt und als Office-Managerin meines Fotografen-Freundes Anton Corbijn arbeitet. Anton hat alle Musikgrößen unserer Zeit fotografiert, von den Stones über Frank Sinatra bis zu Luciano Pavarotti. Er ist der Art Director von Bands wie Depeche Mode und U2. Für sein Selbstportrait-Projekt „A. somebody; strijen, holland" schlüpfte Corbijn in die Rolle bekannter Musiker und mimte u. a. Elvis mit Tolle und Sonnenbrille. Über diese Arbeit, die einen fotografisch festgehaltenen Besuch weltberühmter Musiker wie Elvis, Bob Marley, John Lennon oder Frank Zappa in Antons Heimatort Strijen fingiert, habe ich einen kleinen Dokumentarfilm drehen dürfen. Übertragen auf mein Projekt hätte ich mir also meine Weltreise sparen können, wenn ich einfach mich selbst als Eddy, Aaron und all die anderen verkleidet fotografiert hätte. Mit Monica, die ich über Anton kennengelernt habe, bin ich gut befreundet.

Der Termin mit Professor **Louis J. Ignarro** soll bereits am ersten Tag nach unserer Ankunft stattfinden. Um die Mittagszeit. Monica winkt ab, sie will weiter den Jetlag wegschlafen. Ich allerdings habe keine Wahl und mache mich noch etwas benommen auf den Weg zur UCLA (University of California Los Angeles), genauer zum dortigen Department of Medicine. Eine weitere Gelegenheit für mich, festzustellen, wie perfekt US-amerikanische Universitäten organisiert sind – habe ich doch zusammen mit der Terminbestätigung eine Anfahrtsskizze erhalten, die mich zielsicher durch das richtige Gate auf den Campus leitet, wo man mir direkt einen Stellplatz in einer Parkgarage zuweist. Ankommen, aussteigen, arbeiten. Seufzend erinnere ich mich an endloses Umrunden so mancher Uni in Europa: Wo war denn jetzt das Institut? Und überall „Parkplätze nur für Mitarbeiter". Die Suche nach einer Abstellmöglichkeit dauert häufig länger als der Fototermin. Angenehm hier an der UCLA.

Louis J. Ignarro hat 1998 zusammen mit Robert F. Furchgott und Ferid Murad den Medizin-Nobelpreis für seine – von den anderen unabhängigen und zeitgleichen – Forschungen über Stickstoffmonoxid und dessen Funktion im Zusammenhang mit dem Herz-Kreislauf-System erhalten. Klingt langweilig? Dann sei hinzugefügt: Die Entdeckungen haben unter anderem eine kleine blaue Pille ermöglicht, die viele kennen, wenn sie (angeblich) auch niemand braucht. Jawohl, Stickstoffmonoxid findet nicht nur Einsatz bei Herzkrankheiten. Den Erkenntnissen zur Signalwirkung des Gases auf bestimmte Zellfunktionen verdankt die Welt außerdem Potenzmittel wie Viagra. Mit der Erweiterung jener Blutgefäße, die zum tollsten Spielgerät der Welt führen, sorgt Stickstoffmonoxid für hervorragende Einsatzbereitschaft desselben. Ein Wissenschaftler, der so viel Freude verbreitet, hat zweifelsohne den Nobelpreis verdient. Das vielseitige Stickstoffmonoxid selbst kann man allerdings nicht in Pillenform zu sich nehmen; das liegt daran, dass es eben ein Gas ist und so kann man es leider nicht einfach ins Müsli rühren. Daher entwickelt Professor Ignarro in Zusammenarbeit mit einem Gesundheitskonzern Nahrungsergänzungsmittel, die eine Steigerung der Stickstoffmonoxidproduktion im Körper bewirken sollen. Delikaterweise macht er später, 2004, in einer Fachzeitschrift Werbung für ein solches Produkt, an dessen Verkauf er mitverdient, und das bringt Dr. NO, wie man ihn gern nennt (Stickstoffmonoxid heißt auf englisch Nitric Oxide) allerhand Ärger ein. Seine Nobelpreis-Kollegen reagieren verschnupft. Kollege Furchgott hatte bei der Bankett-Rede in Stockholm eher scherzhaft Anleihen aus der Werbung genommen, als er für sich und die Mit-Laureaten formulierte: „Und schließlich bedeutet NOBEL für uns drei:

NO is beautiful!" – NO ist schön!

In jenem Sommer 2002 komme ich überpünktlich in Dr. NOs Büro an und werde von einer freundlichen Sekretärin schon einmal ins Zimmer von „Louis", wie sie ihn kurz nennt, geführt. „Schauen Sie sich ruhig ein bisschen um, er kommt dann gleich."

Was mich oft in den Büros der Nobelpreisträger wundert, ist, dass sie ohne jede Auszeichnungs-Galerie und Trophäensammlung auskommen. Das tut ja heute eigentlich kein Friseur oder Nagelstudio mehr. Im schmucken Rahmen hängen da Zertifikate wie etwa über die Berechtigung zum Führen des Titels „geprüfte Fachkraft für Zweithaar" oder was auch immer. Im Kegelverein stehen die Pokale genauso wie im Tennisclub staubgeschützt in der Glasvitrine. Nur bei den Nobelpreisträgern schmückt kaum eine Urkunde zum Beweis der Verleihung sicher zahlreicher Ehrentitel und Auszeichnungen die Bürowände. Dafür oft private Bilder. Bei Ignarro habe ich direkt beim Hereinkommen ein ziemlich großes gerahmtes Foto einer charmant lächelnden Frau an der Wand bemerkt. Es, besser gesagt „sie", dominiert zweifelsohne den Raum. Als der Professor dann schließlich kommt, bin ich unmittelbar beeindruckt von seiner gleichzeitig souveränen wie lässig-freundlichen Art, so dass ich zu fragen wage, wer denn die Dame ist. Der Laureat lächelt: „Meine Ehefrau. Ich bin immer hier. Sie ist immer hier." Wie er das sagt, hat es nichts vom üblichen Schreibtischdekorationszwang, dem sich auch der familienabstinenteste Bürohengst unterwirft und herzige Glücksmoment-Fotos von Ehefrau und Kindern drapiert, weil man das eben so macht. Louis Ignarros Statement zur Anwesenheit seiner besseren Hälfte klingt sehr liebevoll. Es rührt mich fast ein bisschen. Noch bin ich ahnungslos, was Nobelpreisträger-Ehefrauen angeht, kenne Peter Agres Wüsten-Geschichte zu jenem Zeitpunkt noch nicht. Spontan kommt mir jedenfalls in den Sinn, was ich direkt laut sage:

„Ich bin immer hier. Sie ist immer hier." – Dr. NO mit Sharon Ignarro

„Dann muss sie auch mit aufs Foto."
„Ja, das muss sie wohl", lacht der Professor.
Ihr Bild ist im Bild.

***

Nach dem Termin mit Dr. NO beginnt für Monica und mich nun am folgenden Tag ein wahres Elvis-Feuerwerk!

Ed hat ein ehrgeiziges Programm für uns aufgestellt und ist äußerst bemüht, uns gleich zu Beginn unserer Reise einen unvergesslichen Tag auf den Spuren des Kings zu choreografieren. Am Vormittag wollen wir alle Villen abfahren, in denen Elvis in L.A. gewohnt hat, danach soll es nach Palm Springs in das Honeymoon-Haus von Elvis und Priscilla gehen und schließlich zu Dennis Roberts, dem Optiker, der dem Superstar und anderen Rocklegenden ihre unverwechselbaren Sonnengläser angefertigt hat.

Das ambitionierte Tagesprogramm droht durch eine Unachtsamkeit von mir dann allerdings schon vor dem Start zu scheitern.

Ed ist gerade in unserem Hotel am Sunset eingetroffen, und ich eile, um den Wagen vorzufahren. Ich freue mich riesig auf die anstehende Rundfahrt, lenke den kleinen GM einen Elvis Song summend vor das Hotelportal und steige aus, um die anderen zu holen. Als ich schwungvoll die Autotür zuschlage, durchfährt mich – mitten in der Bewegung, jedoch ohne diese rechtzeitig stoppen zu können – ein Gedanke: falsche Aktion! Der Motor läuft, der Zündschlüssel steckt noch. Schon macht es „Klack". Die automatische Schließanlage hat das Auto verriegelt. Monica und Ed kommen angelaufen, und nun stehen wir zu dritt um den nicht zu öffnenden Wagen. Ich bringe bei dem Gedanken, dass nun das ganze Tagesprogramm im Eimer ist, weil wir jetzt erst mal professionelle Hilfe holen müssen, nur noch deutsche Wörter mit „SCH" und englische mit „F" heraus.

Ed schaut mich ganz ruhig an:

„Besorg mal einer einen Kleiderbügel."

Monica fragt nicht lange nach, saust ins Hotel und kommt wenig später mit dem gewünschten Utensil zurück. Sie reicht es Ed, der sich umgehend am Autofenster zu schaffen macht. Es dauert nicht lange, und Ed öffnet breit grinsend die Fahrertür.

Ich staune. Wie sich herausstellt, hat Ed vor der Tätigkeit für Elvis einen anderen verantwortungsvollen Job ausgeübt. Er war ein „Repo Man", ein „Repossession Agent", also einer, der Autohändlern ihr Auto „zurückholt", wenn der Käufer in Zahlungsverzug gerät oder jemand einen Mietwagen nicht zurückbringt. Kein ungefährlicher Job, denn nicht alle geben ihr lieb gewonnenes Fahrzeug so einfach wieder her. Ob ihm das Talent, in Nullkommanix Autos zu knacken, denn auch bei der Beschaffung von Elvis' Fuhrpark zupassgekommen sei, will ich wissen. Ed grinst. Natürlich nicht. Das lief anders, und Ed hat zur Einstimmung auf unsere Villen-Tour auch direkt eine kleine Anekdote parat: Als Anfang der 70er-Jahre ein neues Modell vom Stutz Blackhawk auf den Markt kam, klapperte der örtliche Autohändler die Villen der Prominenten in Hollywood mit einem Vorführmodell ab, um das teure Gefährt vorzustellen und Interesse am Kauf zu wecken. Elvis kam aus dem Haus gelaufen, war sofort begeistert und schrieb umgehend einen Scheck aus. Der Händler freute sich, wollte den Wagen dennoch nicht direkt dalassen, sondern erst noch seine Promotion-Tour durch Bel Air und Brentwood fortsetzen. Mit dieser Auskunft konfrontiert, habe Elvis ihn mit leicht schief-gelegtem Kopf angesehen: „Hm ... was meinst du, Kumpel, welche ist die effektvollere Promotion-Tour durchs Viertel: die mit dir oder mit mir am Steuer?" Elvis stieg in den Wagen, der Händler reichte ihm wortlos die Schlüssel und wartete geduldig auf ein Taxi.

Für Monica und mich startet an diesem Morgen, an dem Ed und ein Kleiderbügel uns aus höchster Not gerettet haben, nun endlich die Elvis-Villen-Tour:

Zuerst kutschiert uns Ed in die 1174 Hillcrest Road, dann in die 1059 Bellagio Road, weiter in die 144 Monovale und zuletzt in die 10550 Rocca Place. Eine Villa ist traumhafter als die andere.

Weiter geht es nach Palm Springs. Wir treffen Dennis Roberts in einem Café. Als er Ed kommen sieht, springt er gleich von seinem Stuhl hoch. Große Wiedersehensfreude. Elvis' Optiker hat die legendären Sonnenbrillen designt, ein „Muss-Utensil" für jeden Impersonator. Auch für John Lennon und Elton John ist er ähnlich kreativ gewesen, sowie für viele weitere Große der Pop- und Rock-Geschichte. Natürlich redet Dennis gerne über alte Zeiten, und was die Zukunft angeht, gibt er sich zuversichtlich, trotz seiner zahlreichen körperlichen Leiden noch lange die Sonne Kaliforniens genießen zu können. Er hat erhebliches Übergewicht, Bluthochdruck und Diabetes, nimmt aber keinen ärztlichen Rat an. Trotzig stellt er sich dem Schicksal. Viel

Zeit soll ihm nicht mehr bleiben. Ich mache einige Portraits von Dennis, dann verlassen wir ihn, und er kehrt vom Café in seinen Laden zurück.

Ed führt uns nun geradewegs in die Flitterwochen, zu der Adresse 1350 Ladera Circle: Elvis' „Honeymoon House".

1350 Ladera Circle: Elvis' „Honeymoon House"

Hier haben Elvis und Priscilla die Nacht vor ihrer Hochzeit in Las Vegas am 1. Mai 1967 verbracht, und hierher sind sie auch nach der Zeremonie zurückgekehrt. „Desert Modernism" nennt man wohl den Architekturstil, bei dem Wüstengestein, Beton und Metall zusammenkomponiert werden und einen miteinander verschmelzenden Innen- und Außenbereich schaffen. 1962 von dem Palm-Springs-Architekten William Krisel entworfen, ist das Anwesen heute Elvis- und Architektur-Kultstätte gleichermaßen. Übrigens soll eine Dame der McDonald-Familie – ja, die Fastfood-Sippe – ebenfalls eine Vorbesitzerin gewesen sein.

Als wir mit Ed das Haus besuchen, gehört es einem seiner Bekannten, dem britischen Produzenten Leonard Lewis.

Wir werden auf unser Klingeln freudig von Lewis höchstselbst empfangen und durch die Zimmer geführt. Der extravagante Kaminbereich mit freischwingender Feuerstelle und Natursteinwand beeindruckt. Lewis hat alles außerdem liebevoll mit Elvis-Devotionalien dekoriert. Ich muss aber zugeben, dass mich die im Treppenaufgang präsentierte Kollektion von Alfred Wertheimers Elvis-Fotografien aus den Fifties am meisten begeistert. Es ist wohl das Geheimnis aller Alltime-Superstars, dass sie unweigerlich Aura verbreiten, sogar von einem Foto herab. Als wir am Pool sitzen und ich blinzelnd auf das Wasser sehe, da glaube ich beinahe, Elvis mit Priscilla im Wasser herumtollen zu sehen. Na ja, es ist verdammt heiß.

Als Mr. Lewis zum Ende unseres Besuchs fragt, was ich denn eigentlich beruflich derzeit mache, und Ed mir mit der Antwort „So eine Art historisches Buch über Elvis" zuvorkommt, da erwidert der Honeymoon-Eigentümer schmunzelnd: „Ich bin froh, dass keiner ein historisches Buch über mich macht, dann würde ich wohl im Gefängnis landen." Dabei schaut er, als könne das eine durchaus realistische Einschätzung sein. Umso mehr müssen wir alle lachen, und entsprechend vergnügt verabschieden wir uns voneinander. Manchmal ist es bestimmt besser, man ist nicht allzu berühmt. Sobald sich die Leute für restlos alles interessieren, kann es schon mal unangenehm werden. Hat nicht jeder seine Leiche im Keller? Die von Mr. Lewis blieb jedenfalls, wo sie ist, und solange er sie nicht gerade in Elvis' Honeymoon-Haus vergraben hat, gönne ich sie ihm.

Nach dem Elvis-Tag muss ich nun aber wieder ein bisschen arbeiten. **Stanley Cohen**, Medizin-Nobelpreisträger von 1986, steht auf meiner Liste. Ich habe gehört, dass er von Nashville nach Tucson umgezogen ist, und bevor ich mir die Nobelpreisträger in der etwas näheren Umgebung von L. A. vornehme, will ich zunächst diesen entfernteren Termin erledigen. Eigentlich habe ich geplant, mich über den Highway nach Tucson durchzuschlagen, aber Ed winkt ab: „Ich weiß noch, als wir '72 in Tucson spielten ... mit dem Wagen brauchst du ewig ... nimm den Flieger ... Southwest Airlines hat günstige Angebote!" Wenig später hat Ed alles organisiert. Ein Leichtes für einen Elvis-Tourmanager.

Ich lese noch einmal die E-Mail mit Cohens Adresse: „... Haus 52, von der Straße aus nicht zu sehen, ein kleiner Weg zu Fuß."

Am Tag des Fluges nach Tucson breche ich viel zu früh zum Flughafen LAX auf. Wie soll ich ahnen, dass auf dem Highway 405 überhaupt gar nichts los ist? Üblicherweise liege ich nicht falsch, wenn ich in L. A. gleich mehrere Stunden Puffer für die Fahrt zum Flughafen einplane. Heute aber bin ich mit der aufgehenden Sonne fast allein unterwegs und habe dann noch drei Stunden Aufenthalt am Flughafen rumzubringen. Ich kaufe mir ein Buch. „Black Box" – Transkriptionen der Black-Box-Aufzeichnungen von Flugzeugunglücken. Absolut empfehlenswerte Prä-Flugreise-Lektüre für alle, die sich ärgern, dass sie völlig flugangstfrei keinen richtigen Thrill mehr empfinden können in luftiger Höhe. Ich finde das Buch immerhin lesenswerter als die vielen Waffenmagazine, die gleich daneben angeboten werden. Unter „Reiselektüre" verstehen wir Deutsche irgendwie etwas ganz anderes. Na ja.

Als mein Flug endlich aufgerufen wird, kann ich die Black-Box-Aufzeichnungen beinahe auswendig. Sehr passend übrigens, dass sich in Tucson die 309th Aerospace Maintenance and Regeneration Group (AMARG) befindet, das zentrale Lager für stillgelegte Luftfahrzeuge der US-Streitkräfte. Ein Flugzeugfriedhof also. Glücklich in Tucson/Arizona gelandet, bin ich froh, dem Black-Box-Buch kein neues Material geliefert zu haben. Ich verlasse das Flughafengebäude und seine Klimaanlage. Verflucht, ist das heiß hier. Überfallartig schwitzend flüchte ich in ein Taxi, nenne die Adresse. Der Fahrer stutzt kurz, sagt aber nichts und fährt mich in die Wüste. Immer weiter und weiter. Ich schaue aus dem Wagenfenster in aufgewirbelten Staub. Hier hat Elvis gespielt? Hier wohnt doch kein Mensch. Irgendwann bin ich offensichtlich an der Stelle aus der E-Mail „... von der Straße aus nicht zu sehen", jedenfalls hält das Taxi mitten im Nirgendwo.

„Da hinten ist es." Der Taxifahrer macht eine in die Weite der Pampa weisende Handbewegung, die ich eher mit „Da ganz, ganz, ganz hinten ist es" übersetzt hätte, aber er will mich ernstlich hier rauslassen.

„… Haus 52, von der Straße aus nicht zu sehen …"

„Da müssen Sie hinlaufen, da fahre ich nicht hin", bekräftigt er den Rausschmiss. Ich öffne die Autotür. Backofenhitze. Tierlaute, die ich keiner mir bekannten Spezies zuordnen kann. Den Taxifahrer packt anscheinend ein Anflug von Mitleid mit mir: „Stampfen Sie kräftig auf beim Laufen! Das vertreibt die Schlangen", gibt er mir mit auf den Weg, bevor er mich beim Wagenwenden in eine kleine Staubwolke hüllt.

Hier stehe ich mit meiner Fototasche und kann nicht anders.

Die Welt um mich herum flirrt und flimmert. Ich wähne mich mitten in der Neuverfilmung von „Der unsichtbare Dritte", höre schon das Dröhnen des Flugzeugmotors. Wie hat Cary Grant bei der Hitze im Anzug überhaupt rennen können? Ich versuche die Sonnenbrille auf dem schweißgebadeten Nasenrücken festzudrücken, schwinge meine Fototasche über die Schulter und stampfe los. Gras, Staub, Sand, ein paar Kakteen und die sengende Sonne – mehr nehme ich nicht wahr. Glücklicherweise auch keine Schlangen. Irgendwann taucht tatsächlich ein Haus vor mir auf. Es ist völlig schief, aber das ist nur die Hitzeverzerrung, wie ich beim Näherkommen feststelle. Kein Namensschild. Ich klopfte zaghaft, dann heftiger. Nichts. Ich drehe mich um: Da hinten … ist das am Horizont nicht noch die Staubwolke vom Taxi …?

„Hallo Sie?!" Die Tür hat sich geöffnet. Ein älterer Herr mit bandagiertem Knie mustert mich.

„Professor Cohen?" Der Mann nickt. „Peter Badge … wir … wir haben einen Termin … Ich bin der Fotograf …"

„Sie Glücklicher. Gut, dass ich zuhause bin. Ich habe Sie völlig vergessen."

Oh ja, gut, dass er zuhause ist. Nicht auszudenken, wenn ich hier vor verschlossenen Türen gestanden hätte. Professor Cohen bittet mich herein. Ich finde das Haus ganz phantastisch, schon deshalb, weil eine Klimaanlage mir endlich die nassen Nackenhaare föhnt. Wir trinken Kaffee und werden dabei von den beiden Mitbewohnerinnen des Professors nicht aus den Augen gelassen. Zwei sehr entspannte Katzen hocken wohlbeleibt auf dem Sofa.

Dann fragt der Professor mich, wo ich am liebsten mein Foto machen möchte. „Im Kakteengarten", antworte ich, ohne zu zögern. Die mannshohen Kakteen draußen haben mich sofort beeindruckt.

Cohen lächelt zustimmend: „Sehr gerne."

Der Wüstenbewohner geht voran, ich folge.

„Bitte machen Sie die Tür fest zu, damit die Katzen nicht entwischen", ruft er mir noch über die Schulter zu. „Hier wimmelt es von Raubvögeln!"

Ich werfe einen Blick auf die beiden gut genährten Tiere auf dem Sofa, und sie schauen mich an, als wüssten sie, dass ich gerade gedacht habe, welch ein Festmahl sie für einen hungrigen Wüstenbussard abgeben würden.

Stanley Cohens Kakteengarten

Der Fotoshoot läuft ganz gut, mein Modell lächelt zwischen den Kakteenstacheln in die Kamera. Bald schon können wir uns drinnen wieder an einem Eistee erfrischen, und Cohen kramt einige Erinnerungen an die Verleihungszeremonie des Nobelpreises hervor. Die schöne Mit-Laureatin Rita Levi-Montalcini habe ihn durchaus überstrahlt, gibt er gerne zu. Ich kenne sie schon, Rita, „den einzigen Mann Italiens ohne

Eier" – dies keine Despektierlichkeit von mir, sondern verbale Liebkosung ihrer italienischen Landsleute. Ihre Strahlkraft jedenfalls kann ich nur bestätigen. Ich werde von ihr noch erzählen, in ihrer Gegenwart allerdings war ich eher schweigsam und werde nie wieder behaupten, ältere Frauen seien nicht mehr in der Lage, einen Mann zum Stammeln zu bringen. Und sie war ja, wenn wir ehrlich und direkt sind wie sie selbst, noch ein klein wenig „älter als älter", nämlich weit über neunzig, als ich sie traf.

Die Eisteekaraffe ist leer, ich muss zurück zum Flughafen und bitte den Professor, mir ein Taxi zu rufen. Das tut Stanley Cohen umgehend und rät, schon mal den Weg bis zur Straße anzutreten, der Fahrer werde sonst gleich wieder abhauen, wenn niemand bereitstehe. Ich möge es ihm nachsehen, dass er mich nicht mehr zur Tür begleiten könne, sein Knie schmerze nach dem kleinen Spaziergang vorhin nun doch ziemlich. Wir verabschieden uns.

„Und denken Sie daran, die Tür fest zuzumachen", ermahnt mich der Katzenliebhaber nochmals.

Als ich die Haustür öffne, möchte ich Cohen am liebsten bitten, mir die verbliebenen Eiswürfel aus der Karaffe in den Kragen zu schütten. Diese Hitze ist nichts für mich. Wie herrlich ist es doch in L. A. Ich setze mich augenblicklich in Gedanken schon mal an den Hotel-Pool und hoffe, dass mir die erfrischende Vorstellung den Weg zur Straße erträglich macht. Doch es liegt eine härtere Prüfung vor mir als der Weg zur Straße. Es kommt kein Taxi. Nach zehn Minuten nicht, nach zwanzig nicht, nach vierzig nicht. Nach einer Stunde weiß ich mir nicht anders zu helfen, als zurück zu Cohens Haus zu gehen, nein, zu stampfen natürlich. Aus allen Poren schwitzend und insgesamt aus dem letzten Loch pfeifend, klopfe ich. Cohen öffnet, und ich starre ihn genauso erschrocken an wie er mich. Verglichen mit ihm ist mein Zustand nahezu dynamisch-erfrischt.

„Sie haben die Tür nicht richtig zugemacht …", seufzt er angestrengt. Oh nein. Ich blicke hinter ihn: Die beiden voluminösen Katzen sitzen genauso entspannt und zufrieden auf dem Sofa wie zuvor. „Ich habe sie wieder einfangen müssen. Mit dem kaputten Knie hat das eine Weile gedauert ..." Jetzt fühle ich mich noch drei Klassen elender. Ich habe den Weg zur Straße kaum durchgestanden, und der über Achtzigjährige hat mit seinem lädierten Bein bei 40 Grad im Schatten Katzen gejagt. Dank meiner Unachtsamkeit. Ich wage kaum, jetzt auch noch mit meinem logistischen Problem aufzuwarten.

„Äh ... es kam einfach kein Taxi ... mein Rückflug ..."
„Da gibt es ja keine andere Lösung: Ich fahre Sie."
„Oh nein, das ist wirklich nicht nötig ... das geht wirklich nicht ..."
„Wie ich sagte: Es gibt keine andere Lösung. Also kommen Sie."

Wenn einem Nobelpreisträger keine andere Lösung einfällt, fügt man sich besser. Zwei Minuten später rase ich, meine Fototasche fest umklammernd, auf dem Beifahrersitz neben Professor Stanley Cohen im Affentempo durch die Sonora-Wüste. Nur kurz sprechen wir über Katzen. Als ich Jahre später erfahre, wie Doris Lessing sich ihren Tod wünscht, erinnert mich das an Cohens Katzenjagd: Die Literatur-Nobelpreisträgerin äußert in einem Interview mit dem britischen *Telegraph*, sie wünsche sich, eines Tages über ihre Katze zu stolpern und so zu sterben. Ohne Professor Cohens Wünsche zu kennen, bin ich nur froh, dass die Hitzeschlacht hier für uns beide glimpflich ausging und der Laureat nun hinter dem Steuer wieder einen dynamischen Eindruck macht. Dennoch lenke ich während der Fahrt zum Flughafen das Gespräch von den Katzen weg auf Cohens Nobelpreis-prämiertes Forschungsthema. Dabei geht es um die Isolierung und Charakterisierung des sogenannten Nervenwachstumsfaktors (NGF), eines Polypeptids, das ebenjene Rita Levi-Montalcini entdeckt hatte. Cohen isolierte und analysierte den Stoff, fand heraus, dass er ein aus 118 Aminosäuren bestehendes Protein ist, ein chemischer

Signalstoff mit Wachstumseffekten auf die synaptischen Verbindungen. Seit der Entdeckung werden die genauen Zusammenhänge weltweit untersucht. Cohen versucht mir unter anderem am Beispiel von Hirn-, Nerven- und Rückenmarkserkrankungen die Bedeutung der Forschung zu erklären.

Dann sind wir am Flughafen. Pünktlich. Ich bin Cohen unendlich dankbar.

„Tja", scherzt der Biochemiker auf meinen überschwänglichen Dank hin. „Sie hatten wirklich doppeltes Glück.

Sie haben eine Privat-Vorlesung von mir bekommen, und das Ganze unfallfrei!"

Im Flieger schlafe ich sofort ein und träume wilde Sachen von einem an der Seite von Cary Grant durch die Wüste rennenden Nobelpreisträger und einem drohend über beiden kreisenden Bussard mit zwei fetten Katzen in den Krallen. Als der Bussard die Katzen fallen lässt und sie auf den Kakteengarten herabzuregnen drohen, weckt mich eine Durchsage: „Cabin crew. Prepare for Landing."

Zurück in der Stadt der Engel, steht als Nächstes ein Abstecher nach Santa Barbara zu **Alan Heeger** an. Heeger hat ein Jahr zuvor, zum 100-jährigen Jubiläum des Nobelpreises (2001), den Chemie-Nobelpreis für die Entdeckung und Entwicklung leitfähiger Polymere erhalten. Leitfähige Kunststoffe bieten breite Anwendungsmöglichkeiten vor allem in der Elektronik, zum Beispiel als hochleistungsfähige Batterien und Akkumulatoren in Handys oder MP3-Playern. Auch OLED-Displays (organic light-emitting diode) machen sich die Entwicklung zunutze.

Antistatische leitfähige Kunststoffe werden eingesetzt im Gefahrenschutz bei entzündlichen und explosionsgefährlichen Stoffen, etwa in der Halbleiterindustrie, der Medizintechnik, Chemie- und Pharmaindustrie sowie beim Umgang mit brennbaren Flüssigkeiten und Gasen, beispielsweise an Tankstellen, auf Flughäfen, in Gasanlagen – ach, es ließe sich die Seite füllen. Kurz: Leitfähige Polymere sind aus unserer Alltagswelt nicht mehr wegzudenken.

Schon in Stockholm habe ich Alan Heegers Humor schätzen gelernt, und ich freue mich, ihn wieder zu treffen. Es gibt bereits ein Foto, das bei unserer ersten Begegnung entstand, aber es gefällt mir nicht. Inmitten des trubeligen Jubiläumstreibens hatten wir ständig den Platz wechseln müssen, bis sich Heeger irgendwann hinter einer Bar wiederfand und ihm spontan die Idee gefiel, diese als Hintergrund zu wählen. Im Ergebnis dominiert aber nun ein Zapfhahn das Bild und verbreitet mir allzu viel Kneipenatmosphäre. Zwar gab Heeger die Aufnahme amüsiert zur Veröffentlichung frei, aber ich bin ganz froh über die zweite Foto-Chance in seinem atemberaubend schönen Haus in den Bergen über Santa Barbara.

Ich fotografiere den gut gelaunten Laureaten auf der Couch im Wohnzimmer. Als mich Heeger fragt, was mich an die Westküste führt, erzähle ich von „Elviswho". Das Projekt findet der Chemiker und Physiker ganz großartig. So großartig, dass er spontan anbietet, in ein Elvis-Kostüm zu schlüpfen für den ersten Nobelpreisträger-Elvis-Impersonator. Bloß habe ich keinen

Glitzer-Jumpsuit mit Stehkragen und Schlaghose

parat. Welch ein Ärger! Heeger und seine Frau führen Monica und mich schließlich noch an der Universität von Santa Barbara herum, an der Heeger seit 1982 tätig ist. Nach dem Rundgang werden wir wunderbarerweise noch zum Lunch am Pazifik eingeladen. Das Restaurant liegt direkt am Wasser, und das Licht ist so ideal, dass ich Heeger bitte, mir auf einem Steg ein weiteres Mal Modell zu stehen.

Es gibt ja diese Phantasie-Vorstellungen, die sich auf mysteriöse Weise wie reale Wahrnehmungen anfühlen oder gar als „echte" Erinnerungen abspeichern. Ein starker Wunsch ist bekanntlich Vater dieser Gedanken. Jedenfalls: Als der Chemie-Laureat den Jumpsuit-Vorschlag machte, habe ich ihn spontan imaginär entsprechend eingekleidet. Und ich kann mein Portraitfoto von Alan Heeger jetzt noch so oft anschauen, für mich trägt er darauf keinen dunklen Pullover. Ich „sehe" ihn im White Inca Gold Leaf Suit.

* * *

Am darauffolgenden Tag fahren Monica und ich Richtung Süden, nach San Diego.

In der Stadt und auf dem Weg dorthin sollen uns gleich drei Nobelpreisträger erwarten: der Ökonom Harry Markowitz, 1990 mit dem Wirtschaftsnobelpreis ausgezeichnet, und die Medizin-Nobelpreisträger Roger Guillemin (1977) und Gerald M. Edelman (1972).

Salk Institute, La Jolla

Ich habe außerdem die Hoffnung, auch einen Termin mit Francis Crick aus dem DNA-Duo Watson/Crick zu bekommen, das eigentlich ein Trio, nein, sogar ein Quartett ist (dazu später). Crick soll allerdings schwer erkrankt sein.

Zum Termin mit Professor **Roger Guillemin** werden wir an den Pforten des architektonisch legendären Salk Institute for Biological Studies abgeholt, das der Erfinder des Impfstoffes gegen Kinderlähmung, Jonas Salk, gründete. 1963 war Francis Crick einer der ersten Non-resident-Mitarbeiter dort, neben Leó Szilárd übrigens, der hier seine letzten Forschungsjahre verbrachte und 1964 in La Jolla starb. Ich muss zugeben, dass mir die architektonische Bedeutung des Bauwerks zu diesem Zeitpunkt nicht geläufig ist. Es gilt als würdig von Picasso bestaunt zu werden. Entsprechend überschwänglich beschreibt die Dame, die uns in Empfang genommen hat, die streng kastenförmige Gestaltung und führt uns stolz durch Gänge mit unverputzten Betonwänden. Je mehr sie allerdings ins Schwärmen gerät, desto deprimierender wirkt der triste Sichtbeton-Klotz auf mich:

„Erinnert mich an einen Bunker", formuliere ich meine Gedanken. Peng. Das saß.

Monica blickt mich entgeistert an, und die Miene der gerade noch strahlend enthusiastischen Salk-Institute-Mitarbeiterin wird eins mit dem Beton. Sie bringt noch heraus, dass der Termin mit Crick definitiv nicht stattfinden kann, und dann eilt sie stumm voran; sichtlich froh, als sie uns vor Roger Guillemins Büro loswird. Ich fühle mich schlecht. „Bunker" – das ist jetzt nicht so besonders positiv assoziiert.

Aber an was denken denn die einbetonierten Heliophobiker hier sonst?

Über ein Jahrzehnt später erzähle ich diese Geschichte einer Freundin, die lange in San Diego gelebt hat und von Architektur etwas versteht. Ihr Kommentar: Bunker, ja, ja, daher habe Louis Kahn, der Architekt des Gebäudes, seine Inspiration. Ach. Zumindest vor mir selbst bin ich damit leidlich rehabilitiert. Die Kränkung der Instituts-Dame habe ich natürlich nicht wiedergutmachen können.

Roger Guillemin sitzt seit 1970 im Bunker ein,

seit er dort die „Laboratories for Neuroendocrinology" errichtete.

Der 1924 in Dijon/Frankreich geborene Wissenschaftler erhält 1977 den Nobelpreis im Fach „Physiologie oder Medizin". Die Ehrung teilt er sich mit seinem größten Rivalen, und doch ist sie glückliches Ende eines wissenschaftlichen Wettlaufs, der gar mit den Dimensionen desjenigen um die DNA-Strukturanalyse verglichen wird. Guillemin und Andrew V. Schally sind Pioniere der Neuroendokrinologie und nehmen den Preis „für ihre Entdeckungen zur Produktion von Peptidhormonen im Gehirn" gemeinsam entgegen. Den Weg nach Stockholm aber gingen sie nicht Seite an Seite wie die Nobel-Eddys, sondern sie rannten Kopf an Kopf. Die beiden Laureaten lieferten sich auf der Suche nach den verborgenen Hormonen des Gehirns eine teilweise erbitterte Schlacht.

In der Sache geht es um den Zusammenhang zwischen dem Hormon- und dem Nervensystem. Die Hypophyse, Hirnanhangsdrüse, reguliert über die Freisetzung von Hormonen Wachstums-, Fortpflanzungs- und Stoffwechselprozesse. Die Steuerungsmechanismen der Hypophyse selbst allerdings geben in den fünfziger Jahren noch Rätsel auf. Dass hier ebenfalls Hormone am Werk sein sollen, ist zunächst eine kühne Vermutung des Briten Geoffrey Harris, für die dennoch eine Menge spricht, da die Hypophyse weiter Hormone produziert, auch wenn man ihre Nervenzuleitungen zerstört. Die Steuerung läuft also nicht über Nervenimpulse. Tatsächlich finden Guillemin und Schally 1955 zeitgleich heraus, dass Gewebe der Hirnanhangsdrüse auf künstlichen Nährböden nur dann die üblichen

Hormone produziert, wenn es gemeinsam mit Zellkulturen aus dem Hypothalamus gezüchtet wird. Eine Substanz aus den Hypothalamus-Zellen regt also offensichtlich die Hormonproduktion der Hirnanhangsdrüsenzellen an. So ist es. Es handelt sich um sogenannte „Releasing"-(freisetzende) Hormone, die bewirken, dass in der Hirnanhangsdrüse Hormone ausgeschüttet werden.

Nun bleibt für die Wissenschaftler keine andere Wahl, als zu suchen, zu identifizieren und zuzuordnen: Welche „Releasing"-Hormone lösen welche Hormonproduktion aus? Zur Erforschung brauchen die Laborteams vor allem endlos viel Hirn für die chemische Analyse. Es wird die Anekdote erzählt, dass Roger Guillemin in einem Schlachthaus auf Rinderhirn-Beutezug völlig verblüfft ist, mit welch traumwandlerischer Sicherheit der Schlachter die Tiere immer wieder präzise in die gleiche Stelle im Kopf schießt. Erst später soll er herausfinden, dass das Areal, das so zielsicher getroffen wurde, eben genau der Hypothalamus ist – zerschossen nun für die Untersuchungen wertlos. Das ist aber nicht der Grund dafür, dass Guillemin später an Schafhirnen forscht.

Sukzessive gelingt die Isolierung und Charakterisierung der verschiedenen „Releasing"-Hormone. Der wissenschaftliche Fortschritt ist enorm: Die Entdeckungen bereichern das Wissen über Schilddrüsenerkrankungen, Unfruchtbarkeit, Typ-1-Diabetes und natürlich die Physiologie des Gehirns. Die insgesamt zwanzigjährige Forschungsarbeit ist dabei geprägt von einem ständigen Kopf-an-Kopf-Rennen der beiden Laborteams um Guillemin und Schally. Später wird heiß diskutiert, ob Rivalität und Wettlauf die Wissenschaft nun voranbringt oder behindert. Was ist effektiver: ein „Gemeinsam sind wir stark" oder ein Motivationsschub durch den Atem des Konkurrenten im Nacken?

Mittlerweile hat sich Guillemin bestens vom „Nobel-Duell" – wie ein Buchtitel den Wettlauf nennt – erholt und ist unter die Künstler gegangen. Von seinem Stockholmer

Preisgeld hat sich der große Kunstliebhaber ein Gemälde von Helen Frankenthaler geleistet, und seit Anfang der Neunziger ist Guillemin nun selbst Kunstschaffender, kreiert digitale Bilder, die er auf Papier oder Leinwand überträgt. Von kunstvollen Molekularstrukturen über impressionistische Landschaften bis hin zu reinen Abstraktionen reicht die Bandbreite seiner Werke, die sich durch kräftige Farben und eine breite, pulsierende Linienführung auszeichnen.

„Die Wissenschaft beherrschen Gesetze", sagt er, „die Kunst nicht."

Das reize ihn beides auf seine Weise. Sein Sohn François flüchtete sich vor fünf Schwestern direkt in die Kunst. Er ist auf Bronzearbeiten und Schmuck, Hohlware und Möbeldesign, Lichtgestaltung und Metallarbeiten für Architektur spezialisiert.

Mit einem künstlerischen Auge ausgestattet, hat der sechsfache Vater Verständnis für meine anfänglichen Probleme mit der Bunker-Örtlichkeit. Drinnen ist alles dunkel und ohne viel Tiefe, während draußen die Sonne das Gebäude, bestehend aus zwei mächtigen Flügeln um einen schneisenartigen Innenhof, Schatten werfen lässt, wo ich sie nicht gebrauchen kann. Hochempfindlicher Schwarzweißfilm, 50-Millimeter-Objektiv, keine zusätzliche Lichtquelle – das ist meine Ausrüstung. Den Rest muss das Tageslicht machen. Ich probiere während des Fotoshoots ein bisschen herum. Erst im Büro. Dann draußen. Dort entsteht die Aufnahme, die ich nachher auswähle: Eine Momentaufnahme des alltäglichen Campus-Betriebs, im Vordergrund

Mittagspause! Sonne! – Roger Guillemin

ein Nobelpreisträger, im Hintergrund eine Dame beim Mittagssnack und ein Nachwuchswissenschaftler bei der Dosengetränk-Erfrischungspause. Es sieht so gar nicht aus, als würden hier dramatische wissenschaftliche Wettläufe stattfinden, aber es geht ja auch kaum um sichtbare Szenarien wie auf den Institutsgängen mit wehenden Kitteln sprintende Forscher.

Monica und ich verlassen den Bunker und seine Insassen in Richtung University of California/San Diego. Dort lehrt **Harry Markowitz** an der Rady School of Management auch als Achtziger noch, und zwar außerordentlich gerne, wie ich erfahre. Markowitz, anders als Guillemin ohne Krawatte im schlichten Rauten-Pullunder, macht auf mich einen sehr ruhigen, zurückhaltenden Eindruck.

1990 wird er für die Portfoliotheorie („MPT" für Modern Portfolio Theory) mit dem Wirtschaftsnobelpreis ausgezeichnet. Die Theorie ist schon 1952 entstanden. 1927 als Kind der Weltwirtschaftskrise geboren, findet Markowitz gewissermaßen mit der Muttermilch in diesen Bereich, obwohl er von den Entbehrungen der Zeit nichts mitbekommt. Die Eltern führen ein kleines Lebensmittelgeschäft, und ihr einziges Kind liest zunächst Comics, dann Bücher über Astronomie und schließlich David Hume. Humes Bloßstellung des Kausalgesetzes als nur gewohnheitsmäßige Assoziation fasziniert den Heranwachsenden.

Und wenn ein Ball tausend Mal zu Boden fällt, wenn wir ihn loslassen, was sagt uns, er fällt auch das tausendunderste Mal?

Ja, was? – fragt sich Harry Markowitz auf der Highschool.

Humes „Treatise of Human Nature" („Traktat über die menschliche Natur") hat immerhin schon Albert Einsteins

Denken in die Raumzeit gelenkt. Ohne Humes Gedanken wäre er vielleicht nie auf die Relativitätstheorie gekommen, würdigte Einstein den schottischen Historiker, Philosophen und Nationalökonomen. Gibt es wirklich absolute Gleichzeitigkeit, oder kann dem einen Beobachter simultan erscheinen, was für den anderen nacheinander abläuft? Wer es wagt, Dinge, die in Stein gemeißelt scheinen, zu hinterfragen, der ist sicher ganz froh, in einem Bilderbuch-Skeptiker wie Hume einen Sekundanten zu finden. Die Überlegungen Einsteins bei der Neuordnung des Weltbildes haben alle mindestens die Skepsis-Dimension der Ball-Frage, die Markowitz' Denken durchschüttelt. Jener löst dann aber andere Fragen:

Wie lässt sich ein aus einer Vielheit verschiedener Wertpapiergattungen zu bildendes, optimales Portefeuille für einen rational handelnden Investor auf systematische Weise ermitteln? Vernünftige (objektiv situationsgerechte) Kapitalanlage-Planung unter dem Risikoaspekt – wer will nicht wissen, wie das geht? Markowitz entwickelt eine im praktischen Wirtschaftsleben umsetzbare Handlungsempfehlung.

Harry Markowitz teilt sich mit ...

Für das praktische Fotografenleben hat der Finanzmarkttheoretiker allerdings keine situationsgerechte Handlungsempfehlung parat, denn der Raum, den er für das Foto auswählt, bietet wenig Optimales in Sachen Hintergrund. Zum Glück verbleibt mir etwas Zeit, mich näher umzusehen, während Professor Markowitz sich für das Foto in einem anderen Zimmer zurechtmacht. Da fällt mein Blick auf einen Globus in der Ecke. Globus. Welt. Weltmärkte. Muss ins Bild, das Ding. Ich arrangiere also entsprechend, dekoriere

... Vinton Cerf die Weltherrschaft.

mit Monicas Hilfe eine kleine Globus-Kulisse. Markowitz stutzt kurz, als er das umgestaltete Zimmer betritt, hat aber keine Einwände. Auch nicht gegen meinen Vorschlag, die Hände über die Weltkugel zu legen. Die Geste wirkt zurückhaltend umschließend, nicht arrogant besitzend.

So liebevoll sieht man Weltherrschaft selten umgesetzt.

Ich selbst zitiere das Foto fast zehn Jahre später, als ich Vinton Cerf vor der Kamera habe. Auch bei ihm zuhause entdecke ich einen Globus, und der Mit-Erfinder des Internets, des World Wide Web, ist nun wahrlich einer, der die Welt in seinen Händen hält. Die Informatik ist leider kein Nobel-Fach. Cerf und seine Netzerfinder-Kollegen Larry Roberts, Robert E. (Bob) Kahn und Tim Berners-Lee werden aber seit 2010 als nicht-virtuelle Repräsentanten des „Internets" als Friedensnobelpreis-Kandidaten gehandelt. Friedensnobelpreisträgerin Shirin Ebadi (2003) unterstützt den Vorschlag.

Am Nachmittag soll es zurück nach L. A. gehen, zuvor machen wir aber noch Station bei Professor **Gerald M. Edelman**. Immunologe Edelman wurde 1972 für seine Arbeiten über die chemische Struktur von Antikörpern mit dem Medizin-Nobelpreis ausgezeichnet. Zelladhäsionsmoleküle spielen eine wichtige Rolle für fast alle Abläufe im Immunsystem, fand er heraus. Mittlerweile beschäftigt er sich vorwiegend mit Gehirnphysiologie und der Erforschung des menschlichen Bewusstseins. Das macht der Nobelpreisträger im von ihm gegründeten Neurosciences Institute, das nicht weit entfernt vom Salk Institute zu finden ist. La Jolla gilt in Anlehnung an „Silicon Valley" als das „Neuron Valley". Vom „Bunker" also nun in den „Tempel" (der Wissenschaft), wie Direktor Edelman sein Hirn-Hauptquartier nennt. Ins „Ich" trauen sich nur die ganz mutigen Wissenschaftler.

Der von Markowitz und Einstein gepriesene David Hume fände das gar nicht bedauerlich, hielt er die Suche doch ohnehin für vergebens. Die mit viel Selbst-Bewusstsein finden trotzdem hin. Mit einem Nobelpreis im Rücken wagt sich nicht nur Gerald Edelman, sondern auch Francis Crick im späten Forscherleben in einen Bereich, dessen Untersuchungsgegenstand schon gar nicht zu beschreiben ist, ohne dass man sich sogleich mitten im Kriegsgetümmel um Begrifflichkeiten und Zielrichtungen befindet. Fein raus sind nur die, die „das Ganze" für wissenschaftlich ohnehin nicht erforschbar halten. Bis wohin geht's denn, und wo nicht mehr weiter?

Wer sich zwischen feuernde Nervenzellen an die Geist / Materie-Front stürzt, darf keine Angst haben,

im Transzendentalen zu landen.

Crick schwört auf das Motto „Angriff ist die beste Verteidigung", und Edelman betreibt das neurobiologische Indiziensammeln in sanfteren Tönen und mit poetischerem Vokabular, aber nicht weniger leidenschaftlich. Das schmucklose „pack of neurons", Cricks „Neuronen-Paket", will er jedenfalls nicht akzeptieren. Ich habe damit auch meine (völlig unwissenschaftlichen) Probleme – darauf komme ich noch zurück. Edelmans „Neural Darwinism" sei wohl eher ein „Neural Edelmanism", donnert Crick auf Kritik aus dem Neurosciences Institute schon mal vom Salk Institute zurück. Beide sind aber überzeugt: Ohne die anatomisch-physiologische Spurensuche landen wir jedenfalls nie im „Ich".

Am Ende all des neuronalen Daten-Sammelns wird das Bewusstsein schon irgendwie in der Wundertüte sein. Besser gesagt: in der Mülltüte. Für Edelman ist das Bewusstsein nur eine Art „Abfallprodukt" unserer Gehirnleistung.

Über hundert Milliarden Nervenzellen im Gehirn können eine Menge Dreck machen.

Vielleicht ist Gerald Edelman deshalb doppelt um ein gepflegtes Äußeres bemüht. Er hält auf ganzer Linie, was sein Name verspricht. Elegant gekleidet empfängt er Monica und mich, ist von ausgesuchter Höflichkeit. Er drückt sich sehr gewählt aus und spricht voller Stolz weder über Antikörper noch über Nervenzellen, sondern über seine Tochter. Judith Edelman ist Country-Musikerin. Auf ihrer

Romantische Bewusstseinsforschung –
Gerald M. Edelman

Website findet man einen Lebensbaum, auf dem für das Jahr 1972 zwei Zeitungsfotos zu sehen sind: Eines zeigt ihren Vater, eines sie. Das des Vaters kommentiert sie mit „Father wins Nobelprice in Medicine" („Vater gewinnt den Medizin-Nobelpreis") und das, auf dem sie als achtjähriges Mädchen jubelnd die Arme hochreißt, mit „I take credit for it" (dt. „Ich nehme das auch als mein Verdienst").

Als Fotograf, der vornehmlich mit Musikern und Spitzen-Wissenschaftlern gearbeitet hat, habe ich eine feste Überzeugung:

Großartige Musik ist in der Lage, großartige Forschung zu inspirieren. Große Literatur übrigens auch, wie ich von Gabriel García Márquez lernen werde.

Viele Wissenschaftler sind enthusiastische Anhänger klassischer Musik, und Rock 'n' Roll-Fan Alan Heeger steht mit seiner Verehrung für den King mit Sicherheit auch nicht allein. Heeger im Elvis-Outfit – verdammt schade, dass das nicht geklappt hat. Es wäre ein visualisierter Beweis für meine Inspirations-These gewesen. Ob Edelman Elvis-Fan ist, wird nicht zum Thema, aber dass er ein großer Fan seiner Musiker-Tochter ist, das ist offensichtlich.

Die entspannte Atmosphäre zerstöre ausgerechnet ich selbst und kann überhaupt nichts dafür. Ich habe für den Professor nämlich einen Brief der Lindauer Stiftung dabei, der bei ihm für einige Irritation, wenn nicht Verärgerung, sorgt. Die Stiftung setzt mich gelegentlich als Boten für Nachrichten an die Laureaten ein, und als ich gegen Ende des Treffens den geschlossenen Umschlag an Edelman übergebe und er das Schreiben entfaltet, schaut er mich mit hochgezogenen Augenbrauen an. Ich versichere, dass ich nicht weiß, worum es in dem Brief geht, und als er ihn mir zurückgibt, erkenne ich den Grund für Edelmans Unmut.

Es ist ein Formbrief, wie er auch an andere Nobelpreisträger verfasst worden ist, und, nun ja, es findet sich noch der Name eines Kollegen zwar nicht in der handschriftlich eingesetzten Anrede, aber im Abspann, wo man sich noch einmal für seine – des anderen – Unterstützung bedankt. Peinlich. Ich bin aber nun mal nur der Bote und bitte um Nachsicht, scherzend verweisend auf die doch sicher auch in Kalifornien nicht mehr übliche Praktik der Antike, den Überbringer von schlechten Nachrichten zu köpfen. Edelman muss immerhin schmunzeln und steckt den Brief nun ohne weiteren Kommentar weg.

Schließlich machen wir also die Fotos, denn hier im Tempel sind die Räume, anders als drüben im Bunker, hell tageslichterleuchtet.

Edelman erstaunt mich auch als Fotoobjekt, agiert er doch auf Anhieb natürlich und unbefangen. Das ist selten. Am Anfang meiner Fotografenkarriere wunderte ich mich häufig, wie doch manch ein absolut lässig und cool Daherkommender vollkommen versteift, sobald ein Objektiv auf ihn gerichtet wird. Das gilt freilich nicht für jene Berühmtheiten, die längst gelernt haben, sich vor Kameras so in Szene zu setzen, wie die Linse sie einfangen soll. Mein Ehrgeiz als Fotograf besteht in beiden Fällen darin, den Menschen abzulichten, also weder den fremdelnden Kameraverschreckten noch den sich inszenierenden Blitzlichtprofi. Edelman macht es mir leicht.

Bei der Verabschiedung outet sich der Nobelpreisträger als jener Romantiker, den Fachkollegen in den Theorien des Bewusstseinsforschers erkennen wollen, nimmt er Monica und mir doch das Versprechen ab, vor der Weiterfahrt nach L. A. unbedingt hier in San Diego den Sonnenuntergang abzuwarten. Nirgends sonst sei die „grüne Sonne" zu erleben. Edelman bestimmt:

„Sie gehen jetzt erst mal in ein schönes Fischrestaurant und danach zum Strand. Dort werden Sie schon sehen, was ich meine."

Ich nicke zwar, würde aber eigentlich ganz gerne direkt ins Hotel fahren, um für den nächsten Tag fit zu sein, aber als ich zu Monica herüberblicke, weiß ich:

Das wird nichts werden. Frauen und Romantik.

Gegen einen derart farbig angekündigten Sonnenuntergang am Meer hat Vernunft natürlich keine echte Chance, und, na ja, eine grüne Sonne macht mich auch schon ein wenig neugierig. Also sitzen wir später am Abend am Strand und schauen, wie sich der pralle Himmelskörper über dem Pazifik hinabsenkt und dabei zwischen feuerorange und glutrot changiert.

„Siehst du sie?", frage ich Monica.

„Wen?", fragt die dunkelhaarige Schwedin und schaut dabei weiter hinaus aufs Meer.

„Na, die grüne Sonne …"

Monica sagt nichts, macht aber ein verträumtes Gesicht. Tja, so ein melancholisch den Sonnenuntergang betrachtendes „Fräulein am Meere" versuchte schon Heinrich Heine zu trösten:

Fräulein Monica am Meere

„Mein Fräulein!
Sein Sie munter,
Das ist ein altes Stück;
Hier vorne geht sie unter
Und kehrt von hinten zurück."

Herz-Schmerz war gestern – mit solchen Reimen lief der Heine seinen Romantiker-Kollegen davon. Ich will mich der allzu farblosen Betrachtung des Sonnenuntergangs als ermüdende Reprise ja gar nicht anschließen. Aber leider vermag ich keinen einzigen grünen Sonnenblitz auszumachen und habe auch bei den vielen Sonnenuntergängen, die ich in nachfolgenden Jahren noch in San Diego erleben durfte, nie welche am Horizont zucken sehen. Es ist der immer gleiche dicke, orange Ball, der sich irgendwann trotz aller Kernfusionen nicht mehr über Wasser halten kann und ins Meer plumpst. Vielleicht muss man doch ein „Fräulein am Meere" oder romantischer Bewusstseinsforscher sein, um „le rayon vert" zu sehen. Oder Jules Verne.

Elvis und Nobel – welcher Nobelpreisträger erlaubt mir nun die Fortsetzung meines Elvis-Trips nach Las Vegas ins Spielerparadies? Zwar ist die Nobel-prämierte Spieltheorie naheliegende Assoziation und der Las-Vegas-Algorithmus mathematisch bestimmt echt abgezockt, aber die Wüstenstadt nicht die Sache von Mathematiker John F. Nash Jr. Ich werde ihn ein Jahr später kennenlernen, und als ich ihn einmal frage, ob wir gemeinsam nach Las Vegas fahren wollen, ernte ich nur ein für ihn typisches Mundwinkelzucken und habe Vegas nie wieder erwähnt.

Aber es gibt sie tatsächlich, die Verbindungslinie Elvis – Las Vegas – Nobel, und sie führt zum Lehrstuhl für Kreatives Schreiben an der englischen Abteilung der Universität von Nevada, Las Vegas. Lehrstuhlinhaber ist ein nigerianischer Nobelpreisträger: **Wole Soyinka** erhielt 1986 als erster Schriftsteller aus Afrika die Auszeichnung in der Sparte Literatur. Soyinkas Talente sind breit gefächert. Er schreibt Romane, Gedichte, Theater- und Radiostücke, ist Dramaturg und Schauspieler, d. h., Letzteres nur ersatzweise, wenn er einen Mitwirkenden in seinem Stück kurzfristig rausgeschmissen hat, wie er einmal augenzwinkernd richtigstellt.

Ob der ehemalige Dramaturg und Gelegenheitsschauspieler am Londoner Royal Court Theatre zu passender Zeit in Las Vegas sein wird, hoffe ich von Stephanie Goldberg Ansaldo zu erfahren, die Kontakt zu Soyinka hat.

Wie ich Stephanie kennengelernt habe, muss ich hier näher berichten, weil ich dann sie und ihre Stiftung und außerdem einen guten Freund erwähnen kann, der zwar keinen Nobelpreis gewonnen hat, dem ich aber sämtliche Preise dieser Welt verliehen hätte: Charles Fawcett. Etwa ein Jahr vor der Las-Vegas-Reise hatte er mich Stephanie vorgestellt. Ich war bei einem Layover in London auf meinem Weg in die USA zu Friedensnobelpreisträgerin Jody Williams bei ihm und seiner Frau April in Chelsea zum Lunch. Charles war Freiheitskämpfer, Royal-Airforce-Pilot und Menschenretter. Daneben machen sich seine Berufe Wrestler und Schauspieler (u. a. „Old Shatterhand", „Onkel Toms Hütte" und auch „Die Todesstrahlen des Dr. Mabuse") fast unspektakulär aus. Charles hat an den Brennpunkten der Welt immer für die Guten gekämpft. Im Zweiten Weltkrieg gelang ihm nach der Besetzung Frankreichs durch die Nazis zusammen mit dem „Engel von Marseille", Varian Fry, die Rettung zahlreicher Juden vor dem Holocaust, indem er sie über die Berge nach Spanien führte. Von dort setzten die meisten die Flucht per Schiff weiter nach Amerika fort. Unter den Geretteten waren der Maler Marc Chagall, Literaten wie Heinrich Mann und Franz Werfel, außerdem Siegfried Kracauer, Max Ernst, Jacques Lipchitz, Valeriu Marcu, Peter Pringsheim, Hans Siemsen und Hans Sahl. Lion Feuchtwanger trat aufgrund von Bedenken, wegen seiner internationalen Bekanntheit aufzufallen, vom Vorhaben zurück. 2006 wurde Charles anlässlich des alljährlichen Holocaust Memorial Day in Anwesenheit des damaligen Premierministers Tony Blair in Cardiff geehrt. Ich bin stolz, bis zu seinem Tod 2008 mit Charles befreundet gewesen zu sein. Seine bezaubernde Frau April ist Mitbegründerin der weltbekannten Modelagentur Models One Ltd. in London.

Es war schon deshalb immer eine große Freude, Charles und April in Chelsea zu besuchen, weil Charles die Treffen stets so arrangierte, dass wir beide zunächst April aus der Model-Agentur abholten und dort regelmäßig viel zu früh eintrafen. So hatten wir Gelegenheit, noch ein wenig dem attraktiven Treiben zuzusehen. Charles hatte eben „Gutes tun" von den kleinen Freuden des Alltags bis hinauf zur Lebensrettung im Repertoire.

An jenem Tag auf dem Weg in die Staaten lernte ich in ihrem Hause Stephanie kennen, die 1997 die Echo Foundation in Charlotte/North Carolina gegründet hat. Das ist eine Stiftung, die unter der Prämisse „Not just words. Deeds" humanitäre Projekte verwirklicht – in Umsetzung der Philosophie, die viele Nobelpreisträger formulieren und die auch für mich zur Überzeugung geworden ist: Jeder, wirklich jeder, kann seinen Beitrag leisten für eine bessere Welt. Co-Founder und Chairman ist Friedensnobelpreisträger Elie Wiesel.

Wie sich herausgestellt hat, kennt Stephanie Wole Soyinka gut, und so hoffe ich nun für Las Vegas auf eine Reise-Legitimation durch seine Vorlesungen an der University of Nevada. Allerdings scheint Stephanie beschäftigt; die Antwort auf meine E-Mail lässt auf sich warten. Optimistisch, wie ich bin, trete ich mit Monica trotzdem schon mal die Reise in die weltberühmte Wüstenstadt an. Ziel: Elvis' Haus. Es stehe mir immer offen, hatte – nein, nicht Elvis Presley – sondern der bereits erwähnte „Las-Vegas-Elvis" Paul Casey gesagt, als wir uns in Berlin nach seiner Show voneinander verabschiedeten.

Gleich um die Ecke von Paris und Venedig bei Elvis zu wohnen und nach einem Nobelpreisträger zu forschen – that's Vegas.

Elvis empfängt uns mit weit geöffneten Armen in Little Graceland.

Ich muss einfach „Elvis" schreiben und nicht „Paul", denn die Ähnlichkeit ist umwerfend. Nicht nur die Physiognomie, auch Mimik, Gestik, Satzmelodie – der King. Man muss wissen, dass so ein Las-Vegas-Elvis nicht tagsüber in Shorts und T-Shirt rumgammelt, um sich dann abends stundenlang zu schminken, zu stylen und sich aufwändigst in Elvis zu verwandeln. Nein, ein Elvis-Impersonator ist kein Gelegenheits-Elvis, kein Paul, John oder Jack, der „als Elvis arbeitet". Ein wahrhaftiger Elvis-Impersonator *ist* Elvis. Rund um die Uhr. Als Paul erzählt, er habe sich alle eigenen Zähne ziehen lassen, um sich dann das Gebiss von Elvis „nachbauen" zu lassen, da denke ich zunächst, ich habe das irgendwie nicht ganz richtig verstanden. Eine Gebiss-Kopie? Aber an meinen Englischkenntnissen gibt es nichts auszusetzen, wie sich herausstellt. Die Sache ist absolut genau so gemeint gewesen, wie sie bei mir angekommen ist.

Das ist Leidenschaft! Sie quillt Paul aus jeder Pore, und ein wenig davon bleibt außer für Elvis wohl auch noch für die Frau an Pauls Seite. Nein, sie hat keine pechschwarzen Haare wie Priscilla seinerzeit, aber hätte sie diese anstatt ihrer blonden Mähne, dann ... sie ist zweifelsohne Priscilla in blond! Priscilla Presley lerne ich zehn Jahre später kennen, aber bis dahin ist noch ein bisschen Zeit.

Wie der „echte" Elvis seine „echte" Priscilla hat der „echte" Paul auch seine „echte" Milena aus Deutschland mitgebracht; sie haben sich in Berlin kennengelernt, allerdings stammt Pauls Priscilla aus Polen. Jetzt leben die beiden also hier in Vegas in „Little Graceland". Nicht einmal der Stutz Blackhawk in der Auffahrt fehlt, ein etwas schäbiger weißer Cadillac parkt auf der Straße. Neben Elvis und der polnischen Priscilla scheinen sich auch die beiden Rottweiler über die Gäste zu freuen. Ich brauche kurz nach dem Eintreffen irgendwann einen Moment der Orientierung; das alles ist schon leicht verstörend, diese Symbiose von Schein und Sein, Original und Fälschung, kafkaesker Verwandlung und Fleisch und Blut. Wo zwischen Nobel und Elvis alias Paul liegt das wahre Leben, wo Ernst und wo Spaß? Ich finde im Laufe meiner Reisen eine Antwort, und hier in Vegas bekomme ich eine erste Ahnung davon: Da gibt es ein Interface, eine Schnittstelle, die alle kulturellen Bereiche, erscheinen sie auch noch so unvereinbar, miteinander verbindet. Hier schlägt das Herz der Kultur und fließt das Blut in alle ihre Organe, heißen sie nun Elvis zwei oder Wole Soyinka. Vielleicht gibt es auch so etwas wie das Bewusstsein der Kultur. Schwer fassbar, aber unentbehrlich. Professor Edelman wüsste es.

Es ist spät geworden am ersten Abend, und es wird noch später, als Monica und ich Paul umständlich erklären müssen, dass wir nun für die Nacht zwei getrennte Betten brauchen, da wir gute Freunde sind, kein Paar. Paul hat uns aber als solches gesehen und jetzt einige Schwierigkeiten, diese Vorstellung zu revidieren. Vielleicht eine Berufskrankheit bei all den Illusionen, denen er sich täglich voller Leidenschaft hingibt. Irgendwann weit nach Mitternacht schlummert Monica im randvoll mit Elvis-Andenken vollgestopften Gästezimmer, und ich nehme die Couch im Wohnzimmer zum Nachtlager. Auf dem Schreibtisch hat Paul einen Briefumschlag für uns bereitgelegt: Freitickets für alle möglichen Shows und Freizeitvergnügen. Viva Las Vegas!

Am nächsten Morgen werde ich von einem schmatzähnlichen Geräusch geweckt. Die Zungen zweier Rottweiler klatschen auf meine Nase, und ich bin so schnell aufgesprungen, wie es meiner Mutter zu Schulzeiten eine Freude gewesen wäre. Morgentoilette, T-Shirt über den Kopf, dann setze ich mich an den Esstisch, kraule mit einer Hand die Rottweiler, während ich mit der anderen meine E-Mails checke, und warte auf den King.

Der sagt beim Frühstück unvermittelt:

„Peter, heute machen wir, was nur Männer machen! Monica und Milena, ihr könnt shoppen gehen."

Etwas, was nur Männer machen? Hm.

Bordell? Tabledance? Zwielichtige Bar?

Aber vielleicht will Monica ja mit ...?

Paul geht ins Schlafzimmer, und als er wieder herauskommt, wirft er mir etwas zu, was ich reflexhaft auffange. Eine Pistole.

„So eine hatte der King. Wir gehen schießen."

Ich werde jetzt meine etwaigen Erfahrungen in Sachen Bordell, Tabledance und zwielichtige Bar nicht näher ausbreiten, aber das hier ist definitiv neu für mich.

Elvis hatte auf Graceland einen Schießstand, erfahre ich von Paul. Er sei Waffen-Fan gewesen. Für Paul Grund genug, es auch zu sein.

Wir gehen also schießen. Besser gesagt, Paul geht schießen. Es gefällt ihm außerordentlich, mir seine Künste zu demonstrieren, zumal ich selbst die Waffe gerade mal richtig herum zu halten vermag. Jedenfalls fühle ich deutlich, dass ich in Pauls Augen nun endgültig auch noch den letzten Rest Männlichkeit, der mir nach der Nummer mit den getrennten Betten noch verblieben ist, zu verlieren drohe. Ich kann weder ins Herz noch ins Schwarze treffen. Streuverluste allerorten. Als ich einige Jahre später, ohne meine Schießkünste verbessert zu haben, nach Afghanistan ins Kriegsgebiet reise, muss ich an den mitleidigen Blick von Paul denken. Ja, im Ernstfall bin ich wohl jemand, der auf Typen wie Paul angewiesen ist. Oder würde so mancher Held des Schießstandes im echten Gefecht dann vielleicht doch Schutz hinter einer blonden Priscilla suchen? Paul jedenfalls hat den Bogen raus. Die Scheibenvorlage fährt heran, und der menschliche Schattenriss ist in der Herzgegend völlig durchlöchert. Elvis in Siegerpose – das ist ein Foto wert.

Volltreffer – Paul „Elvis" Casey

***

Einige Tage vergehen; ich gewöhne mich an die Rottweilerzungen am Morgen und die Roulettegewinne am Abend. Und an die unvergleichliche Gastfreundschaft von Paul und Milena. Irgendwann eine E-Mail von Stephanie: Wole Soyinka kommt nach Vegas. Heute Nachmittag. Falls ich ein Foto machen wolle: um 15 Uhr in der Lobby eines der großen Hotel-Casinos am Strip.

Zeit für den Shoot: 15 Minuten.

15 Minuten – Warhols weltberühmte Zeitspanne.

Aber kann ich damit etwas anfangen?

Wole Soyinka kann das schon als Teenager, als er für die ganz neue Local-NBC-Radiostation in Nigeria Fünfzehn-

Minuten-Stücke verfasst. Er studiert in Ibadan, der drittgrößten Stadt Nigerias, dann in Großbritannien, in Leeds. Nach der Unabhängigkeit Nigerias 1960 kehrt er in die Heimat zurück, schreibt Radio- und Theaterstücke, vollendet 1965 seinen ersten Roman. „The interpreters" (dt. „Die Ausleger") ist ein schonungslos satirischer Blick auf das postkoloniale Scheitern nigerianischer Intellektueller, die zu spät erkennen, dass jene, die das politische Ruder ergreifen, der Wille zur Macht, nicht der zur Demokratie antreibt. Der Vielvölkerstaat durchleidet Militärdiktaturen und Bürgerkrieg. Vermittlungsbemühungen Soyinkas im Biafra-Krieg werden kriminalisiert, er verschwindet fast zwei Jahre in Isolationshaft. Dort schreibt er. Auf Toilettenpapier und im Kopf, den er außerdem mit Matheaufgaben trainiert, um sich den Geist zu bewahren, den er braucht, um später „mit weit gefasster kultureller Perspektive und poetischen Obertönen das Drama des menschlichen Seins" zu beschreiben, wie das Nobelkomitee in der Vergabebegründung formuliert. Sein eigenes Drama macht Soyinka auch zum Thema, seine Gefängniszeit verarbeitet er mit „The Man Died: The Prison Notes of Wole Soyinka" (dt. „Der Mann ist tot. Aufzeichnungen aus dem Gefängnis"), später erzählt er in „Aké, the years of childhood" (dt. „Aké, Jahre der Kindheit") über die ersten elf Jahre seines Lebens als Sohn eines Volksschulrektors und einer „wilden Christin" im „intellektuellen Wasserloch von Aké und Umgebung".

Vom Vater hat er die intellektuelle Neugier, von der Mutter den Hang zur Dramatik, ist Soyinka überzeugt. Das vermischt sich zu einer eigenen „Religion, an der ich beharrlich festhalte: die Freiheit des Menschen. Ich trage sie in mir, eine brennende Leidenschaft, die sich immer wieder auflehnt gegen die unausrottbare Neigung des Menschen, andere zu versklaven."

Soyinkas „Religion" findet zwei Kanäle: sein literarisches Schaffen und sein politisches Engagement gegen Unrecht und Unterdrückung. Das trägt ihm 1986 in

Schweden den Nobelpreis ein, 1997 in der Heimat die Verurteilung zum Tode in Abwesenheit. Der nigerianische Diktator Sani Abacha hat zwei Jahre zuvor bereits den Schriftsteller und Gewinner des „Alternativen Nobelpreises" (Right Livelihood Award) Ken Saro-Wiwa hinrichten lassen. Proteste gegen das Todesurteil, unter anderem von Literatur-Nobelpreisträgerin Nadine Gordimer und Friedensnobelpreisträger Nelson Mandela, haben das nicht verhindern können.

Er rechne damit, „irgendwann, irgendwo von den Mörderbanden Abachas" umgebracht zu werden, stellt Soyinka damals lakonisch fest, doch Abacha, ein „mörderischer Kretin, der keine zivilisierte Sprache versteht" stirbt 1998 an einem Herzinfarkt. Soyinka kann nach zweijährigem Exil zurück nach Nigeria und das ihm äußerst lästige ständige Tragen von Hüten in der Öffentlichkeit aufgeben.

Seine Nobelpreis-Rede „This Past Must Address Its Present" (dt. „Diese Vergangenheit muss sich ihrer Gegenwart stellen"), in der er die „Beendigung des Rassismus, die Ausrottung menschlicher Ungleichheit und den Abbau aller sie stützender Strukturen" zu den vordringlichsten Aufgaben unserer Zeit erklärt, widmet Akinwande Oluwole, „Wole", Soyinka dem 1986 noch inhaftierten Nelson Mandela, später auch den Gedichtband „Mandela's Earth and Other Poems" (1988).

Als ich beim Hotel am Strip in Las Vegas auf den Professor warte, ist Freiheitskämpfer Mandela längst Ex-Präsident Südafrikas, die von Soyinka beschriebene Aufgabe jedoch noch nicht erledigt.

Zu unseren fünfzehn Minuten kommt der Professor frisch eingeflogen und ist etwas abgespannt. Er sieht sich genau wie ich recht hilflos in der Strip-typischen Glitzerlobby des Hotels um. Das Lichtfeuerwerk ist schrecklich, egal, wie ich mein dunkelhäutiges Modell auch drapiere, irgendetwas funkelt und blitzt immer störend im Hintergrund. Außerdem ist das Fotografieren ohne besondere Genehmigung des Hotels eigentlich nicht gestattet, und ich erwarte jede Sekunde, von einem Zwei-Meter-Security-Hünen überwältigt zu werden. Unlängst habe ich mit Monica ein unangenehmes „Hier ist Fotografieren verboten, Sir"-Erlebnis in einem Casino am Strip durchgestanden. Beim Übertritt von drinnen nach draußen schlägt mich allerdings die Wüstensonne k.o. Also wieder rein. Die Minuten verrinnen. Der Literat ist trotz aller Müdigkeit bemüht, die Sache hier zu einem erfolgreichen Abschluss zu bringen, und seine tiefe, weiche Stimme rettet mir in all dem Trubel wenigstens das letzte Fünkchen Ruhe, das Las Vegas mir gerade rauben will. Aber dann ist meine Soyinka-Viertelstunde unwiederbringlich abgelaufen. Verzweifelt schieße ich in der siebzehnten Minute ein Foto von einem überdimensionierten Pflanzen-Arrangement in einer Kreuzung aus Badewanne und Amphore. Sieht man genau hin, erkennt man sogar Wole Soyinka.

Ein Drama, aber ganz ohne poetische Obertöne.

Ein unbeabsichtigt geglückter Versuch von Mimese. Wir wissen bei der Verabschiedung beide, dass wir das Shooting wiederholen müssen. Das heißt, Soyinka muss natürlich schon deshalb nichts wiederholen, weil er ein fotografisches Gedächtnis hat, wie er sagt. Das ist für ihn allerdings auch ein Grund, Kameras zu hassen. Wahrscheinlich machen die einfach schlechtere Bilder als er. Einige Jahre später treffen wir uns zufällig bei einer Veranstaltung des Literaturwissenschaftlers Henry Louis Gates in

Ein unbeabsichtigt geglückter Versuch von Mimese – Wole Soyinka

Charlotte/North Carolina bei Stephanies Stiftung wieder. Soyinka erinnert sich an die Pflanzenbadewanne, und wir sind uns schnell einig, die Chance für einen neuen Versuch zu nutzen. In Charlotte entsteht das nachher im Projekt verwendete Bild von Soyinkas Gesicht, eingerahmt allein durch einen weißen Haarschopf und einen weißen Bart. Seither sind wir uns immer mal wieder über den Weg gelaufen, zuletzt in Berlin: Gerald Uhlig-Romero begrüßt mich im Café Einstein hastig, denn er hat schon ungeduldig auf mich gewartet, und raunt mir zu: „Hinten sitzt einer Ihrer Nobelpreisträger, der nach Ihnen gefragt hat." In der Diktion des Gastronomen „gehören" die Nobelpreisträger alle mir. Erwartungsvoll durchschreite ich die vorderen Räumlichkeiten, betrete den nach seinen hohen Gästen getauften „Nobel-Raum" und blicke in strahlend dunkle Augen.

Wole Soyinka initiiert 2010 in Nigeria die Gründung der Partei „Demokratische Front für einen Bund des Volkes" (DFPF) und geht auch mit achtzig noch seiner „brennenden Leidenschaft" nach:

„In manischen Momenten des Optimismus denke ich wehmütig an Shelleys wunderbare Erklärung: ‚Dichter sind die nicht anerkannten Gesetzgeber der Welt'."

Ohne sie droht wohl eine – so einer von Soyinkas Romantiteln – „Zeit der Gesetzlosigkeit".

D en Portrait-Ertrag hat mir das Spielerparadies vermasselt, aber wenigstens hielten sich Gewinne und Verluste am Roulettetisch in etwa die Waage.

So kehre ich Las Vegas und seinen Abermilliarden Glühlämpchen erst mal den Rücken, Elvis aber noch nicht. Keine Elvisreise ohne Memphis und Graceland. Auch dann, wenn eigentlich nicht zu erwarten steht, dort noch irgendetwas zu entdecken, was man nicht längst in „Little Graceland" in irgendeiner Form hat studieren oder nachempfinden können. Das echte Graceland ist nach dem Weißen Haus das meistbesuchte Gebäude der USA, und kein echter Elvis-Fan würde einen ernst nehmen, bevor man dort nicht vorbeigeschaut hat, und wenn man zehnmal mit dem Vegas-Elvis-Impersonator befreundet ist. Dass ich auch das Weiße Haus noch hochoffiziell von innen sehen werde, ahne ich noch nicht.

Also auf in die Heimat des Kings. Ja, und wo ist der Nobel-Bezug zu Memphis? Den liefert **Peter Doherty**.

Peter Doherty ist ... nein, nicht der Frontmann der Band Babyshambles und Ex-Freund von Top-Model Kate Moss, sondern ein 1996 mit dem Nobelpreis für Medizin ausgezeichneter australischer Immunologe. Ich habe herausbekommen, dass Doherty zeitweise am St. Jude Children's Research Hospital in Memphis tätig ist, und angefragt, wann das wieder der Fall sein wird, ich würde dann gerne eine Aufnahme machen. Der Plan ist aufgegangen, und in vier Tagen habe ich einen Termin mit Doherty in jenem Kinderkrankenhaus. Das läuft wie am Schnürchen.

Ich habe durch das Konzert von Elvis alias Paul in Berlin außer zu ihm und Ed Bonja auch Kontakt zu Sonny West, einem ehemaligen Leibwächter, Stuntman und Freund von Elvis. Er hat Elvis sechzehn Jahre lang auf Schritt und Tritt begleitet, umgekehrt wurde Elvis sein Trauzeuge. Sonny hat Monica und mir ein Hotel in Downtown Memphis empfohlen, und als wir dort einchecken, ist bereits eine Nachricht von Sonny für uns hinterlegt: Wir sollen ihn übermorgen in Nashville treffen.

Als ich entdecke, dass der Sänger Joseph Arthur am nächsten Tag ein Konzert in Memphis gibt, will ich umgehend Karten kaufen und damit Monica überraschen, die ein großer Fan ist, aber die Vorstellung ist längst ausverkauft. Etwas enttäuscht berichte ich Monica davon. Und siehe da, ein erneuter Beweis dafür, dass die Welt klein und voller schöner Zufälle ist: Monica fällt glücklich ein, dass ihr Boss

Anton Corbijn vor nicht langer Zeit ein Cover für Arthur fotografiert hat. Einige Anrufe später stehen unsere beiden Namen auf der Gästeliste des Events, und Monica und ich erleben einen phantastischen Abend auf einer herrlichen Dachterrasse über Memphis.

Zur Vermeidung einer Überdosis Elvis ist es auch durchaus ratsam, sich mal einer anderen schönen Stimme hinzugeben. Uns über all die glücklichen Fügungen unserer Elvis-Tour freuend, lauschen Monica und ich den überwiegend leisen und romantischen Songs des Künstlers und geben uns den entsprechenden Gedanken hin.

Weniger romantisch gestaltet sich am nächsten Tag die Suche nach dem Restaurant im knapp 200 Kilometer entfernten Nashville, wo Sonny West uns zum Lunch erwartet. Es gießt in Strömen, und Sonny hat uns – es sind Prä-Navi-Zeiten – eine dieser typischen amerikanischen Ortsangaben mit auf den Weg gegeben, die mich zuverlässig in den Wahnsinn treiben. Ein einziger Zahlenwirrwarr. Zahlen zur Bezeichnung der Highways, der Ausfahrten, der uneinsehbaren Hausnummern auf endlos langen und riesig breiten Straßen, nie irgendein Bauten-Anhaltspunkt oder Hinweise wie „an der Ampel links", Straßen und Landschaft für deutsche Verhältnisse in XXL und sich auf Tausende Kilometer ähnelnd. Am schlimmsten sind Eds Ansagen:

„Wir treffen uns im Diner am Highway Sowieso". Endloser Highway, Hunderte Diner…!

„Verdammt, wir fahren doch im Kreis, Monica", bin ich mir irgendwann sicher.

Ich sehe ohnehin nur eine Handbreit weit in eine Suppe aus Regen und Dunst. Wieso kann man nicht einfach auf Autopilot stellen? Bald starten Monica und ich die in diesen Situationen zwangsläufige Fahrer-Beifahrer-Posse, die im Film sicher damit geendet hätte, dass die Kamera irgendwann das in Sekunden regennasse T-Shirt einer fluchenden Monica am Straßenrand und das wegfahrende Auto zeigt. Da wir aber nicht im Film sind und wir zwar kein Navigationssystem, aber ein Mobiltelefon haben, macht uns dann kurz vor unnötigen Eskalationen Sonny am Ohr von Monica den Wegbereiter. Weit nach Lunchtime landen wir im richtigen Diner in Nashville an Sonny Wests Tisch. Wir erzählen stolz, welche Elvis-Domizile wir bereits besichtigt haben, und Elvis' Weggefährte füllt die Örtlichkeiten mit passenden Storys. Sonny hat in all diesen Häusern viel Zeit verbracht, mit und ohne Elvis.

Monica und ich hängen stundenlang an seinen Lippen. Beim Abschied legt Sonny eine kleine Holzschatulle auf den Tisch und schiebt sie mir herüber:

„Elvis wollte die Menschen immer glücklich machen." – Sonny West

„Von Elvis."

Er nickt mir auffordernd zu, und ich öffne sie. Darin liegt ein Taschenmesser mit einem Foto von Elvis drauf. Ich blicke mit großen Augen auf das Messer, dann zu Sonny, wage es nicht, näher nachzufragen. „Elvis wollte die Menschen immer glücklich machen", erklärt der Schenker, „das hat er an uns weitergegeben."

Mit „uns" meint er die „Memphis-Mafia", das war ein enger Kreis von Freunden um Elvis; eine Journalistin hatte der eingeschworenen Entourage einst diesen Namen verpasst. Ich bin kein Autogrammjäger, und ich verzehre mich nicht nach einer Haarlocke von Super-Promis für mein Poesiealbum, aber das Gefühl, „etwas von Elvis" zu haben, lässt mein Blut dann doch schneller fließen, wie ich bemerke. Zurück im Hotelzimmer, verpacke ich das Messer aufwändig und verstaue es tief in einer separaten Reißverschlusstasche meines Handkoffers. Sonny habe ich leider nie wieder getroffen.

Am nächsten Morgen dann Graceland. Ein Wallfahrtsort, zweifelsohne. Pauls „Little Graceland" schrumpft im Vergleich jetzt doch etwas zusammen. Was in Graceland alles zusammengetragen ist, passt eigentlich gar nicht in ein einziges Leben. Und das Nebeneinander von Familienvilla, Kultstätte, Tourismus-Hot-Spot, Museum und, nicht zuletzt, Friedhof – denn immerhin ist Elvis hier begraben – ist schon eine heftige Packung.

Was Elvis wohl sagen würde, wenn er das hier sehen könnte? Die Frage, wie es denn so sei, der „King" zu sein, wurde Elvis oft gestellt, und wie mir seine Freunde einmal erzählten, soll er darauf geantwortet haben:

„Die Spitze des Berges ist immer ein Plateau, wo Platz für viele Menschen nebeneinander ist."

Eine beeindruckende Antwort, finde ich. Er sah nicht nur sich auf dem Gipfel, er war nicht allein dorthin gekommen, und er wollte da auch gar nicht allein sein. King zu sein, kann verdammt einsam sein.

Monica und ich haben es plötzlich recht eilig bei der Besichtigung. Jetzt hat er uns wohl doch gepackt, der Elvis-Overkill. So kommen Monicas Abreise und meine Verabredung mit Professor Peter Doherty zu einem guten Zeitpunkt.

Ich fahre die erschöpfte Freundin zum Flughafen und ziehe danach ins Heartbreak Hotel um. Da ich nicht abergläubisch bin, betrete ich völlig arglos und ohne jede Vorahnung von dem, was meinem Herzen in Memphis bevorsteht, die Liebeskummer verheißende neue Bleibe.

***

Der nächste Tag. Statt im St. Jude Children's Research Hospital auf Professor Doherty treffe ich im siebten Himmel auf einen Engel. Er schwebt auf mich zu und singt: „Hallo, schön, Sie kennenzulernen. Ich bin die Assistentin von Professor Doherty. Er wird Sie gleich empfangen, wir müssen noch einen kurzen Augenblick hier warten."

Ich habe ein „Wollen Sie meine Frau werden?" auf der Zunge, entgegne dann aber:

„Ich warte gerne", und meine diesen Satz so ernst wie nie zuvor und nie wieder danach. Was für ein überirdisch schönes Mädel!

Ich warte die herrlichste Wartezeit meines Lebens. Völlig überfordert, tarne ich das mit gelegentlichem Aufseufzen und gelangweiltem Umherschauen, obwohl ich den Blick kaum von der Himmelsgestalt wenden kann. Ich muss fragen, ob ich sie fotografieren darf! Ich muss! Schon rein beruflich. Der Pianist kann nicht am frisch gestimmten Steinway vorbei, der Autotester nicht am neuen Ferrari, der Portraitfotograf nicht an Engeln.

It's now or never!

Was ich bisher zu meiner Motivation, Fotograf zu werden, verschwiegen habe: Ich bemerkte irgendwann, dass ich leichter und ungehemmter auf meine Mitmenschen zugehe, wenn das Kameraauge dazwischen ist. Ein Foto – das ist ein akzeptierter Grund für den Schritt in eine Nähe, in die man sich sonst nicht vorgewagt hätte. Akut nutzt mir allerdings auch die Fototasche in Reichweite nichts. Wie allgemein bekannt, ist der Umgang mit schönen Frauen extrem schwierig. Nicht, weil schöne Frauen schwierig sind, das sind sie natürlich gelegentlich, aber weniger ansehnliche ja auch. Nein, es ist so, dass die Kommunikation in einem solchen Fall durch einen akuten Ausfall des Sprachzentrums empfindlich gestört wird; erst sehr langsam beginnt das Gehirn wieder Wörter zur Verfügung zu stellen, die man auch sagen und nicht nur denken darf. Vollständige Sätze zu formen wie etwa „Ich würde wahnsinnig gerne ein Foto von Ihnen machen …" braucht ein x-Faches der normalen

Zeit. Diese Zeit ist leider noch nicht um, als Peter Doherty auftaucht.

So, it's never ...

Im Kontrast zu meiner aktuellen Ausstrahlung ist der Immunologe entspannt, eloquent und humorvoll. Der in Brisbane geborene Doherty hat 1996 den Nobelpreis zusammen mit dem Schweizer Kollegen Rolf Zinkernagel für die Erforschung, auf welche Weise das Immunsystem virusinfizierte Zellen erkennt, erhalten. Die enorme Nützlichkeit dieses Wissens für die Bekämpfung von Krankheiten ist offensichtlich.

Als wir uns im St. Jude Children's Research Hospital treffen, beschäftigt sich Doherty mit dem Influenza-Virus und dabei vor allem mit der altersabhängigen Immunantwort. Daher untersucht er viele an Influenza erkrankte Kinder. Seine Arbeit beeindruckt mich sehr, und als er mir ein wenig davon berichtet, erkenne ich schnell, dass er einer der Ärzte ist, die man sich als Kind wünscht. Einfühlsam, vertrauenerweckend und ehrlich. Ich bin sofort überzeugt, dass er mit Kindern besonders gut umgehen kann.

Ich fotografiere Professor Doherty im Park des Krankenhauses. Die PR-Assistentin begleitet uns, ich bleibe daher recht einsilbig. Nachher stelle ich mir vor, wie der Nobelpreisträger und der Engel die Köpfe zusammenstecken: „Wow, was für ein langweiliger Mensch, dieser deutsche Fotograf." Als wir drei uns verabschieden, gibt mir die Schöne ihre Visitenkarte.

„Melden Sie sich gerne, falls Sie noch Fragen haben."
Jede Menge.
„Ich leite dann alles an Professor Doherty weiter."
Ja, sicher.

Ich sage wieder keinen Ton, nicke betont lässig und sehe dabei bestimmt aus, als würde mir gleich der Kopf abfallen. Endlich hat die Qual ein Ende, und ich trage 85 × 55 Millimeter Leinenstruktur-Karton wie ein rohes Ei zum Auto. Nur ist mein Gehirnkasten anscheinend noch immer derart im Ausnahmezustand, dass ich das Kärtchen ins Handschuhfach verfrachte, und da wird es ein fleißiger, für die Innenreinigung zuständiger Mitarbeiter der Mietwagenfirma irgendwann wohl aufgefunden und kurzerhand entsorgt haben. Weil er sich ja kein Bild machen kann, was, nein, wer dahintersteckt. Die kleine Visitenkarte ist futsch, aber in meinem Kopf hängt ein XXL-Poster von Jennifer. Ihren Namen habe ich mir damals in aller Aufregung gar nicht gemerkt, aber so habe ich sie getauft, nachdem ich einige Jahre später durch Friedensnobelpreisträger José Ramos-Horta Jennifer Lopez kennengelernt habe und Jennifers Schönheit mich an jene der Assistentin aus Memphis erinnerte. Peter Doherty werde ich noch mehrfach wiedersehen, aber Engeln begegnet man selten.

Heartbreak Hotel?? – Kenn ich nicht!

In das Heartbreak Hotel kehrt an jenem Tag ein sich thematisch gut einfügender Gast zurück, und dem Typ, der aus der „Burning Love Suite" rauskommt, gefriert gar sein Strahlen, als er mich sieht. Ich fühle seinen mitleidigen Blick in meinem Rücken, als ich mit hängenden Schultern an ihm vorbei zu meinem Einzelzimmer trotte.

***

Mit dem gebrochenen Herzen habe ich noch eine letzte Elvis-Station zu absolvieren: Tupelo. Dort hat der King am 8. Januar 1935 das Licht der Welt erblickt. Das Geburtshaus von Elvis, selbstredend nun ebenfalls Museum und

Kultstätte, ist so ziemlich das Gegenteil vom Disney-Pomp Graceland.

In diesem unscheinbaren Holzhäuschen wurde also ein Weltstar geboren, einer, der es aus ärmlichen Verhältnissen bis hinauf an die Spitze geschafft hat. Der ungeheure Reiz eines solchen Aufstiegs ist das Geheimnis der weltweit erfolgreichen TV-Formate wie „America's got talent" bzw. „Deutschland sucht den Superstar" oder „Germany's Next Topmodel".

Gibt es Vergleichbares in der Wissenschaft? Würden wir mehr Spitzenwissenschaftler haben, wenn Nobelpreisträger fester Bestandteil des internationalen Jet-Sets wären und wir ihre Home-Storys in Hochglanzmagazinen lesen würden? Könnte ein Kameraschwenk in einem Hörsaal je sich kreischend die Haare raufende Studierende einfangen, die Vorlesung eines Professors je hysterische Auditorien produzieren?

Nein. „Wozu auch?", werden die meisten fragen. Aber insgeheim mache ich mir, so mit der Elvis-Manie konfrontiert, Gedanken, ob man nicht aus den Bildungsetats etwas abzweigen sollte, nein, nicht für Stage-Dancing-Kurse, aber für Programme, die Spitzenwissenschaftler medial wie Popstars hypen, so ein bisschen wenigstens. „Jugend forscht" ist toll, nur weiß das niemand, solange es nicht „Germany's next Nobel Prize Winner" heißt.

Es geht mir nicht um Showeffekte, sondern um Motivation. Menschen wollen nun mal dem nacheifern, was die Gesellschaft deutlich sichtbar als Erfolg labelt. Warum wird 2014 zum Beispiel nur die deutsche Fußballnationalmannschaft nach dem WM-Titel vor dem Brandenburger Tor gefeiert und nicht Stefan Hell nach der Verkündung seines Chemie-Nobelpreises? Wir sperren die Berliner Innenstadt für einen Autokorso mit Hell, und ich wette, danach googlen Millionen „Nobelpreis"! So was hat der Direktor des Max-Planck-Instituts für biophysikalische Chemie in Göttingen (!) und eben überhaupt ein Wissenschaftler nicht nötig? Natürlich nicht. Aber die Wissenschaft!

Wer Neugierige anlocken will, muss Neugier wecken. Das macht man heute eben auf bestimmte Art und Weise. Das ein oder andere Schleifchen an der Verpackung trivialisiert doch den Inhalt nicht. Der ist spannend genug. Ich behaupte, die „Wissenschaftsseitenüberblätterer" – zu denen ich bis „Lindau 2000" schließlich auch gehörte – kann man mit ein paar Tricks aus der PR-Kiste zur Randgruppe machen. „Germany's next Nobel Prize Winner" im TV verfolgend, würde sich die Nation bald fragen, wie sie je beim Zehennägellackieren mitfiebern konnte. Auf dem Schulhof tauschen die Kids nicht bloß Messi gegen Schweinsteiger, sondern auch Buck gegen Ciechanover. Und wer Einstein hat, ist nicht nur relativ zufrieden, sondern absolut und tauscht gar nicht.

Ich persönlich würde Eddy niemals hergeben.

In Las Vegas habe ich erkannt, wie wichtig Projektion, Verehrung und Illusion für Menschen sind. Starkult bedient ein Bedürfnis. Ich möchte behaupten, die Leute sind beim „echten" Elvis kaum heftiger ausgeflippt, als wenn Paul mit dem Blackhawk vorfuhr und ausstieg, wie der King immer ausstieg. Natürlich ist eine ekstatisch schreiende Menschentraube so ziemlich das Letzte, was sich Nobelpreisträger als Kulisse wünschen. Einer, den ich noch besuchen werde, spricht – mit achtzig – von einer „völlig neuen Erfahrung", nachdem eine jubelnde Menge ihn mit Standing Ovations feierte; er selbst fühlte sich allerdings nur verstört „wie im Fußballstadion".

Und doch: Damit die Wissenschaft im Heute ihren verdienten Platz erhält, muss ein bisschen Starkult sein!

Dann schafft es der „Nobelpreisträger" auf den Zettel mit den Berufsträumen neben den „Fußballstar", und davon profitiert eine Wissens-Gesellschaft, auch wenn beide Träume Träume bleiben. Denn wer je den „Nobelpreisträger" auf dem Berufswunschzettel hatte, wird der Wissenschaft offen und interessiert begegnen, wo immer er sie auf seinem Lebensweg auch trifft. Wer den Nobelpreis nicht kennt, will auch nicht Nobelpreisträger werden.

Nicht wenige Teenies, die sich später durch meine Ausstellung „Elviswho" staunen, haben nach Betrachtung der Fotos einen spontanen Berufswunsch: Elvis-Impersonator! Und der ein oder andere will plötzlich gar Portraitfotograf werden.

Ich persönlich habe nach dem letzten Stopp in Tupelo ehrlich gesagt einen kleinen Durchhänger: Elvis ist tot, die Visitenkarte der Schönen auf dem Müll und die überambitionierten Rockidol-Klone mit gekauftem Elvis-Gebiss erscheinen mir in dieser Stimmung eher als Sekte Besessener denn als fröhlicher Fanclub.

Irgendwie bin ich nicht gut drauf, als ich im Flughafen von Memphis in der Schlange vor dem Security-Check wieder die normale, also nervtötende Variante des Wartens absolviere.

Elvis konnte immer gleich durchstarten mit seinem Privatjet, dessen zwei Piloten eine vierundzwanzig-Stunden-Schicht abdeckten, um ihren Chef jederzeit auf ein Peanutbutter-Sandwich nach Chicago fliegen zu können. Für meine Abfertigung steht niemand auf Stand-by.

Dann auch noch das.

Ich bin endlich dran, und mein Handgepäck-Koffer fährt durch das Röntgengerät. Die Sicherheitsleute starren wie hypnotisiert auf den Monitor und rufen noch einen weiteren Kollegen. Jetzt stieren schon sechs, schließlich acht Augen. 9/11 liegt noch nicht lange zurück, ich habe ja für Nervositäten Verständnis, aber heute eben nicht so viel wie vielleicht gestern noch oder morgen wieder. Ich werde ungeduldig und nuschele etwas von „Kinderkram" und „Seh ich etwa aus wie Mohammed Atta ...?"

Ein Officer steht plötzlich neben mir:

„Sie haben eine Waffe im Handgepäck!"

Was habe ich?

„Lächerlich!"

„Ein großes Messer, Sir."

Ein großes ...? Oh nein, ich muss beim Packen wirklich noch immer völlig umnachtet gewesen sein.

„Das ist von Elvis!", poltere ich.

Ungläubiges Staunen.

„Ja, im Ernst: Das Taschenmesser hat mir sein Freund Sonny geschenkt. Vorgestern erst. Ich habe völlig vergessen, es aus dem Handgepäck zu nehmen."

Einer der Officer öffnet nun die Holzschatulle.

Also, ich mache es kurz: Elvis, Sonny, Peter ... die netten Jungs von der Security rechnen mich kurzerhand zum erweiterten Kreis der TCB, der „Taking care of Business"-Truppe um Elvis, der „Memphis-Mafia" eben. Verblüfft, erleichtert und amüsiert sehe ich zu, wie die hünenhaften und gerade noch zum Sprung bereiten Officer einen Extra-Karton für die Schatulle herbeischaffen, das Messer behutsam hineinlegen und separat einchecken.

Meine trüben, schweren Gedanken weichen einer wohlig vibrierenden Gewissheit:

Der King lebt!

LANGE WEGE

PROLOG

King's College, London. Namensgeber ist nicht Elvis, sondern der satt schillernde König George IV., unter dessen Schirmherrschaft 1829 dieses älteste College der University of London gegründet wurde. Ich habe nie am King's College studiert, aber im Sommersemester 2004 lerne ich dort dennoch eine Menge. Über Südafrika.

Südafrika – das ist die Geschichte von einem langen Weg zur Freiheit, von der Überwindung des Apartheid-Regimes und vom Friedensnobelpreis für Nelson Mandela und Frederik Willem de Klerk.

Doch was ich in jenem Sommer zum ersten Mal höre, nein spüre, ist eine Geschichte über Südafrika, die viel bunter ist als „Schwarz gegen Weiß" – die Geschichte von Ubuntu. Das versteht, wer „umuntu ngumuntu ngabantu" versteht. Dazu muss man keinen Kurs über Bantusprachen besuchen, sondern Arch. Das mache ich, nachdem ich Unruhestifter und Ruheständler Mandela in Johannesburg und Winzer de Klerk auf seinem Weingut in den Cape Winelands getroffen habe. Eigentlich ist Erzbischof Desmond Mpilo Tutu ja eine Exzellenz, aber wer T-Shirts mit der Aufschrift „Just call me Arch" trägt, den nehme ich ernst. Bierernst. Dafür, dass sich bei unserer ersten Begegnung mein Magen umdreht, kann der göttliche Arch nichts, sondern nur sein höllisches Gebräu.

Passenderweise geht es in diesem Kapitel dann direkt zum mutigsten Gastroenterologen der Welt, der sich selbst einen Schierlingsbecher-Cocktail zusammenbraute, obwohl er keineswegs sterben, sondern andere Menschen heilen wollte. Barry Marshall ist Fun-T-Shirt-Liebhaber wie der Erzbischof, und er und Robin Warren schicken mich voller Bakterien und sprachlos durch die Datumsgrenze zur Tochter von „The Voice", die eine Auszeichnung vorweisen kann, die ältere Menschen seltener bekommen als einen Nobelpreis: eine Fotostrecke im Playboy.

Von Magenverstimmungen, Heiserkeit und aller Erregung im Schaukelstuhl eines Ex-US-Präsidenten im Carter Center in Atlanta erholt, lande ich wieder bei seiner Exzellenz. Diesmal in der St. George's Anglican Cathedral in Kapstadt, und fast wäre auch alles gut ausgegangen bei dem Gottesmann, der behauptet: „Der Mensch ist da, um gut zu sein." Nur haben sein Buch leider zu wenige gelesen. Erst wenn der Letzte verstanden hat, was das gemeinsame Mensch-Sein bedeutet, wird niemand mehr Nadine Gordimers Sorge haben müssen, dass „Ubuntu" nur ein schönes Märchen bleibt. Immerhin habe ich die „Stimme Afrikas" auf einem Schloss getroffen.

EPISODEN

Mandelas langer Weg in den Ruhestand
De Klerks „Presidential Blend" / Mit **Arch** in der Bierhölle
Marshall und **Warren** grüßen Monty Python
Dohertys Einmaleins für Nachwuchs-Laureaten
Zwei Nancys und ein **Jimmy Carter** / **Tutus** sündiger Segen
Gordimers Schloss ohne Märchen

D on't call me, I'll call you."
Nelson Mandela verkündet Anfang Juni 2004 seinen „Ruhestand vom Ruhestand". So steht es auf dem Blatt, das er der Presse vorträgt. Mandela ist als Staatspräsident von Südafrika schon seit 1999 nicht mehr im Amt, und als er nun öffentlich mitteilen will, dass er sich ins Privatleben zurückzieht, da macht ihn sein Umfeld darauf aufmerksam, dass er doch längst im Ruhestand sei. „Dann verkünde ich eben den Ruhestand vom Ruhestand", habe er geantwortet, erklärt Mandela gut gelaunt vor den Mikrofonen. Und nein, eigentlich wolle er gar nichts mehr „verkünden", sondern es sei Zeit für einen Appell: keine Anrufe mehr!

Ich könnte jetzt behaupten: Mich hat er noch empfangen, dann war Schluss. Keine zwei Monate vorher bekomme ich einen Portraittermin. Auf Vermittlung von Frederik de Klerk. So jedenfalls erfahre ich es von Professor Schürer. Wolfgang Schürer ist beinahe so gut in der Welt vernetzt wie die NSA, nur völlig legal. Der Chairman der Stiftung Lindauer Nobelpreisträgertagungen ist ein geradliniger Mann, einer, der die Dinge auf den Punkt bringt. Deutlich, knapp, ohne aufplusterndes Beiwerk, ohne Knall- oder Aha-Effekte. Wenn alle anderen einen Satz mit „Stell dir mal vor ..." und Kunstpause beginnen, dann ist Professor Schürer längst beim nächsten. Als er mich anruft und informiert, er habe einen Portraittermin mit Frederik de Klerk vereinbart und dieser seinerseits einen bei Nelson Mandela für mich arrangiert, da klingt absolut gar nichts von der Spektakularität der Nachricht durch. Ich erfasse sie dennoch, und zumindest gedanklich entfährt mir die einzig würdige Reaktion: „Wow."

Ich erinnere noch gut daran, wie ich am 11. Februar 1990 die „Tagesschau" einschaltete und der Aufmacher die Freilassung der „Symbolfigur des schwarzen Widerstands gegen die Apartheid" war. Erst an zweiter Stelle die Nachricht, dass Bundeskanzler Kohl nach der Rückkehr von einer Moskaureise zu Präsident Gorbatschow nun „mit der Einigung Deutschlands noch in diesem Jahr" rechne.

Nelson Mandela frei! – das hatte größere Dimensionen als die deutsche Einheit!

Dabei ist die Diskriminierung von Schwarzen gar kein Thema, das unser Alltagsleben in Deutschland erreicht, treffen wir hier doch schlicht auf zu wenige dunkelhäutige Menschen. Wie vielen anderen ist mir als Kind in der deutschen Provinz die Problematik allein in Form der Mutation vom Negerkuss zum Mohrenkopf begegnet, der aber ja erst jetzt als Schaumkuss politisch korrekt die Zähne verklebt. Eine Zeit lang gab es bei Kindergeburtstagen noch Versprecher, aber irgendwann musste dann sogar Pippi Langstrumpfs Papa als „Negerkönig" abdanken, um die Regentschaft als stolzer „Südseekönig" fortzusetzen.

Der „echte" Kampf gegen menschenverachtende Differenzierung nach Hautfarben erschöpfte sich selbstverständlich nicht im Vokabeltraining. Die Fernsehbilder, die an jenem Februartag um die Welt gingen, vermittelten auch den Menschen in deutschen Provinzwohnzimmern, trotz staubtrockenem „... weltweit begrüßt"-Kommentar, was der Tag für das „schwarze" Südafrika bedeutete.

Wie Nelson Mandela in seiner Autobiografie „Der lange Weg zur Freiheit" beschreibt, konnte er das alles zunächst selbst kaum glauben. Nach dem Wahlsieg 1994 spricht Mandela jene unsterblichen Worte von Pfarrer Martin Luther King Jr.: „Free at last. Free at last." Kings Witwe ist im Saal; wenig später wird aus dem als Hochverräter über 30 Jahre lang inhaftierten Mandela Südafrikas Staatspräsident. Ja, das muss ein Gefühl sein, das einen umhaut: Oder nicht? Wenn auch jeden anderen, dann diesen einen eben gerade nicht. Nicht Nelson Mandela.

1964 steht der Widerstandskämpfer gegen das Apartheid-Regime vor seinem weißen Richter in Pretoria und erklärt in Erwartung der Todesstrafe:

„Mir liegt das Ideal einer demokratischen, freien Gesellschaft am Herzen, in der alle Menschen harmonisch zusammenleben und jeder die gleichen Chancen hat. Das ist ein Ideal, für das ich lebe und das ich zu erreichen hoffe. Aber wenn es sein muss, ist es ein Ideal, für das ich bereit bin zu sterben."

Als Nelson Mandela nach seiner Festnahme in Rivonia bei Johannesburg der Prozess wegen Sabotage und bewaffneten Kampfes gemacht wird, ist er längst kein unbeschriebenes Blatt mehr.

„Wer seinem Gewissen folgt, muss notfalls Gesetze brechen", erklärt er, als er wegen Anstiftung zum Streik verurteilt wird. Er verweist auf Bertrand Russell. Der britische Literatur-Nobelpreisträger hat sich hochbetagt noch wegen „Aufrufs zum Widerstand gegen die Staatsgewalt" vor Gericht verantworten müssen – es ging um ein Flugblatt gegen

Atomwaffen. So wie Russell aus Protest gegen die Nuklearpolitik Gesetze missachte, könne auch er nichts anderes tun, wenn er sich aus Gewissensgründen gegen Ungerechtigkeiten effektiv zur Wehr setzen wolle, gibt der Angeklagte zu Protokoll.

Nelson Mandela entgeht am Ende des sogenannten Rivonia-Prozesses 1964 nur knapp der Todesstrafe und wird zu lebenslanger Haft verurteilt.

Martin Luther King Jr. erhält im gleichen Jahr den Friedensnobelpreis. Am 4. April 1968 wird der Bürgerrechtler, der mit den legendären Worten „I have a dream" zusammen mit 250.000 Anhängern vor dem Lincoln Memorial in Washington, D. C., vom Ende des Rassismus träumte, ermordet. Für eine friedvolle Welt reiche es nicht aus, keinen Krieg zu führen, hatte King in seiner Nobelpreis-Rede gesagt, es sei nötig, den Frieden zu lieben und für ihn Opfer zu bringen. „Opfer bringen" ist ein großes Wort. Es ist heute weitgehend seiner Bedeutung beraubt. Das Medienzeitalter braucht Headlines, und dafür eignen sich nun mal nur große Worte. Also ist das unglücklich gewählte Premieren-Outfit eines Hollywoodstars heute ein „Skandal", der Schluckauf royaler Babys eine „Sensation", die Rechtschreibreform eine „Katastrophe" (weshalb eine echte nun „humanitäre Katastrophe" heißen muss), die Patellasehnenentzündung des Fußballstars „Heldenepos" und die Nullrunde bei der Weihnachtsgelderhöhung „schmerzvolles Opfer".

Für die Opfer eines Nelson Mandela fehlen uns somit Worte. Als prominentester Häftling der Welt weiß er, dass er eines auf keinen Fall tun darf: die Sache dadurch verraten, dass er mit dem Apartheid-Regime einen Deal macht. Freilassungsangebote unter Bedingungen lehnt er allesamt ab, verhandeln kann nur ein freier Mann. „No! He said", wird Wole Soyinka einmal ein Gedicht über diese Standfestigkeit betiteln.

Erst mit Staatspräsident Frederik de Klerk, der 1989 die Macht übernimmt, zeichnet sich das Ende eines jahrzehntelangen Kampfes ab. Er entlässt den Einundsiebzigjährigen schließlich bedingungslos und hebt gleichzeitig das Verbot der Anti-Apartheid-Organisation Afrikanischer Nationalkongress (ANC) auf. Mit Mandela an der Spitze erreicht der ANC eine Einigung mit der Regierung über freie Wahlen und siegt mit absoluter Mehrheit. Da ist Nelson Mandela bereits frisch ausgezeichneter Friedensnobelpreisträger des Jahres 1993 und der unterlegene **Frederik de Klerk**, nun Mandelas Stellvertreter, auch.

Frederik de Klerk, den ich dank Professor Schürers Initiative kurz vor Ostern 2004 auf seinem Weingut bei Paarl, etwa 50 Kilometer von Kapstadt entfernt, treffe, sieht sich nicht als „Verlierer", in welchem Sinne auch immer. Er hat sich in seiner – damals ja noch vor den Wahlen – gehaltenen Nobelpreis-Rede vorauseilend bereits selbst damit getröstet, dass es zu Zeiten des Konflikts keine Gewinner habe geben können, nun, auf dem Weg der Versöhnung, aber alle miteinander Gewinner seien.

Inmitten der Imposanz der Klein-Drakensteinberge liegt das Weingut „Wildepaardejacht" mit blitzweißen Häusern im kaphollandischen Stil, den niederländische Siedler des 17. Jahrhunderts am Westkap einführten. Ein riesiger kreisrunder Pool bildet das erfrischende Zentrum. Umgeben von Weinreben, Obst- und Olivenbäumen hofft der Winzer de Klerk auf einen Erfolg seines neuen Weins „De

„Wildepaardejacht" – Winzer Frederik de Klerk

Klerk Shiraz – Presidential Blend". Mit Blick auf den Pool genießen wir allerdings Tee. Ich bin in charmanter Begleitung mit Namen Lorie Karnath. Lorie ist Amerikanerin, Kosmopolitin und eine echte Abenteurerin, angetrieben von der Neugier auf unseren Planeten und seine Bewohner. Wir sind in den ersten Jahren des Nobel-Projektes häufig zusammen auf Reisen, wenn sich Lories Suche nach Antworten auf ihre Fragen an die Welt und meine danach, was ich fotografisch über Nobelpreisträger erzählen kann, überschneiden.

Heute erfahren wir gemeinsam, was Frederik de Klerk nach dem Rückzug aus der Politik besonders umtreibt. Es ist nicht der Weinbau allein: Der Staatsmann außer Dienst will seine Erfahrungen an Polit-Neulinge auf der ganzen Welt weitergeben. Er steht der von ihm gegründeten „Global leadership foundation" vor, die es sich zum Ziel gesetzt hat, junge Demokratien in Entwicklungsländern zu unterstützen und ihre Regierenden zu beraten, wie sie die oftmals übergroßen Hoffnungen der Wähler verantwortungsvoll erfüllen können.

Der Friedensnobelpreisträger sieht in der Vielfalt der Menschen in ethnischer, kultureller, sprachlicher oder religiöser Hinsicht die Friedens-Herausforderung der Zukunft. Zwischenstaatliche Konflikte verlören an Bedeutung, Teilhabe sei der Schlüssel zu einem friedvollen Zusammenleben. Minderheiten müssten sich repräsentiert sehen, noch nicht genügend entwickelte, arme Länder eine Stimme in der Weltgemeinschaft haben. Andernfalls werde der organisierte Terrorismus weiteren Zulauf haben, und dann sei es in absehbarer Zeit unüberwindbar schwierig, das zu tun, was für Frieden und Konfliktbeilegung unerlässlich sei: einen echten Dialog zu führen. Ohne die Fähigkeit zu Verhandlungen und Zugeständnissen an die andere Seite könne das nicht gelingen.

Eine weitere Stiftung de Klerks mit dem Logo zweier in die Höhe gestreckter, einander umfassender Hände – eine schwarz, eine weiß – unterstützt Aktivitäten, die das friedliche Zusammenleben aller Ethnien Südafrikas fördern.

Frederik de Klerk und Nelson Mandela erhielten 1993 in Oslo den Friedensnobelpreis gemeinsam. In der offiziellen Begründung für die Auszeichnung heißt es, diese werde an beide Politiker verliehen „für ihren Einsatz für die friedliche Beendigung des Apartheid-Regimes und für die Schaffung der Grundlagen für ein neues, demokratisches Südafrika".

Wie gemalt ...

Das klingt eher nach einem erfolgreichen Nine-to-five-Job und einem gestellten „Spatenstich-Foto" als nach Gefängnisinsel und einem der Sache geopferten Leben. Angesichts der Ungleichheit der Wege der beiden Männer, die zusammen in Oslo ankamen, war die Formulierung nicht leicht.

Er habe nicht damit gerechnet, gemeinsam mit Nelson Mandela den Friedensnobelpreis zu erhalten, bekennt de Klerk. Das Komitee habe aber mutig anerkannt, dass das neue Südafrika auf dem Verhandlungsweg erschaffen wurde, und dazu gehörten eben zwei Parteien. In der Beschaffung der nötigen Rückendeckung durch die eigenen Wähler mittels eines Referendums sieht Frederik de Klerk seinen Beitrag zur friedvollen Konfliktbeilegung. Den neuen Weg bei jenen zu verankern, die ihn unter anderen Vorzeichen gewählt hatten, sei eine enorme Herausforderung gewesen, wenn auch kein „Opfer".

Schließlich entschuldigt sich der Winzer kurz aus unserer Teerunde am Pool. Als er nach einer Weile wiederkommt, nickt er mir zu: Er habe gerade noch einmal im Büro Nelson Mandelas angerufen und sich rückversichert:

Es geht alles klar! Man erwarte mich und meine Begleitung morgen zur vereinbarten Zeit.

Dann schreiten wir zur Foto-Tat.

Das Portrait Frederik de Klerks entsteht an einem kleinen See auf seinem Weingut, und es zeigt uns den Winzer auf einem Holzsteg. Sein helles Hemd trägt er mit locker aufgekrempelten Ärmeln, und es ist genau der eine Knopf mehr geöffnet, der aus einem legeren einen betont lässigen Look macht. Der See hinter ihm ist glatt und ruhig.

Am nächsten Tag, es ist der Ostersamstag 2004, sitze ich mit Weltreise-Kollegin Lorie und weichen Knien im Mietwagen auf dem Weg in den schicken Stadtteil Houghton Estate von Johannesburg. Weiche Knie sind kein Problem, mit dem ich oft zu kämpfen habe. Ich schiebe meine relaxte Grundstimmung mal auf eine gewisse naive Unerschütterlichkeit, die ich schon ansprach. Meinen Fototerminen sehe ich im Allgemeinen in freudiger Anspannung entgegen – die Freude überwiegt deutlich, und wenn es einmal die Anspannung ist, dann ist sie im Augenblick der Begegnung schnell vergessen. **Nelson Mandelas** Ikonisierung, das Wissen, dass er zu den meistfotografierten Menschen aller Zeiten gehört, und nicht zuletzt die schlichte Tatsache, dass ein zweiter Termin wohl ein Problem werden würde, geben heute aber ausnahmsweise mal einen spürbaren Schuss mehr Adrenalin frei, als ich es gewohnt bin.

Wir erreichen das Gebäude der Nelson-Mandela-Stiftung. Ihre Gründung war Mandelas erste Ruhestandstat 1999. Ruhe allerdings ist nicht das Wort, das Lorie und mir einfällt, als wir auf dem übervollen Parkplatz herumkurven. Schon jetzt um kurz nach 8 Uhr morgens reihen sich tonnenschwer mit technischem Utensil beladene Fahrzeuge internationaler Medien aneinander.

Die Stiftung versteckt sich hinter einer Ziegelsteinmauer vor dem drohenden Angriff der Fernsehmeute. Die gemeinnützige Organisation kümmert sich um das geistige Erbe des Freiheitskämpfers bis hin zum weltweiten Ikonen-Merchandising. Mandelas Konterfei begegnet man auf nahezu allen Gebrauchsgegenständen.

Längst sind Name und Abbild des Friedensnobelpreisträgers eingetragene Marke, und auch T-Shirts mit der Gefangenennummer 466/64 darf nur vertreiben, wer die Erlaubnis der Stiftung dafür hat. Diese Zahlen wiesen Mandela einst als 466. Gefangenen des Jahres 1964 aus, er taufte später eine Kampagne gegen Aids so. Die Krankheit hat ihm einen Sohn genommen, und er scheute sich nicht, das zu einem Zeitpunkt offen auszusprechen, als der öffentliche Umgang damit noch keineswegs als aufgeklärt bezeichnet werden konnte.

In den eleganten Innenräumen der Stiftung werden Lorie und ich von freundlichen Mitarbeitern aller Hautfarben empfangen.

Der Ansturm scheint hier „business as usual".

Ein Angestellter zieht einen mobilen Kaffeewagen durch die Gänge und versorgt alle, die noch nicht richtig wach sind, mit einem Becher Heißgetränk. Nachdem wir uns am Tresen angemeldet haben, werden wir recht schnell zu einem Raum geleitet, in dem wir auf Mandela treffen sollen. Antiquarische Möbel, in einem seidig glänzenden Sandton bezogene Sessel ... Ich will mich gerade noch etwas näher umsehen in dem – ich bin versucht zu sagen – „Audienz"-Saal, da betritt durch die gegenüberliegende Tür bereits der Namenspatron der Stiftung das Zimmer.

Nelson Mandela kommt in Begleitung seiner dritten Ehefrau Graça Machel, auch sie langjährige Menschenrechtsaktivistin. Er trägt ein mit Fabelwesen in Blätterranken groß bedrucktes Hemd. Seine Haare sind schlohweiß, aber sein Gesicht erscheint mir beinahe jugendlich.

Es gibt ja diese Wendung „vom Leben gezeichnet". Ein

hartes Leben hinterlässt demnach ein verhärmtes Gesicht. Warum sieht Nelson Mandelas dann aus, als habe er sein ganzes Leben in einem Schaukelstuhl verbracht, in dem er sanft lächelnd hin- und herwippte? Ich behaupte, ich habe mittlerweile ein wenig Erfahrung mit reifen Gesichtern, und ich glaube, es ist weniger „das Leben" (im Sinne äußerer Lebensumstände), das die Gesichter modelliert, sondern Inneres, wie die Grundeinstellung, die Art und Weise, mit der man alles anging, sein Schicksal empfing und gestaltete, Herausforderungen und Prüfungen meisterte.

Das reife Gesicht spiegelt weit weniger, „was" erlebt wurde, als „wie" es erlebt wurde.

Wer das Bemühen um Frieden, Freiheit, Gleichberechtigung und Aussöhnung zu seinem Lebensthema gemacht hat, der besitzt eine Persönlichkeit, der weder Gefangenschaft noch Entbehrung die entsprechenden Gesichtszüge nehmen können. Deshalb wundert es mich heute nicht mehr, dass ich in Aung San Suu Kyis, in José Ramos-Hortas oder Nelson Mandelas Gesicht keine in den Ausdruck eingekerbten Spuren von Haft und körperlicher wie seelischer Folter erkenne.

Die Freiheitskämpfer sind hocherhobenen Hauptes durch alle Prüfungen gegangen und entlarven durch diese außergewöhnliche menschliche Größe ihre Peiniger als die, die sich ihrer Würde berauben. Die Gedemütigten dagegen behalten die ihre gerade dann, wenn sie ihnen genommen werden soll. Das ist etwas, was man in den Gesichtern erkennt. Für Nelson Mandela gilt das ganz besonders. Sogar Frederik de Klerk konnte sich dieser Erhabenheit nicht entziehen. Er gab mehrfach sympathisch offen zu, er sei bei der ersten Begegnung mit Mandela beeindruckt gewesen von dessen würdevoller Ausstrahlung. Man stelle sich vor: Da trifft ein Staatspräsident einen seit Jahrzehnten eingesperrten Häftling und ist geblendet von dessen Charisma. In meiner Welt traf ich bisher nur auf kleinkalibrigere Ausprägungen davon, so etwas wie natürliche Autorität, an die ich denke, wenn ich mich an Lehrer erinnere, die rumschrien, Strafarbeiten aufbrummten und inflationär Klassenbucheinträge verteilten, ohne je Ruhe und Disziplin in die Klasse zu bringen, während andere die Augen einmal über die Schüler gleiten ließen und mit ruhiger, fester Stimme das Aufschlagen von Seite 20 auftrugen, woraufhin umgehend eifriges Blättern begann.

Das muss man jetzt mit dem Faktor x potenzieren, um sich ein Bild von Menschen zu machen, die in einer formal unterlegenen Position den „überlegenen Gegner" beeindrucken.

Amtsinhaber de Klerk spürte, dass er die Präsidentschaftswahlen verlieren würde, als „Madiba" – so Mandelas Clan-Name – beim TV-Duell seine Hände ergriff. Die Geste klärte alles – was Freiheit ist, Versöhnung, Vergebung und wer nun das Heft Südafrikas in die Hand nimmt. De Klerk hat dem politischen Gegner für diese sehr ungewöhnliche „Gewinner-Geste" später ausdrücklich Respekt gezollt.

Blessuren des langen, schweren Weges bis zu diesem Sieg, sichtbare wie unsichtbare, sind dem ehemaligen Häftling auf Robben Island natürlich geblieben. Der Kalkstaub etwa, dem er während der Zwangsarbeit im Steinbruch ausgesetzt war, hat ihm die Augen ruiniert. Nelson Mandela verträgt kein helles Licht.

Wenn er weint, dann ohne Tränen.

Kein grelles Licht, das bedeutet auch: kein Kamera-Blitzlicht! Sowohl seine Frau wie auch Mandela selbst machen mich darauf aufmerksam und bitten, entsprechend Rücksicht zu nehmen. „Selbstverständlich", nicke ich sofort, nur geht mir zeitgleich auf: Herrje, dann kann ich ihn aber gar nicht fotografieren!

Das Empfangszimmer ist stark abgedunkelt. Mandela sitzt auf einem Sofa an der Wand. Ein dunkles Motiv vor einem dunklen Hintergrund abzulichten, bleibt trotz meines Farbfoto-revolutionären Urgroßonkels eine technische Herausforderung.

Ohne Blitz – das ist schlichtweg unmöglich!

Ich will gerade etwas nervös werden, aber als ich registriere, dass Mandela sich mit Lorie völlig entspannt zu unterhalten beginnt, senkt sich mein Blutdruck unmittelbar wieder. Dass sich draußen vor der Tür andere Besucher hörbar freuen, von ihm alsbald empfangen zu werden, ist für Mandela kein Grund, mich zur Eile zu drängen. Ich überlege in Ruhe, wie ich einfange, was ich von dem Mann in seiner Eigenschaft als Friedensnobelpreisträger vermitteln möchte. Dabei höre ich zu, wie Nelson Mandela Lorie erklärt, dass er sich nie „gefangener" vorgekommen sei als seine Brüder und Schwestern, waren doch auch sie im Südafrika der Vergangenheit nicht frei, selbst wenn sie in Johannesburg oder Kapstadt und nicht auf Robben Island umherliefen. Er habe sich immer mit allen Mit-Kämpfern, ob inhaftiert oder nicht, vereint gefühlt, jeder Beitrag eines Einzelnen, jede Solidaritätsbekundung von wem und woher auch immer sei ein wichtiger Teil des Ganzen gewesen. Dass eine südafrikanische Philosophie lehrt, jeder Einzelne möge sich stets als Teil eines alle Menschen verbindenden Ganzen begreifen, lerne ich erst später.

Das Blitzlichtproblem kann ich nur in einer einzig möglichen Weise angehen: Ich frage Nelson Mandela, ob er einverstanden ist, dass ich die Aufnahmen mit indirektem Blitz zu machen versuche. Er stimmt zu, das sei in Ordnung. Ich beginne mit meiner Arbeit.

Irgendwann winkt mich Mandela heran und deutet auf den Platz neben sich auf dem Sofa. Ich überlasse einer helfenden Hand meine Kamera, und nachdem ich das getan habe, setze ich mich zu meinem Fotomodell. Ehrfurcht ist ein großes Wort, und es gehört nicht gerade zu meinem

Nelson Mandela – All-Time Ethical Leader

Standardwortschatz. Aber neben Nelson Mandela auf dem Sofa habe ich sie gespürt. Die Aufnahme, die diesen Moment fotografisch festhält, ist eine derjenigen, die mein privates Archiv nicht verlassen werden. Mandela löst meine Anspannung mit seinem berühmten Lächeln, das in den Augen lange nicht vergehen mag, nachdem es die Lippen irgendwann verlassen hat. Endlich so unverkrampft, wie ich mich kenne, schnappe ich meinen Apparat und bemerke recht salopp, dass ich dieses Lächeln noch einfangen muss.

Da schaut der Friedensnobelpreisträger gespielt erstaunt:

„Ich dachte, Sie wollen, dass ich ernst gucke."

***

Die „Don't call me, I'll call you"-Pressekonferenz, keine zwei Monate nach meinem Portraittermin, ist voller Witz, Augenzwinkern, Wortspiele und guter Laune. Sie endet mit dem Dank Mandelas dafür, dass man sich für einen so alten Mann wie ihn interessiere, und er hoffe auf Verständnis für die Entscheidung, sich zur inneren Einkehr und zur Verarbeitung des in den letzten Jahren Erlebten zurückzuziehen und keine öffentlichen Termine mehr zu machen, selbst wenn mancher jetzt vielleicht denke: „Na, der hat ja so lange auf einer Insel rumgehangen, wovon will der sich denn erholen?"

Natürlich musste das mit dem Ruhestand vom Ruhestand schiefgehen. Rolihlahla, der „Unruhestifter" – so sein Geburtsname –, schaffte nicht, was Tausende Deutsche schaffen: es sich in einer südafrikanischen Seniorenresidenz gut gehen zu lassen.

Symbolfigur, Ikone, „Ethical Leader" – mit diesem Jobprofil bleibt man immer im Dienst. Sogar über den Tod hinaus.

Nach dem 5. Dezember 2013 sind es nicht nur seine drei Stiftungen, die sein Erbe fortsetzen – es sind vor allem jene Menschen aller Nationalitäten, Ethnien und Hautfarben, die auf der Trauerfeier im FNB-Stadion in Johannesburg tanzen und singen. Ein einziger großer bunter Gefühlsausbruch in „Soccer City", mitten im strömenden Regen.

Als der Erzbischof den Raum betritt, ist es nicht, als gehe die Sonne auf, es ist, als wenn das Büro abhebt. Seine Soutane interpretiert das sakrale Purpur als Telekom-Magenta und ist von so eindrücklicher Farbenpracht und Wirkung, dass man sofort spürt: Der Mann hat einen guten Draht zu Gott. Auf dem Weg in den Himmel verirrt man sich nie wieder, wenn **Desmond Tutu** vorausleuchtet. Die Portraits „meiner Nobels" sind alle Schwarzweißaufnahmen. Erstmals kommt mir der Gedanke, das ändern zu wollen.

Der emeritierte Erzbischof von Kapstadt unterrichtet im Sommersemester 2004 als Gastprofessor am King's College. Einst hat er dort studiert, seinen Bachelor of Divinity Honours und den Masterabschluss in Theologie abgelegt und als Hilfspfarrer in der Alban's Church in Golders Green gearbeitet.

Ich sitze mit Lorie Karnath in seinem Büro, und wir haben gespannt auf das Erscheinen des Friedensnobelpreisträgers von 1984 gewartet. Spätestens als er 1978 Generalsekretär des Südafrikanischen Kirchenrates wird, vernimmt die Welt Tutus Stimme im Kampf gegen die Apartheid nicht nur laut und deutlich, sondern schrill und schillernd. Das weiß ich, und ich habe sicher keinen dieser an irdischen Lasten schwer tragenden Gottesdiener erwartet. Aber der Mann, bei dem das T-Shirt „Just call me Arch" im Schrank hängt, ist mehr als ein gut gelaunter Geistlicher, er ist Gottes ewiger „Employee of the month". Ich besorge ihm die besten Anwälte, sollte die Telekom ihn je wegen der werblichen Nutzung ihres „Telekom-Magenta" für himmlische Zwecke abmahnen.

Testimonial Tutu begrüßt uns, und der erste Wortschwall ergießt sich, man möchte fast sagen, in den gleichen Knallfarben, überschwänglich und berührend. Der Gottesmann ist nur von Körperwuchs klein, ansonsten ist viel Großes an Desmond Mpilo Tutu: seine Bedeutung für das Ende des Apartheid-Regimes, die Liebe zu Südafrika, sein Humor, seine Toleranz gegenüber Andersdenkenden, sein Einsatz für Minderheiten, und am erstaunlichsten ist, welch riesenhaftes Herz in ihm Platz findet.

„Der Mensch ist da, um gut zu sein"

heißt seine Autobiografie. Da schließt einer kühn von sich auf andere, möchte man seufzend einwenden. Der Buchtitel könnte Außenstehende außerdem zu der Annahme verleiten, es gehe um eine „Erhobener-Zeigefinger"-Ermahnung zum freudlosen Gebote-Einhalten. Weit gefehlt. Tutu bietet einem das „Gutsein" auf die Art an wie der Kumpel, der einen abends noch auf ein Bier von der Couch wegmotivieren will. Hey, nun los, aufstehen und „gut sein" – macht irre Spaß! Wenn einer auch den muffligsten Nihilisten zum fröhlichen Gutsein motivieren kann, dann der Erzbischof. Das ist mal einer von Gottes Warm-uppern für das Paradies, wie er mir gefällt. Ich bin nach wenigen Minuten bereit, Desmond Tutu überallhin zum Gutes-Tun zu folgen, sogar wenn ich ein bodenlanges magentafarbenes Gewand überstreifen müsste.

Doch unvermutet tut er mir Schreckliches an.

Der Erzbischof fragt zwar, was wir trinken möchten, wartet aber keine Antwort ab und entscheidet: Ingwer-Bier!

„Das ist ganz phantastisch. Wohlschmeckend, erfrischend und alkoholfrei!"

Tutu freut sich von einem Ohr zum anderen, und seine spitze Nase sieht noch eine Spur spitzer aus. Ingwer erinnert mich an Weihnachten. Das liegt daran, dass mein Vater sich Jahr um Jahr zu Weihnachten und sonstigen Geschenke-Anlässen über eine Schachtel Ingwer-Pralinen freuen darf, isst er diese doch für sein Leben gern. In dieser Hinsicht allerdings fiel der Apfel weit vom Stamm oder von der Knolle. Ich stibitzte als kleiner Junge mal so eine verlockend aussehende Süßigkeit mit mir unbekannter Füllung aus der Schachtel, und da der liebe Gott – wie nicht nur Tutu weiß – die kleinen Sünden sofort bestraft, bereitete mir der mich am Gaumen kitzelnde Ingwer die wahre Geschmackshölle.

Ich sollte nie wieder an Mundraub denken.

Was nun?

Was ich auch irgendwann einmal von meinen Eltern gelernt habe, ist, dass man aus Höflichkeit gelegentlich „Augen zu und durch" praktizieren muss.

Der Erzbischof serviert unser Getränk, nimmt Lories und meine Hände und spricht ein kurzes Gebet.

Ahnt er, dass ich Gottes Hilfe brauchen werde für diese Prüfung?

Als mir der erste Tropfen die ängstliche Kehle herunterrinnt, will ich um Gnade winseln. Ich schlucke tapfer weiter. Ja, ich weiß: Was für eine grauenvolle Anstellerei! Aber hat nicht jeder etwas, wovor es ihn machtlos gruselt? Ich kann Fisch essen, der mich auf dem Teller lieb ansieht, ich kann in undefinierbares Gewabbel neugierig meine Gabel bohren, aber Ingwer-Geschmack ertragen, das kann ich eben nicht. Tutu strahlt mich an: „Gut, nicht wahr?"

Ich versuche, meine sich in Abscheu windende Mimik zu einem zustimmenden Lächeln zu formen, doch das misslingt. Gott sei Dank wendet sich Tutu gerade Lorie zu. Ich gebe vor, der sich entspinnenden Unterhaltung zu folgen, bin aber eigentlich von dem Gedanken abgelenkt, wo ich jetzt das Foto machen soll und ob ich wohl noch mal nippen muss an dem Gebräu. Adrenalinüberschwemmt, als gelte es, gefräßigen Haien zu entkommen, fällt mir die Rettung ein: Natürlich! Wir müssen das Foto draußen machen! Wir würden hinausgehen, immer weiter und weiter, weit weg vom Büro, und uns schließlich irgendwo in sicherer Bier-Entfernung verabschieden. Gerade fragt Tutu, wo er denn nun posieren soll.

Desmond Tutu „ist da, um gut zu sein".

„Oh bitte, draußen auf dem Gang, Herr Erzbischof", erwidere ich hastig.

Erleichtert folge ich dem Lichtkegel des Magenta-strahlenden Friedensidols, den es seit der Jugend umtreibt, aus Südafrika eine fröhliche Regenbogennation zu machen. Wir absolvieren also den Fotoshoot auf den heute rosa leuchtenden Fluren des King's College. Prima, vielen Dank. Mein Modell und ich schütteln uns schon die Hände, da schaut mich der Erzbischof plötzlich wie von einem enorm wichtigen Gedanken überfallen an und reißt weit die blitzenden Augen auf: „Mr. Badge, kommen Sie, wir gehen noch mal ins Büro. Wir müssen doch unser wunderbares Ingwer-Bier austrinken."

Niemand kann ausnahmslos Gutes tun, nicht einmal Friedensnobelpreisträger Desmond Mpilo Tutu. Also zurück mit dem Gottesmann in die Bier-Hölle.

Down under. Meine erste Australien(ein-)reise. Der Immigration Officer am Perth International Airport sieht mich fragend an:
„Any further passports?"
„No, Sir."
Ich bin in Gedanken noch in Bangkok, wo ich Zwischenstation gemacht habe, im gigantischen Oriental einen Drink zu mir genommen und mich gefragt habe, mit wem ich noch einmal herkommen möchte, um dieses faszinierende Hotel länger zu genießen. Als ich meinen abschweifenden Blick wieder dem Officer zuwende, schaut der mich grimmig an. Er hat einen zweiten Pass gefunden, hält mir nun beide Dokumente vor die Nase wie Columbo dem Überführten das entscheidende Beweisstück. Ich verstehe nicht, was er von mir will. Ein zweiter Pass, na und? Ich reise immer mit zwei Pässen, einen brauche ich griffbereit und einen zum Einreichen bei irgendeinem Konsulat zwecks Beantragung eines neuen Visums für eine meiner nächsten Reisen. Erst am Ende dieses Gedankenganges fällt bei mir der Groschen. Jetzt verstehe ich die ungemütliche Miene meines Gegenübers. Ich habe seine Frage verneint, weil ich irrig annahm, sie ziele auf eine doppelte Staatsangehörigkeit, nicht, ganz gegenständlich, auf zwei Pässe. Ein Missverständnis. Aber das kann der Officer ja nicht wissen. Für ihn habe ich schlicht gelogen. Und warum, das muss er nun herausfinden.

Heraustreten aus der Schlange.

Er lässt mich allein, kehrt mit einem Schnüffelhund zurück, der mich samt Reisegepäck beschnuppert. Ich sehe im Geiste Bellos Nasenzellen in Lindas Laborschale. Aber nein, das Hündchen ist sicher ein ganz Lieber, nur eben im Dienst hier. Wie der Officer. Der fragt mich nach der ergebnislosen Schnüffelrunde nach dem Grund meines Aufenthalts in Australien. Ich werde die Nobelpreisträger **Barry Marshall** und **Robin Warren** in Perth und Peter Doherty in Melbourne zu einem Portraittermin treffen.

Aha.

Meine Reiseroute ist damit längst nicht auserzählt. Von Melbourne wird es weitergehen über Auckland / Neuseeland nach L. A., dann nach Atlanta und über Washington zurück nach Berlin. Wenn ich den Sicherheitsleuten außerdem erklärt hätte, dass ich in L. A. einen Termin mit Nancy Sinatra und in Atlanta einen mit Jimmy Carter habe, dann hätte sich wohl ein ähnliches Szenario abgespielt, wie ich es einmal mit einem Steuerberater erlebte, der mich ermahnte, ich solle bitte meine Bewirtungsbelege korrekt ausfüllen, die Finanzverwaltung verstehe bei „Micky Maus"-Belegen keinen Spaß. „Micky Maus?" Ja, eben bei Angaben wie „Erzbischof Tutu" und Ähnlichem. Dass ich mit Micky Maus essen war, habe ich nie behauptet, aber was macht man denn nur, wenn man wirklich mit Desmond Tutu zum Lunch war? Die Finanzverwaltung anlügen, damit sie nicht glaubt, sie werde angelogen?

Ich reise mit meinen zwei Pässen und leicht verzögert in Australien ein.

Sorry, liebe Australier!

Ihr hattet keine Chance, mich netter zu empfangen, ich habe nicht aufgepasst und euch verwirrt. Wir haben uns dann aber ja schnell angefreundet. Kaum sitze ich im Taxi zum Hotel, treffe ich auf das erste Exemplar des Laid-back-Aussies. Und als ich dann im Vorort Scarborough Beach ankomme, habe ich direkt mein erstes Rendezvous, wenngleich auch nur das Hotel so heißt. Ich trete auf den Balkon zur Meerseite und schenke den Wellen einen langen Blick bis dorthin, wo sie in den Himmel übergehen. Vielleicht ist Edelmans grüne Sonne ja von Kalifornien nach Australien ausgewandert. Dann checke ich meinen elektronischen Postkasten und finde eine Nachricht von Erzbischof Tutu. Ich werde im März meine Freunde Marius und Romney in Kapstadt besuchen, und ich hatte dem Ingwerbier-Liebhaber geschrieben, dass ich mich freuen würde, wenn sich anlässlich meines geplanten Aufenthaltes in Südafrika die Gelegenheit zu einem Wiedersehen ergäbe. Nun schlägt er per Mail vor, ich solle doch an jenem Wochenende einen Gottesdienst in der St. George's Anglican Cathedral besuchen. Super. Im Anschluss könnten wir einen Kaffee zusammen trinken. Kaffee! Das dürfte also eine ingwerfreie Angelegenheit werden. Perfekt! Draußen versinkt die Sonne im Meer, ich versinke drinnen im Hotelbett. Am nächsten Morgen ist sie schon vor mir hellwach, als mich das rhythmische Wellenschlagen der Brandung sanft weckt. In Deutschland frieren sie sich gerade durch den Januar 2006, den man später trotz gelegentlicher zweistelliger Minusgrade als mild bezeichnen wird.

Für nachmittags um drei ist der Fotoshoot mit Barry Marshall und Robin Warren angesetzt. Begleitet von ihrer Office-Managerin Kris Laurie, erscheinen die Medizin-Nobelpreisträger pünktlich auf die Minute in der Lobby. Kris Laurie haben die beiden rasch nach dem Erhalt des Nobelpreises 2005 engagiert, „to manage the mess" (dt. „um das Durcheinander zu managen"), wie es auf der offiziellen Seite des „Office of the nobel laureates Western Australia", kurz „onlwa", heißt. Das Durcheinander bestand aus etwa zweitausend ungelesenen E-Mails. Meine kam dann auch bald dazu. Dank Kris Laurie wurde sie abgearbeitet, und das hier ist nun das Ergebnis.

Barry Marshall hat direkt eine Kleider-Frage: „Ich habe im Auto noch seriöse T-Shirts, soll ich mich umziehen?"

Seriöses T-Shirt?

„Auf gar keinen Fall!", verbiete ich dem Nobelpreisträger vorlaut, das gerade in meinem Kopf entstehende Foto zu zerstören.

Viele Fun-T-Shirts sind ja vor allem eines: furchtbar peinlich. Von „Halt's Maul, ich bin voll nett" über „Scheiß Klimawandel" bis zu „Sixpack steht mir nicht" ist alles dabei, was zum Fremdschämen aufruft. Bohrs Atommodell darf man ungestraft auch dann tragen, wenn man Quanten für Füße hält, aber wer Einsteins $E = mc^2$ auf der Brust präsentiert, sollte die Motivwahl zumindest dann überdenken, wenn er üppigst fleischgewordener Gegenbeweis dafür ist, dass ruhende Körper eine Energie haben.

Erzbischof Tutus „Just call me Arch" klärt dagegen wichtige Anrede-Fragen, Eddys „Washington"-Ortsangabe beweist, dass man Kosmopolit und Lokalpatriot zugleich sein kann, und Barry Marshall trägt auf dem T-Shirt die beste und kürzeste Zusammenfassung seines Forscherlebens:

„I'm not dead yet".

Mutig jedem Aberglauben trotzend ist der Ausruf außerdem – sowie Monty Python dankend entliehen. Der „dead person" aus „The Holy Grail" (dt. Filmtitel „Die Ritter der Kokosnuß") hilft es nicht viel, als sie, schon fast auf dem Leichenwagen der Pesttoten abgeladen, darauf aufmerksam macht: „I'm not dead yet!" Nach einigem Hin und Her zwischen dem Totengräber und jenem, der den dummerweise noch Lebenden von seinen Schultern loswerden will, erledigt ein gezielter Schlag die Sache im Sinne der Vorschriften, nur Tote zu den Gräbern vor der Stadt mitzunehmen. Ich war noch Schüler in Göttingen, da hatte ich das große Glück, Michael Palin zwei Tage lang fotografisch begleiten zu dürfen. Es war einer meiner ersten „richtigen" Aufträge, also kein Familienfest-Fotografen-Job für einen Schulterklopfer, sondern eine echte Taschengeldaufbesserung. Das damals noch junge Literaturfestival „Göttinger Literaturherbst" hatte Palin zu Lesungen eingeladen.

Barry Marshalls „Dead person"-Geschichte beginnt mit einer Lebensrettung. Als Zwölfjähriger macht er Mund-zu-Mund-Beatmung bei seiner anderthalbjährigen Schwester, als die aus unerklärlicher Ursache schlimm zu husten beginnt. Die Atemspende ist eigentlich nicht nötig, denn die Kleine atmet, und doch entscheidend für die Rettung. Barry würgt es nämlich fast, weil er das Benzin schmeckt, das Marie in einem unbeobachteten Moment aus einer nicht sorgsam aufbewahrten Flasche getrunken hat. So kann er, als die Ambulanz eintrifft, den wertvollen Hinweis geben, was mit der Hustenden passiert ist. Wenige Tage später posiert er als Lebensretter mit der fröhlichen Schwester auf dem Schoß in der örtlichen Zeitung. In der nächsten Zeit experimentiert er „in der Tradition von Alfred Nobel", wie er heute hinzusetzt, mit explosiven Chemikalien, und sein Hobby Elektronik beherrscht er so gut, dass er einen eigenen Computer mit funktionierendem Schreibprogramm zustande bringt.

Auf die nächste spektakuläre Zeitungsschlagzeile muss er aber über zwanzig Jahre warten. Dafür ist die Headline dann umso sensationeller.

„Arzt spielt Versuchskaninchen und entdeckt Heilmittel gegen Magengeschwüre – und ihre Ursache."

Das hört sich nicht unbedingt nach einer Überschrift in *Science*, in *Nature* oder im *Lancet* an. Ist es auch nicht. Das Blättchen entstammt der Boulevardpresse-Abteilung, und die Leserschaft nimmt die Nachricht so wissbegierig auf wie die „Berichterstattung" Tage zuvor darüber, dass Nancy Reagan Außerirdische adoptiert habe. Was Barry Marshall herausgefunden hat, erreicht allerdings tatsächlich eine enorme Flughöhe, eine revolutionäre sogar, aber in der Nachbarschaft von Außerirdischen verliert sich die Bedeutung natürlich. Noch mag die sich für irdisch-abscheuliche Magengeschwüre interessierende Welt nicht in neue Galaxien vorstoßen.

Der Schlagzeile war Folgendes vorausgegangen:

Im Juli 1984 checkt Barry Marshall eine Gewebeprobe aus dem Magen eines Menschen: Der Mann ist bakterienfrei. Am nächsten Morgen nicht mehr. Nun besiedeln tausend Millionen stäbchenförmige Keime sein Verdauungsorgan. Genau das war der Plan gewesen. Aus folgendem Grund:

Die Keime hatte der Gastroenterologe Marshall 1981 zum ersten Mal unter dem Mikroskop im Labor des Kollegen Dr. Robin Warren gesehen. Dr. Warren hatte dazu etwas Eigenartiges gesagt: Diese Bakterien hätten etwas mit Magengeschwüren zu tun. Das hatte die Qualität von „Die Erde dreht sich um die Sonne" im Jahr 1616. Esoterik!

Im Magen gibt es keine Bakterien!

Viel zu saures Milieu mit dieser ganzen Magensäure! Magengeschwüre sind psychosomatisch, ja ja, der Stress. Wismutpräparate gegen Geschwüre, der Psychiater gegen den Rest. So der Stand der Dinge. Für Marshall hatte die Bakterien-These dennoch nichts Esoterisches, allenfalls Kurioses, und Kurioses ist seltsam, aber existent. Von nun an wollen zwei Weltbildumstürzler beweisen:

Und es gibt sie doch!

Zwei gegen alle. Auch das ist typisch Naturwissenschaft.

Universalgenie Georg Christoph Lichtenberg hielt den Irrtum für das Wichtigste, was in der Naturforschung zu bedenken sei, und er warnte davor, nicht mehr zu hinterfragen, was einmal als „wahr" gelte: „Wir sind nur gar zu geneigt zu glauben, das sei wahr, was wir oft bejahen hören und was viele glauben, und bedenken nicht, daß der Schein, der zehn betrügt, Millionen betrügen kann."

Die Millionen von ihrem Irrtum zu befreien – das allerdings ist wohl eine Wissenschaft für sich. Selbst als 1982 aus der Gewebeprobe eines Erkrankten das Bakterium, dem die Ärzte den Namen Helicobacter pylori geben, im Labor angezüchtet werden kann und bei zirka 90 Prozent aller Patienten mit chronischer Gastritis gefunden wird, entlässt kaum ein Kollege die beiden Australier aus der Esoterik-Ecke. Die Pharmaindustrie interessiert sich auch nicht. Heilung durch wenige Tage Antibiotika-Behandlung statt lebenslanger Medikation? Keine Forschung, die bei Pillendrehern Interesse wecken kann.

„Heilen Sie bloß nie ohne Medikamente!", wird Marshall später auf den Lindauer Tagungen den jungen Kollegen raten.

Nirgends Unterstützung in Sicht. Also braut Barry Marshall einen Drink, den er nur mit zugehaltener Nase trinken kann. Möglicherweise hat er sogar scheußlicher geschmeckt als Ingwer-Bier, obwohl ich das kaum glauben kann. „Schnell schlucken!", riet meine Mutter mir fürsorglich, wenn ich als Kind eine eklige Medizin herunterwürgen musste. Den Tipp kannte Barry Marshall sicher von seiner Mutter genauso, nur ist die widerlich stinkende Brühe das Gegenteil von Medizin. Der Becher ist geleert. Nun wartet Marshall ab.

Fünf Tage später wacht er nachts schweißgebadet auf und freut sich: Es geht ihm furchtbar.

Aktive Gastritis. Hurra!

Seine Frau, die er erst jetzt einweiht, muss ihn schließlich daran erinnern, dass es nach dem Nachweis der Bakterien und der Dokumentation Zeit ist für die Behandlung. Wieder ein Fall für den Typus „Nobelpreisträger-Ehefrau" aus Peter Agres „Wüstengeschichte". Nach wenigen Tagen ist Adrienne Marshalls Ehemann, Vater von vier Kindern, mit Hilfe von Antibiotika wieder geheilt, und er wird später jede mediale Behauptung, dem Tod nahe gewesen zu sein, als Sensationsmache zurückweisen. Doch wer einen Schierlingsbecher leert – und mag er noch so überzeugt sein, er habe das Gegengift –, der spielt definitiv mit seinem Leben!

Erst die Dokumentation seiner eigenen Infektion und Heilung ist es, die die Medizinwelt langsam glauben lässt, dass zwei Verrückte aus Australien und ihr Helicobacter pylori Millionen Leidensgeschichten beenden. Sehr langsam. Begeisterte Presse, nun gar von der seriösen Sorte, doch zunächst weiter kopfschüttelnde Kollegen.

Geschichte wiederholt sich nicht, aber sie sieht sich oft zum Verwechseln ähnlich. 1929 schiebt ein junger Arzt im winzigen Eberswalde östlich von Berlin einen Katheter von der Armvene bis zum Herz, schleppt sich damit zum Röntgenraum und beweist mit einer Aufnahme, was die Kollegen für unmöglich halten: dass man, ohne die Wand zu durchstoßen, minimal-invasiv das Herz untersuchen kann. Konsequenzen des Selbstversuchs: Abstieg in die Kategorie

„Spinner", Querelen mit Vorgesetzten und Kollegen, Rausschmiss aus Kliniken, Landarztdasein. 1956 erreicht Werner Forssmann, mittlerweile Urologe bei den Diakonie-Anstalten im beschaulichen Bad Kreuznach, die Nachricht vom Medizin-Nobelpreis. Forssmann wird einer der fleißigsten Lindau-Tagungs-Besucher. Viele Jahre später wirft Barry Marshall an gleicher Stelle gerne die Ablehnungsschreiben seiner Vorträge durch renommierte Einrichtungen und seiner eingereichten Paper durch die Fachpresse an die Leinwand des Hörsaals. „Unbedingt aufheben!", ist der Rat des Nobelpreisträgers an die Nachwuchs-Wissenschaftler. Wer zuletzt lacht, lacht am besten! Alfred Nobel war übrigens mit großer Wahrscheinlichkeit auch mit Helicobacter infiziert, wie die Gastroenterologen aus dem Studium seiner Krankengeschichte schließen.

Die sagenhafte Geschichte der Landung des außerirdischen Bakteriums Helicobacter pylori in den Mägen der Erdlinge schreit nach einem Statement in der Art, wie es Barry auf der Brust trägt. Absolut kein Grund für einen Kleiderwechsel.

Das „I'm not dead yet"-T-Shirt bleibt ausgewähltes Foto-Outfit.

Vor der fotografischen Verewigung des sprücheklopfenden Kleidungsstücks mitsamt Nobelpreisträger gönnen die beiden Mediziner, Kris Laurie und ich uns einen Koffein-Kick im Café des Hotels. Robin Warren erzählt, er sei eben erst aufgestanden, arbeite immer bis tief in die Nacht. „Oh nein", entfährt es mir, und Professor Warren ahnt natürlich nicht, dass er damit bei mir eine Erinnerung an einen besonderen Nachtarbeiter-Kollegen angestoßen hat, Oskar Sala.

Drei Jahre, es sollten die drei letzten seines Lebens sein, habe ich mit ihm an einem Buchprojekt gearbeitet, und er hatte, hoch in den Achtzigern, immer noch seine angestammte Zeiteinteilung, die sich sehr leicht beschreiben lässt: eine komplette Tag/Nacht-Umkehr. Die Anrufe, die mich also in seiner Zeitrechnung tagsüber erreichten, fielen für mich, der langweilig den Tag/Nacht-Wechsel dem Hell/dunkel-Rhythmus anzupassen gewohnt ist, in tiefste Schlafenszeit.

„Herr Batje (wie er mich hartnäckig nannte), sagen Sie, wann ist noch mal der Termin mit diesem Dingsbums?", war noch eine der Fragen, die zumindest einen Anruf rechtfertigten, wenn auch keinen nächtlichen. Meinen Schlaf fand Herr Sala schon wegen weitaus nichtigerer Angelegenheiten unterbrechenswert. Einmal, ich hatte gerade mit dem Nobel-Projekt begonnen, bat er dringlich darum, meine mir kurzerhand unterstellten „besten Drähte" nach Stockholm dahingehend zu nutzen, das Komitee zu überzeugen, den Nobelpreis unbedingt auf die Kategorie „Musik" auszuweiten. Allerdings – das müsse rasch geschehen …! Ja, ich ahnte, wer als erster würdiger Preisträger schnell noch eine kleine Reise nach Schweden machen wollte, bevor die letzte anstand. Das war schon sehr rührend mit dem großartigen Künstler. Es gibt eben Menschen, wenige Menschen, die dürfen einem den Schlaf rauben. Kinder zuallererst, die Mutter, der/die (Lebens-/Ehe-/keinesfalls Geschäfts-) Partner/-in, der/die beste Freund/-in, der Geldbote, das Nobelkomitee und sonstige wenige Handverlesene. Übrigens behaupte ich, dass Oskar Sala Tausenden schon den Schlaf geraubt hat. Wer ist nicht nachts aufgeschreckt, nachdem er zum ersten Mal Hitchcocks „Die Vögel" hat kreischen hören? Das nervenzerreißende Vogelgeschrei erzeugte Sala für den Meister des gehobenen Gruselfilms mit verzerrten und stilisierten Klängen seines Trautoniums.

Bei mir ist das mit dem „Nachts-geweckt-Werden" ohnehin eine besondere Nummer. Da ja niemand in Gedanken mit mir mitreist, können meine Freunde ohnehin nie wissen, wann in meinem Leben Tag und wann Nacht ist. Ich brauche nicht selten selbst etwas Zeit, um mir diese Frage zu beantworten. Insofern habe ich sicher den ein oder anderen Nachtanrufer ohne Passierschein schon zu hart gescholten, lag ein Weckruf doch gar nicht in seiner Absicht. Einmal, als ich schlaftrunken meinen Namen murmele, ärgert sich der Anrufer lautstark, dass er einfach zu viele „Peter" in seinem Verzeichnis führe. Er habe nicht mich, sondern einen ganz anderen Peter erreichen wollen, entschuldigt sich dann Ruhestörer Wole Soyinka.

Ich kläre Robin Warren natürlich auf, warum ich die Augen verdreht habe, als er mir von seiner Nachtarbeit erzählt hat. Er störe niemandes Schlaf, versichert er, nur seinen eigenen verlagere er eben in die Vormittagsstunden. Nun sind wir aber alle vier wach genug für ein bisschen Herumblättern in einer Ausgabe des Fotobandes „Nobelpreisträger im Portrait", mit der ich nun beweisen will, dass es stimmt mit den unkonventionellen Looks. Ich schlage das Foto von Hans G. Dehmelt auf:

„Sehen Sie, es geht sogar ganz ohne T-Shirt."

Barry Marshall blättert sich amüsiert durch die Fotos von Mit-Laureaten „oben ohne", mit Schwimmbrille, auf dem Radel oder im Socken-in-Sandalen-Outfit. Er ist jetzt endgültig überzeugt: kein seriöses T-Shirt! Sein Kollege hat sich um sein rot-blau kariertes Freizeithemd ohnehin keine Sorgen gemacht. Das Cowboy-Amulett löst letzte Stylingfragen.

Also hinaus auf die Strandpromenade. Die erobert vielleicht nicht das Herz der Promenaden-Flaneure auf Cannes' Croisette im Sturm, aber das eines Fotografen, der wilde Natur liebt, umso schneller. Wir schlendern die Promenade entlang. Bald schon ist es den Herren Helicobacter zu langweilig, auf mein Kommando „Halt!" hin kurz in die Kamera zu schauen, weiterzubummeln, anzuhalten, wieder zu lächeln. Sie schreiten zum Selbstversuch, zücken ihre Kameras und drehen den Spieß um. Bald schon fotografieren wir wild durcheinander. Barry gibt schließlich Kris den Apparat, und sie verewigt uns drei samt Fotoband.

Als ich abends im Hotelzimmer die Fotoshoot-Ausbeute ordne und verstaue – die Filme immer in den diebstahl-

„Nobelpreisträger (mit Fotograf) im Portrait"

sicheren Koffer, die Kamera in die Fototasche – freue ich mich riesig, dass ich viele Erinnerungsfotos an das schöne Treffen habe. Kris Laurie wird mir später noch die Aufnahmen, die sie und die Laureaten machten, per E-Mail zusenden. Als ich Barry in Vorarbeit für dieses Buch gestehe, dass ich die Datei nicht mehr wiederfinde, dauert es nicht lange, und ich habe elektronische Post von Kris Laurie: anbei die Bilder aus Perth.

Den Tag lasse ich mit einem Drink an der Bar gegenüber vom Hotel ausklingen und denke an Barry Marshalls Worte in seiner Nobelpreis-Rede:

„Ja, es stimmt. Ich habe mich selbst mit Helicobacter pylori infiziert, aber das garantiert noch lange nicht, dass auch andere aufstrebende australische Forscher für so etwas einen Nobelpreis bekommen. Aber den jungen Leuten, die heute Abend zuhören, möchte ich sagen: Begeistert euch für eure Arbeit, ganz gleich, was es ist. Wenn ihr wie ich Naturwissenschaftler seid, dann verspreche ich euch, dass dies der aufregendste und fruchtbarste aller Berufe sein kann."

Die Leidenschaft, die man für das empfindet, was man tut, ist die größte Erfüllung, die eine Karriere geben kann. Wer mit Leidenschaft ein Ziel verfolgt und seine Arbeit liebt, der braucht keinen Nobelpreis zum Glück. Anerkennung aber braucht man schon. Von den Kollegen verlacht zu werden, immer neue Ordner für Absagen von eingereichten Artikeln anzulegen – das macht nicht wirklich Spaß.

Nach dem Appell für die Leidenschaft hat Barry Marshall in seiner Nobelpreis-Rede dann aber doch noch einen Tipp gegeben für den langen Weg zum Nobelpreis: „Arbeitet fleißig, haltet euer Leben im Gleichgewicht und seid – vorsichtshalber – immer nett zu den Schweden."

Und ein Landsmann und Kollege von Marshall und Warren, zu dem ich morgen reisen werde, hat mittlerweile sogar komplett ausgepackt!

So gewinnt man den Nobelpreis: Das Geheimnis guter Wissenschaft" (Original: „Beginner's Guide to Winning the Nobel Prize. Advice for Young Scientists") verspricht der Buchtitel augenzwinkernd mehr, als **Peter Doherty** halten will. Doherty, den ich ja schon in Memphis besucht habe, ist mittlerweile wieder an seinem Heimatinstitut in Melbourne. Ich freue mich auf den „alten Bekannten" meiner Elvis-Tour.

Der nächste Tag beginnt mit Unwohlsein. Mist – ich bin krank, jedenfalls auf dem Weg dahin. Kein Magengeschwür, grässliches Halskratzen. Also nicht eines von der Sorte „Eukalyptusbonbon und gut", sondern so ein tiefes, bedrohliches. Trotzdem: Erst mal aggressives Ignorieren. Einen Tee zum Frühstück und dann los zum Flughafen. Es geht von Perth einmal über die große Bucht rüber nach Melbourne. Hier ist es trubelig. Sehr trubelig im Vergleich zu Perth. Alles kommt mir auch noch eine Spur hektischer vor, weil mein Körper gerade völlig überfordert ist, sich auf die vier Millionen Melburnians einzustellen. Er kämpft gegen eine weiter fortschreitende Halsentzündung. Ich schleppe mich aufs Hotelbett und versuche es mit nicht hypnotischem Heilschlaf.

Nachmittags am Institut für Microbiologie und Immunologie der University of Melbourne (aus dem später das

Peter-Doherty-Institut werden wird) scheint mein Immunsystem zwar endgültig auf Urlaub, aber ich reiße mich zusammen mit der Husterei. Nicht schon wieder die Vorstellung mit dem stumm-einfältigen Fotografen aus Deutschland. Hoffentlich gibt es keinen australischen Assistenten-Engel.

Er ist ein Gewinner! – Peter Doherty

Professor Peter Doherty kommt heute ohne himmlische Begleitung. Wir machen ein paar Fotos in den viktorianischen Gängen des Universitätsgebäudes, scherzen über die neuesten „Nachrichten" der Presse über seinen Namensvetter mit den Guerilla-Gigs und die sonstigen, nicht immer ganz jugendfreien Schlagzeilen. Rockstars dürfen eben so viel mehr als Wissenschaftler. Doch obwohl man sich als Nobelpreisträger sicher sogar vierundzwanzig Stunden am Tag gut benehmen muss, wäre der ein oder andere es sehr gern. Ich habe einen kleinen Stapel von Dohertys „Beginner's Guide" für Nachwuchs-Laureaten dabei, der Verfasser signiert sie bereitwillig.

Das Buch liest sich launig. Auch für jene, die nachts nicht vom schwedischen König träumen. Peter Doherty beschreibt auf sehr unprätentiöse Art, wie er seinen Weg machte, was ihn persönlich antreibt, und dann, ja, und dann Butter bei die Fische:

Viele Wege führen nach Rom, aber welche führen nach Stockholm?

Der Professor braucht weit über zweihundert Seiten, um dann damit herauszurücken: Er habe da ein paar Ratschläge, aber er wolle nicht dafür haften, wenn es doch nichts werde mit dem Nobelpreis. Geschenkt. Wer will heute noch für Ratschläge haften, nicht mal mehr Großmütter. Also raus damit!

Wenn ich mal so ganz grob Peter Dohertys Tipps zusammenfasse, dann sollte der Nobelpreis-hungrige junge Wissenschaftler

- *ein Problem von der Dimension „dickes Ding" lösen*
- *sich dazu mit den richtigen Mitstreitern umgeben*
- *keine Angst vor dem Scheitern haben und dranbleiben, dranbleiben, dranbleiben*
- *nie übersehen, was direkt vor der eigenen Nase liegt*
- *sich strikt auf ein Thema fokussieren*
- *immer schön die Wahrheit sagen*
- *besser noch: sie klar verständlich schreiben*
- *unbedingt gesund bleiben und alt, besser sehr alt werden*
- *Spaß haben und jederzeit ausstrahlen:*

Ich bin ein Gewinner!

***

1 : 6 (keine Angst vor dem Scheitern haben!)
6 : 4 (dranbleiben!)
6 : 4 (Spaß haben!)
6 : 4 (Gewinner sein!)

Boris Becker hat es geschafft. In seinem „Aufschlag"-Feld gibt es keinen Nobelpreis zu gewinnen, dafür weit Elitäreres, die Position des Weltranglistenersten. Die erreicht er nach dem Sieg über Ivan Lendl im Finale der Australian Open 1991.

Das war hier in der Rod Laver Arena, die ich nach dem Fotoshoot mit Peter Doherty besuche. Das Match habe ich damals vor dem Fernseher mit durchlitten. Jetzt will ich nachfühlen, wie das ist: ein Gewinner sein! In Gedanken sehe ich Boris dort auf dem Court, wie er nach dem letzten Longline-Winner die Arme hochreißt, sich mit Freudensprüngen zum Netz vorarbeitet, noch vor dem Shake-hand mit dem Gegner das Racket ins Publikum schleudert und dann plötzlich aus dem Stadion verschwindet. Er habe einen Moment für sich allein gebraucht, erklärt er mir einmal nach einem Fotoshoot bei einem Bier. Boris und ich sind beide mit Marius Müller-Westernhagen befreundet, und wir haben den gleichen Lieblingstitel: „Ich bin wieder hier" ist meine Hymne, nicht auf die große weite, sondern die kleine Welt. Jene, in der Vertrautes die Zeit anhält. Mit dem Wimbledon-Sieg 1985 hat sich für Boris Becker so viel verändert, dass „Vertrautes" lange zur kostbaren Rarität wurde und er den Rasen von Wimbledon zu seinem „Wohnzimmer" erklären musste. Ich als Dauerreisender habe mit der Suche nach meinem „Wohnzimmer" ähnliche Probleme.

Bei den Wissenschaftlern gibt es weder As noch Longline-Winner, die einen in einer Sekunde zum Wimbledonsieger oder Weltranglistenersten machen könnten. Die Nobelpreis-prämierte Leistung liegt Jahre, meist Jahrzehnte, zurück. Oftmals gibt es Gerüchte und Erwartungen, an wen die nächsten Preise gehen, aber da die Entscheidung erst Stunden vor der Verkündung fällt, ist wahrlich bis zum Schluss alles offen, selbst wenn einer im Besitz eines Matchballs zu sein scheint. Verwandelt wird erst beim letzten Zusammentreffen der Akademie. Die Laureaten werden regelmäßig nach ihren Vorschlägen für eine Auszeichnung befragt, aber mehr Einfluss ist auch ihnen nicht vergönnt. So kommt die Nachricht schließlich mal mehr, mal weniger, aber zuletzt doch immer überraschend. Und gelegentlich braucht auch ein Laureat dann erst mal einen Augenblick für sich.

„Are you serious?", fragt 2013 der gebürtige Göttinger Thomas Südhof ungläubig, als ihn der Sprecher des Nobelkomitees auf dem Handy mit der Nachricht vom gewonnenen Medizin-Nobelpreis überfällt, während er gerade in Spanien im Auto unterwegs ist. Da muss der Entdecker des Steuerungssystems für den Vesikeltransport als wichtigstes zelluläres Transportsystem erst einmal anhalten und durchatmen. (Ich auch. Schon wieder ein Göttinger! Professor Südhof und ich werden das bei einem gemeinsamen Philharmonie-Besuch in Berlin feiern.) Frederik de Klerk bekannte, er habe nach der telefonischen Nachricht von seinem Friedensnobelpreis zwanzig Sekunden lang nichts sagen können. Und Literatur-Nobelpreisträger Harold Pinter fasste die Zeitspanne des „Die-Nachricht-Sackenlassens" poetisch endlos: „I haven't stopped being speechless."

Hier in der Rod Laver Arena bin auch ich sprachlos, fühle mich wie so ein um Fassung ringender Gewinner. Nicht wie ein Nobelpreis- oder Australien-Open-Gewinner, eher wie ein Tombola-Gewinner, aber einer, der das ganz große Los gezogen hat. Geschenkt bekommen hat. Von meinen Auftraggebern, die mir die Chance meines Lebens gaben.

Mit meinem Australienbesuch gehe ich in das siebente Jahr meiner Nobel-Reise, bin dabei, ein Weltbürger zu werden, mit einem Riesen-Erlebnisschatz. Ein paar neue „Goldmünzen" vom Fotoshoot mit Peter Doherty packe ich abends in meinen Erinnerungen-Schatzkoffer, unter anderem die signierten Exemplare seines Buchs. Die Laureaten brauchen das Werk ja eigentlich nicht mehr, aber viele von ihnen haben es mit großer Freude gelesen, wie ich weiß. Peter Agre etwa zeigt sich in einer Rezension beeindruckt, obwohl er ja nun um das eigentliche Geheimnis für den Nobelpreiserfolg weiß, beziehungsweise seine Frau.

Am nächsten Morgen der Schock. Meine Stimme ist weg. Komplett weg. Über Auckland, Neuseeland, soll es heute in die USA gehen – das wird ein Krankentransport werden. Im Flieger ordere ich Tee. Und noch einen. Und noch einen. Tee ist ein kurzes Wort. Das krächze ich noch so, dass die Stewardess mich versteht. Auf dem

Zwischenstopp in Auckland geht es direkt in die Flughafen-Apotheke, und ich erbitte mit großen Schwüngen, die ich in die Luft male, einen Zettel. Darauf kritzele ich dann „dry cough, sore throat" (dt. „trockener Husten, Halsschmerzen") und erhalte eine halbe Wagenladung Medikamente. So etwa alles gegen Halsschmerzen, was es rezeptfrei gibt. Dann hat der Anschlussflug Verspätung, und ich arbeite mich durch die Pillen und Lutschbonbons. Im Flieger habe ich Glück: eine ganze Sitzreihe für mich allein. Langlegen, Schal um, Decke bis über die Ohren, schlafen. Vielleicht wache ich in L. A. gesund wieder auf. Doch als ich mich aus meinem Lazarett-Zelt wieder ausbuddele, sind es noch viele weitere Stunden Flug, die vor mir liegen. Also, diesmal kommt mir der Flug endlos vor. Als ich mir die Karte anschaue, wird mir klar: Der Flug *ist* endlos!

Die Überschreitung der Datumsgrenze katapultiert mich direkt ins Übermorgen.

Ob ich den verpassten Tag einmal vermissen werde? Dann geht es nochmals achtzig Tage weiter, so scheint es mir jedenfalls. Der Protagonist Fogg in Jules Vernes Roman „In 80 Tagen um die Welt" hat schließlich auch irgendwann die Orientierung verloren, desgleichen übrigens auch Verne selbst, der seinen Kniff mit der Datumsgrenze durch einen logischen Fehler sachlich versemmelte, aber literarisch tat das der Reise ja keinen Abbruch.

Ich habe keine Ahnung, wann ich in L. A. lande, und es ist mir völlig egal, ob es Tag ist oder Nacht oder gestern, heute, morgen oder schon wieder übermorgen, weil ich ohnehin nur noch ins Bett will. Schlafen und auskurieren. Es klappt nicht richtig, aber zwei Tage später gibt mir die Vorfreude auf Nancy Sinatra die nötige Schubkraft, um mich zumindest emotional in einen akzeptablen Zustand zu versetzen. Nancy Sinatra treffe ich wegen meines „Elviswho"-

Projekts. Sie hat 1968 mit Elvis im Film „Speedway" gespielt und bekannt, bis über beide Ohren in ihn verliebt gewesen zu sein. Wie alle Mädels damals.

Das Mädel von damals ist zur Zeit meines Besuchs süße sechsundsechzig und empfängt mich in einem Archiv-Refugium des Sinatra-Clans in Beverly Hills. Dort bekomme ich Einblick in alte Zeiten und noch mehr:

„Haben Sie mal meine Playboy-Fotostrecke gesehen, Peter?"

„Ich fürchte, nein", bedaure ich.

Nancy erkennt sofort mein starkes (natürlich berufliches!) Interesse, und eine halbe Minute später blättern wir im Mai-Playboy von 1995. Die super-knackige Halbnackte auf den Hochglanzseiten ist da bereits vierundfünfzig Jahre lang schön. Wow – viel mehr fällt mir dazu nicht ein. Mein Besuch bei der Tochter von „The Voice" endet doch tatsächlich mit dem Rückfall in Heiserkeit. Jedes „Wow!" beim Playboy-Seitenumblättern kommt tonloser. Als Nancy das auffällt, ist Schluss mit Nacktfotos und erotischen Schwingungen, es wird mütterlich.

„Airborne, Peter", kommt Nancys ultimativer Rat, nein Befehl: „Niemals wieder ohne Airborne in den Flieger!"

„Übermorgen habe ich in Atlanta einen Termin mit Jimmy Carter", seufze ich und füge mich, ob der nachlassenden Abwehrkräfte nur wenig widerstrebend, in die Rolle des kränkelnden Kindes. Bevor ich meine „Malaise Speech" wehklagend fortsetzen kann, steht Nancy auf, geht aus dem Zimmer und kommt mit einem Döschen Airborne--Tabletten zurück. Sie drückt es mir in die Hand. Das schwächliche Fotografen-Jüngelchen sollte bis zum Treffen mit Carter unbedingt wieder bei Kräften sein, wird sie wohl gedacht haben, sich weniger um meine Gesundheit als um mein Ansehen bei einem echten Mann sorgend. Der ehemalige Erdnussfarmer ist schließlich der einzige US-Präsident, der dem Playboy je ein Interview gewährte. Aber nicht der einzige Friedensnobelpreisträger: Der Theologe und Arzt Albert Schweitzer sprach im Dezember 1963, mit achtundachtzigjähriger Erfahrung als Mann, auch mit dem Blatt. Über Philosophie. Oder so etwas Ähnliches.

***

Am nächsten Tag, als ich in Atlanta lande, habe ich Nancys Vorrat an Airborne-Tabletten nahezu komplett intus, aber dennoch nicht einen Ton Stimme, den ich meinen Mitmenschen schenken könnte. Im Hotel in Atlanta hat die Dame am Front-Desk, die ich mit Zeichensprache quäle, den entscheidenden Rat: „Das Wichtigste in Sachen Airborne-Tablette: Man muss an die Wirkung glauben."

Okay. Mache ich. Am nächsten Morgen singe ich unter der Dusche. Ein kurzes Liedchen, aber es geht.

Ex-US-Präsident? Also dann: Anzug und Krawatte. Fototasche. Auf zum Carter Center, nur fünf Minuten von Downtown Atlanta.

In der Obhut der nächsten Nancy ist mir unmittelbar klar, warum **Jimmy Carter** sie für absolut unersetzlich hält, wie man vernimmt. Nancy Konigsmark ist die eiserne Dame am Termin-Schaltpult von Jimmy Carter, und ihr Arbeitsgerät ist ein Telefon mit Schnur. Die Jüngeren schauen am besten im Internet mal nach US-präsidialer Telefontechnik aus vergangener Zeit. Mit Hilfe der Bilder aus der Carter-Ära können sie sich dann von Nancy Konigsmarks Technik eine Vorstellung machen. Ihre Arbeitswelt kennt keinen Computer, kein Handy, nicht einmal einen Anrufbeantworter. Wenn elektronisch nichts mehr geht im Carter Center, dann muss sie nichts hoch- oder runterfahren, Herzschrittmacher Konigsmark ist immer „on". Sie (ge-)braucht ihren Kopf, und den hat sie immer dabei.

Ein Himmelsbote aus einer anderen Zeit zwar, diese Dame, aber definitiv auch ein Assistentinnen-Engel. Bei ihr warte ich also auf meinen Termin mit dem Friedensnobelpreisträger von 2002, der damals beim Bankett in Oslo zum Dessert Schokoladenkuchen mit Erdnusscreme genoss.

Als ich erzähle, wie glücklich ich bin, dass ich hier sein kann, gestern war ich ja noch sooo krank, da kocht Mrs. Konigsmark erst mal Tee. Fast hätte sie mir noch ihren schönen langen Schal gegeben. Ich frage, worauf ich achten soll, gleich, wenn es losgeht. Sie habe doch bestimmt einen Tipp, wie ich das Eis brechen könne oder was unter allen Umständen zu vermeiden sei. „Sie kennt alle meine Vorlieben und Abneigungen", sagte Carter einmal über sie. Mrs. Konigsmark lächelt nur und füllt meine Teetasse zum dritten Mal nach. Jimmy Carter hatte in seinem Leben schon ein paar mehr Fototermine, er wird mit allem umzugehen wissen – deute ich ihr Schweigen.

Die Zeiten seiner Präsidentschaft liegen in den dunkelsten Tagen des Kalten Kriegs Ende der siebziger Jahre. Stichworte wie „Einmarsch der Sowjetunion in Afghanistan", „Teheraner Geiselnahme", „Olympiaboykott 1980" wecken in mir sehr frühe Fernsehbilder-Erinnerungen, für Jimmy Carter sind sie Stationen seiner Regierungsverantwortung. Dass die Auswirkungen der US-Waffenlieferungen an das 1975 Ost-Timor besetzende Indonesien mich während meines Portrait-Projekts noch in besonderer Weise berühren werden, weiß ich bei meinem Carter-Besuch ein knappes Jahr vor meiner ersten Reise auf die kleine Insel noch nicht.

Das Camp-David-Abkommen, der Friedensvertrag zwischen Israel und Ägypten, beschert dem ägyptischen Präsidenten Mohammed Anwar al-Sadat und dem israelischen Amtskollegen Menachem Begin den Friedensnobelpreis 1978. Vermittler Carter geht leer aus, steckt sogar Kritik ein. Das separate Abkommen habe zu wenig Potential, alle glücklich zu machen, den Nahostkonflikt wirklich einer umfassenden Lösung zuzuführen. Als Jimmy Carter im Jahr 2002, zu Zeiten der umstrittenen Irak-Politik seines Amtsnachfolgers George W. Bush, doch noch den Friedensnobelpreis erhält,

„für seine jahrzehntelangen unermüdlichen Anstrengungen für friedliche Lösungen internationaler Konflikte, für die Förderung von Demokratie und Menschenrechten und das Vorantreiben wirtschaftlicher und sozialer Entwicklung"

titelt so manche Zeitung, es sei mehr eine Preisvergabe „gegen Bush" statt eine „für Carter". Die Stellungnahmen des Nobelkomitees geben dem durchaus Nahrung. Es sei mit Blick auf Carters Haltung sicherlich mit der Auszeichnung auch Kritik an der aktuellen Politik der USA verbunden, hört man aus Oslo. Ein Preis „gegen Bush" – sogar in Sachen Friedensnobelpreis ist nicht nur entspanntes Genießen für den Ausgezeichneten angesagt. Ein bisschen Häme schwingt mit, wenn man ihn den „besten Ex-Präsidenten aller Zeiten" nennt.

Mit dieser Vita in den Knochen wird ein Fototermin in Sachen Nobelpreisträgerportrait Jimmy Carter wohl schwerlich in nennenswerte Aufregung versetzen. Da hat Mrs. Konigsmark sicher Recht. Ich überlege, wie viele Situationen, die zu eskalieren drohten, die Dame wohl selbst in ihrem Leben schon befriedet hat. Was diplomatisches Geschick und Deeskalationstricks angeht, hat so eine Präsidenten-Assistentin bestimmt einiges drauf. Ich bin sicher, man würde Friedensnobelpreiswürdiges finden.

„Ach", trägt die Büromanagerin, die allein auf ihre Gehirn-Software vertraut, schließlich auf meine Frage nach Tipps dann doch noch nach,

„... nur eines: Wenn irgendwas mit der Technik nicht funktioniert – das hasst er!"

Die Technik – aha, deshalb hat sie keine! Ich ja auch nicht. Bloß meinen Fotoapparat. Ich halte meine Kamera hoch: „Das hier ist alles."

Funktionsbeweis! – Nancy Konigsmark

Mrs. Konigsmark sieht mich auffordernd an. Ich verstehe.

„O. k.! Funktionsbeweis ..."

Sie lächelt.

Ich schaue durch den Sucher. Klick! Generalprobe gelungen. Es kann losgehen.

Tatsächlich scheint Jimmy Carter jetzt bereit; Mrs. Konigsmark bedeutet mir, ihr zu folgen, und dann kommt mir der Ex-Präsident auch schon auf dem Gang entgegen. Wir begrüßen uns, ich stelle mich vor. Ich merke immer recht schnell, ob die Portraitierten den Fototermin irgendwo „reingeschoben" haben oder bei der Sache sind. Jimmy Carter hat so viel Zeit für mich, wie die Sache braucht, spüre ich. Als er fragt, wo ich die Aufnahmen machen möchte, halte ich es für eine gute Idee, in den herrlichen Garten zu gehen. Zwei Mitarbeiter begleiten uns.

Knapp zwei Jahre später wird mich so eine „Garten-Idee" in größte atmosphärische Schwierigkeiten bringen, als ich einen Fototermin mit dem serbischen Präsidenten Boris Tadić habe. Als auch der mich fragt, wo ich das Foto gerne machen möchte, und ich arglos „draußen" antworte, da gehen wir zwar sofort in den Park seines Amtssitzes, ich bin aber im selben Moment die meistgehasste Person seiner Protokoll- und Sicherheitschefs. Mit einer angenehmen Arbeitsatmosphäre ist es dann Essig. Den Fehler mache ich nicht noch mal.

Gott sei Dank ist Jimmy Carter in seinem Post-Präsidenten-Leben nicht mehr mit der höchsten aller Sicherheitsstufen unterwegs, und alle sind mit der Garten-Idee völlig d'accord. Das Carter Center liegt in einem riesigen Park mit gärtnerisch liebevoll gestalteten sowie naturbelassenen Flächen mit kleinen Seen inklusive Wasserfall.

Schöne Anlage. Schlechte Fotos. Das Licht gefällt mir nicht.

„Mr. President, können wir vielleicht doch in Ihr Büro gehen?", frage ich, etwas besorgt, Umstände zu machen.

„Sicher", antwortet Carter ohne hochgezogene Augenbraue.

Im Arbeitszimmer endlich entdecke ich, wo das Foto von Jimmy Carter entstehen wird. Ein Schaukelstuhl steht am Fenster. Ideale Lichtverhältnisse. Kurzes Schaukelstuhlgespräch. Nein, keine Zierde und auch nicht bloß Andenken an die Zeit im Weißen Haus. Willkommener Gedankenanschub. Er sitze tatsächlich oft darin, erklärt mir Carter. Das sei ein Maloof-Schaukelstuhl – das Beste, worin man schaukeln könne.

So wenig wie bei Mandela, so wenig hat die Post-Präsidentschaftsphase bei Carter etwas mit Schaukelstuhl und Ruhestand zu tun. Im Gegenteil. Den ohne dicke Tränen 1981 aus dem Weißen Haus verabschiedeten Wahlverlierer trieb es um, dann eben als Ex-Präsident noch ein Gewinner zu werden, und das wurde er.

Seit Beendigung seiner Präsidentschaft engagiert er sich mit seinem Carter Center für Menschenrechte, internationale Konflikt-Schlichtung und Wahlbeobachtung. Ein Fokus liegt außerdem auf der Bekämpfung tropischer Krankheiten.

Nach Theodore Roosevelt und Woodrow Wilson war Jimmy Carter der dritte US-Präsident, dem der Friedensnobelpreis verliehen wurde. Spätestens wenn 2009 ein Vierter dazukommt, gehört die Reise nach Oslo für US-Präsidenten zur Stellenbeschreibung, ob sie sie nun noch als

Vote for Jimmy!

Dienstreise absetzen können oder nicht. Und dass mit Al Gore Jr. 2007 gar ein gescheiterter Bewerber um das Präsidentenamt als Kämpfer gegen die globale Erwärmung mit dem Friedensnobelpreis ausgezeichnet werden wird, ahnen der Ex-Präsident Jimmy Carter und ich auch noch nicht, als wir das hölzerne Sitzmöbel-Relikt aus dem Weißen Haus betrachten.

Mein Portrait-Modell rutscht sich auf dem Schaukelstuhl in Position, der linke Fuß stemmt sich in den Boden und verhindert das konstruktionsgewollte Vor und Zurück. Das Licht, das von draußen hereinfällt, ist super. Sieht alles gut aus, da vor meiner Linse.

Ich drücke auf den Auslöser. Nichts. Noch mal. Nichts.

Ich höre Nancy Konigsmarks Worte in meinem Kopf nachhallen:

„… Technik nicht funktioniert – das hasst er!"

Nur nicht nervös werden jetzt.

„Sind Sie dann so weit?"

Der Ex-Präsident hat bereits seit einigen langen Sekunden in einen ihm angenehmen Gesichtsausdruck gefunden. Alles könnte so schön sein.

„Einen ganz kleinen Moment noch, bitte."

Die „kleinen" Momente sind die verflixtesten, das weiß man ja.

Ein Moment ist ein Moment. Und ein großer Moment ist ein großer Moment, aber ein „kleiner Moment" – das ist meist der, den man vor der besetzten öffentlichen Toilette wartet oder in der Warteschleife der Hotline oder beim Zahnarzt, bis der die Wattebäusche wieder vom pelzigen Gaumen löst. Es ist der „kleine Moment" kurz vor dem Moment des Irrewerdens. Der Präsident will gerade genau so einen „kleinen Moment" ahnen, da habe ich schon die Batterien der Kamera ausgetauscht. Ich weiß nicht, wieso ich

Rettung im letzten Moment – Jimmy Carter

gerade das gemacht habe, eigentlich nur aus Aktionismus, aber aus irgendeinem Grund habe ich in dem „kleinen Moment", der mir bis zum Irrewerden von Jimmy Carter blieb, alles richtig gemacht, und klick, da ist auch schon das Foto vom Friedensnobelpreisträger 2002 in seinem Schaukelstuhl.

Ich bin derart erleichtert, dass ich mich danach gerne auf ein längeres Fachgespräch über Fotokameras einlasse. Auf seinem Computer öffnet mir der Ex-Präsident zudem virtuelle Familienalben und ich erhalte Einblicke in die jüngsten Reisen mit seiner Frau Rosalynn. Wir arbeiten uns durch mehrere Urlaube, ich muss meine fachmännische Einschätzung abgeben. Schließlich signiert der Hobby-Fotograf mir ein kleines Büchlein – seine Nobelpreis-Rede.

Darin spricht er über den Traum von Martin Luther King Jr., wie er selbst aus Georgia stammend. Er sei die „bedeutendste Führungspersönlichkeit, die mein Heimatstaat je hervorgebracht hat".

Seinen eigenen Traum formuliert Carter so:

„[...] Allen theologischen Differenzen zum Trotz zeichnen sich alle Weltreligionen durch gemeinsame Überzeugungen aus, die unsere idealen weltlichen Beziehungen in ähnlicher Weise formulieren. Ich bin überzeugt, dass Christen, Muslime, Buddhisten, Hindus, Juden sich die Hand reichen können, um vereint menschliches Leid zu lindern und sich für den Frieden einzusetzen. [...] Das Band, das uns als Menschen verbindet, ist stärker als alle Unterschiede, die auf unseren Ängsten und Vorurteilen beruhen."

G ottesdienst am frühen Sonntagmorgen. Das ist nicht ganz mein Fall. Auch Marius und Romney sind nicht gerade Kirchgänger. Aber heute, wenige Wochen nach meiner Australia-to-Atlanta-via-L. A.-Reise, verlassen wir gerne in aller Herrgottsfrühe das südafrikanische Urlaubsdomizil meiner Freunde in Clifton mit dem Ziel St. George's Anglican Cathedral. **Erzbischof Tutu** an seinem ehemaligen Arbeitsplatz zu sehen, das wollen wir uns nicht entgehen lassen. Glücklich finden wir hier mitten in der City von Kapstadt noch einen freien Parkplatz, betreten erwartungsvoll den Sandsteinbau und setzen uns in eine der mittleren Stuhlreihen.

Tutu schwebt in einer weißen Soutane in die Kirche. Der göttliche Laden ist heute randvoll. Sportlicher Besuch: Im Rahmen der „South African tour of talented young indigenous Australian footballers" empfängt der Erzbischof die Teams der „All-aboriginal juniors side" von der Clontarf Foundations Clontarf Football Academy, angeführt von zwei großen ehemaligen AFL-Stars, Michael Long und Adam Goodes.

... und vergib auch den Parksündern ...

Der Geistliche begrüßt sie erfreut noch vor der Messe, die den Abschluss ihres Aufenthalts in Südafrika bildet. Wie erwartet, haben die Jungs aus Australien die südafrikanischen Mannschaften besiegt. Dreimal darf man raten, wer am besten Australian Football spielt. Richtig. Australier. Wer den Unterschied zum American Football wissen will, sollte besser nach den Gemeinsamkeiten fragen: ellipsoide Ballform und Vollkörperkontakt.

Für American Football beginne ich mich erst zu begeistern, als ich anlässlich eines Dinners bei Stephanies Echo Foundation in Charlotte einen Ex-NFL-Star kennenlerne und später portraitiere: den Eigentümer der Carolina Panthers Jerry Richardson. Ein als Sportler und später als Firmenchef überaus erfolgreicher und zudem unglaublich warmherziger Mann. Ich freue mich sehr, als er 2014 den „Echo against indifference" verliehen bekommt.

Mit Australian Football nun komme ich hier in Tutus Kathedrale zum ersten Mal in Berührung. Footy, so der Kurzname des Spiels, ist in Australien Nationalsport, in Südafrika spielt man traditionell Rugby und Cricket.

Rugby – das Spiel der Weißen.

Nein, nicht mehr. Das Springbok-Emblem galt einst als eines der Symbole des Apartheid-Regimes. Bis zum Rugby-World-Cup 1995. Als Nelson Mandela vor dem Endspiel in Johannesburg das Spielfeld betritt, sind das keineswegs nur Schritte auf einem grünen Rasen. Die schwarze Bevölkerung Südafrikas ist es bis dato gewohnt, sogar die Gegner „ihres" Teams anzufeuern. Doch der Mann im Springbok-Trikot der Nationalmannschaft eint Südafrika über die Sportnation. Sicherer Indikator für die Größe von Menschen und Ereignissen ist Hollywood. Und da der Kinofilm „Invictus" (2009) mit Morgan Freeman als Nelson Mandela die Geschichte vom WM-Titel der Springboks gegen die favorisierten, ganz in Schwarz gekleideten All Blacks aus Neuseeland aufgreift, muss das auf dem Rasen damals wirklich mehr gewesen sein als bloßer Raumgewinn. Südafrikas „Springboks" gewinnen 1995 den Rugby World-Cup und 1998 und 2004 die Tri-Nations-Turniere gegen Australien und Neuseeland.

Wohl deshalb lenkt Desmond Tutu beim kleinen Begrüßungsplausch lieber auf Rugby und Cricket um.

„Schaut ihr nachher das Cricketspiel an?", will er von den jungen Football-Spielern wissen, und dann noch etwas anderes:

„Habt ihr euch denn schon nach ein paar netten Mädels umgesehen?"

Wie das so ist bei Teenies, erntet er Rumgedrucke.

Na, dann ist ja erst mal Zeit für eine Runde Gottesdienst. Es geht los. Die Messe ist gerade so richtig in Fahrt, die Orgel braust dank der wunderbaren Akustik mächtig ins Ohr, da versetzt den Erzbischof plötzlich etwas in Panik. Er reißt sich die Soutane über den Kopf:

„Bin gleich wieder da, ich muss schnell ein paar Münzen in die Parkuhr nachwerfen, sonst schleppen die mich wieder ab!"

Der kleine Parksünder stürzt aus dem Gotteshaus.

Wenige Minuten später ist die Sache erledigt, Tutu wieder in unschuldiges Weiß gehüllt, und es geht weiter, als hätte nur kurz ein Commercial die sakrale Handlung unterbrochen. Welch irdische Probleme! Der Erzbischof weiß eben, wo er Gnade erwarten kann und wo nicht. Ich schaue Marius an: Haben wir seiner Exzellenz etwa den letzten gebührenfreien Parkplatz geraubt? Vergebung bitte!

Parkuhr gefüttert – das Abendmahl kann beginnen. Ich wage mich vor, obwohl ich einen Wimpernschlag lang denke, der Erzbischof wird doch nicht ... nein, kein Ingwer-Bier im Kelch. Nach der Zeremonie entledigt sich Tutu der fleckempfindlichen hellen Arbeitskleidung, tauscht sie gegen ein dunkles Jackett mit Kreuz-Emblem auf Brusttasche und Schlips.

Er ist bald umringt von den jugendlichen Sportlern. Für die jungen Aborigines ist der Aufenthalt in Südafrika weit mehr als sportliches Kräftemessen. In ihrer Heimat nehmen sie sich als Minderheit wahr, von der Anpassung verlangt wird. Auf der Südafrika-Tour sollen sie Selbstbewusstsein tanken, durch den Sport und durch den Austausch mit anderen, die ebenfalls einen Kampf um Gleichberechtigung und Anerkennung ausfochten. Die Teenager haben Soweto besucht und auch Robben Island. In Soweto gibt es eine Straße, in der sowohl Nelson Mandela wie auch Desmond

Tutu eine Zeit lang gelebt haben. Robben Island ist glücklicherweise keine von Tutus Ex-Wohnadressen.

Der Erzbischof schwärmt jetzt von Evonne Goolagong und Cathy Freeman, die eine Ausnahme-Tennisspielerin in den Siebzigern, die andere 400-m-Goldmedaillengewinnerin von Olympia 2000 in Sydney, beide den Aborigines zugehörig.

Footy-Fan Tutu

Schließlich überreicht der Betreuer der Gruppe, Ex-AFL-Sportstar Michael Long, dem Erzbischof eine „Pille" samt Cappy. Tutu setzt die Kopfbedeckung gleich auf, und sie steht ihm phantastisch. Den Ball drückt er noch mal Long in die Hand, geht ein paar Schritte rückwärts. Pass kommt! Doch der Teufel steckt im ellipsoiden Form-Detail. Zwei Versuche, zwei Fehlschläge.

Nach der gescheiterten Demonstration seiner Fänger-Qualitäten muss der Gottesmann jetzt schleunigst zeigen, was er kann. Schnell ein Segen für die anstehenden Test Match Cricket Series:

„Möge das beste Team gewinnen ... unseres!"

Unter Tutus ansteckendem Lachen erzittert die Kirche wie zuvor nicht unter den Bässen der Orgel. Auch die Australier stimmen mit ein, bevor sie Revision einlegen.

Sonntags morgens um acht eine ganze Kathedrale voller Menschen glücklich zu machen – gesegnet ist, wer das kann.

***

Desmond Tutus Messe für die jungen Aborigines war nicht nur ein schöner Abschluss einer Wettkampftour, sondern auch ein von ihm bewusst gesetztes Zeichen. Noch immer werden auf der Welt Menschen wegen ihrer Abstammung benachteiligt. Die indigenen Völker gehören dazu, ob in Afrika, Amerika oder Australien. Es gibt auch nach dem Ende der Apartheid in Südafrika kein Ausruhen für Desmond Tutu in seinem unermüdlichen Bestreben, in den Menschen die tiefe Überzeugung zu verankern, dass wir alle gleich sind, jeder Mensch die gleiche Achtung verdient. Warum sich das eigentlich von selbst versteht, erklärt Tutus Philosophie so:

„Umuntu ngumuntu ngabantu" oder

„A person is a person through other persons" oder auch

„Ich bin du und du bist ich"

– wie immer man es auch ausdrücken mag: Dass wir das Mensch-Sein durch andere Menschen lernen und erfahren, soll das heißen.

Desmond Tutu lebt Ubuntu, eine Philosophie der Nächstenliebe, die vom Gegenüber nichts wissen muss, als dass er Mit-Mensch ist. Ubuntu führt vor Augen, wo man wäre ohne andere: nirgends! Und so sind wir alle untrennbar miteinander verbunden, Teile eines wunderbaren Ganzen, des gemeinsamen Mensch-Seins. Ubuntu reicht so weit, wie menschliches Zusammenleben reicht, also gibt es in der Nelson-Mandela-Stiftung Ubuntu-Sessions auch zum Thema „Gender dynamics" (dt. Geschlechterdynamik) oder „Are South African Youth Creating a Legacy?" (dt. Schafft die südafrikanische Jugend ein dauerhaftes Vermächtnis?)

Eine Philosophie für das gemeinsame Mensch-Sein muss natürlich die Grenzen Südafrikas überschreiten und tut es auch. Sie hat überall Fans. Jimmy Carters Nobelpreis-Rede klingt bereits danach, und als Mitglied des 2007 durch Nelson Mandela gegründeten Vereins „The Elders", dem auch Desmond Tutu angehört, ist er dieser Sache sowieso zwangsläufig auf der Spur. „The Elders" sind Elder Statesmen/-women, die im politischen Weltgeschehen ein Wort einlegen und zur Konfliktbeilegung beitragen wollen. Dass es mit dem „Gutes tun im Amt" ungleich schwieriger ist als mit dem „Gutes tun nach dem Amt", zeigt die Aufnahmevoraussetzung, eben kein öffentliches Amt (mehr) zu bekleiden.

Ein weiterer Ex-US-Präsident hat sich ganz ausdrücklich Ubuntu verschrieben: Bill Clinton. Er beschreibt die Philosophie für seine „Clinton Foundation" so: „Ubuntu bedeutet für uns, dass die Welt zu klein, unsere Weisheit zu begrenzt und unsere Zeit auf Erden zu kurz ist, um nur eine Sekunde darauf zu verschwenden, flüchtige Siege auf Kosten anderer zu erringen. Wir müssen jetzt einen Weg finden, gemeinsam zu triumphieren."

„Wir" sind natürlich eine Gemeinschaft von Einzelnen. Also fängt Ubuntu bei der einzelnen Person an. Wer eine „Person mit Ubuntu" ist, erklärt Erzbischof Tutu am besten selbst:

> *„Eine Person mit Ubuntu ist offen und für andere da. Sie bestärkt andere, ohne sich von deren Fähigkeiten und Leistungen bedroht zu fühlen. Diese Selbstsicherheit schöpft sie aus dem Wissen, dass sie Teil eines großen Ganzen ist und sie selbst herabgesetzt wird, wenn andere gedemütigt oder herabgesetzt, gefoltert oder unterdrückt werden."*

Unser Dienstmädchen hieß Liddy. Eines Nachts, ich war vielleicht elf oder zwölf, machte die Polizei eine Alkoholrazzia. Schwarze durften keinen Alkohol besitzen. Sie durchwühlten Liddys Zimmer, zogen alle Schubladen aus der Kommode, stürzten das Bett um. Sie fanden nichts. Liddy saß schluchzend inmitten des Chaos. Es war schlimm, sie so gedemütigt zu sehen."

Das Erlebnis hat sich fest in **Nadine Gordimers** Erinnerung eingegraben. Der Wunsch, Schriftstellerin zu werden, wäre wohl nie in der Literatur-Nobelpreisträgerin geweckt worden, wäre sie als schwarzes und nicht als weißes Mädchen in Springs bei Johannesburg aufgewachsen. Wer schreiben will, muss erst „lesen, lesen, lesen", weiß Gordimer, und als sie in den 1930er-Jahren in der örtlichen Bibliothek liest, liest und liest, haben Schwarze dort keinen Zutritt. Dass „Apartheid" zum zentralen Thema ihres literarischen Schaffens wird, hat sich Nadine Gordimer nicht ausgesucht, wenn man ihren Worten folgt, dass ein Autor von seinem Thema ausgewählt wird, nicht umgekehrt. Gordimers Freund Günter Grass hat in seinem Nobelpreis-Vortrag in Stockholm 1999 dasselbe behauptet. Das Erlebnis mit dem Hausmädchen wird bei Gordimer der Zeitpunkt gewesen sein, als das Thema seine Wahl traf.

Die „Stimme Südafrikas" – dieses Label verpasst jeder, der ihm je lauschte, zwar sofort Desmond Tutu, es gehört aber eigentlich zu Nadine Gordimer, die 1991 mit dem Nobelpreis in der Sparte Literatur ausgezeichnet wird. Sie ist eine zarte Person, eine sensible Erzählerin, aber eine unerschrockene Frau. Ihre Stimme kommt nicht aus dem Exil, sondern immer aus Südafrika; sie unterstützt den ANC, als der noch Untergrundorganisation ist, verhilft verfolgten Schwarzen zur Flucht.

Aus den Werken der Schriftstellerin erfährt ein Häftling auf Robben Island „eine Menge über die Einfühlsamkeit der liberalen Weißen", wie er später sagen wird. Das Bild, wie Nadine Gordimer nach Mandelas Freilassung mit ihm – beide die rechte Faust in die Höhe reckend – die Nationalhymne singt, geht um die Welt. Gordimer hat den Kampf gegen die Apartheid mit Worten geführt, mit treffenden Bildern und winzigen Details in persönlichen Schicksalen und Familiengeschichten. Wer Vorbild für den weißen Lionel Burger in „Burgers Tochter" ist, verschweigt sie damals, dennoch kann der Roman über eine gegen den Rassismus kämpfende Familie in ihrem Heimatland erst nach weltweiten Protesten gegen ein Publikationsverbot – unter anderem von Literatur-Nobelpreisträger Heinrich Böll – erscheinen.

Die Figur zeichnet ihren Freund, Rechtsanwalt Abram (Bram) Fischer, einen jener „Menschen von so außerordentlichem Mut, Weisheit und Großmut, dass ihresgleichen vielleicht niemals mehr zu finden sein werden". So beschreibt ihn Nelson Mandela in seiner Autobiografie. Bram Fischer war einer seiner Verteidiger im Rivonia-Prozess. Ihm hat er es zu verdanken, dass, vor allem durch die Schaffung öffentlichen Interesses an dem Prozess, aus der eigentlich sicheren Todesstrafe eine Haftstrafe wurde. Der Anwalt bezahlte seinen unermüdlichen, später im Untergrund geführten Einsatz gegen die Apartheid ebenfalls mit Gefängnis, erkrankte dort unheilbar an Krebs.

Fischer hat in den Augen Mandelas „das größte aller Opfer" gebracht. Er selbst habe immer Kraft geschöpft aus der Tatsache, für sein eigenes Volk und für seine Interessen zu kämpfen; jener Mann aber gehörte eigentlich zu den Privilegierten, er kämpfte gegen sein eigenes Volk, um ein anderes in die Freiheit zu führen. Seit November 2012 heißt ein Flughafen in Südafrika Bram Fischer International Airport (BFN).

Auch Nadine Gordimer, Tochter eines litauischen Einwanderers und einer Engländerin, beide Juden, wächst als privilegierte Weiße auf. Der Vater ist Juwelier, die Schwarzen schuften in den Goldminen.

Ich habe die Literatin bereits zitiert mit ihrer schönen Metapher über die Vergangenheit, die jeder in seiner DNA trägt.

Als ich im Frühjahr 2005 höre, dass Gordimer nach Deutschland kommt, arrangiere ich einen Fototermin, denn ich habe zwar einige Aufnahmen von ihr aus Stockholm, aber noch kein echtes Portrait. Die meisten Fotos, die ich 2001 bei der 100-Jahr-Feier machte, zeigen Nadine Gordimer zusammen mit Günter Grass. Erst dort erfuhr ich, dass die beiden 1997 im Hamburger Thalia Theater Grass' Siebzigsten gefeiert hatten und es neben dem Nobelpreis auch noch ganz andere Verbindungslinien ihrer beider Leben gibt. Wie später Grass hatte auch Gordimers Ehemann, der jüdische Kunsthändler Reinhold Cassirer, der in den dreißiger Jahren aus Berlin nach Südafrika emigrierte, freundschaftlichen Kontakt zu Golo Mann. Zur „Grass-Beichte" wird Gordimer Jahre später sagen, dass der Deutsche keine andere Wahl gehabt habe, damals als Siebzehnjähriger. Und geschwiegen habe er wahrlich nicht, man lese nur seine Bücher aufmerksam.

Ich treffe mich mit Nadine Gordimer auf Schloss Neuhardenberg. Der Schlossbau, an dem Big Names wie Karl Friedrich Schinkel und Brandenburger-Tor-Konstrukteur Carl Gotthard Langhans mitgewirkt haben, liegt östlich von Berlin, etwa 30 Kilometer vor der polnischen Grenze. Das Anwesen wird heute als Hotel und für Kulturveranstaltungen genutzt.

Schloss Neuhardenberg war auch Station eines „langen Weges". Im Standardwerk von Joachim Fest „Staatsstreich – Der lange Weg zum 20. Juli" finden sich der schon erwähnte Erwin Planck und der damalige Schlossherr Carl-Hans Graf von Hardenberg als zwei Mitverschwörer des Stauffenberg-Attentats. Planck wurde hingerichtet, Graf von Hardenberg überlebte die KZ-Haft. Auf Schloss Neuhardenberg fand manches konspirative Treffen statt, wurden offene Worte gesprochen. Der Ort eines Aufstands des Gewissens.

Ein passender Rahmen für Nadine Gordimer. Sie ist zu einer Diskussion eingeladen: „Der Intellektuelle in der Politik" soll Thema sein. Einen Tag bevor es darum gehen wird, erwartet mich die Literatur-Nobelpreisträgerin in der Bibliothek.

Der lange Weg zum 20. Juli scheiterte am Ende, Hitler überlebte das Attentat, das Morden ging weiter. Mandelas langer Weg führte irgendwann zum Ziel; das Apartheid-Regime ist überwunden. Braucht es nun noch die „Stimme Südafrikas"?

Ich lerne an diesem Nachmittag, dass Nadine Gordimer mit dem Machtwechsel 1993 kein Thema abhanden gekommen ist. Das liegt an vielem, vor allem aber an der „Vergangenheit in der DNA". Die 20.-Juli-Verschwörer haben lange an dem Entwurf eines Plans für „danach" gearbeitet, für die Zeit nach der Machtübernahme, zu der es dann gar nicht kam. Die Kämpfer gegen das Apartheid-Regime hätten so viel Kraft gebraucht, dieses zu überwinden, sagt Gordimer, dass keine Zeit gewesen sei, sich über ein Danach Gedanken zu machen. Ja, und es sei so traurig wie leider menschlich, dass viele Mit-Kämpfer nach den Zeiten der Entbehrungen der Verlockung erlägen, sich nun die Taschen vollzumachen.

Tragisch, der Betrug am eigenen Leben;

Betrug an dem, wofür sie einmal aufstanden, bedauert die Südafrikanerin. „Korruption" habe „Apartheid" als zentrales Problem abgelöst. Gewalt, Flüchtlingszuströme, ungleiche Lebenschancen, die große Kluft zwischen Arm und Reich, die Bildungsmisere, Kriminalität und Drogenprobleme – es gebe viele, viele Enttäuschte und Desillusionierte. Menschen, die das Land brauche und die es nun verließen.

Was sie sagt, könnte man echauffiert vortragen, mit sich überschlagender Stimme, anklagend und händeringend. Doch Nadine Gordimer spricht unaufgeregt. Wir sitzen bei einem Tee zusammen, und die Leserin und Schriftstellerin fühlt sich zwischen den Bücherwänden der Bibliothek offenbar sehr wohl. Die Fotos entstehen wie nebenbei.

Ich wähle später zwei Aufnahmen aus und überlasse der Portraitierten die Entscheidung:

„Oh, bitte das Bild mit der Teetasse", kommt postwendend die Antwort aus Johannesburg. Ein bisschen ist die Pose das weibliche Gegenstück zum Portrait von Joseph Rotblat. Auch Nadine Gordimer sitzt beim Tee, die Tasse in der Hand haltend, und sieht mich über die rechte Schulter aufmerksam an. Ein Hauch von Angriffslust liegt in ihrem Blick wie bei Rotblat, aber ohne dessen keckes Lächeln, damenhafter, wenngleich genauso entschlossen.

„Sagt es! Was daraus geworden ist!" – Nadine Gordimer

Deutliche Worte findet Nadine Gordimer in ihrem Buch „Keine Zeit wie diese", einer schonungslosen Bestandsaufnahme des „Danach". In ihren Werken liebt die Literatur-Nobelpreisträgerin das offene Ende. Ihr letzter Roman geht dem so entgegen:

„UBUNTU: Eins der afrikanischen Wörter, die wir alle kennen, egal, welche Farbe – wir wissen, dass es irgendwas heißt wie: Wir sind alle gleich. Sagt es! Was daraus geworden ist."

Ubuntu verlangt, Unrecht und Unterdrückung beim Namen zu nennen, egal, von wo oder von wem es ausgeht.

„Ein Schriftsteller dient der Menschheit nur dann, wenn er das Wort entgegen seinen oder ihren eigenen Loyalitäten einsetzt", sagte Nadine Gordimer in ihrer Nobelpreis-Rede.

Einem Ubuntu-Menschen, der schon in der kleinen Nadine steckte, wie das „Liddy"-Erlebnis zeigt, geht es nicht um die „Schwarzen" und die „Weißen", es geht um Menschlichkeit im Umgang aller miteinander. Mandela resümierte bereits im Rivonia-Prozess: „Mein ganzes Leben habe ich dem Kampf des afrikanischen Volkes gewidmet. Ich habe gegen die Herrschaft der Weißen gekämpft, und ich habe gegen die Herrschaft der Schwarzen gekämpft."

Die Farbe des Stiefels, der einen tritt, ist irrelevant – so drückte es Wole Soyinka einmal aus.

***

Das gemeinsame Mensch-Sein trotz aller wunderbaren Unterschiedlichkeit – es könnte so aufregend sein! Doch daran, dass unsere Spezies der aufrecht gehenden Weltbewohner sich auf die Menschlichkeit und das gemeinsame Mensch-Sein besinnt, um Rotblats, Einsteins und Russells Paradies auf Erden zu erschaffen, hat Nadine Gordimer am Ende ihres Lebens nicht mehr glauben können. Ein gutes Jahr nach unserem Treffen wird die Dreiundachtzigjährige in ihrem Haus überfallen und beraubt; die schwarzen Jugendlichen sperren sie in eine Kammer. Ihr Kommentar: „Dass junge Leute nichts Besseres zu tun haben, als alte Frauen zu überfallen." Sie findet Gründe: die Bildungsmisere und ungleiche Lebenschancen – neue Begriffe für alte Trennlinien.

Je weiter die Schere auseinanderklafft, je mehr „uns" trennt, desto stärker gerät das gemeinsame Mensch-Sein in Vergessenheit, und es wird immer schwieriger, über alle Gräben und Mauern hinweg zum Miteinander zurückzufinden. Und wie das dann endet, hat Nadine Gordimer in einer Gute-Nacht-Geschichte erzählt, die sie lange vor dem Überfall schrieb und die nicht wirklich eine ist:

Dort geht es um die immer paranoidere Züge annehmende Absicherung eines Anwesens in einem von Weißen bewohnten „Reichenviertel" gegen schwarze Kriminelle. Ein Leben in der „Gated Community". Die keineswegs als rassistisch geschilderte Familie gerät in eine unheilvolle Spirale, in die die enge Nachbarschaft von Arm und Reich scheinbar unausweichlich hineinzwingt. Immer höhere Mauern werden um den Besitz gezogen, immer ausgeklügeltere Sicherheitsmechanismen kommen zum Einsatz. Irgendwann würde ein Eindringling beim Versuch, die Mauer zu überwinden, unausweichlich in eine mit Messerklingen ausgekleidete Spalte hineinrutschen. Das effektive Schutzsystem, das den bösen Kriminellen dann zuverlässig portionieren wird, heißt „Dragon Teeth".

Nadine Gordimer lässt dem Leser keine Chance zur Flucht vor dem Entsetzen. Sie bettet das Ganze in die sanftseichte Diktion einer Gute-Nacht-Geschichte. Es geht im Märchenstil um „einen Mann, eine Frau und ihren kleinen Jungen". Eines Tages liest die Mutter dem Sohn „Dornröschen" vor. Die Stelle, als der Prinz die Mauer hochklettert, um die Schlafende wachzuküssen, findet der Junge besonders spannend. Am nächsten Tag kommt ihm im Garten die Idee, die Kletterszene nachzuspielen.

Die Geschichte endet sehr blutig und ganz ohne den Auftritt von kriminellen Schwarzen.

Gordimer tauft sie „Es war einmal".

VON DILI ÜBER HAVANNA
INS WEISSE HAUS

PROLOG

Es war einmal ein kleines Krokodilbaby, das lebte irgendwo in den Sümpfen in einem fernen Land. Es wollte unbedingt ein großes, mächtiges Krokodil werden. Doch das Futter war knapp, und das Krokodil wuchs nicht.
Da wollte es von den Sümpfen den Weg ins offene Meer suchen, um dort Nahrung zu finden. Die Sonne brannte vom Himmel, es war sehr heiß, und das Krokodil begann auszutrocknen. Es wurde auf dem Weg zur Küste schwächer und schwächer, und schließlich konnte es nicht weiter. Als irgendwann seine ganze Lebenskraft entwich und es sich hinlegte zu sterben, da fand es ein kleiner Junge, der am Strand spielte. Er hob das kleine Krokodil hoch und trug es zum Meer. Umspült vom Meereswasser, erholte sich das Krokodil und war sehr froh und dankbar. „Du hast mir das Leben gerettet", sprach es zu dem Jungen. „Wenn ich dir eines Tages helfen kann, dann komme hierher und rufe nach mir, dann will ich es gerne tun."
Und es kam der Tag, an dem der kleine Junge aufs Meer hinaus nach dem Krokodil rief. Wie versprochen, erschien das Krokodil, und der Junge hatte einen Wunsch:
„Bitte, ich möchte die Welt sehen."
„Dann setz dich auf meinen Rücken und sag mir, wo ich hinschwimmen soll."

Der Junge tat, wie ihm geheißen:
„Folge der Sonne!", gab er die Richtung an.
Und so schwamm das Krokodil nach Osten. Immer weiter und weiter. Die beiden durchquerten Meere und Ozeane, und die Reise dauerte viele Jahre. Irgendwann wurde das Krokodil alt und fühlte, dass es sterben würde. Und es sprach zu dem Jungen: „Mein Bruder, wir sind lange zusammen gereist. Für mich ist die Reise nun zu Ende. Ich werde sterben, und im Gedenken daran, dass du mir einst das Leben rettetest, werde ich mich in eine Insel verwandeln, auf der du und deine Kinder leben sollen, bis die Sonne für immer im Meer versinkt. Und als die Zeit gekommen war und das Krokodil starb, da wuchs und wuchs es, und aus seinem hornigen Panzer wurden die Berge und Hügel einer herrlichen Insel. Der Junge hatte viele Nachkommen, und sie erbten von ihm seine Güte und Herzenswärme.

Ich habe einen ganz besonders wunderbaren Nachkommen des Jungen kennengelernt. Sein Traum ist es, ein Kinderbuch zu schreiben und allen Kindern dieser Welt diese Legende über die Entstehung seiner Heimat und über Freundschaft, wo sie unmöglich scheint, zu erzählen.

Die Geschichte dieses Mannes, der das besetzte Ost-Timor in die Demokratische Republik Timor-Leste verwandelte, ist selbst unglaublich und märchenhaft.

So wunderbar wie Märchen. So grausam wie Märchen.

Mich brachte der mutige Kämpfer für die Freundschaft aller Menschen an viele Orte dieser Welt. Dabei habe ich ihm weder das Leben gerettet, noch steht er sonst in meiner Schuld. Im Gegenteil: Seit dem Tag, als ich ihn auf der Insel des schlafenden Krokodils besuchte, stehe ich in seiner.

EPISODEN

Ramos-Hortas Insel des schlafenden Krokodils
García Márquez' meditierender Papagei
McFadden und **Heckman** auf dem grünen Kaiman
¿**Pérez Esquivel?** ¡Sí, sí! / Fotógrafo Internacionale do
Presidente **Ramos-Horta** / Post von **Obama**: Yes, we can do it!
Ramos-Hortas Oktoberfest bei Bismarck

Herbst im Jahr 2003. Ein Fototermin in Deutschland, allerdings kein deutscher Nobelpreisträger. Ich bin in Köln und streife auf der Anuga, der weltgrößten Nahrungs- und Genussmittelmesse, an zu Kunstwerken aufgetürmten exotischen Früchten, effektvoll drapierten Schokoladen und herrlich duftenden Gewürzen vorbei. Eine offensichtlich in der Landestracht des Ausstellerlandes gewandete Dame bietet mir von einem bunten Obstteller an. Ich picke mit einem Holzspießchen ein Kiwistück, nicke dankend und arbeite mich weiter vor zu einer kleinen Kaffee-Präsentation. Es geht um Arabica-Kaffee aus Timor-Leste. „Die haben beschissen guten Kaffee!", hatte mir jemand gesagt und dabei verschmitzt gelächelt. Den näheren Sinn des etwas derben verbalen Gütesiegels verstehe ich damals noch nicht. Wie ich 2003 ohnehin nicht besonders viel weiß von dieser Insel, die auf der Landkarte über Australien im Indischen Ozean liegt. Ost-Timor war lange portugiesische Kolonie, bevor sich 1975 Indonesien, zu dem bereits West-Timor (die andere Hälfte der Insel) gehört, das Land als 27. Provinz einverleibt. Es folgen 24 blutige Jahre der Okkupation. Die Bewohner des kleinen Fleckens Erde, etwa so groß wie das deutsche Schleswig-Holstein oder der US-Bundesstaat Connecticut, kämpfen gegen die Besatzungsmacht, geben ihr Streben nach Unabhängigkeit nie auf. Ein Viertel der Bevölkerung kommt um. Die letzten Schritte nach dem Unabhängigkeitsreferendum 1999, das eine Zerstörungswelle durch pro-indonesische Milizen und Soldaten auslöst, müssen Friedenstruppen der Vereinten Nationen absichern, bis schließlich am 20. Mai 2002 die Demokratische Republik Timor-Leste als jüngste Demokratie des 21. Jahrhunderts das Licht der Welt erblickt. Stabile Verhältnisse sind auch jetzt, ein gutes Jahr nach der Unabhängigkeit, nicht erreicht. Das schwere, konfliktträchtige Erbe aus der Besatzungszeit, außerdem Streit über den Umgang mit Menschenrechtsverletzungen und Verbrechen verhindern eine umfassende Befriedung der Region.

Zwischen den Kaffeesäckchen für sein Land im Einsatz ist der Außenminister, kein Geringerer als Friedensnobelpreisträger **José Manuel Ramos-Horta**. Als zentrale Figur des Unabhängigkeitskampfes war er 1975 schon einmal Außenminister einer von der Freiheits-Partei FRETILIN ausgerufenen Demokratischen Republik Ost-Timor. Da ist er fünfundzwanzig Jahre alt, und es sind nur wenige Tage bis zur indonesischen Invasion. Ramos-Horta ist außer Landes und versucht, die Aufmerksamkeit der Weltgemeinschaft auf den winzigen (hälftigen) Inselstaat zu lenken. Doch Indonesien hat weltpolitisch Gewicht. Das Ziel der Unabhängigkeit und den Traum von einem friedlichen Zusammenleben mit den Nachbarn sowie aller Ethnien und Bevölkerungsgruppen verfolgt Ramos-Horta dennoch unermüdlich weiter, stets gewaltfrei. 1996 erhält er den Friedensnobelpreis, zusammen mit seinem Landsmann Bischof Carlos Filipe Ximenes Belo. Das Nobelkomitee gibt der

Hoffnung Ausdruck, damit einer diplomatischen Lösung des Timor-Konflikts Vorschub zu leisten. Tatsächlich öffnen sich dann endlich viele Türen und Ohren.

Als mir José Ramos-Horta zum ersten Mal die Hand gibt, spüre ich unmittelbar neben der Hochachtung, die ich bei jedem Handschlag mit einem Nobelpreisträger empfinde, noch etwas anderes. Warum das so ist, kann ich mir nicht erklären. Noch bin ich nicht im Entferntesten in der Lage, zu ermessen, was dieser Mann, der mir so in sich ruhend vorkommt, tatsächlich geleistet und bewegt hat in seinem Leben. Heute weiß ich, was das für ein Gefühl war bei unserem ersten Aufeinandertreffen. Es ist die Prise „Mehr", die man empfindet, wenn man einem Menschen begegnet, der einem einmal etwas bedeuten wird.

An jenem Herbsttag auf der Nahrungsmittelmesse in Köln mache ich noch kein Foto von dem besonderen Menschen, der José Ramos-Horta für mich noch werden wird, sondern von dem, der er für die Welt da schon ist. Dass ich den Friedensnobelpreisträger wenige Jahre später sehr viel näher kennenlernen darf, verdanke ich seiner „Kollegin" Aung San Suu Kyi.

***

Wie Ramos-Horta in Timor-Leste spielt auch Aung San Suu Kyi eine zentrale Rolle im Demokratisierungsprozess ihrer Heimat, dem süd-ostasiatischen Birma, seit 1989 offiziell Myanmar. Sie bekämpft die Militärregierung gewaltfrei, die Militärregierung bekämpft Aung San Suu Kyi mit Gefängnis und Hausarrest. 1991 wird sie mit dem Friedensnobelpreis ausgezeichnet. Im Herbst 2006 kehre ich niedergeschlagen von einer spektakulären Reise nach Rangun zurück, auf der ich versucht habe, zu ihr vorzudringen. Dazu ausführlich später.

Ich habe das „Projekt Aung San Suu Kyi" nach dem Fehlschlag also gerade zurückgestellt, wie es so schön heißt, wenn man sich mit der Aussichtslosigkeit eines Unterfangens noch nicht anfreunden mag, da kontaktiert mich Nikolaus Turner aus Lindau und mailt mir einen Zeitungsartikel über José Ramos-Horta, der seit dem 10. Juli 2006 Premierminister seines Landes ist. Dort ist zu lesen, dass er in seiner Antrittsrede als Regierungschef Aung San Suu Kyi erwähnte. Ich habe verfolgt, dass Ramos-Horta mehrfach öffentlich dazu aufgerufen hat, die internationale Staatengemeinschaft möge sich vehementer für ihre Freilassung einsetzen. Nun hatte er in seiner weltweit Gehör findenden Ansprache darauf verwiesen, dass ein Foto der Friedensnobelpreisträgerin seinen Schreibtisch ziere, er regiere gewissermaßen „mit ihr" und offiziellen Besuchern teile er auf diese Weise sein Anliegen mit.

Es fällt klar unter die Rubrik „Notlösung", ist aber immerhin eine, die es mir ermöglicht, die großartige Frau mit einem kleinen Trick in das Projekt zu integrieren: ein Foto des Fotos auf dem Schreibtisch des Friedensnobelpreis-„Kollegen" José Ramos-Horta.

Also auf in die Demokratische Republik Timor-Leste!

Ich bekomme die Kontaktdaten von einer Australierin, die für Ramos-Horta arbeitet. Meine Versuche, mit der Dame in Dili, der Hauptstadt des Staates, einen Besuchstermin zu vereinbaren, sind recht zermürbend, denn die Zeitverschiebung zu Deutschland ist extrem ungünstig. Ich stelle mir regelmäßig den Wecker auf 2 Uhr nachts, damit ich um 11 Uhr morgens jemanden in Dili im Büro erwische. Es kostet mich einigen Schlaf und viele Anrufe, bis endlich ein Termin gefunden ist: Der 1. Januar 2007.

***

Am 30. Dezember 2006 fliege ich in Berlin los. Vor mir eine Strecke von über 12.000 km, die ich mit dem ersten Flug nach Frankfurt und damit in süd-westliche Richtung noch nicht verkürzen kann. Von Frankfurt trägt mich der Flieger bis Singapur, schließlich lande ich am 31. Dezember 2006 in Denpasar auf Bali. Von dort soll es nach dem Jahreswechsel weiter nach Dili gehen. Silvester also auf Bali. Das scheint sehr beliebt, denn ich hatte vor Reiseantritt enorme Schwierigkeiten, ein Hotelzimmer zu buchen. Mir blieb, zwanzig Minuten vom Flughafen, ein Zimmer im Club Bali Mirage. Das All-inclusive-Hotel liegt am herrlichen Strand, und mit weniger Gästen hätte es mir sicher sehr gut gefallen. Aber es ist voll. Übervoll. Ausgebucht mit Deutschen und Engländern jener Sorte, die sich schon das ganze Jahr auf eines freuen: „Party machen auf Bali".

Der Startschuss für die Silvesterfeier ist längst abgefeuert, und alles, was da kommen soll, wird bereits am Nachmittag derart begossen, dass ich sicher bin, dass niemand je seinen Enkeln von der Sause zum Jahreswechsel 2006/2007 wird berichten können. Erinnerung Fehlanzeige. Nein, ich bin nicht spießig. Ich mag aber nun mal das gemächliche Anfluten und die langsam ansteigende Feierlaune einer Stimmung aufnehmenden Party. Am fortgeschrittenen Silvesterabend kämpfe ich mich durch Dutzende Arme, die mir einladend Bierflaschen vor das Gesicht halten, an den Strand. Im Vollbesitz meiner Wahrnehmungsfähigkeiten spüre ich den warmen Sand zwischen meinen Zehen und spaziere erwartungsfroh – und viel früher als meine deutschen Freunde – in das neue Jahr. Das Feuerwerk über dem Meer genieße ich still, traditionsgemäß zu dieser mitternächtlichen Stunde über das vergangene Jahr nachdenkend und gute Vorsätze für das neue fassend. Ich brauche keinen Alkohol, um mich schon einige Tage später an keinen einzigen Vorsatz mehr zu erinnern. Aber ich würde jederzeit behaupten, dass das Fassen von Vorsätzen beinahe so wichtig ist, wie sie zu halten. Beinahe.

Auf dem Weg zurück in mein Hotelzimmer steige ich über unzählige am Boden kauernde Leiber, die der Fusel sicherlich weit vor Mitternacht in die Knie gezwungen hat. Die Glücklichen schlafen bereits, die weniger Glücklichen lallen sich und mir ein nervtötendes Schlafliedchen. Das hält mich noch eine Weile wach. Eigentlich ist das Hotelzimmer rausgeschmissenes Geld. Hoffentlich falle ich morgen nicht in einem Sessel vor dem Büro des Premierministers auf meine Audienz wartend in tiefen Schlaf.

Dann, am 1. Januar 2007 vormittags, ist es endlich so weit: Flughafen Presidente Nicolau Lobato International Airport, Dili, Timor-Leste. Ein kleiner Flughafen, fast pittoresk im Landes-Stil mit einem der typischen steilen Dächlein. Emsiges Personal. Visum-Check, Zoll – alles läuft reibungslos.

Die australische Mitarbeiterin des Premiers holt mich am Flughafen ab.

Es ist Liebe auf den ersten Blick.

Nein, nicht zu der Australierin, ich verliebe mich schon auf der Fahrt zum Gouverneurspalast, dem Amtssitz des Premierministers, in dieses Land. Wie geht das? Die Straßen Dilis offenbaren überdeutlich, was hier unlängst stattgefunden hat. Neben Hütten und flachen, einfachen Häusern säumen von Kämpfen und Verwüstungen zeugende Ruinen den Weg. Noch sind keine Schönheiten des Landes sichtbar, nur die Armut der Bevölkerung. Aber Liebe auf den ersten Blick ist nun mal Liebe auf den ersten Blick. Ihre Gründe kann man nicht in Worte fassen, sie ist einfach da – unerklärlich und Besitz ergreifend. Gegenwehr zwecklos. Gebannt schaue ich aus dem Wagenfenster. Unter großen Sonnenschirmen sitzt Händler an Händler am Straßenrand. Vor allem Obst und landestypische Holzschnitzereien werden feilgeboten. Je näher wir unserem Ziel kommen, umso ansehnlicher werden die Gebäude. Schließlich ein langgestreckter, strahlend weißer doppelstöckiger Bau mit palmgrünem Walmdach und offener Galerie auf beiden Ebenen. Davor eine kleine Parkanlage mit einer Statue; Heinrich der Seefahrer, wie ich später erfahre. Das Gebäude, in den 1950er-Jahren als Amtssitz des portugiesischen Gouverneurs im Kolonialstil erbaut, wurde in der Zeit der UN-Verwaltung von administrativen Kräften genutzt und ist nun Regierungssitz.

Ich muss glücklicherweise gar nicht in einem zum Nickerchen verführenden Sessel warten, werde sogleich vorgelassen. Ohnehin bin ich viel zu aufgeregt, um Müdigkeit zu verspüren. Premierminister Ramos-Horta empfängt mich, als sei ich hoher Besuch, dabei bin ich mir ziemlich sicher, dass er sich nicht an mich und unsere erste Begegnung auf der Anuga vor zwei Jahren erinnert. Jedenfalls mag er die Aufnahme von damals nicht besonders. Das liegt aber nur daran, dass er kurz nach unserem Fotoshoot damit begonnen hatte, seine Brille zu hassen, wie er mir zu meiner Erleichterung verrät. Mittlerweile ist das klobige Hornmodell einer filigraneren Sehhilfe mit randloser Fassung gewichen. Ramos-Horta führt mich durch die Amtszimmer, doch ein Foto von Aung San Suu Kyi kann ich nicht entdecken. „Ich habe es zuhause auf meinem privaten Schreibtisch", klärt er mich auf, „wir fahren später vorbei." Der Regierungschef nimmt mich mit in sein Privathaus? Großartig!

Am späten Nachmittag sitze ich im SUV des Premiers, der vorne und hinten von zwei Begleitfahrzeugen abgesichert wird, und es geht die Uferstraße Dilis entlang. Eine Weile ist es still. Ich möchte dem Premier keine Konversation aufdrängen.

„Da, schauen Sie", lenkt Ramos-Horta meinen Blick mit der Hand in Richtung Meer: Vor uns liegt ein an Land gezogenes Holzschiff, „mit dem habe ich schon manchem Sturm getrotzt beim Umkreisen der Insel."

Horta der Seefahrer. Der Friedensnobelpreisträger beginnt von seinem Vater Francisco Horta zu erzählen. Von dem Portugiesen hat der Sohn das Rebellenblut.

Der Unteroffizier der portugiesischen Marine weigert sich im Spanischen Bürgerkrieg, die nationalistischen Putschisten zu unterstützen. Er will mit weiteren Meuterern gegen Franco kämpfen, wird aber gefasst und nach Portugiesisch-Timor verbannt. Während des Zweiten Weltkriegs kämpft er in der Schlacht um Timor auf Seiten der Alliierten mit australischen Verbänden gegen die japanischen Besatzer. Als Fransisco Horta nach Australien evakuiert wird, trifft er auf der Überfahrt auf die Timorerin Natalina Ramos Filipe. Sie ist erst dreizehn Jahre alt und hat bereits Furchtbares erlebt. Japaner metzelten ihr Dorf nieder, fast ihre gesamte Familie starb während des Krieges. Francisco Horta und Natalina Ramos werden ein Paar und haben zwölf Kinder.

„Er war ein sehr strenger Vater."

José Ramos-Horta blickt aufs Meer hinaus. Er wird sein geliebtes Schiff in späteren Jahren ausschlachten lassen, damit man das Holz verwerten kann. Die Fahrt endet im Robert F. Kennedy Boulevard. „Habe ich selbst so benannt", verrät Ramos-Horta. „Der Kennedy-Clan – diese Familie fasziniert mich!" Ich erfahre später Näheres:

Teenager José wird in der Klasse „der Amerikaner" genannt.

Der Dreizehnjährige schwärmt für John F. Kennedy, seine Ideen und Ideale. Alle Schulkameraden übermannt echte Trauer, als sie im November 1963 von Kennedys Ermordung erfahren. Viele haben nie ein Bild des US-Präsidenten gesehen, und doch dringt das, wofür dieser Mann steht, bis zu ihnen vor. „Frage nicht, was dein Land für dich tun kann, sondern, was du für dein Land tun kannst." Wie viele gibt es, die den berühmten Satz Kennedys derart übererfüllt haben wie „der Amerikaner"? 1980 – da ist Ramos-Horta bereits ständiger Vertreter der Freiheitspartei FRETILIN bei den Vereinten Nationen – wird er Ted Kennedy die Daumen halten, das Rennen um die

Präsidentschaftskandidatur der Demokraten gegen Jimmy Carter zu gewinnen. Vier Jahre zuvor verband Ramos-Horta mit dem Einzug des ehrgeizigen ehemaligen Marineoffiziers ins Weiße Haus noch große Hoffnungen, doch sie haben sich nicht erfüllt. Die Darstellungen des Gemetzels in Ost-Timor als alleinige Folge von kurzen Bürgerkriegen entsetzen Ramos-Horta, Waffenlieferungen an die Besatzungsmacht Indonesien noch mehr. Drei seiner Geschwister verlieren in dieser Zeit ihr Leben. Erst die Ära Clinton versöhnt José Ramos-Horta mit der Pazifik-Politik der Weltmacht. Wer den „Amerikaner" heute auf sein Verhältnis zu den USA anspricht, dem antwortet er:

„Clinton rief zur Rettung der Menschen in Ost-Timor auf und zeigte zudem, dass sich das Gute durchsetzt, wenn die USA ihre Macht dafür einsetzen. Nach Clintons mutiger Führungsrolle bin ich bereit, den USA alle Sünden der Vergangenheit zu verzeihen."

Das Privathaus Ramos-Hortas ist wunderschön. Er hat es selbst entworfen, im portugiesisch-indonesischen Stil mit reetgedecktem Dach. Den Innenhof dominieren zwei mächtige Palmen und akkurat bepflanzte Blumenkübel auf rot gefliester Steinterrasse. Erst bei späteren Besuchen sehe ich noch mehr von dem Anwesen. Besonders beeindruckt bin ich von einem Raum, der jeden „Schöner-Wohnen-Preis" gewinnen würde. Neben einer imposanten Kutsche kann man in Sitzgruppen aus Korbgeflecht Platz nehmen und Blickkontakt zu den Superstars aufnehmen, die Poster-groß von den Wänden aus unbehauenen Baumstämmen herunterschauen: Marilyn Monroe, James Dean, Humphrey Bogart, Che Guevara, John F. Kennedy und ... natürlich ... Elvis!

Hier in und um Ramos-Hortas Domizil wirkt alles idyllisch und friedlich. Dabei ist das gerade zu Ende gegangene Jahr 2006 die chaotischste Zeit seit der Demokratiegründung gewesen. Heftige Unruhen – ausgelöst durch desertierende

Soldaten – können die Verteidigungskräfte Timor-Lestes (F-FDTL) nicht dauerhaft niederschlagen. Im Gegenteil fressen sich die ethnischen und weltanschaulichen Auseinandersetzungen unter den Soldaten in die Zivilgesellschaft hinein. Die Kämpfe ziehen immer größere und brutalere Kreise. Unmut über Funktionsträger, die ehemals in den indonesischen Polizeiapparat integriert gewesen sind, nährt alte Konflikte. Wut und Traumata radikaler Unabhängigkeitskämpfer, die nicht in die neue Staatsarmee aufgenommen wurden, münden zudem in grausame Gewaltakte, die sich vor allem in Dili entladen, wo die rivalisierenden Bevölkerungsgruppen der verschiedenen Landesteile aufeinandertreffen. Ramos-Horta muss schließlich die Regierungen von Australien, Neuseeland, Portugal und Malaysia um Hilfe anrufen. Doch die Lage entspannt sich nicht. Zunächst auch nicht, als Premierminister Alkatiri Rücktrittsforderungen nachgibt und Ramos-Horta sein Nachfolger wird.

Seit September 2006 läuft eine neue UN-Mission, UNMIT, aber hier und da flammen immer wieder Kämpfe auf. Das ist mir zum Zeitpunkt meiner ersten Reise nach Dili alles bekannt, und ich habe die Flüchtlingscamps auf den Grünflächen gesehen, aber naiverweise mache ich mir keine richtige Vorstellung von der wirklichen Gefahr. Hätte man mir gesagt, dass nach Kämpfen nahe dem Flughafen Dili noch im vergangenen Oktober der Flugbetrieb eingestellt worden ist und der unberechenbare Rebellenführer Reinado nicht länger interniert, sondern flüchtig ist, wäre mir definitiv mulmiger. Oder doch nicht? Ich bin schon immer neugieriger gewesen als ängstlich. Bin ich manchmal leichtsinnig? Ja. Aber ich kann aus meiner Haut nicht heraus, ich mache mir über vieles Gedanken, aber nur selten darüber, dass mir etwas passieren könnte. Ein Unfall, eine Krankheit, ein Überfall, ein Unglück – solange keine akute Gefahrensituation aufkommt, kenne ich kein übermäßiges „Was-wäre-wenn"-Szenario in dieser Richtung. Vielleicht gehört das zur Berufsbeschreibung eines Weltreisenden dazu. Ich habe Bekannte, die brauchen Tage, um Garderobe und Reiseapotheke für einen Mallorca-Kurzurlaub zusammenzustellen. Kein Kommentar. Ich vertrage die Malaria-Prophylaxe nicht und bin auch hier in Dili ohne unterwegs. Malaria, Denguefieber, japanische Enzephalitis, Tollwut – ich habe da eine gewisse psychische Immunität. Auf einer der Tagungen in Lindau offenbare ich das einmal Peter Agre, und er erstellt mir eine kleine imaginäre Weltkarte, in welchen Gebieten Malaria-Schutz unerlässlich ist und wo es ohne geht. Agre ist der Direktor des Johns Hopkins Malaria Research Institute in Baltimore/Maryland, und sein Satz, dass wahrscheinlich die Hälfte aller Menschen, die jemals gelebt haben, an Malaria gestorben ist, lässt mir kurz den Atem stocken.

Meine recht bedenkenlose Neugier mag vielleicht erklären, warum meine Augen leuchten, als sich am Nachmittag in José Ramos-Hortas Privathaus eine überraschende Option für mich ergibt: Der erst in einigen Tagen angesetzte Rückflug lässt mir genug Zeit, um den Premierminister auf eine kurze Reise über die Insel zu begleiten. Ich bin herzlich eingeladen, mich dem kleinen Tross mitsamt Ministern und Sicherheitskräften anzuschließen.

Ja, ich möchte unbedingt mehr von diesem Land sehen!

Nachdem die Aufnahme „von" Aung San Suu Kyi auf dem Schreibtisch im Kasten ist, steht mir Ramos-Horta nun in Landestracht gegenüber. Auf seinen Vorschlag, einige Fotos in den traditionellen timoresischen Gewändern zu machen, bin ich gerne eingegangen. Also hat er sich kurzerhand umgezogen. Der Tais steht ihm hervorragend, und unser Arbeitsergebnis wird er später oft als offizielle Pressefotos herausgeben, was mich außerordentlich freut.

Zwischendurch gönnen der Premierminister und ich uns ein Kokosnusswasser-Päuschen. „Kokosnusswasser ist

Ein Tais schmückt auch als Kopfbedeckung – José Ramos-Horta

sehr gesund", klärt mich Ramos-Horta auf. Viel Kalium sorge für einen regelrechten Energiekick. Ich kenne die sämige Kokosmilch, aber die klare Flüssigkeit aus dem Inneren einer jungen grünen Kokosnuss habe ich noch nie getrunken. Sie schmeckt sehr erfrischend, und einen Energiekick kann ich mittlerweile brauchen. Der durchwachte Jahreswechsel und der aufregende Tag haben mich nun doch ganz schön geschafft. Ramos-Horta ist ein feinfühliger Mensch, und kaum hat er erkannt, was mit mir los ist, lässt er einen Herrn rufen, den er mir als seinen Cousin vorstellt. „Er wird Sie jetzt zu Ihrem Hotel bringen."

Abgespannt und doch noch immer aufgeregt, checke ich im Esplanada-Hotel an der Uferstraße in Dili, der Avenida da Portugal, ein und breche nach Belegung des Zimmers auf, um einen kleinen Abendspaziergang am atemberaubend schönen Strand zu machen. Ich bin schon einige Schritte vom Hotel entfernt, da kommt eine der Rezeptionsdamen aufgeregt gestikulierend hinter mir her. In gebrochenem Englisch macht sie mir verständlich, dass es keine gute Idee ist, nach Einbruch der Dunkelheit noch draußen herumzulaufen. Mehr weil ich die Dame nicht brüskieren will, wo sie sich doch so um meine Sicherheit sorgt, als weil ich nun wirklich eine Gefahr sähe, gehe ich brav in das Hotelzimmer zurück. Ich weiß noch nicht, wie leichtsinnig mein Plan tatsächlich gewesen ist. Zufrieden ordne ich meine ersten „Timor-Leste-Fotos". Es werden noch viele, viele folgen. Und mein Trick ist gelungen: Aung San Suu Kyi wird in meinen Ausstellungen und Büchern vertreten sein – mit ihrem Foto auf dem Foto von José Ramos-Horta. Trotz aller Probleme ist dessen Demokratische Republik Timor-Leste immerhin schon dort, wo Aung San Suu Kyi Birma so gerne hinführen würde.

***

Die Reise ins Landesinnere beginnt am nächsten Tag. Es soll erst mit dem Helikopter nach Lospalos gehen, und dort will man in die auf dem Landweg schon vorausfahrenden Wagen umsteigen. Helikopter. Mir wird flau. Ich bin unerschrocken, und wenn mir Fliegen etwas ausmachen würde, dann hätte ich beileibe den falschen Beruf. Aber Helikopter? Da fühle ich mich wie in einer Seifenblase, und die ist bekanntlich nur einen „Plopp" vom Nichts entfernt. Mit Premierminister Ramos-Horta und seiner persönlichen Assistentin Nuxa Santos – der Frau des späteren Botschafters Timor-Lestes bei der UN (später der EU) Nelson Santos – schreite ich beherzt über den Heli-Landeplatz, der dem australischen Militär-Krankenhaus angegliedert ist. Kurz bevor wir das mir Respekt einflößende Flugobjekt besteigen, fällt mein Blick auf das Logo des Herstellers: Blackhawk. Dummerweise muss ich nun auch noch spontan an den Film „Black Hawk Down" denken. Dann allerdings an Elvis' Stutz Blackhawk und das kehrt die Assoziation ins Zuversichtliche. Also, das ist ein höchst flugtauglicher Helikopter, und ich bin nicht in Somalia. Wird schon schiefgehen! Aber was macht die Personenwaage da? Nacheinander müssen wir Fluggäste uns da rauf stellen, und ich hoffe, dass der Mann, der die Maximallast berechnet, richtig gut Kopfrechnen kann. Wir dürfen schließlich alle in die Seifenblase. Ich versuche, mir nichts von meinem Unwohlsein anmerken zu lassen, als ich Nuxa Santos beim Boarding den Vortritt lasse. Bald heben wir ab. Ich schaue recht angestrengt auf die schöne Innenausstattung und provoziere damit direkt die Auskunft, dass der Heli vor einem Flug des Premierministers extra aufgehübscht wird. Die edle Holzmatte auf dem Boden wird also nur für staatsregierende Füße ausgerollt.

Die Seifenblase schwebt zur Landung in Lospalos ein,

und nun komme ich mir endgültig vor wie Elvis, denn mitten im durch die Rotoren aufgewirbelten Sand erwarten uns wild Winkende. Es sind Kinder, wie ich bald darauf erkenne. Die Landung des Helis ist nicht nur für sie ein Happening. Endlich stehen beide Kufen auf der Erde. Ich bin froh, dass die Schaukelei vorüber ist. Das Verlassen des Helis hat dann etwas von dem Szenario eines einem Ufo entsteigenden Alien. Über die Wiese, mitten durch die Kinder, kommt schon der Konvoi, der von Dili den Landweg genommen hat, auf uns zu. Nachdem ich eines der Fahrzeuge bestiegen habe, fühle ich mich wieder wie im Helikopter. Das Schaukeln setzt sich unvermindert fort. Immerhin jetzt mit Bodenhaftung.

Kinder einer jungen Demokratie

Lospalos, unser Stützpunkt für alle weiteren Erkundungen der Region. Die Hauptstadt des Distrikts Lautém hat kein wirkliches Zentrum, ist eine lose Ansammlung von Hütten, Flachbauten und anderen bescheidenen Behausungen. In Lospalos sind während der Unruhen viele traditionelle Stelzenhäuser zerstört worden. Die Dachverzierungen aus Kaurimuscheln erinnern an die Vorfahren vom Meer. „Lospalos" bedeutet so viel wie „Zuflucht der Fleckenmusangs in den Bäumen", abgeleitet von den Fataluku-Wörtern Lo (Fleckenmusang) und Pala (Garten). Fataluku ist die Sprache der gleichnamigen Ethnie, die diesen Diskrikt vorwiegend besiedelt. Der Fleckenmusang nun ist des Rätsels Lösung für den „beschissenen" Kaffee. Kopi Luwak heißt die teuerste Kaffeesorte der Welt, und die Kaffeebohne hat eine eigenwillige Fermentation hinter sich, wenn sie vermahlen wird. Bevor sie mit Wasser aufgebrüht als flüssiger Wachmacher das menschliche Herz höherschlagen lässt, hat sie bereits ihren Weg durch einen anderen lebenden Organismus gefunden: den des Fleckenmusangs. Diese Schleichkatzenart frisst Kaffeebohnen und scheidet sie fast ohne Begleitprodukte unverdaut wieder aus. Dadurch entsteht ein ganz besonderes Aroma, ohne dass es nun jenes wäre, an das man versucht ist, zuallererst zu denken. Also, wie gesagt, diese Kaffeetüte von der Nahrungsmittelmesse – die habe ich immer noch.

Premierminister Ramos-Horta hat sich ein straffes Programm auferlegt. Heute beziehen wir zunächst unsere Unterkünfte in einem Kloster nahe Lospalos, das heißt, nur wir Männer, Nuxa muss in ein Hotel. Das „Roberto Carlos" gilt als „das einzig wirkliche Hotel" im Ort. Das Mittagessen nehmen wir alle dort ein, zukünftig wird umgekehrt Nuxa zu den Mahlzeiten ins Kloster pendeln. Dann geht es zum ersten Termin auf ein großes Plateau über Lospalos: eine Art Jugend-Kirchentag. Nahezu die gesamte Bevölkerung in Timor-Leste ist katholisch. Ramos-Horta wird überschwänglich begrüßt und hält im Freien eine Rede. Er ist ein mitreißender, faszinierender Redner, und es ist zu spüren, wie es ihm gelingt, die jungen Menschen zu motivieren, an bessere Zeiten zu glauben. Viel mehr ist noch nicht zu vermitteln.

Wenn man den Politiker fragt, was er hauptsächlich getan hat im Freiheitskampf, dann ist seine Antwort:

„Geredet."

Kurz nach seiner Ankunft in New York, damals im Winter 1975, spricht er als Exil-Außenminister im Sicherheitsrat der Vereinten Nationen. Der Mittzwanziger, der im Big Apple zum ersten Mal Schneeflocken spürt, gibt Ost-Timor eine Stimme. Ramos-Horta fährt quer durch die USA. Jederzeit könnte er irgendwo ein neues Leben anfangen, doch er reist von Ost nach West, von Nord nach Süd und wirbt für die Sache: die Befreiung seines Heimatlandes. Einmal erwarten den Redner nach langer Fahrt zwölf Eritreer, dann folgt er hoffnungsfroh einer Vortragseinladung in ein internationales Hotel und spricht dort vor älteren Damen, die noch vor dem ersten Satz in ein kollektives Nickerchen versinken.

Weiter. Ramos-Horta redet und redet. Überall. Bis die Welt endlich hinhört und Shakira von „Timor" singt.

Am Abend sitze ich im Freien mit Nuxa Santos und einem Herrn aus der Presseabteilung, meinem Zimmergenossen, zusammen. Die Dämmerung bricht herein, und ich mache mir laut Gedanken, wie ich die über hundert Meilen nach Dili zurückkomme, wenn übermorgen der Rückflug ansteht. Beide raten mir, in aller Frühe zu versuchen, einen der Überlandbusse zu erwischen. Zwar gebe es nicht im Entferntesten so etwas wie einen Fahrplan, und es könne durchaus eine Tagesreise daraus werden, aber irgendwie funktioniere das schon.

Dass etwas „schon irgendwie funktioniert", ist für mich normalerweise völlig okay. Ich erinnere mich allerdings an die Widrigkeiten der Hinfahrt, und die habe ich immerhin im Tross des Premierministers mitgemacht. Den Weg nun als Fahrgast eines überfüllten Busses zurückzulegen, womöglich auf dessen Dach, wie nicht unüblich, erscheint mir als ein doch zu großes Abenteuer. Aus meiner Rückreise könnte eine Odyssee werden, und wenn ich den ersten Flug verpasse, gibt das einen Dominoeffekt, der meinen nächsten Portraittermin gefährdet.

Ich wälze mich also spätabends schlaflos im klösterlichen Bett und male mir immer neue Szenarien aus. Einmal sehe ich mich auf dem Busdach, wie ich – wild hin- und hergeschaukelt – meiner Fototasche nachschaue, die in hohem Bogen ins Gestrüpp fliegt.

Solchermaßen wachgehalten, bleibt mir nichts, als den atemberaubendsten Sternenhimmel, den ich je gesehen habe, lange zu betrachten.

Meine kleine Nichte Marla wird eines Tages mit mir zusammen hier auf der Insel sein und das große Glück haben, dass Astrophysiker Brian Schmidt ihr den Nachthimmel erklärt. Sie habe dabei einen seltsamen Gedanken gehabt, wird sie mir nachher erzählen:

„Wenn etwas so schön ist wie die Sterne ..., dann glaube ich plötzlich, das gibt es gar nicht ... nicht in Wirklichkeit."

Gar nicht so seltsam, der Gedanke. Ich habe den gleichen in dieser Nacht. Und das stimmt sogar irgendwie: Wie Marla von Brian Schmidt lernen wird, mag das ein oder andere Funkeln der letzte Gruß eines Himmelskörpers gewesen sein, der schon vor Jahrtausenden erlosch. Der Physik-Nobelpreisträger von 2011 und seine Kollegen dachten übrigens auch: „Zu verrückt, um wahr zu sein!", als sie durch Beobachtungen heller Lichtblitze bestimmter explodierender Sterne – sogenannter Supernovae – herausfanden, dass das Universum sich heute beschleunigt ausdehnt statt weiterhin verlangsamt wie in den ersten paar Milliarden Jahren nach dem Urknall.

Schuld daran soll die „Dunkle Energie" sein, eine Energieform, die zusammen mit der „Dunklen Materie" mal eben locker 95 Prozent unseres Universums beherrscht, nämlich das Nichts (Vakuum), das somit keines ist. Und was ist nun „Dunkle Energie"? Bis dato vor allem ein Begriff, der seiner physikalischen Interpretation harrt. Diese versuchen die Physiker u. a. mit Einsteins „kosmologischer Konstante". Albert Einstein hätte sich wohl nicht träumen lassen, dass seine Konstante nochmals in der Kosmologie eine Rolle spielen würde, nachdem er diese „Krücke" beim mathematischen Modellieren seines statischen Universums eingeführt hatte, um sie später – nach 1929 – wieder wegzuwerfen, als es ausreichende Hinweise auf ein sich seit dem Urknall ausdehnendes Universum gab. Verärgert bezeichnete Einstein seinen Theorie-Kniff, der heute in anderem Kontext also wieder en vogue ist, als „die größte Eselei meines Lebens". Ein hartes Urteil und ein schöner Beweis dafür, dass „vieles relativ" ist, also von der Bezugsgröße abhängt. Eine „Eselei" von Albert Einstein ist ein Scheitern auf hohem Niveau und enthält immer noch Richtungsweisendes, trotzdem das Genie selbst enttäuscht seine eigenen Erwartungen verfehlte.

Wer gar „vom Leben das Unendliche" erwartet, wie der „sonderbare Herr" in Thomas Manns Erzählung „Enttäuschung", dem bleibt auf unserem blauen Planeten ohnehin nur eine einzige Fluchtmöglichkeit: „bei Nacht den Sternenhimmel zu betrachten".

Der sonderbare Fotograf auf der Insel des schlafenden Krokodils wäre in dieser Nacht schon wunschlos glücklich, wenn er eine sichere Rückreise zum Flughafen Dili erwarten dürfte. So flüchtet er sich nicht aus Enttäuschung, sondern vor lauter Aufregung in stundenlange Beobachtung der Unendlichkeit.

Und dann passiert – ganz ohne Sternschnuppe – am nächsten Morgen dies: Beim Frühstück bekomme ich mit, wie Ramos-Horta Nuxa Santos fragt: „Wie kommt Peter zurück?" Bald danach erfahre ich von meiner Rettung: Der Premier will veranlassen, dass eines seiner Schutzfahrzeuge mich zurück nach Dili bringt. Erleichterung zaubert mir ein dankbares Strahlen auf das Gesicht.

Entspannt kann ich mich also zunächst dem weiteren Reiseprogramm anschließen. Es geht mit den Geländewagen über Land. Die Fahrt ist abenteuerlich. Nicht nur einmal sind wir gezwungen anzuhalten, weil Baumstämme auf der „Fahrbahn" liegen und erst die mitgeführte Kettensäge zum Einsatz kommen muss. Ich habe bei Eddy ja nicht geübt damals, kann mit der Gerätschaft noch immer nicht umgehen und mich daher nicht nützlich machen. Als wir in der Nähe des kleinen Fischerdorfes Sare eine Truppe besuchen wollen, „die den Wald schützt", wie man mir erklärt, da denke ich für einen Augenblick an irgendein Umweltprojekt. Es handelt sich aber um „Schutz" in ganz anderer Beziehung. Holz ist ein wichtiger Exportartikel; es gibt wertvolle Gehölze wie Sandelholz, die in der Parfümherstellung

Verwendung finden. Wie ich erfahre, treiben Banden, Holzdiebe, ihr Unwesen und verschiffen ihre illegal geschlagene Beute von wilden Häfen aus. Daher werden die Wälder von bewaffneten Einheiten bewacht. Ramos-Hortas Tross macht bei so einem Überwachungsstützpunkt Halt und spricht mit den Diensthabenden. Er dankt den Männern für ihre Arbeit und lässt sich von ihnen Bericht erstatten. Einer spricht schließlich den dringlichsten Wunsch aus: neue Pferde. Als Ramos-Horta fragt, ob die alten einer Seuche zum Opfer gefallen seien, drucksen die Leute ein wenig herum, bis herauskommt, dass sie die Tiere verzehrt haben – Hunger. Der Premier verspricht den Waldschützern neue.

Teurer als Holz sind hier in der Gegend nur die Frauen.

Es sei der Distrikt mit den hübschesten Frauen in ganz Timor-Leste, höre ich interessiert. Man müsse dem Vater einer Schönen mindestens zwanzig Wasserbüffel zahlen, bevor man auch nur daran denken könne, eine solche Traumfrau zu heiraten. Erst fünfzig Wasserbüffel schlügen die Konkurrenz sicher aus dem Feld.

Ich nenne nicht einen einzigen Wasserbüffel mein Eigen und schaue mir die Weiblichkeit hier daher besser nicht so genau an, um nicht gar zu enttäuscht zu sein, dass ich mir keine der Miss Ost-Timors leisten kann. Allerdings ist mir bewusst, dass Frauen auf der ganzen Welt eine teure Angelegenheit sind, und jeder Mann kriegt am Ende die, die er verdient – in jedem Sinne!

Auf dem Marktplatz in Sare strömen die Menschen zusammen, als sie Premier Ramos-Horta erkennen. Sie versammeln sich in einer Art Dorfgemeinschaftshaus, bringen Speisen und Getränke. Der Regierungschef mischt sich unter die Dorfbewohner und hört sich geduldig ihre Sorgen und Nöte an. Es wird gegessen, getrunken und diskutiert. Lange und leidenschaftlich.

Später am Tag begleite ich Ramos-Horta bei einem Besuch in einer Schule. Noch vor der Kargheit des Klassenzimmers mit den abgenutzten Holzbänken und den großen Sandlücken im notdürftig gefliesten Fußboden fällt mir etwas anderes auf: die Mienen der Kinder. Rechts an der Wand und links am Fenster sitzen in Zweierbänken die etwa sechs- bis achtjährigen Mädchen, in den Mittelbänken die Jungs. Es sind etwa sechzehn Klassenkameraden, und auf meinen Fotos lächelt ein einziges Kind. Zaghaft. Ein deutscher Journalist schrieb einmal, Ost-Timor sei das Land, in dem niemand lächele. Kein Wunder, wenn man bedenkt, dass es niemanden, wirklich niemanden gibt, der nicht von den Grausamkeiten der letzten Jahrzehnte aus eigenem Erleben zu berichten weiß. Draußen auf dem Marktplatz habe ich aber viele fröhliche Kindergesichter gesehen.

Schulklasse im Distrikt Lautém

Eine neue Generation wächst heran, die erste, die in die Unabhängigkeit hineingeboren wurde. Es wird wohl auch Erstaunen und Ehrfurcht in den dunklen Augen der kleinen Schüler sein, was sie verschreckt erscheinen lässt, denn immerhin durchschreitet ihr Premierminister das Klassenzimmer. Und dann ist da noch ein Ausländer, der fotografiert nicht ihn, sondern sie. Ein Erlebnis. Für sie, für mich. Die Mädchen sind erkennbar der Nachwuchs der von ihren Vätern mit vielen Wasserbüffeln bezahlten Mütter und so hübsch, dass stolze deutsche Eltern sie garantiert zu Prinzessin-Lillifee-Abziehbildern verunstalten würden. Rosa Röckchen, rosa Spange, rosa Schühchen. Diese Prinzessinnen werden nicht auf Händen, sondern von ihren nackten Füßen getragen.

Der Premierminister zückt ein Bündel Ein-Dollar-Noten. US-Dollar sind die offizielle Währung in Timor-Leste, nur das Kleingeld kennt neben dem Cent den Centavo.

„Für eine richtige Antwort gibt es einen Dollar!", erklärt Ramos-Horta, was er vorhat. Jetzt leuchten die Augen der Kinder gespannt. Ein Ost-Timorer lebt durchschnittlich von deutlich weniger als einem Dollar am Tag. Das Geld wird einen kleinen Einkauf in einem der Kioske, die in der Zeit der UN-Missionen entstanden sind, ermöglichen. Die führen ein weit interessanteres Warenangebot als der Händler am Straßenrand. Der Premier stellt seine Ein-Dollar-Fragen. Es geht um ferne Länder, Geografiewissen. Kein Problem für die Schüler. Ein Dollar nach dem anderen wechselt in Kinderhände. Zum Abschied hat Ramos-Horta noch einen Fußball für die Klasse. Es ist nur ein Fußball, und doch wirkt der pralle, nagelneu glänzende Gegenstand hier wie aus einer anderen Welt. Noch kennen die Kinder sie nur aus dem Erdkundeunterricht.

Wir besuchen schließlich noch Baucau, zweitgrößte Stadt Timor-Lestes nach Dili und Bischofssitz. Ramos-Hortas Mit-Friedensnobelpreisträger Bischof Carlos Filipe Ximenes Belo, seit 2002 nicht mehr Bischof von Dili, stammt aus dem Distrikt Baucau. Der Bischof von Baucau, Basilio do Nascimento, den ich schon gestern auf dem „Kirchentag" kennenlernte, empfängt den Premier samt Delegation zu einem Gespräch.

Danach eine weitere glückliche Fügung: Die Termine sind plötzlich frühzeitiger absolviert als geplant, und so muss ich dem Premier kein Schutzfahrzeug rauben, sondern wir fahren alle gemeinsam zurück in die Hauptstadt. Von dort verlasse ich am nächsten Morgen meine neue Liebe.

***

Auf dem Heimflug über Bali zurück nach Berlin habe ich ordentlich damit zu tun, alle frischen Eindrücke zusammenzubringen. Welch atemberaubende Landschaft mit den imposanten Bergketten, saftig grünen Hügeln und Steilhängen, Mangrovenwäldern, traumhaften Buchten und Stränden, herrlichen Korallenriffen!

Dazu fällt mir nur ein Wort ein: Paradies.

Aber im Paradies stehen keine ausgebrannten Busse am Straßenrand, campieren keine Menschen in Flüchtlingslagern und patrouillieren keine bis an die Zähne bewaffneten Soldaten. Die satten Farben blühender Natur verdecken nicht, dass dieses Land aus Tausenden Wunden blutet. Jede Familie hat ihre Besatzungszeit-Toten. Ich will nicht wahrhaben, dass ein so schönes Fleckchen Erde nicht von fröhlichen, in friedlichem Miteinander lebenden Menschen bewohnt werden kann, bekomme eine Ahnung davon, was den Friedensnobelpreisträger antreibt. Wenn das Leistenkrokodil mit einem kleinen Jungen Freund sein kann, dann doch wohl Artgenossen untereinander allemal.

„Die Leidensgeschichte von Timor-Leste gehört beendet", stampfe ich gedanklich mit dem Fuß auf. Dass ich mir unmittelbar nach meiner ersten Reise in das winzige Land vornehme, daran mitzuwirken, mag man lächerlich finden. Keine vier Tage habe ich auf der Insel verbracht. Eigentlich ging es um nichts weiter als den Auftrag, Aufnahmen für ein Fotobuch zu machen. Aber ich weiß, dass ich fortan ein Botschafter dieser Menschen sein will!

Wahrscheinlich hätte jeder Außenstehende meine frische Liebe als gefühlsduseligen Urlaubsflirt mit entsprechendem Verfallsdatum verbucht und mich ausgelacht, aber Premierminister Ramos-Horta tat das nicht, als ich ihm beim Abschied versicherte, ich hätte mich in sein Land verliebt.

Wenn mir allerdings damals jemand geflüstert hätte, dass ich am 27. September 2011 in Berlin tatsächlich offiziell zum Honorarkonsul der Demokratischen Republik Timor-Leste ernannt werden würde – ich hätte es nicht geglaubt.

***

Ich verfolge zunächst alle weiteren Entwicklungen aus der Ferne und freue mich riesig, als Ramos-Horta bei den Präsidentschaftswahlen am 9. Mai 2007 siegt. Zu den Feierlichkeiten am Unabhängigkeitstag, dem 20. Mai, bin ich nach Dili geladen. In diesem Rahmen findet die Inauguration statt, und ich erlebe den Amtswechsel aus nächster Nähe. Im Parlament überträgt Xanana Gusmão das Amt auf José Ramos-Horta. Als er mit einer Hand auf der Verfassung die Eidesformel spricht, halte ich das im Bild fest. Das Abschreiten der Ehrenformation der Streitkräfte vor dem Gouverneurspalast erledigt der neue Präsident mit feierlicher Miene. Dann stellt er sich vor seine Soldaten, das Gesicht zu ihnen gewandt. Mit streng geradeaus gerichtetem Blick, die in blütenweißen Handschuhen steckenden Hände an der Hosennaht, stehen die Männer nun ihrem neuen Oberbefehlshaber gegenüber. Als das protokollarische Zeremoniell beendet ist, fällt die Anspannung von Ramos-Horta ab.

Der frisch vereidigte Präsident der Demokratischen Republik Timor-Leste

Nach dem offiziellen Teil wird in einem Saal des frisch renovierten und erweiterten Präsidentenpalasts das Buffet eröffnet. Rund einhundert internationale Gäste streben landestypischen Köstlichkeiten zu. Es gibt Dinge, die haben auf der ganzen Welt dieselbe Wirkung auf die Stimmung:

Buffeteröffnungen gehören dazu. Endlich! Alle essen glücklich. Durch die Kombination südostasiatischer Speisen mit Einflüssen der portugiesischen Küche, die etwa ein seltenes Nebeneinander von Reis, Süßkartoffeln und Brot möglich macht, findet in Timor jeder etwas, was er mag. Mir persönlich schmecken besonders die Hühnchenvariationen von scharf bis mild.

Ich freue mich sehr, anlässlich der Feierlichkeiten Gunnar Johan Stålsett kennenzulernen. Der ehemalige Bischof von Oslo ist nicht nur langjähriges Mitglied des Friedensnobelpreis-Komitees, sondern auch norwegischer Sonderbotschafter in Timor-Leste. Friedensnobelpreisträger José Ramos-Horta führt das Land nun also als Staatspräsident.

Alles scheint auf gutem Wege.

***

Am 11. Februar 2008 schlafe ich ausnahmsweise mal in meinem eigenen Bett in Berlin-Kreuzberg. Es ist noch tiefe Nacht, da weckt mich das Dideldidum einer eingehenden SMS auf meinem Handy. Mit verklebten Augen sehe ich, sie kommt aus den USA, ist aber auf Deutsch verfasst:

„RH angeschossen, schwer verletzt.

Im Krankenhaus in Dili. Wohl Transport nach Darwin. Sieht nicht gut aus."

Absender ein Bekannter, der bei der UN arbeitet und lange in Timor-Leste gelebt hat. Ich kann es kaum glauben, telefoniere, verfolge die Nachrichten, tausche mich mit Bekannten rund um den Erdball aus.

Was ist passiert?

Ich erfahre: Rebellenführer Alfred Alves Reinado hat mit Getreuen einen Anschlag auf den Präsidenten verübt und ist dabei selbst zu Tode gekommen. Reinado, einst radikaler Guerillakämpfer und in der neuen Staatsarmee

Militärpolizeichef, desertierte Anfang 2006 mit 600 der insgesamt 1.600 Soldaten der Verteidigungskräfte, aus Protest gegen angeblich schlechte Arbeitsbedingungen und ungerechte Beförderungsvorschriften. Er führte die Rebellen an, spielte bei den nachfolgenden Unruhen eine zentrale Rolle und wurde schließlich gefasst. Nach seiner Flucht aus dem Gefängnis, zu jener Zeit, als ich zum ersten Mal Dili besuchte, war er untergetaucht, drohte der Regierung mit Bürgerkrieg. Mit den damaligen Machthabern, Präsident Xanana Gusmão und dem Chef der Streitkräfte, Taur Matan Ruak, befand sich Reinado im Dauer-Konflikt. José Ramos-Horta hatte immer wieder versucht, Reinado zu Verhandlungen zu bewegen, sich mehrfach mit ihm getroffen. Ergebnislos. Auch nach dem Wechsel an der Spitze zu Ramos-Horta gab der Rebell keine Ruhe. Nun hatte eine Gruppe von Reinado-Anhängern unter seiner Führung den Präsidenten in seinem Privathaus überfallen. Genau dort, wo ich das Bild von ihm und dem Foto von Aung San Suu Kyi gemacht habe, ist José Ramos-Horta lebensgefährlich verletzt worden. Xanana Gusmão entkam einem zeitgleichen Anschlag. In der Verurteilung des Attentats ist die Welt sich einig.

Der Friedensnobelpreisträger kämpfte immer um das Überleben seines Landes, jetzt kämpft er im australischen Darwin um sein eigenes.

Er schafft es.

Einige Wochen später sehe ich Fernsehbilder von José Ramos-Horta. Er wirkt sehr ernst, aber entschlossen und unerschütterlich. Ich richte ihm brieflich meine besten Genesungswünsche aus, und bald schon nehmen wir unseren regelmäßigen Kontakt wieder auf. Als ich erfahre, dass Ramos-Horta im August 2008 einen Staatsbesuch auf Kuba plant, sehe ich die Gelegenheit zu einem Wiedersehen. Mit dem Timorer und mit Kuba. Ich frage an, ob eventuell Zeit bleibt, uns zu treffen, wenn ich ebenfalls dorthin reise. Kurzerhand beschließt der Präsident, mich in seine

Staatsbesuch-Entourage einzureihen. Wir könnten uns in Paris treffen, um von dort denselben Flieger nach Havanna zu nehmen. Besser geht es nicht.

Kuba kenne ich bereits von einer recht skurrilen „Nobel-Reise", genauer gesagt von zwei skurrilen „Nobel-Reisen".

Begonnen hat alles aber mit Eki und seinem „Geheimnis der Fledermaus".

Im Jahr 2003 ist mein guter Freund Ekkehard Sieker mal wieder in den Sümpfen dieser Welt unterwegs. Eki ist Abenteurer, aber seine Expeditionen führen ihn nicht in den Urwald, die Wüste oder ewiges Eis, sondern in die Dschungel globaler Verschwörungen, einflussreicher Dynastien, mächtiger Wirtschaftsimperien und weltumstürzender Polit-Thriller. Der Vollblut-Journalist ist ein unermüdlicher Maulwurf, der alles, über das andere englischen Rasen wachsen lassen wollen, wieder ausbuddelt. Er hat keinen Nobelpreis, weil ihn nach dem Mathe-, Philosophie- und Physikstudium ein „Spionageauftrag" der Wissenschaftskarriere entriss und weil es auf dem Gebiet des investigativen Journalismus keinen gibt. Er wird also auch weiterhin leer ausgehen, aber die Stockholmer Zeremonie wäre wohl ohnehin nicht unbedingt „sein Ding" gewesen.

2003 watet Eki knietief im Rum-Sumpf, auf den Spuren der Bacardí-Connection; namensgebend der Weltkonzern mit Fledermausemblem, der palmenbeschattet besoffen macht. Doch der Einfluss auf die Feierstimmung der Partys dieser Welt reicht dem Clan nicht, wie Eki in dem Film enthüllt. Nach der kubanischen Revolution 1959 wurde die Familie Bacardí enteignet, konnte ihr Imperium aber verlagern und bekämpft seither mit anderen Exil-Kubanern das Castro-Regime. Wie, das zeigt Ekis Dokumentarfilm „Das Geheimnis der Fledermaus", und mein Freund ist stolz, dass der Film in den großen Kinos Kubas gezeigt werden soll. Er würde sich sehr freuen, wenn ich bei der Kuba-Premiere während eines Filmfestivals in Havanna dabei sein könnte.

Ekis kubanische Fledermäuse passen zufällig sehr gut in meinen Flugplan.

Einige Wochen zuvor hat mich eine Nachricht von Monica Alonso, der Assistentin von **Gabriel García Márquez**, erreicht. Der Literatur-Nobelpreisträger freue sich, mich in seinem Haus in Mexico City zu empfangen und bittet darum, baldmöglichst einen Besuchstermin abzustimmen. Einmal in Mexico, bin ich doch fast auf Kuba. Also plane ich, über Mexico City weiter nach Havanna zu reisen.

***

Ich komme über Washington, D. C., nach Mexico, D. F. (Distrito Federal), und nehme mir ein billiges Hotel nahe der kubanischen Botschaft, da ich dort noch mein Einreisevisum für Kuba beantragen und dann abholen muss. Einige Tage nach mir trifft auch Lorie in der Stadt ein, die mich zum García-Márquez-Termin gerne begleiten möchte.

Ausgerechnet an dem Tag, als wir uns durch den irren Verkehr nach Süden in das vornehme Viertel Pedregal durchkämpfen, gibt es einen Streik, der das gesamte Stadtzentrum zum Parkplatz macht. Ich kriege Hunger und möchte kurz aussteigen, um am Straßenrand etwas zu kaufen.

Lorie hält mich entsetzt zurück: „Das überlebst du nicht."

Ich lache. Das überlebe ich schon seit meiner Ankunft. Ich habe noch nie woanders meine Tacos geholt als bei so einem Stand am Straßenrand. An die Vermehrung von Bakterien in den vielen bunten Soßen bei der Hitze habe ich nicht gedacht. Ehrliche Bewunderung von Lorie. So einen Magen hätte sie auch gerne. Besonders genießen lässt sich das Essen inmitten der Abgase allerdings ohnehin nicht. Nur die riesigen Helium-gefüllten Herz-Luftballons der umherstreifenden Luftballonverkäufer in Rot, Violett und Gelb mit aufgemalten lachenden Mündern und überdimensionalen Augen erheben sich über die Dieselschwaden, welche die Farbigkeit Mexico Citys mit ihrem miefigen Grau überziehen. Die Fahrt durch die lärmende, wie unter Amphetaminen stehende Stadt zieht und zieht sich.

Irgendwann ändert sich das Straßenrandszenario. Alles wird gepflegter, die Automarken sind internationaler, es gibt sogar Bordsteine. Die Bewohner des Nobelviertels haben sich in ihren nicht einsehbaren Villen hinter hohen Mauern aus Vulkangestein verschanzt und alles mit herrlichen Bougainvilleen in Mexican Pink verhüllt. Kaum zu ahnen, was sich dahinter verbirgt. Zumeist Refugien, wie man sie aus den hochmögenden Architekturzeitschriften dieser Welt kennt, wie ich jetzt weiß.

Hinter einer dieser Mauern: das Anwesen von Gabriel García Márquez.

Lorie und ich werden von einer Angestellten hereingelassen und gebeten, im Wohnzimmer Platz zu nehmen. Weiße Teppiche, gleichmäßig aufgeschüttelte flauschige Kissen auf behaglicher Sofalandschaft. Alles stilvoll, aber dennoch nicht zum Repräsentieren, sondern zum Wohnen eingerichtet. Man möchte sich relaxend in den nächsten Sessel flegeln und in den Kissen und einem der Bücher des Hausherrn versinken. Wir bleiben aber stehen und müssen nicht lange warten, dann erscheint García Márquez, nachdem er vorwarnend an seine eigene Wohnzimmertür geklopft hat.

„Der Fotograf vom Smithsonian ... wo ist der?"

Wo soll er sein? Ich trete vor:

„Peter Badge, Señor García Márquez. Ich bin der Fotograf."

„Ach, nein, Sie sind das?"

Ich zucke zusammen. Was ist falsch?

„Ich habe einen Herrn um die sechzig erwartet", platzt

der Schriftsteller mit erstauntem Blick heraus und amüsiert sich über seine Fehlvorstellung. Damit ist das Eis schon gebrochen.

Mein Blick fällt auf die Füße des Hausherrn, die in eleganten Wildlederhausschuhen stecken. Ich habe wohl richtig vermutet, dass hier jemand wohnt, dem Behaglichkeit wichtig ist. García Márquez fällt sofort auf, dass wir beeindruckt sind von seinem schönen Heim. Er führt uns herum.

Fast noch schöner als die Villa ist der Garten. Sorgsam drapierte bunte Blumen setzen intensiv schimmernde Farbtupfer auf den sattgrünen Rasen des Innenhofes, in dem ein mächtiger eckiger Steintisch die Mitte markiert. Das Epizentrum des Ganzen liegt aber im hinteren Teil des Gartens: der Arbeitsplatz des Schriftstellers. Ich denke an das deutsche Wort „Schreibstube", in der ich mir immer die großen deutschen Literaten der vergangenen Jahrhunderte ihre Klassiker verfassend vorstelle. Eine gewisse Enge. Kerzenschein. Die Feder liegt, noch feucht, quer über dem Tintenfass.

Die „Schreibstube" von García Márquez ist eine riesige, an drei Seiten verglaste Arbeitsbibliothek. Ein wuchtiger Holzschreibtisch mit Lesesessel im hinteren Bereich, vorne eine Schmökerecke mit mehreren Sitzgelegenheiten. Ob Arbeitsbibliothek oder Schreibstube, eines haben beide in meiner Vorstellung gemeinsam: die prall gefüllten Regale. Hier teilen sich Manuskriptstapel und Fotos mit den Büchern die Enge der Borde. Auffällig viele Wörterbücher und Lexika sind darunter.

García Márquez errät meine Gedanken und beginnt von seinem Großvater zu erzählen, einem Oberst der kolumbianischen Armee, der dem damals sechsjährigen „Gabito" das erste Buch seines Lebens schenkte.

„Es war ein dicker illustrierter Wälzer, auf dem Buchrücken prangte ein kolossaler Atlant, auf dessen Schultern das Universum ruhte."

Zweitausend Seiten stark war das Universallexikon, und der kleine Gabito tauchte dort ein, verstand kaum etwas und war deshalb nur noch mehr fasziniert von Büchern und ob dieser ersten Leseerfahrung besonders von Nachschlagewerken. Sein zweites Buch war das ganze Gegenteil vom ersten, und wieder wusste er nicht, was er eigentlich las, denn diesmal fehlte der Einband des schon arg zerfledderten Werkes, das er in einer Rumpelkammer gefunden und an sich genommen hatte. Erst Jahre später erfuhr er: Er hatte die Märchen aus Tausendundeiner Nacht verschlungen. Von jenem Tag an war sie fest in ihm verankert, die Gewissheit, dass es Menschen gibt, die zu nichts anderem geboren werden, als Geschichten zu erzählen. Menschen wie die bezaubernde Scheherazade. Und natürlich er selbst, vollende ich in Gedanken seinen Satz.

Etwas abrupt bricht García Márquez die Romantik und Nostalgie seiner Worte, als er erklärt:

„Meine Bibliothek hier ist mir im Grunde nie mehr als ein Arbeitsinstrument gewesen, in der ich sofort ein Kapitel von Dostojewski überprüfen oder eine Information über Cäsars Epilepsie oder den Mechanismus eines Vergasers bekommen kann. Ich habe sogar ein Handbuch über den perfekten Mord, falls eine meiner hilflosen Figuren einmal so etwas brauchen sollte."

Hoffentlich nur die Figuren. Den Einfluss von Dostojewski jedenfalls verraten die vielen namensgleichen Protagonisten, die in García Márquez' Werken dem Leser ein ständiges Reflektieren über das „Who is who?" abverlangen. Natürlich darf die Mutter aller Romane im Regal nicht fehlen: die Abenteuer des Ingenioso Hidalgo Don Quijote de la Mancha, in einer handlichen Studienausgabe. In der Schule, unter dem Zwang des Lehrplans, erinnert sich García Márquez nicht ohne Scham, hätten ihn die weisen Ergüsse des fahrenden Ritters und die Eseleien seines

Schildknappen noch tödlich gelangweilt. Erst Jahre später, als er dem Rat eines Studienfreundes folgt und das Buch „auf das Bord im Klosett" legt, um es dort „bei den täglichen Erledigungen" zu lesen, habe sich ihm der wahre Reichtum des Quijote erschlossen. Cervantes auf dem Klo. Vielleicht ist das ja der Zugang, nach dem verzweifelte Lehrpersonen für die vor ihnen gähnende Klasse suchen.

„Jetzt müssen Sie aber mal Ihre Fotos machen!", ermahnt der Nobelpreisträger weniger mich als sich selbst, sieht er sich wohl zu sehr ins Plaudern verfallen, was mir aber gar nichts ausmacht. Im Gegenteil. Sein fortgeschrittenes Alter mache ein brauchbares Portrait bestimmt nicht leicht, scherzt García Márquez. Während er alle Posen einnimmt, die ich vorschlage, lenkt er die Aufmerksamkeit auf einige Bilder, denen er einen Platz in seiner Bibliothek eingeräumt hat. Auf einem Sideboard stehen zwei gerahmte, jeweils handsignierte Fotografien, die García Márquez an der Seite von Kofi Annan und Bill Clinton zeigen.

Ungleich revolutionärer geht es an der freien Wand im Rücken des Schreibtisches zu, wo stolz und viel einsamer als bei Ramos-Horta das Portrait des Zigarre rauchenden Che Guevara hängt. Dessen Tochter habe ich bereits einmal portraitiert.

Die kubanische Revolution – auch für den Kolumbianer García Márquez markiert sie einen biografischen Einschnitt. Der junge Reporter wird 1957 nach Kuba entsandt, um über den triumphalen Einzug der Revolutionäre in Havanna zu berichten, und lernt Fidel Castro persönlich kennen. Seither verbindet die beiden eine enge und unverbrüchliche Männerfreundschaft. Nicht allzu viele Schriftsteller von Weltrang zeigen sich gut gelaunt an der Seite vom „Máximo Líder". Sogar eine Freundschafts-Ode hat der Nennonkel von Castro-Sohn Fidelito zum achtzigsten Geburtstag des Kubaners verfasst.

Der Mexikaner Carlos Fuentes, der Chilene Jorge Edwards, der Peruaner Mario Vargas Llosa und eben Gabriel

García Márquez – sie sind die Leitfiguren eines goldenen Zeitalters des spanischsprachigen Romans. Spät und nur widerwillig politisiert, verarbeitet diese Autorengeneration Bürgerkriege und Militärdiktaturen zu Literatur, und zwar auf eine Weise, die Grenzen zwischen Realität und Phantasie, Mythen und Alltag aufzuheben versucht. Empfindung und Intellekt sollen miteinander verschmelzen. Das nennt sich „magischer Realismus", und mit dem Roman „Hundert Jahre Einsamkeit" veröffentlicht García Márquez im Jahre 1967 den Idealtyp des Genres.

Carlos Fuentes sieht in dem Werk „die Bibel Lateinamerikas". Sie macht den damals vierzigjährigen Verfasser über Nacht weltberühmt – und beschert ihm 1982 schließlich den Nobelpreis für Literatur. Weit über dreißig Millionen Mal verkaufte sich die Familiensaga der Buendía im mythischen Tropendorf Macondo, zu dem García Márquez seinen Geburtsort Aracataca literarisch machte. Übrigens toppt der Fankult den um Elvis' Wiege in Tupelo um eine besondere Nuance, wenn man weiß, dass in García Márquez' Heimatdorf entschieden wurde, des Weltliteraten Geburtshaus einfach neben der Ruine neu aufzubauen, damit man es auch begehen und als Museum nutzen kann.

Zwei harte Jahrzehnte lang, erinnert sich der Nobelpreisträger, habe er mit seinen Erzählungen und Romanen nicht einen einzigen Centavo verdient – und dann hätten die Tantiemen sein Bankkonto förmlich überschwemmt. Mit einem Schlag sieht sich der finanziell stets bedrängte Familienvater aller pekuniären Sorgen entledigt und kann sich im Zuge des Erfolges nicht zuletzt den ersehnten Luxus einer Musik-Bibliothek leisten.

„Als ich ‚Hundert Jahre Einsamkeit' schrieb, habe ich in Mexico exakt zwei vom vielen Hören abgenutzte Platten besessen: ‚Les Préludes' von Debussy und ‚A Hard Day's Night' von den Beatles."

Heute nennt er mehrere Hundert CDs sein Eigen, die auf den unteren Borden seiner Bibliothek platziert sind.

Ob auch Selbstgebranntes der vielen Musik-Straßenhändler mit Lautsprecherboxen im Rucksack dabei ist, frage ich nicht.

„Erst mit der Zeit und der Möglichkeit, gute Musik daheim zu hören, habe ich auch gelernt, mit Hintergrundmusik zu arbeiten, die mit dem, was ich schreibe, harmoniert", offenbart García Márquez.

Die „Nocturnes" von Chopin wählt er für ruhigere Episoden, Brahms' Sextette für glückliche Abende. Obwohl man es mit den Wechselwirkungen von Literatur und Musik auch nicht übertreiben dürfe. Amüsiert weiß er von „zwei äußerst scharfsinnigen katalanischen Musikern" zu berichten, die erstaunliche Parallelen zwischen seinem Roman „Der Herbst des Patriarchen" und dem Dritten Klavierkonzert von Béla Bartók entdeckt haben wollen.

Dann präsentiert der Schriftsteller stolz sein Apple-Powerbook. Es sei ein gewaltiger Schritt gewesen, seine ehrwürdige Underwood-Reiseschreibmaschine, auf der er bereits als Zwanzigjähriger hochgelobte Zeitungskolumnen und bald darauf die ersten Erzählungen tippte, gegen die „Wundermaschine" mit dem angebissenen Apfel drauf auszutauschen. Das Wunder ist für García Márquez dabei vor allem die integrierte Rechtschreibprüfung der Software. Orthografie sei seine gesamte Karriere über „persönliches Drama" und „peinigender Leidensweg" gewesen.

„Wozu richtig schreiben, wenn man gut schreiben kann?", spende ich nicht wirklich benötigten Trost.

Welches Buch ihn am stärksten geprägt habe?

Zweifelsohne Franz Kafkas „Verwandlung".

Wahllos hatte er sich die Erzählung von einem Kommilitonen geliehen, um sich das Einschlafen zu erleichtern. Doch das Gegenteil trat ein.

„Als Gregor Samsa eines Morgens aus unruhigen Träumen erwachte, fand er sich in seinem Bett zu einem ungeheueren Ungeziefer verwandelt."

So beginnt die „Verwandlung", und García Márquez ist schlagartig hellwach, als er das liest. Es folgt eine durchlesene Nacht und das schriftstellerische Erweckungserlebnis:

„Wenn es erlaubt ist, so etwas zu schreiben, dann will ich das auch."

Wenige Augenblicke Einsamkeit – Gabriel García Márquez

Dass ein Käfer für Biologen eine große Rolle spielen kann, habe ich seit Charles Darwin verstanden, aber seine literarische Größe habe ich noch nicht umfänglich entdeckt. Was immer die Menschen auch erfunden hätten, es sei lächerlich im Vergleich zum Leben eines Käfers, meinte Einstein über das Käfer-Dasein sagen zu können. Die freie Natur ist mir jedenfalls gedankliches Stichwort, und ich wage, dem Kafka-Fan an dieser Stelle vorzuschlagen, doch noch einige Aufnahmen in seinem herrlichen Garten zu machen.

García Márquez geht sofort voraus in die Mitte des Grüns, wo der imposante Steintisch steht. Als ich frage, ob er dort Platz nehmen mag, schwingt er sich sofort hinauf und dann sitzt er auf dem warmen Stein, atmet den Duft von Zitronenbäumchen, hängt den einen Fuß in den anderen und blinzelt in die Sonne. Ich muss mich mit dem Einfangen des Moments nicht beeilen, denn der Schriftsteller genießt ihn eine Weile. Fast scheint es, als meditiere er. Genauso wie der seltsame Papagei, der uns schon die ganze Zeit von seiner Stange aus beobachtet, ohne aber einen einzigen Ton von sich zu geben. Als ich auf den Auslöser drücke, weiß ich, dass dies das Foto ist, das im Portrait-Buch landen wird. Dann verabschiedet García Márquez Lorie und mich, fragt, was wir als Nächstes vorhaben. Ich berichte, dass ich nach Havanna zum Filmfestival fliege und jetzt noch mein Visum abholen muss.

„Falls es damit Probleme geben sollte, melden Sie sich einfach noch mal."

Ich bin so perplex über dieses anscheinend ernst gemeinte Angebot, dass ich nur nicke, statt ein Dankeswort zu finden. Eine letzte Frage muss ich dann noch loswerden, als die ausgedehnte Sekunde der Wortlosigkeit herum ist:

„Sagen Sie, Señor García Márquez ... der Papagei ... der hat ja die ganze Zeit über keinen Ton gesagt ..."

„Das hat er in dreißig Jahren noch nicht."

Vielleicht ist er depressiv, wie der Papagei von Albert Einstein, dem das Genie zur Aufheiterung schmutzige Witze erzählt haben soll, aber bedauernd feststellen musste, dass das „Vogerl" sie nicht versteht.

***

Lorie und ich verlassen Pedregal in Richtung Casa Azul im Stadtteil Coyoacán, der Geburts- und Wirkstätte der wunderbaren Malerin Frida Kahlo, und besichtigen einen weiteren Arbeitsplatz großer Kunst. Ich bin immer peinlich berührt, höchst Privatem eines verstorbenen Menschen so nah zu kommen wie in seinen Wohnräumen, in die er mich ja nicht gebeten hat. Entsprechend mag ich nicht lange verweilen vor dem Ehebett Frida Kahlos und Diego Riveras und des Stahlkorsetts darauf, das Kahlo infolge eines schrecklichen Busunglücks hatte tragen müssen. Es zieht mich bald hinaus in die Gartenanlage im Innenhof. Ach, wie herrlich würde Berlin aussehen, hätte es die farbenprächtige, vielfältige mexikanische Flora. Und wie viel freudvoller wären wohl die von zu langen, grauen Wintern angemuffelten Berliner, nähmen sie jeden Tag ein Auge voll Mexican Pink.

***

García Márquez und ich sehen uns wieder. Schon nach wenigen Tagen. Das heißt, ich sehe ihn. Auf dem Filmfestival in Havanna entdecke ich ihn neben Fidel Castro. Die beiden sind umlagert, und so sehe ich davon ab, mich bemerkbar zu machen.

Ich besuche den Literatur-Nobelpreisträger noch einige Male, leider nie in seinem Haus in Havanna, in das er mich mehrfach einlädt. Ein recht lustiges Wiedersehen gibt es Jahre später, nach der Fertigstellung des Portraitbandes „Nobels", als ich ihm persönlich ein Exemplar vorbeibringe.

***

Diesmal komme ich von Chicago aus nach Mexico, habe dort in Illinois gerade Yoichiro Nambu portraitiert. Physik-Spezialist Eki hat mich zum Nobelpreisträger von 2008 begleitet. Nambu wurde für seine theoretischen Arbeiten zur Übertragung der spontanen Symmetriebrechung in Supraleitungen in die Teilchenphysik (wir werden noch näher davon hören) ausgezeichnet.

In Mexico City habe ich Eki noch im Schlepptau, denn er möchte gerne mit zu García Márquez und außerdem unbedingt ins Trotzki Museum. Das Leben des Leo Trotzki, seine Ermordung hier in Coyoacán bis hin zur Story um den Eispickel, der Mordwaffe, die ein mexikanischer Geheimdienstler an sich nahm: Das ist Stoff, in den Eki bis über beide Ohren einzutauchen liebt. Uns begleitet die Portugiesin Sonia Neto nach Pedregal. Sie war bei Ramos-Horta eine Zeit lang Chief of Staff und ist zufällig auch in Mexico. Mein „Team" ist allerdings nicht bei García Márquez als Besuch angekündigt. Als wir also vor dessen Anwesen ankommen, weiß ich zwar, dass mir der Laureat einen für alle Zeiten gültigen Freibrief für das unangekündigte Mitbringen schöner Frauen erteilt hat – Sonia geht also klar – aber bei aller rundlichen Schönheit meines Freundes Eki, den ich als Einziger „Samson" nennen darf: Eine Frau ist er nun mal nicht.

Ich bitte ihn daher, erst einmal vom Autositz aus die abgefallenen Bougainvillea-Blüten auf dem Trottoir zu zählen, bis Sonia und ich vorgefühlt haben, ob es García Márquez recht ist, noch einen weiteren schönen Gast zu empfangen. Irgendwann lenke ich das Gespräch also auf „einen Freund, der Sie auch unbedingt einmal kennenlernen will", und natürlich versichert der Schriftsteller spontan, das sei ja überhaupt kein Problem.

„Wann will der denn vorbeikommen?"

„Am besten jetzt." – Das weiß ich ganz sicher.

„Wie lange braucht er denn bis er hier ist?"

„Er ist bereits da. Im Auto vorm Haus."

Da lacht der Gastgeber laut auf:

„Ja, wie viel zahlt er denn, damit ich ihn hereinlasse?"

Er schickt sofort seine Assistentin, Eki aus seinem vierrädrigen Wartezimmer zu befreien. Es folgt ein äußerst amüsanter Nachmittag. García Márquez ist unaufhörlich zu Späßen aufgelegt, vollführt mit dem acht Kilo schweren Coffee Table Book „Nobels" die abenteuerlichsten gymnastischen Übungen und posiert mit der kubanischen Zeitung *Granma*, die ich ihm mitgebracht habe. Auf dem Titel, selbstverständlich, Fidel Castro. An diesem Nachmittag macht mir der Literatur-Nobelpreisträger einen Vorschlag, der für mich erst mal äußerst merkwürdig klingt.

Hinter der *Granma* steckt ein kluger Kopf.

„Ihre Reiseerlebnisse, Peter, die müssen Sie mal aufschreiben und ein Buch mit Geschichten daraus machen. Unbedingt."

„Ich kann kein Buch schreiben."

„Lernen Sie Spanisch, mein Freund. Dann helfe ich Ihnen.

Wenn das Buch fertig ist, machen wir hier eine Party! Hier in meinem Haus!"

Ich lächele etwas matt. Geschichten über meine Erlebnisse? Kein Fotobuch? Das fühlt sich fremd für mich an. García Márquez dagegen scheint ganz berauscht von seiner Idee:

„Hand drauf. Hand drauf", ruft er übermütig. Na gut. Ich werde mich mit dem Gedanken mal ernsthaft beschäftigen.

Ich schlage ein!

Die Geburtsstunde der „Genialen Begegnungen"

***

Und so habe ich tatsächlich irgendwann begonnen, jenes Buch, das ich Literatur-Nobelpreisträger García Márquez mit Handschlag versprach, in Angriff zu nehmen. Aber ich war zu langsam.

Ich bin noch mitten in der Arbeit, als mich in Thailand die Nachricht vom Tod meines Buch-Paten erreicht. Siebenundachtzigjährig stirbt Gabriel García Márquez am 17. April 2014 in seinem Haus in Pedregal.

Aus meinem Buch-Unterfangen ist mittlerweile ein rechtes Mammutprojekt geworden, und ich glaube bald, man braucht hundert Jahre Einsamkeit für so etwas. Natürlich hätte ich es niemals gewagt, dem großen García Márquez eine Zeile zu schicken. Aber sein Versprechen hat mich motiviert und mir neuen Schwung gegeben, wenn ich das Unternehmen „Weltreise-Buch" zwischenzeitlich für eine „Mission impossible" hielt.

Gabriel García Márquez erhält weltweit ehrende Nachrufe. US-Präsident Barack Obama bekennt, dass der Kolumbianer schon in jungen Jahren zu seinen Lieblingsschriftstellern gehörte. Der peruanische Literatur-Nobelpreisträger Mario Vargas Llosa spricht aus, was alle wissen: García Márquez' Werke werden unsterblich sein. Vargas Llosa hat einst über sie promoviert, doch die dann auch private Verbindung der beiden späteren Laureaten bekam irgendwann tiefe Risse. Die enge Freundschaft des Kolumbianers zu Fidel Castro war schon vor dem Hintergrund der intellektuellen Zensur auf Kuba vielen Schriftstellerkollegen aus Lateinamerika ein Ärgernis, Vargas Llosa besonders. In der Vergabebegründung zum Literatur-Nobelpreis 2010 an Mario Vargas Llosa heißt es, dieser werde ausgezeichnet „für seine Kartographie der Machtstrukturen und messerscharfen Bilder individuellen Widerstands, des Aufruhrs und der Niederlage". Vargas Llosa und García Márquez hatten irgendwann beschlossen, sich öffentlich nicht zu Interna ihrer Auseinandersetzung zu äußern. An den Ehrenpakt hielten sich beide, und der Peruaner bekräftigte sein Versprechen nach García Márquez' Tod.

Kuba kann Freundschaften auf die Probe stellen. Das habe ich selbst auch erlebt. Anfang Februar 2004 bekomme ich einen Anruf von Eki.

D u musst unbedingt herkommen!"
Als das Handy summte, wollte ich eigentlich gar nicht mehr rangehen, bin viel zu müde für ein Telefonat, aber als ich sehe, dass es mein wuseliger Medien-Maulwurf ist, melde ich mich. Nun dröhnt ein aufgeregter Eki in mein Ohr. Seine Stimme überschlägt sich ja immer ein klein wenig, auch wenn er nur eine Pizza Tonno bestellt, aber diesmal schafft Eki noch einen lautlichen Purzelbaum mehr pro Satz.

„Adolfo Pérez Esquivel wird hier sein!", entnehme ich dem Wortschwall die Kernbotschaft.

„Hier" ist Havanna, wie sich herausstellt. Eki ist dort auf der Internationalen Buchmesse, und er hat mich sofort angerufen, als er hörte, dass der argentinische Friedensnobelpreisträger dort erwartet wird. Schon eine ganze Weile versuche ich, den Bürgerrechtler zu portraitieren, habe ihn mehrfach angemailt und finde erst viel später heraus, dass er alle meine auf Englisch verfassten Mails und Briefe ignoriert, weil er ausschließlich Spanisch spricht.

„Du musst unbedingt herkommen!",

wiederholt Eki. Als ich nicht sofort antworte, die entscheidende Nachfrage:
„Wo bist du überhaupt?"
Ich bin 7.862 Meilen entfernt von Havanna/Kuba, im COEX Interconti in Seoul.
„In Südkorea?", brüllt Eki im fernen Havanna auf meine entsprechende Auskunft. „Wann kannst du hier sein?"
Ja, wann kann ich in Havanna sein, und kann ich überhaupt?
„Ich check das ab!"
„Du musst unbedingt …", „herkommen" vollende ich in Gedanken den Satz, der es wegen Ekis aufgebrauchten Telefonkartenguthabens nicht mehr um die Welt schafft. Ich kontaktiere meinen „Finanzminister" Nikolaus Turner von der Lindauer Stiftung. Er segnet die Reise finanziell ab. Adolfo Pérez Esquivel gehört endlich abgearbeitet. Vorher muss ich aber noch meinen Job in Südkoreas Hauptstadt erledigen: das Portrait des ehemaligen Präsidenten Kim Daejung, Friedensnobelpreisträger von 2000. Davon berichte ich noch. Jetzt geht es erst mal zu Eki, nein, zu Esquivel, also zu Eki und Esquivel. Das denke ich jedenfalls, als ich Seoul verlasse, in Berlin zum Kofferwechsel zwischenstoppe und weiter nach Kuba fliege.

***

Vier Tage nach dem Telefonat mit Tippgeber Eki lande ich in Havanna. Der Freund holt mich ab. Wiedersehensfreude. Alles gut? Alles gut. Ach, ein Problem nur. Ich schaue Eki ins Gesicht. Er sieht so aus, wie Eki aussieht, wenn er ein Mega-Problem herunterspielt.

Noch ein Billboard zum Ökonomen-Treffen – ohne Namen der Nobelpreisträger

„Also, der Pérez Esquivel ... der kommt jetzt doch nicht."

Kuba glitzert in der Sonne, ich bin hundemüde vom Jetlag und unfassbar glücklich, dass es nicht mehr nach Kimchi und Mottenkugeln riecht – ich schaffe es nicht, mich aufzuregen. Obschon es gleich zwei gute Gründe gibt, mich zu ärgern. Erstens: Ich werde den Friedensnobelpreisträger nicht treffen. Zweitens: Meine bisher finanziell „saubere" Bilanz, nicht eine einzige von der Stiftung bezahlte Reise ohne ein verwertbares Ergebnis gemacht zu haben, ist futsch. Schweigend steigen Eki und ich in ein Taxi, und nachdem die erste satte Enttäuschung verflogen ist, beginne ich zaghaft, mir Gedanken zu machen, wie ich den lieben Freund nicht mit einem allzu schlechten Gewissen wegen der unnützen und teuren Reiseveranlassung belaste. Für ein „halb so wild" ist es aber definitiv noch zu früh, obwohl Eki natürlich überhaupt keine Schuld trifft.

Wir sitzen also nebeneinander im Taxi, Eki schaut rechts aus dem Fenster und ich links. Dann sehe ich plötzlich ein riesiges Billboard und lese zwei bekannte Namen: **Daniel McFadden** und **James Heckman**. Die US-Amerikaner sind die 2000er Wirtschaftsnobelpreisträger und das Plakat ist eine Werbung für einen Kongress, an dem offensichtlich beide teilnehmen. Meine Augen suchen nach Datum und Ort und dann kann ich es kaum fassen:

Übermorgen in Havanna!

Große Buchstaben versprechen vom Billboard herab die Rettung von Freundschaften und Nobelpreisträger-Projekten.

Da hat eine mystische Macht, wie García Márquez sie trefflich beschreiben könnte, ordentlich zugeschlagen.

Am nächsten Tag arbeite ich mich auf der Buchmesse zum kubanischen Kultusminister vor. Ich schieße ein Portrait von ihm, frage nach der Veranstaltung mit den Nobelpreisträgern und finde so heraus, dass die beiden im Hotel Palco abgestiegen sind. Ich rufe dort an und werde mit Heckmans Ehefrau verbunden. Nachdem ich erklärt habe, worum es geht, sagt sie, ihr Mann stehe natürlich gerne zur Verfügung, sie werde einfach mal vorschlagen, dass man alles übermorgen um 9 Uhr vor dem Hotel erledigen könne. Dann sei das definitiv eine Verabredung zum Fototermin, will ich schließen und bedanke mich, als Frau Heckman dann doch noch einfällt, nach meiner Telefonnummer zu fragen, um eventuell absagen zu können, falls etwas dazwischenkomme. Ich setze alles auf eine Karte, habe nämlich in Sachen Termine bereits gelernt, dass in Zeiten des mobilen Telefonierens nichts so sicher ist wie eine Verabredung ohne Rücksprachemöglichkeit. Also eine kleine taktische Notlüge: Mein Handy funktioniere hier aktuell leider nicht.

Sicherlich, es kann immer sein, dass niemand auftaucht und ich wieder bei A beginnen muss, aber das Risiko, dass aus nichtigem Anlass verschoben wird, habe ich mit diesem Trick besser im Griff.

Wie ich bald feststelle, habe ich allerdings diesmal gar nicht geschwindelt, ich bleibe während des Kuba-Aufenthaltes ohne Mobilfunknetz.

Jedenfalls bewirkt die fehlende Rücksprachemöglichkeit mal wieder, was sie soll: Am übernächsten Morgen

Kein Schmetterlingseffekt. Eruptionen in der Heimat bleiben aus.

um 9 Uhr empfangen mich beide Nobelpreisträger nämlich vor ihrem Hotel, Heckman macht aber keinen Hehl daraus, dass er eigentlich lieber abgesagt hätte.

Die Beziehungen zu Kuba seien ja zurzeit mal wieder extrem unentspannt und da hinein ein Fotoshoot amerikanischer Nobelpreisträger ausgerechnet in Havanna – vielleicht keine gute Idee, meint Heckman. Der Ökonom ist nun mal sensibel, was Fehlinterpretationen angeht. Den Nobelpreis erhielt er für eine Methode zur Vermeidung von Fehlinterpretationen bei der Analyse von Stichprobendaten. Schon Werner Heisenberg wusste, der wirkliche Fachmann sei „ein Mann, der einige der gröbsten Fehler kennt, die man in dem betreffenden Fach machen kann, und der sie deshalb zu vermeiden versteht."

Welchen Einfluss haben politisch-wirtschaftliche Entscheidungen auf das Verhalten des Einzelnen? Wenn die Politik etwa staatliche Förderprogramme beschließt, dann will sie wissen, ob die Maßnahmen auch die gewünschten Effekte haben werden. Heckman hat Methoden entwickelt, relevante Daten für die Vorhersage richtig zu analysieren. Dass man allerdings etwa auch zur Beantwortung der Frage, wie Menschen auf Steuererhöhungen reagieren werden, einen Nobelpreisträger braucht, hätte ich nicht gedacht. Kam denn auch mal raus „erfreut"?

Also, was die Fehlinterpretation eines Fotos von Heckman in Havanna angeht: Wir haben ja nicht vor, Portraits vor einem Plakat Fidel Castros zu schießen. Ein Portrait von einem Nobelpreisträger aus Chicago mit einigen Pixelchen Kuba im Bild – wo ist das Problem?

„Vielleicht gleich dort vor dem hübschen Mosaik?", lenke

ich den Blick auf einen politisch völlig unbedenklichen Hintergrund. Heckman ist einverstanden, und der kommunistische Glasschmetterling hält brav still, als ich den amerikanischen Ökonomen davor fotografiere; der Omnibus, der durch das Bild von Daniel McFadden draußen auf dem Vorplatz braust, allerdings nicht. Doch passt das sehr schön, weil das Verhalten im Straßenverkehr ein Anwendungsgebiet der Theorien und Methoden zur Analyse diskreter Entscheidungen ist, für deren Entwicklung meinem Fotomodell der Nobelpreis verliehen wurde. Die „diskreten" Entscheidungen, die Wirtschaftswissenschaftler wie McFadden interessieren, sind allerdings nicht solche, um die man möglichst wenig Aufhebens macht, sondern schlicht klar unterscheidbare Alternativen. Solche Entscheidungsanalysen finden etwa Anwendung bei der Frage: In welchem Umfang werden Bahnfahrer ein bestimmtes neues Streckennetz nutzen? Da lag McFadden in den Siebzigern mit seiner Vorhersage zur Nutzung der Bay Area Rapid Transit (BART-)Railway, eines Nahverkehrssystems in der Bucht von San Francisco, goldrichtig. Wow! Vorhersagen, die eintreffen. Da sollten sich die Finanzmarktökonomen doch mal eine Scheibe abschneiden.

Mit dem öffentlichen Nahverkehr nach Schweden – Daniel McFadden

Heckman mit Schmetterling, McFadden mit Omnibus –

dann hätten wir es doch schon! Fehlerfrei und diskret! Das sei wesentlich schneller gegangen als die Rede Fidel Castros auf der Abschlussveranstaltung der Konferenz, scherzen Heckman und McFadden. Die beiden Nobelpreisträger haben noch eine seiner berühmten Endlos-Reden genießen dürfen.

„Ein böser Witz über George W. Bush jagte den nächsten", erinnert sich McFadden. Castro habe einen Fauxpas Bushs nach dem anderen zitiert und ausgewalzt. Der amerikanische Präsident sei doch nicht mal imstande, mit einem kubanischen Schüler zu diskutieren, wisse der doch schon mehr als er, schmähte Castro.

„Sogar erklärten Bush-Gegnern wurde es zu viel", schüttelt McFadden den Kopf.

Unlängst hatte Castro in den Medien verlauten lassen, Bush plane ein Attentat auf ihn und träume von einer Invasion auf Kuba. So sei das dann ewig weitergegangen. Reden von Fidel Castro können einen ganzen Tag dauern, hörte ich, da hatten die beiden ja noch Glück. So etwas hält man nur aus, wenn man sich in Gedanken durch die Götterdämmerung pfeift, wie Eddy es könnte. Und Fidel Castro wäre das wohl gar zu recht.

Die Rede vor den Wirtschaftswissenschaftlern soll der „Máximo Líder" mit dem Versprechen beendet haben, Kuba bis zum letzten Atemzug zu regieren: „The dead man is not dead yet. They have not killed him!"

Ja, das T-Shirt von Barry Marshall, das wäre auch etwas für Fidel Castro gewesen. Das fällt mir damals natürlich nicht auf, denn 2004 ist mein Besuch bei Barry Marshall ja noch Zukunft. Im Jahr des Marshall-Shoots, 2006, wird Fidel Castro aus gesundheitlichen Gründen dann doch seine Aufgaben als Staatspräsident und Parteiführer, zunächst vorübergehend, an seinen Bruder übertragen.

Und nachdem auch in den USA ein neuer Mann die Regierung übernommen hat, kommt es dann viel später auf jener ausgelassenen Trauerfeier für Nelson Mandela im Dezember 2013 zum ersten Mal seit über fünfzig Jahren wieder zu einem Handshake zwischen einem amtierenden amerikanischen Präsidenten und einem kubanischen Staatsmann. Barack Obama und Raúl Castro beenden die handschlaglose Zeit, was Jimmy Carter 2002 mit Fidel Castro noch nicht gelingen konnte, da der Ex-US-Präsident 2002 schon lange außer Dienst war. Die Geste brachte die ersten Gletscher der Eiszeit zwischen den beiden Staaten zum Schmelzen und im Dezember 2014 geht gar die Nachricht vom „historischen Telefonat" zwischen Castro und Obama über die Nachrichtenticker. Die timoresische Geschichte von der Freundschaft, wo sie nicht möglich erscheint – vielleicht stellt sich eines Tages ja doch noch heraus, dass sie kein Märchen ist.

Daniel McFadden und James Heckman haben jedenfalls Eki und mich vor einer Kuba-Krise unserer Freundschaft bewahrt.

Friedensnobelpreisträger **Adolfo Pérez Esquivel** hatte also mit seinem Nichterscheinen in Havanna einige Verwirrung ausgelöst, selbstverständlich nichtsahnend von ihm um den Erdball nachjagenden Fotografen und dies voreilig veranlassenden Journalisten.

Mit Hilfe einer Freundin, die mir eine E-Mail auf Spanisch verfasst, gelingt mir noch im selben Jahr die Terminfindung mit Pérez Esquivel, und wir treffen uns in seiner Geburtsstadt Buenos Aires. Es wird eine sehr herzliche Begegnung. Der Bildhauer und ehemalige Professor für Architektur erzählt angeregt und viel, ich freue mich darüber. Nur verstehe ich absolut nichts. Pérez Esquivel spricht munteres Spanisch, ich nicht

Inspiriert von der gleichen Geisteshaltung wie Mutter Teresa

mal bruchstückhaftes. Ich vermute, manch einer kennt das Gefühl, wenn man jemandem gegenübersitzt, der freudig plaudert und völlig vergessen hat, dass man seiner Sprache nicht mächtig ist. Es ist eine Situation mit lauter schlechten Lösungen. Den Redner darauf aufmerksam zu machen, dass er jetzt schon minutenlang ohne verstehendes Gegenüber ist, macht den Unverstandenen nicht glücklich. Es nicht zu sagen, hat allerdings etwas von einer Heimlichkeit, deren jederzeitige Entdeckung man angespannt befürchtet. Hilflos und ratlos hofft man, dass der unbeabsichtigt Monologisierende nicht plötzlich aufmerkt: „Ach, Sie verstehen kein Wort, oder? Warum sagen Sie denn nichts?"

Der Fotoshoot mit dem berühmten argentinischen Menschenrechtler ist also von meiner Seite auf das Wesentliche beschränkt. Dabei wüsste ich zu gerne, was den Friedensnobelpreisträger von 1980, in dessen Engagement das Osloer Nobelkomitee Parallelen zu der im Vorjahr ausgezeichneten Mutter Teresa sah, aktuell umtreibt.

Seine Vita spiegelt einen einzigen Lebensinhalt: den Einsatz für Menschenrechte!

1968 ist der ehemalige katholische Internatsschüler Mitbegründer der Dachorganisation lateinamerikanischer Menschenrechtsorganisationen, der „Servicio Paz y Justicia" („Dienst für Frieden und Gerechtigkeit"), später ruft er ihr Presseorgan *Paz y Justicia* ins Leben. Seine Lehrtätigkeit gibt er zugunsten der Arbeit als Koordinator und Organisator der Menschenrechtsgruppierungen in Lateinamerika irgendwann ganz auf. Unter General und Diktator Jorge Rafael Videla sitzt er Ende der siebziger Jahre vierzehn Monate lang ohne Urteil in Haft. Mit Unterstützung von Amnesty International kommt er frei und nimmt im Anschluss an Haft und Hausarrest 1980 sein Engagement wieder auf. Im gleichen Jahr wird er mit dem Friedensnobelpreis ausgezeichnet. Seit 1987 ist er Präsident der International League for the Rights and Liberation of Peoples.

Der Laureat und ich gehen auseinander, ohne dass ich behaupten könnte, mit ihm gesprochen zu haben. Ich bin ihm leider nur begegnet.

2012 schließt sich Pérez Esquivel mit Desmond Tutu einem Aufruf zur Straffreiheit von Whistleblower Chelsea (damals noch Bradley) Manning an. Manning hatte 2010 über die Plattform Wikileaks Geheimdokumente der US-Streitkräfte zu den Kriegen im Irak und in Afghanistan publik gemacht. In dem Statement der Laureaten heißt es:

„Wir haben unser Leben der Arbeit für den Frieden gewidmet, weil wir die vielen Gesichter bewaffneter Konflikte und Gewalt gesehen haben, und wir wissen, dass unabhängig von den Gründen für einen Krieg immer die Zivilisten die Hauptlast tragen. Mit der heute entwickelten Militärtechnologie und den Möglichkeiten für die wirtschaftlichen und politischen Eliten, die Informationen, welche öffentlich gemacht werden, zu filtern, gibt es für viele Bürger große Schranken, wirklich bewusst die Realität und die Konsequenzen von Konflikten wahrzunehmen, in die ihr Land verwickelt ist. Verantwortliches Regieren erfordert gut informierte Bürger, die ihre Führung in Frage stellen können. […] Wir Nobelpreisträger verurteilen die Verfolgung, die Bradley Manning erleidet […]. Wenn Bradley Manning die Dokumente veröffentlichte, wie die Anklage behauptet, müssen wir ihm unseren Dank für sein Bemühen aussprechen, die Regierung zur Verantwortung zu ziehen und für Demokratie und Frieden zu informieren."

Chelsea Manning, mittlerweile mehrfach für den Friedensnobelpreis vorgeschlagen, wird wegen Spionage zu fünfunddreißig Jahren Haft verurteilt. Sie erreicht 2014 eine Namensänderung und hofft auf die Genehmigung einer Hormonbehandlung, da sie sich als Frau fühlt.

Desmond Tutu und Pérez Esquivel erkennen in den Taten Mannings ein unerschrockenes Bemühen um Wahrheit und Aufklärung im Heimatland, wie es auch ihre eigenen Verdienste prägte.

Adolfo Pérez Esquivel hatte sich bis zur Machtübernahme durch putschende Militärs im März 1976 vornehmlich in anderen lateinamerikanischen Ländern engagiert und sah sich nun mit Staatsterror im eigenen Land Argentinien konfrontiert. Zehntausende Menschen verschwanden einfach. Pérez Esquivel organisierte Protestveranstaltungen der Angehörigen, die Auskunft über den Verbleib der Vermissten verlangten. Gefängnis und Folter waren der Preis.

Das Osloer Nobelkomitee zitierte in seiner Pressemitteilung anlässlich der Vergabe des Friedensnobelpreises an Pérez Esquivel den argentinischen Dichter Jorge Luis Borges; er habe in eindeutige Worte gefasst habe, wofür gerade der Ausgezeichnete in dieser Zeit führend und andere motivierend gestanden habe:

„Wie könnte ich angesichts all dieser Toten, all dieser Verschwundenen schweigen? […] Ich kann auch nicht stumm bleiben, wenn Leute ohne Gerichtsurteil eingekerkert werden. […] Es heißt, man solle solche Sachen nicht sagen, weil es dem Image unseres Landes schaden könnte, doch die Wahrheit ist weitaus wichtiger als irgendein Image."

„Die Wahrheit ist wichtiger als irgendein Image" – ich habe nicht einmal gewagt, dem Friedensnobelpreisträger zu gestehen, dass ich kein Spanisch verstehe.

***

Das Fledermaus-Filmfest 2003 nach meinem García-Márquez-Besuch und der Doppelzufallstreffer mit Heckman und McFadden 2004 waren also die Erlebnisse meiner Kuba-Reisen bis zu der Verabredung mit Staatspräsident

Ramos-Horta. Mit ihm entdecke ich den Inselstaat – vom kubanischen Dichter Nicolás Guillén als „grüner Kaiman" erkannt und von Satellitenfotos so bestätigt – auf ganz neue Weise.

Auf Staatsbesuch mit einer Delegation von der Insel des schlafenden Krokodils.

A uf dem Pariser Flughafen Charles de Gaulle. Es ist der 2. September 2008. Timor-Lestes Präsident **José Ramos-Horta** und seine Kuba-Delegation haben die Maschine bereits bestiegen, als ich mit den anderen Fluggästen das Boarding beginne. Kaum betrete ich die Kabine, entdecke ich den Friedensnobelpreisträger. Seit unserem letzten Treffen sind elf Monate vergangen, in denen so unglaublich viel passiert ist. Die Fernsehbilder vom Attentat kommen mir in den Kopf: José Ramos-Horta – festgeschnallt auf der Krankentrage, Schläuche, Kabel, medizinisches Gerät…

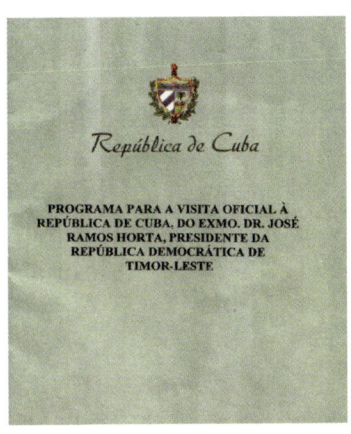

Staatsbesuch auf Kuba – Protokoll

Der Präsident steht auf, wir umarmen uns.

Ich drücke ihn deutlich länger, als es für eine Begrüßungsgeste üblich ist. Natürlich, weil ich mich außerordentlich freue, ihn wohlbehalten wiederzusehen, aber auch, um zu verbergen, dass meine Augen feucht werden.

Es folgt mein erster Staatsbesuch; als Delegationsmitglied Nummer „9. – Sr. Peter Badge, Fotógrafo Internacional do Presidente" – wie das schriftliche Protokoll Auskunft gibt.

Nach der Landung genieße ich – anders als bei den vorangegangenen Ankünften am Aeropuerto International José Martí – den Luxus einer VIP-Abfertigung bei der Bearbeitung der Einreiseformalitäten. Wir warten in tiefen Leder-Loungesesseln, Erfrischungsgetränke schlürfend, bis alles erledigt ist. Die Delegation wird von einer hoheitlichen Fahrerflotte abgeholt, und dann geht es durch Havanna in die offizielle Residenz für Staatsgäste. Das Areal ist äußerst gepflegt. Am Ankunftstag wird uns das Programm vorgestellt, mehr passiert noch nicht, der Abend steht zur freien Verfügung.

Mein Zimmer teile ich mit dem Militärattaché und einem Mitarbeiter vom timoresischen Fernsehen. Er ist Kameramann und Redakteur in Personalunion. Die drei nebeneinander aufgestellten Queensize-Betten mit gelbgrauer Tagesdecke verbreiten den Anflug von Schlafsaal-Atmosphäre einer gehobenen Jugendherberge. Dafür ist es draußen sogar noch herrlicher als auf Borkum, wo ich als Schüler auf Klassenfahrt allerdings furchtbares Heimweh durchlitt und meine Eltern nur lachten, als ich wenig später ankündigte, eines Tages die ganze Welt bereisen zu wollen.

Am nächsten Morgen startet das offizielle Programm noch vor 9 Uhr. Erster Programmpunkt für alle Staatsgäste ist die Ehrung des kubanischen Nationalhelden José Martí. Das Protokoll sieht eine Viertelstunde für die Niederlegung von Blumenarrangements am Denkmal für den Unabhängigkeitskämpfer und Literaten auf dem Platz der Revolution vor. Der Held mit dem hohen Haaransatz schält sich aus läppischen zehn Metern grauem Marmor, aber hinter ihm streckt sich ein mehr als zehnmal so hoher Turm in den kubanischen Luftraum. Ich lasse mir sagen, dass eine Büste von Martí in jeder kubanischen Schule zu finden ist. Mit Helden kann man ja nicht früh genug in Berührung kommen. Und wenn wir schon bei Heranwachsenden sind: Ich weiß, dass die erste Strophe dieses unglaublichen Refrain-Ohrwurms „Guantanamera Guajira Guantanamera" von jenem José Martí stammt, aber ich weiß nicht, ob ihm gefallen würde, was die Deutschrockband „Die Toten Hosen" daraus gemacht hat. Die härteren Rhythmen würde er vielleicht mitgehen, aber sein Text ist pubertär vergewaltigt worden. Von dem ehrlichen Menschen, der von dort kommt, wo die Palmen wachsen, und der vor dem Tode noch seine Verslein loswerden will, blieb nicht einmal ein Feigenblatt. Ich halte es für keine gute Idee, diese Anekdote in Anwesenheit der Kubaner anzubringen, allerdings begleitet mich das Liedchen jetzt in meinem Kopf hartnäckig weiter auf der Stadtrundfahrt. Selbstverständlich in der Version mit dem Text von José Martí.

Um den Platz der Revolution herum gruppieren sich die Regierungsgebäude. Kern des Staatsbesuchs ist natürlich das Treffen von José Ramos-Horta mit Staats- und Ministerpräsident Raúl Castro. An den Bruder von Fidel Castro sind die Geschicke des Landes seit Anfang des Jahres 2008 nun ganz offiziell übergeben, seit sich der Regierungschef von einer Darmoperation 2006 nicht mehr vollständig erholt hat. Die Delegation wird zunächst in eine Wartehalle geleitet, es folgt das Händeschütteln der Staatsmänner, und schließlich machen es sich Ramos-Horta und Castro in einem Besprechungsraum auf cognacfarbenen Ledersesseln bequem. Ich schieße einige Fotos, der timoresische Kameramann filmt, und dann schließen sich die Türen für das Vier-Augen-Gespräch.

Das offizielle Programm der nächsten Tage sieht eine Führung im Museo de la Ciudad, einen Vortrag zur Tourismusentwicklung, den Besuch des polytechnischen Instituts und des Landwirtschaftsministeriums sowie Gespräche mit dem Vorsitzenden der Jugendorganisation der kommunistischen Partei Kubas, der Unión de Jóvenes Comunistas, vor. Es wird dann allerdings ein bisschen umgeplant und umgestellt. Einen Höhepunkt bildet das gesetzte Dinner auf Einladung von Parlamentspräsident Ricardo Alarcón mit Live-Musik-Untermalung.

An den Abenden, die zur freien Verfügung stehen, schleiche ich mich aus der Anlage, leiste mir von meinen Pesos convertibles, den „Luxus-Pesos", ein Taxi, das mich sicher an allen Schlaglöchern und unabgesicherten Straßenschächten vorbei an die Uferpromenade Malecón manövriert. Ich habe einige gute Bekannte in Havanna, und wir gestalten die Nacht nur gerade so lustig, wie sichergestellt bleibt, dass ich am nächsten Morgen der timoresischen Delegation keine Schande mache.

Präsident Ramos-Horta zieht es an einem Nachmittag ebenfalls in die Altstadt Havannas mit ihren spanischen Kolonialbauten. Das Weltkulturerbe zeigt sich mit verblasstpastelligen Barockfassaden hier bröckelnd, dort herausgeputzt. Das Protokoll entspricht dem Wunsch des Präsidenten nach dem Besuch eines Flohmarktes. Dort steuert er plötzlich zielstrebig auf einen Stand mit antiquarischem Lesestoff zu: Ramos-Horta hat eine alte *LIFE-Magazine*-Ausgabe mit dem Konterfei Fidel Castros entdeckt. Die muss er haben. Glücklich erstanden, tippt Kubas Staatsgast mit dem Zeigefinger auf das Cover seines Schnäppchens:

„... werd' ich mir signieren lassen!"

Aha, horche ich auf, steht der Krankenbesuch beim Totgesagten, von dem die Rede war, mittlerweile tatsächlich fest? Noch frage ich nicht näher nach.

Der Staatsbesuch neigt sich dem Ende zu. Es gilt noch timoresische Medizinstudenten zu motivieren. Fidel Castro hatte die angehenden Ärzte nach der Unabhängigkeit Timor-Lestes zur Ausbildung auf Kuba eingeladen. Die flächendeckende medizinische Versorgung ist für Timor-Leste eine der größten Herausforderungen und die Entsendung kubanischer Ärzte hat dem Land bereits unschätzbare Dienste erwiesen. Nun sollen gut ausgebildete Einheimische sukzessive an ihre Stelle treten. Im weißen Hemd steht der genesene Präsident José Ramos-Horta vor den im Hörsaal ausnahmslos ebenfalls in weißen Kittelhemden erschienenen Medizinstudenten und spricht gewohnt mitreißend. Nach der Rede gibt der Präsident meinem Zimmergenossen vom timoresischen Fernsehen ein Interview.

Wieder zurück in unserer Unterkunft, wage ich Ramos-Horta darauf anzusprechen, ob sich denn nun die Gelegenheit zu einem Treffen mit Fidel Castro ergeben wird. Er kann das noch nicht mit Sicherheit sagen, verspricht aber, mich im Falle eines Falles nicht zu vergessen. Als Dank für meine Mitnahme auf den Staatsbesuch überreiche ich dem Friedensnobelpreisträger ein „Nobels"-Coffee-Table-Book. Noch ist das Werk nicht veröffentlicht, gerade erst sind einige Vorab-Exemplare frisch gedruckt aus China eingetroffen. Ich erzähle, wie die

„Auch der heldenhafteste Mensch kann nicht über seine Kräfte kämpfen." (Homer)

Chinesen – wohl in gewohnter Zensurmanier – mit dem „Vorschlag" kamen, einige Biografien, etwa die des Dalai Lama, begrifflich „abzuändern". Wir sahen keine Veranlassung dazu, und schließlich hieß es, man werde also drucken, aber nicht die umstrittenen Seiten, das werde dann in Hongkong zusammen mit dem Binden erledigt. Im Impressum durfte allein Hongkong als Ort der Drucklegung aufgeführt werden. Ramos-Horta zeigt sich sehr beeindruckt von der mächtig schweren Portraitsammlung all seiner Nobel-Kollegen. Das sei doch schon mal das passende Geschenk für Fidel Castro, ihm selbst könne ich ja bei Gelegenheit ein neues Exemplar geben. Das versichere ich natürlich sofort.

Dann passiert allerdings nichts in Sachen Krankenbesuch, im Gegenteil bereiten wir uns auf eine vorverlegte Abreise vor, weil laut Wettervorhersage ein veritabler Hurrikan auf Havanna Kurs nimmt. Man organisiert mir einen Fahrer, der mich unverzüglich zur Dependance meiner Fluglinie bringt, damit ich meine Rückflüge umbuchen kann, denn ich muss ja als Einziger nach Europa, die anderen nach Timor-Leste.

Der Hurrikan kommt näher. Als ich zurück in der Anlage bin, bemerke ich Unruhe. Doch die hat gar nichts mit dem Unwetter zu tun. Ramos-Horta steht vor mir:

„Peter, nehmen Sie das ‚Nobels'-Buch mit und beeilen Sie sich!"

Der Präsident, zwei weitere Herren aus unserer Delegation und ich besteigen einen vorfahrenden Wagen, und es geht kreuz und quer durch Havanna, bis wir an einem großen Gebäude halten. Was nun geschieht, daran erinnere ich mich besser heute nicht mehr genau, jedenfalls erhält Fidel Castro mein Foto von seinem Physiker-Sohn vor dem Portrait von García Márquez im Café Einstein, und ich habe fortan eine Aufnahme von José Ramos-Horta und Fidel Castro mit dem „Nobels"-Coffee-Table-Book. Das Bild wird das offizielle Werbeplakat!

Werbeplakat für das „Nobels"-Coffee-Table-Book

Fidel Castro – der einst am längsten regierende nicht monarchische Staatschef und einer der am längsten überlebenden Totgesagten wirbt mal ausnahmsweise nicht für den Kommunismus!

Hurrikan „Ike" liegt bereits in der Luft, und zurück von dem außergewöhnlichen Krankenbesuch, packe ich eilig meine Siebensachen, die jetzt um das kubanische Gastgeschenk für die Delegationsmitglieder bereichert sind: in Folie eingeschweißtes Rasierwasser und Zigarren. Das hat ein bisschen was von einem Last-Minute-Weihnachtsgeschenk für den Mann in mittleren Jahren, wenngleich der üblicherweise kein Kärtchen mit den besten Wünschen von Raúl Castro daneben findet. Das Rasierwasser wartet kräftig eingestaubt in meinem Badezimmerschrank noch heute auf seinen Einsatz. Eine der Zigarren habe ich Elvis-Pianist Glen D. Hardin geschenkt. Ich kenne ihn durch das „Elviswho"-Projekt und nachdem er für mich auf dem Flügel gespielt hat, den ich von Oskar Sala geerbt habe, bewies ich auf diese Weise meine Verehrung.

Vollspeed zum Flughafen.

Von der Abflugtafel blinkt es unheilvoll: Hinter fast allen Zielen erscheint das Wort „cancelled". Es gibt nur zwei Ausnahmen: Für unsere Flüge heißt es „on time". In letzter Sekunde entkommen wir „Ike".

An Bord. Die hübsche Flugbegleiterin fragt mich lächelnd, was sie mir bringen kann.

„Einen Havana Club auf Eis, bitte."

***

Nur wenige Wochen später im Café Einstein in Berlin spricht José Ramos-Horta über das schlimmste Erlebnis seines Lebens, das Attentat. Ich habe bislang nicht näher danach gefragt, wollte abwarten, ob er reden mag oder nicht. Jetzt, in meinem Lieblingscafé zusammensitzend mit Nikolaus Turner, Gerald Uhlig-Romero und dessen Frau Mara, ist ein deutscher Arzt bei uns, der dem Präsidenten zusammen mit seinen Kollegen das Leben rettete. Australische Ärzte in der Aspen Medical Unit in Dili hatten damals die Erstversorgung übernommen. Schließlich war der nach zwei Bauchschüssen schwerverletzte Staatschef nach Darwin ausgeflogen worden, wo man ihn für zehn Tage ins künstliche Koma versetzte und mehrfach operierte.

Ich frage den Präsidenten, wie sehr ihm, nachdem ihm ja die Radikalität und Gewaltbereitschaft dieses Reinado bekannt gewesen sind, eine Lebensgefahr bewusst gewesen sei. Angesichts der ständigen Eskalationen – kam ihm nie die Möglichkeit eines Attentats in den Sinn?

„Niemals, ich habe niemals an die Möglichkeit eines Anschlags auf mein Leben gedacht", schüttelt der Präsident den Kopf.

Auf der einen Seite verwundert mich das, auf der anderen habe ich eigentlich keine andere Antwort erwarten können. Das, was jemanden wie Ramos-Horta antreibt und auszeichnet, muss eine Seite haben, die die Gefahr für sich selbst ausblendet. Sonst wäre sein Leben wohl anders verlaufen.

Er war noch eine Weile bei Bewusstsein, nachdem ihn die Kugeln trafen, weiß er noch, was er da dachte? Wie sich die Todesangst anfühlte?

Ihm ging nur eines durch den Kopf:

„Wenn ich sterbe, wird alles eskalieren, dann gibt es weiteres Blutvergießen."

Premierminister Xanana Gusmão bezeichnete die Anschläge als misslungenen Staatsstreich. Auch Ramos-Horta sieht sie als Teil der politischen Krise 2006.

Nur: Natürlich war es der politische Machthaber, der getötet werden sollte, nicht der Mensch José Ramos-Horta. Doch macht das am Ende wenig Unterschied. Das Leben hätte der Zivilist mit dem Amtsträger zusammen verloren.

Der Präsident hat später alle weiteren Beteiligten am Attentat begnadigt. Er kann noch heute kaum glauben, dass er trotz des enormen Blutverlusts überlebte. Die Weiterführung seiner politischen Aufgabe sicherte seinem Land die dringend benötigte perspektivische Kontinuität.

So ist ihm seine Rettung mehr noch als ein zweiter Geburtstag.

Es ist der 9. Oktober 2009, der Geburtstag von Bo. Bo ist ein portugiesischer Wasserhund und sein Herrchen der diesjährige Friedensnobelpreisträger. Nein, leider ist es nicht Eddy Fischer. Es gibt noch andere Liebhaber portugiesischer Wasserhunde. Eddys Vierbeiner haben auch keinen eigenen Wikipedia-Eintrag wie der berühmte Bo, aber dass der am 9. Oktober Geburtstag hat, weiß ich nicht, weil ich die entsprechende Internetseite jemals angeklickt hätte, sondern weil der neue Friedensnobelpreisträger darauf aufmerksam machte, als die gesamte Weltpresse gespannt nach einer Stellungnahme zur überraschenden Auszeichnung verlangte.

Mister Obama aus Washington, D. C., ist eben zuallererst Familienvater und Hundebesitzer, nebenbei amtierender US-Präsident. Die Nachricht vom gewonnenen Friedensnobelpreis soll ihm eine seiner Töchter überbracht und ihn im selben Satz an den Geburtstag von Bo erinnert haben. Kinder seien gut für die Einordnung von Wertigkeiten, kommentierte Vater Obama diese Episode, und das stimmt wohl zweifelsohne.

Ich habe keine Kinder, aber wenn es Termine gibt, die ich unumstößlich einhalte, dann sind es die Verabredungen mit meiner Nichte Marla. Ich wünschte, ich könnte ihr viel öfter die Welt zeigen, als es tatsächlich mal klappt mit unseren gemeinsamen Reiseabenteuern.

Manchmal, wenn ich nachts in irgendeinem Hotelbett nicht schlafen kann, weil mich überfallartig krause Gedanken von Reisen ohne Wiederkehr befallen, retten mich ein Blick zur Uhr und eine Zeitverschiebung, die mir sagt, dass in Deutschland gerade Tag ist. Sofort rufe ich Marla an, und wenn sich ihre Stimme überschlägt, weil sie heute bei ihrem Pflege-Pferd Spoky war, oder sie mich drängelt, wann wir endlich Schuhe zu dem Kleid aussuchen, das ich ihr von der letzten Reise mitgebracht habe, oder sie mich ausschimpft, weil ich ihre Mama immer noch nicht überredet habe, dass sie ihr einen Hund kauft, und dass sie aber überhaupt ganz dringend diese neue Barbie braucht, dann habe ich nicht nur etwas „Heimat" im Tank, sondern weiß auch wieder genau, wo ich bin: mit beiden Beinen fest auf der Erde.

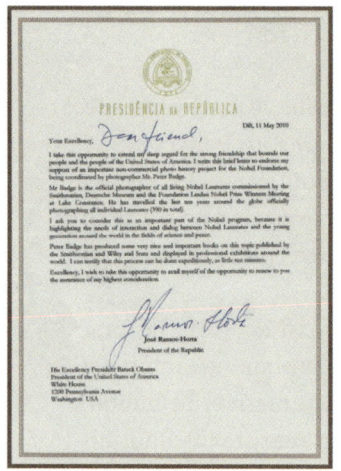

Post für den Amerikaner im Weißen Haus vom „Amerikaner" aus dem Robert F. Kennedy Boulevard, Dili

Alles gut. Mir geht's gut. In diesen Augenblicken wirft mir Marla in meine abtreibenden Gedanken hinein Anker zu mit Namen Barbie und Spoky. Die holen mich in die reale Welt zurück, wenn ich drohe, mich allzu sehr zu umkreisen. Der Anker, den die Präsidententochter am Tag der „Nobelpreis-Neuigkeit" ihrem Daddy zuwirft, bevor er sich anschickt, übers Wasser zu laufen, heißt eben Bo.

Unter den Kindermund-Reaktionen auf einen Nobelpreis ist mir Nadine Gordimers Geschichte die liebste: Eine fünfjährige Dame wollte von der Schriftstellerin wissen, ob sie denn schon vorher mal einen Nobelpreis gewonnen habe, und nachdem diese klarstellte, den bekomme man nur einmal, war der Kleinen alles klar: „Ach so, wie Windpocken."

Als ich von dem einmaligen Friedensnobelpreisträger 2009 erfahre, seufze ich tief. Nicht etwa weil ich mir anmaße, ernsthaft die Frage zu stellen, ob es eine bessere Wahl als **Barack Hussein Obama** gegeben hätte, der „für seine außergewöhnlichen Bemühungen, die internationale Diplomatie und die Zusammenarbeit zwischen den Völkern zu stärken" ausgezeichnet wird. Nein, reine Pragmatik. Wie soll ich denn bei dem amtierenden amerikanischen Präsidenten zeitnah einen Fototermin bekommen? Das wird eine ermüdende Prozedur, bin ich mir sicher. Ich mache also meine Eingaben über die amerikanische Botschaft in Berlin, und dort ist man hilfsbereit und bemüht, aber nicht erfolgreich.

Im Mai 2010 bin ich in Dili bei Präsident Ramos-Horta und klage irgendwann mein Leid, dass ich keine Chance sehe, den neuen Friedensnobelpreisträger zu portraitieren.

„Ich schreibe Präsident Obama."

Verwundert blicke ich Ramos-Horta an. Was meint er? Er will mir helfen, den Termin bei Obama zu bekommen? Ihm einen Brief deswegen schreiben? Soll ich mal eine Erfahrung beschreiben, die mich fortwährend verwundert, obwohl sie eine Beobachtung ist, die durchaus nicht nur ich mache?

Von all jenen, die versprechen, etwas für einen zu tun, werden es genau die machen, die man nie und nimmer um etwas bitten würde, weil sie fraglos Besseres zu tun haben. Diejenigen, die vollmundig versprechen, was sie alles für einen tun können, wen sie alles kennen, welchen Einfluss sie haben und für die so gut wie alles „kein Problem" ist, haben nach dem entsprechenden Vortrag längst vergessen, worum es ging. Weil es immer nur um sie geht, auch beim Versprechen, sich um irgendetwas, was einem anderen wichtig ist, zu kümmern. Ihnen ist es auch gar nicht unangenehm, dann nichts von allem, was „kein Problem" war, je in die Tat umzusetzen, denn niemand kann ja nun ernsthaft annehmen, dass sie dazu tatsächlich die Zeit hätten. Nein, das gehört ja zur Botschaft: dass man natürlich theoretisch könnte, aber faktisch eben nicht kann. Wenn die wirklich Großkalibrigen, die keinem beweisen müssen, dass sie Wichtigeres zu tun haben, versprechen, sich um etwas zu kümmern, dann tun sie genau das, was kein Mensch von ihnen erwartet: Sie halten ihr Versprechen.

José Ramos-Horta, der „Amerikaner", schreibt tatsächlich einen Brief an Barack Obama. Von Präsident zu Präsident. Dass mich der hochverehrte Amtskollege doch bitte empfangen solle, es dauere auch wirklich nur zehn Minuten. Und plötzlich geht es hopplahopp. Ich bekomme eine weitergeleitete Mail aus dem Weißen Haus –„National Security Council Press".

Betreff: „Anfrage Fototermin".

Der Wortlaut der Antwort aus dem Hause Obama ist dann eigentlich wenig überraschend:

„Yes, we can do it ..."

Am Rande eines offiziellen Termins, den man noch näher abstimmen müsse, sei das mit dem Foto für das „Nobels"-Buch sicher einzurichten. Man werde sich Anfang Juni bei mir melden, wann genau im Juli ein Termin möglich sei. Am 1. Juni frage ich nach. Die umgehende Antwort: um den 20. Juli herum. Es folgt weitere Korrespondenz. Mailpost aus dem Weißen Haus zwischen den „Hi"-Mails meiner Freunde. Am Ende lässt es sich nicht genauer fassen als der 21. oder 22. Juli. „Wahrscheinliche" Termine mögen mein Finanzminister Nikolaus Turner und ich ja nicht besonders. Aber der Terminkalender des mächtigsten Mannes der Welt kennt wohl keine höhere Verlässlichkeitsstufe. Ich schreibe zurück, dass ich zur Sicherheit schon zwei Tage vorher anreisen werde. Ich solle mich einfach melden, sobald ich da sei, heißt es in der Antwort. Das mache ich.

Es ist der 18. Juli 2010. Ein Anruf bei Kontaktmann Chris im Weißen Haus.

„Ja, dann kommen Sie doch einfach schon morgen."

„Ja, gerne ... äh ... ich habe einen Kollegen in meiner Begleitung ..."

„Hat der einen Pass?"

„Klar, hat er. Einen deutschen."

„Dann mailen Sie den vorab und bringen ihn einfach mit."

Chris nennt noch Uhrzeit und Treffpunkt. So einfach ist das also.

Ich bin schon oft in Washington gewesen, auch diesmal wohne ich wieder bei meinem Freund Arthur Molella, dem Direktor des Lemelson Center for the Study of Invention and Innovation am National Museum of American History. Art und seine Frau Roya haben eine tolle Villa im wunderbaren Georgetown und das Allerbeste: Ich habe einen Hausschlüssel! Unzählige Male bin ich bei meinen Washington-Besuchen am Amtssitz des US-Präsidenten vorbeigegangen. Nie habe ich das Bedürfnis gehabt, eine der Touristenführungen durch das Weiße Haus mitzumachen. Nun bin ich aber doch neugierig.

Am nächsten Tag betrete ich mit meinem Kollegen 1600 Pennsylvania Avenue durch ein eisernes Eingangstor, und es geht erst mal in ein kleines, direkt dahinter befindliches Häuschen zum Security-Check. Der vollzieht sich erstaunlich unaufgeregt, wie überhaupt der ganze Sicherheitsapparat angenehm zurückhaltend agiert. Natürlich ist mir ziemlich klar, dass ich eine falsche Bewegung wohl kaum auch nur zum Abschluss bringen würde, aber dass dies so ist, spürt man nicht. Das habe ich mir anders vorgestellt. Wie? Ach, weiß ich auch nicht, aber immerhin ist das hier das Zentrum der (Welt-)Macht. Da hat man mir schon in manchem „Zentrümchen der Macht" weitaus aufdringlicher in die Molekularstruktur geschaut. Als Staatsfeind Nummer eins fühlt sich ohnehin am zuverlässigsten, wer mitten in der Nacht von einem auf Beutezug befindlichen Knöllchen-Zwillingspärchen des Berliner Ordnungsamts mit tragbarem Ticket-Drucker beim „Parken ohne gültigen Parkschein" erwischt wird. Ein bewaffneter Zweimeter-Security-Bodyguard ist ein Lacher gegen eine Zweizentner-Parkschein-Kontrolletta mit pistolenlosem Hüftgürtel. Kapstadt hat anscheinend auch diese Knöllchen-Klone, ich erinnere an Erzbischof Tutus Panikattacke. Mein Highlight in Sachen Verkehrsvergehen bleibt allerdings ein Erlebnis in Princeton: Nach einer Stunde Stau-Stehen hat sich ein Problem ergeben, das auf umgehende Erledigung dringt. Als endlich freie Fahrt ist, gebe ich daher kräftig Gas und lande in einer Radarkontrolle. Die Papiere des Mietwagens finde ich so unter Druck stehend auch nicht. Man lädt mich höflichst zu einem Gerichtstermin. Was werden die mit mir machen? Das frage ich abends meine Gastgeber, John und Alicia Nash, und John bemerkt trocken zu Alicia: „They won't treat him royal" (dt. „Sie werden ihn nicht wie einen König behandeln"). Ging dann aber gut aus.

Mein Equipment fährt nun durch Mister Obamas Durchleuchtungsanlage.

Unser Grüppchen kommt nur mit Fotoausrüstung bewaffnet und in guter Absicht, und so dürfen wir uns bald dem Weißen Haus weiter nähern.

Ein Mitarbeiter, der uns während des gesamten Termins begleiten wird, spricht mich an: „Sie fotografieren noch mit Film?"

Aha, das ist also registriert worden. Er hat ein paar Fachfragen.

Der Westflügel des Weißen Hauses. Das Oval Office und die Büros des engsten Mitarbeiterstabes des Präsidenten befinden sich hier im „West Wing", weshalb die gleichnamige amerikanische Serie in Deutschland unter dem Titel „Im Zentrum der Macht" lief. Allerdings nur im Pay-TV, und da haben sich vermutlich vor allem Frauen in den mittleren Jahren eine sie an die Achtziger erinnernde Schmacht-Dosis nach dem einstigen Teenie-Schwarm Rob Lowe erkauft. Eine nicht näher zu outende Freundin hat über 30 Jahre lang sein Foto in jede neue Brieftasche übersiedelt, so dass er sich irgendwann neben ihren Söhnen wiederfand. Bis zu dem Tag, an dem die Dauer-Verliebte ausgerechnet hier in Washington Lowes Biografie erstand und der in ihren Augen überaus dümmliche Titel „Stories I only tell my friends" (dt. „Geschichten, die ich nur meinen Freunden erzähle") ein jahrzehntelanges Feuer erstickte.

Sogar ein Lowe ist gegen seine Foto-Fortexistenz im Karton „Ex" machtlos.

Um die Ecke von der Macht: West Colonnade. Warten im Brady Press Briefing Room.

Pressesekretär James S. Brady wurde beim Attentatsversuch 1981 auf Ronald Reagan schwer verletzt, die Medien meldeten während der Notoperation bereits sein Ableben, was seinen Chirurgen zu der Äußerung „Das hat mir und dem Patienten noch keiner gesagt" veranlasst haben soll. Brady wurde gerettet, blieb allerdings gelähmt. Der nach ihm benannte Raum liegt um die Ecke vom Oval Office und war mal ein Swimmingpool, angelegt für Präsident Franklin D. Roosevelt, nachdem ein Wohltätigkeitsverein für Polio-Erkrankte dafür Spenden gesammelt hatte. Ich suche am Boden nach der Falltür, unter der sich eine Treppe hinab in den Pool verbergen soll, finde sie aber nicht. Wasser ist ohnehin nicht mehr im Becken, nur Elektronik.

Ich muss an eine Geschichte denken, die mir Sonny West erzählt hat. Er war im Dezember 1970 im Oval Office, im Schlepptau von Elvis. Elvis hatte seine Sammelleidenschaft für Polizeiabzeichen dorthin geführt. Er war damals scharf auf so ein spezielles Ding, das man als Agent des Federal Narcotics Bureau (Bundes-Rauschgift-Dezernat) bekam und das nur der Präsident verleihen konnte. Also schrieb Elvis Richard Nixon kurzerhand, er sei als Drogenbeauftragter zweifellos eine gute Wahl, habe er doch großen Einfluss auf die Jugend, und schon funktionierte es mit dem Termin noch weitaus schneller als bei mir nach dem Brief von Ramos-Horta. Elvis hatte sich richtig aufgedonnert, mit Cape und Riesengürtel, es gibt Fotos davon. Als Präsident Nixon auf die prachtvolle Aufmachung anspielte, hat Elvis laut Sonny geantwortet:

„Mr. President, you have your show to run and I have mine" (dt. „Herr Präsident, Sie machen Ihre Show und ich meine").

Nachdem im Brady Press Briefing Room die Ersten begonnen haben, am Mikrofon den Präsidenten zu mimen, geht es endlich weiter, hinüber ins Haupthaus. Wir nehmen den Haupteingang. Ich wundere mich: „Die Tür sieht aus wie die von einem 7/11 Store. Sowas von normal...", raune ich meinem Bekannten zu. Ein Mitarbeiter hat das peinlicherweise aufgeschnappt:

„Das ist tatsächlich ein ganz normales Haus, ein Haus für das Volk", beeilt er sich mit der passenden Reaktion.

Na ja, allenfalls ein „normales" Upper-Class-Haus, denke ich, als ich mich im Bankettsaal, in den wir nun geführt werden, so umschaue. Schwere Vorhänge vor den bodentiefen Fenstern, im gleichen floralen Neo-Kolonial-Muster gehalten wie der Fußboden, ein wuchtiger Lüster, zwei Kamine, allerdings heute kein Esstisch, obschon der Raum ja nun Bankettsaal heißt. Abraham Lincoln über dem Kamin hat bereits eine Menge völlig verschiedener Veranstaltungen in diesem Raum mit angesehen. Er hängt schon ziemlich lange da rum, und es wird bestimmt nie langweilig, auch wenn Mrs. Eisenhowers Halloween-Deko Gruseligkeit von gestern ist. Außerhalb von Halloween hat jene Präsidentengattin angeblich gerne den ganzen Pomp aus dem Saal gekitzelt und mit goldenen Platztellern ein bisschen Sonnenkönig-Feeling ins Weiße Haus geholt. Der unaufdringliche Schick und die warmen, heimeligen Töne, die jetzt den Raum beherrschen, sind das Ergebnis einer Renovierung unter der Geschmacksregentschaft von Hillary Rodham Clinton. Ihr hat es hier ja gleich so gut gefallen, dass sie wohl noch mal herziehen will.

Mir gefällt es auch. Der Präsident ebenso, also jetzt einmal rein äußerlich betrachtet.

Ich muss mir die Blöße geben und meine Schilderung vom ersten Zusammentreffen mit dem amerikanischen Präsidenten mit Äußerlichkeiten beginnen, denn als Barack Obama den Bankettsaal betritt, denke ich tatsächlich zuerst das: ein wahrlich attraktiver Mann! Er sieht noch weit besser aus, als die Fernsehbilder versprechen. Das finden die etwa zwanzig jungen Mädels, die ihn anhimmeln, wohl auch. Was für ein netter Zufall: Der Pressetermin, den ich hier miterleben darf, ist ein Ehrenempfang für weibliche Basketball-Stars. Direkt vor Lincolns öliger Nase aufgereiht auf einem kleinen Podest: der Kader des WNBA-Champions Phoenix Mercury.

Ein schöner Termin in jedem Wortsinne. Obama ist heute zwischen all den jungen, hübschen und sportlichen Damen ganz offensichtlich sehr gerne mehr Mann als Präsident. Er strahlt mit den gut gelaunten WNBA-Stars um die Wette, scherzt und preist die Sportlerinnen als Vorbilder für seine Töchter. Athletik und Kampfgeist schlössen Anmut und weiblich-attraktive Ausstrahlung keineswegs aus, das wolle er seinen Mädchen vermitteln. Ich genieße die vielen Beweise dieser Sichtweise ausgiebig, doch dann fällt mir mein Auftrag wieder ein, und ich werde etwas nervös. Ich sehe Obama für das Portrait-Buch weder mit seinem weltweit bekannten präsidialen Gesicht noch als launig flirtenden Hahn im Korb „Nobel-würdig" abgelichtet.

Ich suche nicht den Staatsmann und nicht den Frauenschwarm, sondern den Friedensnobelpreisträger in Obama. Tja, wo ist er nur?

Er selbst weiß das ja auch nicht so genau. In seiner Rede anlässlich der Verleihung hatte er zunächst nur Gründe gefunden, die gegen seine Auszeichnung sprechen. Seine Leistungen seien verglichen mit anderen Friedensnobelpreisträgern gering, überhaupt seien da die vielen Namenlosen, deren Einsatz für Frieden und Menschlichkeit von der Welt unbemerkt geschehe, und außerdem befinde sich seine Nation zum Zeitpunkt der Auszeichnung mitten in zwei Kriegen. Ja, das reimt sich natürlich nur nach einem kühnen Parforceritt durch alle Pazifismustheorien dieser Welt auf Frieden. Aber immerhin diesen Ritt hat Obama mit seiner Ansprache damals im Osloer Rathaus hingelegt.

Einige Jahre später habe ich in Lindau ein Gespräch mit den Chemie-Nobelpreisträgern Peter Agre und Arieh Warshel über das Problem des Friedensnobelpreises für Staatsführer. Sollte man nicht zumindest von der Vergabe an Amtsinhaber absehen? Andererseits: Es mag dem Frieden durchaus dienlich sein, einen Staatsmann unter der

„Bürde" des Friedensnobelpreises grummelnd Gutes tun zu sehen. Schwierige Sache.

Was das Gute ist, kann man bei Wilhelm Busch nachschlagen:

„Das Gute – dieser Satz steht fest – ist stets das Böse, was man lässt."

Das brächte den ein oder anderen Staatsmann doch schon weiter. Bis zu einem gewissen Punkt jedenfalls. Vielleicht findet man Genaueres in Desmond Tutus Buch? Wie lange das Gute gut bleiben kann, wenn es dem Bösen Einhalt gebieten muss, ist noch kniffliger, und entsprechend schwierig ist das mit dem Friedensnobelpreis. US-Präsident Barack Obama sieht sich seit Beginn seiner Amtszeit einer erdrückenden Erwartungslast ausgesetzt, und nun trägt er auch noch schwer an der Preis-Bürde. Aber es winkt Wohlgefühl, wenn ihm gelingt, was er sich selbst in seiner Nobelpreis-Rede auftrug, denn schon Abraham Lincoln wusste:

„When I do good, I feel good. When I do bad, I feel bad. That's my religion" (dt. „Wenn ich Gutes tue, fühle ich mich gut. Wenn ich Schlechtes tue, fühle ich mich schlecht. Das ist meine Religion"). Und noch etwas müsste ihm enormer Ansporn sein, José Ramos-Horta fasste es kurz: Wenn die USA ihre Macht für das Gute einsetzen, dann siegt es!

Ich bin jedenfalls froh, dass von mir niemand den Weltfrieden einfordert. Heute trage ich schon unerwartet schwer an der Last meiner Portraitverpflichtung, wenngleich auch ich mich mit einem Spruch von Abraham Lincoln trösten könnte: „There are no bad pictures; that's just how your face looks sometimes" (dt. „Es gibt keine schlechten Fotos – manchmal sieht dein Gesicht einfach so aus").

Ich drücke ein paarmal halbherzig auf den Auslöser, ahne, dass nicht das Foto dabei ist, was ich mir vorgestellt habe, und so schaue ich wohl merklich unentspannt, als der Termin sich dem Ende zuneigt. Dem Mitarbeiter des

Weißen Hauses, der mich vorhin nach meinem Film gefragt hat, liegt zu meinem grenzenlosen Erstaunen anscheinend nicht nur Obamas Wohl am Herzen, sondern auch meines; mein Problem ist erspürt worden:

„Kommen Sie doch einfach morgen noch mal her. Da ist Cameron hier.

Vielleicht ergibt sich etwas Passenderes."

Der Mann schaut mir aufmunternd ins Gesicht. Ich starre ihn an, als sähe ich den Geist von George Washington. Erst ist alles furchtbar schwierig, und jetzt komme ich „gerne morgen noch mal".

***

Der nächste Tag. Heute ist es für den Präsidenten nicht so sportlich-attraktiv wie gestern. Die Vorzeichen für den ersten offiziellen Besuch des neuen britischen Premierministers David Cameron im Weißen Haus sind nicht ganz unaufgeregt. Es geht um die Neu-Positionierung der Briten nach der von den Medien „Kuschelkurs" getauften Bush-Blair-Zeit und der „kühlen Phase", nachdem die Kuschler die politische Bühne verlassen haben. Themen wie Afghanistan, Weltwirtschaft und die Umstände der Begnadigung des Lockerbie-Attentäters Abd al Bassit Ali al-Mikrahi sind schon recht schwergewichtig.

Ich bekomme also noch einen weiteren bedeutenden Raum des Weißen Hauses zu sehen: Der East Room ist der größte überhaupt. Ich weiß, dass während ihrer Amtszeit verstorbene Präsidenten hier aufgebahrt wurden, etwa die ermordeten Präsidenten Abraham Lincoln 1865 und John F. Kennedy 1963.

Mary Lincoln hatte den East Room in Lincolns Amtszeit renovieren lassen, renovieren müssen, weil mehrere Dutzend Soldaten dort vorübergehend einquartiert worden waren, bis ihre Unterkünfte bezugsfertig wurden. Die hatten den Teppich ruiniert und außerdem einige Kugeln in den Wänden hinterlassen. Unschön. Eines der fröhlicheren Events hier war Ronald Reagans Geburtstagsparty zu seinem Siebzigsten. Ob sie da auch in die Wände geschossen haben, weiß ich nicht.

Heute also nur eine Pressekonferenz im East Room.

Man weist mir zwischen den Journalisten einen besonders guten Platz zu, von dem aus sich der US-Präsident bestens fotografisch wird einfangen lassen.

Mit geschlossenen Augen der andächtige Friedensnobelpreisträger ...

Dann treten die beiden Staatsmänner vor die Weltpresse, wir empfangen sie stehend, bis Obama uns zum Sitzen auffordert. Und plötzlich bin ich ganz nah an der hohen Politik. Zunächst registriere ich allerdings Berufliches. Die Krawatte des Präsidenten ist heute wesentlich geeigneter für ein Schwarzweißfoto als gestern.

Obama redet als Erster. Über Bier.

Ob man es besser gekühlt trinkt oder nicht. Das sei Thema der „exzellenten Diskussionen" gewesen, die er gerade mit Cameron gehabt habe. Der Präsident wird mir immer sympathischer. Zwei Jahre später wird im Weißen Haus sogar Honigbier gebraut werden. Vielleicht ist die Idee ja heute entstanden. Obama verrät, dass er sein Bier lieber gekühlt trinkt und damit ist die Aufwärmphase der Pressekonferenz beendet; im nächsten Satz ist er dann schon mittendrin in der „besonderen Partnerschaft" zwischen den Vereinigten Staaten und dem Vereinigten Königreich, die gekennzeichnet sei durch dieselben Interessen und Werte.

Als Obama schließlich an Cameron zu seiner Rechten abgibt, kommt mein Moment. Man hat mich vorher gefragt, was ich mir als ideale Aufnahme vorstelle, und ich habe etwas in der Richtung „etwas andächtig im Ausdruck könnte es sein" geäußert, aber dass man das an Obama weitergegeben hat, würde ich doch eher bezweifeln. Aber sie kommt: die andächtige Geste, die ich brauche. Der US-Präsident faltet die Hände, während er zuhört, was der europäische Kollege sagt.

Da ist er plötzlich: der Friedensnobelpreisträger Barack Obama!

Kurz schließt er die Augen. Ich drücke auf den Auslöser. Geschlossene Augen auf Portraitfotos entfachen zuverlässig Diskussionen, und einen Staatsmann, dem man allzeit seine Macht und Stärke ansehen muss, darf man eigentlich auf gar keinen Fall so fotografieren.

Ich bin im Weißen Haus mein eigener Herr und entscheide: Ich darf!

Wie kommt man nun vom Weißen Haus in Washington, D. C., thematisch aufs Münchner Oktoberfest? Die Bier-Diskussion zwischen Cameron und Obama wäre zumindest ein gepflegterer Weg als der Kalauer, der dem US-Präsidenten mit Blick auf den NSA-Abhörskandal den Eröffnungsspruch der Wies'n in den Mund legt.

... mit offenen der dynamische Staatsmann: Barack Obama mit Ehefrau Michelle und José Ramos-Horta

Ich verlasse mich lieber wieder auf die Vermittlung von José Ramos-Horta. Und statt Bier, genauer gesagt statt Kaffee, gibt es zunächst Wein.

S eptember 2012. **José Ramos-Horta** ist in diesem Herbst als Privatmann in Deutschland. Mein „Chef" – ich bin seit einem Jahr Honorarkonsul von Timor-Leste – hat im Mai das Präsidentenamt an seinen Nachfolger Taur Matan Ruak abgeben müssen. Kein einfacher Schritt für den Friedensnobelpreisträger. So vieles ist begonnen und auf den Weg gebracht worden, was er gerne weitergeführt und verantwortlich begleitet hätte. Unsere gemeinsame „Nobel-Initiative für Timor-Leste" gehört dazu, wenngleich natürlich nur Randnotiz. Aaron Ciechanover hatte schon zum Thema „Pharmaentwicklung im 21. Jahrhundert: Werden wir alle Krankheiten heilen können?" gesprochen, und auch Astrophysiker Brian Schmidt kommt nach Dili. Eki kann ich jetzt nicht zur Nobelpreisträgerriege rechnen, aber er leistete ebenfalls einen Beitrag zum Wissens- und Informationsaustausch mit der jungen Demokratie. Im Präsidentenpalast hat er einen Vortrag über Journalismus gehalten.

Westernhagen – „Auf 'ner einsamen Insel"

Zusammen mit Marius Müller-Westernhagen habe ich am Unabhängigkeitstag den Machtwechsel in Dili erlebt. Wir wohnten beide auf Einladung des Präsidenten wieder in dessen privatem Gästehaus. Marius ist die Krokodilsinsel mittlerweile gleichermaßen ans Herz gewachsen wie mir. Das Land hat in ihm definitiv einen weiteren Botschafter. José Ramos-Horta freut das selbstverständlich sehr.

Nun, vier Monate nach der Amtsübergabe, genießt der Ex-Präsident – ich nenne ihn weiterhin „mein Präsident" – endlich einmal einen inoffiziellen Berlin-Aufenthalt, wenngleich er auch ohne Staatsgast-Status gefragter Redner auf diversen Veranstaltungen bleibt. Auf dem Programm stehen aber auch reine Freizeitvergnügen wie ein Konzert von Marius und außerdem gilt es, einen ganz großen Wunsch des privaten José Ramos-Horta zu erfüllen: Einmal Deutschland als normaler Tourist erleben und tun, was alle Deutschland-Touristen tun: das Münchner Oktoberfest besuchen! Wir planen eine Autofahrt in die bayerische Metropole mit kleinem Umweg über Göttingen nebst Einkehr in meinem Elternhaus. Hier kommt es zu einer Sitcomgleichen Aufführung.

Mit der Nachricht, ich würde sie in Begleitung von Timor-Lestes Staatspräsidenten a. D. Ramos-Horta besuchen, habe ich meine Eltern durchaus in mittelschweren Aufruhr versetzt, und zwar hauptsächlich wegen der kulinarischen Vorbereitungen. Es ist geplant, dass wir – Ramos-Horta, der timoresische Botschafter bei der EU, Nelson Santos, der Fahrer und ich – so um die Abendbrotzeit herum in Göttingen sein werden. Ich weiß, dass Ramos-Horta Emmentaler Käse und deutsche Mett- und Weißwurst sehr liebt, ich bringe ihm fast immer eine kleine Auswahl davon mit nach Dili. Weißwürste würde er ja nun auf dem Münchner Oktoberfest im Überfluss genießen können, aber ein herzhaftes Mettwurstbrot munde ihm bestimmt auch schon in Göttingen, verkünde ich meiner Mutter am Telefon. Sie brauche also kein Menü aufzufahren, eine kalte Platte reiche vollkommen aus. Mutter ist mit der Auskunft zufrieden, nun hat Vater noch Getränke-Fragen. „Rotwein", schlage ich vor. „Rotwein, sehr gut", freut sich mein Vater, „den mögen deine Mutter und ich ja auch sehr gerne."

So weit, so klar. Dann die kurzfristige Änderung. Wir bleiben doch noch einen Abend länger in Berlin, und es soll erst früh am nächsten Morgen nach München gehen. „Aber den Stopp bei deinen Eltern machen wir doch trotzdem?!", will Ramos-Horta sichergehen, und ich informiere die beiden entsprechend.

Wir sitzen schließlich am folgenden Tag schon um 10 Uhr morgens zu sechst um den liebevoll gedeckten Tisch in der Essecke des Wohnzimmers meines Elternhauses. Der Wohnstil meiner Eltern hat sich wacker über die Jahrzehnte gehalten, ist weder designpreisverdächtig noch altdeutsch wuchtig – unaufgeregte Bürgerlichkeit des Prä-Ikea-Zeitalters, als ein „typisch deutsches" Wohnzimmer noch ohne Billy und Karlstad auskam, lädt zum Wohlfühlen ein.

Die eines präsidialen Essers würdige Mettwurst, die meine Mutter besorgt hat, ist in der einen Nacht nicht schlecht geworden und schmeckt auch zum Frühstück. Der Käse genauso. Dann steht mein Vater plötzlich mit der Rotweinflasche neben Ramos-Horta.

„Darf ich, Herr Präsident?"

Ich will schnell dazwischengehen, erkenne unmittelbar, was hier passiert ist: Meine um den hohen Essensgast rührend bemühten Eltern haben sich in aller Aufregung eine kleine Zeremonie zurechtgelegt, und nun von Abendessen auf Frühstück umzuschalten, klappt nur mit Mühe. Rotwein zum Frühstück? Noch bevor ich auf koffein- statt alkoholhaltige Getränke umlenkend eingreifen kann, befindet Ramos-Horta den ungewöhnlichen Vorschlag ausdrücklich als eine verlockende Idee und lässt sich bereitwillig einschenken. Mit seinem großartigen Gespür für Menschen und seinem Talent, im richtigen Moment das Richtige zu tun, hat der Mann dem Weltfrieden Dienste erwiesen, Irritationen an heimischen Küchentischen sind ihm Fingerübungen.

Der Präsident nickt mir entspannt zu, und Nelson Santos reicht meinem Vater nun ebenfalls sein Glas. Beide prosten mir über den Tisch zu.

„Peter, heilige Kuh, das Oktoberfest beginnt ja schon in Göttingen!",

kommentiert der Botschafter das Geschehen gut gelaunt. Komisch, wenn ich so überlege, fallen mir gleich ein ganzes Dutzend vermeintlich nette Bekannte ein, die, in vergleichbarer Situation, mit großer Sicherheit meinen Vater seinen Fauxpas genüsslich hätten spüren lassen. Als der Gastgeber später zum Nachschenken ansetzt, überholt ihn glücklicherweise im letzten Moment meine Mutter mit der Kaffeekanne. Wir haben uns schließlich reichlich gestärkt für die Weiterfahrt, und bei der Verabschiedung überreicht Ramos-Horta meiner Mutter zum Dank ein traditionelles timoresisches Gewand. Mutter strahlt.

Wie ich heute weiß, wagt sie zwar nicht, die Landestracht in Göttingen öffentlich auszuführen, aber sie trägt sie gelegentlich zuhause beim Zeitunglesen vor dem Kamin, „weil dein Vater mich sehr darin mag".

Ein Tais für die Gastgeberin: Friedensnobelpreisträger José Ramos-Horta mit meiner Mutter

Als Mutter glücklich über den Stoff ihres Geschenks streicht, wendet sich Ramos-Horta zu meinem Vater, schaut ihm einen Moment lang nachdenklich ins Gesicht. Vater fragt sich bestimmt schon wieder bange, ob er einen Zeremoniepunkt vergessen hat, ahne ich. Da bricht Ramos-Horta seine kurze Schweigeeinlage:

„Wissen Sie, Mr. Badge, Sie sehen genauso aus wie dieser deutsche Reichskanzler, Count Bismarck."

Vater strahlt.

Zukünftig wird der Präsident nie vergessen, mir aufzugeben, Grüße an „deine liebe Mutter und Count Bismarck" auszurichten.

Wir sitzen schon abreisebereit im Auto, als meine Mutter noch mal aus der Haustür gestürzt kommt, in den Händen vier Butterbrotstütchen. Sie verteilt: eins für den Präsidenten, eins für den Fahrer, eins für Botschafter Santos, eins für mich. „Reiseproviant", erklärt sie, während sie die Tütchen an uns loswird, „sind mit der leckeren Mettwurst!"

Der Präsident strahlt.

Später mampfen wir an einer Autobahnraststätte auf einer der Picknickbänke Mutters Brote. Als der Fahrer gesteht, er sei Vegetarier, teilen wir verbliebenen drei seine Ration brüderlich auf. Rotwein gibt es keinen. Aber dafür abends so manche Maß Bier. Mehr als dass es ein wunderbarer Abend auf Einladung meines bajuwarischen Freundes Helmut Morent (ein Ubuntu-Mensch!) war, ist mir zum Oktoberfestbesuch leider nicht mehr präsent. Nein, das hat mit Vaters Frühstückswein nichts zu tun, das haben die Bayern auf dem Gewissen.

***

Einen Tag nach dem Oktoberfestbesuch hält José Ramos-Horta eine Rede in Lindau. Die Nobelpreisträgertagungen sind bislang nur den wissenschaftlichen Fächern vorbehalten. Der Friedensnobelpreisträger führt in seinem Vortrag „The role of education and health for peace" (dt. „Die Rolle von Bildung und Gesundheit für den Frieden") aus, warum sich das ändern sollte. Er plädiert für den Austausch mit der Kategorie „Frieden" und die Etablierung eines eigenen Tagungs-Zyklus'.

Wer die Wissenschaft als „Sprache des Friedens" erkennt, wie es Aaron Ciechanover fasst, der versteht das Anliegen des Ost-Timorers auf Anhieb. Er trägt es leidenschaftlich vor wie immer.

Wenige Monate später wird José Ramos-Horta zum UN-Sonderbeauftragten für Guinea-Bissau bestellt.

Das Kinderbuch vom „Mythos des guten Krokodils" („Tetum Lafaek Diak") über Freundschaft, wo sie unmöglich scheint, hat er noch nicht beginnen können.

Weil er die Geschichte erst noch den Erwachsenen erzählen muss.

GRENZÜBERSCHREITUNGEN

PROLOG

Ein Termin mit Literatur-Nobelpreisträger Alexander Issajewitsch Solschenizyn? Ja, wo wohnt der denn überhaupt? Mehr als „in Moskau" bekomme ich nicht heraus. Reicht. Ich fliege trotzdem hin und suche nach ihm. Das Ablaufdatum des Visums: schon zwei Tage nach der Ankunft!

Ein Termin mit der birmanischen Friedensnobelpreisträgerin Aung San Suu Kyi? Als ich sie fotografieren will, wird sie immer noch von der Militärregierung Myanmars in Hausarrest gehalten. Die Kontaktaufnahme zu ihr oder anderen Oppositionellen ist offiziell verboten. Ich reise dennoch nach Rangun, auf eigene Gefahr und Rechnung. Schließlich ein weiteres Mal. Einmal lange und vergeblich, einmal kurz und erfolgreich.

Ein Termin mit Friedensnobelpreisträger Michail Sergejewitsch Gorbatschow in Moskau, und der Flugverkehr ist eingestellt? Dann eben abwarten und Tee trinken. In der Bahn. Mit Express-Transit-Visum für Weißrussland. Nach vierundzwanzig Stunden komme ich in Moskau an, aber nicht zum Zuge.

Vom Bahnhof Dorasan in Südkorea fahren gar keine Züge, zumindest nicht nach Norden. Nicht einmal, wenn die Sonne scheint. In Seoul empfängt mich Friedensnobelpreisträger Kim Dae-jung in einem Outfit, bei dem noch

nicht ganz zusammengefunden hat, was zusammengehört.
Ein Termin mit Literatur-Nobelpreisträgerin und Frauenrechtlerin Doris Lessing? Wozu?

Man kann ja einfach mal an ihrer Haustür schellen. Sie mag herumstreunende Katzen, vielleicht auch spontanen Herrenbesuch. In der Höhle der Löwin stelle ich schnell fest: nein, mag sie nicht. Sie brüllt, nein faucht ein wenig, aber sie hat ganz Recht damit, hielt ich sie doch für allzu leichte Portraitbeute. Aber ich habe mich ja auch auf den Rat eines Ullis verlassen, und der ist ein Mann. Mein Fehler!

Der zweite Versuch, Doris Lessing zu erobern, ist erfolgreicher. Allerdings nur bis zu dem Zeitpunkt, an dem ich einen grotesken Vorschlag mache, jedenfalls in den Augen der Katzenliebhaberin.

Dabei wird es so richtig grotesk doch nur mit Dario Fo.

Wer wirklich vorankommen will, der muss Grenzen überschreiten und Mauern überwinden. In der Wissenschaft, auf Reisen, auf dem Weg zu Freiheit und Demokratie, in der Literatur. Und im Theater sowieso!

Für das Übertreten fremder Haustürschwellen allerdings gilt: niemals ohne Einladung!

EPISODEN

Solschenizyns „Hello" / **Gorbi** und Eyjafjallajökull
Kim Dae-jungs Knallfarben / **Aung San Suu Kyi** – Einkehr
Aung San Suu Kyi – Wiederkehr
Doris Lessing und die Freunde von Ulli / Warten auf **Dario Fo**
Doris Lessing und die Freunde von Yum Yum

Flughafen Berlin-Tegel, 5. April 2004, sechs Uhr morgens. Die Maschine nach Moskau ist startklar. Ich will zu **Alexander Issajewitsch Solschenizyn** und habe nicht alles, was ich brauche, aber alles, was ich kriegen konnte:

Ein Visum für zwei Tage, eine Telefonnummer, den Namen eines mir unbekannten Mannes und die Gewissheit, dass ich in Deutschland jedenfalls nicht mehr erfahren werde. Den Aufenthaltsort des Literatur-Nobelpreisträgers von 1970 herauszubekommen, scheint etwas für Detektive zu sein, nichts für Fotografen. Ich bin bereit für einen kurzzeitigen Berufswechsel.

Arglos habe ich mich durchgefragt: Alexander Solschenizyn – wo genau lebt der eigentlich? „Wenden Sie sich doch an Fritz Pleitgen", rät mir endlich einer der vielen von mir ergebnislos Befragten. Ja, das scheint mir eine gute Idee: Pleitgen hat als ARD-Korrespondent von 1970 bis 1977 im Studio Moskau gearbeitet, als erfahrener Journalist die Aufregung über das um die Jahreswende 1973/1974 im Westen veröffentlichte Werk Solschenizyns über das sowjetische Straflager-System, den Archipel Gulag, journalistisch begleitet und schließlich die Ausweisung des russischen Nobelpreisträgers im Frühjahr 1974 nachgezeichnet.

Das Jahr 1974 ist mein Geburtsjahr, ich habe also keine eigenen Erinnerungen an die damalige politische Situation und Stimmung. Als Fotograf ist mir allerdings unmittelbar ein eindrucksvolles Foto präsent, auf das ich einmal stieß: Es zeigt Solschenizyn und Heinrich Böll bei einem gemeinsamen Spaziergang und illustriert die Titelgeschichte jener *Spiegel*-Ausgabe, die eine Woche nach Ankunft der Solschenizyns in Deutschland erschien. „Die Mächtigen im Kreml haben der Herausforderung des Einzelkämpfers nicht standgehalten", heißt es zu Beginn des Artikels.

Kontaktaufnahme mit Pleitgen: Ich bitte einen Freund, mir eine Einladung zu einer Veranstaltung zu beschaffen, auf der Pleitgen als Festredner auftreten soll. Erfahrungsgemäß gibt es bei solchen Anlässen nach dem offiziellen Teil noch ein geselliges Beisammensein, und dort genau hoffe ich mein Anliegen platzieren zu können. Der Plan funktioniert: Ich passe Pleitgen in einem günstigen Augenblick ab, stelle knapp mich und das Projekt vor und formuliere etwas umständlich, ich hätte gehört, dass er wohl noch in irgendeiner Weise Kontakt zu Solschenizyn habe bzw. diesen herstellen könne. Fritz Pleitgen sieht mich abwartend an. Verlegen beeile ich mich nachzulegen: Er habe doch als Fernsehjournalist aus der Sowjetunion viel über Solschenizyn berichtet, und es sei ja bekannt, dass er als ARD-Korrespondent in Moskau sehr gute Kontakte nicht nur zur sowjetischen Regierung, sondern auch zu damaligen Regierungskritikern gepflegt habe. Während meiner Worte mustert mich Pleitgen stumm weiter, und als ich geendet habe, sagt er nur: „Wie kommen Sie darauf ... wie meine Kontakte waren?" Irgendetwas scheint seine Auskunftsfreude zu bremsen. Das Gespräch, das keines gewesen ist, droht schon ohne Nährwert zu Ende zu gehen, als Pleitgen schließlich im Gehen den Namen eines Journalisten nennt: „Vielleicht kann der Ihnen ja helfen." Zuhause recherchiere ich im Internet: Der Mann ist ebenfalls ein langjähriger Russland-Korrespondent. Wie schon Pleitgen hat auch er nach anfänglicher Reserviertheit letztlich einen Namen für mich: Herr „Sowieso", ein Deutscher. Ich bekomme dessen Moskauer Telefonnummer. Beiläufig weist der Journalist außerdem auf die Solschenizyn-Bibliothek hin.

Die schwierige Spurensuche – für Verschwörungsexperte Eki kein Rätsel: Er rät mir, die Titelseite des ersten Bandes der in den USA erschienenen Ausgabe des „Archipel Gulag" einmal genauer anzuschauen, dann würde das Bild vom „Einzelkämpfer" Solschenizyn wohl Risse bekommen. Ich bin vollends verwirrt von der ganzen Geheimnistuerei um Solschenizyns „wirkliche" Geschichte und seinen aktuellen Aufenthaltsort. Mein Entschluss ist gefasst: Ich muss nach Moskau reisen. Dort werde ich, bewaffnet mit den gesammelten Hinweisen, versuchen, mich in der gleichen Weise vorzuarbeiten wie bislang in Deutschland, also mittels Kontakte-Ketten und Glück.

Lorie Karnath soll mich begleiten. Soll.

Der letzte Aufruf für den Moskau-Flug. Das Boarding beginnt, und sie ist immer noch nicht da. Dabei hat bislang alles so schön geklappt mit dem spontanen Moskau-Trip. Für Kurzentschlossene ist eine Reise nach Russland nämlich gar nicht so einfach. Flüge kann man buchen, aber die Einreise wird nur mit Visum gewährt, und dafür braucht man eine Hotelbestätigung nebst Einladung. Mein Reisebüro hatte mir das Hotel Rossija gegenüber vom Kreml empfohlen: groß, gute Lage, fairer Preis, freie Zimmer. Mir war nichts aufgefallen, was dagegen sprechen könnte, und ich hatte zwei Zimmer für eine Nacht gebucht. Mit der Bestätigung hatten wir unsere Visa bekommen – gültig allerdings nur für zwei Tage.

Unbekümmerter Optimismus ist nicht weit, wenn ich da bin: Die Zeit muss reichen!

Um den Flug nach Moskau an diesem Morgen zu erwischen, reicht sie für Lorie allerdings nicht mehr. Endlich geht sie ans Handy:

„Sorry, habe den Wecker überhört", höre ich ihre – nun immerhin wie gewohnt äußerst wache – Stimme, „... komme nach ... flieg du vor, ich versuche einen anderen Flug zu bekommen."

Etwa zwei Stunden später bin ich in Moskau. Nach dem gebuchten und bereits im Voraus bezahlten Transferbus zum Hotel halte ich vergebens Ausschau. Da hat wohl noch jemand verschlafen. Also ab ins nächste Taxi und wegen vorgeblich defekten Taxameters zum – sicher satt überhöhten – Willkürpreis in die Stadt zum Hotel.

Ich werde erst später herausfinden, dass das Hotel im Grundriss quadratisch gebaut ist und an jeder der vier Seiten einen Eingang mit einer Rezeption hat, und zwar für vier höchst unterschiedliche Hotel-Kategorien. Der Taxifahrer setzt mich also vor dem Eingang zur – wie ich da noch nicht weiß – besten Kategorie ab. Als ich an der Rezeption unter Vorlage meiner Buchungsbestätigung um einen frühen Check-in bitte, werde ich sogleich recht robust darauf hingewiesen, dass „mein" Eingang auf der Hinterseite des Hotels liege.

2006: Das Ende des legendären Hotel Rossija – ich bin zufällig in Moskau.

Hinterseite, Hintereingang.

Nicht Gutes ahnend mache ich mich auf den Weg. Die Ahnung bestätigt sich: Das Ambiente hat nichts von jenem zuvor. Der Hotel-Eingang führt direkt weit unter die

Wohlstandsgrenze. In der Lobby ist es verraucht, irgendwie keimig. Ich brauche ein wenig länger, um den jeweiligen Dienstleistungssektor der im Raum anwesenden Damen zu erfassen. Dort hinter dem Tresen, das muss jedenfalls die Rezeptionsdame sein. Also wieder die Buchungsbestätigung raus ... sie nickt, ja, hier bin ich richtig, hier darf ich sein. Dankbar nehme ich die Schlüssel entgegen und bin dann zu erleichtert, endlich in meinem Hotelzimmer angekommen zu sein, als dass mich der Komfort einer Turnhallen-Notunterkunft nach Flutkatastrophen noch besonders enttäuscht hätte.

Ich habe mich gerade in voller Montur aufs Bett geschmissen, um einen Augenblick lang durchzuatmen, da klopft es. Den Koffer habe ich doch selbst hinaufgetragen, wundere ich mich. Vorsichtig öffne ich die Tür und mache große Augen: Eine sehr dürftig bekleidete Russin will mich ganz offensichtlich mit dem ebensolchen Ausstattungsstandard des Zimmers versöhnen und mir Gesellschaft leisten. Sie spricht nur Russisch, und so ist es etwas aufwändig, ihr höflich, aber bestimmt klarzumachen, dass ich schon einen stressigen Vormittag hinter mir habe und noch mehr Aufregung jetzt einfach nicht das Richtige ist. Sie will nicht verstehen, muss es dann aber wohl, als ich die Tür trotz ihres fortdauernden Wortschwalls irgendwann einfach wieder so vorsichtig schließe, wie ich sie geöffnet habe.

Ich strecke mich erneut auf dem Bett aus. Auf dem Gang höre ich leiser werdende russische Flüche. Ich denke jedenfalls, es sind welche. Die Intonation von Flüchen ist ja recht international.

Gerade habe ich mich etwas ausgeruht, da ruft Lorie an. Sie habe einen Flug bekommen und werde gegen Nachmittag in Moskau landen. Als sie eintrifft, kenne ich mich in und um den mächtigen Hotel-Quader schon ein wenig aus und kann sie vor allem gleich zum richtigen Eingang lotsen. Beim Anblick ihrer Turnhallen-Notunterkunft seufzt sie kurz.

Wir machen uns auf zur Solschenizyn-Bibliothek. Die Frage nach dem Aufenthaltsort des Namensgebers scheint niemand richtig verstehen zu wollen, auch die freundlicherweise hinzugezogene Englisch sprechende Dame nicht. Sie tut, als überrasche es sie auf das Höchste, dass Solschenizyn überhaupt noch lebt und gar in Russland. Ich schaue ungläubig: eigentümliche Vorstellung. Ich habe in den USA Passanten erlebt, die bloß die Achseln zuckten, wenn man sie nach dem Weg zur Universität fragte, die keine Meile entfernt lag, und in Frankreich Franzosen, die sich überhaupt weigerten, stehenzubleiben, wenn man sie nicht auf Französisch ansprach, aber wie man hier wortreich an der Frage vorbeitänzelt, das erlebe ich zum ersten Mal. Nach bald einer Stunde freundlichster Umformulierungen von Nichtwissen müssen wir einsehen: Das wird nichts werden. Im Gehen reicht uns eine andere Dame schließlich einen Zettel mit einer Telefonnummer und sagt erklärend: „Dom."

Das hat hier etwas von einer Schnitzeljagd.

Wir fragen also nach, ob wir noch kurz das Telefon für ein Moskauer Ortsgespräch nutzen können. Das wird uns gestattet, doch ist der Anruf vergebens. Niemand hebt ab. Nun probieren wir die aus Deutschland mitgebrachte Geheimnummer aus. Ein freundlich klingender Mann meldet sich und schlägt vor, dass wir uns doch zu einem frühen Abendessen treffen sollen. Wo wir wohnen würden, er hole uns ab.
    Um 19 Uhr wartet ein junger Mann auf uns in der Hotellobby. Er macht einen sympathischen Eindruck, und in seinem Blick liegt Bedauern, dass wir uns anscheinend nur ein Hotel der Kategorie „Absteige" leisten können. Es ist mir zu umständlich, jetzt vom Buchungsirrtum zu berichten, und vielleicht motiviert eine Prise Mitleid den Kontaktmann ja erst recht, uns behilflich zu sein. Wie sich herausstellt,

arbeitet er in Moskau für die Heinrich-Böll-Stiftung. Wir gehen durch das inzwischen romantisch illuminierte Stadtzentrum zu einem Restaurant. Der Herr von der Stiftung erzählt über Solzy – so nennt man Solschenizyn anscheinend im engeren Kreis –, die Hintergründe seiner Arbeit, wie er im heutigen Russland gesehen werde und schließlich, dass er ihn sehr gerne einmal treffen würde, das aber so gut wie unmöglich sei. Aha. Ja, selbst ein Treffen mit Putin habe der Schriftsteller vor kurzem abgesagt.

Unser Kontaktmann entpuppt sich also als genauso Kontakt suchend wie wir.

Lorie hält es vor lauter Enttäuschung nicht auf dem Stuhl: Sie bittet um mein Handy, will noch mal die Telefonnummer von der Bibliothek versuchen und verschwindet aus dem Restaurant.

Als sie nach etwa einer Viertelstunde wiederkommt, verrät ihr Blick: Sie hat wieder einen Schnipsel der Schatzkarte gefunden. Während sie sich setzt, sehe ich sie erwartungsvoll an, was sie dazu verleitet, eine kleine Kunstpause weidlich auszukosten, nach deren Verstreichen sie triumphierend verkündet:

„Ich habe Frau Solschenizyn erreicht, sie spricht mit ihrem Mann und gibt uns morgen gegen 10 Uhr Bescheid, ob er uns übermorgen empfängt."

Ich will mich gerade freuen, als ich das Wort „übermorgen" in seiner ganzen Bedeutung erfasse:

Morgen läuft unser Visum ab.

Ich erinnere mich noch gut an den eindringlichen Hinweis, als ich es abgeholt habe: „Denken daran ... nur gut zwei Tage ..., sonst haben großes Probleme – du in Russland am Flughafen, wenn ausreisen muss ..." Unser Flieger soll morgen genau um 10.15 Uhr abheben, etwa zum gleichen Zeitpunkt, zu dem wir von Frau Solschenizyn erfahren wollen, ob das Treffen mit ihrem Mann klappt. In vier Tagen ist dann schon mein Flug nach Südafrika zu Frederik de Klerk und Nelson Mandela.

Was tun? Wahrscheinlichkeiten durchspielen. Also, wie hat Frau Solschenizyn denn geklungen? Eher hinhaltend bis ablehnend oder recht zuversichtlich? Lorie wiegt den Kopf hin und her: „Schwer zu sagen ..., aber sie mag das Projekt und die Smithsonian-Institution."

„Schwer zu sagen" ist eine ganz schlechte Grundlage für verlässliche Berechnungen.

In den Jahren des Reisens habe ich eines gelernt: Ruhe bewahren ist in allen Fällen, in denen man überhaupt nicht weiß, was man machen soll, das Allererste. Dann ist in völliger Entspanntheit zu entscheiden: Ist das ein Fall für meine Maxime, möglichst die Dinge durch eigenes Handeln zu bestimmen, oder eine dieser Situationen, die durch aggressives Zuwarten verlässlich ihrer Lösung aus sich selbst heraus zustreben? Wir essen also in aller Ruhe auf und kippen einen kleinen Absacker hinterher. Anschließend haben wir noch Lust auf einen Bummel durch das trotz aufziehenden Frühlings noch recht kalte nächtliche Moskau, dem sich unser Kontaktmann ohne Kontakte anschließt. Er ist beinahe aufgeregter über die neue Entwicklung unserer Mission als wir selbst. Wissend, dass wir den Teufel tun werden, versprechen wir, ihm zu berichten, verabschieden uns und kehren in unser Hotel zurück.

In der Hotelbar von Eingang vier, also unserem Eingang, nehmen Lorie und ich noch einen Drink und besprechen die Lage. Die anderen Barbesucher haben offensichtlich noch dringlichere Bedürfnisse als neue Visa. Recht abgehalfterte Business-Kasper im Blender-Geschäft führen völlig ungeniert Nahkampfübungen mit den Schönen der Nacht aus. Der Anblick der Anbahnungsrituale nimmt uns eine Weile gefangen, bis wir uns wieder auf die Lösung unseres Problems konzentrieren. Wir spielen die Möglichkeiten durch, die uns vor dem Hintergrund der ablaufenden Visa bleiben.

Also, die Antwort von Frau Solschenizyn abzuwarten und bei negativem Bescheid einen späteren Flug zu nehmen, fällt aus, weil es einen solchen späteren Flug nicht gibt. Wie wir es auch drehen und wenden: Wir werden eine Visumsverlängerung brauchen. Kann man in Moskau beim Konsulat vor Ort kurzfristig ein Visum verlängern oder nicht? Wir klappern die Rezeptionen hinter allen vier Hoteleingängen ab, erhalten aber nirgends eine eindeutige Antwort auf unsere Frage. Ein russischer Geschäftsmann, der unser Problem aufschnappt, meint zwar im Brustton der Überzeugung:

„Ihr kein Problem habt! Warrrrrum?? Visum gutt! Visum gutt!", aber die Auskunft erscheint uns nicht besonders verlässlich. Es ist jetzt spät, wir sind müde und wollen nur noch schlafen. Es muss eine Entscheidung her. Also, Risiko gegen Sicherheit, Abenteuer gegen Berechenbarkeit, Erfolgsaussicht gegen kampflose Aufgabe. Ich muss an meine letzte New-York-Reise denken: Fifth Avenue, ich steige spät nachts in ein Taxi, der Cab Driver dreht sich kurz zu mir um: „Hey man, this is not a cab ride, this is an adventure!" Dann ging es mit achtzig Meilen die Fifth Avenue hinunter. Ich lebe noch. Lorie liest meine Gedanken, also jedenfalls deren Richtung, ein abschließender Blickaustausch, dann ist unsere Entscheidung gefallen: volles Risiko! Erstens ausschlafen, zweitens auf die positive Antwort von Frau Solschenizyn hoffen und drittens Visum verlängern.

Der nächste Morgen beginnt mit keinem Frühstück: Als ich den Frühstücksraum sehe, bin ich satt, Lorie geht es genauso. Wir haben noch eine Stunde Zeit bis zu unserem Anruf bei den Solschenizyns. Wenn der Termin klappt, brauchen wir auf jeden Fall noch mal Zimmer für die Folge-Nacht. Wir fragen an der Rezeption, ob wir noch für eine Nacht verlängern können.

Antwort vor der Passvorlage: „No problem."
Antwort nach der Passvorlage: „You have problem."
Ohne gültiges Visum kein Zimmer, keine Diskussion.

Um kurz vor zehn stehen wir mit unserem Gepäck in der Lobby. Manchmal ist das wahre Leben zynischer als jede Fiktion, und so spielt das Radio tatsächlich gerade „Wind of Change". Es ist einer dieser Momente, der einen zum Zuschauer des eigenen Lebens macht. Kopfschüttelnd steht man neben sich. Dann wird es ernst. 10 Uhr. Lorie geht noch mal zur Rezeption zurück, um den Anruf bei Frau Solschenizyn zu tätigen. Gefühlte zwei Stunden später, um zehn nach zehn, kommt sie mit vielsagender Miene auf mich zu. Wir haben ihn, wir haben ihn – den Termin mit Alexander Solschenizyn – morgen früh um halb acht. Es ist grandios.

Nur: richtig, das Visa- und Hotelproblem. Ich frage bei der Deutschen Botschaft nach, doch die erklärt sich für nicht zuständig. Was nun? Vielleicht hat ja das Moskauer Partner-Reisebüro unseres Berliner Reisevermittlers eine Idee. Dort hat man aber anscheinend nur die Sorge, dass wir einen Regressanspruch für den nicht durchgeführten, aber vorab bezahlten Flughafentransfer geltend machen werden – zum Visumproblem rät man uns knapp, das Land sofort zu verlassen. Doch für den Flug nach Deutschland ist es ohnehin längst zu spät. Ein letzter Hinweis: „Versuchen Sie es doch mal beim Konsulat am Flughafen Scheremetjewo." Dieser Flughafen liegt über dreißig Kilometer vom Stadtzentrum entfernt. In einer Taxiodyssee quer durch Moskau fahren wir in Richtung Scheremetjewo. Kurz vor zwölf sind wir am Ziel angekommen und finden auch das Flughafenkonsulat. Geschlossen. Auf einem Schild die Öffnungszeiten: „SPRECHZEIT ab 12 Uhr". Daneben eine Klingel mit Gegensprechanlage. Im Umgang mit Ämtern und Öffnungszeiten kenne ich mich als Deutscher natürlich bestens aus. Wir warten ein wenig, und um Punkt zwölf drücke ich auf den Klingelknopf. Die Gegensprechanlage knarzt, es ertönt leicht verzerrt eine männliche Stimme, und wir schildern auf Englisch unser Anliegen. Die Stimme vermeldet in gebrochenem Englisch, aber unmissverständlich, dass das

Problem eines abgelaufenen Visums dann bearbeitet werde, wenn das Problem vorliege, das Visum also abgelaufen sei. Im konkreten Fall: nach Mitternacht. Ich halte mich nicht lange gedanklich mit der Frage auf, ob das hier deutsche Bürokratie für russische Anfänger, vorschriftsmäßige Schikane oder schlicht ausgemachter Blödsinn ist.

Nach Mitternacht ...? Geistesgegenwärtig frage ich, ob denn jemand vor Ort sein werde, nach Mitternacht.

„No!", scheppert es aus der Gegensprechanlage, und die Stimme setzt noch eins drauf.

„Not my problem – yours!" – Es knackt ein letztes Mal, und dann ist Ruhe.

An dieser Stelle erinnere ich mich an einen Ausspruch meines Deutschlehrers vor der mündlichen Abiturprüfung: „... und vergessen Sie nicht", hatte er gesagt, „die Anzahl von Problemen ist Kultur." Danach ist das eine der kulturell intensivsten Reisen seit Jahren. Und wie steht es mit dem Lösen von Problemen – das muss doch auch einen Kultur-Faktor haben?!

Die vorrangige Frage ist jetzt: Wo übernachten wir ohne Visum? Zum Glück hat Lorie eine dieser Platin-Kreditkarten mit „Sonderreiseservice für Notsituationen" dabei. Auf der Rückfahrt – einer Taxi-Fahrt, die ungefähr zwei Stunden Zeit mit Parken im Stau und langsamem Vorbeirollen an einer Unfallstelle in Anspruch nimmt – telefoniert meine Platin-Freundin seelenruhig mit dem Notservice in Sondersituationen oder wie auch immer. Und tatsächlich ... der Kreditkarten-Service hält, was er sich verspricht: ... ein gutes Geschäft!

Man bucht uns in das Grand Hyatt ein, allerdings zu einem Preis, der so abenteuerlich ist wie die bisherige Reise, dafür ohne Visum nach Mitternacht!

Nach dem Einchecken machen wir einen Spaziergang durch die Moskauer Innenstadt und suchen nach Buchläden, um uns eines von Solschenizyns Werken zu kaufen. Wir wollen ja wenigstens ein von Solschenizyn signiertes

Buch als Erinnerung an eine fast perfekte Reise mit nach Hause bringen. Überraschenderweise finden wir in keiner einzigen der von uns besuchten Buchhandlungen ein Buch von ihm. Wir kehren zum Hotel zurück. Lorie, die ja US-Bürgerin ist, hat noch die Idee, über die US-Botschaft in Moskau zu erfragen, was uns morgen am Flughafen ohne gültige Visa passieren kann. Die Auskunft:

„Das liegt im Ermessen der Russen!"

Den Abend verbringen wir im Grand Hyatt. Mit Visum, aber ohne Plastikgeld also Hintereingangs-Hotel, ohne Visum, aber mit Plastikgeld nun Luxus.

Bevor wir schlafen gehen, buchen wir noch die Hotel-Limousine für den nächsten Tag, um verlässlich zu den Solschenizyns und anschließend zum Flughafen zu kommen.

***

Der nächste Morgen, kurz vor sechs. Voller Spannung packe ich meinen Koffer. Heute sieht das Frühstück verlockend aus, aber wegen des doch leicht flauen Gefühls im Magen lassen wir all die feinen Sachen unangetastet. Beim Anblick der Zimmerrechnung vergeht uns endgültig der Appetit. Das Platin-Plastikgeld kommt zum Einsatz.

Der Fahrer der Hotel-Limousine wartet schon auf uns. Als wir ihm den Zettel mit der Adresse geben, schaut er ungläubig über die Schulter. Wir nicken und bestätigen, von der Sprache der Einheimischen unbeleckt, aber mimisch ausgefeilt, dass es mit der Adresse schon seine Richtigkeit hat; daraufhin setzt er zufrieden den Wagen langsam in Bewegung. Wir fahren etwa eine Stunde lang quer durch Moskau bis an den Stadtrand, und die Fahrt endet auf einmal auf einem Feldweg, an dem links und rechts Gartenlauben stehen, in denen aber offensichtlich ganzjährig Menschen leben und sich von Gemüseanbau und Tierhaltung ernähren. Es sieht nicht so aus, als hätte sich schon je zuvor eine schwarze Hotel-Limousine hierher verirrt. Der Fahrer bekommt beinahe einen Panikanfall, als ich aussteigen will, um ein Bild zu machen. „Njet, njet", wehrt er ab und verschließt von innen die Autotüren. Auf unsere Bitte hin hält der Fahrer dann neben einer alten Frau und fragt sie nach der Adresse auf dem Zettel. Anscheinend sind wir nicht völlig falsch, aber würde Solschenizyn in einer solchen Datscha wohnen?

Wir fahren noch ein kurzes Stück weiter und dann taucht vor uns ein imposantes Tor auf, eingefasst von einer Mauer, die das Mehrfache der umliegenden Datscha-Ausmaße einfriedet.

Der russische Literatur-Nobelpreisträger schreibt „Meine amerikanischen Jahre".

Der Fahrer geht zum Eingang, findet offensichtlich eine Klingel und spricht nach wenigen Augenblicken in eine Gegensprechanlage. Jetzt beginnt es plötzlich Bindfäden zu regnen. Nach einer Weile öffnet sich das elektrische Tor, und wir fahren langsam durch den Wald eines weitläufigen Anwesens; geheimnisvoll-schön wie eine Filmszene. Es erinnert mich spontan an den Beginn der Rocky Horror Picture Show, als Brad und Janet bei strömendem Regen die Autopanne haben und ein nahegelegenes Schloss aufsuchen, um telefonisch Pannenhilfe heranzurufen.

An der Tür erwartet uns aber glücklicherweise nicht Riff Raff, sondern Frau Solschenizyn. „Schön, dass Sie es gefunden haben", sie führt uns ins Haus, das ziemlich dunkel möbliert ist. Die etwas düstere Ausstrahlung passt noch zum erwähnten Musical.

„Mein Mann ist oben in seinem Schreibzimmer, ich führe Sie gleich zu ihm. Nur eine Bitte, machen Sie keine Fotos, auf denen man seinen nach dem Schlaganfall gelähmten Arm sieht."

Wir begleiten sie hinauf in den ersten Stock. Sie klopft an eine Holztür und öffnet diese sogleich, ohne eine Antwort abzuwarten.

An seinem riesigen Sekretär, umgeben von Bildern seiner Jugendjahre und seiner Ahnen, sitzt Alexander Solschenizyn in einem dunklen, überweit geschnittenen Breitcord-Hemd. Manuskriptstapel liegen auf der Arbeitsfläche, Bücher mit Solschenizyns Konterfei finden sich locker und ungeordnet nebeneinandergestellt oder gestapelt auf den Regalen. Weitere Bücher sind in eine recht schmucklose Wohnzimmerschrankwand geräumt worden. Da ist er, der Moment, den ich als Fotograf so herbeigewünscht habe.

Solschenizyn kommt um den Schreibtisch herum, reicht mir die Hand: „Hello."

Eine halbe Stunde später hat er kein weiteres Wort gesagt, aber alle meine Anweisungen für die Fotos befolgt, einmal gelächelt. Zum Abschied hebt er leicht die Hand. Das war's.

Das Lieblingsportrait vieler Laureaten – Alexander Solschenizyn

Lorie und ich sitzen mit Frau Solschenizyn im Esszimmer. Ein Bild dieses Esszimmers ging 2000 um die Welt, als Solschenizyn Wladimir Putin empfing und beide an jenem Esstisch miteinander sprachen, an dem sich nun ein langes Gespräch mit Frau Solschenizyn entspinnt. Sie erzählt von der Zeit des Exils – erst in Deutschland bei Heinrich Böll, später dann in den USA, in dem kleinen Ort Cavendish im US-Bundesstaat Vermont, Mitte der 90er-Jahre die Rückkehr nach Russland, in Solschenizyns Heimat. Ich kenne die Stationen aus Rückblicken im Fernsehen, die Bilder von der ersten Pressekonferenz von Solschenizyn in Deutschland, wo er einige Brocken Deutsch spricht: „Ich bin sehr müde." Wir unterhalten uns über das neue Buch „Meine amerikanischen Jahre", das gerade oben im Schreibzimmer entsteht, dann über das heutige Russland, mit dem die Solschenizyns gar nicht glücklich sind, sei es doch von der „moralischen Erneuerung" weiter denn je entfernt, und irgendwann berichte ich von unseren Visa-Schwierigkeiten und den vergeblichen Bemühungen, ein Buch von ihrem Mann in Moskau zu bekommen. Da steht Frau Solschenizyn auf: „Einen kleinen Moment." Sie geht die Treppe hinauf zum Schreibzimmer und kommt nach einer Weile mit zwei Exemplaren des „Gulag", persönlich vom Autor für mich und meine Kollegin signiert, zurück. „Ich kann Sie doch nicht so gehen lassen, wo Sie sich schon so um ein Buch meines Mannes bemüht haben."

Kurze Zeit später verabschieden wir uns, bedanken uns sehr für das Treffen und verabreden, per E-Mail in Kontakt zu bleiben.

Als wir wieder im Auto sind, versucht der Fahrer hartnäckig herauszubekommen, vor wessen Haus er nun eigentlich so lange gewartet hat. Wir halten es für keine gute Idee, unser Wissen preiszugeben, und tun so, als verstünden wir nicht; auf der Fahrt zum Flughafen stellen wir uns schlafend.

Flughafen Domodedowo. Der Masterplan ist, zunächst das Gepäck einzuchecken, denn dann muss die Maschine zumindest eine kurze Zeit lang auf uns warten, während wir – hoffentlich – das Visaproblem lösen. Am Schalter unserer Fluggesellschaft läuft es problemlos. Nach kurzer Zeit ist das Gepäck aufgegeben, wir sind im Besitz unserer Boarding-Pässe, haben gute Sitzplätze bekommen und sind guter Dinge. Vielleicht schaut man ja gar nicht so genau hin beim Visum, reden wir uns ein.

Drei Damen in drei kleinen Glashäuschen:
Passkontrolle.

Links eine sehr hübsche junge Russin, die aber dreinschaut, als verstehe sie keinen Spaß. In der Mitte ein Relikt aus der Zeit des Reichs des Bösen, eine Babuschka, deren

Anblick allein furchteinflößend genug ist. Sie hat bestimmt mal in der Lubjanka, dem ehemaligen Moskauer Geheimdienstgefängnis, das Solschenizyn von innen kennt, gearbeitet. Von den berüchtigten Folterkellern aus ging es entweder direkt oder über den Gulag in den Himmel. Die Russin in der Box ganz rechts – die sieht recht freundlich aus. Ich glaube fast, ich sah sie ganz kurz lächeln. Lorie und ich sind gleichzeitig fertig mit dem Persönlichkeits-Scan: Wir stellen uns ganz rechts an. Nun passiert, was an der Supermarktkasse passiert, nachdem man sich für eine Reihe entschieden hat: Die gerade noch „richtige" Wahl wird aufgrund widriger Umstände – „Du, Frau Müller … Stornooo …!" – zur falschen. Kurz bevor ich an der Reihe bin, hat sich die mittlere Schlange aufgelöst (wen wundert's), und die Zukunft, die eben noch sanft lächelte, sieht in der Gegenwart ganz anders aus: Die Babuschka winkt mich herüber. Betont lässig händige ich ihr den Pass aus. Bisschen warm hier. Die Russin schaut erst mich an, dann meinen Pass, dann wieder mich, zunächst mit unbewegter Miene, dann mit einem Gesichtsausdruck zwischen hungrigem Tiger und Wrestler.

Ehe ich mich's versehe, werde ich, von zwei Grenzbeamten flankiert, über einen langen Flur im Flughafengebäude geführt.

Lorie folgt, auch sie mit Leibwache. Vor einer Tür müssen wir warten.

Kurze Zeichensprache: nichts über Solschenizyn!

Dann werden wir hineingebeten und ein nach Beamter aussehender Beamter hört sich interessiert an, warum er uns trotz der paar Stündchen – immerhin gänzlich unbeabsichtigten – illegalen Aufenthalts im schönen Russland nach Hause lassen sollte. Ich erkläre, dass ich noch weiterfliegen muss nach Südafrika, zu einem Termin mit Nelson Mandela. Der Russe guckt etwas schief. Wenig später bringt er dann gegen

Verlängert! Bolshoe spasibo!

einen verschmerzbaren Eurobetrag genügend Verständnis für unsere Situation auf, um unsere Visa nachträglich um vierundzwanzig Stunden zu verlängern.

Wir werden zurückeskortiert zur Sicherheitsschleuse. Für einige Minuten macht sich Erleichterung breit, doch es gibt ein neues Problem: der Security-Check meines Filmmaterials. Mit Entsetzen erkenne ich, dass man vorhat, meine Filme mit einem veralteten Gerät zu durchleuchten. Kollegen haben mich vor dieser Prozedur gewarnt; sie hätten schon wertvolles Material verloren. Ich versuche klarzumachen, dass ich mit der Maßnahme nicht einverstanden bin, die Filme keinesfalls hergebe, und unterstreiche das dadurch, dass ich sie fest an mich drücke.

Die Sicherheitsleute sprechen heftig gestikulierend miteinander.

Eine Durchsage. Der „Last Call" für unseren Flug.

Ich erkläre wortreich, dass diese Filme mein Arbeitsergebnis sind und dass sie keinesfalls beschädigt werden dürfen. Gott sei Dank scheint eine längere Diskussion mit mir für die Leute zu nervtötend zu sein, irgendwann winkt man mich einfach weiter. Ich ergreife glücklich mein Handgepäck und rufe im Wegdrehen den Sicherheitsbeamten noch „Bolshoe spasibo!" – „Vielen Dank!" – zu, unbeholfen, viel zu laut, aber aus tiefstem Herzen. Lorie sitzt schon in der Maschine, trinkt einen Sekt, und auch ich beginne mich ganz langsam zu entspannen.

Was für eine Reise! Viele Probleme, noch mehr Lösungen. Ein Foto und ein „Hello" von Literatur-Nobelpreisträger Alexander Solschenizyn.

Ein Erfolg.

Als ich Eki bald danach von allem berichte, bin ich im Handumdrehen wieder im Kalten Krieg und der „Operation Solschenizyn". Es geht um die amerikanische Übersetzung des „Archipel Gulag", die Great Northern Route, den Schmuggel der russischen Ausgabe auf Mikrofilm und um ein englisches Taschenbuch mit dem Titel „Invisible Allies" – „Unsichtbare Verbündete".

Die „Operation Solschenizyn" – für mich bleibt das meine Reise zum Literatur-Nobelpreisträger ohne gültiges Visum.

***

Zum Tod Alexander Solschenizyns im August 2008 schreibt der ehemalige sowjetische Dissident und russische Schriftsteller Viktor Jerofejew in der *Welt*: Der „Archipel Gulag" sei „das unsterbliche Meisterwerk des ehemaligen sowjetischen Artillerie-Offiziers, der mit seinen literarischen Geschossen half, die Sowjetunion zu zerstören".

Als „Totengräber der Sowjetunion" sieht manch ein Russe allerdings einen anderen Landsmann. Der lobte Solschenizyns anrührende Erzählung „Ein Tag im Leben des Iwan Denissowitsch" über einen Häftling im Gulag als „ein phantastisches Buch", und er konnte alle anderen Werke des Schriftstellers schon zu einer Zeit lesen, als sie in der Sowjetunion noch verboten waren. Weil er eine geheime Sonder-Gesamtausgabe des KGB besaß.

Der Name des Solschenizyn-Fans: Michail Sergejewitsch Gorbatschow.

„Ja, das brauchen Sie. Sie brauchen ein Transitvisum."
Die Dame vom weißrussischen Konsulat hat eine nette Telefonstimme und spricht perfekt Deutsch.

„Wann kann ich das bekommen?"

„In einer Woche."

Ich brauche es morgen. Nicht schon wieder. Fast genau vier Jahre nach der letzten nicht schon wieder eine Moskaureise ohne Visum. Die Dinge allerdings liegen diesmal etwas anders. Ich habe ein Visum und ein Flugticket. Nur: Das Visum gilt nur für Russland, und das Flugzeug fliegt nicht. Wegen Eyjafjallajökull.

Der Vulkan mit dem unaussprechlichen Namen in Island schickt im April 2010 eine Aschewolke über das nördliche Zentraleuropa, die sich ostwärts bis weit nach Zentralrussland ausdehnt. Die Asche nimmt nicht bloß die Sicht, sie kann Flugzeugtriebwerke verkleben. Luftraumsperre. So was habe ich seit 9/11 nicht erlebt.

Wie komme ich jetzt nach Moskau zu meinem Termin mit Friedensnobelpreisträger **Michail Sergejewitsch Gorbatschow**? Landweg. Transit durch Weißrussland.

Um das Treffen habe ich mich vor einigen Wochen bemüht, und das kam so:

***

Ich bin in Berlin-Mitte unterwegs, als mich jemand am Ärmel zupft. „Excuse me, where is the wall?"

Eine verzweifelte Reisegruppe in unterschiedlich bunt karierten kurzen Hosen, aber einheitlichen Basecaps der Chicago Bulls steht vor dem Café Einstein, und die eine Hälfte schaut die Linden hinauf Richtung Alexanderplatz, die andere hinunter Richtung Brandenburger Tor.

„Gone."

Die Touristen blicken mich einen Augenblick lang an, als hörten sie das tatsächlich zum ersten Mal, aber es ist natürlich nur die Frage, ob ich sie zum Narren halten will, die sie umtreibt. Will ich nicht. Wie alle „Hauptstädter" meide auch ich gerne den schönen Lindenboulevard, weil wir dort täglich tausendmal diese Frage beantworten müssen. Gott sei Dank. Und ich will nicht belehren oder absichtlich falsch verstehen, wenn man mich fragt, wo die Mauer ist, aber ich schärfe gerne noch mal das Bewusstsein:

Die Mauer ist weg!

Natürlich erkläre ich dann sehr schnell in die fragenden Gesichter hinein, dass Mauerreste zu besichtigen sind hier und dort, beschreibe gerne den Weg zur Bernauer Straße, zum Checkpoint Charlie, zur East Side Gallery, zum Wachturm an der Kieler Straße, aber „die Mauer" – die ist weg. Und wenn ich US-amerikanische Touristen treffe, so wie in diesem Fall, dann setze ich augenzwinkernd hinzu: „Erst den Abriss befehlen und sie dann suchen ...!"

Die Worte des amerikanischen Präsidenten Ronald Reagan gehen am 12. Juni 1987 um die Welt: „Mr. Gorbachev, open this gate. Mr. Gorbachev, tear down this wall!"

Er hat es getan. Die Maueröffnung ist eine atemberaubende Geschichte. Sie ist das historische Ereignis der Deutschen meiner Generation, die das unverdiente Glück hat, dass unser „Ich war dabei" nicht „Stalingrad", sondern „Maueröffnung" heißt.

Michail Gorbatschow – 1980 wird er Mitglied des Politbüros, 1985 Generalsekretär der KPdSU und damit Staatsoberhaupt der Sowjetunion. Bis zu jenem Zeitpunkt kannte ich als heranwachsender Nachrichtenzuseher im Schlafanzug die Herren auf diesem Posten als Wintermantel-Statuen auf riesenhaften Tribünen, an denen Panzer, Panzer und noch mehr Panzer vorbeifuhren. Nur die regelmäßig vor ihrem Gesicht entstehenden kleinen Nebelwölkchen verrieten, dass die Schock-gefrosteten Wachsfiguren mit den wuchtigen Kopfbedeckungen tatsächlich atmeten.

Der metaphorisch ins Bild gesetzte Kalte Krieg.

Dann aber kommt der Mann, der reden kann, mit dem man reden kann und der reden lässt. Glasnost (Offenheit) und Perestroika (Umstrukturierung) sind zwei Begriffe, die heute jedes Kind kennt. Sogar in Russland. Der Mann, der dank seines Zugangs zur KGB-Bibliothek das Gesamtwerk Solschenizyns lesen darf, ermöglicht das Lesevergnügen mit Glasnost nun auch dem einfachen Sowjetbürger, und weit mehr. Wirtschaft, Gesellschaft, Innen- und Außenpolitik – Gorbatschows Reformen gestalten nicht nur ein Riesenreich, sondern die Welt um. Die Nato reibt sich von Thatcher bis Reagan die westlichen Augen: kein schmatzend Bruder-küssender Betonkopf, sondern ein Musikliebhaber, der mit der sogenannten „Sinatra-Doktrin" erst den Warschauer-Pakt-Staaten zuruft, sie könnten, wie Frankie-Boy in seinem Superhit, ihren eigenen Weg gehen ... und als die DDR-Bürger das gleich bis über die Mauer hinweg tun, sogar dem vereinigten Deutschland.

Die Teilung Deutschlands – das ist Mitte der Achtziger ja nur in politischen Sonntagsreden ein Übergangszustand. Wer nach dem Mauerbau 1961 geboren ist, dem fehlt schon die räumliche Vorstellungskraft für ein Deutschland, das wirklich so aussieht wie auf der Wetterkarte im West-Fernsehen, und dem Rest die politische.

Als der Staatsratsvorsitzende und Staatspleitier Erich Honecker am 19. Januar 1989 sagt: „Die Mauer wird in fünfzig und auch in hundert Jahren noch bestehen bleiben, wenn die dazu vorhandenen Gründe nicht beseitigt werden", hätten das eine Menge Leute unterschrieben, die sonst nichts unterschreiben würden, was von Honecker kommt. Im darauffolgenden Oktober will Honecker mit dem großen Bruder Michail Gorbatschow den 40. Jahrestag der DDR-Gründung feiern, wundert sich aber über den nicht mehr so speichelsatten Bruderkuss und Sprechchöre, die dem Mann aus Moskau „Hilf uns!" zurufen. Was passiert hier? Das darf sich Honecker, der Zuspätkommer, dann schon ab Ende des Monats von den billigen Plätzen aus ansehen. Eine neue Spezies besiedelt bald die innerdeutsche Grenze: Mauerspechte.

So endet der antifaschistische Asbestwall, in Millionen Bröckchen gebrochen, als Souvenir in Nippes-Regalen rund um den Globus. Man kann sogar eine Bröckchen-Weltreise machen. Jawohl. Vierundzwanzig Tage dauert die Mauerreste-Besichtigungstour nach London (Imperial War Museum), Osaka (Tokokuji-Tempel), Honolulu (Community College in Oahu), Los Angeles (Loyola Marymount University), Washington (größter Mauerrest außerhalb Deutschlands im Newsmuseum und im Ronald-Reagan-Museum), New York (dort wird man fündig im Financial District), und schließlich kann man noch in Las Vegas mitmachen beim „Pee at the Berlin Wall". Dazu muss man sich zum Mitpinkeln an die Urinale in der Herrentoilette des Main Street Casinos begeben, wo Mauerreste ihre neue Funktion so steinern erdulden wie ehedem die alte. Vielleicht trotzt die Mauer hier noch hundert Jahre lang jedem Angriff mit schwerem Gerät.

Ob im Anzug bei George W. Bush in Camp David oder im blauen Pullover mit Strickjackenträger Helmut Kohl im Kaukasus den Mantel der Geschichte packend – Gorbatschow macht eine gute Figur im sogenannten Wiedervereinigungsprozess.

Und so wird aus Michail Sergejewitsch Gorbatschow unser „Gorbi". In der Bundesrepublik ist er ein Held, sein bankrottes Sowjetreich aber zerfällt, und die Neuordnung kostet viel Kraft. Der im Dezember 1991 von seinem Präsidentenamt zurückgetretene Politiker muss damit leben, in der Welt als Freiheitsheld gefeiert und in der Heimat als „Totengräber der Sowjetunion" gescholten zu werden.

In Deutschland löst sein Name zuverlässig Begeisterungsstürme aus, wann immer er auf einer der zahlreichen Einheitsfeiern erscheint oder ihm Auszeichnungen und Ehrungen verliehen werden. Kein Wunder.

Es brauchte daher keine Reise nach Moskau, um vom

Friedensnobelpreisträger des Jahres 1990 ein fotografisches Portrait einzufangen. Ich treffe Michail Gorbatschow zum ersten Mal im Jahr 2000 im Berliner Hotel Adlon, das nach der Wende an seinem angestammten Pariser Platz vor dem Brandenburger Tor wiedererrichtet worden ist und als inoffizielles Gästehaus der Bundesregierung gilt. Einige Jahre später gibt es im Rahmen einer Charity-Auktion einen Portraittermin mit mir als Fotograf und Gorbatschow als Motiv vor dem Brandenburger Tor zu ersteigern. Ein Investmentbanker weiß, was eine lohnende Investition ist, und hat jetzt ein „Gorbi und ich"-Souvenir aus Berlin. Das Portrait für das „Nobels"-Buch entsteht zwischen diesen beiden Terminen bei einem Fotoshoot in Hannover und schließlich mache ich auch noch das offizielle Pressefoto, als der Russe im Jahr 2009 den Quadrigapreis verliehen bekommt. Eine stattliche kleine Sammlung von Gorbi-Bildern entsteht, meine liebsten sind die mit seiner reizenden Tochter Irina Virganskaja.

Nie allerdings habe ich Michail Gorbatschow bis dato in seinem Heimatland portraitiert, und das wird mir bei dem jüngsten Erlebnis mit den amerikanischen Touristen irgendwie befremdlich bewusst. Ich habe den Exilanten Solschenizyn in Moskau, hingegen den ehemaligen Präsidenten der Sowjetunion nur „hüben" und nie „hüben und drüben" fotografiert, wie es sich für Grenzüberschreiter Gorbatschow eigentlich gehört. Das stört mich.

Genauso offenbare ich das Dr. Karen Karagezyan, Gorbatschows langjährigem Vertrauten, Berater und Dolmetscher, und frage an, ob wir einen weiteren Fototermin, diesmal in Moskau, vereinbaren könnten. Die Wende ist modisch vorbeigegangen an Karagezyan, trägt er doch eisern Parteifunktionär-Schick auf, aber das ist auch das Einzige an ihm, was nicht ganz up to date ist. Ansonsten ist er mehr als die Vorhut seines Chefs, ein echter Zukunftsplaner. Er ahnt voraus, koordiniert, gestaltet und kann das Wichtigste, was einen Organisator ausmacht: Dinge möglich machen. Wenn es mal absolut nicht hinhaut mit den Terminen des viel gefragten Friedensnobelpreisträgers, dann nimmt Karagezyan notfalls auch schon mal eine der zahlreichen Ehrungen stellvertretend in Empfang oder ruft eine der wunderschönen Gorbatschow-Enkelinnen an, damit sie die gute Figur, die der Großvater auf der Weltbühne machte, neu interpretiert in Szene setzen. Dr. Karagezyan spricht besser Deutsch als mancher Muttersprachler, und aus allen genannten Gründen ist der Russe also eines der von mir am meisten geschätzten „Vorzimmer", mit denen ich je zu tun hatte. Nancy Konigsmark führt natürlich uneinholbar.

Jedenfalls meldet sich Dr. Karagezyan bald per E-Mail mit einem Terminvorschlag:

„Lieber Herr Badge,
Danke für Ihre Nachricht. Unser Vorschlag für einen
Termin mit Herrn Präsident Gorbatschow:
Dienstag, den 27. April, 14.00 Uhr bei uns in der Gorbatschow-Stiftung (Leningradskij Prospekt, 39, Bau 14).
Ist das für Sie akzeptabel?

Mit freundlichen Grüßen,
K. Karagezyan

P S: Eine „technische" Frage: Wie wird Ihr zweiter Name korrekt ausgesprochen – auf deutsche oder auf englische Art? K. K."

Ich antworte, dass das prima passt und es sich eingebürgert hat, meinen Nachnamen im Ausland einsilbig weich wie das englische Wort für „Abzeichen" auszusprechen und in Deutschland zweisilbig und hart. Aber bitte mit langem „a".

***

Umgehend habe ich also einen passenden Flug gebucht.

Dann pulverisiert der blöde Eyjafjallajökull meine Ausreise in den Osten.

Zumindest die über den Wolken.
Den Termin abzusagen kommt auf keinen Fall in Frage. Berlin – Moskau schafft schließlich auch die Bahn. In dreiundzwanzig Stunden.

Die Idee haben andere auch. Der Zug nach Moskau sei ausgebucht, bedauert die Dame am Fahrkartenschalter. Im Radio höre ich, dass Sonderzüge eingesetzt werden, warum denn nicht auf dieser Strecke? Ich frage nach einigen Stunden noch mal nach, und siehe da, man hat sich entschlossen, einen Waggon mehr nach Russland fahren zu lassen. Dort soll es einen Platz für mich geben. Ich gehe glücklich nach Hause, bis mir einfällt, dass ich auf dem Landweg nach Moskau womöglich ein Transitvisum für Weißrussland brauche.

Brauche ich. Nun hänge ich also am Telefon und versuche herauszukriegen, wie das nun ist und wie schnell ich da rankomme. Als die Auskunft „eine Woche" lautet, rolle ich die Augen.

„In einer Woche?"
„Mit Expresszuschlag in zwei Tagen."
Expresszuschlag? Verstanden!

Am nächsten Morgen stehe ich beim Konsulat auf der Matte. Eine Stunde später habe ich das Transitvisum, fünf Stunden später meinen Platz in einem Abteil des überfüllten Zuges eingenommen. Einige Fahrgäste stöhnen. Luftraumsperre, ewig lange Fahrt, alles schrecklich. Finde ich nicht. Wo ist das Problem, wenn draußen die Landschaft vorbeirauscht, der Laptop es einem erlaubt, reisend Arbeit zu erledigen, und man sich dabei unmerklich dem Ziel nähert? Ach, verdammt. Das Problem heißt Steckdose. Nach drei Stunden habe ich keinen Saft mehr im mobilen Büro, und weit und breit keine Auflademöglichkeit. Also ein Nickerchen. Gerade sackt mir der Kopf auf die Brust, da klopft es an der Abteiltür. Der Tee-Mann. Tee, ja, danke. Einige wärmende Schlucke. Neues Nickerchen. Neue Störung: der Schaffner. So geht das weiter. Immer wenn ich versuche, ein Mützchen Schlaf zu bekommen, steht entweder der Tee-Mann oder ein neuer Schaffner auf der Matte. Nur für mein Expresszuschlag-teures Transitvisum interessiert sich kein Tee-Mann, kein Schaffner, kein Zöllner oder wer auch sonst.

Kurz vor Moskau dringen die verpassten SMS und Anrufe durch das nun wieder vorhandene Mobilfunknetz. Eine Voicemail von Karagezyan. Ich halte das Handy ganz fest ans Ohr, höre die entscheidenden Worte

„... erkrankt ... leider absagen."

Das darf nicht wahr sein!

Ich schaue aus dem Zugfenster, komme mir vor wie mein gläsernes Spiegelbild, das unbewegt bleibt, während Bäume und Felder hindurchrasen: Ich reise, aber ich werde nicht ankommen. Trotz dreiundzwanzig Stunden Fahrt. In drei Tagen geht mein Rückflug, so hoffe ich jedenfalls, laut Vorhersagen soll sich die Aschewolke dann verzogen haben.

Irgendwann hält Moskau an meinem Zug, wie Einstein es ausdrücken würde. Noch im Gebäude des Weißrussischen Bahnhofs rufe ich Karagezyan an; er hatte gebeten, dass ich den Erhalt seiner Nachricht bestätige. Er bedauert sehr, dass der Termin mit Gorbatschow nicht stattfinden kann, und ist ganz zerknirscht, dass mich die Nachricht nicht noch in Berlin vor der Abfahrt erreicht hat. Als ich erwähne, dass ich extra Fotos dabei hätte von einem der letzten Treffen, auch die mit Tochter Irina, die Gorbatschow so gerne hatte haben wollen, da verabreden wir uns zu einem Übergabetermin am folgenden Tag.

Ich treffe Karagezyan an seinem Arbeitsplatz in der Gorbatschow-Stiftung, die im Netz „Gorby" heißt. Wir sehen uns die Bilder an, quatschen ein bisschen über den Eyjafjallajökull, schließlich verspricht mir die rechte Hand Gorbatschows, sich um einen Ersatztermin mit seinem Chef zu kümmern.

Die Rückreise. Ein völlig unspektakulärer Flug von Moskau nach Berlin. Wer sagt's denn. Die Luft sieht aus wie immer. Vulkanaschefrei.

***

Wenige Monate später in Frankfurt/Main. Deutschland feiert 20 Jahre Deutsche Einheit. Nicht ohne Gorbatschow. Ich treffe ihn in seiner Suite im Frankfurter Hof. „Sie werden immer jünger", flunkert der als Festredner geladene Friedensnobelpreisträger netterweise, als ich ihm die Hand schüttele.

„Ich sicher nicht, aber Ihre Tochter, wie ich sehe."

Ich freue mich, dass Irina Virganskaja dabei ist. Irina sieht ihrer Mutter sehr ähnlich, sie hat dieselben ausdrucksstarken Augen, die dem Gegenüber einen offenen, herzlichen Blick schenken. Raissa Gorbatschowa war das passende weibliche Gesicht des neuen Antlitzes der Sowjetunion Mitte der Achtziger. Mit dem „Reich des Bösen" Charme zu verbinden, war eine Utopie, die sie möglich machte. Als seine Frau an Krebs erkrankt, lässt Gorbatschow sie in Deutschland behandeln, sie erliegt der Krankheit 1999 im westfälischen Münster. Gorbatschow glaubt, seine Frau habe den Krebs aus dem Stress jener Jahre entwickelt, in denen sie vor allem unter den schlimmen Anfeindungen sehr gelitten habe.

Für Michail Gorbatschow (mit Tochter Irina) ist „das deutsche Volk Hauptheld der Wiedervereinigung" und für viele Deutsche er selbst.

Das Treffen mit Präsident Gorbatschow ist eigentlich kein Fotoshoot, mehr ein lockeres Schwätzchen. Die Bilder entstehen nebenbei. Außer seiner Tochter und Sekretär Karagezyan sind noch zwei Freunde des Friedensnobelpreisträgers anwesend, und wir sitzen etwa zwei Stunden beieinander, unterhalten uns auf Deutsch, Englisch und Russisch, Karagezyan dolmetscht, wo es nötig wird. Wäre ich zehn Jahre älter und „im Osten" aufgewachsen, könnte ich immerhin Schul-Russisch. Gorbatschow fragt nach meiner vergeblichen Moskau-Reise, wir setzen Erinnerungsstücke an unsere vergangenen Treffen zusammen. Nein, um Weltbewegendes geht es nicht an diesem Tag in Gorbatschows Hotelsuite unweit des Willy-Brandt-Platzes.

Die Friedensnobelpreisträger Willy Brandt und Michail Gorbatschow verbindet die Mauer. Ihre Namen stehen für epochale Veränderungen im Ost-West-Konflikt. In der Begründung für die Preisverleihung an Willy Brandt 1971 heißt es u. a., er habe „seine Hand zur Versöhnung zwischen Völkern ausgestreckt, die lange Feinde waren". Die Ostpolitik des deutschen Bundeskanzlers der Jahre 1969 bis 1974 führt zu einer Annäherung zwischen „Ost" und „West" als Kategorien des Kalten Krieges und zwischen „deutsch" und „deutsch" hüben und drüben. Einen geschichtlichen Wimpernschlag später ist „die Mauer" nicht nur zwischen Gorbatschow und mir kein Thema mehr. Sie wird es nun vornehmlich noch an Jahrestagen; im Jahr 2014 jährt sich der Mauerfall bereits zum 25. Mal. Und so gibt es heute also wieder Menschen, die Deutschland nicht bloß in zwei, sondern in vier Himmelsrichtungen teilen, junge Leute, die für selbstverständlich halten, was andere fassungslos vor Freude mit „Wahnsinn" in die Fernsehkameras kommentierten.

Doch der „Wahnsinn", den die Historie der Mauer in jeder Wortbedeutung kennt, hinterlässt großflächig Nadine Gordimers „Vergangenheit in der DNA". Die vererbt sich auch und gerade in den vielen „kleinen" Geschichten, jenen, die nicht von Mauertoten und spektakulären Fluchtschicksalen handeln müssen, um nie mehr vergessen zu werden. Ich habe selbst keine solche Geschichte, aber als mir eine Freundin ihre erzählte, habe ich begriffen, wie diese Vererbung abläuft.

Ihr Vater war „Republikflüchtling", so nannte die DDR-Führung jene, die ihrem Arbeiter-und-Bauern-Staat, meist unter Einsatz ihres Lebens, den Rücken kehrten, um in den Westen und die Freiheit zu gelangen. Der Mann ist kurz nach dem Mauerbau aus dem Ostteil Berlins in den Westen geflohen, durch einen Kanal geschwommen, seine Eltern und seine junge Identität zurücklassend. Er baut sich in Westfalen eine Existenz auf. Willy Brandts Ostpolitik ermöglicht Anfang der Siebziger das Wiedersehen mit seinen Eltern, doch trotz Transitabkommen und DDR-Flüchtlingsamnestie sind die Fahrten der Familie durch die DDR in das geteilte Berlin Stunden höchster Anspannung. Für ein kleines Mädchen ist es extrem verstörend, wenn ausgerechnet sein größter und mutigster Beschützer, der Papa eben, Angst hat. Ein Zwischenfall bei der Grenzkontrolle betrifft dann nicht den Vater, sondern meine Freundin. Sie hat gerade eine Brille bekommen, und auf ihrem Passfoto ist sie noch ohne abgebildet. Als der kontrollierende Volkspolizist das bemerkt, klopft er an die Autoscheibe, meine Freundin auf der Rückbank kurbelt die Fensterscheibe herunter, erschreckt über den Blick des Vaters im Rückspiegel, und gehorcht mechanisch den Befehlen des Vopos:

„Brille ab!"
„Brille auf!"
„Brille ab! Haare hinter's Ohr!"
„Brille auf!"

Dabei mustert der Bewaffnete das Mädchen, als sei sie ein gesuchter Schwerverbrecher. Irgendwann gibt er sich zufrieden und winkt das Familienauto durch.

Heute fährt meine Freundin regelmäßig auf dieser ehemaligen Transitstrecke an den verwaisten Grenzkontrollanlagen vorbei, die pflanzenüberwuchert ihre Bedeutungslosigkeit genießen. Nun steuert sie selbst ein Familienauto, und ihre eigenen Kinder sitzen im Fond. Wenn sie ansetzt, um die Söhne auf die für sie bedeutungsvolle Stelle aufmerksam zu machen, wissen sie, was kommt: „Ja, Mama ... Das war hier, als du das mit der Brille erlebt hast."

Die „Ostverträge" mit der DDR in der Ära von Friedensnobelpreisträger Willy Brandt haben den Preis einer völkerrechtlichen Anerkennung der innerdeutschen Grenze. Es muss noch viel passieren, bis sich Hände nicht mehr über Mauern hinweg schütteln müssen und die Zeitungen „Friedensengel aus dem Reich des Bösen" titeln. Der „Friedensengel" sagt zur deutschen Einheit irgendwann: „Keine Einwände mehr", und darauf entgegnet Willy Brandt: „Gorbatschow hat's negativ ausgedrückt, ich sage es positiv: Es läuft oder ist gelaufen." Als Michail Gorbatschow sich im Dezember 1990 in Oslo für den Friedensnobelpreis bedankt, bestätigt er nicht nur das:

„Der Kalte Krieg ist vorbei. Die Gefahr eines nuklearen Weltkriegs ist so gut wie gebannt. Der Eiserne Vorhang existiert nicht mehr."

Doch ein Stück ist noch da.

Ich bin mit Lorie am „furchteinflößendsten Ort" der Welt unterwegs. So jedenfalls nannte der ehemalige US-Präsident Bill Clinton einmal diesen Flecken Erde: das Niemandsland der demilitarisierten Zone nahe dem 38. Breitengrad.

Die Grenze zwischen Nord- und Südkorea ist eine streng bewachte, auf jeder Seite zwei bis vier Kilometer breite und insgesamt 248 Kilometer lange Demarkationslinie, an der sich fortdauernd bewaffnete Soldaten gegenüberstehen, hier in Panmunjom Auge in Auge. Es sind keine zehn Meter, die sie trennen, und dann doch so viel mehr.

Das letzte Stück Eiserner Vorhang. Nur wenig Sonnenschein durchdringt ihn.

Lorie und ich sind mit einem privaten Fahrer etwa eine Stunde von Südkoreas Hauptstadt aus hierhergefahren, nachdem wir morgens eine Vorbesprechung mit dem Stab des „Vaters der Sonnenscheinpolitik", dem Friedensnobelpreisträger und ehemaligen Präsidenten Südkoreas, **Kim Dae-jung**, hatten.

***

Das Vortreffen verlief recht anstrengend.

In der neuen, nach Kim Dae-jung benannten Präsidentenbibliothek kommen wir am frühen Morgen mit der Vorhut des ehemaligen Politikers zusammen. Man möchte den reibungslosen Ablauf des Portraittermins sicherstellen. Ich bin hochkonzentriert, schon weil mich die asiatische Mentalität immer wieder sehr gefangen nimmt. Vor allem bin ich fortwährend bemüht, angesichts der zahlreichen Höflichkeitsrituale und Benimmregeln nicht wie ein ungehobelter Klotz dazustehen, als der ich mich angesichts der herrschenden Umgangsformen zwangsläufig fühle. Ich kann deutlich spüren, dass zwischen korrektem Benehmen und desaströsem Fehlverhalten nur eine haarfeine Demarkationslinie verläuft. Übertritt man diese, wird nicht scharf geschossen, aber ohne Konsequenzen ist das nicht. Kaufleute, die mit Asiaten Geschäfte machen, wissen ein Lied davon zu singen, wie man beim vermeintlich inoffiziellen Teil einer Geschäftsreise die allerbesten Weichenstellungen für eine Vertragsanbahnung in Sekunden zunichte machen kann, nur weil man einmal zu oft „nein" gesagt hat, etwa zur Karaokeaufforderung. Ganz gefährlich wird es bei flotten Sprüchen oder kleinen Scherzen zur Auflockerung.

Körpersprache, Mimik und Gestik – alles eben ziemlich anders als gewohnt. Für mich ist das Verwirrendste, dass Asiaten kein „nein" kennen. Wenn mir drei Herren wild nickend gegenüberstehen, muss ich mir recht aufwändig vergegenwärtigen, dass sie mir keineswegs zwingend ihre volle Zustimmung zum eben Gesagten mitteilen, sondern eventuell auch nur ein „na ja, vielleicht" gemeint ist.

Kims Leute überlassen zudem nichts dem Zufall, wollen wissen, was ihren Chef beim Fotoshoot erwartet. Geplantes und Drapiertes widerspricht durchaus meiner eigentlichen Herangehensweise, und ich versuche, den Herrschaften klarzumachen, dass alles ganz zwanglos ablaufen soll, ich keine große Vorbereitung möchte und alles am schönsten ist, wenn die Situation des Kennenlernens in ein Gespräch und schließlich das Foto mündet.

Das Unverständnis könnte nicht größer sein.

Ich toppe es nur noch mit der Auskunft zum gewünschten Outfit. Auch hier sei es ganz dem Portraitierten überlassen, was er wähle, erläutere ich. „Viele Laureaten bevorzugen einen legeren Freizeitlook. Das ist auch mir am liebsten."

Entsetzte Gesichter. Hilflosigkeit nun auf beiden Seiten.

Man könnte meinen, ich hätte vorgeschlagen, der Ex-Präsident möge sich mit freiem Oberkörper im Stil der Men's-Health-Covermodels ablichten lassen. Wahrscheinlich müssten Riechfläschchen gereicht werden, wenn ich erzählte, dass das für Kim Dae-jung und seine Sonnenscheinpolitik passendste Outfit jüngst schon Hans G. Dehmelt gewählt hat: Eher fällt die innerkoreanische Grenze, als dass sich Kim Dae-jung wie jener in Badehose und Sonnenhut ablichten lässt, das steht fest.

Irgendwann scheint dann doch alles glücklich geklärt, und der Mitarbeiterstab lädt uns zu einer Führung durch die Präsidentenbibliothek ein. Das erst jüngst eröffnete „Kim Dae-jung Presidential Library and Museum" sammelt und zeigt Quellen, die den Weg des Nobelpreisträgers nachzeichnen, seine Politik und Philosophie veranschaulichen.

Dazu sind zahlreiche Dokumente, Tonaufnahmen und Bilder zusammengetragen, das Museum soll aber auch allgemein über die Friedensforschung informieren. Die mit dem hübschen Wort „Sonnenscheinpolitik" bezeichneten Bestrebungen Kim Dae-jungs um eine friedliche Lösung der Teilung der koreanischen Halbinsel mündeten im Jahr 2000 in einem Treffen mit Nordkoreas Machthaber Kim Jong-il und waren dem Nobelkomitee schon im selben Jahr den Friedensnobelpreis wert. Die Parabel vom Nordwind, der es nicht schafft, den Menschen die Wintermäntel auszuziehen, während das dem Sonnenschein leicht gelingt, ist ein schönes Bild für eine friedliche, auf diplomatischem Wege und durch gegenseitigen Respekt erstrebte Annäherung. Als Deutscher, teilungserfahren und wiedervereint, repräsentiere ich für die Koreaner ein Land, das schon glücklich im ewigen Sommer angekommen ist. Dabei ist Deutschland ja nicht gerade für seinen Sonnenschein bekannt, und unser Sonnenschein-Politiker Willy Brandt hat seinen Friedensnobelpreis 1971 daher auch für die eher nach steifer Brise klingende „Ostpolitik" entgegennehmen müssen. Die Berichterstattung zieht die Vokabel „Hand der Versöhnung" vor.

Frieden unter den Menschen schaffen zu wollen, scheint etwas zu sein, was einem zwingend Gefängnisstrafe einbringt. Viele freiheitskämpfende Friedensnobelpreisträger eint die Hafterfahrung. Auch Kim Dae-jung hat als Oppositioneller Haft und Hausarrest erlebt, in den Siebzigern, als er sich gegen das Militärregime von Park Chung-hee stellt. In den Schaukästen der Bibliothek findet sich viel Persönliches. Mich berühren die Briefe, die Kim Dae-jung seinen Angehörigen aus dem Gefängnis schrieb. Die Haftbedingungen erlaubten nur ein Stück Papier pro Monat. Wie ich sehe, hat Kim Dae-jung extrem kleine Schriftzeichen eng aneinandergesetzt, um so viel wie möglich auf dem einzelnen Zettel unterzubringen. Die Bibliothek beherbergt auch Ausstellungsstücke, die andere Friedensnobelpreisträger betreffen, ich entdecke u. a. eine Uhr von Nelson Mandela.

Wir bedanken uns schließlich für die Exklusiv-Führung, fahren nachmittags raus an die Grenze.

***

Lorie hat uns einen privaten Fahrer und Fremdenführer engagiert. Ich hatte gehört, dass man ein Schriftstück unterschreiben muss, in dem man sich mit möglichen Kollateralschäden des Besuchs, wie einem Schusswechsel mit Todesfolge, einverstanden erklärt, und bin froh, dass dieser Teil des Touristenprogramms für uns anscheinend ausfällt. Ich wäre keinesfalls einverstanden gewesen. Vielleicht wird die Erklärung nur in den Touristenbussen verteilt. Dafür hält der Fahrer aber einen bunten Strauß an Verhaltensregeln bereit, die für mich an Paranoia grenzen.

Fotografieren streng verboten. Nicht schreien. Nicht herumhampeln. Nicht unvermittelt rennen. Nicht winken oder wild gestikulieren – das könne als Provokation aufgefasst werden.

Alles ist streng überwachten Besichtigungsvorschriften unterworfen. Mehrere Passkontrollen durch südkoreanische Soldaten mit MG über der Schulter. Der organisierte Blick rüber nach Nordkorea vom Doroasan Observatory, der gebückte Gang durch die Tunnel, die von nordkoreanischer Seite aus gebaut worden sind, der Halt an mit Stacheldraht versperrten Brücken, die niemanden mehr auf die andere Seite bringen, Gedenkstätten für Grenztote, das „Freedom House" als Ort von Familienzusammenführungen aus Süd und Nord.

Bedrückend? Spannend? Furchteinflößend?

Nichts davon passt auf meine Eindrücke. Hätte Lorie die Tour nicht organisiert, ich wäre erst gar nicht hergefahren. Ich bekomme die Bilder hier nicht in der Gegenwart unter. Für mich stammen sie aus der Vergangenheit.

Da drüben der Soldat mit dem MG – warum ist der nicht Geschichte wie der Vopo, der meine Freundin ängstigte, oder der, den man auf den Fernsehbildern der Maueröffnung hilflos unter dem Ansturm der DDR-Bürger die Grenzschranke sowie ihre und seine Funktion der Vergangenheit übergeben sah?

Irgendwann werden doch dort, wo der bewaffnete Grenzer sich die Pässe zeigen lässt, Schüler fangen spielen, bis die Lehrerin sie zur Ordnung ruft, damit sie sich die Tafel anschauen, auf der der Soldat mit dem MG abgebildet ist und die Bildunterschrift informiert, dass hier früher einmal die DMZ, die „demilitarisierte Zone", gewesen ist. Die Kinder popeln in der Nase, gähnen und wundern sich über diese dummen Vorfahren, die nichts Besseres zu tun hatten, als Lebenszeit damit zu verbringen, sich bewaffnet gegenüberzustehen und mit dem Feldstecher zu beobachten.

Alles wird sein wie heute an der ehemaligen innerdeutschen Grenze. Fröhlicher Grenz-Tourismus mit mühsam einstudierter Schauspiel-Gruseleinlage.

Hier ist das Winkverbot noch echt, die Waffen geladen.

Da will ich nicht dabei sein!

„Macht doch euren Sch... alleine"-Stimmung.

Ja, nicht sonderlich reflektiert und erwachsen. Ich bekenne, dass kurz das bockige Kind in mir tobt, das nicht einsehen will, dass Dinge nun mal so und so sind und eben „nicht so einfach". Ich habe die Bilder vom Fall der Mauer vor Augen. Sektflaschen kreisen zwischen Wessis und Ossis, zwischen grau Uniformierten und Jugendlichen in Moonwashed-Jeans. Jeder darf sich an der neuen Freiheit berauschen. Die Mauer macht ein letztes Mal die steinerne Kulisse, und dann gibt es sie nur noch im Zusammenhang mit diesen drei Wörtern: „Wo ist die ..."

Das hier ist ein Déjà-vu. Ein schlechtes.

Bloß weg! Sonst bin ich fähig und benehme mich noch richtig daneben – Möglichkeiten gibt es ja genug – und ende morgen im deutschen Fernsehen als „Grenzzwischenfall an der Grenze zu Nordkorea…"

Lorie und ich verbringen den Abend in dem riesenhaften Luxus-Hotel im World Trade Center Seouls.

***

Am nächsten Morgen finden wir uns erneut in der Präsidentenbibliothek ein, und zwar, sehr asiatisch, ein wenig zu früh. Es geht recht unruhig zu, allerlei Vorbereitungen für das Fotoshooting werden getroffen, Möbel verrückt, Licht installiert, und ich befürchte, dass nun schlicht das Gegenteil von dem passiert, was gestern so aufwändig besprochen wurde. Doch dann kommt Kim Dae-jung.

Ich bin geblendet.

Natürlich von dem Charisma des Friedensnobelpreisträgers, aber noch ein wenig mehr von seinem Outfit. Der Stab scheint genauso beeindruckt. Erstaunt wagt jemand die Vermutung, dass es bestimmt nur sehr wenige gibt, die Kim Dae-jung je in einem solchen Aufzug gesehen haben. Der Laureat hat sich alle Mühe gegeben, meinem – ihm ganz offensichtlich übermittelten – Wunsch-Outfit „leger" zu entsprechen.

Knallfarben in Schwarzweiß: Kim Dae-jung

Er hat sich für ein stechend grünes Leinenhemd – bis oben zugeknöpft – und eine stahlblaue Strickjacke entschieden. Die Farben beißen sich maximal, und anders als bei Desmond Tutu bin ich angesichts der hier gewählten

Knallfarben sehr froh, einen Schwarzweißfilm dabeizuhaben. Alles ist äußerst sorgfältig arrangiert, und genauso sitzt dann auch der im ungewohnten Freizeitlook posierende Südkoreaner auf seinem Stuhl, als ich mit der Arbeit beginne. Konzentration und Kontrolle weichen nie ganz aus seinem Gesicht, das trotz aller Beherrschtheit herzlich wirkt. Mehr als ein sanftes Lächeln erlaubt Kim Dae-jung sich nicht, und einen solchen Moment halte ich mit der Kamera fest. Ich rechne damit, dass er jetzt entschwindet, um sich umgehend in seinen Wohlfühl-Anzug umzudekorieren, aber nein, es kommt noch zu einem Gespräch, nachdem ich ihm unser Gastgeschenk, feine Schokolade, überreicht habe.

Für Kim Dae-jung wurde es zum einschneidenden Erlebnis, dass der damalige Präsident Südkoreas Rhee Syng-man nach dem Einmarsch nordkoreanischer Truppen nach Südkorea im Krieg 6/25, in der Welt als „Koreakrieg" bekannt, der Bevölkerung in Seoul Schutz versprochen hatte und sich dann als Erster ins Ausland absetzte. Damals wurde aus dem Geschäftsmann Kim Dae-jung ein Politiker. Unbeirrt durch Todesurteil, Begnadigung auf Intervention der Weltgemeinschaft, Haft und Hausarrest, verfolgte er die Demokratisierung seines Landes und den friedlichen Dialog mit Nordkorea. Angebotene „Deals" seitens der Militärregierung lehnte er ab. Die Frage war: „Gehe ich darauf ein? Dann hätte ich mein unmittelbares Weiterleben gesichert; wenn nicht, könnte ich ewig leben." Die gleichen Überzeugungen also wie bei Nelson Mandela. Auch Kim Dae-jung hatte festes Vertrauen, nur auf seine Weise etwas bewegen zu können. Und sollte ebenfalls Recht behalten. Er

Vorbildlicher Büro-Typus: Der „Leertischler"

schaffte es außerdem, die Haltung der südkoreanischen Bevölkerung, von tiefem Hass gegen die Kommunisten einer Sichtweise anzunähern, die zwischen dem Kommunismus in Nordkorea und den Menschen, den Brüdern und Schwestern, unterscheidet. Wie ich erfahre, ist die Berührung mit dem Kommunismus für viele weiterhin keine unbedeutende Herausforderung.

„Ich glaube, für eine differenzierende Sichtweise ist seit dem innerkoreanischen Gipfel viel gewonnen", gibt sich Kim Dae-jung zuversichtlich.

Bevor wir uns verabschieden, hat der Friedensnobelpreisträger nichts dagegen, dass ich ihn noch einmal fotografiere. Jetzt sitzt er in seinem Büro an einem wuchtigen Schreibtisch, über der Sessellehne hängt sein dunkelblaues Jackett. Auf der Tischplatte: eine Telefonanlage, ein Buch, eine Schmuck-Box mit Kleenex-Tüchern, die Tee-Untertasse und Dae-jungs Brille. Sonst trägt das Möbelstück, blank geputzt, nichts als sanften Holzschimmer. Kim Dae-jung trinkt seinen Tee und nascht von unserer Schokolade. Ein bisschen hat das Bild etwas von Loriots Benimmschule.

Ich begreife nun, dass mein Wunsch nach etwas, was ich mit „leger" zu beschreiben pflege, nur Verwirrung stiften konnte. Umso glücklicher und dankbarer bin ich, wie sehr sich der Friedensnobelpreisträger dennoch bemühte, eine persönliche Interpretation zu finden.

***

Kim Dae-jung stirbt im Jahr 2009. Der amtierende Premierminister Han Seung-soo würdigt ihn als „große Führungspersönlichkeit der modernen Geschichte".

Der Friedensnobelpreisträger hatte sich länderübergreifend für den Demokratisierungsprozess im pan-asiatischen Raum eingesetzt, war Mitglied des „Forum of Democratic Leaders in the Asia-Pacific" (FDL-AP). Die Vereinigung asiatischer Demokraten engagiert sich für den umfassenden Demokratisierungsprozess im Asien-Pazifik-Raum und darüber hinaus. Das FDL-AP will „als Forum für demokratische Staatenlenker eine globale Zivilgesellschaft fördern, die alle grundlegenden Menschenrechte schützt".

Ehrenpräsidenten sind u. a. Michail Gorbatschow, Desmond Tutu und eine zierliche Lady: Aung San Suu Kyi.

Mit unserer Demokratiebewegung kann theoretisch jeder sympathisieren", sagt **Aung San Suu Kyi**. „Aber wenn jemand selbst erfahren hat, worunter andere Länder gerade leiden, dann ist diese Sympathie auf einem anderen Level. Es ist dann Empathie."

Der deutsche Bundespräsident Joachim Gauck, ehemaliger DDR-Regimegegner und Freiheitskämpfer, besucht im Februar 2014 Birma, offiziell Myanmar. Auf Aung San Suu Kyis Worte von der Empathie, die sie bei ihm spüre, erwidert er, seine Rolle in der DDR sei kaum vergleichbar mit der Ihrigen, er habe nicht einmal Gefängniserfahrung. Aung San Suu Kyi hat sie leider im Überfluss. Sie ist eine zierliche, anmutige Asiatin, zu der einem nicht unmittelbar das Wort „tough" einfällt, wenn man nicht weiß, wer sie ist. Doch auch wenn man weiß, welche Zähigkeit sich hinter dem zerbrechlichen Äußeren verbirgt, passt das Adjektiv eigentlich nicht, weil es zu wenig von ihr erzählt. Was heißt schon „tough"? Ihr Spitzname „The Lady" gibt ebenso wenig Auskunft darüber, was sie als eine der weltweit einflussreichsten Personen der letzten zehn Jahre (laut *Time-Magazine*-Umfrage 2013) so außergewöhnlich macht. Wahrscheinlich müsste man für sie ein eigenes Wort erfinden. Eines, das Zartheit mit Zähigkeit und Zielstrebigkeit paart.

Von Aung San Suu Kyis Zusammentreffen mit Bundespräsident Gauck lese ich in deutschen Zeitungen. In einem Magazin entdecke ich das Foto eines in Rot und

Gold leuchtenden, prachtvollen Saales, an dessen meterhoher stuckverzierter Decke ein Lüster so groß wie ein Ufo schwebt. Die zwei Menschen auf goldenen Sesseln neben goldenen Tischen auf einem goldenen Teppich sind kaum zu erkennen: Bundespräsident Gauck und Staatspräsident Thein Sein. Ein Bild aus dem Präsidentenpalast in Nay Pyi Taw, dem heutigen Regierungssitz in Myanmar oder eben Birma. Goldrausch im Dschungel.

Aung San Suu Kyi ist eine freie Frau; sie konnte sich mit Deutschlands erstem Mann im Staat treffen, und sie wird in wenigen Monaten einen Gegenbesuch in Berlin machen, aber noch regieren Militärs „ihr" Land. Ich suche nach meinem Bild von der Vorsitzenden der Nationalen Liga für Demokratie (NLD) in ihrer Parteizentrale. Es ist vom November 2010. Der Unterschied der Kulisse könnte kaum größer sein.

Dabei war es sogar bis zu dem Portraitfoto in jener Parteizentrale ein beschwerlicher Weg mit Irr- und Umwegen. Ich brauchte dafür zwei Reisen nach Birma. Für Aung San Suu Kyi war es zwar nur eine Strecke innerhalb Ranguns, aber eine, die sie jahrelang nicht gehen durfte.

***

Im Jahr 2006 kann man die Freiheitskämpferin Aung San Suu Kyi nicht einfach besuchen, schon gar nicht, um die von der Militärregierung unter Hausarrest gestellte „Staatsfeindin" als Friedensnobelpreisträgerin für ein Fotobuch abzulichten. Mit der Angabe dieses Grundes bei der Visumbeantragung kann ich die Einreiseerlaubnis gleich vergessen, so viel weiß ich. Ich habe bisher die Erfahrung gemacht, dass es im allgemeinen Sprachgebrauch weit mehr „unmögliche" Dinge gibt als faktisch. Gar nicht so selten lösen sich die düstersten Szenarien plötzlich in Wohlgefallen auf und nehmen sich vermeintlich hoffnungslose Unterfangen im Nachhinein wie Spaziergänge aus. Ich habe Erfahrung im „halb so schlimm". Außerdem gibt es da so einen gewissen Draht zum Gott der glücklichen Fügung, und auf den vertraue ich im Herbst 2006, als sich die reiselustige Romney anlässlich meiner Schilderungen zum „Aung-San-Suu-Kyi-Problem" in die Idee verliebt, Birma zu sehen. Ich war ohnehin schon drauf und dran, das Schicksal herauszufordern, und nun, mit ihr in Abenteuerlust verbündet, fällt die endgültige Entscheidung. Ich reise auf eigene Gefahr und Kosten nach Birma.

Jahrzehntelang stand die ehemalige englische Kolonie unter der Herrschaft wechselnder Militärregimes, die sich mit den üblichen Mitteln totalitärer Herrschaft an der Macht hielten und die Anfang der sechziger Jahre stärkste Volkswirtschaft Südostasiens zugrunde wirtschafteten. Das „goldene Land" firmierte fortan als dunkler Militärstaat.

1988 gründet sich die Nationale Liga für Demokratie (NLD) mit Aung San Suu Kyi als Parteivorsitzende und verfolgt ihre Ziele auf friedlichem Weg. Die Teilnahme an Wahlen im Februar 1989 wird der Partei verweigert, und ab Juli 1989 wird Aung San Suu Kyi, vor allem wegen ihrer Kontakte ins Ausland, als Staatsfeindin zum ersten Mal unter Hausarrest gestellt. Obwohl ihre Partei 1990 die Wahlen gewinnt, wird der Sieg nicht anerkannt und die Situation der Tochter des 1947 mit zweiunddreißig Jahren ermordeten Staatsgründers und Unabhängigkeitskämpfers Aung San ändert sich nicht. Dass ihr Vater, der die Umsetzung seiner Verträge mit der britischen Krone und die offizielle Unabhängigkeit nicht mehr erlebte, durchaus auch von der Junta als Held verehrt wird, hilft der Tochter nicht. Den Friedensnobelpreis nehmen 1991 stellvertretend ihr britischer Ehemann Michael Aris und die beiden Söhne in Empfang. Aung San Suu Kyi hätte Birma verlassen können, auch 1999, als ihr Mann schwer erkrankt, aber immer nur um den Preis, nie wieder zurückkehren zu dürfen. Doch sie will ihre Landsleute nicht im Stich lassen. Sie weiß um ihre Rolle als Symbolfigur und die in sie gesetzten Hoffnungen, sie werde vorangehen, sobald die Stunde kommt.

In Nadine Gordimers Nobel-prämiertem Roman „Burgers Tochter" entscheidet sich die Protagonistin Rosa gegen ein „Von-Party-zu-Party-Tanzen" in London und für die Rückkehr nach Südafrika, um gegen die Apartheid zu kämpfen. Die dramatischsten Geschichten schreibt aber eben doch das wahre Leben selbst.

Wir reisen also nach Birma: Romney, ihr Sohn Giulio, unser gemeinsamer Freund Jochen und ich. Anfang September 2006 landen wir vier in Rangun, der ehemaligen Hauptstadt. Es ist sehr früh am Morgen. Die Einreiseformalitäten ziehen sich hin. Keine Computer. Alle Papiere werden aufwändigst vervielfältigt, gecheckt, gefaltet, zurückgegeben. Während die Einheimischen an uns vorbeihetzen, vergeht einige Zeit, bis wir ausländischen Passagiere des Fluges alles für nötig Gehaltene hinter uns haben und unsere Koffer in Empfang nehmen können.

Draußen habe ich das Gefühl, man hat meinen Kopf direkt in den Abluftschlauch des Wäschetrockners gesteckt. Der Südwestmonsun vom Golf von Bengalen lässt keine Luft zum Atmen. Auf die empfohlene Reisezeit für Birma haben wir nicht achten können. Jetzt ist jedenfalls nicht empfohlene Reisezeit. Taxifahrer und Fremdenführer umschwirren uns. Wir wählen nicht lange aus, quetschen uns nebeneinander auf die zerschlissenen Polster eines leidlich nach fahrbarem Untersatz aussehenden Blechhaufens. Zerschlissene Polster sind allerdings schon fast die Luxusausstattung, wie ich noch feststellen werde, als ich im weiteren Verlauf meines Aufenthaltes an ein Taxi gerate, in welchem dem Fahrer ein mit dicken Gummibändern umschnürter Gartenstuhl als Fahrersitz dient – der Originale wurde geklaut. Es führe wohl auf einen Schlag kein einziges Auto mehr, würde der TÜV aus Deutschland mal vorbeisehen. Man hat das Gefühl, beim nächsten Huckel mit dem Allerwertesten auf dem Asphalt zu bremsen. Erleichtert vernehme ich die Auskunft, die Fahrt zum Inya Lake Hotel dauere nur eine Viertelstunde. Am Inya See liegt auch das Haus von Aung San Suu Kyi, das nun ihr Gefängnis ist. Um uns herum erwacht Rangun und sieht tatsächlich sehr „golden" aus, die Morgensonne färbt die wassertröpfchenreiche Luft schimmernd ein. Das macht das Gefühl, in ein schweißnasses Handtuch zu atmen, erträglicher.

Rumpelnd geht es durch die Stadt. Leide ich unter Verfolgungswahn, oder schaut dieser Taxifahrer ständig in den Rückspiegel, wenn Romney oder ich aus dem Wagen heraus fotografieren?

Auf dem Formular, das man uns bei der Einreise in die Hand gedrückt hat, stehen die wichtigsten Gesetze, an die man sich im Land zu halten hat. „Kontakte zur Opposition" und „Widerstand gegen die Regierung" sind mit Gefängnisstrafe bedroht. Es ist davon auszugehen, dass die nähere Auslegung einen weiten Anwendungsbereich der Vorschriften ermöglicht. Schon vor der Reise wurde ich öfter darauf hingewiesen, in Birma könne sich niemand unbeobachtet bewegen, den Machthabern entgehe nichts. Keinesfalls solle man sich irgendwie auffällig benehmen, gar über Politik und Oppositionelle reden, öffentlich irgendwelche unbefriedigenden Zustände beklagen oder Ähnliches. Mit dem Bestreben der Kontaktaufnahme zu Aung San Suu Kyi habe ich nicht gerade vor, mich daran zu halten. Zuhause hatte ich noch gescherzt: Dank meiner Mitreisenden würde immerhin noch jemand mein Verschwinden nach Deutschland melden können, sollte ich verhaftet werden. Angesichts des Taxifahrers, der uns penetrant beobachtet, sich dabei aber unentdeckt wähnt, würde ich den Witz nun nicht unbedingt wiederholen wollen.

Als hätte der Mann hinter dem Steuer meine Gedanken gelesen, beginnt er jetzt ein unverbindliches Geplänkel, will wissen, woher wir kommen. Seinem Vortrag auf unsere entsprechende Auskunft entnehme ich mit etwas Mühe, dass er uns darauf aufmerksam machen will, dass Rechtsverkehr herrscht. Offensichtlich ist er fest davon überzeugt, dass uns dies besonders freuen müsse. Das verbindet er anscheinend mit Deutschland. Davon abgesehen, ist die Sache mit dem Rechtsverkehr allerdings tatsächlich auffällig bei all dem britischen Einfluss.

Erst später erfahre ich, dass der ehemalige Staatschef Ne Win an die ihm von seinem Hausastrologen prophezeite Vorsehung glaubte, er werde einmal auf der linken Fahrbahnseite sterben, woraufhin er 1970 schleunigst den Rechtsverkehr einführte. Ne Win wurde stolze einundneunzig Jahre, und ich nehme an, er wäre lieber als von seinesgleichen hochgeachteter Staatsmann gestorben, wenn auch auf irgendeiner linken Fahrbahnseite. Tatsächlich verschied er im Hausarrest als persona non grata, weil kurz zuvor seine Enkel und sein Schwiegersohn wegen angeblicher Umsturzvorbereitung mit Hilfe ausländischer Kräfte zum Tode verurteilt worden waren. Ne Win und seine Lieblingstochter Sandar standen während des Verfahrens gegen die Familienmitglieder unter Hausarrest. Die Todesurteile wurden später in lebenslange Haft umgewandelt. Totalitäre Regimes wittern den Staatsfeind überall, auch und gerade in den eigenen Reihen, ja sogar in einem Taxifahrer, der über den Rechtsverkehr meckert, weshalb man keinen findet, der das tut.

Man gewöhnt sich außerdem an vieles, so wohl auch daran, dass es wegen der überwiegend mit einem rechtsseitigen Lenkrad ausgestatteten Gebrauchtwagen etwas irritierend abläuft mit dem Spiegel- und Schulterblick. Ich muss zunächst zweimal hinschauen, als ich öffentliche Busse sehe, die die Türen zur Straßenseite haben und dann noch eine Extra-Tür hinter dem Fahrer zum (meist nicht vorhandenen) Gehsteig. Es wird mich noch mehr Verstörendes erwarten. Auf der Fahrt zum Hotel bin ich aber noch fest entschlossen, mich nicht beirren zu lassen – weder vom Rechtsverkehr mit Linksverkehr-Autos noch der Waschküchenatmosphäre noch von dem, was sonst kommen mag. Doch es dauert diesmal nicht lange, und mein Optimismus fliegt schon vor mir zurück nach Hause.

Zunächst sieht es gut aus. Die deutsche Botschaft hatte im Vorfeld versprochen, Kontakt zu einer Weggefährtin, die mit Aung San Suu Kyi einige Zeit inhaftiert war, herstellen zu wollen. Und als ich von einem ersten Erkundungsgang in der Nähe des Hotels zurückkehre, liegt an der Rezeption tatsächlich eine Nachricht für mich: Zeit und Ort des Treffens. Das scheint also zu klappen.

Mit dem hoteleigenen Fahrer und Touristenführer will ich schon mal die University Road entlangfahren, in der Aung San Suu Kyi wohnt und gleichzeitig eingesperrt ist. Doch als wir uns der Nummer 54 nähern, sehe ich, dass eine Schranken-Anlage vor dem Abschnitt der Straße, an dem das Anwesen liegt, die Weiterfahrt verhindert. Der Fahrer zuckt die Schultern. Nichts zu machen.

Enttäuscht schließe ich mich erstmal dem touristischen Programm meiner Mitreisenden an. Wir bestaunen also die berühmten weißen Elefanten und zwar vor allem, weil sie gar nicht weiß sind, und dann den auf 70 Meter Länge liegenden Buddha in der Chauk-Htat-Gyi-Pagode (Kyaukhtagyi-Pagode). Dass sich touristische Fotoaufnahmen der Statue aufs Haar gleichen, liegt daran, dass an den mächtigen rosa Füßen ein kleines Podest steht, das eine Totale des Erleuchteten ermöglicht. Es folgen Besichtigungen weiterer Pagoden. Ich fotografiere Buddhas in allen Größen, sitzend, liegend, lächelnd, ernst blickend.

Unser Pagoden-Marathon findet seinen Höhepunkt in der Shwedagon-Pagode, die umgeben ist von mehreren Dutzend kleineren Pagoden. So viel Erleuchtung und Glitzern war noch nie. Diese Zwitterbauten zwischen Pyramide und Kirchturm sind ja schon von der Form her interessant genug, aber die Komplettvergoldung der fast hundert Meter hohen Shwedagon-Pagode führt dann doch zu vermehrtem Augenreiben. Der Strip in Las Vegas bei Nacht gleicht dem Schein einer Leselampe gegen das Funkeln dieses Ortes. Jetzt weiß ich, warum das hier das „goldene Land" ist. Neben der Imposanz der Pagode und dem Prunk drumherum mit unzähligen Statuen, Türmchen, Malereien, Schmuckstücken, Marmor und Edelsteinen beeindruckt mich die tiefe Religiosität der Menschen. Nicht nur Mönche sind im Gebet versunken und vollziehen Rituale. Sie lassen sich durch Fotos nicht stören, nicht einmal ein Augenblinzeln.

In der Shwedagon-Pagode schnappen wir uns einen thailändischen Fremdenführer, der versucht, uns ein wenig Einblick in die heiligen Handlungen um uns herum zu verschaffen. Ich kann mir gar nicht merken, was nun alles Glück bringt und was nicht. Man kann etwa zu einem Schrein gehen, der die Wochentage symbolisiert, und wenn man über die Statue des Wochentags, an dem man geboren ist, so viel Wasserbecher gießt, wie man Lebensjahre angesammelt hat, dann bringt das Glück. Vorher muss man aber die Glocke schlagen und ein Räucherstäbchen entzünden, oder war es umgekehrt? Glaube und Aberglaube scheinen nah beieinanderzuliegen. Ich habe mir die Trennlinie immer so gemerkt: Glaube gibt Kraft, und Aberglaube ist anstrengend. Ich denke dabei aber weniger an betende Birmanen als an Fußball- oder Tennis-Stars, die allerlei Schuhbinde-Rituale oder was auch immer erdenken, die sie zum Sieg führen sollen. Menschen, die nach Erleuchtung streben und dabei friedvolle Zeremonielle an so wunderschönen Orten ausführen, haben jedenfalls meinen Respekt und meine Sympathie.

Den thailändischen Fremdenführer machen wir schließlich zu unserem privaten Guide für die nächsten Tage, und das wird die beste Idee der Reise. Er organisiert einen Van samt Fahrer. In der Intimität des Fahrzeugs sprechen beide ganz offen. Mit einem vom Hotel organisierten Guide könne man kaum das echte Rangun entdecken. Das Hotel sei schließlich High Class, gehöre also der Regierung, und die sorge schon für die „richtige" Reiseleitung. Als wir von Aung San Suu Kyi sprechen und vom Scheitern des Vorbeifahrens an ihrem Haus berichten, fragen uns die Thais, um welche Zeit wir dort waren. Es muss etwa kurz nach fünf gewesen sein. Auf die Auskunft nicken beide sofort, die Antwort haben sie anscheinend erwartet:

„Ab fünf geht der Schlagbaum runter."

Jetzt verstehe ich, warum mir die Fahrt zur University Road viel endloser vorkam, als ich sie nach dem Stadtplan eingeschätzt hatte. Der regierungstreue Hotel-Chauffeur hatte also absichtlich getrödelt, damit wir sicher erst nach 17 Uhr ankommen und somit vor der geschlossenen Schranke würden umkehren müssen. Unser neuer Fremdenführer verrät uns, woran wir die permanente Militärpräsenz erkennen können, wenn sie „unauffällig" unterwegs ist: am Schuhwerk. Kaum jemand hier trägt feste Schuhe, das habe ich schon bemerkt. Birmanen sind auf Zehentrennern unterwegs. Umherspazierende mit Lederschuhen seien Spitzel der Regierung, weiß der Guide. Diese „Spaziergänger" werden uns fortan auffallen.

Wir unternehmen im Van Ausflüge in die Umgebung.

Anscheinend habe ich die Glücksrituale in den Pagoden alle komplett falsch ausgeführt. Mitten auf dem Highway macht es Päff. Wir haben einen Platten. Der Van hoppelt die Landstraße entlang, der Fahrer weist auf einige Hütten am Straßenrand. Was ich sehe, halte ich spontan für einen Müllabladeplatz. Alte Reifen sind zu mannshohen Haufen aufgetürmt. Der Fahrer bringt unser lädiertes Gefährt zum Stehen, geht zu dem Reifenstapel, nimmt einen Reifen, drückt ihn prüfend, schmeißt ihn weg, nimmt den nächsten, verhandelt mit einem eifrigen Birmanen. Nein, das ist kein Schrottplatz, das ist offensichtlich eine Autoreparaturwerkstatt mit Ersatzreifenlager. Secondhand. Hier weiß man, welches Geschäft läuft. Ich schaue mich um und bemerke, dass wir bestaunt werden. Für vier, fünf Kleinkinder ist unser Anblick wesentlich spannender als der Reifenwechsel. Als sie meine Blicke bemerken, starten sie eine kleine Performance, jagen sich über die Autoreifen, posieren für unsere Kameras, schneiden Grimassen. Wieselflink sind sie in ihren winzigen Zehentrennern. Ich könnte damit nicht einmal langsam laufen, ohne wie eine schlechte Chaplin-Kopie auszusehen. Ein älterer Herr kommt hinzu, nimmt das einzige Mädchen der Gruppe an die Hand. Wahrscheinlich der Großvater. Die Werkstatt am Rande der Landstraße scheint ein Familienbetrieb zu sein. Man bleibt auf Distanz, lacht aber zu uns herüber. Eine schüchterne Konversation mittels Mimik und Gestik überbrückt die Zeit des Reifenwechsels. Als der „neue" aufgezogen ist, haben wir beinahe Familienanschluss.

Es geht weiter. Wieder im leidlich fahrtüchtigen Van, verspüre ich Hunger. Oder so etwas Ähnliches. Ich weiß es nicht genau, denn ich hatte schon einige Male Hungergefühle, doch ist mir regelmäßig der Appetit vergangen, sobald ich etwas zu mir nehmen wollte. Ich habe bislang versucht, mich an einfachen Reis zu halten, allenfalls mit etwas Ei, aber auch diese wenig experimentierfreudige Variante hatte meinem Magen Probleme gemacht. Seit ich auf dem größten Markt in Rangun gesehen habe, wie Lebensmittel feilgeboten und gelagert werden, ist mir alles klar. Hinzu kommt: Ich habe einen recht ausgeprägten Geruchssinn, und damit hat man seine liebe Not in Rangun. Ein fast beißender Gestank ist ständiger Begleiter. Es ist, als ziehe sich der Körper in sich zurück, als schlössen sich alle Poren zum Schutz. Der Gestank bereitet regelrecht körperliche Schmerzen. Er verlässt einen nicht mehr und ist irgendwann so abgespeichert, dass einem das Gehirn auch dann „Gestank" meldet, wenn ausnahmsweise gar keiner da ist. Ist das eigentlich wissenschaftlich erforscht von Linda Buck? An vielen Orten versinkt die Stadt geradezu in Müll und Dreck und außerdem in rotem Speichel. Letzterer ist das ausgespiene Ergebnis des verbreiteten Kauens der berauschenden Betelnuss, das die Konsumenten irgendwo loswerden müssen. In der deutschen TV-Werbung für eine Zahnpasta gab es mal so eine Kautablette, die ein Proband in den Mund steckt, in den Spiegel guckt und dann erschrickt: Oh, alles rot. Die Tablette färbt Karies ein und macht so sichtbar, wie wichtig eben Zähneputzen, selbstredend mit der beworbenen Zahncreme, ist. Hier sieht jeder Dritte so aus, als hätte er just dieses Prozedere durchgeführt. Appetitanregend ist das nicht.

Und dann geschieht doch noch ein Wunder: wohlschmeckende Speisen, Idylle, innere Einkehr. Wir besuchen ein buddhistisches Mönchskloster, ganz aus Teakholz gebaut. Es ist Mittagszeit, und ein Gong ertönt. Wie aus dem Nichts bildet sich eine endlos lange Schlange kahlgeschorener Männer in tiefroten Mönchskutten vor der Essensausgabe, einer riesigen Zinkwanne mit Reis.

Mittag – aus dem Nichts füllt sich der Säulengang.

Die Mönche halten alle eine Schüssel in den Händen und bewegen sich im Gänsemarsch auf Mosaikfliesen durch den Säulengang. Man bedeutet uns, uns ebenfalls anzustellen und auch wir erhalten Reisschüsseln. Als wir schließlich alle mit gefüllter Schale in Vierer- bis Sechsergruppen auf dem Holzfußboden um runde Tische herum Platz genommen haben, ertönt erneut ein Gong, und das Essen beginnt. Mönchshände greifen in die Schüsseln. Ich tue es ihnen gleich. Dass man nackten, schmutzigen Füßen beim Essen sehr nahe ist, ist für unsere heimischen Tischgewohnheiten etwas ungewöhnlich, aber davon abgesehen geht es hier sehr sauber, gesittet und geschmackvoll zu, so dass ich mich an dieses Mittagessen im Mönchskloster als das Einzige neben dem Besuch eines Edel-Restaurants in Rangun erinnere, das mir nicht den Magen umgedreht hat. Im Gegenteil. Das Essen ist sogar ein wunderbar sinnliches Erlebnis. Es liegt so eine Stimmung in der Luft, die unweigerlich Besitz von mir ergreift. Ist es das? Das Gefühl des gemeinsamen Mensch-Seins? Die Mönche, die Umgebung, die Sitten und Gebräuche – mir ist alles völlig fremd, aber ich spüre eine Verbundenheit. Es braucht weder die gleiche Sprache noch den gleichen Glauben, um sich unter entspannten, ausgeglichenen und zufriedenen Menschen entspannt, ausgeglichen und zufrieden zu fühlen.

Satt und hungrig auf neue Eindrücke verlassen wir das Kloster und kommen auf dem Rückweg noch an einer wunderschönen, aber leider halb verfallenen Pagode vorbei. Die Renovierung wird mit Spenden finanziert, und wenn man eine Summe gibt, die die Erneuerung eines Mosaikfensters zulässt, dann wird dem Spender zum Dank eine Urkunde ausgestellt und sein Name in dieses Fenster eingraviert. Die Gelegenheit für eine gute Tat also. Gute Taten sind jeder Religion willkommen, ob sie nun zum positiven Karma führen, ins Paradies oder sonst wohin, wo es schön ist. Dass ich meinen Namen an einem heiligen Ort weiß, gibt mir jedenfalls das Gefühl, in besonderer Weise beschützt zu sein, und außerdem habe ich ein Souvenir aus Birma und Birma hat eins von mir.

Noch lieber allerdings hätte ich ein Foto der Friedensnobelpreisträgerin. Immer mal wieder fahre ich mit wechselnden Taxifahrern die University Road entlang bis zum Schlagbaum. Ist der oben, darf man passieren, dennoch will einer der Taxifahrer gar nicht erst weiterfahren, als ich aus dem Auto heraus von den Sperranlagen ein Foto mache. Er bekommt eine veritable Panikattacke und fängt wie wild an zu schimpfen. Ja, ich weiß, es ist verboten. So vieles, was ich hier möchte, ist verboten. Zu fotografieren, auszusteigen, Aung San Suu Kyi zu treffen. Ich sollte das endlich einsehen und niemanden in die Nähe von Herzinfarkt oder Verhaftung bringen. Das ist kein muffliger Berliner Taxifahrer hier, der knurrt, von Kurzstreckenkunden seine Miete nicht bezahlen zu können, sondern der Bewohner eines unberechenbaren Militärstaates mit echter Angst. Erleichtert hört er mein „Okay – go back to the Hotel!"

Am nächsten Tag geht es im schon erwähnten Taxi mit dem Plastikstuhl als Fahrersitz immerhin unter dem hochgezogenen Schlagbaum hindurch. Meine Hoffnung, ich könne jetzt zumindest ein Foto vom Anwesen machen, zerschlägt sich allerdings, weil es absolut unmöglich ist, den Taxifahrer dazu zu bewegen, ein ganz, ganz kleines bisschen langsamer zu fahren. Wieder ein vergeblicher Versuch.

Der Kontakt zur Außenwelt ist auch nicht leicht. Die Familie hält mich mittlerweile wohl für endgültig verschollen, denn ich habe noch nicht eine einzige Mail schreiben können. Der Internetanschluss im Hotel gewährt Zugriff auf ausgewählte Seiten des World Wide Web, aber mein E-Mail-Account ist nicht funktionstüchtig.

Die Abreise naht, alles hängt jetzt von dem Treffen mit der Weggefährtin Aung San Suu Kyis ab, das mir die Deutsche Botschaft vermittelt hat. Ma Thida ist birmanische Autorin und Ärztin, Mitbegründerin der Oppositionspartei NLD. An ihrem Schicksal während der Haftzeit haben Autorenkollegen auf der ganzen Welt großen Anteil genommen, sie wurde Ehrenmitglied des US-PEN-Clubs, und Amnesty International setzte sich für ihre Freilassung ein. Die mutige Frau ist dreiunddreißig, als sie 1999 freikommt.

Romney, Jochen und ich erwarten sie in einem Café im Diplomatenviertel. Dort, wo einst die britischen Offiziere ihre prachtvollen Kolonialvillen bewohnten, entsteht nach der Unabhängigkeit Birmas das „schicke" Rangun, wenngleich auch hier viel Verfallenes und Leerstehendes das Straßenbild prägt, zumal einige Gebäude nach der Verlegung des Regierungssitzes in die Retorten-Hauptstadt Nay Pyi Taw einfach zugemauert wurden. Dennoch fühlt man sich angesichts des allgegenwärtigen Kolonialflairs wie auf einer Zeitreise.

Ma Thida erscheint tatsächlich, gibt bereitwillig Auskünfte, doch ist das Ergebnis völlig ernüchternd. Gut, dass sie nichts von meinen „halb so schlimm"-Gedanken zum Auftakt meiner Reise weiß, denke ich zwischendurch, als sie von schrecklichen Erfahrungen in der Haftzeit berichtet. Im September 1993 verurteilt, lebt sie fortan in einer winzigen Einzelzelle mit Gucklock. Zunächst durchleidet sie Schlafentzug, tagelange Verhöre. Zweimal am Tag wird sie gezwungen, nahezu eine Stunde in einer unbequemen Position zu verharren. Folter nennt man das. Es gibt nicht genug zu essen, das Häuflein Reis zum Frühstück ist uralt, auf der dünnen Suppe zum Mittag schwimmen Insekten. Die junge Frau magert bis auf sechsunddreißig Kilo ab, und als sie in der Haft an Endometriose erkrankt, wird ihr die Behandlung verweigert.

Myanmar bewacht seine Friedensnobelpreisträgerin.

Ihre Schilderungen sind erschütternd, aber die Ärztin macht keineswegs den Eindruck einer gebrochenen Frau. Nein, sie habe keine direkte Möglichkeit, uns zu Aung San Suu Kyi zu bringen, lediglich Kontakt zu deren Arzt Tin Myo Win. Der habe zwar Zugang zu ihr, werde sich aber wohl gründlich überlegen, ob er seinen Schützling der Gefahr eines Treffens mit mir aussetzen wolle. Gefahr? Eine Kontaktaufnahme von Aung San Suu Kyi zu Ausländern ist ein Umstand von höchster Bedeutung für die Herrschaften, die überall die übergroßen Propagandabanner aufgehängt haben. Ich hadere bereits wegen meiner anfänglichen „halb so schlimm"-Gedanken mit mir, nun winde ich mich zusätzlich unter einer Überlegung, die mir nun wahrlich auch nicht erst jetzt hätte kommen dürfen: Natürlich würde ich nicht nur mich gefährden bei einem heimlichen Treffen mit der Friedensnobelpreisträgerin, sondern vor allem sie. Ehrlicherweise verwerfe ich den Gedanken, mich an den Arzt zu wenden, dann noch nicht unmittelbar, aber recht bald.

Wie nahe ich daran gewesen bin, „weltberühmt" zu werden als der Mann, der Aung San Suu Kyi eine Verlängerung ihrer Haft einbrockte, werde ich erst zweieinhalb Jahre später vor Augen geführt bekommen, als die Nachricht vom „Schwimmer" um die Welt geht. Ein anscheinend geistig verwirrter Amerikaner hatte sich mit Hilfe selbst gebastelter Flossen durch den Inya See schwimmend Zugang zum Haus von Aung San Suu Kyi verschafft. Die rief ihren Arzt und beherbergte den Eindringling, der sich offenbar in einem bedenklichen Gesundheitszustand befand, bis zum nächsten Morgen. Diesen Vorfall nimmt die Regierung zum Anlass, Aung San Suu Kyi den Prozess wegen Verletzung ihrer Auflagen zu machen, um dann passenderweise kurz vor den Wahlen ihren Hausarrest zu verlängern. Auch zwei Angestellte der Friedensnobelpreisträgerin und eben ihr Arzt werden angeklagt.

Wäre dieser oder ein ähnlicher Vorfall Jahre früher passiert, hätte mir das sicher die Augen geöffnet, und es wäre zu meiner Reise gar nicht erst gekommen. Aber auch ohne dieses Wissen erkenne ich bei dem Treffen mit der bewundernswerten Ma Thida, dass dies hier etwas ganz anderes ist als eben eine Reise zu einer Person, an die man einfach nur schwer herankommt.

Meine Erwartungen waren schlicht zu hoch. Meine spontane Reiseentscheidung Folge meiner Abenteuerlust, meines unerschütterlichen Optimismus und eher unbekümmerten Umgangs mit Obrigkeiten. Außerdem hatte noch ein anderer Nobelpreisträger die Finger in meiner Entscheidung: Rudyard Kipling.

„Dies ist Burma – und es wird wie kein anderes Land sein, das du kennst."

Wenn das nicht neugierig macht ...?

So heißt es in den 1889 verfassten „Letters from the East" des britischen Literatur-Nobelpreisträgers von 1907. Er verewigte außerdem „the road to Mandalay" poetisch. Gemeint ist der über 2.000 Kilometer lange Fluss Irrawaddy. Unsere Eltern kennen die Wasserstraße als einen Song von Frank Sinatra und wir – der Poesie Kiplings beraubt – als einen von Robbie Williams. Kiplings Birma-Faszination samt Techtelmechtel mit einem Banjo spielenden Reisfeldmädchen werde ich auf dieser Reise nicht nachschmecken können – so viel steht fest. Nach dem Gespräch mit Ma Thida ist mir wahrlich nicht mehr nach Kiplings Tempelglocken-Romantik.

Als wir einer Einladung unseres thailändischen Fremdenführergespanns zum Tee folgen, wird es auch alles andere als romantisch. Das „Haus" des Guides entpuppt sich als besserer Holzverschlag, ist nach allen Seiten mehr oder weniger offen. Die Einrichtung besteht aus einem Fernseher. Wir sitzen unter dem Vorzelt, und da ist er wieder, der Gestank, der einen das Atemholen verfluchen lässt. Den angebotenen Tee zu trinken, ist mir kaum möglich. Ab und zu greife ich in einem unbeobachteten Moment zu meiner eigenen Wasserflasche.

Plötzlich kracht es vom Himmel her. Ein Regenguss geht nieder. Im Nu ist der Lehmboden aufgeweicht. Ich sehe mich schon an den Fernseher geklammert den Irrawaddy hinuntertreiben, doch die Bewohner vertrauen auf ihre Hütte und sollen Recht behalten. Während wir durch Lehmpampe zurück zum Auto schlammwandern, trotzt der Verschlag samt TV-Gerät den umspülenden Fluten.

Mit dem thailändischen Fahrer klappt es schließlich mal mit dem „Langsam-vorbei-Rollen" an Aung San Suu Kyis Haus. Wir fahren zuerst zur Parteizentrale der Nationalen Liga für Demokratie, und der Guide weist auf das Teehaus gegenüber hin, von wo aus alle, die sich dem Gebäude näherten, fotografiert würden. Später passieren wir das Anwesen von Aung San Suu Kyi. Bewaffnetes Militär davor.

Schnell halte ich den Fotoapparat hoch, das Foto wird sich später aber als unbrauchbar herausstellen.

Der letzte Abend. Als wir zum Dinner in unser Hotel zurückkehren, machen wir staunende Augen: Auf dem Parkplatz reiht sich ein Hummer-Geländewagen an den nächsten. Die Auffahrt ist voll mit Luxusautos. Ihnen entsteigen junge Hipster. Im Hotel ist es laut und quirlig, es wird gefeiert und getrunken. Wir sitzen beim Essen, und die Partylaune steckt an. Irgendjemand spendiert uns Drinks, dann dauert es nicht lange und ich lerne eine Parallelwelt kennen. Das unsichtbare, glamouröse, westliche Rangun – bevölkert von der jungen Oberschicht des Militärstaats. Die Luxus-Kids, sie sind wirklich blutjung, animieren uns mitzukommen, und wir steigen spät in der Nacht in ihre Hummer. Haben die überhaupt schon einen Führerschein? Zweitrangig. Sie sind ohnehin volltrunken. Auf zu den Hot Spots der Partyszene. Es gibt sie. Enttäuscht von meinem fehlgeschlagenen Versuch, zumindest einen Rockzipfel der schönen birmanischen Friedensnobelpreisträgerin zu fotografieren, lasse ich mich treiben und mitreißen. Nightlife. Clubbing. Champagnerlaune. Um mich herum blitzweiß bezahnte Strahlegesichter statt Betelnuss-verfärbte Zahnlücken-Gebisse.

Manolo Blahnik statt Zehentrenner.

Rauschzustände, um das Hier und Jetzt endlos auszukosten, nicht, um es zu vergessen. Ein Land mit Gegensätzen wie zwischen Gold und Lehmpampe.

Am nächsten Morgen ein letzter Versuch vor der Fahrt zum Flughafen: noch einmal zur University Road.

Ich bringe schließlich ein Foto von der Nummer 54 mit nach Deutschland. Es zeigt nur eine hohe Steinmauer und ein Stückchen Dach dahinter.

***

Ziemlich genau ein Jahr später schreibt die „Safran-Revolution" Weltgeschichte. Landesweite Demonstrationen der Mönche in Birma. In Rangun sind teilweise 100.000 Menschen auf der Straße, es gelingt sogar, vor das Haus von Aung San Suu Kyi zu ziehen. Die Aufstände werden von der Militärjunta gewaltsam beendet, es fließt Blut; aber die Proteste bewirken am Ende eine kurze Phase der Lockerung der Kontaktsperre zu der Friedensnobelpreisträgerin, es gibt sogar einen Beziehungsminister. Alles endet dann vorerst wieder in einer Verlängerung des Hausarrests.

Drei Jahre später. Im November 2010 wird **Aung San Suu Kyi** aus dem Hausarrest entlassen. Das heißt allerdings nicht, dass man nun mal eben anrufen und einen Termin ausmachen kann. Wieder bin ich auf meine Kontakte angewiesen.

Ramos-Hortas ehemalige Mitarbeiterin Sonia Neto hat mir 2009 anlässlich des jährlichen Summits der Friedensnobelpreisträger Bo Hla Tint, den Minister für Auswärtige Angelegenheiten der Exilregierung von Birma, vorgestellt. Nach Aung San Suu Kyis Freilassung erscheint mir eine Kontaktaufnahme zu Bo Hla Tint eine gute Idee zu sein, um mich der Friedensnobelpreisträgerin zu nähern. Dass mir der Birmane hilft, habe ich natürlich nur meiner näheren Verbindung zu José Ramos-Horta zu verdanken.

Bo Hla Tint gibt mir die Kontaktdaten des Schriftstellers Zin Linn, der in Thailand für die Exilregierung arbeitet. Er hat Verbindung zu Aung San Suu Kyi, darf selbst aber nicht mehr nach Birma einreisen. Ich maile ihm. Der dann folgenden Korrespondenz entnehme ich, dass er durchaus einen Termin für mich arrangieren kann. Wir finden ein Reisedatum, und Zin Linn versorgt mich mit den Namen verschiedener Kontaktleute, bei denen ich mich melden soll, sobald ich in Rangun angekommen bin. Er habe diese Herrschaften bereits von meinem Besuch unterrichtet, und sie würden mir am Hoteldesk eine Nachricht hinterlassen, informiert mich der Exilant.

Am 9. Dezember 2010 sitze ich in meinem Hotelzimmer im Savoy in Rangun, und es klappt absolut gar nichts.

Ich habe keine Nachricht vorgefunden beim Einchecken, ich erreiche telefonisch keinen Einzigen der Kontaktleute, und mich durch die Hotelrezeption mal eben mit Staatsfeind Zin Linn im Exil verbinden zu lassen, ist auch keine Option, die mir gefällt. Dass man versucht, Aung San Suu Kyi zu treffen, ist noch nichts, was man mal so beiläufig erwähnen kann.

Ich schreibe Zin Linn verzweifelte Mails nach Bangkok. Betreff:

„Very urgent. PLEASE ANSWER!!"

„Sehr dringend. BITTE ANTWORTEN SIE!!"
Kommen die überhaupt an?
Irgendwann das ersehnte „Re": „Please contact with ..."
„Bitte nehmen Sie Kontakt auf mit ..."
Diese Telefonnummer klappt. Ich erreiche jemanden, der über mein Anliegen Bescheid weiß und mir durchgibt, dass ich zu einer Veranstaltung der Nationalen Liga für Demokratie in der Parteizentrale kommen soll. Dort könne ich Aung San Suu Kyi treffen und fotografieren, der Termin sei arrangiert.

Als ich das kleine Haus mit roten Eisentoren und rotem Banner auf dem Dach erreiche, erinnere ich mich an die Vorbeifahrt 2006. Damals war es trostlos, heute wartet eine kleine Menschenmenge auf eine Friedensnobelpreisträgerin. Ich nun ebenfalls. Nach einer Weile erscheint Aung San Suu Kyi. Ich habe mir einen leicht erhöhten Platz in der Nähe des Eingangs gesucht und als der Herr direkt vor mir im richtigen Augenblick seinen Schirm zusammenfaltet, gelingt mir schon mal ein Bild von ihrer Ankunft.

„The Lady" ist in natura eine noch grazilere Erscheinung als auf Fotos. Sie trägt eine hellblaue Seidenbluse und einen dunkelblauen Longyi, jenen Wickelrock, der hierzulande auch Männer kleidet, allerdings anders geknotet. Ihre Haare sind zum Zopf gebunden und wie so oft mit Blüten, heute in Weiß, geschmückt.

Die Politikerin wird eng von einigen Männern abgeschirmt, die ich erst auf den zweiten Blick als sehr ernst zu nehmende Bodyguards identifiziere. Sie bahnen ihr den Weg in den etwa zwei Wohnzimmer großen Versammlungsraum, der eher wie ein Keller anmutet. Alles hat das Flair einer unterirdischen Parkhausanlage. Die gesamte hintere Wand des Raumes überspannt ein großes Banner; die Schriftzeichen vermag ich nicht zu lesen, aber das Logo einer Weltkugel mit darauf fröhlich springenden Strichmännchen in allen Farben spricht Weltsprache. Neben ihren Friedensnobelpreis-Kollegen Michail Gorbatschow und Muhammad Yunus wird Aung San Suu Kyi im nächsten Jahr Jurymitglied einer Kommission sein, die ein internationales Logo für Menschenrechte kürt.

Ankunft in der Parteizentrale: Aung San Suu Kyi

Das Fenster des Parteibüros ist mit einem großen Tuch abgehängt, darauf sind Botschaften an Aung San Suu Kyi gekritzelt. Die mit den größten Buchstaben in roter Farbe ist auf Englisch und lautet: „We stand with you!"

Ich habe keine Möglichkeit, mich irgendwem vorzustellen, blicke suchend umher, hoffe, irgendwo einen Blick aufzufangen, der mir bedeutet: Ach, Sie sind sicher der deutsche Fotograf. Äußerlich auffällig bin ich ja. Doch nichts dergleichen geschieht. Niemand erwartet mich.

Alle Augen sind auf die zierliche Person im dunkelblauen Longyi gerichtet. Aung San Suu Kyi nimmt zunächst auf einem weißen Plastikstuhl Platz. Die Zuhörer verteilen sich auf die wenigen Sitzgelegenheiten, einige stehen, machen Fotos. Eine Mischung aus Freude und Anspannung liegt in der Luft. Es sind vorwiegend Männer anwesend, aber auch Frauen. Einige haben kleine Blumensträuße dabei. Die Mienen sind ernst. Wie ich mir sagen lasse, wird es heute um inhaftierte Oppositionelle gehen. Noch immer sitzen viele Weggefährten und Gleichgesinnte in den Gefängnissen des Landes ein; erst im kommenden Jahr wird der neue Staatspräsident Thein Sein beginnen, politische Häftlinge freizulassen, meist schubweise zum jeweils werbewirksamen Beweis eingeleiteter Reformen und einer Öffnung.

Die Veranstaltung in dem Parteibüro beginnt. Wechselnde Redner treten vor die drei Standmikrofone.

Eine Rede folgt der nächsten.

Ich lehne mich an eine Wand. Schließlich ist Aung San Suu Kyi an der Reihe. Sie hat eine sehr schöne, weiche Stimme, und auch ihre Mimik fasziniert. Nach ihrer Rede gibt es eine offene Diskussion. Ich verstehe ja leider kein Wort, und während sich die Sache immer länger hinzieht, muss ich mich wiederholt ermahnen, nun dringend durchzuhalten, so nah vor dem Ziel.

Ich stehe, mit einer Taschenbuch-Ausgabe meines Portraitbandes als „Ausweis" unterm Arm, nur zehn Meter entfernt von der Frau, für die ich schon einmal vergebens um die halbe Welt gereist bin. Keinen Monat nach ihrer Freilassung habe ich nun glücklich über Bo Hla Tint und Zin Linn hierhergefunden, jetzt muss ich mich auch zu ihr durchkämpfen, selbst wenn – trotz des Versprechens, dass hier gleich mehrere Teilnehmer über mein Kommen informiert sind – niemand Notiz von mir nimmt. Das habe ich mir nach all dem Aufwand der Kontaktanbahnung anders vorgestellt. Mit meinem körperlichen Durchhaltevermögen steht es nach der langen Reise und meinem hier wieder extrem eingeschränkten Appetit nicht zum Besten, und irgendwann wird mir schwummrig von der ganzen Anspannung und dem zermürbenden Warten.

Ich muss mich etwas bewegen, arbeite mich ein wenig vor und komme mit einem Zuhörer ins Gespräch, der sich als ehemaliger politischer Häftling zu erkennen gibt. Ich entsinne mich einiger Filmsequenzen, die ich in Vorbereitung meiner Reise über Birma angesehen habe, u. a. eine Dokumentation der Menschenrechtsorganisation „Witness", die Peter Gabriel gegründet hat. Ich hatte mal einen Fotoshoot mit dem Sänger, und da haben wir lange über sein Engagement gesprochen. Als der Mann hier in Rangun bestätigt, dass er und Mithäftlinge tatsächlich als lebendige Minenräumer eingesetzt worden sind, da habe ich davon also bereits gehört, aber neben jemandem zu stehen, der einem in die Augen sieht und dem das widerfahren ist – das macht einen Unterschied. Ich habe keine passende Reaktion im Repertoire auf Berichte mit solchem Grausamkeitswert.

Die Rednerliste will nicht enden. Irgendwann eine Pause.

Ich sehe Aung San Suu Kyi eine Treppe hochgehen, postiere mich an deren Fuß in der Nähe ihrer Bodyguards. Schon als ich ansetze, einem der Männer mein Anliegen vorzutragen, ist mir klar, dass es vergeblich sein wird. Keine Reaktion. Ich rufe meinen Energie-Notakku ab, und der macht mich forsch. Als Aung San Suu Kyi die Treppe wieder herunterkommt, rühre ich mich keinen Zentimeter von meinem Platz, so dass ich irgendwann schlicht im Weg stehe. Mein Auftritt.

„*Daw* Aung San Suu Kyi, wir sind verabredet!"

Ich zücke das Buch, blättere zu „ihrem" Foto – der „Bilderrahmen-Aufnahme" von José Ramos-Horta am Schreibtisch – und dann klappt es. Ein weiterer „Vermittlungs"-Erfolg des Timorers:

Die Friedensnobelpreisträgerin schenkt mir ihre Aufmerksamkeit und hört mich an. Sie betrachtet lange das Bild und als sie ansetzt, etwas zu sagen, bemerke ich Rührung. Sie sei dankbar und sehr erfreut, auf diese Weise im Buch vertreten zu sein und ja, selbstverständlich könne ich ein Foto machen, gerne bei ihr zuhause nach der Veranstaltung. Das wäre natürlich wunderbar, nur wird dann später die Zeit dafür nicht mehr reichen. Mein Rückflug naht. Ich bedaure also, dass ich der Einladung nicht folgen kann.

Friedensnobelpreisträgerin auf dem Bild im Bild des Friedensnobelpreisträgers

Da blickt sich Aung San Suu Kyi kurz nach allen Seiten um, findet eine feste Standposition auf der Treppe und nickt mir auffordernd zu.

In einem winzigen Augenblick schaffe ich, was mir zehn Jahre lang nicht gelang.

Klick.

F ast 250.000 Clicks für ein YouTube-Video von einer Szene aus London im Herbst 2007: Eine rundliche Dame im wallenden Bequemgewand mit etwas verwegen aufgesteckten, dicken grauen Haaren und einem überlangen roten Schal, der sich drohend als Fallstrick gebärdet, entsteigt mühevoll einem großräumigen englischen Taxi. Ihr dargebotene Hände weist sie mit unwirscher Geste ab. Vor ihrem Gesicht tanzen Mikrofone, die jeder Kopfdrehung folgen. Die Körpersprache der Dame ist eindeutig:

„Lasst mich in Ruhe!"
Sie macht einige unsichtbare Fliegen vertreibende Handbewegungen, zahlt das Taxi und will an den Kameraleuten vorbei in ihr Haus.

Alles, was die Journalisten der mürrischen älteren Dame entlocken wollen, ist ein Kommentar zum Gewinn des Literatur-Nobelpreises 2007.

„Oh Christ!", hört man schließlich, in der Tonlage von: „Auch das noch ...!"

Es kommt dann doch noch zum Austausch einiger Worte, und irgendwann huscht tatsächlich eine Welle der Ruhe über das achtundachtzigjährige Gesicht von **Doris Lessing**, das so gütig und warm aussehen kann, wenn sie es mal aus der Verkniffenheit entlässt.

Vielleicht war es für die Feministin einfach nicht möglich, sich unbefangen über eine Auszeichnung zu freuen, die einst der zuvor erwähnte Rudyard Kipling „für seine Beobachtungsgabe, die Originalität seiner Phantasie, die männliche Kraft seiner Ideen und das bemerkenswerte Erzähltalent" erhalten hatte. Doris Lessing nimmt den Preis entgegen als „Epikerin weiblicher Erfahrung, die mit Skepsis, Leidenschaft und visionärer Kraft eine gespaltene Kultur einer genauen Prüfung unterzog".

„Männliche Kraft der Ideen" hier, die „Epikerin weiblicher Erfahrung" dort. Unausweichlicher Geschlechterkampf?

„Der Mann ist schlecht" – das jedenfalls ist Doris Lessing zu banal. Mir sowieso. Mit der Verteufelung der einen Hälfte der Menschheit ist die Befreiung der Frau nicht erledigt. Wer Lessings Sammlung „Free women" Gegenteiliges entnimmt, liegt falsch. Sagt die Verfasserin.

Lessings Werk ist weit entfernt von den eindimensionalen Gedanken mancher Frauenbefreierinnen. Ihre Karriere beginnt 1950 mit einer „afrikanischen Tragödie", so die deutsche Übersetzung ihres ersten Romans, die dem Originaltitel „The Grass is singing" jede Poesie raubt. Doris

Lessing, die in Rhodesien (heute Simbabwe) einen Großteil ihrer Kindheit verbracht hat, erzählt dort die Geschichte einer weißen Farmersfrau, die sich in ihren schwarzen Bediensteten verliebt.

Zeit, Ort, Plot – ein Skandalbuch damals, klar.

Das Thema Rassentrennung suchte sich also eine weitere Autorin neben Nadine Gordimer. Eine weitere Parallele zur „Stimme Afrikas": Auch Doris Lessing heiratet einen deutschen Emigranten, ebenfalls in zweiter Ehe. 1949 verlässt die junge Mutter Afrika und den Kommunisten Gottfried Lessing, zieht mit Sohn Peter (sie hat zwei weitere Kinder aus der ersten Ehe) nach London.

Dort stürzen sich dann weitere Themen auf die Autorin. Keineswegs nur frauenbefreiende. Doris Lessing schreibt Science-Fiction, dann wird es mystisch, schließlich animalisch.

Das „Goldene Notizbuch", der Nobelpreis-prämierte Roman aus der „Free women"-Sammlung, war nie als „Bibel" der Feministinnen gewollt. Dass das Werk als solche gesehen wird, damit muss Doris Lessing leben, auch wenn sie sich ausdrücklich weigert, als „Trompete der Frauenbefreiung" dazustehen.

Ich habe trotzdem ein bisschen Angst, dass mir die Dame die Flötentöne beibringt, als ich mir im Herbst 2007, bald nach der Verkündung der Nobelpreise, Gedanken über einen Portraittermin mit ihr mache. Zumindest der typisch feministische Kampfgeist wird wohl in der Schriftstellerin stecken. Ich denke an den mickrigen Nobelpreisträgerinnen-Anteil. Gut möglich, dass auch Doris Lessing wie Hans G. Dehmelt wissen will, warum ich alte Männer fotografiere, und bevor ich antworten kann, wird sie mich fragen, wie ich darüber denke, dass vor Nadine Gordimer angeblich ganze fünfundzwanzig Jahre keine Frau den Literatur-Nobelpreis verdiente. Nadine Gordimer hat auf die Frage, ob sie Feministin sei, übrigens einmal geantwortet: „Nein, ich bin Humanistin."

Jedenfalls: Wenn Mrs. Lessing schon Journalisten, die ihr gute Nobelpreis-Nachrichten überbringen, seelische Grausamkeiten antut, was macht sie dann erst mit mir, der möchte, dass sie mal stillhält? Ich will vorbereitet sein. Wer kennt Doris Lessing näher? Wer hat einen verlässlichen Schlachtplan?

Als ein großer Freund von Kollege Zufall vertraue ich ihm blind und weiß vor allem, wo ich ihn treffen kann: im Café Einstein. Gibt es ein Problem zu lösen und mir fällt noch kein Königsweg ein, dann suche ich mir ein Plätzchen bei Gerald Uhlig-Romero, trinke mindestens zwei „leichte Macchiato", esse etwas Obst und warte ab.

So sitze ich dort eines Tages mit meiner Feministinnen-Phobie,

und als ich sie dem Kaffeehausbesitzer beichte, lacht der:

„Das ist ja nun wirklich kein Problem. Das macht der Ulli für Sie klar. Der kennt die Olle gut."

Ulli Schreiber leitet das Berliner Literaturfestival. Der Einstein-Chef will hoch ins Büro und mir seine Nummer raussuchen, nachdem wir den leichten Macchiato getrunken haben. Doch dazu kommt es nicht mehr. Ulli Schreiber steht vor uns. Hier im Café gehen nicht nur alle Staats- und Stadt-Lenker nebst Entourage der Journaille ein und aus, hier gehen sie genau dann ein und aus, wenn man sie braucht.

„Zufall ist die volle Absicht eines Unbekannten" finde ich einen guten Spruch, und ich glaube manchmal, der Unbekannte kennt mich aus dem Einstein und mag mich irgendwie, oder zumindest das Nobelpreisträger-Projekt.

Ulli Schreiber kommt an unseren Tisch, und zwischen dem Café-Chef und ihm entspinnt sich ein Gespräch über dieses, jenes und Verschiedenes. Irgendwann fällt dem „Einsteinler" wieder ein, wo wir beide steckengeblieben waren: „Du, Ulli, der Peter Badge braucht einen Termin bei Doris Lessing."

Ulli Schreiber wühlt kurz in seinem tragbaren Büro, schreibt etwas auf einen Zettel und reicht ihn mir:
„Hier ist ihre Adresse. Gehen Sie einfach vorbei."
Ich schaue ihn ungläubig an.
„Ja, ja ...", versichert er, „das ist das Beste.

Hingehen, schöne Grüße von Ulli bestellen und das Bild machen."

Ich reise im Dezember 2007 nach London, besser: Wir reisen nach London. Mein Stiftungs-„Finanzminister" und Freund aus Lindau, Nikolaus Turner, begleitet mich. Leider hat er meist zu viel zu tun, um mit mir auf Nobelpreisträger-Safari zu gehen, aber ab und zu klappt es und freut mich dann besonders. Nikolaus ist jemand, der eigentlich immer instinktiv das Richtige tut. Wer diese Gabe selbst nicht besitzt, sollte sich dringend mit solchen Leuten umgeben. Noch besser ist es, wenn jene Menschen eine solide Immunität gegen „gute Ideen" anderer besitzen. Nikolaus findet den Plan einer spontanen Londonreise zwecks Überfall auf eine Literatur-Nobelpreisträgerin äußerst merkwürdig, ist aber hier leider der Klügere, der mir nachgibt.

***

Ein kalter Samstagvormittag in London, West Hampstead. Nikolaus und ich stehen vor der Haustür eines Reihenhauses, schauen uns noch einmal aufmunternd an, und dann läute ich. Eine Frau, ersichtlich viel zu jung, um Doris Lessing zu sein, öffnet. Wir stellen uns vor und erklären unser Anliegen. Enthusiastisch schwenken wir unsere verbale Eintrittskarte und bitten, Frau Lessing die allerherzlichsten Grüße von Ulli – Ulli Schreiber, sie wisse dann schon – auszurichten. Wir dürfen bis in den Flur nähertreten und werden aufgefordert zu warten. Die junge Dame geht die Treppe hinauf. Es dauert nicht lange, und wir hören eine laute Stimme. Es ist nicht nötig, die Ohren besonders zu spitzen: „Who, the hell, they think they are?!"

„Wer, zum Teufel, denken die, wer sie sind?!"

„Freunde von Ulli", raune ich Nikolaus zu. Wir grinsen und wissen natürlich, was kommt, als die Hausangestellte, die versucht hat, unseren Besuch anzukündigen, wieder vor uns steht.

„Frau Lessing ist leider unpässlich", übersetzt sie den Ausruf.

Die Botschaft ist nun höflich verpackt, ihr Kern derselbe. Das klappt nicht mit dem spontanen „Guten Tag, hier sind die Jungs vom Nobel-Fotoprojekt"-Überfall. Wir erhalten die Kontaktdaten der Agentin von Mrs. Lessing und werden dann freundlichst wieder vor die Tür gesetzt.

Einfach so vorbeikommen, das dürfen bei Doris Lessing nur Katzen. Da hat sie eine „Politik der offenen Tür", wie sie einmal bekennt und wie ich noch selbst feststellen werde. Nikolaus und ich aber – wir hätten früher kommen müssen, um eine Chance auf Einlass als „Freunde von Ulli" zu haben. Viel früher. Jahrzehnte früher. In einem Interview beschreibt Doris Lessing die Atmosphäre der Sechziger so:

„Vor allem war das eine Zeit unglaublicher Großzügigkeit. Wenn da ein junger Mann vor der Tür stand und sagte: ‚Ich heiße Bert und bin ein Freund von Freddy, kann ich reinkommen?' Dann antwortete man: ‚Klar doch, komm rein.' Und dann blieb er einen Monat. Vielleicht war er ja ein Dieb, aber das machte man damals so. Und ich dachte, du liebe Güte, das haben alle vergessen."

Irgendwann sogar Doris Lessing selbst. Tja, vielleicht, wenn wir Freunde von Freddy gewesen wären, nicht von Ulli ... vielleicht hätte dann etwas bei ihr geklingelt ... die guten alten Sechziger.

London: Tatort eines versuchten Hausfriedensbruchs

Hätte ich nicht kurz Doris Lessings Sohn – ich nehme an, er war es – oben an der Treppe gesehen, könnte ich, als Nikolaus und ich wieder draußen auf der Straße stehen, den ersten Satz des „Goldenen Notizbuchs" zitieren: „Die beiden Frauen waren allein in ihrer Londoner Wohnung."

Mir bleibt vorerst nur ein Foto vom Haus Nummer 24 Gondar Gardens. Schade.

Ich bin bestürzt. Ich kann mich nicht mehr halten vor Lachen."
Auch dies ist die Reaktion auf einen Literatur-Nobelpreis, und zwar genau zehn Jahre vor Doris Lessings mürrischem Grummeln. Scherzkeks **Dario Fo** macht 1997 auf diese Weise all jenen, die seine Wahl für einen Lacher halten, mit breitem Grinsen den Fahnenträger. Die „feinen Poeten" in Italien hätten sich so darüber aufgeregt, dass er einen Nobelpreis bekomme, dass die Beruhigungsmittel in den italienischen Apotheken fast ausverkauft gewesen seien, lässt Fo außerdem feixend verlauten. Warum ihn „Theater und Politik" nicht zum „feinen Poeten" machte, sondern in die Groteske trieb, erklärte er einmal so:

„Der mittelalterliche Giullare ging aus dem Volk hervor, und vom Volk her nahm er seine Wut, um sie dem Volk mittels der Groteske, mittels der ‚Vernunft' wieder zurückzugeben, damit das Volk sich seiner eigenen Lage bewusst wurde."

Ich verschaffe dem Schauspieler an dieser Stelle einen Auftritt aus dem Nichts des Leseflusses zwischen meinem Zweiakter „Rausschmisse bei Doris Lessing". Als Freund des versteckten Theaters, der seine Bühne findet, wo andere keine vermuten, gefällt es Fo hoffentlich hier.

Im Jahr 2006 bekomme ich Dario Fo passenderweise auf kuriose Weise zu fassen, nachdem ich mich schon jahrelang vergeblich um ihn bemüht hatte.

Ich begleite Marius auf einer Konzert-Tournee, und beiläufig erwähne ich im Beisein von Make-up-Artist und Twingo-Fahrer Claudio, ich käme einfach nicht an Dario Fo heran. E-Mails, Telefonanrufe, nichts funktioniere, er reagiere einfach nicht auf meine Bitte um einen Termin. Als Claudio fragt, ob ich die Nummer von Fo griffbereit habe, will ich nicht glauben, was er vorhat. Zwei Minuten später hängt er am Handy, und nachdem das italienische Wortgedonner verebbt ist, reicht er mir wortlos einen Zettel mit einem Datum.

Claudio und Dario sind verabredet, und ich darf mit.

Die Italiener haben dann einen wunderbaren Nachmittag im Hause Fo in Mailand. Ich bin ebenfalls dort, spiele aber nicht einmal eine Nebenrolle, da leider der Landessprache nur rudimentär mächtig. Es sind noch zwei anscheinend engere Freunde zu Besuch, die der Vollblut-Theatermann nicht recht loswird oder auch gar nicht loswerden will. Jedenfalls wird Claudio spontan in die turbulente Inszenierung integriert, und ich starre irgendwann auf den Fußboden. Sehr lange. Faszinierend: Lauter überdimensionierte Merkzettel sind da aufgeklebt. Eine Neuauflage seiner Nobelpreis-Rede? Es war mehr eine Nobelpreis-Performance, die man in Stockholm hatte genießen können. Fo hatte damals getan, was ein Schauspieler macht, wenn er redet: ein Theaterstück aufführen. Und „souffliert" hatte ihm genau so ein Bilderteppich aus gezeichneten Cartoons, wie ich ihn hier zu meinen Füßen vorfinde.

Ich bin mir nicht so sicher, ob ich nicht auch mitten im Interventionstheater gelandet bin. Ein Fo inszeniert, wo er kann. Hatte er das alles so geplant? Stand jetzt „Auftritt Portraitfotograf" in der Regieanweisung? Ich fühle mich jedenfalls sehr nah am Grotesken, als ich wie bestellt und nicht abgeholt in der Collage stehe, während sich vier Italiener einer Dramaturgie mit lauter Höhepunkten hingeben.

Als es schließlich doch an die Arbeit geht, nimmt der Regisseur endgültig das Heft in die Hand. Er zeigt mir ein Buch mit einer Zeichnung. Der Meister selbst ist abgebildet. In ausgelassen-heiterer Pose. Diese Seite möchte er gerne aufgeschlagen in die Kamera halten. Sehr gerne. Zwei Fos in bester Laune. Was will ich mehr? Und wieder ein Foto mit einem „doppelten" Laureaten.

„Bezahlt wird nicht." Kostenloses Theater bei Dario Fo

Dann gibt es noch eine kleine Tanzeinlage des Achtzigjährigen als Giullare. Drei Fußbodenblätter „soufflieren". Ob ich einige Fotos mit seiner Frau Franca Rame schießen könne, fragt mich Fo danach. Natürlich. Dass der Literatur-Nobelpreis auch ihr gehört, da sie an fast allem mitschrieb, hat Fo mehrfach betont, auch in Schweden damals bei seiner Rede-Performance. Signora Rame muss sich noch für das Foto stylen.

Warten. Wir wiederholen noch mal die Szene von zuvor: Portraitfotograf – in der Collage den Bestellten, doch nie Abgeholten gebend.

Ich bin ganz gut, finde ich. Der Beifall allerdings bleibt aus.

Dario Fo hat einem großen Publikum schon viele kurzweilige Stunden geschenkt und der Kritik bewiesen, dass politisches Theater nicht einfallslos und fade sein muss, aber Kurzweil war für mich leider gerade keine mehr übrig, als ich bei ihm war. Er hatte sie, italienisch großzügig, vollständig an Claudio verschenkt.

Zweiter Besuchs-Versuch bei **Doris Lessing**. Nun unter Einhaltung aller Förmlichkeiten per offiziellem Brief an die Agentin der Literatin angekündigt, abgestimmt und genehmigt.

Außerdem: weibliche Begleitung statt männliche! Meine Londoner Freundin Monica kommt mit.

Wir werden hochgebeten in den ersten Stock, und mit jedem Schritt die Treppe hinauf wird die Luft etwas schwerer. Es ist dunkel und stickig. Mehrere Katzen huschen den Gang entlang. Da auch alle Nachbarsmiezen als Gäste willkommen sind, werden sie nicht ausnahmslos der Hausherrin gehören. Aber sie sind alle in „Doris Lessings Katzenbuch" verewigt.

Mir ist schnell klar, dass ich an diesen Termin einmal eine sehr intensive Geruchserinnerung haben werde. Übrigens ist, was für mich Kieferndupf ist, für Doris Lessing Pferdeschweiß – eine Kindheitserinnerung aus dem Geruchstagebuch. Pferdeschweiß nimmt die kleine Doris May am eindrücklichsten wahr auf dem morgendlichen Ritt mit dem Vater zur Arbeit. Ritt? Jawohl.

Doris May Taylor kommt 1919 in Persien zur Welt. Ihr Vater ist bei der Imperial Bank of Persia beschäftigt und reitet morgens zur Arbeit, ein kleines Stückchen nimmt er seine Tochter mit. Sein Arm hält sie umschlungen, sie lehnt sich an seine Brust, spürt die Gurte, welche sein Holzbein – Folge des Ersten Weltkriegs – halten. Die Ausdünstungen des Pferdes prägen ihre Erinnerung daran. Dann fühlt sie nach, wie sie hoffte, der Vater möge das Tier einmal galoppieren lassen, was er immer erst dann tat, wenn er seine Tochter wohlbehalten wieder auf dem Erdboden abgesetzt hatte. Eng mit Tieren ist Doris Lessing also schon immer.

Ich allerdings kämpfe mit Anpassungsschwierigkeiten an die tierische Allgegenwart. Mir scheint jeder Winkel von Katzen beschlagnahmt.

Monica wirft mir einen langen Blick zu, der mir sagen soll: Lass uns schnell machen!

"Das Leben ist harte Arbeit." – Doris Lessing

Auch Doris Lessing scheint es durchaus ein Termin der lästigeren Art. Ich schalte daher aus allen guten Gründen den Turbo ein. Ja, bitte dort in den Sessel. Schon ganz wunderbar so. Ich ziehe mit einer Hand die Gardine etwas auf, in der Hoffnung auf einen Schimmer Tageslicht, und mit der anderen schiebe ich eine besonders anhängliche Katze in Position, die aber nicht posieren will. Die Literatur-Nobelpreisträgerin schaut argwöhnisch. Nein, nein, keine Angst, ich habe nicht die Absicht, dem Kätzchen, ich erfahre, es heißt Yum Yum, ein Haar zu krümmen. Ich weiß ja noch nicht, dass sie ein „schwieriges Persönchen ist, das man wie eine Prinzessin behandeln muss", wie ich irgendwann später einmal in einem Interview lese. Ich habe jetzt auch nicht die Ruhe für royale Rollenspiele. Schnell noch den Kratzbaum aus dem Bild, und schon haben wir es fast geschafft. Ich drücke ein paar Mal auf den Auslöser.

Dann allerdings gibt es ein Problem, das mit Tieren gar nichts zu tun hat, sondern eben doch wieder damit, dass Frauen und Männer sich einfach nicht richtig verstehen.

Ich lasse auf der Suche nach einer abschließenden Idee für ein weiteres Foto-Szenario den Blick im Zimmer schweifen und – ach, was ist das denn da? Ein hölzerner Fleischhammer liegt auf dem Tisch. Damit klopft sie wohl den Katzen das Fresschen weich. Vielleicht könnte Mrs. Lessing den in die Hand nehmen …? So als Vorkämpferin für die Frauenrechte? Als sie meinen – in etwa in dieser Kürze vorgetragenen – Vorschlag erfasst, das Augenzwinkern darin allerdings nicht, da breitet sich tiefe Verständnislosigkeit auf dem Gesicht der friedliebenden Schriftstellerin aus. Sie hat einmal gesagt, sie bedaure, dass der

Feminismus „einige ziemlich furchterregende Exemplare hervorgebracht" habe. Meinen Vorschlag fasst sie ersichtlich so auf, als zählte ich sie dazu. In Abwandlung ihres Ausspruchs vom ersten Treffen wird sie jetzt wohl „Who the hell he thinks I am?!" (dt. „Verdammt noch mal, für wen hält der mich eigentlich?!") denken.

Einen Moment lang sieht es so aus, als wolle die Literatur-Nobelpreisträgerin mich mit dem Hämmerchen bearbeiten.

Foto-Session beendet.

***

Doris Lessing hoffte, einmal über ihre Katze stolpernd zu sterben. Ich weiß nicht, ob es so gekommen ist, aber da die Tierliebhaberin im November 2013 zu Hause entschläft, nehme ich an, sie war von den geliebten Gefährten umgeben.

Rudyard Kipling übrigens – den hat Doris Lessing wohl durchaus gemocht. Er konnte ja nichts dafür, was das Nobelkomitee in seiner Prosa sah. Jedenfalls war er bei aller „männlichen Kraft der Ideen" sehr sensibel. Und Tierliebhaber. Sein Gedicht „The power of the dog" hat Lessing gerne zitiert, wenn sie zur Trauer über den Verlust eines geliebten Vierbeiners befragt wurde. Ein Hund wächst einem ans Herz, warnt der Dichter. „Should we give our hearts to dog to tear?" (dt. „Wollen wir uns das Herz von einem Hund zerreißen lassen?") heißt die letzte Zeile seines Gedichts.

Es werde ihr gefallen, tot zu sein, hat Doris Lessing im hohen Alter auf die Frage nach ihren Gedanken über das Lebensende geantwortet. Dann müsse sie sich nicht um all die Kriege sorgen. Ihrem deutschen Neffen Gregor Gysi wird die Tante vor allem als eine Frau voller Güte in Erinnerung bleiben, wie er in einem Nachruf schreibt. Meine Begegnung mit Doris Lessing ist eine der glücklicherweise wenigen, über die ich sagen muss: Ich hab's versemmelt!

Auch das gehört zum (Berufs-)Leben. Wir haben trotz allem ein schönes Arbeitsergebnis geschafft, aber diese Nuance, die ihr Portrait von dem Gesichtsausdruck entfernt liegt, den ich hätte einfangen müssen – die geht auf meine Kappe.

Ich lasse Doris May Lessing aus allen guten Gründen gerne das letzte Wort:

„Das Leben ist harte Arbeit.

Das sehe ich im Rückblick. Jetzt, wo ich mich dem Ende meines Lebens nähere. Furchtbar harte Arbeit, das ganze Leben und alles daran."

ZIELE

PROLOG

Was ist Leben?
Super Buchtitel! Gute Frage.
Wer will sie uns beantworten?
Erwin Schrödinger!
Oh nein, der Österreicher, der nicht mal weiß, ob seine Katze tot oder lebendig ist? Ausgerechnet.
Und überhaupt: Was macht der Physik-Nobelpreisträger in der Biologie? Verbotenes!
Im Vorwort seiner Anfang der vierziger Jahre veröffentlichten Schrift entschuldigt Physiker Schrödinger sich dafür. Natürlich sei es nur dem Spezialisten möglich, ein Gebiet zu durchdringen, aber was ist dann mit dem Dilemma, dass man, um das große Ganze zu sehen, doch alles irgendwie zusammenbringen muss? Einige müssten sich eben „an die Zusammenschau von Tatsachen und Theorien" wagen, auch auf die Gefahr hin, sich lächerlich zu machen. Schrödinger wagt es und macht sich nicht lächerlich. Im Gegenteil.
Nachdem er in der ersten Hälfte des 20. Jahrhunderts das Weltbild der Physik in Aufruhr gebracht hat, gelingt ihm Gleiches nun in der zweiten Hälfte mit dem Weltbild der Nachbardisziplinen. Und mit den Forschern dort. Gerade weil Schrödinger mehr Fragen stellt als Antworten findet, mehr theoretisiert und metaphorisiert als benennt und beweist. Umso aufregender!

Was schreibt der Quantenphysiker da von einem „genetischen Code"?

Das klingt nicht nur nach Krimi; das wird einer.

Ex-Manhattan-Projektler wie Maurice Wilkins folgen nach der Forschung zum Vernichtungspotential des Atomkerns nun der Spur in den das Leben enthaltenden Zellkern. Viele, viele andere Wissenschaftler auch. Erwin Schrödinger hat den Startschuss für den Aufbruch in eine neue Disziplin abgefeuert: die Molekularbiologie! Ein Wettlauf beginnt.

Wer findet ihn als Erster – den Code des Lebens?

Wer geht als Sieger durch's Ziel?

Der amerikanische Biologe Oswald Avery weist 1944 nach, dass das DNA-Molekül – 1869 von Friedrich Mischer in Tübingen entdeckt – die genetische Information trägt und weitergibt. Bloß wie? Dazu muss man sich die Struktur des Riesenmoleküls ansehen. Ein anderer Erwin aus Österreich, der Biochemiker Chargaff, bringt zunächst die DNA-Basen Adenin (A) und Thymin (T), Guanin (G) und Cytosin (C) ins richtige Mengen- und Anzahl-Verhältnis. Avery und Chargaff bleiben ohne Nobelpreis. Den gibt es für einen Amerikaner und einen Briten, die aus den Teilen das ganze Puzzle zusammensetzen. Als James Watson und Francis Crick „Basen-Chargaff" einladen, um über Helixstrukturen zu phantasieren, glaubt der sich in einer „Varieténummer".

Die Varietékünstler jonglieren ein bisschen, werfen die DNA-Basen hoch in die Luft und fangen sie spiralförmig wieder auf: Wie genau, das ist erstmals 1953 in der Zeitschrift *Nature* auf Seite 737 zu bewundern. Der Code ist in Form gebracht: ein Schriftsatz mit den Symbolen der Basen A, T, G, C darauf, Nukleotidabfolgen in Doppelhelixstruktur. Umfang des Code-Textes: drei Milliarden Basenpaare.

Puh – wer soll das alles lesen?

Während Watson und Crick drei Milliarden Champagnerkorken knallen lassen, muss einer im Labor bleiben und mit dem Lesen anfangen: Protein-Fan Frederick Sanger freundet sich nur langsam mit der DNA an, aber bald schon liest er der Desoxyribonukleinsäure jeden Wunsch von der Sequenz ab.

Nur: drei Milliarden Basenpaare Entschlüsselungs-Arbeit? Klar, dass Sanger irgendwann die Nase voll hat, den Leseanfängern der nächsten Generation seinen Namen für die Sequenzierungsmethode dalässt und mit zwei Nobelpreisen in seinen Garten entschwindet, wo ihn nur noch unfähige Fotografen ärgern.

James Watson dagegen ist seit dem Nobelpreis 1962 in ununterbrochener Champagnerlaune und freut sich über meinen Besuch. Ich mache große Augen, als er mir im Cold Spring Harbor Laboratory wunderschöne Strukturen aus seiner Schreibtischschublade präsentiert. Und Maurice Wilkins, der unsichtbare Dritte der Doppelhelix, zeigt mir am Londoner King's College jenen Ort, wo Watson einst „die Kinnlade runtergeklappt" ist.

Mit der Physik in die Zelle? Schrödinger folgten viele.

Aber allein mit der Biologie ins Bewusstsein?

Beflügelt von der Lösung des Vererbungsproblems, wagt sich Francis Crick an die Schnittstelle von Geist und Materie. Bis ins hohe Alter sitzt er in Neuron Valley/La Jolla und befasst sich mit Hirn- und Bewusstseinsforschung. Leider habe ich ihn, wie schon im Elvis-Kapitel berichtet, nicht mehr im Salk Institute treffen können.

Das Gehirn sei das größte Geheimnis der Gegenwart, ist sich Kollege Watson sicher. In Sachen Bewusstsein halten es viele Wissenschaftler eher mit dem Berliner Emil Heinrich du Bois-Reymond, der 1872 „Über die Grenzen des Naturerkennens" schrieb und das Bewusstsein jenseits dieser Grenzen liegend sah: „Ignoramus et ignorabimus" (dt. „Wir wissen es nicht und wir werden es niemals wissen").

PROLOG

Eine Antwort darauf steht auf dem Grabstein von David Hilbert in Göttingen, zu dem ich im Januar 2010 einen Ökonomie-Nobelpreisträger führe, der eine so phantastische Innenwelt hat, dass er sich dort am allerliebsten aufhält. Als ich John F. Nash Jr. 2003 in Stony Brook zum ersten Mal treffe, hätte ich nie gedacht, dass ich mich eines Tages mit ihm in Göttingen auf die Spuren seiner Helden begebe. Die prämierte Leistung des Laureaten, dem nicht nur Stockholm, sondern auch Hollywood ein Denkmal setzte, liegt zeitlich drei Jahre früher als die der drei von der Doppelhelix. Aber Nash musste viel länger auf die Anerkennung warten. 1994 geht nicht nur eine lange Wartezeit zu Ende, sondern auch eine Lebensphase, in der das Mathe-Genie an die Codes, die die Außenwelt für gesellschaftliches Zusammenleben einfordert, nicht herankommt. Vorher hat sich auch John Nash Jr. damit beschäftigt, was Leben ist: die permanente Interaktion mit nicht kooperativen Menschen. Er kann ziemlich viele ihrer Gedanken lesen. Keine Varieté-Zauberei, nur Mathematik! In Göttingen wird er dann noch auf ganz besondere Weise zum Hirnforscher, und es kommt im Zusammenhang damit sogar zu einer großen Entdeckung.

Die schönste Antwort auf die Frage „Was ist Leben?" hat die Gründerin des Europäischen Hirnforschungsinstituts, die Italienerin Rita Levi-Montalcini. Wenn ich von ihr berichte, wird ein (seiten-)langer Weg meiner Weltreise bereits hinter uns liegen. Mit einer Hundertjährigen in High Heels geht es in diesem sehr geometrischen Kapitel dann auf die Zielhelix, nein, Zielgerade.

EPISODEN

Double-Shot für **Sanger**
Die drei von der Doppelhelix – **Watson, Wilkins, Crick**
Die Mannigfaltigkeit des Lebensspiels – **John F. Nash Jr.**
Das Beste zum Schluss – **Rita Levi-Montalcini**

In der gesamten, über 100-jährigen Geschichte des Nobelpreises gibt es nur vier Personen, die zweimal zu den Preisträgern gehörten.

Der US-Amerikaner John Bardeen erhielt den Nobelpreis für Physik in den Jahren 1956 und 1972.

Die noch im russischen Kaiserreich geborene und später in Paris forschende Naturwissenschaftlerin und Radiologin Marie Curie wurde 1903 mit dem Physik-Nobelpreis und 1911 mit dem Chemie-Nobelpreis geehrt.

Der deutschstämmige US-Amerikaner Linus Pauling ist der Einzige, der seine beiden Nobelpreise mit niemandem teilen musste und zudem in höchst unterschiedlichen Kategorien gewann: 1954 erhielt er den Chemie-Nobelpreis für seine Forschungen zur Molekülstruktur der Proteine, und 1963 verlieh ihm das Osloer Komitee den Friedensnobelpreis (für 1962); Pauling wurde für seine Verdienste um die Beendigung von Kernwaffentests geehrt, die im Moskauer Abkommen über ein Verbot dieser Tests in der Atmosphäre, im Weltraum und unter Wasser mündeten.

Und fast hätte es Pauling noch in die Nähe eines dritten Nobelpreises geschafft, hätte er den Wettlauf gegen James Watson und Francis Crick bei der Jagd nach der Doppelhelixstruktur der DNA gewonnen. Er verlor aber gegen die „Spinner", als welche Fachkollegen die pfiffigen Jungs zunächst verkannten.

Wie gerne hätte ich der übersichtlichen Nobel-Damen-Riege mit Marie Curies Portrait Strahlkraft verliehen, doch die fast 100 Jahre vor meiner Beauftragung ausgezeichnete Entdeckerin des Radiums ist natürlich schon lange nicht mehr unter uns, als ich auf meine Nobel-Fototour gehe, und die Laureaten Bardeen und Pauling sind in den 1990ern verstorben.

Mir bleibt der Vierte im Bunde, der Einzige, der zweimal im Fach Chemie siegreich war: Doppelpreisträger **Frederick Sanger**.

1958 gewann er den Nobelpreis für die Bestimmung der kompletten Aminosäuresequenz der beiden Insulinketten. Zwölf Jahre hatte er daran gearbeitet. Später entwickelte der Sohn eines Arztes, der am Medical Research Council (MRC) der Universität Cambridge forschte, ein nach ihm benanntes Verfahren zur Sequenzbestimmung der DNA (Sanger-Sequenzierung), woraufhin er erneut ausgezeichnet wurde. 1980 nahm er diesen zweiten Nobelpreis entgegen. Er teilte ihn sich mit Walter Gilbert und Paul Berg.

Auf Sangers Methode bauen alle weiteren Verfahren zur – bekanntlich mittlerweile gelungenen – vollständigen Sequenzierung des menschlichen Genoms auf. Er ist damit kein Geringerer als der Vater der Genomforschung.

Als ich 2004 in Cambridge auf Aaron Klug treffe, den ich schon im Vorjahr portraitiert hatte, steht dessen ehemaliger Kollege am Laboratory for Molecular Biology des MRC schon seit einigen Jahren auf meiner To-do-Liste und ist immer wieder nach hinten gerutscht. Es sei schwierig, Kontakt zu ihm aufzunehmen, höre ich. Frederick Sanger hat sich 1983 recht abrupt in den Ruhestand verabschiedet und lebt zurückgezogen unweit seiner ehemaligen Wirkungsstätte, in Cambridge. Ich habe mich noch nicht näher um einen Termin mit ihm bemüht, als Klug mich fragt, ob ich Sanger schon fotografiert hätte. Klug ist Chemie-Nobelpreisträger von 1982. Er klärte die Struktur von Transfer-RNA und entdeckte (in einem Krallenfrosch) den Zinkfinger, der so heißt, weil eine Polypeptidkette, um die es hierbei geht, durch den Einbau eines Zinkatoms eine schleifenförmige Struktur annimmt. Der Zinkfinger krallt sich in die DNA, und das ist dieser hochwillkommen, weil sie rein gar nichts gegen das damit unterstützte Abschreiben ihrer Information (Transkription) hat.

Als Klug hört, dass von Frederick Sanger noch kein Portrait existiert, zeigt er sich verwundert, dass der großartige Kollege noch im Projekt fehlt und hilft mir sofort aus der Kontaktdatenmisere. Der Zinkfinger-Mann versorgt mich noch an Ort und Stelle mit Sangers Adresse und privater Telefonnummer.

Ich rufe kurzerhand an. Das ist etwas kühn, denn – wie wir etwa mit Doris Lessing schiefgehen sahen – oft ist die Art der Kontaktaufnahme entscheidend für alles, was kommt. Da die aktive Schaffenszeit häufig hinter den Wissenschaftlern liegt, fehlen nun im Privatleben Sprechzeiten, Assistenten und Vorzimmer, eben die üblichen Türsteher der Arbeitswelt, die eine direkte Belästigung zu verhindern wissen. Glücklich, wer eine Nancy Konigsmark zwischen sich und der läutenden Außenwelt weiß. Zumeist bemühe ich mich, vorab herauszubekommen, wie ich am geschicktesten vorgehe. Diesmal ist keine Zeit dafür. Es wäre zu dumm, erst wieder nach Hause zu fliegen, wenn ich doch gerade um die Ecke weile.

Ich habe Glück. Fünf Minuten Telefonat mit Frederick Sanger, und ich bin eingeladen, zu ihm zu kommen, am folgenden Tag. Der Türöffner war hier sicherlich mein Bezug auf Professor Klug als Kontaktdatenlieferant.

Als ich am nächsten Nachmittag am Bahnhof in Cambridge ins Taxi steige und mich zu Sangers Haus fahren lasse, freue ich mich über die unkomplizierte Terminfindung und auf den Laureaten. Die Adresse beeindruckt mich bereits. Es gibt keine Hausnummer, sondern einen „Haus-Namen": Far Leys in der Fen Lane. Das Anwesen hat Patina, liegt gegenüber einer saftigen Wiese und ist von einem großen, gewächsreichen Garten umgeben. Wie ich erfahren soll, ist das Gärtnern seit Sangers Wechsel in den Ruhestand seine Hauptbeschäftigung.

Ich klingele auf die Minute zur verabredeten Zeit um vier Uhr nachmittags. Sanger persönlich öffnet mir und führt mich ins Wohnzimmer. Er ist sehr leger gekleidet mit weitem Sweater und einem Poloshirt mit nicht mehr ganz standfestem Kragen. Ich stelle oft leicht schmunzelnd fest, dass sich der Look von Ruheständlern, sagen wir mal in den westlichen Industrieländern, auffällig wenig unterscheidet, unabhängig davon, welchen Beruf sie ausgeübt haben. Auch Sanger ist nicht mehr anzusehen, ob er einmal Bankangestellter, Busfahrer oder Biochemiker gewesen ist. Selbstverständlich habe ich keinen besseren Vorschlag, wie sich ein Spitzen-Wissenschaftler als Ruheständler kleiden soll, und ich bin weit entfernt von der Vorstellung, der Aufzug müsse sich bitte von dem des Busfahrers unterscheiden. Im Gegenteil. Dieser modische Konsens unter jenen, die ihr Arbeitsleben hinter sich gelassen haben, hat etwas zutiefst menschlich Verbindendes, finde ich. Und die Poloshirt-affine Freizeitklamotte erzählt im Übrigen auch eine Menge über uns Männer, denn auf Frauen trifft die Uniform-Beobachtung weit weniger zu. Frauen behalten immer ihren Stil, auch im Alter, im Ruhestand, in der Freizeit. Frau Sanger hat die aktive Labor- wie Gartenzeit an der Seite ihres Mannes verbracht, sechzig Jahre sind die beiden schon ein Paar. Meine Hochachtung und Bewunderung auch dafür.

Margaret Sanger gesellt sich zu uns, bietet mir einen Kaffee an. Ich kann mich, als sie wenig später mit Kaffee aus der Küche zurückkehrt, schon gar nicht mehr daran erinnern, dass ich ihre Frage bejaht habe; ich bin irgendwie leicht angespannt. Der Doppelpreisträger zeigt sich sehr freundlich, aber ein wenig einsilbig und verschlossen. Ich vermag nicht recht herauszukriegen, ob er mich vielleicht doch schnell wieder loswerden will und die Kaffee-Einladung reine Höflichkeit seiner Ehefrau gewesen ist oder ob er durchaus Lust auf das kleine Gespräch hat, das ich mir erhofft habe. Nun habe ich aber ohnehin den Kaffee bereits vor mir, und Frau Sanger möchte wissen, ob ich Milch hineinnehme. Ich nicke, und dann versuche ich einfach mutig, Professor Sanger mit einem Schwung Fragen aus der Reserve zu locken. Was ihm das heute bedeute, ein Doppel-Laureat zu sein, die erste Auszeichnung gar mit nur 40 Jahren entgegengenommen zu haben; wie er sich motiviert habe, nochmals eine solche Mammutleistung zu vollbringen; wie er in Cambridge mit dem „DNA-Kollegen" Francis Crick ausgekommen sei; was ihn bewogen habe, sich 1983 so abrupt zur Ruhe zu setzen; womit er sich heute beschäftige und einiges mehr.

Sanger gibt bereitwillig, aber eher knapp Auskunft. Ich erfahre, dass Sequenzierung immer seine große Leidenschaft gewesen ist. 1955 gelang ihm als Erstem die Entschlüsselung einer kompletten Aminosäuresequenz, also der Reihenfolge der Aminosäuren. Diese gibt Aufschluss über die Eigenschaften des jeweiligen Proteins. Mit Sangers Arbeiten wurde erstmals bewiesen, dass Proteine eine eindeutige chemische Struktur besitzen. Durch seine Strukturanalyse des Hormons Insulin erkannte man, wo die Unterschiede etwa des Schweine-Insulins zum Human-Insulin liegen; Schweine-Insulin setzte man dank Insulin-Entdecker und Nobelpreisträger Frederick Grant Banting erfolgreich, aber mit Risiken behaftet als Mittel gegen Diabetes mellitus ein. Sangers Forschung ermöglicht die künstliche Herstellung des besser verträglichen Human-Insulins.

Für sein zweites Forschungsgebiet, die Sequenzierung von Nukleinsäuren, habe er sich nur sehr langsam begeistert, berichtet der Protein-Fan. Die Bedeutung der DNA sei anfangs völlig unterschätzt worden. Mit Doppelhelix-Entdecker Crick habe er nie wirklich zusammengearbeitet, obschon ihm im Laboratory for Molecular Biology die Nachbarabteilung „Molekulare Genetik" unterstand, während Sanger die Sektion „Proteinchemie" anführte.

Als Sanger lapidar erwähnt: „Der hat nie gearbeitet", stutze ich kurz, doch es stellt sich heraus, dass er damit den Unterschied zwischen den Charakteren „Doer" und „Thinker" meint, zwischen den „Machern" und den „Denkern". Jenen, die fleißig experimentieren, und jenen, die ununterbrochen nachdenken. Crick sei stets theoretisierend und mit allen „Passanten" Ideen-austauschend die Gänge auf- und abgelaufen, war also ein „Thinker". Und Sanger „werkelte immer im Labor", war also ein „Doer". Sich durch Versuch und Irrtum vortastend, ging er durch viele, viele Jahre.

„Dann muss ein Wissenschaftler dranbleiben", konstatiert er schlicht. Etwa zeitgleich muss das Peter Doherty in sein Buch geschrieben haben.

Dass Fortschritt aus der Natur der Sache heraus manchmal nur im Schneckentempo geschieht, ist ein Problem. In unserer heutigen schnelllebigen Zeit immer mehr. „Schneckentempo-Forschung" sei heute gar nicht mehr möglich – das habe ich oft von Wissenschaftlern gehört. Das „publish or perish" (im Deutschen bekannt als „Wer schreibt, der bleibt") habe der Geduld in der Forschung den Garaus gemacht und der Wissenschaft damit einen Bärendienst erwiesen. Ich kann zu dieser Diskussion keinen fundierten Beitrag leisten, nur feststellen, dass es mich durchaus erschreckt, wie oft ich von Laureaten den Satz höre: „Unter den heutigen Umständen wäre meine Arbeit nicht mehr möglich."

Schließlich erzählt der Professor, warum er 1983, drei Jahre nach dem Erhalt des zweiten Nobelpreises, so radikal Schluss gemacht hat mit der Forschung, und das wird zu meinem Schlüsselerlebnis für alles, was dann zwischen uns beiden noch folgt. Sanger berichtet ernst und sachlich, wie es seine Art ist, er habe aus einem einzigen Grund eines Tages seinen Hut genommen und sein Labor abgeschlossen:

„Ich war nicht mehr so schnell im Kopf wie vorher. Ganz einfach.

Für mich war damit klar: Ich gehe in den Ruhestand. In meinen Garten."

Ich staune. Also, wenn mit einem Schlage alle Zwanzigjährigen der Welt Sangers damaliges fünfundsechzigjähriges Gehirn hätten, dann möchte ich nicht wissen, wie viel weiter die Menschheit wäre. Mich beeindruckt außerdem das Loslassen-Können. Wie viele weit weniger bedeutende Zeitgenossen halten sich für derart unentbehrlich, dass sie nur schwer ihre Plätze für die Jüngeren räumen, selbst wenn der Wechsel überfällig ist. Hier tritt ein Gigant einfach von der Bühne, vom Labor hinaus in den Garten, und kehrt nicht mehr zurück. Ganz oder gar nicht. Ich sehe Sanger an, versuche in seinem Gesicht zu lesen. Ich denke an Spitzensportler wie Tennis-Weltranglistenspieler, die von einem Tag auf den anderen den Schläger hinlegen, um dann nach einiger Zeit doch noch mal „rückfällig" zu werden, die es gar noch mal wissen wollen. Die anderen spielen immerhin die Senior-Tour. Und was ist überhaupt dran am „nicht mehr so schnell"? Ich hätte gerne gewusst, ob er denn nicht glaube, dass er heute noch mindestens so viel beitragen könne zur Wissenschaft wie so viele Kollegen, etwa die fast zehn Jahre ältere Rita Levi-Montalcini.

Ist er wirklich so zwingend und so leichtfüßig gewesen, der Schritt in den Garten?

Mir kommt der Ausspruch einer Hollywood-Diva, ich weiß nicht mehr, welche es war, in den Sinn, die, auf das Alter und die verblassende Schönheit angesprochen, einmal gesagt hat: „Das ist umso härter, je mehr man zu verlieren hat." Für Marlene Dietrich etwa muss es so gewesen sein, und sie zog sich ganz aus der Öffentlichkeit zurück, weil sie der Welt ihre weltberühmten Beine nicht an einer Greisin präsentieren wollte. Ohne überirdische Schönheit keine Dietrich. Ohne geniale Hirnleistung kein Sanger.

Ich bemerke plötzlich, dass ich schon eine ganze Weile sprachlos auf dem Sofa sitze, denn meine Gedanken zu artikulieren, wage ich nicht. So kommt mir auf der Suche nach etwas, was ich sagen kann, nur eine banale Frage in den Sinn:

„Wie haben sich eigentlich die beiden Nobel-Zeremonien 1958 und 1980 unterschieden?"

Margaret Sanger muss nicht nachdenken:

„Gar nicht. Nur der König war ein anderer."

Das ist es, fährt es mir durch den Kopf, das ist das Geheimnis der hundertjährigen, ungebrochenen globalen Bedeutung des Nobelpreises: Tradition. Er folgt seinen Statuten, Riten und Zeremonien nun schon über ein Jahrhundert hindurch. Eine unerschütterliche Institution, die nie aus der Mode kommt.

Ich bin sicherlich jemand, den man traditionsaffin nennen kann. Traditionen geben mir Halt in meinem eher unkonventionellen Leben, das weder durch einen Nine-to-five-Job noch ein Heim, in das ich Abend für Abend zurückkehre, geprägt ist. Ja, bislang habe ich nicht einmal Sangers Garten, in den ich mich zurückziehen könnte.

Zwar bin ich immer noch nicht ganz aus meinen melancholisch angehauchten Gedanken herausgerissen, wir sind jetzt aber definitiv an dem Punkt, an dem es gilt, das Foto in Angriff zu nehmen. Draußen ist es unmerklich immer dunkler geworden, und in mir schwingen die Worte Sangers zur nachlassenden Wendigkeit des Gehirns und meine sprunghaften Gedanken rund um seinen fast offensiv zu nennenden Rückzug nach. Dazu diese beinahe mit den Händen zu greifende Bescheidenheit des Doppel-Laureaten. Die „stillen Größen", an die ich oft im Zusammenhang mit „meinen Nobelpreisträgern" denke, haben für mich ab sofort das Gesicht von Frederick Sanger. Und wie ich dieses abbilden möchte, sehe ich jetzt klar vor mir: in sich ruhend, nach innen blickend. Während wir die Fotos machen, bitte ich den Laureaten ein paar Mal, die Augen zu schließen. Gleichzeitig habe ich so aus der Not, wegen der schlechten Lichtverhältnisse mit Blitz fotografieren zu müssen, eine Tugend gemacht.

Dann sind Professor Sanger und ich mit dem Shooting fertig. Ich bedanke mich und verspreche beim Abschied, dass ich ihm das Bild, das ich für das Projekt auswählen will, vorab schicken werde. Sanger lächelt sanft und begleitet mich zur Tür.

Ich bin noch immer etwas aufgewühlt von dem Besuch. Der Biochemiker und Hobby-Gärtner hat mit seinen wenigen Worten Schleusentore in meinem Kopf geöffnet. Ich bin von einem Gedankenwasserfall regelrecht fortgespült worden an diesem dämmrigen Nachmittag in Cambridge. Noch eine ganze Weile hält sich nach dem Treffen mein zwischen Melancholie und innerer Unruhe changierender Gemütszustand.

Zurück in Berlin, schaue ich mir einige Tage später die Kontaktbögen im Labor an, und bei einem Bild ist diese Stimmung wieder da. Ein Blitzlicht-Foto, Sanger mit geschlossenen Augen, ohne Brille. Das ist es. Die Aufnahme hat ohne Umwege den Nachmittag noch einmal in mir wach werden lassen, es ist das richtige Foto. Ich lasse einen Print anfertigen und schicke ihn nach Cambridge.

Es ist nicht viel Zeit vergangen, da ziehe ich eines Morgens einen Brief aus England aus meinem Postfach. Handschriftliche Adressaufschrift, kein Absender. Ich blättere in meinem geistigen Verzeichnis aller mir bekannten Handschriften. Dort finde ich mich eigentlich ganz gut zurecht und habe die Zuordnungen ziemlich treffsicher parat. Aber wessen Schrift ist das denn hier? Ich habe nicht die leiseste Ahnung. Normalerweise gibt es ein festes Ritual bei meiner Post-Bearbeitung. Offizielle Schreiben, also die allseits geschätzte Lieblingspost wie Rechnungen und Finanzamtsmitteilungen, öffne ich direkt am Postfach. Bis ich zuhause bin, ist der Ärger dann meistens schon verflogen oder einigermaßen verarbeitet. Privatpost dagegen wird ungeöffnet und unversehrt bis zum heimischen Küchentisch getragen und dort bei einer Tasse Tee in freudiger Erwartung geöffnet.

Der Nobelpreis bricht keine Traditionen, ich schon. Kaum bin ich vor dem Postamt in mein Auto gestiegen, öffne ich den ominösen anonymen Brief. Nun erkenne ich an der oben dick gedruckten Adresse den Absender, bevor ich seinen Namen lese: Frederick Sanger. Freude. Eine gute Sekunde lang. Dann habe ich den Inhalt erfasst. Noch kein Finanzamtsschreiben hat mir je so den Magen umgedreht.

„What a dreadful photo."

Der erste Satz knallt wie eine Ohrfeige. Sanger findet mein Bild, sein Bild, einfach nur furchtbar. Kein vorsichtiges Umschreiben, kein Aufhalten mit Höflichkeitsfloskeln, kein „nicht ganz gelungen" oder „nicht richtig getroffen", nein: Das Foto sei scheußlich und ich ein Stümper, der besser noch mal die Fotoschule besuchen sollte.

Ich schlucke. Das trifft mich dreifach. Einmal in meiner Künstlerehre. Zu verkraften. Dann als krankhaft Harmoniesüchtigen. Hier habe ich ganz offensichtlich jemanden unglücklich und wütend gemacht, das Gegenteil ist meine Absicht gewesen. Quälend. Und drittens trifft es mich irgendwo in der Herzgegend, denn das Foto ist eines derjenigen, mit denen ich etwas verbinde, was tief gegangen ist. Ich habe eben gerade kein gewollt entstellendes Foto gemacht, wie Sanger es mir jetzt vorwirft. Ich habe weder stümperhaft mit Blitzlicht herumprobiert, noch

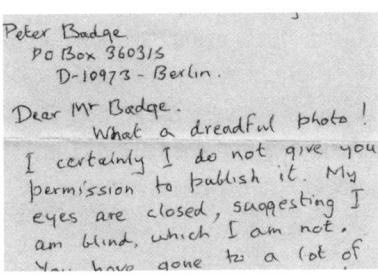

Schlechte Nachrichten ...

lag es in meiner Absicht, den Abgebildeten als blind und an Arthritis leidend darzustellen, wie er in seinem Brief behauptet. Ich wollte dem Betrachter die Stimmung der Begegnung, das Wesen Sangers transportieren, und da gab es wenig Extrovertiertes. Frederick Sanger mit geschlossenen Augen – das *war* das Bild des Nachmittags. Es hätte ein anderes Portrait entstehen können, aber nicht an diesem diesigen Nachmittag. All dieses habe ich natürlich Sanger nicht erklärt, einfach kommentarlos das Bild geschickt, in der Hoffnung, nein, eigentlich in der Gewissheit, er würde unsere Begegnung genau so darin spüren wie ich. Ein Irrtum.

Ich bin nicht genervt oder verärgert, ich bin traurig.

Nach einigen Stunden bessert sich meine Stimmung etwas. Eigentlich ist der Brief ja die Antwort auf meine Frage, die ich damals nur mir selbst gestellt habe. Ist Sanger wirklich so ohne jede Wehmut vom Chemiker zum Gärtner geworden, wie er bei unserem Gespräch den Eindruck erwecken wollte? Offensichtlich nicht. Das Alter, das Nachlassen der geistigen und körperlichen Kräfte haben ihn bewogen, irgendwann von einem auf den anderen Tag einfach sein Labor für immer abzuschließen, um konsequent und zu 100 Prozent in den wissenschaftsfreien Lebensabend zu wechseln. Doch möglicherweise ist ihm der Schritt schwerer gefallen, als er zugeben oder gar sich selbst eingestehen mag. Die Art, wie Sanger das Foto kritisiert, atemlos und süffisant-ironisch, zeigt deutlich, dass er vor allem eines nicht will: greisenhaft und krank erscheinen. Natürlich will das niemand, aber ob man sich auf einem Bild so vorkommt, ist auch eine Frage der Selbstwahrnehmung. Sanger hat auf dem Portrait nicht den innerlich einkehrenden Denker, sondern den defizitären Greis erkannt. Am Ende bin ich fast dankbar für seine deutlichen Worte. Hätte er einfach nur geschrieben, das Foto sage ihm leider nicht zu und er werde es nicht freigeben, dann hätte ich keine Chance gehabt, mich etwas näher heranzutasten an die Person Sanger. Seine scharfe Verurteilung meiner Arbeit offenbart am Ende viel weniger eine Härte mir als vielmehr sich selbst gegenüber. Der Doppel-Laureat, der sich in einem biografischen Artikel einmal als „akademisch nicht gerade brillant" bezeichnet hat, genügt erneut den hohen Ansprüchen an sich selbst nicht.

Mir ist nun schnell klar, was ich zu tun habe, und vor allem, dass ich überhaupt etwas tun muss. Sofort. Mich unangenehmen Dingen durch eine antrainierte Schockstarre zu entziehen, habe ich mir irgendwann abgewöhnt. Daran hat der ehemalige deutsche Bundespräsident Roman Herzog keinen unwesentlichen Anteil. Herzog, Ehrenpräsident der Stiftung Lindauer Nobelpreisträgertagungen, ist ein großer Fan von Tatkraft. In seiner berühmten „Ruckrede" von 1999 hat er Deutschland vor Augen geführt, dass Zukunft „Handeln" heißt, pessimistisches Verharren aus Angst vor Veränderung ins Abseits führt. Bei einem Portraittermin mit ihm auf der Burg Jagsthausen kam er auch irgendwann auf sein Dogma zu sprechen. Das Heft des Handelns niemals aus der Hand zu geben – das sehe er auch im Privaten als gültige Maxime. Er gibt mir die Lebensweisheit ausdrücklich mit auf den Weg und sie begleitet mich seither. In vielen Situationen, in denen ich schwanke, wie ich dieses oder jenes entscheiden, verstehen oder herausbekommen soll, ruft mir die Erinnerung an das Gespräch mit Herzog zu: Handele!

Ich will ein Foto, mit dem Professor Sanger leben kann, und ich möchte, dass er mich ein bisschen versteht. Ich rufe in Cambridge an. Der missglückt Portraitierte hört mir aufmerksam zu, und als ich zum Schluss sage, ich würde gerne noch mal bei ihm vorbeikommen, es allerdings vorher nicht mehr zur Fotoschule schaffen, sei aber fest entschlossen, ein Handbuch „Wie mache ich ein gutes Portraitfoto" mitzubringen, da geht er auf Flachs und Vorschlag ein.

Anderthalb Wochen später fahre ich erneut im Taxi vom Bahnhof Cambridge zu Sangers Haus. Neben mir sitzt Monica. Männern eine hübsche Frau zu präsentieren, wenn sie missmutig sind, ist immer eine gute Idee. Außerdem ist mir Monica mentale Stütze, denn etwas Beistand brauche ich schon, um noch mal dort zu klingeln, von wo aus ein Schmähbrief zu mir gefunden hat. Monica ist gleich bereit gewesen, mich über das Wochenende auf dem Cambridge-Besuch zu begleiten. Nicht nur ihretwegen, auch wegen des an diesem Sonntag sonnigen Wetters, sind die äußeren Umstände des Treffens diesmal schon bedeutend lichter als beim ersten Mal. Als Monica und ich aus dem Taxi steigen, schnuppern wir den sommerlichen Duft der Wiese, und Professor Sanger, im rot-weiß karierten kurzärmeligen Freizeithemd, erwartet uns schon im Garten. Das Handbuch sei im Koffer so schwer gewesen, erkläre ich augenzwinkernd-entschuldigend, ich hätte aber Hilfe auf zwei Beinen mitgebracht. Ich stelle Monica als Team-Mitglied des großartigen Fotografen Anton Corbijn vor. Sanger lächelt und führt uns durch seinen Garten. Der liegt verwunschen und romantisch, umgeben von einer Mauer aus Natursteinen, in der Sonne. Zur aseptischen, Neonlicht-bestrahlten Nüchternheit eines Labors ist dies hier der wohl gegensätzlichste Platz innerhalb der Stadt. Zwischen seinen Pflanzen blüht Sanger auf. Monica knipst uns beim Spaziergang durch sein grünes Zuhause.

Schließlich wage ich mich vor:

„Professor, Sie haben doch sicher einen Lieblingsplatz hier im Garten ...?"

Der Hobbygärtner deutet auf einen Baum, unter dem eine kleine Holzbank, ein Brett auf zwei abgesägten Baumstämmen, steht. Unweit steckt ein Spaten neben einer Zinkwanne in der Erde. Sanger setzt sich auf die Bank und sieht zu mir herüber. Ich erkenne ein wenig Skepsis in seinem

Blick. Ob dieser deutsche Fotoschüler nun endlich eine akzeptable Aufnahme hinbringt, wird er wohl denken. Als sich, ohne dass die Skepsis ganz aus seinen Augen weicht, ein kurzes Lächeln auf seine Lippen schleicht, halte ich den Moment mit der Kamera fest. Einige Wochen später, der ausgewählte Print ist längst nach Cambridge versandt, ist ein handschriftlicher Brief aus England in meiner Post. Ich schaffe es nicht einmal bis zum Auto, öffne den Umschlag direkt in der Halle vor dem Postfach stehend. Der lächelnde Mann auf der Gartenbank hat Gnade vor den Augen des Doppel-Nobelpreisträgers gefunden … „Akzeptabel, wenn auch nicht brillant" heißt es in dem Schreiben.

Brillantes Modell, akzeptables Foto – Doppel-Laureat Frederick Sanger

Einen kurzen Augenblick spiele ich mit der Alltags-Weisheit „Aller guten Dinge sind drei" und meinem Ehrgeiz, Sanger doch noch rundherum glücklich zu machen. Aber dann erinnere ich mich an seine Selbsteinschätzung „akademisch nicht brillant".

Vielleicht ist ein „akzeptabel" schlicht das größtmögliche Lob eines Frederick Sanger.

***

Als ich beginne, dieses Kapitel vorzubereiten, liegen auf meinem Schreibtisch die zehn Jahre alten Briefe Sangers und ein *Spiegel*-Artikel vom 25. November 2013. Darin geht es um einen jüngst Verstorbenen, den der Neurowissenschaftler und Philosoph Colin Blakemore von der Universität Cambridge als „echten Helden der britischen Forschung des 20. Jahrhunderts" ehrt; der Held selbst habe sich zu Lebzeiten als „Kerl, der in einem Labor herumhantierte" bezeichnet. Natürlich meine ich es augenzwinkernd und im wahrsten Wortsinne dieser Geschichte, wenn ich sage: Sanger hatte also anscheinend wirklich ein falsches Selbstbild. Wie ich erfahre, hat er sogar den Ritterschlag durch die englische Königin abgelehnt. Der „Kerl" sah sich nicht als „Sir".

Nun ist in Cambridge nicht nur ein Labor, sondern auch eine Holzbank leer.

Eines möchte ich dem „Kerl", der ein „Sir" war, nachrufen: Ungeachtet unserer diskussionswürdigen Differenzen zur Fotokunst, in einem beanspruche ich, absolut im Recht zu sein: Ihr Andenken, Professor Sanger, als „Vater der Genomforschung" hätte ich auch mit dem künstlerisch miesesten Portrait aller Zeiten nicht beschädigen können.

I ch bin total begeistert, mein Genom zu sehen!"
Es ist ein sehr aufregender Moment, als Professor **James Watson** im Sommer 2007 aus der Hand von Wissenschaftlern aus Houston eine DVD mit „seiner DNA" erhält, aber nicht der aufregendste in seinem Leben. Das war der Moment, als ihm die Kinnlade runterklappte und sein Puls zu rasen begann, der Augenblick, als ihm **Maurice Wilkins** vom King's College in London die DNA-Röntgen-Fotografie 51 seiner Kollegin Rosalind Franklin zeigte.

In jenem Januar 1953 führt die Fotografie Franklins den in Zoologie promovierten Watson und den noch über seiner Doktorarbeit brütenden Mit-Puzzler **Francis Crick** im physikalischen Institut der Universität Cambridge endgültig auf die richtige Spur des Vererbungsgeheimnisses – und katapultiert beide als Lern-Vokabel „Doppelhelix Watson/Crick" in die Gedächtnisse von Schülergenerationen.

Begeistert von Erwin Schrödingers „Was ist Leben?" hatte Watson zwei Jahre zuvor Crick – den Enkel jenes Käfersammlers, dem Charles Darwin wertvolle Erkenntnisse für seine letzte Publikation verdankte – mit der Idee angesteckt, eben diese Frage zu beantworten.

In der Arbeitsgruppe Strukturbiologie im Cavendish-Laboratorium gelingt es den beiden.

Im Februar 1953.

Als ich im Frühsommer 2007 aus der Zeitung von der Reaktion des da bald achtzigjährigen Watson auf die Übergabe der DVD mit „seiner DNA" erfahre, liegt mein Besuch bei ihm schon sechs Jahre zurück, und ich war damals zunächst auf völlig falscher Spur unterwegs.

***

„Wann muss ich denn los, wenn ich um 15 Uhr bei Professor Watson im Cold Spring Harbor Laboratory sein soll?"

Ich habe bei einem Bekannten in Manhattan übernachtet, und gleich muss ich zu meinem Portraittermin.

„Zum Cold Spring Harbor Laboratory?", sieht mich mein Gastgeber mit höchster Verwunderung an. „Vor einer halben Stunde am besten."

Auweia. Ich habe nicht mehr die leiseste Ahnung, wie ich zu der Annahme kam, das Cold Spring Harbor Laboratory befände sich in Manhattan. Sehr peinlich. Wie kann ein Rockmusik-Fan wie ich nicht wissen, dass John Lennons Cold Spring Harbor an der Nordküste Long Islands zu finden ist? Egal.

Rennen. Zur Penn Station. Fahrkartenautomat. Bahnsteig. Zug in Richtung Huntington.

Eine Stunde Fahrt.

Pünktlich.

Na, bitte! Geht doch.
Pünktlich?
Tja, zu Fuß nicht. Aber wo ist ein Taxi? Lokaler Taxiruf. Nur habe ich 2001 noch kein Handy, das überall auf der Welt seine Dienste tut. Ich frage einen informationstechnologisch hilfreich ausgerüsteten Passanten, ob er so freundlich ist, mir ein Taxi zu organisieren. Ist er. „Kommt in 5 Minuten." Perfekt. Ich schaue in meine Fototasche, ob ich alles dabeihabe, auch das Utensil, das ich für den Shoot mitgebracht habe. Alles da.

Ich bin ein bisschen aufgeregt. Es ist das erste Jahr nach dem Start des Projekts, noch kenne ich die Welt nicht, nicht mal Long Island, wie wir sehen, und noch bin ich weit entfernt davon, von „meinen" Nobelpreisträgern zu sprechen. Es ist aber nicht nur das. James Watson. Wahrlich keiner von der „Nie von dem gehört"-Fraktion. Bio 9. Klasse:

„Und, Peter, wofür steht DNS?"

Zu meinen Schulzeiten kannten wir in Deutschland noch deutsche Wörter, heute nicht mehr allzu viele, im Duden steht „DNS" als veraltet. Mit „Säure" ist es heute längst Essig, also DN„Acid".

Jedenfalls: Wie oft muss man Desoxyribonukleinsäure sagen als Schüler, bis es einem ohne Stammelei von den Lippen geht? Lustigerweise behält man das Wort dann das ganze Leben im Kopf, genau wie das Bild der hübschen Spirale, eben diese Doppelhelix, in deren Form sich die DNA präsentiert: Ein Rückgrat aus Phosphat und dem Zucker Desoxyribose reiht die Basen auf, denen komplementäre Basen gegenüberliegen, so dass sich zwei „Strickleitern" ergeben, in sich helikal gewunden. Angeblich bringt man in jedem Zellkern zwei Meter unter, so dass man nicht bloß einmal die Entfernung Erde/Sonne überbrücken würde, wenn man die DNA aller Zellen des menschlichen Körpers hintereinanderlegen wollte, sondern 1000 Mal. Wie gesagt, das weiß man seit dem Bio-Unterricht. Nur glauben tut man es nicht.

Im Kern ist Darwin dann doch Religion.

Später, längst aus der Schule raus, war ich einigermaßen verblüfft, als ich erfuhr, wie wild es da hergegangen sein soll in Sachen DNA-Struktur-Entdeckung, die jetzt so an Watson/Crick gebunden ist wie der Zucker an die Basen.

1953: Als Watson eines Tages den Strahlenforscher Maurice Wilkins, mit dem er sich mittlerweile angefreundet hat, im King's College aufsucht, zeigt der ihm neue DNA-Kristallografie-Bilder von seiner Kollegin Rosalind Franklin, die gerade nicht da ist. Rosalind Franklin hat als Forscherin ein großes Problem, und zwar ist sie eine Frau. Männliche Kollegen sehen sie allzu gern als Assistentin, weniger als gleichwertige Mitarbeiterin. Es mag damit zusammenhängen – jedenfalls erfährt sie zunächst nicht, dass Watson Kopien ihrer Bilder gemacht hat, und auch nicht, was passiert, als er sie sieht. Ihm ist nämlich „die Kinnlade runtergeklappt".

So beschreibt er es später selbst in seinem Buch „Die Doppelhelix". Mit den neuen Aufnahmen gelingt es Watson und Crick, die experimentellen Arbeiten von Franklin richtig und vollständig zu interpretieren, und dann steht es vor ihnen – das Modell der Doppelhelix. Odile Crick, Francis Cricks Gattin und Künstlerin, zeichnet es. Im April 1953 erfährt die Welt aus der Zeitschrift *Nature* wie die Geheimnisträgerin der Erbinformation aussieht.

Die Menschheit ist von ihrer Schönheit im Zellkern beeindruckt.

Schon 1962 erhalten Watson, Crick und Wilkins den Nobelpreis für Physiologie oder Medizin. Rosalind Franklin ist 1958 verstorben und kann nicht mehr entsprechend geehrt werden. Alle vier hätten nach den Statuten der Nobel-Stiftung ohnehin nicht in einem Jahr ausgezeichnet werden können. Ein Preis kann höchstens unter dreien aufgeteilt werden, wobei die Anteile dann nicht zwingend gedrittelt werden, es kann auch einer die Hälfte des Preises zuerkannt bekommen, und die anderen beiden teilen sich die zweite Hälfte. Im Falle Watson/Crick/Wilkins/Franklin hätte man sich etwa damit behelfen können, Franklin und Wilkins mit dem Chemiepreis zu bedenken. Den jahrelangen Umgang mit Röntgenstrahlung bezahlt Rosalind Franklin mit einem Krebsleiden, dem sie mit nur siebenunddreißig Jahren erliegt. Ihr enger Mitarbeiter seit 1954, „Zinkfinger-Mann" Aaron Klug, setzt ihre letzten Forschungsarbeiten fort.

Die Doppelhelix-Story ist insgesamt noch eine ganze Windung rasanter, wenn man mal einsteigt in die vielen Stationen vor Watson/Crick, die, wie es manchmal heißt, nur noch 1+1 zusammengezählt haben. Viel aufregender, das Ganze, als man es aus der 9. Klasse kennt. Wie schaffen es die Lehrer nur, einem so etwas Spannendes so dröge zu vermitteln? Würde man den Wettlauf auch nur annähernd so atemlos darbieten, wie er sich gestaltet hat, würde auch die letzte Reihe mal zuhören statt Käsekästchen zu spielen. Als Vierzehnjähriger glaubt man ohnehin nie und nimmer, dass das „Geheimnis des Lebens" ausgerechnet in einem Bio-Buch zu finden ist. Viel eher doch auf der Geburtstagsparty von Uschi, auf die man dann aber gar nicht eingeladen wird und deshalb von den Geheimnissen des Lebens vorerst nichts mehr wissen will. So einen Vierzehnjährigen „abzuholen" braucht eben mehr als „Watson/Crick" nach Lehrplan. Wie wäre es, nicht desoxyribonukleinsäuredeklinierend über das Leben zu referieren, sondern Neugier darauf zu vermitteln? Schaut mal: Leben ist DNA, Leben ist die Weitergabe ihrer Geheimnisse, und

Leben ist Wettlauf!

Schon versteht der Schüler, worum es geht, lädt Uschi eben zur eigenen Geburtstagsfeier ein, und ist er erst einmal mit ihrer süßen DNA auf einer Party, dann geht es auch irgendwie weiter.

Im Taxi auf der Fahrt vom Bahnhof zum Cold Spring Harbor Laboratory bin ich gespannt, ob James Watson, der schon seit 1968 hier am Forschungszentrum mit jungen Kollegen zusammenarbeitet, wohl tatsächlich diese schillernde Figur ist, der man in der Presse begegnet. Jemand, der provokante Thesen verbreitet, sich gerne rezitieren hört und in einem Auditorium ekstatische Erheiterungsmomente gleichermaßen wie kollektives Atemanhalten bewirken kann. Der Professor empfindet anscheinend eine gewisse Lust daran, zumindest verbal Konventionen zu überschreiten und Dinge „rauszuhauen", die man „im Wohnzimmer sagen kann, aber nicht im wissenschaftlichen Umfeld", wie ein Professoren-Kollege einmal in einem Zeitungsbericht kommentiert. So viel weiß ich schon 2001. Dass Äußerungen von ihm nicht bloß als deplatziert, sondern sogar als sexistisch und rassistisch aufgefasst werden, wird ihm in der zu diesem Zeitpunkt noch fernen Zukunft durchaus zum Verhängnis werden.

Als ich James Watson im Cold Spring Harbor Laboratory die Hand gebe, ist er dessen Präsident, und mit seinem „Hi. I'm Jim" bricht er keineswegs Konventionen, sondern den berühmten „Watson" aus „Watson/Crick" auf einen Allerwelts-Jim herunter.

Das Bio-Buch wird lebendig. Ich muss jetzt aber glücklicherweise keine Stundenwiederholung runterrattern, sondern erkläre kurz, was wir zwei jetzt hier machen sollen, und Watson ist direkt bereit. Das heißt, er sagt zwar, ich solle loslegen, allerdings kramt er, während ich die ersten Aufnahmen mache, unaufhörlich in den Schubladen seines Schreibtischs. Als der erste Film voll ist und ich die Rolle wechsle, steht der Nobelpreisträger auf, wühlt nun kurz an einer anderen Stelle und kommt mit zwei Büchern zurück, die er mir überreicht. Es sind die von ihm verfassten Werke „The Double Helix – A Personal Account of the Discovery of the Structure of DNA" und „A Passion for DNA: Genes, Genomes, and Society". Nach einem Exemplar davon hat er also wohl zuvor in der Schreibtischschublade gefahndet, dabei allerdings etwas anderes gefunden, wie ich in Kürze erfahren werde.

Ich bitte zunächst höflich um eine Signatur der Autobiografien. Watson, von dem ich eine ausladend-dominante Unterschrift erwartet hätte, kritzelt mikroskopisch kleine Buchstaben auf die erste Seite.

Graphologisch ist das wohl eher der „Jim" als der „Watson aus Watson/Crick", wenn ich meinen Freund und Hobby-Graphologen Artur Fischer richtig verstanden habe. Der Erfinder des (Fischer-)Dübels (der vielleicht nicht die Welt, aber viele ihrer miteinander verbundenen Dinge im Innersten zusammenhält) ist der festen Überzeugung, dass sich aus ihrer Unterschrift Rückschlüsse auf den Charakter einer Person ziehen lassen.

Professor Watson nimmt mir das Versprechen ab, dass ich seine DNA-Werke auch bestimmt lese. Dann bin ich an der Reihe mit der Kramerei und ziehe aus meiner Fototasche mein Mitbringsel hervor: eine Maske, deren eine Gesichtshälfte schwarz, die andere weiß ist.

Meine Überlegung geht in Richtung „Doppel" und „Struktur". Ehe ich ansatzweise etwas dazu erklären kann, hat Watson die Maske schon aufgesetzt. Unglaublich, aber wahr: Ich habe mit meiner Idee ein zweites Mal nach der Günter-Grass-Aufnahme die Zukunft vorweggenommen.

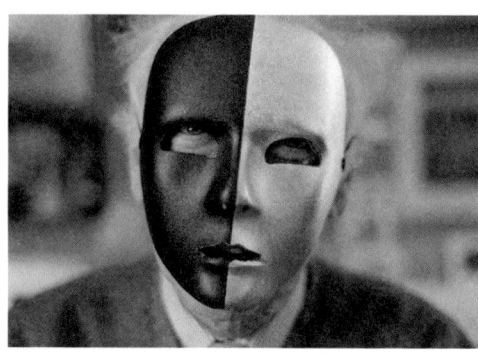

Maskiert – James Watson

Ich halte den schwarz-weißen Watson im Bild fest. Als ich fertig bin und mich bedanke, winkt mich Watson zu sich hinter den Tisch.

„Sind Sie Tennisfan?" Er wartet meine Antwort nicht ab. Aus einer Schublade zieht er einen Kalender, lehnt sich mit dem Oberkörper etwas zur Seite, damit ich freie Sicht habe, und schaut verschmitzt lächelnd zu mir hoch, als ich über seine Schulter linse:

„Was halten Sie denn fotografisch hiervon?"

„Wahrlich keine Beleidigung für die Augen, auch nicht für die eines Fotografen", erwidere ich.

Es sind auch wirklich sehr schöne Aufnahmen der russischen Tennisspielerin Anna Kournikowa, wenn sie auch gar nicht Tennis spielt auf den Fotos. James Watson freut sich. Er schiebt sehr häufig einen kleinen heiser-rollenden Gaumenkitzler-Lacher zwischen die Sätze und macht auch schon mal kleine Pausen, um der Rezeption und Reaktion des Gegenübers eine Chance zu geben, bevor es weitergeht im vorwärtstreibenden Redefluss eines Mannes, der wahrlich etwas zu sagen hat. Der Herr Professor steht auch selbst noch fleißig auf dem Tennis-Court. Gerne auch mit viel Jüngeren. Daran liebt er nicht die verheerenden Niederlagen, sondern das Zusammensein mit Jüngeren überhaupt. Das hält trotz des sportlichen 1:6, 0:6 das Denken wendig.

Nach der fotografischen „Tennis-Einlage" steht Watson abrupt auf, holt ein anderes Buch aus dem Schrank und zeigt mir die Rückseite: noch eine sehr schöne Frau.

„Meine Frau Liz!"

Wenn einem beim Betrachten einer Bikini-Schönheit die eigene Frau einfällt, dann ist doch alles in Ordnung, denke ich. Es ist ein dicker Bildband über das Labor hier, seine Frau Liz, mit der er seit 1968 verheiratet ist, hat es herausgegeben. Watson war fast 40, als er heiratete, seine Liz keine 20. Eine blutjunge Studentin der Fakultät. Ich zeige mich beeindruckt. Ob ich auch studiert habe, will Professor Watson von mir wissen, und ich erzähle von meinem Studium klassischer Archäologie. Als wir über antike Kunst

Express...

sprechen, fragt mich Watson plötzlich:

„Haben Sie Lust, mit mir zuhause vorbeizufahren und meine Kunstsammlung zu sehen?"

Drei Minuten später jagen wir mit seinem Volvo in das nicht weit entfernte Privathaus von Liz und Jim Watson. Der alte Herr fährt rasant. Die Bilderkunst an den heimischen Wänden ist ungleich wertvoller als die Fotokunst im Büroschreibtisch.

Ein kleiner Zwischenfall während der Privatmuseums-Tour ist etwas befremdlich, und zu diesem Zeitpunkt kenne ich die Gründe noch nicht. Als mir Watson in der Küche einen Kaffee machen will und ich ihm dorthin folge, treffen wir auf einen der Söhne. Der bemerkt wohl meinen Akzent und fragt unvermittelt: „Sind Sie Deutscher?" Als ich bejahe, sagt er nur „Scheiße" und verlässt die Küche. Watson geht mit einer kleinen

...ionismus und andere Kunst

Bemerkung zum Kaffee darüber hinweg, und wir setzen die Besichtigung fort; erst später erfahre ich, dass Watsons Sohn an Schizophrenie leidet. Schließlich bringt mich der Professor zurück zum „Lab", von wo aus ich die Rückreise nach Manhattan ohne Umwege meistere.

***

In jenem Jahr des Treffens mit Watson, 2001, ist die „Lebenskarte" eine noch recht lückenhafte Abbildung der 3 Milliarden Basenpaare, die die menschliche DNA bilden. Die „Entschlüsselung" des menschlichen Genoms war nach den bahnbrechenden Entdeckungen der 1952 namentlich geborenen Molekularbiologie am Ende „nur" noch eine superteure und zeitintensive Fleißarbeit. Die geht 1990 mit der in den USA gegründeten Humanen Genomorganisation HUGO, dem bis dahin größten internationalen Forschungsprojekt, los. Da pflegt Frederick Sanger längst seine Pflanzen. Aber James Watson will unbedingt dabei sein. Er übernimmt die Leitung des Projekts, doch schon bald gibt es Streit um die bis heute nicht befriedigend gelöste Frage der Patentierung von Genen, und Watson verlässt das Projekt genauso wie der Genetiker Craig Venter, der sodann mit einer Privatfirma ein kommerzielles Wettrennen aus allem macht. Venter und Watson-Nachfolger Francis Collins schütteln sich im Juni 2000 bei Bill Clinton im hier schon vorgestellten East Room des Weißen Hauses die Hand und verkünden gemeinsam den Erfolg mit der groben Lebenskarte.

Vollständig abgeschlossen wird das „Genom-Projekt" erst 2003, und dann machen sich Wissenschafts-Teams an die Erstellung des ganz persönlichen Genoms von James Watson. Ich kann mir lebhaft vorstellen, wie er in höchster Aufregung das Genom-Buch entgegennahm, von dem er immer sagt, dass wir es nun zwar haben, aber noch lange nicht vollständig lesen können, sprich: verstehen und deuten. Was er schon in der Lage ist zu lesen, das bringt James Watson durchaus auf kühne Ideen in Sachen Bauplan für den perfekten Menschen. Günter Grass designte in „Die Rättin" gar Watsoncricks, aber die waren irgendwie auch nicht perfekt. Watsons Beweggründe sind ernst und durchaus persönlicher Art:

Es ist vor allem die Krankheit seines Sohnes, die James Watson im hohen Alter noch mit aller Macht an genetischen Zusammenhängen forschen lässt.

Basen-Entdecker Erwin Chargaff bezeichnete die moderne Genetik dagegen mehrfach als eine „Misshandlung des Zellkerns"; sie werde irgendwann die Wissenschaftler vor die gleichen ethischen Fragen stellen wie schon die „Misshandlung des Atomkerns", prophezeite der 2002 verstorbene Biochemiker und Verfasser der fulminanten Autobiografie „Das Feuer des Heraklit" – auf dem Cover einer Taschenbuchausgabe brennt die Doppelhelix.

***

Im Oktober 2007 wird Watson höchstselbst zum Aufregerthema. Ein Interview mit der *Sunday Times*. Watson sagt, er sei „zutiefst pessimistisch, was die Zukunft Afrikas angeht", weil „unsere ganze Sozialpolitik darauf basiert, dass ihre Intelligenz der unseren ebenbürtig ist [...]". Er fügt hinzu, er wünsche sich, dass alle Menschen gleich seien, aber „Leute, die schwarze Mitarbeiter beschäftigen, stellen fest, dass dies nicht der Fall ist."

Dumpfe Vorurteile oder eben darwinistische Ethik? Überzeugung oder spätpubertärer Revolutionsversuch gegen das nach Watsons Meinung größte verbleibende Tabu der heutigen Zeit: die Political Correctness?

In einem seiner Bücher lesen wir Erläuterndes: „Es gibt keinen triftigen Grund für die Annahme, dass die intellektuellen Fähigkeiten von Völkern, die im Zuge der Evolution geografisch getrennt wurden, eine identische Entwicklung durchlaufen hätten. Allein unser Wunsch, eine ebenbürtige Vernunft sei Universalerbe der Menschheit, reicht nicht aus, dass es so wäre."

Darwinist hin oder her – Watsons Grenzziehung zwischen „Andersartigkeit" und „Minderwertigkeit" näher zu ermitteln, sowie dem Geäußerten, Gemeinten und vielleicht Gedachten erneut auf den Grund zu gehen, ermüdet jedenfalls den Vorstand des Cold Spring Harbor Laboratory, und James Watson scheidet dort bald aus dem zu jener Zeit ausgeübten Amt des Kanzlers. Im Dezember 2014 lässt der DNA-Gigant seine Nobel-Medaille bei Christie's versteigern, um den Erlös in Höhe von 4,7 Millionen Dollar dem Institut und der Wissenschaft zur Verfügung zu stellen.

Sein letzter Bestseller heißt: „Avoid boring people" (dt. „Vermeide langweilige Leute" oder auch: „Vermeide es, Leute zu langweilen").

James Watson selbst hat sich sein ganzes Leben an den Titel gehalten.

Der Titel ist Mist! Ich wollte *Bangs, Bombs and DNA!*" Maurice Wilkins ärgert sich sichtlich und schlägt so hart auf die Polsterlehne seines Sessels, dass ein kleiner Staubpilz emporschießt.

Ob die „Bangs" auf Tennisspielerinnen zielen, weiß ich nicht, aber die „Bombs" sind Anspielungen auf Wilkins' Teilnahme am Manhattan-Projekt, und die „DNA", na, das ist klar. Nun heißt seine Autobiografie gemäß Verlagswunsch „The third man of the double helix" (dt. „Der dritte Mann der Doppelhelix"). Gähn. Ich gebe dem Autor Recht.

Das klingt im Vergleich zu den Bangs und Bombs nach eingeschlafenen Genen.

Ein bisschen verschlafen sieht es im Haus von Maurice Wilkins in London auch aus, oder sagen wir besser „verzaubert", denn das Anwesen im viktorianischen Stil erinnert mich zumindest von außen etwas an Harry-Potter-Kulissen.

Das Arbeitszimmer im Erdgeschoss, in das Lorie und ich gebeten werden, ist vollgestopft mit Papieren, Ordnern und Büchern. Im Unterschied zu Joseph Rotblat, dem Herrn der (Papier-)Türme, sind diesem Büro-Machthaber

aber Regale durchaus wichtig. Da die Wände nicht ausreichen, hat er sich irgendwann mit kleinen Bretteranbauten in den Raum hinein beholfen. Holzquader auf dem Tisch machen zwar dessen bestimmungsgemäße Nutzung unmöglich, sind aber zur Abstützung der aus den Regalen herausragenden Bretter nötig. So gibt es wieder ein wenig Stauraum mehr. Möglicherweise würden die Regale auch genug Fassungsvermögen aufweisen, wenn man ihren Inhalt nur mal ein wenig raumausnutzend hineinstellen würde und nicht krumm und schief. Die Einrichtung ist insgesamt Stilunentschieden: Antiquitäten, einfache Holzbretter, Stahl-Schubladenschrank.

Jedes Arbeitszimmer eines Nobelpreisträgers ist ein neues Abenteuer.

Hier könnte man Stunden verbringen und hätte sich nicht durch die Stillleben gearbeitet. Jedes Regal ist eines für sich. Nirgends ist eine zwingende Einheit von irgendetwas auszumachen. Die nebeneinander platzierten Ordner haben weder dieselbe Farbe noch denselben Hersteller, die Bücher nicht dieselbe Höhe, die Papiere nicht dieselbe Größe. Drohen mehrere schmale Bücher nach rechts umzustürzen, stützt sie ein dicker Wälzer mit Schlagseite nach links ab. Ist nicht für zwei Papierhaufen nebeneinander Platz, verzetteln sich die aufeinanderstoßenden Seitenränder ineinander. Auf wundersame Weise geben sich alle Dinge im Raum Halt. Sogar die schief hängenden Bilder an der Wand. Metall-, Holz- und Kunststoffrahmen aller Größen, Porzellanminiaturen, eine Sprüchleinkarte, ein Zierteller und ein Poster mit Zellstruktur-Zeichnungen

Büro-Struktur-Analyse bei Maurice Wilkins

finden sich irgendwie zu einem Gesamteindruck zusammen. Mittendrin amüsiert sich Marilyn Monroe in berühmter Pin-up-Pose und zeigt an diesem Herbsttag im Jahr 2004 ganz nebenbei die falsche Uhrzeit an.

Helikale Verwirbelungen?

Der 1916 in Neuseeland geborene Wilkins ist wohl auch ein wenig auf der Suche nach der verlorenen Zeit, blitzen doch gleich zwei Uhren am Handgelenk hervor, wenn der Sakko-Ärmel sich ein Stück den Arm hochzieht. Als Lorie das antike Tweed-Jackett einen Augenblick länger betrachtet, als es unbemerkt bleiben könnte, sieht Wilkins die Notwendigkeit zu näherer Information:

„Hat mir ein russischer Schneider genäht", offenbart er, und wir sind uns nicht ganz sicher, ob es stolz oder entschuldigend gemeint ist. Jedenfalls hat das Sakko nicht annähernd den Ewigkeitswert der Nobel-prämierten Leistung des Wissenschaftlers.

Wilkins erzählt, auf wie wenig Akzeptanz die Annahme stieß, die Erbinformation befinde sich nicht in Proteinen, sondern in der DNA. Viele Male hätten sie sich verheddert in dem Ding, alle Disziplinen rumprobiert und rumgeraten. Und dann war die DNA tatsächlich die Erfolgsleiter, auf deren Sprossen er nur weitersteigen musste, bis alles in der Spirale des ewigen Triumphes endete. Die weltweite 50-Jahr-Feier rund um die menschliche Erbinformation hat Wilkins leider verpasst, sich erst vor kurzem von einem Schlaganfall einigermaßen erholt.

„Fahren Sie jetzt in die Stadt?", fragt Wilkins Lorie und mich, als sich der Termin dem Ende zuneigt und ein paar Fotos im Kasten sind. Tun wir.

„Wie?"

„Wir rufen ein Taxi."

„Haben Sie etwas dagegen, wenn ich mitfahre? Sie können mich gerne noch begleiten ins King's College. Ich zeige Ihnen mein Büro, wenn Sie das interessiert."

Lorie und ich schauen uns an. Na klar interessiert uns das. Als das Taxi kommt, wählt der alte Herr einen dunklen, schweren Wintermantel, nimmt seinen Stock, und dann fahren wir in Londons City.

Obwohl mein Job ja eigentlich erledigt ist, entsteht das Foto, das ich für das Projekt auswähle, auf dieser Fahrt: Wilkins sitzt im Fond des Wagens, schaut recht streng nach vorne, sein Stock ist griffbereit platziert. Als Lorie und ich ihm beim Aussteigen behilflich sind, mache ich mir etwas Sorgen, ob es eine gute Idee war, dass er mit uns mitgefahren ist, denn zurück wird er auf einen tatkräftigen Taxifahrer angewiesen sein.

Dann sind wir dort, wo sich einst etwas von Weltbedeutung zutrug, das sich bis in die Einzelheiten nicht mehr rekonstruieren lässt, weshalb immer ein kleiner Schatten über der Doppelhelix liegen wird.

Der Tatort jedenfalls sieht, ohne dass ich das natürlich wissen kann, bestimmt noch so aus wie damals. Das alte Büro hier katapultiert Besucher einen deutlichen Schritt zurück Richtung Urknall, möchte ich behaupten. Ich würde mich vielleicht gar nicht arg wundern, käme jetzt der junge Watson zur Tür herein, und ich sähe mit eigenen Augen, wie ihm die Kinnlade herunterklappte.

Was genau ist wohl wirklich hier passiert?

Rosalind Franklin sah sich jedenfalls nicht in einem Wettlauf, so ließ sie sich arglos überholen. Doch wie forsch das Vorgehen der drei von der Doppelhelix nun auch gewesen ist, eines mag Franklin-Fans versöhnen: Die Kinder der heutigen 9. Klassen sind nicht mehr auf die Kurzgeschichte „DNA – Watson/Crick" angewiesen. Heute stößt man dank des Internets nicht nur in Sekundenschnelle auf die Mutter der DNA, sondern genauso auf die vielen weiteren

„Vor-Arbeiter" der glücklichen Struktur-Entdecker. Sowohl beim lustigen DNA-Puzzle auf der Website des Bundesministeriums für Forschung und Bildung wie auch auf kindgerechten Wissenschaftsseiten, und bei Wikipedia sowieso, finden sich die Big Names des Vererbungsgeheimnisses einträchtig beieinander. Und hier am King's College gibt es die Franklin-Wilkins-Bibliothek. Heutige Schüler begegnen allen DNA-Forschern sowie den Giganten, auf deren Schultern sie stehen. Maurice Wilkins und Rosalind Franklin etwa sahen weit in die Strukturen, weil die Schultern von Max von Laue, dem Begründer der Röntgenstrukturanalyse, sie trugen.

Die Giganten der DNA – was nun hatten sie den anderen voraus? Wilkins wird am Schluss des Treffens noch einmal nachdenklich.

„Dem Instinkt ... einem mächtigen inneren Instinkt ... ein Wissenschaftler darf sich nicht scheuen, ihm unbeirrbar zu folgen. Auch gegen alle Tatsachen. Ich kenne das Geheimnis der Welt nicht. Aber ich habe manchmal einfach zu lange geschwiegen, weil ich nicht mehr vorzuweisen hatte als meinen Instinkt. Was die DNA betrifft ...

Was wir den anderen voraushatten: den Mut, unserem Instinkt zu folgen!"

Der mutige Francis Crick blieb für mich leider der „unsichtbare Dritte der Doppelhelix", als der sonst Wilkins firmiert.

Es hat nicht mehr geklappt mit dem Portrait. Als ich auf meiner Elvis-Tour 2002 im Salk Institute bin, erlaubt der Gesundheitszustand von Professor Crick keinen Foto-Termin mehr. Er stirbt 2004, wenige Monate vor Maurice Wilkins.

Crick schlug sich in seiner wissenschaftlichen Karriere nach der Doppelhelix – ich sprach es schon an – im Neuron Valley durch das Dickicht des neuronalen Geflechts im Gehirn. Lässt sich darin „lesen" wie in der DNA? Nachdem der Käfersammler-Enkel das Leben gefunden hatte, suchte er jetzt das Bewusstsein. Was ist das überhaupt? Ob Leib/Seele-Frage oder Geist/Materie-Problem – hier wird es eng für die Wissenschaft.

Gehört nicht die Seele der Religion, und forschen nach dem Genom des Seins nicht die Philosophen? Ja. Bedauerlicherweise, wie Francis Crick befand. Gebildete Menschen sollten sowohl ohne Gott wie auch ohne Nietzsche & Co. auskommen.

Und wohin dann mit den Seins-Fragen?

Francis Crick will sie mit biologischen Mitteln lösen. Das Bewusstsein, so argumentiert er, „sitze" ja wohl ganz offensichtlich im Gehirn, und Gehirntätigkeit habe eine molekulare Grundlage. Also könne man Bewusstsein auch erforschen. Dazu reiche völlig aus, was der Mensch biologisch fassbar zu bieten habe: Spezifische neuroanatomische, biophysikalische und physiologische Eigenschaften von bestimmten Nerven seien essentielle wie auch hinreichende Grundlage für Sinnesempfindungen. Man müsse nur die Mechanismen aufspüren, die für eine bestimmte Wahrnehmung verantwortlich seien. Das Ziel von Bewusstseinsforschung à la Crick ist es, neuronale Korrelate des Bewusstseins („neuronal correlates of consciousness", NCC) zu finden und zu charakterisieren.

Um Bewusstseinsforschung für äußerst spannend zu halten, muss man jedenfalls weder Gott noch der Philosophie zwingend abschwören, denke ich. Beschäftigt man sich oberflächlich damit, neigt man dazu, es mit jenen Forschern zu halten, die die besten Geschichten haben. Hier ein aufregendes Experiment am offenen Hirn, dort wird eine arme Fruchtfliege zwecks Bewusstseinserforschung am Schlaf gehindert. Die Welt der mittels Spezial-Radiologie sichtbar gemachten aktiven Hirnareale ist außerdem so schön bunt. Ein bisschen mulmig wird einem ja, wenn man hört, dass das Gehirn etwas beschließt, von dem wir gar nichts wissen, sondern erst nach langen Millisekunden erfahren, und in dieser Zeit werkeln auch noch Veränderer im Hirn, die uns das Wahrgenommene so verpacken, dass wir es überhaupt unterbekommen in unserem begrenzten rezeptiven Spektrum.

„Alles hat eine physische Quelle, das Hören, das Sehen, warum ausgerechnet das ‚Sein' selbst nicht?", fragte Crick herausfordernd.

Vielleicht, weil uns manchmal das Hören und Sehen vergeht trotz Ohren und Augen? Ich weiß es nicht. Mit den ganz großen Entdeckungen der Wissenschaft scheint es mir ein bisschen wie mit Eddys Fluch der Allwissenheit der Nobelpreisträger. Wenn einmal etwas Großartiges entdeckt oder erkannt ist, dann ist man versucht, damit gleich möglichst viele Probleme auf einmal zu lösen. Wenn reine Chemie Eigenschaften auf neues Leben übertragen kann (Vererbung), warum soll dann eine Hirnmasse mit ihrem neuronalen Netzwerk nicht subjektive Empfindungen und Gefühle (Bewusstsein) erzeugen können? Und weil die Quantentheorie so vieles erklären kann, hat man sich sogar mit ihren paradoxen Überlagerungszuständen dem Bewusstsein nähern wollen. Unser Mikrobereich sei Heisenbergs Unschärferelation unterworfen wie die Quanten, mutmaßte Pasqual Jordan, der Nobelpreis-los gebliebene Kollege von Schrödinger, Heisenberg & Co. Da bei den Quanten ja alles „so und ganz anders" gleichzeitig sein kann, soll sich daraus unsere menschliche Handlungs-Flexibilität erklären.

Die Quantenphysik als Beweis der Willensfreiheit. Max Planck fehlte in der Konstruktion der Verstand und für die Konstruktion das Verständnis. Die Quantenbiologie scheiterte.

Liest man in Cricks Buch „Was die Seele wirklich ist", so erfährt man, dass „[...] Freuden und Sorgen, Erinnerungen und Ambitionen, der Sinn für die eigene Identität und die Willensfreiheit im Grunde nichts anderes als das Verhalten einer gewaltigen Masse von Nervenzellen und den entsprechenden Molekülen" sind. Wirklich unsexy! Die „Molekularpsychologie" werde irgendwann alle Hirnprozesse logisch erklären können, gab sich Crick überzeugt.

Eines Tages werden wir also eine logische Erklärung dafür haben, wieso wir so unlogisch sind. Aber ist das „alles"? Geht es wirklich nur um chemische und elektrische Signale?

Ein paar feuernde Nervenzellen und mehr nicht?

Auch das Allerschönste – nur das?

Wollen wir Goethes „Augenglas der Liebe" wirklich übersetzt sehen in „chemische Stoffe im Hirn, die Liebe verursachen"?

So fassen es Nervenwachstumsforscher wie Rita Levi-Montalcini, die bezeichnenderweise von sich sagte, sie sei nie verliebt gewesen. Die Konzentration des Nervenwachstumsfaktors NGF im Blut steigt rapide, wenn man verliebt ist, ja man könne sogar sagen, je mehr NGF, desto verliebter, behauptet eine Veröffentlichung. Also weg mit Wiesenblümchen samt Abzählreim „Er liebt mich, er liebt mich nicht." Gretchens Liebesorakel hat ausgedient, Goethe müsste die Gartenszene aus „Faust" heute umschreiben. Liebe wird messbar! Und Liebesbeweise billiger. „Mehr als tausend Worte" sagt jetzt nicht mehr der superteure Diamant, sondern der NGF-Laborwert auf dem vom Arzt ausgefüllten Formblatt „Liebeserklärung". Das geht sicher „auf Kasse". Und wer an allzu vollmundigen Liebesschwüren zweifelt, der zapfe sich ein wenig Blut vom Partner. Ab damit ins Labor, und dann mal sehen, ob dessen Schwindel im Kopf oder im Wort liegt.

Allerdings verdanken wir die NGF-Liebesgeschichte einer italienischen Studie, und ob man von heißblütigen Südeuropäern auf den Rest der verliebten Welt schließen kann?

Die Liebe – nichts als Chemie?

Der Gegenbeweis ist längst auf der Tanzfläche geführt. „Silk Stockings" heißt das Broadway-Musical, in welchem Hildegard Knef 1955 als scheinbar unknackbar neurongesteuerte sowjetische Geheimagentin glaubt, den Verführungskünsten eines Amerikaners widerstehen zu können, als sie sich kühl überzeugt gibt:

> *„When the electromagnetic of*
> *the he-male*
> *Meets the electromagnetic*
> *of the female*
> *If right away she should say this*
> *is the male*
> *It's A Chemical Reaction, That's All."*

Und das vor den Augen von Chemie-Nobelpreisträger Otto Hahn mitten im New Yorker Publikum!

Doch schon einen Song später muss sich die Kommunistin – Dopamin- und NGF-überschwemmt – dem Klassenfeind geschlagen geben, der sie mit „All of you" belehrt: In Sachen Männlein und Weiblein geht es nicht um Chemie, sondern um's Ganze.

Wie nennen es Wirtschaftsnobelpreisträger, wenn es um's Ganze geht? Richtig: Blondinendilemma!

Sie muß sich wie in einem Kugellager
in ihren Hüften biegen ... groß und blond.
Ein Pfund zuwenig – und sie wäre mager ...
wer je in diesen Haaren sich gesonnt ...
Nachher erliegst du dem verfluchten Hange,
der Eile und der Phantasie.
Man möchte immer eine große Lange,
und dann bekommt man eine kleine Dicke –
Ssälawih –!

C'est la vie. So hat Kurt Tucholsky das Blondinendilemma, „Ideal und Wirklichkeit", trefflich in Gebrauchslyrik verpackt. Seufzendes Nicken.

Doch, halt! Schluss mit dem Gejammere! Es ist alles im schönsten Gleichgewicht, wenn wir mit der kleinen Dicken kuscheln statt mit der großen Blonden. Mehr noch: Wir sollten das von vornherein anstreben. Jawohl, wir sollen die Blondine stehen lassen und sogleich die Dicke nehmen. Statt dieser, die sich in den Hüften biegt, also jene, die auf den Hüften wiegt ...

Für diesen Rat gab es sogar einen Nobelpreis.

Na ja, da ist mein Kumpel aus alten Sturm-und-Drang-Zeiten auch schon drauf gekommen. „Ach, die krieg' ich ja eh nicht", resignierte er immer schon am Anfang des Disco-Abends, wenn wir die schönsten Mädels gesichtet hatten und es galt, den Schlachtplan zu entwerfen. Er sortierte die Tollste schon mal gleich aus. Wird sonst nur frustrierend, erteilte er sich die Abfuhr lieber selbst. Wir anderen machten uns nicht viel Mühe, ihn zu ermuntern, es dennoch zu versuchen. Ein Konkurrent weniger. Ja, klar, da hinten die, die war doch auch, na ja, ziemlich scharf. Hihi. Wir sahen zu, wie er die B-Version von Traumfrau anging, und machten uns selbst auf zum Endkampf um die „10".

Taktisch extrem unklug! Der Mutlose soll nun der Schlauste von uns allen gewesen sein. Meint jedenfalls Blondinenkiller **John F. Nash Junior**, der dafür 1994 den Wirtschaftsnobelpreis erhalten hat – und 2001 der Hollywood-Film mit der berühmten Blondinenszene einen Oscar. In „A Beautiful Mind" gibt es nun eben diese Bar-Situation, in der eine Runde Elite-Mathestudenten gerade dem verfluchten Hange, der Eile und der Phantasie erliegt und sich warmtrinkt für die Eroberung eines von Tucholsky beschriebenen Exemplars. Einer der Konkurrenten stellt klar: Alles läuft nach den Vorgaben des Begründers der klassischen Nationalökonomie Adam Smith. Also jeder für sich, Jungs! Russell Crowe als Nash hat beim Betrachten der attraktiven Barbesucherin eine Eingebung. Ein erster Beweis dafür, dass sein Gehirn völlig anders funktioniert als bei einem Durchschnittsmann. Bei Letzterem passiert in dem Augenblick, in dem die große Blonde die Bar erhellt, eine Menge. Aber nicht im Kopf. Der Hollywood-Nash dagegen kann noch denken und erkennt, dass die Männer sich alle gegenseitig blockieren, wenn sie sich nun im Rudel auf die Begehrenswerte stürzen. Am Ende gehen alle leer aus, denn die zunächst geschmähten Brünetten lassen sich als zweite Wahl nun auch nicht mehr aufreißen.

Keine Trophäe. Kein Trostpreis.

Eine Nacht mit dem Teddy im Arm.

Lösung laut Nash: Die Blonde kalt lächelnd stehen lassen und die Brünetten als erste Wahl umwerben, dann kommen er und die Gruppe, also alle zum Ziel: „Gruppen-Sex" in der ganz klassischen Version, paarweise! Fokussieren sich alle auf die Blondine, ist die Gefahr einsamer Nächte zu groß.

Da man(n) so in Sachen Lust + Liebe keine Spiel*praxis* bekommt, heißt das Ganze Spiel*theorie*.

Also, ich würde niemals Nobelpreisträgern widersprechen, aber was wir damit theoretisch wie praktisch anfangen sollen, ist mir höchst unklar. Am Ende ist es also die Blondine, die die Nacht mit dem Teddy verbringt, während die Verehrer neben einer Brünetten von ihr träumen. Sieht für mich nach lauter Verlierern aus, denn der einzig glückliche Teddy ist ja nun mal gefühllos. Und die Spieltheorie kennt anscheinend auch keine Gefühle. Oder doch? Wir werden sehen.

Eins steht fest: John Nash ist in Wahrheit gar kein Spielverderber und Blondinenkiller. Er weiß bloß, was man am besten macht, wenn die anderen wenig kooperativ sind, wie eben Blondinen oder Räuber oder Wettbewerber. Da gilt: Wer hier darauf vertraut, dass Adam Smiths „unsichtbare Hand" schon alles selbst regelt, der kann mit all den Teddys bald einen Spielzeugladen aufmachen. Nicht immer wird im Handumdrehen aus der optimalen Teillösung auch eine optimale Gesamtlösung, manchmal schafft nur die suboptimale Teillösung Befriedigung auf ganzer Linie.

Im richtigen Leben ist die Spieltheorie zunächst einmal eine sehr ernste Angelegenheit, und wenn sie da Einsatz findet, dann funkt es nicht zwischen Mann und Frau, sondern bei so todlangweiligen Milliardenspielen wie Mobilfunkfrequenz-Auktionen. Obschon die Verfahrensweisen bei solchen Auktionen auf Johns Theorien basieren und manch Staatssäckel füllten, hat ihm keiner je eine Lizenz abgegeben.

Ich kenne den Mann, der mir, wie so vielen, zum ersten Mal als Filmheld begegnete, jetzt über zehn Jahre, und er hat mich weit mehr gelehrt als spieltheoretischen Blondinenverzicht.

Dank John lernte ich etwas über den Zusammenhang zwischen Mannigfaltigkeiten und der Relativitätstheorie, dem Goldstandard und Hitler, zwischen einem „Beautiful Mind" und einem „Mind on Strike", erfuhr den Unterschied zwischen einer Universität und einer Irrenanstalt, zwischen Genies und Mathe-Genies, zwischen einem Helden und einem Superhelden, zwischen Engeln und Psychiatern, zwischen Blondinen und Labormäusen, zwischen dem Gehirn eines Mediziners und dem eines Fürsten und zwischen einem Hollywood-Epos und dem echten Leben des John F. Nash Jr.

***

Es ist 2003, das Jahr nach den vier Oscars für die Verfilmung der Lebensgeschichte des Ökonomie-Nobelpreisträgers von 1994, und mir fehlt noch sein Portrait. Der Abgabetermin der Inhalte für den zweiten, aktualisierten Fotoband naht. Ich werde bald meine letzte Amerikareise vor der Drucklegung antreten, habe einige Termine mit bisher noch nicht portraitierten Laureaten. Nur Nashs Büro rührt sich nicht. Keine Antwort auf meine ungezählten E-Mails und Faxe nach Princeton. Auch meine üblichen Kontakt-Asse im Ärmel können diesmal nichts für mich tun. Aber das „Phantom von Fine Hall" *muss* in das Buch. Und nicht nur das. Ich brenne darauf, den Mann, der jahrzehntelang wie ein Geist durch die Princeton University schwebte, kennenzulernen. Ist dieser Mathematiker, dessen Innenleben ihm einerseits auftrug, verklausulierte Botschaften von Außerirdischen in amerikanischen Hausfrauenzeitschriften zu dechiffrieren, und ihn andererseits befähigte, auf siebenundzwanzig zweizeilig beschriebenen Seiten die Zukunft ein Stück berechenbarer zu machen, nun Hollywood-Fiktion oder ein existierender Mensch?

John Nashs der Nobel-Stiftung zur Verfügung gestellter Lebenslauf beginnt nicht wie die anderen mit „Ich wurde dann und dann geboren", sondern der Laureat schreibt: „Meine Existenz als gesetzlich anerkanntes Individuum begann am 13. Juni 1928 in Bluefield, West Virginia, im Krankenhaus Bluefield Sanatorium, das heute nicht mehr existiert. Natürlich habe ich keine bewusste Erinnerung an die ersten zwei bis drei Jahre nach meiner Geburt. Außerdem steht zu vermuten, dass aus psychologischer Sicht die frühesten Erinnerungen, ‚Erinnerungen an Erinnerungen' geworden sind, vergleichbar mit traditionellen Volksmärchen, die von Erzählern und Zuhörern über Generationen weitergegeben werden. Allerdings sind dort, wo die unmittelbare Erinnerung versagt, vielfach Fakten verfügbar."

Wahrnehmung, Anerkennung und Erinnerung werden in dem Leben des „gesetzlich anerkannten Individuums" aus Bluefield eine große Rolle spielen. Wie nimmt er seine Umwelt wahr, wie seine Umwelt ihn? Die Diskrepanz zwischen Eigenwahrnehmung und Fremdwahrnehmung, das Fehlen angemessenen Feedbacks in der Außenwelt auf das in jeder Hinsicht Außergewöhnliche, was er vorzuweisen hat, wird Nash in der Rückschau einmal als Hauptursache für seinen Rückzug ins Innere nennen.

John jr. durchlebt Kindheit und Schulzeit als Einzelgänger, beschäftigt sich nicht mit den Mitschülern in der Highschool, sondern den „Men of Mathematics" (dt. Titel „Die großen Mathematiker"). Das Buch, 1937 verfasst von E. T. Bell, erzählt von den bedeutendsten Mathematikern aller Zeiten, von Zenon von Elea und Descartes, Pascal und Newton, Gauß und Riemann und vielen weiteren auf eine Weise, die die vorgestellten Persönlichkeiten – so beschreibt es die Autorin Rebecca Goldstein – wie „Besucher aus einer anderen Welt" erscheinen lässt, „in der es so fabelhafte Mächte gibt, dass sie die Grenzen des Vorstellbaren sprengen."

In jener Lektüre versteckt sich manches von dem, was John Nash im Leben begegnen wird und seines ausmacht. Der neugierige Junge ist schon in früher Jugend auf der Suche nach dem Bahnbrechenden, einer Erkenntnis, die keiner Mode unterliegt, keinem Fortschritt zum Opfer fällt, sondern „uncrashable" alles überdauert, was kommen mag. Während die anderen genug damit zu tun haben, zu lernen, was schon an Wissen und Erkenntnis da ist, interessiert John jr. das Unentdeckte. Das macht einsam.

Im Mathematics Department der Princeton University geht niemand ans Telefon.

Mehrere erfolglose Anläufe. Dann endlich eine Dame, die meinen Anruf entgegennimmt. John Nash sei nicht da, ich solle es am nächsten Tag wieder probieren. An jenem: dasselbe. Als ich am dritten Tag endlich wieder jemanden an der Strippe habe, will man mich abwimmeln, ohne anzuhören, was mein Anliegen ist. Ich nehme an, man hat dort nach dem Film-Welterfolg immer noch alle Hände voll zu tun, Journalisten, Fans und Neugierige in Schach zu halten, und ich habe mich mit meinen Einleitungsworten nicht genügend davon absetzen können. Bei einem nächsten Anlauf komme ich zu einem längeren Satz mit „Nobelpreis-Projekt" drin, nenne einige Namen und Kontakte, und unter Hinweis auf „äußerste Vertraulichkeit" diktiert mir eine freundliche Stimme nun die private Telefonnummer Nashs in meinen zurechtgelegten Block.

Es ist einen Versuch wert.

Johns Ehefrau Alicia geht an den Apparat. – Portrait-Bilder? Nobelpreisträger-Fotoband? Nie davon gehört. Sie könne leider nicht weiterhelfen, und ihr Mann komme erst spät nach Hause. Es entsteht eine kleine Pause, in der ich mich um aufsteigende Enttäuschung kümmern muss und in der Alicia Nash fieberhaft überlegt, wie sie doch noch helfen kann. Das erkenne ich natürlich erst, als sie weiterspricht:

„In den nächsten Tagen ist er auf einer Konferenz in Stony Brook. Da könnte es vielleicht funktionieren. Wie viel Zeit brauchen Sie denn?"

„Maximal eine halbe Stunde."

„Er meldet sich bald bei Ihnen."

„Versprochen?"

„Versprochen."

Alicia und John Nash sind 2004 noch so etwas wie frisch verheiratet, haben sich 2001 erneut das Ja-Wort gegeben, dessen Ewigkeitsversprechen 1957 zunächst nur bis 1966 gehalten hatte.

Als die beiden damals zum ersten Mal heiraten, scheint zunächst alles in bester Ordnung, soweit man eben auf die sichtbaren Tatsachen blickt. Nash ist dem Mathematics Department in Princeton als „Genie" empfohlen worden, und es gibt nicht wenige, die davon überzeugt sind, dass er genau das auch ist. Als ich mit John einmal über das Empfehlungsschreiben spreche, da winkt er ab, aber nicht, um das „Genie-Schreiben" als Legende zu entlarven, wie ich erst vermute, sondern für eine andere Richtigstellung:

„Nicht Genie ... Mathematisches Genie!"

Gut. Mathematisches Genie. Doch Genies, seien sie auch „nur" mathematische Genies, leben gefährlich. Das wusste vor 2300 Jahren bekanntlich schon Aristoteles: „Es gibt kein Genie ohne einen Schuss Wahnsinn."

1959, als Alicia schwanger wird, beginnt John zunehmend unter Wahnvorstellungen zu leiden, unfreiwillig verbringt er immer wieder Zeiten in Heilanstalten und wird – aus heutiger Sicht schlicht grausamen – Behandlungen unterzogen. Dem folgt eine Zeit der Isolation. Dreißig Jahre lang lebt John Nashs „Beautiful Mind" in einer anderen Welt, mit dem großen Glück, wie er später sagen wird, dass ihn seine unmittelbare Umwelt als den kennt, der er vor dieser Zeit war, und ihn deshalb auch mit unpassenden Verhaltensweisen unter sich „duldet". Wäre er nicht *der* John Nash, dann hätte man den Mann, der durch die Gänge von Fine Hall, dem Gebäude des Mathematics Departments der Princeton University, schlurft und endlose Berechnungen an die Tafeln schreibt, sicher nicht allzu lange kritzeln lassen. So aber lebt er unter ihnen und doch ganz woanders, bis er eines Tages aus seiner Welt in die unsrige zurückkehrt.

Was aber habe ich zu erwarten? Was ist ein „Er meldet sich, versprochen" von Alicia Nash bei aller Unberechenbarkeit ihres Mannes wert?

***

Der Abend vor meinem Abflug in die Vereinigten Staaten. Die Termine mit den anderen Laureaten sind bestätigt, die Koffer gepackt. Ich gehe zu Bett, ohne von John oder Alicia Nash etwas gehört zu haben.

Mitten in der Nacht klingelt mein Handy.

„Hello …? Hello …? Nash! John Nash!", vernehme ich von Ferne eine sehr sanfte Stimme.

„Nach meinen Berechnungen ist es jetzt bei Ihnen drei Uhr morgens, ich wollte nur bestätigen, dass unser Treffen übermorgen, am 20. Juli 2003, in Stony Brook klappt. Ich maile Ihnen die Informationen über die Konferenz und das Hotel, in dem ich wohne."

„Wunderbar!", bringe ich noch heraus, da hat Nash auch schon wieder aufgelegt.

Habe nun *ich* Stimmen gehört, die gar nicht da waren? Das zunächst schlaftrunken nicht zweifelsfrei im Hier und Jetzt verortete Telefonat stellt sich, in etwas wacherem Zustand, als reales Erlebnis heraus. Ich bin zu müde, um lange darüber nachzudenken, warum der Mann aus den USA erst berechnet, dass es bei mir drei Uhr morgens ist, um sich dann *für* den Anruf zu entscheiden statt dagegen. Hoffnungsfroh, den nächtlichen Anrufer doch noch treffen zu können, lege ich mich wieder schlafen.

Am nächsten Morgen lese ich am Flughafen meine neuen E-Mails, darunter drei von John Nash. Zwei befassen sich mit der Konferenz und dem Hotel, die dritte mit den Zugverbindungen zwischen Princeton, New York und Stony Brook. Einen Absatz, der ausschließlich aus Zahlen besteht, hat er mit der Überschrift „besonderer Service" versehen. Darin rechnet er mir mit allerlei Formeln die Wahrscheinlichkeit vor, dass er den Zug um 8 Uhr nehmen wird und wie hoch alternativ die Chance für das Erreichen der 9-Uhr-Verbindung ist. Damit nicht genug: Er prognostiziert auch noch die Wahrscheinlichkeit, dass wir uns in einem der beiden Züge direkt gegenübersitzen werden. Dabei legt er die Annahme zugrunde, dass die Züge an diesem 20. Juli – wie auf dieser Strecke gemeinhin üblich – aus höchstens sechs Waggons mit jeweils 114 Plätzen bestehen werden (oder so ähnlich, die Mail habe ich leider irgendwann verloren). Jedenfalls kann ich seiner Berechnung nicht wirklich folgen. Aber ich steige mit der Gewissheit ins Flugzeug, dass es John Nash mit der Verabredung sehr ernst meint.

Nach einer Nacht in Manhattan mache ich mich auf den Weg nach Stony Brook, einem beschaulich-romantischen Ort an der Nordküste Long Islands. Die dortige State University of New York at Stony Brook hat beinahe doppelt so viele Studenten wie die Stadt Einwohner. Nash wird ganz offensichtlich am Mathematics Department and Institute for Mathematical Sciences erwartet. Ich nehme den Zug der LIRR, in dem John Nash mit hoher Wahrscheinlichkeit ebenfalls sitzen soll – und mit einiger Wahrscheinlichkeit sogar mir gegenüber –, aber weder das hoch wahrscheinliche noch das weniger wahrscheinliche Szenario tritt ein.

Auch auf dem Kleinstadtbahnhof von Stony Brook ist von dem 1,85 Meter großen Mathematiker nichts zu sehen. Ich nehme ein Taxi zum „Three Village Inn", einem hübschen Hotel mit nur sechzehn Zimmern, das früher einmal ein einfaches Bauernhaus war. Die Dame an der Rezeption lässt mich wissen, dass Dr. Nash hier Stammgast sei und sich kurzfristig erst für den Nachmittag angekündigt habe. Nicht ganz ernsthaft will ich wissen, mit welcher Wahrscheinlichkeit sie sein Erscheinen tatsächlich erwarte. Sie zuckt mit den Schultern, verspricht aber, John Nash meine Ankunft sogleich mitzuteilen.

Einige Stunden später. Ich habe inzwischen ein wenig geschlafen, als mein Zimmertelefon klingelt.

„Nash. John Nash. – Ich muss noch telefonieren und mich umziehen. In einer halben Stunde bin ich soweit. Treffpunkt: Kaminzimmer. Okay?"

Ich gehe schon eine Viertelstunde vor der verabredeten Zeit nach unten.

„Hallo, schön Sie kennenzulernen."

Ein Mann im hellen Sommeranzug betritt den Raum. Unter dem Anzug blitzt ein weißes Hemd, dessen oberster Knopf arbeitslos ist. Die kleingemusterte Krawatte hängt entsprechend schief und setzt eine legere Note inmitten des sehr adretten Eindrucks, den das farblich in hellen Tönen aufeinander abgestimmte Ensemble und das sorgsam gescheitelte Haar hinterlassen. Nobelpreisträger Nash sieht mich nicht an. Oder doch? Er hat tiefliegende, dunkel umschattete Augen. Sein Blick ist schon deshalb eindringlich, aber wohin geht er? Nicht ins Leere.

Er fixiert etwas, nur bleibt es für mich unsichtbar.

Nash setzt sich nach den Begrüßungsworten auf die geblümte Couch. Mehr als sitzen tut er nicht.

Der durchgedrückte Rücken gibt seiner schlaksigen Statur Halt in dem dick gepolsterten Sofa, die feingliedrigen Hände ruhen gefaltet auf seinen Oberschenkeln. In dieser Pose verharrt er schweigend, und ich kämpfe mit diesem Blick. Abwesend und doch bereit zum Sprung. Wo ist er?

Ich krame etwas unsicher meine Technik aus der Tasche, breite alles auf einem kleinen ovalen Tischchen aus. Durch das leicht geöffnete Fenster dringt Möwen-Gekreische. Crescendo. Decrescendo. Die Situation hat etwas Unheimliches. Nashs körperliche Präsenz füllt den Raum, aber wie viel von dem, was hier jetzt stattfinden soll, ist ihm gegenwärtig? Er sitzt regungslos auf dem Sofa, so als wüsste er – trotz meiner Ausrüstung – überhaupt nicht, um was es geht und was ich von ihm will. Ich beginne zu reden, erzähle von meinem Flug, dann von New York und der Zugfahrt hierher.

John Nash sagt nichts.

Irgendwann, noch immer wortlos und ohne einen für mich ersichtlichen Anlass, stemmt er sich aus den Sofakissen, geht zum Fenster und blickt in den postkartenblauen, völlig wolkenlosen Himmel. Nash verschränkt die Arme vor der Brust, genießt für einen Augenblick die einfallenden Sonnenstrahlen, ehe sein Blick an den kleinen Bildern naiver Malerei an der Wand hängenbleibt. Schließlich begutachtet er, ausdauernd und im Detail, die aus Holz gefertigten Modelle heimischer Segelschiffe neben den Blumentöpfen auf der Fensterbank. Irgendwie scheint ihn nun plötzlich alles zu interessieren, nur seine Verabredung mit mir nicht.

Was nun? Ich habe Erfahrung im Umgang mit „schwierigen" Promis. Doch alles, was mir einfällt, um eine lockere Atmosphäre zu schaffen, scheint mir hier nicht das Richtige. In bemüht heiterem Ton plappere ich einfach ungefragt weiter; über das Nobel-Projekt, die Begegnungen mit anderen ausgezeichneten Wissenschaftlern, über meine letzten Reisestationen, und alles mündet irgendwann in einen kleinen langweiligen Vortrag darüber, bei welchem Licht ich welche Blende am liebsten verwende.

Schließlich reiche ich John Nash den ersten Fotoband, den ich vor zwei Jahren fertiggestellt habe. Er fängt an zu blättern, kramt seine Brille aus der Sakkotasche, setzt sie umständlich auf, zieht ein Taschentuch aus der Hose, nimmt die Brille noch mal ab, putzt sie, setzt sie wieder auf seine große, lange Nase, und tatsächlich:

Nun lächelt er. Dazu braucht er nur einen Mundwinkel.

Nash hat das Bild seines Freundes und Mit-Laureaten Reinhard Selten entdeckt. Behutsam fährt er mit den Fingern der rechten Hand darüber und dreht das Buch zum Licht.

„Wann und wo haben Sie das Bild gemacht?", fragt er und freut sich über „die geometrische Anordnung" des Fotos, das den Bonner Wissenschaftler exakt in der Mitte zweier runder Fenster vor seinem Haus in Königswinter zeigt.

„Passt zu Reinhard. Alles im Gleichgewicht – ökonomisch, mathematisch, menschlich."

Endlich. Wir sind in unserer Situation angekommen. Ich werde noch lernen, John zu „lesen", ein klein wenig immerhin. Seine Mimik taugt nicht für ein einziges erlerntes „Wenn, dann". Mal sieht er aus, als höre er nicht im Mindesten zu, und dann beweist sein Einwurf das Gegenteil, mal scheint er ganz bei der Sache, macht ein Statement, und das bezieht sich auf etwas, über das wir vor einer halben Stunde geredet haben und zu dem ihm soeben noch etwas eingefallen ist.

Im Mittelpunkt – John F. Nash

Ich wage es, mit dem Fotografieren zu beginnen. Als Nash sich wieder auf die Couch setzt, befürchte ich eine Sekunde lang, er könne aufs Neue vollkommen in sich versinken, doch bereitwillig folgt er meiner Bitte, ein wenig in die Mitte zu rücken.

Nach ein paar Minuten habe ich fast den Eindruck, dass ihm der Fotoshoot nun Spaß macht. Ein wirkliches Gespräch entwickelt sich aber leider nicht, es bleibt bei einem freundlichen Wortwechsel.

So unvermittelt, wie ich in seinen Wahrnehmungskreis getreten bin, so abrupt fliege ich nach einer knappen Stunde dort wieder hinaus. Zwar verabschiedet er sich sehr höflich, aber so recht weiß ich nicht von wem, denn es fühlt sich nicht an wie Kommunikation. Dann ist er weg. Mir bleibt ein wunderbares Foto von John F. Nash auf einem geblümten Sofa.

***

Als ich John Nash drei Jahre später auf der Lindauer Tagung die Hand gebe, seine Frau Alicia steht neben ihm, bin ich sicher, dass er längst vergessen hat, dass wir uns schon einmal begegnet sind.

„Wir haben uns vor einiger Zeit in Stony Brook gesehen ...", setze ich an.

Der Tagungsteilnehmer aus Princeton mustert meine umgehängte Fototasche:

„Dann sind Sie Mister Badge! Das Foto auf dem Sofa!"

„Wir mögen es sehr", wirft seine Frau ein. Ich freue mich.

Nachdem in Stony Brook nicht mehr als ein erstes vorsichtiges Abtasten möglich gewesen ist, hat mein Foto anscheinend dazu geführt, dass ich in John Nashs Wahrnehmungspostfach nicht mehr als Spam aussortiert werde. Ist man einmal durch die Firewalls durch, dann kann man sicher sein, dass er einen nicht mehr vergisst. Wiedererkennung und Kontinuität sind wichtige Wohlfühlfaktoren für ihn. Das wird mir in Lindau klar, und ich erkenne dort auch, dass das geniale Unternehmen Nash mit Alicia Nash eine echte Top-Managerin hat.

Alicia und John waren zwischen 1966 und 2001 nicht miteinander verheiratet, lebten aber nach der Trennung bald wieder zusammen. Seine Ex-Frau nimmt ihn auf, als er nicht mehr weiß wohin. Alicia ist die außergewöhnliche Frau an der Seite eines außergewöhnlichen Mannes,

die unsichtbare Hand seines Lebens.

„Sie ist mein Schicksal. Wir beide ... Wir haben eine Geschichte", wird John einmal in Worte fassen, wofür nicht einmal Hollywoods Erzählkunst ausreicht. Könnte man Liebesbeweise abheften wie die Laborwerte-Zettel zum Nervenwachstumsfaktor, der Mathematiker hätte ganze Ordnerwände voll. Für den Spieltheoretiker ist Alicia, die attraktive Brünette, alles, nur nicht die suboptimale Teillösung des Blondinen-Dilemmas.

Auf der Tagung der Ökonomie-Laureaten ist John Nash keineswegs nur stiller Beobachter. Schon in Stockholm gab sich der frisch gekürte Nobelpreisträger zuversichtlich, es sei „statistisch in jeder Hinsicht unwahrscheinlich, dass irgendein Mathematiker oder Naturwissenschaftler im Alter von sechsundsechzig Jahren durch Wiederaufnahme seiner Forschungstätigkeit an frühere Leistungen anknüpfen kann. Dies versuche ich aber ..."

In Lindau hält er einen Vortrag zum Thema Geldtheorie, greift nicht gerade unpopuläre Theorien scharf an. Der Keynesianismus eröffne zu viele Möglichkeiten der wirtschaftspolitischen Manipulation, die moderne Geldpolitik dürfe kein Aktionsparameter sein, sondern die Geldversorgung müsse konstant gesetzt werden – am besten durch die Wiedereinführung des Goldstandards.

Die teilweise Abkehr vom Goldstandard in den zwanziger Jahren könne übrigens nicht wegdenken, wer nach Ursachen für Hitlers Aufstieg suche, gibt er sich überzeugt.

Um ein direktes Wort ist der Nobelpreisträger nicht verlegen.

Anders als zu Zeiten, als John in seiner Innenwelt lebte und in die Außenwelt nicht passte, weiß er jetzt immer, wann er den „inneren Richter" (auch den Begriff prägte Adam Smith), der unser normangepasstes Verhalten leitet, absichtlich überhört. Sagt er also etwas auf eine direktere Art, als es der „innere Richter" normalerweise durchgehen lassen würde, kneift er, sobald es raus ist, die Augen heftig zusammen und verharrt einen Augenblick in diesem Anflug schamvollen Wegduckens vor der eigenen Courage und der Reaktion des Gegenübers. Das heftige Spiel seiner Mundwinkel verkündet gleichzeitig eine diebische Freude an der „Gesetzesübertretung". Und da es gerade der Wahrheit sehr gut ansteht, ungeschminkt gesagt zu werden, verdanke ich dieser Unangepasstheit von John viele wertvolle Einsichten.

Seit Lindau sehe ich Familie Nash recht häufig. Wir

stehen in regelmäßigem Kontakt, haben uns auf vielen „Nobels"-Ausstellungen getroffen; einige, etwa jene in Long Island, hat John mit einführenden Worten eröffnet. Ich habe John, Alicia und ihren gemeinsamen Sohn Johnny in Princeton besucht und sie mich in Göttingen und Berlin.

Nach Deutschland kommt John gerne, was drei Gründe hat:
Die Mathematik, die Mathematik und die Mathematik.

***

Göttingen – das klingt für mich nach Kindheit, für John nach Mathematik.

Die ist für Georg Christoph Lichtenberg „eine gar herrliche Wissenschaft, aber die Mathematiker taugen oft den Henker nicht." Zwar hatte das Universalgenie ab 1770 in Göttingen selbst eine Professur für Mathematik inne, aber Lichtenberg war außerdem leidenschaftlicher Experimentalphysiker. Das hielt er wohl für ausreichend, um sich zumindest von jenen Mathematikern abzusetzen, die sich gerne als „tiefe Denker" sahen, obwohl sich gerade unter ihnen doch „die größten Plunderköpfe" befanden, wie Lichtenberg meinte festgestellt zu haben. Der kluge Professor hat noch eine Menge mehr erkannt und vom Leben begriffen, auch jenseits der Naturwissenschaften. Seine erst posthum veröffentlichten Aphorismen machten den Inhaber des ersten deutschen Lehrstuhls für Experimentalphysik weltberühmt.

Als mich John Nash im Januar 2010 in Göttingen besucht, ist das Grab Lichtenbergs auf dem Bartholomäus-Friedhof wichtige Station einer ganz besonderen Mathematikhistorischen Rundfahrt durch meine Heimatstadt. Denn vom Mathe-Mekka Göttingen kommen wir über die „Men of Mathematics" bis nach Princeton und zur Spieltheorie. Und das alles mit dem in Deutschland größtmöglichen behördlicherseits abgestempelten VIP-Status: einer „Einzelsonderdurchfahrerlaubnis" nebst Frei-Parken für „Herrn Nash jr."! Allerdings müssen wir nicht nur durch Göttingens Straßen, sondern mal wieder durch den Braindrain und die Raumzeit hindurch, und dieser Weg ist bekanntlich nicht gerade, sondern gekrümmt.

Also, der Reihe nach:

Auf Universalgenie Lichtenberg folgt die mathematische Lichtgestalt Carl Friedrich Gauß, der 1807 Professor in Göttingen und Direktor der Sternwarte wird. Gauß' Grabstelle liegt auf dem historischen Albani-Friedhof. John und ich schauen auch dort vorbei.

Den Mathematik-Fürsten und Astronomen kennt in Deutschland jeder nicht mehr ganz blutjunge Erwachsene, denn wir haben ihn jahrelang mit uns herumgetragen. Das Konterfei des Namensgebers unzähliger mathematischer Gesetze, Methoden und Ideen zierte den 10-DM-Schein zu Vor-Euro-Zeiten.

Jetzt haben wir 10-Euro-Banknoten mit einem romanischen Torbogen. Also, der gaußsche Lappen war mir mehr wert, aber das meine ich jetzt gar nicht währungstheoretisch, sondern ganz subjektiv, denn ein zerknüllter DM-Zehner in der Jeans eines Teenies war natürlich ein viel größerer Schatz, als es der speziallackierte Superglatt-Euro-Zehner in der Brieftasche eines erwachsenen Kreditkarteninhabers je sein könnte.

Und den zerknüllten Zehner in der Jeanstasche müssen wir uns nun bildlich vorstellen, um ein wenig nachzuvollziehen, was John tat, um ein mathematisches Problem zu lösen, das mit den sogenannten Riemannschen Mannigfaltigkeiten zu tun hat.

Schneller geht's nicht.

Bernhard Riemann, Student von Gauß, beeindruckte den großen Lehrmeister 1854 mit seinem Habilitationsvortrag über „Die Hypothesen, welche der Geometrie zu Grunde liegen".

Dort geht es um diese ominösen Mannigfaltigkeiten. Das sind geometrische Objekte von der richtig komplizierten, oft mehrdimensionalen Machart. Sie zeichnen sich dadurch aus, dass man, einmal angenommen, man würde sie als kleiner Stecknadelkopf erwandern, nie ansatzweise überblicken könnte, wie das ganze Gebilde in der Draufsicht aussieht.

Zwar irren wir schon in unserem euklidschen Raum recht blind umher und erkennen keinesfalls mit bloßem Auge, dass wir gar nicht auf einer Scheibe unterwegs sind, aber als Stecknadelkopf irgendwo in so einer Mannigfaltigkeit wüssten wir schon nach kurzem Umherlaufen überhaupt nicht mehr, wo oben und unten ist. Von einem Punkt aus wähnt man sich auf einer Scheibe, dann auf einer Geraden, schließlich erscheint die Sache wie ein Ball. Am Ende ist es nichts von alledem. Mannigfaltig eben.

Die Mathematiker haben nun Spaß daran, solche Gebilde in Räume einzubetten, in die man sie nicht so einfach mit einem mathematisch sauberen „Plopp" reinbekommt. Das ist in etwa wie bei diesem Kinderspiel-Holzhaus mit den Aussparungen in Form eines Kreises, eines Dreiecks und eines Quadrats. Das Kleinkind, das von der elterlichen Absicht, es spielerisch an geometrische Formen heranzuführen, nichts ahnt, bekommt die entsprechenden Objekte ins Händchen, und dann ist Frustration angesagt, wenn die Kugel nicht in das dreieckige Loch passen will ... tock, tock, tock.

Ähnlich frustriert muss man sich einen Mathematiker zwischen 1870 und 1950 vorstellen, wenn er so eine neuartige Mannigfaltigkeit mit ihren höheren Dimensionen in unseren guten alten euklidschen dreidimensionalen Raum einbetten will und ständig Überschneidungen entstehen.

Irgendwann kommt John, nimmt den Verzweifelten einfach alle Förmchen, wie mannigfaltig auch immer, aus der Hand, marschiert damit auf den euklidschen Raum zu, und dann … ist er drin. Mitsamt der Mannigfaltigkeit!

Wie er das gemacht hat? „Rohe mentale Gewalt!

John rennt so lange mit dem Kopf gegen eine Wand, bis sie bricht", beschreibt das ein Kollege einmal ehrfurchtsvoll. John zerknittert die Dinger einfach. Kniff hier, Kniff da, passt! Also, es ist schon mehr ein sorgfältiges Falten denn ein Zerknittern, aber auch dies etwas, was kein Mathematiker vorher gewagt hat.

Die haben halt immer versucht, mit den ausgebreiteten Armen der Mannigfaltigkeit durch die Tür zu gehen, und John hat die Arme dann einfach mal angelegt, und siehe da, die Mannigfaltigkeit kommt in den euklidschen Raum, ohne dass der Arm abfällt.

Kann man also jede Riemannsche Mannigfaltigkeit in den euklidschen Raum einbetten?

Johns Antwort: „Ja."

Die Ausarbeitung zu seinem berühmten „Einbettungs-Theorem" ist die dem robusten Lösungsweg angemessene Gewaltorgie. Niemand versteht das chaotische Werk auf Anhieb. Es wimmelt von wilden Methoden, raffinierten Konzepten und neuen Terminologien. John nähert sich Problemen nie über Denk-Trampelpfade. Er „sieht" die Lösung wie eine Eingebung vor sich, und dann bewegt er sich von ihr ausgehend zurück, bis er am Ausgangspunkt steht. Ob man das jetzt rohe mentale Gewalt nennt oder machtvolle Vorstellungskraft oder sonstwie, es ist jedenfalls genial, und ich komme darauf zurück.

Das Dokumentarprojekt über John, das ich 2014 mit meinem Fotografen-Kollegen, Freund und Filmemacher Jim Rakete angehe, soll John insbesondere als Mathematiker würdigen, denn es ist irgendwo ein Kuriosum, dass seine Leistungen jenseits der Spieltheorie nie in ähnlicher Weise öffentlich anerkannt worden sind. Kaum jemand außerhalb der Fachkreise kennt sie. Es werden Weggefährten zu Wort kommen, die besser erklären können als ich, was Mannigfaltigkeiten sind und was John ihnen Gewalttätiges wie Liebevolles antut.

Gar nicht gewalttätig, sondern sehr behutsam, fast zärtlich, behandelt John die 150 Jahre alten Dokumente aus dem wissenschaftlichen Nachlass Bernhard Riemanns in der Handschriftensammlung der Niedersächsischen Staats- und Nationalbibliothek in Göttingen. Dorthin führt uns unser Rundgang durch Göttingen ebenfalls. Es ist John anzusehen, wie tief beeindruckt er ist, die Arbeiten des Vaters der Mannigfaltigkeiten im Original vor sich zu sehen. Er streift die bereit gelegten Handschuhe über und beginnt vorsichtig zu blättern.

Bernhard Riemann wurde nur vierzig Jahre alt. Nach seinem Tod 1866 hinterließ er geniale Lösungen und geniale Probleme. Eine Million US-Dollar vom Clay Mathematics Institute (CMI) in Cambridge (Massachusetts) gibt es für den Kopf, der so lange gegen die Wand rennt, bis die Riemannsche Vermutung schlüssig bewiesen ist. Meine mentale Gewalt reicht leider nicht einmal, sie schlüssig in Worte zu fassen, und es scheint wohl auch für „gewalttätige" Mathematiker eine schwierige Sache zu sein, denn die Vermutung wurde auf die Liste der sogenannten Millennium-Probleme gesetzt. David Hilbert soll auf die Frage, wonach er einen Mathematiker-Kollegen fragen würde, könnte er einhundert Jahre nach seinem eigenen Tod noch mal mit einem sprechen, geantwortet haben: „Danach, ob die Riemannsche Vermutung bewiesen ist."

Dieser David Hilbert ist ein weiterer ganz großer Mathematiker mit Göttingen-Bezug. Mit ihm kommen wir vom 19. ins 20. Jahrhundert und nähern uns wieder den Göttinger Blütezeiten der Naturwissenschaften um Max

Born und Co. „Und Co." – dazu gehörte auch Borns Doktorvater David Hilbert. Sein Name steht für viel mehr noch als für mathematische Physik, aber hier liegt seine Verbindung sowohl zur Relativitätstheorie wie zur Quantenmechanik.

Einsteins Visionen sind zunächst vor allem eines: theoretische Physik und damit nur so eine Art mit Bleistift ausgefülltes Kreuzworträtsel mit einer Menge fehlender Buchstaben; ausreichend zwar, um das Lösungswort schon zu wissen, aber mehr Denkgebäude als fassbares Konstrukt. Dazu wird das Ganze erst durch die Sprache der Mathematik. Die beherrscht Einstein natürlich, ist dort aber nicht so zuhause wie in seinen Physik-Denkgebäuden. Dass die Physiker Mathematik anwenden und dabei immer Physiker bleiben, nehmen die „echten" Mathematiker gerne zum Anlass, die Physiker zu foppen.

Ein Renner ist die Geschichte von den zwei Mathematikern und zwei Physikern, die mit dem Zug zu einer Tagung unterwegs sind. Die Mathematiker haben nur eine Fahrkarte gekauft und gehen, als der Schaffner naht, zu zweit auf die Zugtoilette. Der Schaffner klopft bald darauf an die Toilettentür, und die Mathematiker schieben die Fahrkarte unter ihr durch. Alles okay. Auf der Rückfahrt ist für die Physiker klar: nur eine Fahrkarte. Die Mathematiker kaufen diesmal gar keine. Kaum nahen die Kontrolleure, verziehen sich die Physiker auf die Zugtoilette. Die Mathematiker klopfen ...

Soll heißen: Die Physiker benutzen die Verfahren der Mathematiker, ohne sie zu verstehen. Ich weiß nicht, ob der Witz schon zu Einsteins Zeiten kursierte.

David Hilbert jedenfalls lebte in der Mathematik. Also, eigentlich wohnte der Professor in Göttingen im Haus neben der späteren Physik-Nobelpreisträgerin Maria Goeppert, einer Disziplin-Wechslerin, die erst die Schule schwänzt, um eine Vorlesung Hilberts zu hören, dann Mathematik studiert, in die Physik emigriert, sich bei Doktorvater Max Born über den Besserwisser Oppenheimer beschwert, um dann James Francks Mitarbeiter Mayer zu heiraten, mit ihm in die USA auszuwandern und bei Streber Oppie im Manhattan-Projekt zu landen. 1963 gibt es den Nobelpreis für die mathematisch-physikalische Leistung der „Onion Madonna", der ihre Idee, den Atomkern mit einer Zwiebel zu vergleichen, den scharfen Spitznamen einbringt.

Juristensohn David Hilbert fasziniert nicht nur die junge Maria. Er ist Inspiration einer ganzen Mathematikergeneration.

Als Hilbert und Einstein 1915 parallel verschiedenen Fragestellungen auf der Spur sind, überschneidet sich die jeweils relevante Mathematik. Albert Einsteins Entwurf der Schwerkraft als Wirkung der Raumkrümmung findet man häufig in dieses Bild übertragen: Die Raumzeit denke man sich als ein Stück Stoff, in das die Himmelskörper wie Kugeln Mulden hineindrücken. Die „Anziehungskraft" ist dann nichts weiter als die Bewegung der Körper durch die schiefen Ebenen. Dies harrt mathematischer Beschreibung durch die passenden Gravitationsgleichungen. An solchen arbeitet auch Hilbert, der „Einstein der Mathematik", mit dem Ziel der Vereinigung der Gravitationstheorie mit der Elektrodynamik. Es entstehen Einzelarbeiten, die sich in Teilen entsprechen, so dass die Gravitationsgleichungen der allgemeinen Relativitätstheorie als „Einsteinsche ..." wie als „Einstein-Hilbertsche Feldgleichungen" bekannt sind.

Gehört die Allgemeine Relativitätstheorie Einstein also nicht allein? Doch.

Wissenschaftshistoriker versuchen später zwar mal zu rekonstruieren, wer wen wann inspirierte, überholte und zwischendurch schneller war, aber echte Prioritätsschlachten entstehen nicht, da gar kein Krieg zu gewinnen ist, nicht mal ein kleiner Wettlauf. Jeder der beiden ist eine unanfechtbare Größe, und man läuft nicht in ein und demselben Stadionrund.

Die mathematischen Elemente für die Raumzeit-Geometrie lieferte jedenfalls Geometrie-Visionär Riemann.

Deshalb schreibt Einstein in seinem Vortrag über die „Grundgedanken und Probleme der Relativitätstheorie" auch:

„Raum-Krümmung – der wichtigste Begriff der Riemannschen Geometrie!"

So ein Raum krümmt sich mathematisch sauber nicht wie der Löffel von Uri Geller, auch wenn Einsteins Gedankenkraft sicher enormer war.

Vor John Nash sind somit schon Einstein und Hilbert große Fans von Bernhard Riemann und seinen Mannigfaltigkeiten, denen Einstein besondere pseudo-Riemannsche Mannigfaltigkeiten hinzuerschafft. Riemann hatte also mathematische Hilfsmittel, die Einstein später zur Beschreibung des Weltalls braucht, schon im Angebot, ohne zu wissen, wofür sie einmal verwendet werden würden.

WIR MÜSSEN WISSEN
WIR WERDEN WISSEN

steht auf dem Grabstein von David Hilbert auf dem Stadtfriedhof. Nachdem John schon dessen Büste im Eingangsbereich des Instituts für Mathematik der Georg-August-Universität („Hilbert-Raum") inspiziert hat, besuchen wir nun Hilberts Ruhestätte. Hinter der Grabsteininschrift fehlt eigentlich noch ein „Basta", denn es ging Hilbert um ein Statement zum Ignorabimus-Streit, den der Berliner Emil Heinrich du Bois-Reymond angezettelt hatte. „Ignoramus et ignorabimus" (dt. „Wir wissen es nicht und wir werden es niemals wissen") – in diesen Ausspruch hatte der Physiologe und Wissenschaftstheoretiker seine Auffassung zur Begrenztheit wissenschaftlicher Erkenntnis gegossen. Hilbert dagegen sah das als Selbstbeschränkung. Für Mathematiker dürfe und müsse der Ansporn sein, dass jedes mathematische Problem lösbar sei.

Die Mathematik sei die Grundlage alles exakten naturwissenschaftlichen Erkennens. Seine Rede auf dem Mathematiker-Kongress in Paris im Jahr 1900 schließt Hilbert mit dem Wunsch, dass die Mathematik „diese hohe Bestimmung vollkommen" erfülle und ihr dafür „im neuen Jahrhundert geniale Meister erstehen und zahlreiche in edlem Eifer erglühende Jünger!"

Den erglühenden Jüngern gibt Hilbert mit den 23 Problemen, die er anlässlich des Pariser Kongresses vorstellt, gut zu tun. Jünger John Nash brennt Mitte des Jahrhunderts darauf, Problem Nummer 19 anzugehen. Bei der Aufgabe geht es um partielle Differentialgleichungen, die vornehmlich in der Physik Anwendung finden. Als John mit seinem „Nash-Theorem" eine Teillösung gelingt, ist Princeton längst „das neue Göttingen", was zum Großteil wieder an „Hitler's gift" liegt.

In einem Nachruf des großen deutschen Mathematikers, Physikers und Philosophen Hermann Weyl vom Institute for Advanced Study, Princeton, auf den Anfang 1943 verstorbenen David Hilbert heißt es:

„Amerika verdankt ihm viel. Viele junge Mathematiker dieses Landes, die später eine bedeutende Rolle in der Weiterentwicklung der amerikanischen Mathematik spielten, wanderten zwischen 1900 und 1914 nach Göttingen, um bei Hilbert zu studieren."

Neben Weyl, der Hilbert noch auf dessen Lehrstuhl in Göttingen nachgefolgt war, bevor er Deutschland wegen seiner jüdischen Frau verließ, machte ein weiterer Name das Geschenk an Princeton besonders wertvoll: John von Neumann.

Der österreichisch-ungarische Mathematiker ist Mitte der zwanziger Jahre einer der Jünger Hilberts in Göttingen (als der sich mit Quantenmechanik beschäftigt), außerdem Privatdozent an der Friedrich-Wilhelms-Universität zu Berlin und wechselt 1933, etwa zur gleichen Zeit wie Einstein, an das Institute for Advanced Study. Von Neumanns

Wirken in der Mathematik reicht von der Zusammenarbeit mit Hilbert über Beraterfunktionen im Manhattan-Projekt bis zur Begründung der Spieltheorie und weit über all dies hinaus. Er wird als „der letzte Universalgelehrte" bezeichnet, und er hatte noch etwas ganz Besonderes, das sich mit dem Klischee-Bild vom „Mathematiker" maximal beißt: Glamour!

„Good-time-Johnny" denkt und lebt unkonventionell, ist Mathe- und Partykönig gleichermaßen. Er wird seinen Studenten John Nash eines Tages darauf bringen, wo es etwas gibt, das auf dessen mentale Gewalt wartet, um erdacht zu werden und auf ewig „uncrashable" so viele Wissenschaftsfelder zu bereichern wie wenig anderes.

1948 mit seiner „Mathe-Genie"-Empfehlung in Princeton angekommen, ist der junge John Nash noch unermüdlich auf der Suche nach diesem „dicken Ding". In John von Neumanns und Oskar Morgensterns Buch „Spieltheorie und wirtschaftliches Verhalten" findet er etwas. Die Spieltheorie als solche ist bereits revolutionär: eine auf ökonomische Probleme anwendbare Theorie, aus Strategiespielen abgeleitet und mit den entsprechenden mathematischen Begriffen exakt beweisbar. Nash entdeckt Konstellationen, die die Ideen nicht abdecken. Die Ansätze der durch von Neumann begründeten Spieltheorie liefern brauchbare Lösungen vor allem für Nullsummen-Spiele, wo also der Gewinn der einen zwangsläufig der Verlust der anderen Seite ist. Weitere Grundvoraussetzungen sind, dass die Parteien kommunizieren, verhandeln und gemeinsame Handlungen möglich sind. Aber Szenarien mit vielen Beteiligten, die sich nicht absprechen können und die nicht nur völlig entgegengesetzte Interessen haben, sind damit noch unzureichend handhabbar. Was, wenn man den Mitspieler/Gegner nicht zur Kooperation zwingen kann? Und bei einem Geflecht aus teilweise widerstreitenden, teilweise gleichen Interessen?

John von Neumann und John F. Nash Jr.: ähnliche Begabungen, verschiedene Charaktere. Ihre Arbeiten spiegeln das:

„Partykönig John" erdenkt die Spieltheorie vor allem in ihrer kooperativen Variante, „Einzelgänger John" widmet sich den nicht kooperativen Fällen.

Der junge Mathematiker entdeckt: Bei allen nicht kooperativen Spielen für eine beliebige Anzahl von Mitspielern gibt es immer mindestens eine optimale rationale Lösung!

Diese Lösung heißt heute Nash-Gleichgewicht!

Viele Entdeckungen, Entwicklungen und Erkenntnisse harren ihrer konkreten Anwendungsmöglichkeiten, dieses Ding ist untoppbar in seiner praktischen Bedeutung. Eine Strategie für das alltägliche Gedanken-Halma „Ich glaube, dass du glaubst, dass ich glaube, dass du glaubst ..." – genial! Sobald der eigene Vorteil davon abhängig ist, was andere tun, mit denen man nicht kommunizieren kann oder will, und für die es umgekehrt genauso ist, ist nur eines völlig klar: Dass alle sich fragen, was der andere wohl macht.

Also Spionage? Computer-Hacking? Bestechung? Wege.

Aber nicht Johns Vorschlag.

Der rechnet so lange, bis er ein stabiles strategisches Gleichgewicht raushat, so eine Art Zustand des „Besser geht's nicht, solange alle vernünftig bleiben".

Es ist diejenige Strategie zu finden, die die optimale Antwort auf jedwede Strategie des jeweils anderen ist.

Wie geht das?

Klassische beispielhafte Erläuterung: das sogenannte Gefangenendilemma.

Zwei Räuber, A und B, die gemeinsam eine Bank überfallen haben, werden getrennt voneinander verhört und können keine Absprachen treffen. Jeder der beiden hat die Möglichkeit, die Tat zu gestehen und damit auch den anderen zu belasten oder aber die Beteiligung zu leugnen. Gesteht nur einer von beiden, bleibt er als Kronzeuge straffrei, der andere bekommt fünfzehn Jahre Knast. Leugnen beide Räuber, dann können sie nur für ein minder schweres Delikt bestraft werden und müssen für je zwei Jahre ins Gefängnis. Gestehen indes beide, drohen zehn Jahre Freiheitsentzug.

Die pfiffigen Räuber denken sich jeweils Folgendes: Falls der Kumpel gesteht, bekomme ich, sofern ich schweige, fünfzehn Jahre Haft, falls ich gestehe, zehn Jahre. Sollte der Komplize also gestehen, tue ich es besser auch. Falls der aber das Maul hält, bekomme ich, sofern ich ebenfalls schweige, zwei Jahre Haft, falls ich rede, bin ich frei. Auch für den Fall, dass der andere also schweigt, ist es besser zu gestehen.

Die Antwort auf die Frage „Was ist die optimale Strategie für jedwede Strategie des anderen?" lautet also: Gestehen.

Ergebnis: Verrat!

Nur wer singt, ist auf der sicheren Seite. Eine einseitige Strategie-Änderung bringt keine Verbesserung mehr, das ist Johns Kuschel-Ecke des „Besser geht's nicht", das Nash-Gleichgewicht.

Kuschel-Ecke? Besser geht's nicht?

Also, der geständige Räuber-Spieltheoretiker landet doch nicht in der Kuschel-Ecke, sondern im Knast?! Garantiert ist nur, dass es nicht zum Äußersten kommt, erreicht wird bei parallelem Gestehen nur das in diesem Fall bestmögliche kollektive Ergebnis (für beide zehn Jahre), nicht mehr das individuell beste (Freiheit auf Kosten des fünfzehn Jahre einfahrenden Komplizen).

Tja. Das ist das Dilemma mit dem Nash-Gleichgewicht! – hört man die Bargänger mit ihren Brünetten im Arm seufzen.

Es macht nicht rundum glücklich (siebter Himmel mit der Blondine), ist aber die strategisch klügste Lösung (eine Art „Safer Sex" mit einer Brünetten), wenn man nicht ganz aus dem Spiel sein will (Teddy). Kurz:

Die Blondine ist das (Luft-)Schloss, die Brünetten sind der Knast, und der Teddy ist die Höchststrafe.

Das hat die Männerwelt wohl längst begriffen. Oder geht schon der Hollywood-Streifen „Blondinen bevorzugt" (1953), dem das Sequel „Gentlemen Marry Brunettes" folgte, auf das Studium des Nash-Gleichgewichts zurück? Gefordert ist jedenfalls der vernunftbegabte Entscheider.

Rationales Verhalten zielt auf das optimal Mögliche trotz aller Unwägbarkeiten, und das ist eben nicht immer die Blondine, denn das Leben ist kein Wunschkonzert. Nash-Gleichgewichte muss man sich nicht wünschen, nur finden. Und es gibt sie überall. Sogar das „Gleichgewicht des Schreckens" kann in seinem entschärften Kern als ein Nash-Gleichgewicht modelliert werden. John selbst hat während seiner Tätigkeit für die RAND Corporation Anfang der fünfziger Jahre die amerikanischen Streitkräfte beraten, damit sie im Kalten Krieg nicht mit „Oppenheimer's deadly toy" Urknall reloaded spielen und „Rien ne va plus" dabei herauskommt.

Gegner, Wettbewerber, Konkurrenten und Gegenspieler – die Welt ist voll davon, und so ist es kein Wunder, dass Nash-Gleichgewichte und Spieltheorie sie erobern.

Darauf hat man gewartet!

Vor allem aus der Wirtschaft sind spieltheoretische Ansätze zur Vorhersage des Konkurrentenverhaltens im Kampf um Aufträge und Kunden nicht mehr wegzudenken. Mit dem Gefangenendilemma in seinen x Variationen haben sich Mathematiker, Ökonomen, Psychologen, Biologen, Philosophen und alle, die sich entfernt mit Verhaltensforschung beschäftigen, schwindelig analysiert. Die Beraterbande, nein Beratungsbranche natürlich, der Räuber boomt unaufhaltsam.

Und sogar Evolutionsbiologen erkennen Strategien im Sinne der Spieltheorie als (um die Komponente des Erkennens gegnerischer Absichten entkleidetes) Verhaltensprogramm, das der besten Strategie, sprich ihren erfolgreichsten „Spielern", die meisten Nachkommen (wohl brünette ...) beschert. Die Ethiker unter den Analysten sehen sich angesichts der suboptimalen Teillösungen der nicht kooperativen Varianten bestätigt: Seid nett zueinander, kooperieren lohnt sich!

Aber was ist jetzt mit den Teddy-Fetischisten und den Blondinen-Hassern, und was mit denen, für die die rational sicherste Strategie immer die eisern verschmähte Weichei-Lösung bleibt? Was macht der Top-oder-Flop-Typ, der nur eines weiß: dass er wagen muss, um zu gewinnen? Und was ist mit all den anderen schönen Verhaltensoptionen jenseits der Ratio, ohne die die Welt so furchtbar langweilig wäre? Sogar Menschen, die sich ganz fest vornehmen, immer schön vernünftig zu bleiben, sollen ja manchmal knallhart an der Umsetzung scheitern. Nicht, dass mir das auch schon mal passiert wäre.

Nun: Theorie ist bekanntlich grau und menschliches Verhalten bunt. Die Dilemma-Blondine ist eben bloß die Labor-Maus, und die Räuber sind des Spieltheoretikers Ratten. Sobald aus Barbie Chantal aus Fleisch und Silikon wird und aus dem Räuber ein real existierender Hedgefonds-Manager, ist es vorbei mit dem Malen nach Zahlen. Blondineneroberung als Beispiel für eine rationale Strategie zu wählen, ist mutig, um nicht zu sagen: typisch Traumfabrik.

Es weiß nun wirklich jeder:

Wo die Blondine anfängt, hört die Vernunft auf.

Selbstverständlich kann auch sie die Höchststrafe sein.

Und wie blond ist nun unser Leben überhaupt?

Da sind die Hirnforscher unerbittlich und behaupten, was für Blondinen gilt, gilt für uns alle: ... denn sie wissen nicht, was sie tun!

Wer vom rational Wahrscheinlichsten ausgeht, den bestraft das limbische System. Das ist ein total emotionaler Triebtäter, der sich im Gehirn nur schwer orten und fassen lässt. Er denkt sich ständig Sachen aus, die uns um den Verstand bringen. Rationalen Strategien macht er genüsslich den Spielverderber. Game over. Und wie jeder durchtriebene Kriminelle ist er auch den vernunftbegabtesten Gegenspielern meistens einen Impuls voraus. Aber die Spieltheoretiker, die sich in den verschiedensten Disziplinen tummeln, basteln an Johns Theorie herum und versuchen auch den irrationalen Gegenspieler zu fassen zu kriegen. Sie hören nicht auf Hirnforscherin Rita Levi-Montalcini, die sehr eindringlich davor warnte, das limbische System zu unterschätzen. Sie wollen menschliches Verhalten so lange mathematisieren, bis sie Francis Cricks „Pack of Neurons" das allerletzte Nash-Gleichgewicht abgepresst haben.

Als die Jagd nach den Nash-Gleichgewichten so richtig Fahrt aufnimmt, macht das den Namensgeber genau zu der Zeit unsterblich, als die Welt außerhalb von Fine Hall ihn für tot hält. Der Siegeszug des Nash-Gleichgewichts konnte sich vollkommen verselbstständigen, weil John die Beschreibung eines universellen Prinzips gelungen ist. Darin liegt die Genialität seiner spieltheoretischen Arbeit, nicht in der Flughöhe der Mathematik, die er dort verwendet. John wäre es durchaus lieb gewesen, hätte es hier einer Schippe mehr bedurft. Dann hätte die Welt vielleicht schneller verstanden, wie herausragend seine Leistung war.

Mathe-Superheld Gauß etwa bewies mit neunzehn Jahren die Konstruierbarkeit des regelmäßigen Siebzehnecks mit Lineal und Zirkel, und weil das seit der Antike alle Mathe-Helden ergebnislos versucht hatten, war völlig offensichtlich, was er Großartiges vollbracht hatte.

Und was befähigte Gauß dazu?

Natürlich sein Gehirn, aber was war wohl genau das Besondere daran?

John hat in Göttingen Gelegenheit, mal nachzuschauen:

Letzte Station auf den Spuren der verstorbenen Mathe-Genies in meiner Heimatstadt ist die eigentlich öffentlich unzugängliche Sammlung der Abteilung für Ethik und Geschichte der Medizin in der Universität, denn dort liegt in Formalin das Gehirn des 1855 verstorbenen Gauß. „Öffentlich unzugänglich" heißt nicht, dass ein Genie-Nachfahre von Gauß, der überdies überall in Göttingen parken darf, keinen Zutritt bekommen würde, um das Hirn des Mathematik-Fürsten zu studieren. John möchte das unbedingt und erliegt also auch dem Faszinosum „Elitegehirnforschung", das sich schon durch die Jahrhunderte zieht. In einem sinnigerweise in der Geiststraße in Göttingen beheimateten Verlag ist ein Buch des Wissenschaftshistorikers Michael Hagner über die Geschichte der Elitegehirnforschung erschienen. Dass Schädel und Hirne herausragender Persönlichkeiten besondere anatomisch nachweisbare Eigenschaften aufweisen, wollten schon viele glauben und herausfinden. Zu Lichtenbergs Zeiten der Genieverehrung war es besonders die Physiognomik Johann Caspar Lavaters, die hoch im Kurs stand und auch Goethe teils faszinierte und dann wieder befremdete. Der wegen einer Wirbelsäulenverkrümmung buckelige Lichtenberg, der wahrlich keinem äußeren Schönheitsideal entsprach, musste nicht lange überlegen, was er von Physiognomik hielt:

„Talent und überhaupt die Gaben des Geistes haben keine Zeichen in den festen Teilen des Kopfes."

Und was ist mit den weichen dazwischen?

Mathe-Genie und Hobby-Hirnforscher John F. Nash Jr. betrachtet in der medizinischen Fakultät ein Glas mit einem Hirn und studiert Furchen, Windungen und Lappen.

An etwaigen Erkenntnissen lässt er andere zumindest nicht teilhaben, auch nicht, als wir nach dem Mathematik-Rundkurs bei Mutters Eierlikörtorte zusammensitzen. Davon abgesehen ist John aber gar nicht schweigsam an diesem

Nachmittag in größerer Kaffee-Runde bei meinen Eltern. Freund Eki ist auch da und nach einigen Stückchen Torte noch aufnahmefähig genug für mathematische Schmankerl, zu deren näherer Erläuterung John uns Notizzettel vollgekritzelt hat.

"Men of Mathematics" – John F. Nash mit Ekkehard Sieker

John schätzt es, wenn er sich in fremder Umgebung nicht ständig an neue Leute gewöhnen muss. Eki – mathematisch mannigfaltig bewandert – hat er die „Men of Mathematics" nie buchstabieren müssen, und so haben die beiden schnell ihren gemeinsamen Nenner gefunden. Wenn John in Deutschland Vorträge hält, wie es etwa für kurz nach dem Göttingenbesuch in den T-Labs (Telekom Innovation Laboratories) in Berlin vorgesehen war, macht Eki schon mal den Warm-upper für noch steife Gehirnzellen und erläutert Grundzüge der Spieltheorie, bevor es mit John dann in die Dilemmata geht.

Heute verliert sich das deutsch-amerikanische Mathe-Duo vom Schlage Pat und Patachon in Sachen Parkettierungsproblem, Kryptografie und Ziffernsysteme.

John hatte das Gespräch zunächst auf Heinrich Heesch gebracht, der hier in Göttingen eine Zeit lang Assistent von Hermann Weyl war und das reguläre Parkettierungsproblem, einen Bestandteil von Hilberts achtzehntem Problem, löste. Dabei geht es um das Aneinanderlegen kongruenter Exemplare zur lückenlosen Raumausfüllung, was z. B. Hersteller von Bodenfliesen aller Art interessiert. Und Eki. Der Freund

Nobelpreisträger-Spickzettel

verfolgt aufmerksam, wie John beginnt, geometrische Muster zu malen. Sieht für mich aus wie Anbauten am „Haus vom Nikolaus" wie sie jeden Tag überall entstehen, wo Papier und Stift bereitliegen, während man sich langweilt. Wie viele Parkettierungsprobleme sind schon unbemerkt einer Lösung zugeführt worden?

Dann horche aber auch ich auf: NSA?

John erklärt das Kryptosystem seiner Entschlüsselungs-/Verschlüsselungsmaschine. Das Prinzip hat er Anfang der fünfziger Jahre in handschriftlichen Briefen der RAND Corporation und der National Security Agency (NSA) vorgestellt. Einst vor allem von militärischem Interesse, versenden wir heute am Computer alle pausenlos verschlüsselte Informationen. Den Kryptologen stand früher nur die Mathematik zur Seite, heute auch die Informatik. Weiterhin geht es dabei um die Frage: Wer hat die Nase vorn – die Verschlüsseler oder die Entschlüsseler? Nachdem nun also sogar Eki und ich Johns Kryptosystem kennen, wird es der NSA mit der Geheimhaltung dann bald zu doof, und ein Jahr später werden Johns Briefe freigegeben; genau zwei Jahre nach unserem kryptologischen Kaffeeklatsch macht das National Cryptologic Museum der NSA eine Ausstellung „An Inquisitive Mind: John Nash" und stellt Johns alte Briefe aus. Die sicherste Übermittlung von Geheimbotschaften ändert sich wohl nie: die Hände an Ballen und Fingerkuppen zum Kreis aneinanderlegen, damit die Ohrmuschel des Botschaftenempfängers umschließen, die Stimmlippen in Paramedianstellung bringen und dann tonlose Wörter in den fremden Gehörgang schicken.

John und Eki vertiefen sich noch ein letztes halbes Stündchen in Maya-Schriftzeichen, und dann geht diese Göttinger Reise auf den Spuren von Lichtenberg, Gauß, Riemann und Hilbert zu Ende.

Die Organisation der Rundfahrt kann definitiv als meine

größte Leistung mit mathematischem Bezug gelten. Immerhin habe ich John damit wohl eine große Freude machen können, und meine Mutter scheint mit ihrer Backkunst das Sahnehäubchen auf den Besuch gesetzt zu haben. John bedankt sich bei ihr mit einer Geste, die ich von ihm nicht kenne: Er haucht ihr einen kleinen Abschiedskuss auf die Wange.

***

Im Herbst 2013 gerät der gute alte Gauß tatsächlich noch einmal in die Schlagzeilen: Gauß war ein Fuchs!

Im Jahr 1855 wurden im anatomischen Institut die Namensschilder der Gehirne zweier Verstorbener vertauscht. Das Gehirn in dem Glas mit dem Gauß-Etikett funktionierte einmal im Kopf des Mediziners und Mathematikers Conrad Heinrich Fuchs. Hätte Fuchs, der Begründer der pathologisch-anatomischen Sammlung der Universität Göttingen, noch können, hätte er sich über die Verwechslung wohl maßlos aufgeregt.

Ein halbes Jahr nach der Aufdeckung bringe ich John die Nachricht schonend bei, als wir uns zur Fortführung des Doku-Projekts am Rande der Ökonomie-Konferenz „State of the Markets" in Oxford treffen, die der Nobelpreisträger als Keynote Speaker bereichert. John nimmt es gelassen, dass er das falsche Gauß-Gehirn studierte. Allerdings stellt er sofort weitschweifige Überlegungen an, welche Szenarien zur Verwechslung geführt haben könnten. Ich mache es mir einfacher: Kein menschliches Verhalten ohne menschliches Versagen – damit ist eben stets zu rechnen. So viel Verhaltensbiologie kann ich immerhin.

Albert Einstein starb 100 Jahre nach Gauß, und sein Gehirn wurde nicht vertauscht, sondern, weit schlimmer, widerrechtlich entnommen. Der Besitzer hatte eigentlich bestimmt, er wolle nach seinem Tod in Gänze verbrannt werden, und verfügt, seine Asche an einem unbekannten

Ort zu verstreuen. Bloß keinen Personenkult. „Einsteins Grab" – das sollte es nicht geben und so gibt es auch keines, aber es ist dennoch nicht nur Asche verblieben. Der zu zweifelhaftem Ruhm gelangte „Einstein-Gehirn-Dieb" Thomas Stoltz Harvey stahl das berühmteste Denk-Organ der Welt 1955 im Princeton Hospital und stellte es würfelweise verschiedenen Wissenschaftlern zur Verfügung. Blöderweise wussten die alle, was sie untersuchten, und siehe da, sie erkannten ein Genie.

***

Im Frühjahr 2014 besuche ich John mal wieder an der Princeton University. Ich bin wegen des Fields-Medaillisten Manjul Bhargava vor Ort, aber natürlich schaue ich in seinem Büro vorbei. Das Tastentelefon erinnert mich stets an Nancy Konigsmark, die leider 2012 verstorben ist, der Zustand des Arbeitszimmers an Maurice Wilkins und Joseph Rotblat.

Raus aus dem genialen Chaos in die Cafeteria.

John mag es, in Gesellschaft der Studierenden zu lunchen. Hier kennt er sich aus, hier geht auch die Wahl aus dem Speisen-Angebot schnell. Ansonsten kann so eine Entscheidung schon mal länger dauern. John schafft sich stets eine Welt voller kniffliger Fragen, mit denen er sich lange in die Innenwelt verabschieden kann und an denen man sich richtig abarbeiten muss. Er liebt diese intellektuellen Herausforderungen so sehr, dass er sich alltägliche Entscheidungen zu Problemen, die seiner Denkleistung würdig sind, aufbauschen muss, um Gefallen daran zu finden.

Das wurde mir nach den ersten Restaurantbesuchen mit John schnell klar. Als ich fragte, was er essen mag, und er dann: „Welche Auswahl gibt es?", ahnte ich nichts Böses und ließ zu, dass er sich in die Speisekarte vertiefte. Heute fange ich den Kellner möglichst ab, bevor der spannende Analysestoff in Johns langen, schlanken Fingern landet.

Zumindest dann, wenn wir zeitlich ein bisschen eng sind. Denn Menü-Zusammenstellungen sind dem Mathematiker eine wunderbare Möglichkeit zum gedanklichen Durchspielen von Kombinations- und Variationsmöglichkeiten. Deren Umwandlung in Rechenoperationen zieht er dem eigentlichen Essen klar vor und hält sich so lange damit auf, bis seine Begleitung zu verhungern droht und das Servicepersonal im Feierabend ist. Schnitzel oder Pasta? Das kann ich schneller als er. Nein, das kann ich nicht schneller als er, das *will* ich bloß schneller als er: Schnitzel. John lässt sich durch die Frage des Kellners: „Haben Sie gewählt?" selten aus der Ruhe seiner Berechnungen bringen.

Die ununterbrochene Mathematisierung aller Lebenssituationen ist wohl doch so eine Art notwendige Bedingung für einen guten Mathematiker und speist immerhin viele Witze, wenn auch nicht jenen Mathematiker, der vor einer Dose, die ihm ohne Dosenöffner in einem abgesperrten Raum als einzig Essbares verbleibt, verhungert, weil er nichts weiter macht, als die Dose als offen zu definieren.

Ums Eingemachte geht es für einen echten Mathematiker eben erst bei Fragen wie

„Gibt es eine Chance auf die Weltformel?",

wie Eki sie John in unserem Dokumentarfilm stellt. Die Vereinigung der Gesetzmäßigkeiten im Mikro- und im Makrokosmos ist würdiger mentaler Ausdauersport, der die großen Denker aller Naturwissenschaften auf Trab hält. John sieht es dementsprechend sportlich, spricht von den verschiedenen Vereinigungs-Theorien als „Rennpferde", ohne dass er auf eines setzen würde. Ein Weltformel-Derby also. Letztlich eines um den schönsten Traum, gelten doch gerade die besonders gut gesetzten Rennpferde, wie die String-Theorie, als gegenwärtig unbeweisbar. Die Welt, alle Kräfte und Materieteilchen, als tanzende Fäden zu sehen, hat aber unbestreitbar Swing. Oder doch lieber die Loop-Theorie mit ihren Linien, Knoten und Schleifchen? Ich finde, damit sieht die Welt etwas overdressed aus. Man kann sich jedenfalls merken: Die Strippenzieher der String-Theorie sind „Quantler", die die Relativitätstheorie eingemeinden, und die Verpackungskünstler der Loop-Theorie sind „Relativisten", die die Quanten einfangen. John müsste die String-Theorie schon wegen der Vieldimensionalität des Universums gefallen, zehn oder elf Dimensionen sollten es schon sein, meinen die Fans der Fäden. Wir Stecknadelköpfe ahnen von all dem nichts, weil wir mit unserem dreidimensionalen Raum so geschickt in die höheren Dimensionen eingebettet sind, als hätte uns Einbettungs-Genie Nash höchstselbst hineingefaltet. Vielleicht ist es so. Vielleicht auch nicht.

Ehrlich gesagt: Solange mir – wie beim Global Positioning System (GPS) – Relativitätstheorie und Quantenmechanik immerhin in ihrer praktischen Vereinigung den Weg weisen, muss ich nicht unbedingt wissen, ob sie je auch theoretisch fundiert zueinanderfinden. Vielleicht sind die Quanten- und die Relativitätstheorie wie Mann und Frau. Zwei getrennte Welten mit völlig unterschiedlichen Gesetzmäßigkeiten, die aber, im praktischen Nutzen vereint, den Laden am Laufen halten. Wir Herren krümmen mit unserer „Schwerkraft" Raum und Zeit, und die Damen geben sich ihren ständigen paradoxen Überlagerungszuständen hin. Ja, das könnte es doch sein. Der Mann fürs Grobe im Weltall, die Dame als wirbelndes Portiönchen im Kleinteiligen. Das macht uns schwindelig genug, ganz ohne Strings und Loops.

Aber nein, ich greife lieber nicht in den Weltformel-Wettlauf ein.

Ich musste heute also ausnahmsweise keinen Wettlauf um die Speisekarte gewinnen, John wählt ein gesundes Putensandwich und eine Koffein-Limonade. Er nimmt einen kleinen Schluck aus dem Eimerchen Diät-Cola und dann frönen wir unserer gemeinsamen Leidenschaft, uns über Flugverbindungen auszutauschen. Wie kommt man am geschicktesten wohin und mit welcher Airline, da können wir uns stundenlang dran festhalten. Flugrouten-Optimierung ist wahrscheinlich das einzige Spiel, bei dem ich gegen John auch mal gewinnen kann. Meine Praxiserfahrung widerlegt oftmals Johns schönste Theorie. Da ich im nächsten Monat für mein neues Foto-Projekt über Helden der Luftfahrt einen Termin bei Chesley B. Sullenberger habe, kommen wir auf dessen spektakuläre Notwasserung nach einem Vogelschlag zu sprechen. Die Geschichte des „Helden vom Hudson" finde ich absolut großartig und als ich meine Bewunderung in höchsten Tönen losgeworden bin, erwarte ich nichts anderes als enthusiastische Zustimmung meines Gegenübers. Der setzt dazu an, jedenfalls bin ich dessen sicher und dann kommt:

„Vielleicht hätte er gleich den Vögeln ausweichen sollen ... dann wäre er ein Superheld."

Manchmal kann er ja doch ein Spielverderber sein, der John. Gerade will ich empört zu Einwendungen anheben, da muss ich lächeln. Ich weiß, dass er nicht im Mindesten wahrhaftige Heldentaten schmälern will. Es reizt ihn nur oft, Dinge mal aus einer Sichtweise zu betrachten, die sich anderen nicht gerade aufdrängt. Auch darin zeigt sich seine Genialität. Während wir Stecknadelköpfe uns im Dreidimensionalen wähnen, sieht John eben immer und überall die Mannigfaltigkeit der Dimensionen.

Wie ich später vom Mega-Helden (Basta!) selbst erfahre, mag Sully das Wort „Held" sowieso nicht. Den Menschen, die Sully gerettet hat, ist wohl ohnehin vollkommen unwichtig, wie die korrekte Bezeichnung für ihren Lebensretter denn nun lautet.

Ich muss zugeben, ich bekam etwas Gänsehaut, als ich in New York bei einer Bootsfahrt auf dem Hudson im gleichen Atemzug darauf hingewiesen wurde, dass dort rechts das neue World Trade Center entstehe und dort links die Stelle der Notwasserung sei. Rechts Terror und Tod, links Heldentum und Rettung. Dass im Leben das Gegensätzliche so furchtbar nah beieinander liegt, hier wurde es augenfällig.

Dank an alle Piloten an dieser Stelle! Ihr seid die wahren Helden meiner Weltreise!

Fünfzehn Jahre lang habt ihr mich in den Himmel gehoben, ohne dass ich je länger als nötig den Boden unter den Füßen verlor.

***

Nach dem Lunch begleite ich John noch einmal zurück ins Büro. Er arbeitet gerade an seinem Vortrag mit dem Titel „Minds on Strike". Den Text hat er mir schon einmal gemailt. John ist nicht nur Experte des Rationalen, auch des Irrationalen. Gerade deshalb geht er sehr achtsam um mit Begriffen, die Geisteszustände in „gesund" oder „krank", in „normal" oder „verrückt" unterscheiden.

„Gesundheit ist eine Form von Angepasstheit", sagt John, und wenn er den Zustand beschreibt, der ihn dreißig Jahre lang davon abhielt, das zu tun, was ein Nash-Gleichgewicht voraussetzt, nämlich rational zu denken und zu handeln, dann spricht er vom „Mind on Strike" (dt. „Gehirn / Bewusstsein im Streik").

Arbeit an „Minds on Strike" – dem Anderssein mit der Spieltheorie auf der Spur

Aufgrund bestimmter Umstände – er sieht sie in seinem Fall in einer seinen Fähigkeiten nicht angemessenen Karriere und öffentlichen Anerkennung – verabschiedet sich der „Mind on Strike" vom rationalen und Norm-angepassten Denken. Rückzug ins Innere. Dreißig Jahre in diesem von John beschriebenen ewigen (Alb-)Traum, diesem geistigen Gefängnis zu sitzen, erscheint mir nicht weniger tragisch als in einem richtigen mit Gitterstäben, aber auch das sieht John anders. Ein durchschnittliches Professorendasein wäre für ihn wohl schlimmer gewesen, sagt er. Das schreit nach Witzen „lieber Irrenanstalt als Universität", aber John will wahrlich keinen Scherz machen. Er konnte es nicht ertragen, nicht die öffentliche Wertschätzung zu bekommen, die er erstrebte und verdiente. Vor der Frustration eines Lebens, das dem Außergewöhnlichen nur Gewöhnliches bietet, ist er geflüchtet. Der ihm zugedachte Platz in der Gesellschaft gefällt ihm nicht. Da spielt er nicht mehr mit. Jedenfalls nicht nach den Regeln, die diese Gesellschaft aufstellt.

Ergibt sich in der Außenwelt etwas, für das sich die Rückkehr lohnt, dann ist der Streik zu Ende. Diese Rückkehr ist damit etwas, was durchaus mit Willen zu tun hat; den Zugriff auf den Willen machen aber erst äußere Umstände wieder möglich.

John bemerkt irgendwann, dass seine Theorien und sein Name in der Fachwelt virulent sind: „Da gab es verbreitet die Nash-dies- oder Nash-jenes-Konzepte", erinnert sich John.

Nun will er wieder bewusst dabei sein, und das heißt: Er muss sich einigermaßen dem anpassen, was die Verrückten da draußen für normal halten.

Als das Nobelkomitee daran denkt, Ansätze der nicht kooperativen Spieltheorie mit einem Wirtschaftsnobelpreis zu belohnen, da steht das Nash-Gleichgewicht mächtig und schwer vor allen Preisverdächtigen. Also, ist dieser Nash jetzt eigentlich tot, lebendig und, falls Letzteres, in einem dem König präsentablen Zustand? Aufregung im Komitee. Die schwedische Entscheidungsfindung in Sachen Nash muss wohl einer der dicksten Brocken gewesen sein, die es je zu bewältigen galt. Mit Blick auf die später öffentlich gewordene Diskussion um die Gesundheit Nashs zeigt sich, welche Schwierigkeit uns allen der Umgang mit Menschen bereitet, die sich nicht an die vorgegebenen Muster halten. Da gerät nämlich sofort das eigene Verhaltensprogramm in Unordnung. Schon der Nachbar, der auf die Frage „Wie geht's?" tatsächlich von seinen Kopfschmerzen berichtet, irritiert uns. Es war also wohl viel weniger ein möglicherweise befremdliches Benehmen Nashs, das in Stockholm Unbehagen verbreitete, sondern eher die befürchtete eigene Unsicherheit im Umgang damit.

Stockholm beschließt: John F. Nash Jr. ist gesund genug, um seinen Preis entgegenzunehmen, und unberechenbar genug, um von der Tradition der Vorlesung zur Preisverleihung, der sogenannten „Nobel-lecture", abzusehen. John hat dafür Verständnis. Er macht es dann wie Einstein, der ja über die Relativitätstheorie sprach statt über die mit dem Nobelpreis prämierte Lichtquantenhypothese. In Uppsala hält John kurz nach der Preisverleihung einen Vortrag, aber nicht über die Spieltheorie, sondern über das Weltall: „The possibility that the universe isn't expending" (dt. „Die Möglichkeit, dass das Universum sich nicht ausdehnt").

Ich kenne mich nicht aus mit der psychiatrischen Forschung, aber muss es nicht aus Sicht dieser Fach-Disziplin eine ungemein glückliche Fügung sein, dass so ein „Mind on Strike", gar ein „Genie im Streik", nach seiner „Rückkehr" einen derart nützlichen Beitrag leisten kann zur Erforschung dessen, was in Menschen vorgeht, die sich aus den unauffälligen Verhaltensmustern verabschieden? Wie finden sie wieder hinein? Und vor allem: Wie schaffen sie das, ohne Teile ihrer Persönlichkeit aufzugeben, die verstörend „anders" sind, aber zugleich äußerst wertvoll? In seinem Vortrag stellt John „Geisteskrankheit", auch mittels Anleihen aus der Spieltheorie, in einen Evolutionskontext. Ihr Auftreten könne im Zusammenhang mit einem Bedarf an der Mannigfaltigkeit menschlicher Gehirnleistungsstrukturen stehen.

Wie findet aber der Typus „Mind on strike" zurück in die ihn umgebende Normalität? John hat kein Patentrezept, wie er selbst betont, wagt aber einen Vorschlag. In der Zeit, als er nach Richtung für seine Gedanken suchte, habe er sich eine Art Engel im Sinne einer überirdischen Instanz gewünscht, der ihn leitet. Oftmals nimmt der Streikende seinen allzu menschlichen Berater nicht an, und dann kann es nicht klappen mit der Rückkehr zu rationalem Denken. Man müsse versuchen, ein Computerprogramm zu entwickeln, das genau diese Beziehung zu einem „höheren Wesen" simuliert, dem der Suchende zu folgen bereit ist. Statt Psychiatrie-Patienten vor TV-Soaps zu platzieren, könne man solche Computer-Sessions anbieten.

Die Rückkehr zum rationalen Denken führt nicht über streng rationale Wege. So viel glaube ich verstanden zu haben. Doch Johns Persönlichkeit wird immer etwas ganz außergewöhnlich Geheimnisvolles anhaften, das mit „Beautiful Mind" ebenso unzureichend wie wunderbar beschrieben ist.

„Das Schönste und Tiefste, was der Mensch erleben kann, ist das Gefühl des Geheimnisvollen", schrieb Albert Einstein in seinem „Glaubensbekenntnis". Er meinte das im Zusammenhang mit der Suche danach, was für ihn Religiosität ist, aber es trifft allumfassend.

Alles, was uns fasziniert, hat diesen Schuss „Geheimnis".

Sein berühmtes „Glaubensbekenntnis" verfasste Albert Einstein 1932 in seinem Sommerhaus in Caputh bei Potsdam. Der Besuch zusammen mit John dort im Winter 2010 wird mir immer in besonderer Erinnerung beiben.

***

Caputh – „Am Waldrand Nr. 15–17".

Bevor John F. Nash Jr. an diesem eisigen Januartag das Einsteinhaus betritt, zieht er sich die Strickmütze vom Kopf, als nähere er sich einem sakralen Bau. Für ihn ist die Adresse nicht bloß Ziel eines „bildungsbürgerlichen" Sonntagsausflugs. Mit dem Nobelpreisträger wärmt sich ein recht verfrorenes Trüppchen im ehemaligen Sommerhaus auf. Außer Familie Nash sind noch Eki und weitere Freunde, auch Gerald Uhlig-Romero, dabei. Der füllt direkt eine Runde heißen Kaffee aus der Thermoskanne in Pappbecher mit dem Einstein-Café-Logo. Damit versorgt, sehen wir uns ein bisschen um.

Albert Einsteins Sommerhaus im Winter

Das romantische Holzhaus hat eine recht turbulente Geschichte, die 1929 zu Einsteins fünfzigstem Geburtstag ins Rollen kommt. Die Stadt Berlin will dem genialen Einwohner ein Haus schenken und dann doch nicht, jedenfalls nur das Grundstück ohne Gebäude, und welches, weiß man eigentlich auch nicht, und Einstein gefällt nicht, was die Stadt anbietet, und der Stadt gefällt nicht, dass Einstein nichts gefällt, und rechtsgerichteten Abgeordneten der Stadtverordnetenversammlung gefällt weder Einstein noch die Geschenkidee. Ach, es wird ein unwürdiges Rumgeeiere der alles andere als von Herzen schenkenden Schenker.

Einstein beendet den Affentanz durch Ablehnung des „Geschenks" und zahlt Grundstück und Hausumbau schließlich selbst. Natürliche Baumaterialien sind Einstein wichtig, für die Außenverkleidung wählt er Holz der nordamerikanischen Douglasie, „red fire" genannt. „Ich will nicht in einem kalten Klotz aus Beton, Glas und Stahl wohnen", soll er gesagt haben. Dass sich der große Forscher meiner etwas unpassenden Bemerkung im Salk Institute angeschlossen hätte, will ich jetzt nur denken, nicht behaupten.

Als alles fertig ist, ist der Bauherr begeistert:

„In dem neuen Holzhäuschen gefällt mir's großartig. Trotz der durch dasselbe erzeugten Pleite. Das Segelschiff, die Fernsicht, die einsamen Herbstspaziergänge, die relative Ruhe, es ist ein Paradies."

Einstein spielt Violine und sommerhaust, wie man eben so sommerhaust. Zuweilen empfängt er hohen Nobelpreisträgerbesuch: Freund Max von Laue, auch Max Planck, Otto Hahn, Erwin Schrödinger, Max Born und den indischen Nobelpreisträger für Literatur (1913) Rabindranath Tagore, den der Friedensaktivist wegen seiner pazifistischen Einstellung als zweiten Mahatma Gandhi bewundert. Obwohl fachlicher Austausch durchaus zum Leben in Caputh dazugehört, schreibt der Sommerhausbesitzer seinem Sohn in vollmundiger Ferienlaune:

„Sei ein gutes faules Tier, streck alle Viere weit von Dir. Komm nach Caputh, pfeif auf die Welt, und auf Papa, wenn Dir's gefällt."

Hitler duldet im Dritten Reich keine Paradiese. Nachdem Albert Einstein im Dezember 1932 Deutschland verlassen hat, sieht er das mühsam und dann umso glücklicher erworbene Wochenend-Domizil nie wieder und verbringt seinen Lebensabend in Princeton. Zum siebzigsten Geburtstag 1949 ernennt die Gemeinde Caputh Einstein zum Ehrenbürger.

Der Superstar der Wissenschaften hasste Personenkult, und keinesfalls sollten seine Häuser zu Museen werden, das hatte er frühzeitig verfügt. Also gibt es nirgends Einsteins Graceland, auch hier in Caputh nicht. Das Anwesen wird hauptsächlich als Begegnungsstätte für junge Wissenschaftler genutzt. In der gusseisernen Wanne badete einst ein heller Kopf seinen Körper, die festen Einbauten sind original, die Innenausstattung ist es nicht. Einzig Einsteins

Arbeitsplatz wurde mit einer Kopie seines Schreibtisches dem damaligen Zustand nachempfunden.

Dorthin zieht es John. Er tritt ans Fenster des holzgetäfelten Arbeitszimmers, setzt sich schließlich an „Einsteins Schreibtisch". Alicia entwirrt ihm einige Haarsträhnen, die beim Absetzen der Mütze in Unordnung geraten sind. Ein großer Unterschied der beiden Genies: Für Einstein war der Kamm ein Angriff auf seine Frisur, für John ist er ihre Verteidigung und ständiger Begleiter. Haben Genies jetzt also wirre Haare wie Albert Einstein oder penibel gekämmte Scheitel wie John Nash?

Das Klischee vom ungepflegten Super-Brain hält sich hartnäckig, war Einstein doch nicht der erste Genie-Gammler. 1875 schrieb etwa der Direktor der Höheren Bürgerschule im niederländischen Breda eine vernichtende Beurteilung über den dreiundzwanzigjährigen Dr. Jacobus Henricus van 't Hoff: „Soweit ich sehen kann, macht er den Eindruck eines Erfinders. Er grübelt. [...] Er sieht schlampig aus. Ich fürchte, dass er zerstreut sein wird." Wenn „phantasievoll" zerstreut ist, dann war er wohl zerstreut, der spätere erste Chemie-Nobelpreisträger überhaupt. Ein herausragender Denker brauche eine starke Vorstellungskraft, auch in den Naturwissenschaften, betonte der theoretische Chemiker van 't Hoff in seiner Schrift „Die Phantasie in der Wissenschaft". Erst sie ermögliche es, Beobachtungen und Erkenntnisse imaginär zu einer Hypothese zusammenzusetzen. Van 't Hoff wusste also, was das ist, diese „rohe mentale Gewalt", auf die John zurückgreifen kann, und er verteidigte seine Auffassung auch gegen jene, die eine machtvolle Vorstellungskraft als „Halluzinationen" abtaten, wie etwa der Göttinger Chemiker Adolph Kolbe. Dass ein phantasiereicher Denker-Kopf nicht zwingend unter einem wirren Haarschopf verborgen werden muss, beweist Johns Liebe zum Kamm. Frisch frisiert bleibt er eine lange Weile an Einsteins Arbeitsplatz sitzen. Der Rest der Gruppe ist bald neugierig auf die weiteren Räumlichkeiten und versprengt sich.

Ich gehe hinaus in den Garten, um zu fotografieren.
Irgendwann versammeln wir uns alle wieder in der Kälte dieses Wintertages.

Nur John kommt nicht.

Ich mache ein paar Schritte auf das Haus zu, und dann entdecke ich ihn hinter der gläsernen Eingangstür. In der Scheibe spiegelt sich die Schneelandschaft. Aber gerade so, dass ich Johns Gesicht gut erkennen kann. Und den Einstein-Café-Becher, den er mit der rechten Hand fest umschlossen hält. Eine beinahe andächtige Pose. Unbewegt. Wie ein Film-Still. Und mehr: Normalerweise hält John den Kopf leicht gesenkt, sein Blick ist auf den Boden gerichtet. Doch das Haupt des Mannes im Einsteinhaus ist erhoben – Hochstimmung, im ganz besonderen Wortsinn.

Ich bin längst stehen geblieben und erwische mich, wie ich John beobachte. Er ist der einzige Mensch, den ich kenne, der auf eine besondere Weise in der Außen- und in der Innenwelt gleichzeitig sein kann. Ob jemand „außen" ist, seine Umgebung bewusst wahrnimmt, kann man normalerweise an den Augen erkennen. Ein glasiger Blick signalisiert: „abwesend", da „träumt" einer. Bei John klappt diese Zuordnung nicht. Heute ist es besonders deutlich: Ein Auge schaut an mir vorbei in den Schnee, das andere sieht innere Bilder. Sind es die einer genialen Begegnung?

Im von Direktor J. Robert Oppenheimer geführten Institute for Advanced Study (IAS) bekommt Albert Einstein eines Tages Besuch von einem sehr jungen Mathematiker. Mit einer Idee zu Gravitation, Reibung und Strahlung wird John Forbes Nash Jr. bei dem theoretischen Physiker vorstellig. Der brütet gerade über der Ausweitung seiner allgemeinen Relativitätstheorie zu einer einheitlichen Feldtheorie, die die Gravitationskraft mit der elektromagnetischen Wechselwirkung verknüpfen soll. Es wird ihm zeitlebens nicht gelingen. John Nash kritzelt Einsteins Tafel mit Gleichungen voll. Physik liege ihm offensichtlich, lässt der Professor verlauten. Doch welche Disziplin auch immer – eines gelte überall: Ein Forschungsthema lasse sich nur ernsthaft durchdringen, wenn man bereit sei, wirklich – wirklich! – in die Tiefe zu gehen.

John hat mir von der Begegnung mit Professor Einstein, wie er ihn stets nennt, erzählt. Sie bedeutet ihm noch heute viel. Der Professor sei allerdings von dem, was er ihm vorgestellt habe, überhaupt nicht beeindruckt gewesen, meint John im Rückblick. Dennoch habe der Austausch auf den weiteren Verlauf seiner Karriere enormen Einfluss gehabt. Einsteins Ratschlag, den Dingen radikal auf den Grund zu gehen, habe er fortan beherzigt. Das sei die richtige Einstellung für alle, die sich auf Wahrheitssuche begäben.

Als wir zum ersten Mal über sein Zusammentreffen mit Einstein sprechen, kommt mir sofort eine Frage in den Sinn, Berufskrankheit vielleicht:

„Gibt es Fotos davon?"

Ich ernte einen etwas mitleidigen Blick.

„Bei dem Treffen ging es ... Es ging nicht um Fotos, Peter."

Noch immer steht John reglos hinter der Tür. Ich würde meine kleinen Reichtümer dafür geben, den Film, der in seinem Kopfkino läuft, mit anschauen zu können. Sichtbar machen kann ich ihn nicht. Aber diesen Augenblick festhalten.

Ich zücke meine Kamera.

***

Dass die Aufnahme von John im Einsteinhaus einmal das Coverfoto für dieses Buch wird, ahne ich an jenem Tag in Caputh nicht. Wenn ich heute am Sommerhäuschen vorbeispaziere, können mir noch immer keine Bilder einer Begegnung mit dem ehemaligen Hausherrn durch den Kopf gehen, wie dem Mathe-Genie aus Princeton. Aber seit jenem Januartag sehe ich John vor meinem geistigen Auge hinter der Eingangstür stehen. Und auf diese Weise wurde seine Begegnung mit Einstein, die ihm so viel bedeutet, für mich zu einer sehr wertvollen Begegnung mit John.

Ja, John F. Nash Jr. ist der Mann aus „A Beautiful Mind", und er ist es doch nicht.

Den Film habe ich einmal mit ihm und Alicia zusammen angeschaut. Privatvorführung im zum Kino umfunktionierten Atelier von Jim Rakete. Wir sind ein kleiner Kreis. Alle haben insgeheim die gleiche Frage: Wie viel von dem dort auf der Leinwand ist für den echten Filmheld „sein" Leben? Jemand stellt sie dann leicht verklausuliert:

„John, wie gefällt dir Russell Crowe denn nun ... als John Nash?"

Die Antwort kommt nach einer kleinen Ewigkeit:

„Wenn er gut ist ... ist er gut!"

***

Für die Zusammenfassung dieser Episode brauche ich großkalibrige Hilfe. Ich könnte sie in Thomas Manns Werk „Die vertauschten Köpfe" finden und damit zudem den Bogen zu Tucholskys Blondinen-Gedicht schlagen, schrieb Mann die indische Legende doch über die „schönhüftige Sita".

Doch ich wähle ein Zitat aus dem „Steppenwolf" von Literatur-Nobelpreisträger Hermann Hesse, veröffentlicht 1927 – ein Jahr vor John Nashs Geburt:

„‚Ich bin ein Schachspieler. Wünschen Sie Unterricht über den Aufbau der Persönlichkeit?' [...] Er hielt mir einen Spiegel vor, wieder sah ich darin die Einheit meiner Person in viele Ichs zerfallen [...]. ‚Die fehlerhafte und

Unglück bringende Auffassung, als sei ein Mensch eine dauernde Einheit, ist Ihnen bekannt. Es ist Ihnen auch bekannt, daß der Mensch aus einer Menge von Seelen, aus sehr vielen Ichs besteht. Die scheinbare Einheit der Person in diese vielen Figuren auseinanderzuspalten gilt für verrückt, die Wissenschaft hat dafür den Namen Schizophrenie erfunden. Die Wissenschaft hat damit insofern Recht, als natürlich keine Vielheit ohne Führung, ohne eine gewisse Ordnung und Gruppierung zu bändigen ist. Unrecht dagegen hat sie darin, daß sie glaubt, es sei nur eine einmalige, bindende, lebenslängliche Ordnung der vielen Unter-Ichs möglich. […] Wir ergänzen daher die lückenhafte Seelenlehre der Wissenschaft durch den Begriff, den wir Aufbaukunst nennen. Wir zeigen demjenigen, der das Auseinanderfallen seines Ichs erlebt hat, daß er die Stücke jederzeit in beliebiger Ordnung neu zusammenstellen und daß er damit eine unendliche Mannigfaltigkeit des Lebensspieles erzielen kann. Wie der Dichter aus einer Handvoll Figuren ein Drama schafft, so bauen wir uns aus den Figuren unsres zerlegten Ichs immerzu neue Gruppen, mit neuen Spielen und Spannungen, mit ewig neuen Situationen."

Wie auch immer wir uns heute oder morgen zusammensetzen, ob zum Astronomen oder Aphoristiker, Weltbild-Umstürzler oder Sommerhaus-Urlauber, zur Natur-Brünetten oder Wasserstoff-Blondine, zum „Beautiful Mind" oder „Mind on Strike" – am Ende behält Georg Christoph Lichtenberg Recht:

„Der Mensch ist ein solches Wunder von Seltsamkeit."

Für mich ein ganz und gar akzeptables Ergebnis aller Selbstbetrachtungen.

Kapitol/Rom im April 2009. Draußen reitet groß und mächtig Mark Aurel, im Senatorenpalast steht zierlich und zart die Gründerin des Europäischen Hirnforschungsinstituts vor dem Auditorium, das sich ihr zu Ehren versammelt hat. Kurz halten **Rita Levi-Montalcini** die Tücken der Technik noch auf dem Boden, doch dann

„ging sie ab wie ein Flugzeug".

Ich war leider nicht dabei. Aber Aaron Ciechanover, und mit diesen Worten hat er mir von dem Tag berichtet, als die Medizin-Nobelpreisträgerin von 1986 in Anwesenheit von Italiens höchsten Staatsvertretern Geburtstag feierte, ihren einhundertsten. Ihr Vortrag sei nach anfänglichen Schwierigkeiten mit dem Diaprojektor an Rasanz nicht zu überbieten gewesen.

Rita Levi-Montalcini hat ihr ganzes Leben die Latte hoch gelegt; bei allem, was sie tat, nun muss ihr auch dies erst mal ein Hundertjähriger oder eine Hundertjährige nachmachen. Aaron war einer von drei Nobelpreisträgerfreunden, die Rita Levi-Montalcini in die Ewige Stadt zur Geburtstagsfeier eingeladen hatte. Neben Aaron auch den Neurophysiologen Torsten N. Wiesel (Physiologie oder Medizin 1981) und ihren Mit-Laureaten, Katzen- und Kakteenliebhaber Stanley Cohen.

Achtzig Jahre vorher. Der zwanzigjährigen Rita Levi-Montalcini wird klar, dass sie sich in die vom Vater für sie vorgesehene Zukunft als Hausfrau und Mutter nicht fügen wird. Gerade hat sich außerdem ihr Berufswunsch geändert. Die Bewunderung für Literatur-Nobelpreisträgerin Selma Lagerlöf hatte den Wunsch ausgelöst, Schriftstellerin zu werden. Eine italienische Saga „à la Lagerlöf" – das reizte sie. Nicht lange genug. Die Wissenschaft hat stärkere Anziehungskraft.

Die junge Italienerin beginnt in ihrer Geburtsstadt Turin Medizin zu studieren, besteht 1936 das Abschlussexamen mit höchster Auszeichnung. Im gleichen Jahr erlässt Mussolini das „Manifesto per la Difesa della Razza" (dt. „Manifest zur Verteidigung der Rasse"), das zehn italienische „Wissenschaftler" unterzeichnen. Nachfolgende Gesetze beenden die Aussichten auf eine wissenschaftliche Karriere der jüdischen Medizinerin. Kein Zugang zu Universitäten und zu Bibliotheken? Dann eben ein Labor im Schlafzimmer. Nähnadeln als Skalpell, Kocher als Inkubator, Eier vom Markt. Bevor die Familie die Eier verspeist, beobachtet die Forscherin, wie sich das Nervensystem von Hühnerembryonen unter verschiedenen Bedingungen verändert. Seit einem Fachartikel von Professor Victor Hamburger aus dem Jahr 1934 treiben sie die folgenden Fragen um: Wieso wachsen in Hühnerembryonen die Nerven nicht mehr, wenn man die Flügel oder Beine entfernt? Und umgekehrt: Warum wachsen Nerven in eine Flügel-Anlage hinein, die man von einem Embryo zum anderen transplantiert? Dieser Dynamik des Nervensystems will sie auf die Spur kommen.

Zweiter Weltkrieg und Judenverfolgung zwingen zu Flucht und wechselnden Verstecken mit mobilem Labor. 1945 ist das endlich vorbei. Die Forscherin veröffentlicht ihre „Schlafzimmer-Beobachtungen", und jener Victor Hamburger wird auf sie aufmerksam, holt sie an die Washington University in St. Louis. Weitere Versuche bestätigen bisherige Annahmen: Periphere Nerven aus einem Hühnerembryo, in einer Kulturschale in einigen Millimeter Abstand von Gewebestückchen aus einem Bindegewebstumor einer Maus platziert, wachsen dem Gewebe entgegen.

Wer flüstert den Nervenzellen, wohin sie wachsen sollen?

Es ist der NGF, der „nerve growth factor" (dt. „Nervenwachstumsfaktor"). 1953 gelingt es Levi-Montalcini, den Stoff zu isolieren. Der junge Biochemiker Stanley Cohen entlarvt das Molekül als Protein, 1969 hat er Klarheit über

Bestimmung und Reihenfolge der Aminosäuren. Der Nervenwachstumsfaktor kommt bei allen Wirbeltieren vor, fördert die Ausbreitung bestimmter peripherer Nervenzellen und ist auch für das Überleben dieser Zellen unentbehrlich. Die Entdeckung bereichert das Wissen über Steuerungsmechanismen zur Neubildung und Differenzierung wie auch über das Absterben von Zellen.

Inzwischen sind weitere Wachstumsfaktoren, wie etwa solche für das Blutplasma, Bindegewebszellen und Tumorzellen, bekannt. Der NGF spielt auch bei psychischen Krankheiten wie Schizophrenie und Depressionen eine Rolle. Und bei der aufregendsten psychischen Krankheit, der Liebe, ebenfalls, wie wir schon gesehen haben. Praktischen Nutzen erhofft man sich u. a. bei Alzheimer-Demenz. Gentechnisch veränderte Bindegewebszellen, die in das Vorderhirn implantiert werden und die den NGF produzieren, halten den Rückgang der Nervenzellen auf.

Rita Levi-Montalcinis Entdeckungen zum Nervenwachstumsfaktor durchbrachen Gesetzmäßigkeiten der bis dahin geltenden Biologie. Den enormen theoretischen Erkenntnisgewinn in praktische Anwendungsmöglichkeiten der Wachstumsfaktoren zu wandeln, bleibt aber eine große Aufgabe. Die Wirkungsmechanismen sind ungeheuer kompliziert. Jüngst konnte in Europa und den USA ein zur Behandlung der seltenen Augenkrankheit Retinitis pigmentosa entwickelter sogenannter rekombinanter humaner Nervenwachstumsfaktor (rhNGF) arzneimittelrechtlich zugelassen werden, der auf der Forschung Rita Levi-Montalcinis basiert.

Ob es stimmt, dass ihre alterslose Vitalität damit zusammenhing, dass sich die Medizinerin den Botenstoff selbst als Augentropfen zugeführt hat, weiß ich nicht. Die Anekdote hält sich hartnäckig, um die körperliche wie geistige Allgemeinverfassung der Laureatin zu erklären, die mit dem üblicherweise hierfür reservierten Wort „rüstig" nicht ansatzweise zu fassen ist. Aaron griff zur näheren Beschreibung ihrer Performance bei der Geburtstagsrede daher zum Flugzeug-Vergleich.

Rita Levi-Montalcini hatte eine einfache Antwort:

„Das Gehirn geht nicht in Rente, solange man es benutzt!"

Denken hält jung – das wissen die vielen fleißigen Ruhestands-Kreuzworträtsler auch. Aber es gibt ein entscheidendes weiteres Merkmal, das dem Alter eine Jugend entlockt, die mir immer wieder auf meinen Portraitfotos von Laureaten entgegenblickt: Neugier. Die habe ich verlässlich dort überall entdeckt.

Neugier und Wissensdurst zaubern junge Augen in reife Gesichter.

Am Ende des Lebens kann die Zukunft, der die Augen neugierig entgegenblitzen, nicht mehr die eigene sein, aber die Laureaten sehen mit den nachfolgenden (Wissenschaftler-)Generationen in deren Zukunft, und das bewahrt diesen „jungen" Blick. Dass sie selbst nicht mehr wissen werden, was dann sein wird, ist eine bedauerliche Folge der Endlichkeit des Lebens, aber das verdirbt ihnen die Neugier auf Künftiges nicht. Es gibt da dieses Jugendbild von Alfred Nobel, das auf der Lindauer Tagung regelmäßig den Young Scientists gezeigt wird, wenn es darum geht, über Neugier als Antrieb der Wissenschaft zu sprechen. Nobels Augen haben genau diesen Blick, der sich nicht damit begnügt, draufzuschauen, sondern der dahintergucken will. Es ist der gleiche, den ich auch in über neunzigjährigen Augen gesehen habe, denen etwa von Hans Bethe, Walter Kohn, Joseph Rotblat, Eddy Fischer oder eben von Rita Levi-Montalcini. Aaron Ciechanovers Lebensetappen-Traum ist einer der vielen Beweise der nimmermüden Neugier der Laureaten. Sein Traum geht so: Mal angenommen, man habe eine Lebensspanne von etwa achtzig Jahren zur Verfügung, dann würde er die am liebsten in Häppchen durchleben. Jetzt vielleicht mal kurz zehn Jahre aussetzen und dann gucken, wie weit die Forschung ist, das fände er großartig. Dann macht er fünf Jahre mit und setzt anschließend zwanzig Jahre aus. Das erinnert an Mathematiker Hilbert, der, wie ich schon erzählte, zu gerne noch mal aus dem Jenseits zurückkehren würde und zwar einzig, um die eine Frage nach dem Beweis der Riemannschen Vermutung zu stellen.

Neugier als mächtigster Lebensantrieb schenkt auf ewig ein jugendlich wirkendes Gesicht,

und sei es voller Falten.

***

Ich portraitiere die neugierig-junge Rita Levi-Montalcini im Jahr 2002 in Rom. Wir treffen uns nicht am Europäischen Hirnforschungsinstitut, sondern in ihrem Büro in der Levi-Montalcini-Stiftung. Es sind meine „Florentiner Jahre", und ich habe als Dolmetscherin meine italienische Freundin Tina dabei. Rita Levi-Montalcini hat in Florenz, dem letzten Versteck ihrer Familie, Krieg und Verfolgung überlebt, war dort eine Zeit lang Ärztin in einem alliierten Kriegsgefangenenlager.

Die Levi-Montalcini-Stiftung gründete die Nobelpreisträgerin 1992 zusammen mit ihrer Zwillingsschwester Paola, einer berühmten Malerin. Ziel ist die Förderung junger Wissenschaftler, namentlich die Stipendienvergabe an afrikanische Frauen.

Tina und Rita sind schnell in ein angeregtes Gespräch vertieft. Sie vergessen mich vollkommen und sprechen so schnell, dass ich wohl sogar als Muttersprachler Mühe hätte mitzukommen. Mit meinem Bröckchen-Italienisch habe ich null Chance. Zu gerne würde ich wissen, warum Rita Levi-Montalcini gerade so heftig den Kopf schüttelt.

Ab und zu wage ich, um eine kurze Übersetzung zu bitten. Dann bekomme ich mitleidige Blicke, und Tina gibt mir wortkarge Zusammenfassungen wie „Es ging um ihre Schwester Paola und die Malerei", „Wir unterhalten uns über die Arbeit der Stiftung", schließlich über „Frauen in der Wissenschaft".

Übersetzungslaune Fehlanzeige. Verständlich. Wenn die Medizin-Nobelpreisträgerin spricht, dann möchte man nur eines: zuhören.

Irgendwann schaut immerhin Rita Levi-Montalcini mal zu mir und schenkt mir einen Satz auf Englisch:

„Haben Sie denn schon meinen italienischen Nobelpreisträger-Kollegen besucht?"

„Oh, an Dario Fo heranzukommen, ist gerade schwierig", beginne ich und bin ein wenig erschrocken über den gestrengen Blick, der mich trifft.

Italiens „Beautiful Mind" – Rita Levi-Montalcini

„Na, ich meine einen richtigen Nobelpreisträger." Nun komme ich etwas ins Schwitzen …

„Carlo, Carlo Rubbia!", beendet der ungeduldige Ausruf Rita Levi-Montalcinis meine gedankliche Personensuche. Warum habe ich den Entdecker der W- und Z-Teilchen (wir lernen ihn und sie noch kennen) in der Schweiz-Schublade? Nein, also jedenfalls ist es mir noch nicht gelungen, Physik-Nobelpreisträger Carlo Rubbia zu portraitieren.

Im Jahr 2008 wird Rita Levi-Montalcini übrigens Seite an Seite mit Dario Fo und weiteren „nicht so ganz richtigen" Nobelpreisträgern gegen die Mafia Stellung beziehen. Es geht um einen Appell an höchste Stellen, Italien möge dem Schriftsteller Roberto Saviano, den sein Werk „Gomorrha" über die Machenschaften der Camorra in Lebensgefahr bringt, allen nur möglichen Personenschutz zuteilwerden lassen. Mitunterzeichner sind Günter Grass, Michail Gorbatschow, Orhan Pamuk und Desmond Tutu.

Die Frage nach Carlo Rubbia ist das einzige Aufmerksamkeitshäppchen, das ich bei jenem ersten Portraittermin mit Rita Levi-Montalcini abbekomme. Das Foto von ihr muss ich aus dem Gespräch zwischen ihr und Tina gewissermaßen „stehlen". Mit meiner Idee der „Italienerin für die Italienerin" habe ich mich selbst um ein Gespräch betrogen, denn die Nobelpreisträgerin spricht natürlich perfektes Englisch. Genossen habe ich die Beobachtung der beiden Damen trotzdem.

Nur einen Tag nach dem Treffen erhalte ich eine E-Mail von der frisch Portraitierten: Ich möchte bitte Carlo Rubbia den Termin am Soundsovielten bestätigen, den sie für mich arrangiert habe. Wieder einmal lerne ich, wie Nobelpreisträger vorankommen: indem sie vorangehen. Nicht morgen, nicht, wenn eventuell dieses oder möglicherweise jenes so oder so oder am besten so ist, sondern sofort!

Also habe ich einen Termin mit Carlo Rubbia und bestätige ihn umgehend. Nicht lange danach fotografiere ich diesen zweiten „richtigen" italienischen Nobelpreisträger. Er empfängt mich ausgerechnet mit einem italienischen Wort, das ich verstehe: „rompicazzo" (dt. „Nervensäge").

Als ich Carlo Rubbia einige Jahre später auf der Lindauer Tagung sehe, stelle ich mich vor:

„Wir kennen uns. Ich bin die Nervensäge."

Da ist der Physiker ehrlich: Der Termin habe ihm überhaupt nicht gepasst damals, aber wenn Rita anrufe und sage: „Mach einen Termin mit dem Fotografen", dann mache man einen Termin mit dem Fotografen. Die „Nervensäge" habe ich mir also wohl ein wenig in Stellvertretung für die resolute Anruferin gefangen. Es war mir eine Ehre!

Einige Monate nach meinem Besuch in Rom tragen ihre High Heels Rita Levi-Montalcini auf die Höhe des Mikrofons am Pult im Washingtoner National Museum of American History des Smithsonian. Es läuft die Ausstellung „Nobel Voices – Celebrating 100 Years of the Nobel Prize", und die Nobelpreisträgerin hat zugesagt, einen Vortrag zu halten.

Ich sitze im Auditorium und habe Mühe, ihrem rasanten Englisch zu folgen. Hm, vielleicht wäre es auch auf Englisch schwierig geworden mit unserem Gespräch. Die Dame, obschon knappe siebzig Jahre älter, ist zu schnell für mich. Man hat der Referentin einen Stuhl neben das Pult gestellt, aber er wird leer bleiben. Sie setzt sich kein einziges Mal, sie macht keine einzige Pause. Sie ist zu diesem Zeitpunkt ja auch „erst" dreiundneunzig und nicht einhundert wie bei ihrer Geburtstagsrede.

***

Rita Levi-Montalcini wurde einhundertdrei Jahre alt.

„Unser *Beautiful Mind*" betitelte die römische Tageszeitung *la Repubblica* einen fünfseitigen Nachruf auf die einen Tag vor Silvester 2012 verstorbene Forscherin.

„Ich hatte den Eindruck, sie besann sich zum Ende ihres Lebens wieder ihrer jüdischen Herkunft", versucht Aaron sich und mir im Juni 2014 auf der Lindauer Tagung zu erklären, warum er und Italiens „Beautiful Mind" sehr schnell so enge Freunde wurden.

Aaron und Rita Levi-Montalcini hatten sich erst kennengelernt, als die Italienerin schon hoch in den Neunzigern war; sie wurden auf einem Hirnforschungs-Symposium in Rom einander vorgestellt, und bald waren sie in ein Gespräch über Israel vertieft. Bei aller Weltoffenheit hält Aaron das Gefühl zu wissen, wohin man gehört, wo die eigenen Wurzeln sind – kulturelle, religiöse, historische – für sehr wichtig.

Als Aaron kurz nach der ersten Begegnung mit Rita Levi-Montalcini Post aus Rom erhält, ist er überrascht: Er soll in die Päpstliche Akademie der Wissenschaften aufgenommen werden. Ein hoch honoriger Kreis.

„Das geschah sicher auf Veranlassung von Rita", vermutet er.

Rita Levi-Montalcinis Stimme hatte nicht nur dort Gewicht. 2001 nahm sie die Ernennung zur „Senatorin auf Lebenszeit" an und wurde somit Mitglied des Senato della Repubblica, der zweiten Kammer des italienischen Parlaments. Sie war seit 1949 erst die zweite Frau neben 31 Männern.

„Italien hat sie rausgeschmissen, aber sie kam zurück", knüpft Aaron an unsere Rückkehr-Diskussion um Einstein und Deutschland an.

„Sie hat sich nie beschwert, sie hat sich nie aufhalten lassen, ist immer weitergegangen. Keine Spur von Bitterkeit."

Die Nobelpreisträgerin überwand sogar ihre Abneigung gegen Politik, um der Forderung nach mehr finanziellen Mitteln für junge Wissenschaftler Gewicht zu verleihen.

Mit neunundneunzig besuchte die Hirnforscherin Aaron Ciechanover in Israel. Sie schenkte ihm ein Werk ihrer Zwillingsschwester Paola, wie er mir stolz und berührt erzählt.

„Es war eine ihrer letzten Arbeiten, äußerst wertvoll."

Als Aaron und ich über Rita Levi-Montalcini sprechen, fliegen die herrlichsten Attribute über den Frühstückstisch im Hotel Bad Schachen. Was für eine Frau – intelligent, mutig, unerschütterlich, großzügig, elegant, und dazu ihre über alle Maßen beeindruckende Schönheit!

„Du weißt, Peter, was ich meine, nicht die Schönheit vom Model-Wettbewerb. Die wirkliche, unvergängliche."

Ich weiß, was Aaron meint.

„Ihre Garderobe ... dann dieser wunderbare Schmuck ... Hast du mal auf ihren Schmuck geachtet? Museumsstücke, allesamt!"

„Wie schön, dass ich neben Rita hänge."
Portrait-Ausstellung im Stadtmuseum Lindau

Aaron fährt mit gespreizten Fingern an seinem Hals entlang und zeichnet den imaginären Verlauf einer Kette nach. Wenn zwei Männer über die Schönheit einer Hundertjährigen ins Schwärmen geraten, dann muss es wirklich um eine außergewöhnlich(e) Schöne gehen. Als uns beiden die Superlative ausgehen, legt Aaron seine Hochachtung in Betonung und wohlgesetzte Pausen seiner Zusammenfassung:

„Sie war ... eine echte ... Lady!"

Später kommt mir Aaron im Stadtmuseum Lindau, wo meine Laureatenportraits ausgestellt werden, strahlend entgegen gelaufen: „Wie schön, dass ich neben Rita hänge!"

Aaron und ich hatten das Glück, die „echte Lady" in der Blüte ihres Lebens getroffen zu haben, war sie doch überzeugt:

„Die letzte Phase, das ist wohl die beste!"

Und auch auf die Frage, die so viel größer ist als jede Millenniumfrage, hatte Rita Levi-Montalcini eine Antwort:

„Wir sterben nicht in dem Moment, in dem unser Leben als Person endet."

SEE YOU!
WIR SEHEN UNS!

PROLOG

Das war's also. Meine Weltreise zu Nobelpreisträgern geht zu Ende. Aber nur die, die in dieses Buch passte. Mein Projekt geht weiter, und die Reise der Wissenschaft ist ohnehin eine unendliche. In der Wissenschaft ist jedes Ziel, das erreicht wird, auch ein neuer Anfang. Noch immer fanden sich hinter jeder geöffneten Tür weitere Türen. Der Tag, an dem wir alles wissen werden, ist fern. Günter Blobel, Medizin-Nobelpreisträger von 1999, hat das treffend formuliert:

„Das menschliche Wissen wird immer unvollkommen sein, aber es lässt sich unbegrenzt vervollkommnen."

Das gilt sogar, wenn sich ein Weltbild schließt.

Wer ein ganzes Weltbild schließen kann, der schafft das auch mit diesem Buch. Peter Higgs ist Experte für Schlusskapitel. Er schrieb das letzte Kapitel des Erfolgsromans „Standardmodell der Teilchenphysik". Ich würde das Mammutwerk jetzt spontan dem magischen Realismus zuordnen. Es erscheint wie eine Mischung aus García Márquez' „Hundert Jahre Einsamkeit", „Peter Pan" und einer IKEA-Aufbauanleitung. Viele Protagonisten aus einer Familie mit verwirrenden Namen, die feste Überzeugung, dass Phantasien real werden können, und am Ende muss dann alles ineinanderpassen und tragfähig sein, auch wenn man zwischendurch komplett den Durchblick verliert. Und es darf eben weder Macondo noch Neverland dabei herauskommen, sondern nichts als die Wirklichkeit. Handfeste Materie. Wie jeder gute Schriftsteller hat auch Higgs abgeschrieben; sogar die Aprikosenkompott-Szene von García Márquez findet sich zu Masse-Sirup verarbeitet in Higgs' Werk wieder. Der gibt offen zu, dass er Ideen geklaut hat, allerdings nicht bei García Márquez, sondern bei Yoichiro Nambu. Die Verfilmungsrechte an dem Werk hält die (Teilchen-)Produktionsfirma CERN in der Schweiz. Die haben viel Energie in das Casting für den Hauptdarsteller gesteckt, bis sie ihn endlich gefunden haben. Sein Künstlername: „Higgs-Teilchen"! Kein erfolgreicher Blockbuster ohne Herumknallerei. Die hat die findige Teilchen-Produktionsfirma noch in den Plot hineingeschrieben, und Premiere war dann am 4. Juli 2012.

Für den Literatur-Nobelpreis hat es trotz allem nicht gereicht, aber Peter Higgs bedauert das keineswegs. Wie ich schnell feststelle, als ich ihn in Edinburgh besuche, braucht er keinen Nobelpreis zum Glück. Das heißt nicht, dass er sich über den Physik-Nobelpreis 2013 zusammen mit François Englert nicht doch gefreut hätte.

Auch der 2013er Chemie-Laureat Michael Levitt ist glücklich über seinen Nobelpreis in der eigentlich „falschen" Kategorie. Er versöhnte bislang recht verfeindete Territorien (die klassische Mechanik und die Quantentheorien) auf Softwareebene miteinander, was einen Friedensnobelpreis nahegelegt hätte. Vielleicht war der deshalb nicht drin, weil Levitt gerne mal einen Mann verbrennt. Allerdings nur, wenn er aus Holz ist, die Wüste weit und die Party verrückt genug. Michael Levitt stammt aus Neverland und rettete nicht nur das Kind in sich durch die letzten sechs Jahrzehnte, sondern außerdem – gemeinsam mit Martin Karplus und Arieh Warshel – Schrödingers Katze aus der Höllenmaschine. Behutsam trugen sie jedes einzelne Riesenmolekül von ihr vom Atom- ins Computerzeitalter.

In meinen letzten beiden Episoden suche ich mit Eki in einem italienischen Restaurant nach einem gottverdammten Teilchen, scheitere mit jedem Sockel, den ich Peter Higgs unterschieben will, an dessen stiller Größe und feiere mit Michael Levitt Kindergeburtstag mit lauter Erwachsenen und meiner Nichte Marla.

Ein kleines bisschen enttäuscht war ich, dass weder Peter Higgs das Higgs-Teilchen mit zu unserem Treffen brachte noch Michael Levitt Schrödingers Katze dabeihatte. Ich bin eben weder theoretischer Physiker noch Softwareentwickler für Computersimulationsprogramme. Ich mag es, Dinge vor mir zu sehen und anzufassen. Zu gerne hätte ich Eki aus Edinburgh ein Higgs-Teilchen mitgebracht und einmal Schrödingers Katze gestreichelt. Meine Welt ist eben visuell und haptisch.

Zeit, mich aus der Spitzenwissenschaft zu verabschieden.

Auf meiner kleinen Verabschiedungsrunde geht es in Lichtgeschwindigkeit und Unterwäsche knapp an der Apokalypse vorbei.

EPISODEN

Higgs und das gottverdammte Teilchen
Levitt und der brennende Mann

Das Jahr 2012 bringt einen neuen Job für mich. Ich erhalte den Auftrag, alle Turing-, Abel-, Fields- und Nevanlinna-Preisträger zu portraitieren. Diese Auszeichnungen werden für herausragende Arbeiten auf den Gebieten der Mathematik und der Informatik verliehen und sind in ihrer Bedeutung dem Nobelpreis vergleichbar. Ich freue mich über die neue Aufgabe, und Mathematik-Fan Eki freut sich mit mir.

Wir sitzen beim „Italiener" in Berlin-Kreuzberg, und ich erzähle ihm von meinem anstehenden Fototermin mit einem Doppel-Laureaten: Michael Atiyah erhielt Fields-Medaille und Abelpreis.

„Er ist Honorarprofessor an der Edinburgh University", antworte ich Eki auf die Frage, wo ich Atiyah treffen werde.

„Edinburgh?"

„Ja, Edinburgh."

Eki legt das Besteck zur Seite und schaut mich an, als warte er auf einen Groschen, der bei mir fallen soll. Ich schüttele die Gehirnzellen, aber es fällt keiner.

„Mensch, Edinburgh ..."

„Ja, Edinburgh, Edinburgh ... was ist denn nun mit Edinburgh?", versuche ich endlich aus Eki herauszukriegen, was ihn vom nächsten Bissen Pizza Tonno abhält.

„Mann, Edinburgh University – da sitzt doch der Higgs. **Peter Higgs.**"

Ekis Augen leuchten. Er greift zu Messer und Gabel, legt sie aber sofort wieder weg und nimmt das letzte Stück Pizza in die Hand. Bevor die ins Rutschen geratene Tomate vom Pizzadreieck heruntergleitet, kriegt Ekis Zunge die labbrige Spitze stabilisiert, und dann landet alles sicher in seinem Mund.

„Den Higgs ... den musst du unbedingt besuchen ... großartiger Typ ... und dann kannst du den gleich fürs Nobelprojekt mit abarbeiten ...", plant Eki kauend meine Zukunft.

Peter Higgs sagt mir was. Aber ich wusste nicht, dass er in Edinburgh zu verorten ist.

„Na ja ...", will ich etwas einwenden, das Eki vorausahnt:

„Sag jetzt nicht: Der hat doch keinen Nobelpreis ... Der kriegt ihn!"

Die hellseherischen Fähigkeiten meines Freundes sind nicht zu verachten, und von Physik versteht er außerdem eine Menge. Eki schiebt den jetzt leeren Pizzateller so energisch in die andere Tischecke, als könne er mit der demonstrativen Entschlossenheitsgeste unmittelbar das Nobelkomitee beeinflussen.

Ich ahne, was auf der freigeräumten Tischplatte jetzt auf mich zukommt: der Mikrokosmos.

Wie die Pizza in den Eki kommt, habe ich jetzt schon oft beobachten können, aber wie die Masse in die Teilchen – das ist komplizierter. An diesem Abend erfahre ich es. Von Eki. Und der weiß es von Peter Higgs.

„Materie ...", beginnt Eki tief durchatmend, „... ist körnig, sie besteht aus einzelnen diskreten Teilchen. Alles, was die Teilchenphysiker über diese Partikel wissen oder zu wissen glauben, ist in einer Theorie zusammengetragen ... nennt sich Standardmodell der Elementarteilchenphysik ... kennst du: der Teilchen-Zoo."

Ich nicke. Das Standardmodell ist mir Begriff. Es beschreibt Struktur, Eigenschaften und Massen der Teilchen und ihre Wechselwirkungen untereinander.

Eki zerlegt jetzt die Tische und Stühle des Restaurants – glücklicherweise nur verbal –, dann noch die Luft, die Getränke, also die uns jetzt gerade so umgebende Materie, in Moleküle und deren Bestandteile: die Atome. Die sind klein, aber ein großer Etikettenschwindel, da das „Atom" die „Unteilbarkeit" im Namen führt, allerdings selbst Bausteine hat, die wiederum Bausteine haben.

Also weiter: Eki arbeitet sich durch die negativ geladene Atomhülle eines beliebigen Atoms in den positiv geladenen Atomkern vor. Der besteht aus elektrisch neutralen Neutronen und aus positiv geladenen Protonen; die Atomhülle aus elektrisch negativ geladenen Elektronen. Das ist den meisten noch so gerade aus der Schule bekannt, hofft Eki jedenfalls. Schluss mit Schulwissen ist, wenn es so richtig mini wird. Neutronen und Protonen sind ihrerseits aus drei sogenannten Quarks aufgebaut. Neben den Quarks basteln noch die Leptonen an der Materie mit.

Damit haben wir sie: die „echten" Elementarteilchen!

Nun muss aber noch Bewegung in die Sache, damit eine sich dynamisch verändernde Welt entsteht. Dafür sorgen die Naturkräfte oder Wechselwirkungen.

Die bekannteste Wechselwirkung aus dem Alltag ist die Kraft, die die Pizza vor mir auf dem Teller, den auf dem Tisch und jenen auf dem Boden hält, und das alles nur wegen der vielen Dellen im Weltraum, wie wir von Einstein wissen: die Schwerkraft oder Gravitation. Dann haben wir noch die „elektromagnetische Kraft" (die kommt im Alltag etwa beim Aufladen von Elektrogeräten ins Spiel), die starke Kernkraft (hält die Protonen und Neutronen im Atomkern zusammen) und die schwache Kernkraft (sorgt für den radioaktiven Zerfall der Atomkerne).

Diese vier Kräfte sind also die wahren Machthaber, vom Mikrokosmos bis rauf ins Weltall! Ins Standardmodell schaffen es nur drei, weil die Gravitation – als schwächste Kraft – in der Elementarteilchenphysik keine Rolle spielt. Mit den Kräften kommt also Dynamik in die Materie: Wenn Quarks und Leptonen miteinander wechselwirken, dann werden entsprechende Kraftteilchen zwischen ihnen hin- und hergeworfen.

Nachdem Eki imaginäre Kraftteilchen von der einen in die andere Hand und dann zurückgeworfen hat, taucht er wieder aus den Tiefen der Teilchen auf und kommt zum Punkt:

„Jedenfalls: Das Standardmodell der Teilchenphysik ist mittlerweile durch Experimente so weit bestätigt worden, dass man sagen kann: Es funktioniert! Alle Teilchen, die zunächst nur theoretisch vorhergesagt wurden, hat man irgendwann als existent nachweisen können. So zuletzt die Kraftteilchen der schwachen Kernkraft: die W- und Z-Teilchen."

„Carlo Rubbia!", fällt mir spontan der „richtige" Nobelpreisträger ein, zu dessen Auszeichnung ich mein Wissen nach Rita Levi-Montalcinis Vermittlung zu ihm aufgefrischt habe. An diesen W- und Z-Teilchen kleben mehrere Nobelpreise. Für die sogenannte elektroschwache Theorie aus den Sechzigern – ein wichtiger Pfeiler des Standardmodells – erhielten Sheldon Glashow, Abdus Salam und Steven Weinberg 1979 den Physik-Nobelpreis. Damit die Theorie (sie vereint die schwache Kernkraft mit der elektromagnetischen Kraft) schön aufgeht, bereicherte man den Teilchen-Zoo mit den W- und Z-Teilchen.

Stimmte die Standardtheorie, dann musste es diese Teilchen wirklich geben!

Und es gibt sie! 15 Jahre später findet Carlo Rubbia sie mit seinem Forschungsteam in der Schweiz. Also, genauer gesagt im Kernforschungsinstitut CERN bei Genf. Deshalb wohl habe ich ihn damals bei Rita Levi-Montalcini irgendwie zum Schweizer gemacht. Er war der verantwortliche Chefphysiker dort. Im CERN spielen die Lichtenbergs unter den Teilchenphysikern, also die Experimentalphysiker, den Urknall nach, unter anderem, um diese ganzen Teilchen zu suchen, die sie in ihrem Standardmodell herbeiphantasiert haben.

Nur bei Ereignissen mit möglichst viel Energie auf engstem Raum besteht eine Chance, die bisher unbekannten Bausteinchen aufzuspüren. So lässt man Materieteilchen in Teilchenbeschleunigern aufeinanderknallen, als würde man mit Erbsen gefüllte Tennisbälle aus getunten Ballmaschinen gegeneinanderschießen. Dann vollbringen die Experimentalphysiker, genauer ihre Computer, irre Rechenleistungen, um herauszubekommen, ob sich dabei was ereignet hat, was den theoretischen Kollegen in den Kram, also in ihr Standardmodell, passt.

Dem Teilchenbeschleuniger Super Proton Synchrotron (SPS) entlockt Carlo Rubbia nach Milliarden von Zusammenstößen zwischen Protonen und Antiprotonen 1983 endlich die W- und Z-Teilchen, und dafür holt er sich schon ein Jahr später zusammen mit seinem Kollegen, dem Niederländer Simon van der Meer, den Nobelpreis ab.

„Carlo Rubbia. Genau. Leiter der UA1 Kollaboration am CERN", denn das war schon eine echte Teamleistung, weiß Eki es natürlich ganz genau.

„Also: Seit Rubbia/van der Meer sieht das Elementarteilchen-Puzzle endlich ziemlich komplett aus. Und trotzdem: Es fehlt bis heute aber noch etwas Entscheidendes! Ein Problem schleppt sich durch die Jahrzehnte: das Masse-Problem ..."

Ich seufze. Lieber kein Dessert heute.

„... genauer gesagt: das Ruhemasse-Problem! Denn Ruhemasse ist die Masse, die dafür sorgt, dass materielle Gegenstände überhaupt in Ruhe verharren oder beschleunigt bzw. verlangsamt werden können."

„Gegenstände in Ruhe verharren? Das tun die doch den ganzen Tag", kann ich Eki irgendwie nicht ganz folgen in sein Masse-Problem.

„Eben! Aber wieso?"

„Ja, wieso? Ist das nicht völlig normal ...?"

„Sie könnten ja auch wie Einsteins Photonen ständig in Lichtgeschwindigkeit unterwegs sein. Nix mit Verharren. Licht hat keine Ruhemasse."

„Gut. Und die anderen Teilchen?"

„Also: Das Standardmodell sieht in der ursprünglichen Form keine Ruhemassen vor. Aber die Materieteilchen haben nun mal welche. Und die W- und Z-Kraftteilchen auch, bloß ‚Einsteins' Photon als Kraftteilchen der elektromagnetischen Kraft nicht und die Klebeteilchen der starken Kernkraft, die Gluonen, auch nicht."

„Was ist denn jetzt genau unklar? Die einzelnen Massen, oder was?"

„Nein, die gerade nicht. Sage mir deine Ruhemasse, und ich sage dir, welches Teilchen du bist! Das können sie, die Teilchenphysiker. Aber wenn das Teilchen dann noch wissen will, wo es denn seine Ruhemasse überhaupt herhat ... das ist, wenn die Physiker auf die Schuhe gucken."

„Und Higgs ..."

„... hat nicht auf die Schuhe, sondern mal in Professor Nambus Werkzeugkoffer für den findigen Teilchenphysiker geschaut ... in den Sechzigern schon ..."

„Professor Yoichiro Nambu. Nobelpreis 2008. Haben wir doch direkt 2009 in Chicago besucht und sind dann noch runter nach Mexico zu García Márquez."

„Ja. Nambu und Mexico. Das passt gut. Sombrero-Potential."

„Wie?"

„Nambu formulierte mathematisch Mechanismen der spontanen Symmetriebrechung in der Teilchenphysik. Symmetriebrechung könnte ich dir jetzt am Beispiel eines Sombreros erklären, aber merk dir einfach: Symmetrie in der Natur ist ganz nett, aber wenn's wirklich spannend werden soll mit der Materie, dem Leben, dem Sein, muss Symmetriebrechung ins Spiel. Kurz:

Das Geheimnis der Schönheit der Wirklichkeit – gebrochene Symmetrien!"

„Wenn du das sagst."

Mensch, da forschen die alle ewig, und Eki haut das in einem Satz raus.

Ich schaue, als wäre mir alles sonnenklar.

„Also: Der junge Peter Higgs guckt Anfang der Sechziger in Nambus genialen Werkzeugkoffer und sagt zum Ruhemasse-Problem: spontane Symmetriebrechung! Wieso ist da außer ihm, und ja, nicht zu vergessen seinem Kollegen Kibble und einer Truppe um François Englert keiner drauf gekommen? Verkürzt: Weil die spontane Symmetriebrechung von Nambu global angelegt ist und dann masselose Goldstone-Teilchen auftreten müssten. Namensgeber ist übrigens Jeffrey Goldstone, ein Schüler von Hans Bethe. Das mit den masselosen Goldstone-Teilchen passte nicht recht zusammen mit den W- und Z-Kraftteilchen. Die haben ja Ruhemasse – und brauchen sie auch. Die Frage heißt also …"

„Wie kriegt man die masselosen Goldstone-Teilchen weg und Masse in die W- und Z-Kraftteilchen?"

„Genau! Higgs und sein Kollege Kibble zeigen 1964: Eine spezielle spontane Symmetriebrechung kann lokal, und eben nicht global, durchaus so funktionieren: Die W- und Z-Teilchen verschlucken einfach die Goldstone-Teilchen … Higgs-Kibble-Dinner!"

„Eki, du denkst nur ans Essen …"

„Heißt wirklich so! Also, die verschlucken die Goldstone-Teilchen …"

„… der Rubbia und seine Kannibalenteilchen …"

„… verschlucken die Goldstone-Teilchen", wiederholt Eki jetzt drohend lauter, „und lösen damit gleichzeitig einen Prozess aus, der den verbleibenden W- und Z-Teilchen ihre Ruhemasse verleiht. Nach dem Dinner zeugt nur noch ein Krümelchen vom Gelage: das Higgs-Teilchen! Peter Higgs rettet so das ganze Standardmodell mit diesem Higgs-Mechanismus, der eigentlich ein ‚Englert-Brout-Higgs-Guralnik-Hagen-Kibble-Mechanismus' ist ..."

„Och nee, Eki ... das kann sich doch kein Mensch merken ..."

„... und aus dem Grund wurde es ja der Higgs-Mechanismus. Peter Higgs selbst nennt ihn aber auch Englert-Br..."

„Ja, verstanden!", unterbreche ich den endlosen Mechanismus. „Haben wir die Masse jetzt drin in den Dingern?"

„In den W- und Z-Teilchen, ja. Aber noch nicht in den Materiebauklötzchen."

Ich will heute das Masse-Problem lösen. Ich muss durchhalten. Und kein Dessert!

„Pass auf ...ganz kurz ..."

Wenn Eki sagt: „ganz kurz", kann man den Abend endgültig abschreiben.

„Also, wie die W- und Z-Kraftteilchen ihre Ruhemasse kriegen ... Higgs-Kibble-Dinner ... abgehakt! Aber nun die Materie-Teilchen, die Quarks und Leptonen. Die bekommen ihre Masse nicht über das Verspeisen von Goldstone-Teilchen. Sie koppeln an das Higgs-Feld an und beziehen so je nach Stärke der Kopplung ihre individuelle Ruhemasse."

Ach, das ging jetzt ja doch schnell.

„Ich erklär dir, wie's funktioniert ..." Zu früh gefreut.

Eki verteilt Zuckertütchen auf dem Tisch.

„Stell dir 'ne Party vor. Viele Gäste", Eki deutet auf die Zuckertütchen.

Ich stelle mir 'ne Party vor. Viele Gäste.

„Nun kommt *Sie*. Alice.

Superscharfes Promi-Elementar-Teil.

Size-zero-Schönheit."

„Seit wann stehst du denn auf Size-zero-Frauen?", grinse ich.

Eki grinst nicht zurück. Scheint ihm ernst zu sein. Mit dem Mikrokosmos hier jedenfalls. Ich mache mit aller mir zur Verfügung stehenden Vorstellungskraft eine Frau aus dem Salzstreuer und nicke dem Freund zu:

„O. k., vergiss es, weiter!"

Eki umfasst den formschönen Salzstreuer an seiner verschlankten Mitte und bewegt Alice mit konstanter Geschwindigkeit über den Tisch, bis er zu dem Ort mit den Zuckertütchen-Fans kommt.

„Also, sobald Alice da ist, wird sie umringt von den anderen Gästen. Fans ...",

Eki platziert einige Zuckertütchen neben Alice, „... Neugierige ...", und noch mehr Zuckertütchen finden Platz in der Nähe vom Salzstreuer, „... Autogrammjäger!"

Nun ist Alice von lauter Zuckertütchen umgeben.

Ob die hier gutes Tiramisu haben?

Eki merkt sofort, dass ich nicht mehr an seinen Lippen und dem Higgs-Feld hänge.

„Was ist jetzt mit Alice?", holt er mich auf die Party zurück.

„John Nash erklärt den Zuckertütchen die Spieltheorie, und Alice bleibt einsam."

Eki rollt mit den Augen: „Nee, nix Spieltheorie. Physik ist das hier!"

„Klingt aber nach Blondinendilemma und Spieltheorie. Seit wann kommen in Physik-Beispielen denn jetzt auch Frauen vor? Ihr habt's doch sonst nur mit Äpfeln und Katzen."

Eki lässt sich nicht beirren und die Katze aus dem Sack: Alice ist ein anfangs Ruhemasse-loses Materieteilchen, die Zuckertüten-Partygäste bilden als zäher Masse-Sirup das Higgs-Feld. Alice muss nun weder Pizza noch Goldstone-Teilchen essen, um fett zu werden und träge abzuhängen. Es reicht, dass sie durch dieses Fan-Gewimmel hindurchmuss. Für die anderen Elementarteilchen gilt: Je mehr Fans, je stärker die Kopplung an das Higgs-Feld, desto mehr Ruhemasse. Das Photon ist die Primadonna der Elementarteilchen, wurde ja immerhin von Einstein entdeckt und gibt aus Prinzip keine Autogramme. Das total abgehobene Photon rast also mit Lichtgeschwindigkeit durch die Fantrauben im Higgs-Feld hindurch, als gäbe es sie nicht. Die anderen Teilchen kriegen ihre Fan-Massen ab.

Eki strahlt triumphierend, als sei ihm das gerade selbst alles eingefallen und nicht Higgs und Englert vor fünfzig Jahren.

„Toll ... aber eben Theorie, der Mechanismus und das Higgs-Teilchen ... oder?", mach ich die Spaßbremse. Ich bin nicht so wirklich ein Theoretiker. Wenn einer behauptet, da gibt es so ein Teilchen, dann denk ich eben sofort: Dann zeig doch mal!

„Ja, ein theoretisches Teilchen. Das letzte noch nicht als existent nachgewiesene Teilchen aus dem Standardmodell.

Das Higgs-Teilchen ist das, was du aus der IKEA-Tüte kennst: das eine, das fehlt! Das eine, an dem der ganze Schrott hängt. Ohne das wackelt alles und bricht eher früher als später zusammen. Kennste doch. Du stehst da mit dem halben Schrank am Arm, fingerst in dem kleinen Tütchen, und dann ... 9 Schrauben statt 10 ... Herrgott noch mal, verdammt!"

Eki haut mit der Faust so heftig auf den Tisch, dass der Zuckertütchen-Mikrokosmos kurz tanzend abhebt.

„Unter Physikern heißt das Teilchen deshalb auch ..."

„IKEA-Teilchen?"

„Quatsch. Gottverdammtes Teilchen! Ohne das kannste das Standardmodell den Hasen geben. Weil man aber nix verdammen darf, auch kein wehrloses Teilchen, hat dann ein pfiffiger Verleger mal aus dem säkularen ‚goddamn particle' das Gottesteilchen gemacht. Geht aber immer nur um das Higgs-Teilchen. Das bleibt übrig als Zeuge für das Higgs-Kibble-Dinner und den Englert-Br..."

„... Eki ..."

„Kurz: Gibt's das Teilchen, gibt's alles andere auch!

Dann stimmt die Theorie. Das Standardmodell. Das

Weltbild der Elementarteilchenphysik. Und das Beste: Im Gegensatz zum Higgs-Feld ist das Higgs-Teilchen experimentell nachweisbar. Das suchen die jetzt natürlich wie verrückt."

Theoretisierst du noch, oder experimentierst du schon?

Also wieder Urknall im CERN.

Rubbia ist da mittlerweile weg und die Knallerei noch bombastischer geworden. Die neue Urknallmaschine im CERN heißt Large Hadron Collider und ist seit September 2008 in Betrieb. Nach zehn Jahren Planung und unter Beteiligung von über 10.000 Wissenschaftlern und Technikern aus über 100 Staaten sowie der Kooperation Hunderter Universitätslehrstühle und Forschungsinstitute geht die Suche da los, und nach einem technischen Defekt knallt zwischendurch ein gutes Jahr gar nichts. Derweil versuchen Peter Higgs und François Englert, sich weiter an den Rat von Professor Doherty zu halten und alt zu werden.

„Und wie schwierig ist nun die Suche?", will ich von Eki noch wissen.

„Das Teilchen ist ein Überbleibsel, weniger als 'n Krümel nach einer Massen-Orgie, ... ein Sandkorn im mit Sand gefüllten Fünfzig-Meter-Schwimmbecken."

Eki reißt zwei Zuckertütchen auf und lässt den Inhalt langsam in den soeben servierten Espresso rieseln.

„Aber die finden das! Ziemlich sicher. Und dann ... Nobelpreis für Higgs und Kollegen! Klare Sache!"

„Für dich auch noch Tiramisu, Eki?"

***

Lindauer Nobelpreisträgertagung 2012. Turnusmäßig ist die Physik dran. „Educate.Inspire.Connect." – wieder läuft alles unter dem schönen Motto, aber diesmal liegt eine Spannung in der Seeluft, die mindestens 125 Gigaelektronenvolt hat. Ich sitze auf einem der hinteren Plätze in der Inselhalle. Auf dem Podium: die Nobelpreisträger Martinus Veltman, David Gross, George Smoot und Carlo Rubbia.

Lindau – Genf; Luftlinie kaum mehr als 300 Kilometer. Dennoch funktioniert die Live-Schaltung von der Inselhalle ins CERN nur mit den Tücken, die man aus den Fernsehnachrichten kennt, wenn der Auslandskorrespondent ratlos in die Kamera schaut und nervös seinen Ohrstöpsel befummelt.

Dasselbe nun hier in der Inselhalle. „Hören Sie mich?" „Ich höre Sie gut." „Wir hören jetzt nur uns selbst." „Winken Sie mal, wenn Sie uns hören." „Können Sie den Ton ganz rausnehmen?"

Egal. Heute ist für Teilchen-Physiker Weihnachten, Ostern und Urknall zusammen. Professor David Gross kommentiert ein Großereignis im Mikrokosmos:

„Ich kann schon den ganzen Tag nicht mehr aufhören zu lächeln."

Sie haben es! Das Higgs-Teilchen.

Es wurde aus einer Lücke gezogen. Am 4. Juli 2012 bei einer Masse von 125 bis 126 Gigaelektronenvolt.

***

Klar ist, dass ich nun auf jeden Fall Ekis Rat befolgen werde. Ich werde mich um einen Termin bei Peter Higgs bemühen, wenn mich meine „Mathe-Reise" zu Michael Atiyah nach Edinburgh führt.

***

Der Shoot mit dem Doppel-Laureaten Atiyah ist eine reine Freude. Wir machen unzählige Fotos, und alles klappt prima. Als Atiyah erwähnt, dass er und Peter Higgs schon zusammen Geburtstag gefeiert haben, bin ich drauf und dran, um Kontakthilfe nachzufragen, wage mich dann aber doch nicht vor.

Als ich Atiyah aus Berlin später das ausgewählte Portrait zusende, hat er eine Bitte: Es gefalle ihm, aber irgendwie sei er ohne Brille nicht er selbst. Ich möge doch eines mit Sehhilfe nehmen. Ich gehe alle Fotos durch und stelle fest: Es gibt gar keins mit Brille. Also reise ich noch mal nach Edinburgh. Diesmal schießen wir einen schönen Haufen Brillenbilder, und dann kommen wir auf den Universitätskollegen Peter Higgs zu sprechen. Jetzt erwähne ich, dass ich wahnsinnig gerne ein Portrait von ihm hätte, und da verspricht Atiyah umgehend Hilfe. Ich solle ihm einen Brief und einige meiner Bücher für Higgs zukommen lassen, er kümmere sich darum, die Firewalls zu durchbrechen. Er ist mit mir allerdings einer Meinung, dass es die Sache erschwert, falls Freund Eki richtig liegt und Higgs den Nobelpreis erhalten sollte.

Wieder zu Hause, stelle ich die Unterlagen für Higgs zusammen und schicke sie mit dem neuen Brillen-Bild zu Atiyah nach Edinburgh. Der schreibt umgehend zurück, er kümmere sich um Higgs, und im Übrigen habe er jetzt portraittechnisch den vollen Durchblick: überredet. Das Foto ohne Brille.

***

Am 8. Oktober 2013 werde ich auf einem Kreuzfahrtschiff im Mittelmeer ständig von der Außenwelt abgeschnitten, weil ich keine stabile Internetverbindung zustande bringe. Herrje! Dabei muss ich doch jetzt unbedingt wissen: Geht der Physik-Nobelpreis an die Retter des Standardmodells der Elementarteilchenphysik?

Witzigerweise bin ich auf diesem Cruise auf Einladung eines Mannes, den ich ausgerechnet in Edinburgh kennenlernte. Im Jahr 2009 durchrockte ich mit Ed Bonja auf einem Schloss bei Edinburgh ein sehr schottisches Wochenende mit amerikanischen Musikern und einem österreichischen Elvis-Interpreten: Dennis Jale. Initiator war Jerry Scheff, Elvis' ehemaliger Bassist, der zu diesem Zeitpunkt als Teil der TCB-Band mit James Burton, Glen D. Hardin und Ronnie Tutt auftrat. Dennis interpretiert Elvis-Songs auf seine Art, und genau das ist der Grund, warum die TCB-Jungs mit ihm und nur ihm arbeiten. Es gab nur einen Elvis. Mit einem „Elvis-Imitator" würden sie nie spielen.

Ich blieb mit Dennis in Kontakt, und nachdem wir uns zuletzt auf einem Konzert in Berlin gesehen hatten, klappte nun dieser kleine Ausflug aufs Mittelmeer inklusive Fotoshoot mit Priscilla Presley.

Aber was ist jetzt mit Ekis Nobelpreis-Vorhersage?

Irgendwann sendet der Satellit mir die Schlagzeilen des Tages hinaus aufs Wasser: Stockholm, Bekanntgabe der Nobelpreisträger für 2013.

Physik-Nobelpreis an: Peter Higgs und François Englert für ihre theoretischen Arbeiten zum Verständnis über den Ursprung der Masse!

Tja. Damit würde Edinburgh eine Dienstreise werden, aber wohl eine in bestenfalls mittlerer Zukunft. So schnell würde ich jetzt nicht mehr an Nobelpreisträger Higgs herankommen.

Doch Atiyah gibt nicht auf. Er will unbedingt erfolgreich sein; ein bisschen auch, um sich zu revanchieren, denn zusammen mit Spürnase Eki ist es mir gelungen, den Aufenthaltsort von Alexander Grothendieck herauszufinden, und Atiyah hatte sich sehr berührt

Mathematik-Gigant Alexander Grothendieck

Die Echte: Elvis-Witwe
Priscilla Presley

gezeigt, endlich etwas über das Schicksal seines im selben Jahr wie er ausgezeichneten Kollegen zu erfahren.

Fields-Medaillen-Gewinner Grothendieck war ein Mathematik-Gigant. Er gehörte auch zu jenen, die vehement John Nashs Genialität auf mathematischem Gebiet jenseits der Spieltheorie betonten. Wie John, jedoch im Näheren nicht vergleichbar, fand auch er irgendwann großen Gefallen an der Innenwelt, schottete sich komplett ab. Grothendieck kehrte nicht mehr in die Außenwelt zurück. Das Foto, das er mir gestattete, als Eki und ich ihn 2013 in Frankreich aufspürten, ist die letzte Aufnahme von ihm, bevor er am 13. November 2014 stirbt.

Ein halbes Jahr zuvor legt sich Atiyah also noch mal für die Higgs-Sache ins Zeug, und es klappt. Am 11. Juni 2014 um 15 Uhr habe ich einen Termin am Old College in Edinburgh.

***

Ein Coffeeshop unweit des Old College. Wir haben gerade die Fotos im Innenhof erledigt und Peter Higgs, sein Kollege Alan Walker und ich gönnen uns nun ein Kaffeepäuschen.

Der Nobelpreisträger – das unbekannte Wesen.

Hier sitzt ein Exemplar, das ich längst kenne und das mich dennoch beinahe aus der Fassung bringt.

Hat er Physik schon immer toll gefunden?

– Nein, in der Schule eher nicht.

Aber er war immer schon begabt auf dem Gebiet?

– Dem Gebiet der Physik insgesamt? Oh nein, experimentell sei er ein Komplettausfall gewesen.

Dafür hat er dann ja in der theoretischen Physik alle überholt.

– Das einzige Feld, auf dem er kompetent sei. Aber er sei mit einer Arbeit zur Gravitation erst mal in eine Sackgasse gelangt und habe nicht recht gewusst, womit er sich nun beschäftigen sollte.

Ja, aber wie kam es denn dann zu dieser Jahrhundertidee?

– Die habe Yoichiro Nambu gehabt, dessen Arbeit sei der Auslöser für seine Überlegungen gewesen.

Der Retter des Standardmodells mit Higgs-Feld und Higgs-Teilchen, dem Gottesteilchen. Wow!

Das mit den Namen sei einfach furchtbar.

Das Higgs-Feld müsse eigentlich Goldstone-Feld heißen, und das Gottesteilchen ... ein schillernder Begriff, irreführend. Eine dumme Geschichte.

Nach über vierzig Jahren dann die Standing Ovations im CERN, er habe ja kurz die Brille abnehmen müssen, um sich über die Augen zu wischen. Bewegend?

– Ja, das sei schon ein großer Tag gewesen – für die vielen Physiker und Techniker, die dort an dem Erfolg gearbeitet haben.

Er und François Englert seien aber doch verdientermaßen das Zentrum des Ruhms.

– Oh, Ruhm sei eine Plage.

Ich gebe es auf. Peter Higgs lässt sich nicht feiern. Er ist ein älterer Herr in Windjacke; die Haare, die er schon seit Jahrzehnten nur noch am Hinterkopf trägt, kräuseln sich heute etwas störrisch. Er ist glücklich darüber, wie alles gekommen ist. Die Sichtung des Teilchens, das für alle das Higgs-Teilchen ist, nur nicht für Peter Higgs, rührte ihn zu Tränen. Als man um ihn herum in Standing Ovations ausbrach, mischte sich aber auch etwas Unbehagen in die Hochstimmung. Er habe sich gefühlt wie in einem Fußballstadion, wird er später offenbaren.

Peter Higgs weigert sich, nun, mit über achtzig, noch Popstar zu werden. Überflüssig zu erwähnen, dass er, wie Frederick Sanger, den Ritterschlag zum Sir ablehnte, schon 1999.

Und so hängt im Kelvin Room der Royal Society of Edinburgh kein Adeliger und kein Gott der Teilchen, sondern Peter Higgs.

Der höchstselbst führt mich am nächsten Tag dorthin, und ich treffe auf malerische Portraitkonkurrenz. Die schottische Künstlerin Victoria Crowe hat den Nobelpreisträger in Öl verewigt.

Da scheint jemand meine Philosophie vom authentischen Portrait und die Abneigung gegen Posen zu teilen. Ich mag sogleich die Künstlerin. Den Portraitierten sowieso.

Ich brauche längst keine weiteren Beweise mehr dafür, dass Nobelpreisträger „stille Größen" sind. Auf dem Bild sitzt eine weitere Ausgabe. Im Freizeithemd, das ein kleines Bäuchlein

Peter und Peter

verhüllt, ohne es unsichtbar zu machen. Die rechte Hand umfasst beinahe ein wenig festhaltend die Lehne des Bauhaus-Sessels, die linke hält die Brille. Der Blick geht nach innen. Ein ähnliches Bild von Top-Managern? Höchst selten. Welcher Herrscher über irgendein Imperium lässt sich schon ohne Überlegenheits-Botschaften feuernde Attitüde in Öl malen? Ich kenne nur den Arme-vor-dem-Brustkorb-Verschränker mit diesem Alphatierchen-Blick, der nicht sucht, sondern behauptet, gefunden zu haben, und zwar mindestens die Weltformel.

Es gibt eben Menschen, die die Welt verstehen (wollen), und solche, die sie regieren (wollen).

Dass Peter Higgs vom Mikrokosmos so viel verstanden hat wie kaum ein anderer, findet sich im Ölgemälde nur angedeutet: An der Wand hinter Higgs erkennt man Formeln, und ist da nicht auch das Higgs-Teilchen? Eine bildhaft simulierte Elementarteilchen-Kollision lässt es aufblitzen. Den Herrn neben dem Nobelpreisträger an der Wand kenne ich auch: Michael Atiyah.

Der Higgs hängt zu hoch. Für das Foto jedenfalls. Als ich laut nachdenkend bedauere, dass ich das Gemälde so leider nicht in den Fotohintergrund bekomme, ansonsten aber ein phantastisches Licht eine Aufnahme herausfordert, da veranlasst Peter Higgs kurzerhand, dass das Portrait vorübergehend abgenommen und so platziert wird, dass das klappt. Niemand hat ein Problem damit. Schotten sind cool.

Stille Größe – Peter Higgs

Peter Higgs komplettierte das Weltbild der Teilchenphysik, und doch ist der theoretische Physiker die Bescheidenheit in Öl wie in Fleisch und Blut. Könnte er, dann würde er das Higgs-Teilchen von seinem Namen befreien. Kollege Englert hat jedes Recht, das auch zu wollen. Hieße Higgs Eyjafjallajökull, wäre das mit der Namensgebung vielleicht anders ausgegangen. So war keine Chance, es spricht sich so schön. In jeder Sprache.

Nach dem Fotoshoot muss ich mich losreißen. Von dem Higgs in Öl und dem aus Fleisch und Blut. Es ist viel später geworden, als ich dachte. Schnell zum Flughafen. Tram oder Bus? Die neue Tram halte ich für eine gute Idee, da macht mich Peter Higgs' Geschichte skeptisch: Vor wenigen Tagen, er habe gerade bei Marks & Spencer geshoppt, da sei eine Tram liegen geblieben. Nichts ging mehr. Higgs rät zum Bus: Der biete auch bei Problemen schnelle

Umsteigemöglichkeit und sei außerdem schneller und günstiger.

Als Higgs „Marks & Spencer" sagt, fällt mir etwas ein: Da muss ich unbedingt noch hin. Die haben diese kulinarische Spezialität, die ich lieben Freunden immer mitbringen muss. Erfahren sie, dass ich in der Nähe dieser Leckerbissen war und nicht an sie gedacht habe, werden sie sich in vorwurfsvolles Schweigen hüllen. Das wird mich schwer treffen. Also, was jetzt? Tram oder Bus? Tja, jetzt haben wir doch tatsächlich so lange über Transportvarianten diskutiert, dass mitsamt der dafür benötigten Gesprächszeit auch all diese Optionen ohne jede Chance auf experimentellen Nachweis ihrer praktischen Existenz bleiben. Es gibt da eben doch noch eine weitere Naturkraft: die normative Kraft des Faktischen. Die ist oft stärker als jede noch so gute Theorie.

Zwischenstopp geht nicht mehr.

Bus geht nicht mehr.

Tram geht nicht mehr.

Teilchenbeschleuniger wäre jetzt das Richtige!

So ein Ding wie der Large Hadron Collider am CERN. Was machen die denn jetzt mit dem? Vielleicht kann man den schon bei Ebay gebraucht kaufen? Standardmodell komplettiert. Weltbild fertig.

Der Letzte macht das Licht aus?

Ist das Higgs-Teilchen jetzt also wirklich das Schlusskapitel der Elementarteilchen-Physik?

Die Stille nach dem Fund. Sie kann natürlich nur einen Namen haben: Higgs-Kater. Unvermeidbar nach einem rauschenden Teilchen-Fest. Gerade noch in Partylaune, hoffen die ersten Urknaller hinter vorgehaltener Hand, dass irgendwo was faul ist. Zwar gibt es immer noch genug zu forschen rund um das Higgs-Teilchen, vor allem weiß immer noch keiner, wieso nun die Teilchen gerade die Ruhemasse haben, die sie haben – geklärt ist jetzt nur der Mechanismus des „Masseerhaltens" –, aber manch ein Physiker hätte am Ende lieber eine echte Überraschung erlebt, irgendetwas, das ihn wieder staunen lässt.

Ich gebe zu bedenken, dass das Higgs-Teilchen aus den Sechzigern stammt und daher vielleicht doch jemand ganz Fremdes sein könnte, der sich unter Ausnutzung der damaligen „Offene-Tür-Politik", die Doris Lessing beschrieb, einfach ins Teilchenmodell einschlich und blieb. Zwar ist Edinburgh immerhin das schottische Epizentrum der Aufklärung, aber Skeptiker David Hume hätte definitiv darauf bestanden, das Higgs-Teilchen anzufassen. Dem Verstand allein hätte er nie und nimmer getraut, nicht einmal dem von Peter Higgs. Humes Grab zu besuchen musste übrigens ebenso gestrichen werden wie der Marks-&-Spencer-Umweg.

Doch die Physiker brauchen weder Doris Lessing noch David Hume. Hilfe naht aus den eigenen Reihen. Theoretische Physik kann sich schließlich neue Geheimnisse selbst erdenken und längst wuseln die Phantasten wieder wild durcheinander auf einer schönen neuen Ebene des Nichtwissens.

Die Rettung ins Unbekannte heißt „Physik jenseits des Standardmodells".

Licht wieder an!

Das Teilchen-Feuerwerk geht weiter. Ich finde sehr löblich, was die Jenseitigen da machen, weil sie nämlich für die Elementarteilchen auf Partnersuche gehen. SUSY, die Theorie der Supersymmetrie, ist die Partnervermittlung im Mikrokosmos. Zu jedem bekannten Teilchen des Standardmodells soll es ein SUSY-Partnerteilchen geben. Theoretisch. Das wäre doch schön, oder?

Weit weniger romantisch: Nach Higgs-Teilchen und Higgs-Mechanismus kann Stephen Hawking vom Higgs nicht genug kriegen und verliert sich mit dem „Higgs-Potential" in Apokalypsen-Szenarien: „Das Higgs-Potential besitzt die beunruhigende Eigenschaft, dass es bei Energien über 100 Milliarden Gigaelektronenvolt (GeV) metastabil werden könnte. Demzufolge könnte das Universum einen katastrophalen Vakuumzerfall erleben, bei dem sich eine Blase des wahren Vakuums mit Lichtgeschwindigkeit ausdehnt. Das könnte jederzeit geschehen und wir würden es nicht kommen sehen."

Auweia.

Allerdings geht das Zitat so weiter: „Ein Teilchenbeschleuniger, der 100 Milliarden GeV erreichen würde, wäre größer als die Erde und dürfte angesichts des derzeitigen Wirtschaftsklimas kaum finanzierbar sein."

Puh. Also, falls jemand an der Tür klingelt und für diesen neuen Super-Beschleuniger sammelt: Nichts geben!

Die Physiker werden sich vom Higgs-Kater erholen. Und dann heißt es: Noch mal alle Kraftteilchen mobilisieren und aus Einsteins gekrümmter Raumzeit und der Quanten-Schweinerei endlich eine widerspruchsfreie Ideenwelt zimmern, in der man ganz real wohnen kann. Theorien kursieren ja eine Menge. Aber welche Experimente beweisen sie? Welche Theorie beschreibt „die Wirklichkeit"? Und ist geklärt, was „die Wirklichkeit" ist?

Kein Schluss-Kapitel. Es gibt noch viel zu tun, damit wir erkennen, was es ausmacht: das gemeinsame Quant-Sein im Universum. Ich bin sicher, am Ende ist es etwas, das jeder sofort versteht. Eine Lösung ohne Schrödingers Katze.

Dabei fällt mir ein: Eine weitere Meldung aus Stockholm 2013:

Schrödingers Katze hat ein neues Zuhause!

O h nein, meine Unterhosenfotos auf Facebook – die muss ich schnellstens löschen ..."
Wir haben schon von Laureaten gehört, die minutenlang nichts sagen konnten, als die Nachricht aus Stockholm vom Nobelpreis kam, wir kennen das „Oh Christ" von Doris Lessing und wissen, dass sich Dario Fo nicht mehr halten konnte vor Lachen. Dies nun ist der erste Gedanke von **Michael Levitt** nach der Verkündung des Chemie-Nobelpreises 2013.

Klingt nach einem Teenie? Michael Levitt ist sechzehn. Laut Pass des in Pretoria / Südafrika geborenen Chemikers ist das biologisch zwar schon einige Dekaden her, aber dass Wissenschaftler, die mit der Quantentheorie in Berührung kommen, altersmäßig zwei Zustände gleichzeitig haben können, überrascht mich nicht mehr. Levitt sieht sich noch mitten in der Persönlichkeitsentwicklung, der spannenden Suche nach sich selbst, und da scheint ihm sechzehn in etwa das Alter, das dazu passt. Nach Vorbildern gefragt, verweist er auf eine Fachfremde: die Künstlerin Louise Joséphine Bourgeois. Als jemand auf den Gedanken kommt, eine Ausstellung der zweiundsiebzigjährigen Bildhauerin „Retrospektive" zu nennen, korrigiert sie: „Dies ist keine Retrospektive. Ich fange gerade erst an!" Madame Bourgeois wurde im hohen Alter weltberühmt und lebte noch weitere sechsundzwanzig Jahre. Michael Levitt hat also noch viel vor.

So ist es auch kein Wunder, dass ich mir, als ich den gefühlt Sechzehnjährigen Anfang 2014 in seiner Privatwohnung in Rechovot besuche, schnell uralt vorkomme.

„Wie lautet Ihre Webadresse?", bittet mich der Laureat schon gleich zu Beginn unseres Gesprächs um eine Auskunft, die ich nicht befriedigen kann.

„Ich hab keine Website."

„Sind Sie auf Facebook?"

„Äh ... nicht aktiv ... mag die Urheberrechts-Politik von denen nicht ..."

„Keine Website? Kein Facebook?"

Leben Sie auf dem Mond? – Diese Frage verkneift sich der Laureat ganz offensichtlich, aber ich fühle sie durch den Raum schweben. Eigentlich schade, dass er sie nicht stellt, dann hätte ich vom Internet-Thema ablenkend schnell vom „Moonmen"-Projekt erzählen können. Buzz Aldrin habe ich schon 2001 auf der „Nobel Voices"-Ausstellung im Smithsonian in Washington, D. C., kennengelernt. Meine Kontaktversuche zu dem völlig zurückgezogen lebenden Neil Armstrong waren allerdings sieben Jahre lang erfolglos bis zu jener Ausstellung, die Aaron Ciechanover für die „Nobels"-Portraits im Isarael National Museum of Science, Technology & Space in Haifa vermittelt hatte. Dessen Direktor setzte sich beim Mondmann, der kurz zuvor zu Besuch im Museum gewesen war, für mich ein, und ich bekam einen Fototermin in Paris.

Beeindruckende Kerle!

Mit ihren Erlebnissen im Rücken hätte ich auf die Frage „Sind Sie auf Facebook?" lässig retournieren können: „Nö, aber waren Sie schon mal auf dem Mond?"

Michael Levitt ist einen Augenblick sprachlos angesichts meiner anachronistischen Netzabstinenz. „Wer sozialen Netzwerken fernbleibt, verabschiedet sich in die Geriatrie", hat ein real existierender Internet-Fan es mal mit dem Schüren von Gerontophobie versucht, um aus mir einen Facebook-Freund zu machen.

Ich wage es kaum, meine Kamera zu zücken. Schon bin ich entlarvt.

„Ihre Fotos sind analog?"

„Ja. Analog. Film."

„Die kann man im ganzen Web nirgends mal allesamt ansehen?"

„Nein. Nicht alle jedenfalls. Wie gesagt, das Copyrightproblem ..."

Das lässt Michael Levitt nicht gelten. Schnell sind wir in eine Diskussion über die Vor- und Nachteile der digitalen Welt des „Teilens" und der „Freunde" verwickelt. Für den kommunikativen Computerfreak Levitt ein klarer Punktsieg für Facebook und Co. Immerhin springt mir seine Frau Rina in vielem bei; sie ist eine vielseitige Künstlerin. Aber wer natürlich seine Unterhosenfotos auf Facebook hochlädt, der ist wohl ohnehin schon längst angekommen in der sich gerade neu definierenden Privatsphäre und teilt gerne. Das Foto ist zudem keineswegs zuhause im Badezimmer entstanden, wie verklemmte Ewiggestrige vermuten könnten, sondern mitten in der Öffentlichkeit; bei einem Event, das martialisch heißt und doch ein Fest der Menschenfreunde sein soll:

Das „Burning Man Festival" ist mit der Stockholmer Nobelpreis-Zeremonie nicht einmal entfernt zu vergleichen. Es ist eher etwas für sechzehnjährige Nobelpreisträger und ähnlich geniale Freaks.

Einmal im Jahr sollte unbedingt jeder mitten in die Wüste Nevadas aufbrechen, der Woodstock, Karneval in Rio und Köln, Osterfeuer, Wacken, Christopher Street Day, Love Parade, Gemeinschaftssauna, die Documenta und einen Nobelpreisträger in Unterwäsche gleichzeitig erleben will, kurz: jeder, der das gemeinsame Mensch-Sein feiern will, bis der Arzt kommt. Schräg, durchgeknallt, nicht kommerziell und nicht ganz keimfrei geht es zu, denn es sind immerhin fünf Wüstentage ohne Dusche durchzufeiern, bis es endlich brennt. Ich werde erfahren, dass man aber auch mit Wohnwagen nebst fließend Wasser anrücken darf, wie Michael es macht. Der Mann, der traditionell am sechsten Festival-Tag den Verrückten heimleuchtet, ist Gott sei Dank nur eine dreißig Meter hoch aufragende Holzpuppe. Black Rock City, eine Party-Kunststadt, zieht mittlerweile längst nicht nur Hippies und (Lebens-)Künstler aller Altersstufen an, sondern gleichermaßen die Nerds von um die Ecke im Silicon Valley, die der virtuellen Welt mal in die (fast) nackte reale entfliehen wollen. Das echte Leben, von dem man nur eins hat. Und es lockt sogar Professoren der im Herzen des Silicon Valley beheimateten Stanford University an.

Das ist Levitts langjährige Forschungsstätte, er pendelt fleißig zwischen Kaliforniens Bay Area und Israel. In Stanford wohnt er auf dem Campus der Universität. Im ehemaligen Apartment von Linus Pauling, dem Doppel-Laureaten.

Michael Levitt ist Hippie und Computerfreak, und natürlich ist das kein Widerspruch, sondern ein super-virtueller Überlagerungszustand, den Steve Jobs vor nahezu vierzig Jahren eingeführt hat. Wie er, vereint auch Michael Levitt das scheinbar Unvereinbare zu einem „Make love not war" via Social Networking. Gefällt mir!

Mit einer Friedensmission räumte Levitt auch den Nobelpreis ab. Ihm und seinen Mit-Laureaten gelang die wunderbare Vereinigung von lange unüberbrückbar Gegensätzlichem.

Dazu musste zunächst Schrödingers Katze aus der Höllenmaschine befreit werden. Sie wohnt jetzt bei Isaac Newton und ist damit endlich im Computerzeitalter angekommen! Klingt mal wieder so paradox wie ihr Zustand, oder? Stimmt aber.

Dank Michael Levitt, Arieh Warshel und Martin Karplus sind die Zeiten, als Isaac Newton Schrödingers Katze nicht leiden konnte, endlich vorbei.

Die Königlich Schwedische Akademie der Wissenschaften erklärt die Errungenschaften der Chemie-Laureaten für den interessierten Laien mit zwei Cartoons: Der erste zeigt Isaac Newton, wie er einer Katze jenen Apfel an den Kopf wirft, der ihm einst vom Baum auf seinen fiel. Das soll heißen: Die Größenbereiche, die Newtons klassische Physik beschreibt und die Größenbereiche, in denen Schrödingers Katze wohnt – unsere helle Alltagswelt hier, der dunkle Keller der Dinge dort –, können nicht miteinander.

Und sie können doch! Die 2013er Chemie-Laureaten überwanden die Kluft, zumindest für die von ihnen entwickelte Software: Die drei erstellten Computerprogramme, die aus beiden Physik-Welten die besten Ansätze kombinieren und so in der Lage sind, komplexe, chemische Prozesse in höchster Auflösung zu simulieren. Das spart Zeit und Kosten, denn neue Arzneistoffe oder Materialien für Werkstoffe werden heute am Computer entwickelt; erst danach werden aussichtsreiche Substanzen im Labor getestet. Dazu muss man aber vorher mal durchspielen, was da zwischen Molekularebene und unserer Alltagswelt so vor sich geht. Lange stand nur eins fest: Wer da etwas berechnen will, der rechnet sich den Wolf. Geht das nicht modellhaft? Was ist mit einer geschickten Annäherung an die mikrokosmische Wirklichkeit, einer Rechnung über den unscharfen quantenmechanischen Daumen zwar, aber doch mit verschmerzbarer Fehlerquote? Die Laureaten tüftelten sie aus. Anschließend schickten sie mit Hilfe ihres Computerprogramms ihre Berechnungen aus dem quantenmechanischen Keller zur Weiterverwendung in das von Newton und seiner Mechanik beherrschte Erdgeschoss: Man nehme hier eine Prise Formeln aus der klassischen Mechanik, berechne dort Werte quantentheoretisch, verwerte das geschickt auf den verschiedenen Größenebenen und siehe da, fundamental verschiedene Methoden machen das individuelle Dasein eines Riesenmoleküls im Kleinen und das kollektive Verhalten von Myriaden von ihnen im Großen am Computer durchschaubar. Dank der von den drei Wissenschaftlern entwickelten, hoch speziellen Software!

Schrödingers Kellerkosmos-Katze im Licht der Alltagswelt! Wer hätte das für möglich gehalten?

Große Versöhnung also zwischen Isaac Newton und Schrödingers Katze. Die Schwedische Akademie bebildert das dem Laien mit dem zweiten Cartoon: Nun sitzt die Katze auf dem Schoß Newtons und wird liebevoll von ihm gekrault.

Die Frage hieß also nur noch: Friedensnobelpreis oder Chemie-Nobelpreis für Levitt, Warshel und Karplus?

Es wurde der Chemie-Preis.

Michael Levitt ist das recht. Ein Grund zum Feiern – so oder so. Er zieht bereitwillig einen Frack an und muss sich in Stockholm bestimmt arg zusammenreißen, kein Selfie von sich und dem schwedischen Königspaar zu schießen.

Am Nachmittag in der Penthouse-Wohnung von Michael und Rina Levitt in Rechovot muss ich nicht mehr lernen, dass Forschen und Feiern sich gut vertragen. Das weiß ich ja nun schon aus Seattle. Die Grill-Partys mit Linda, Eddy und der Seattle-Clique – das wäre sicher auch etwas für Michael. Sein Humor erinnert mich sehr an Eddy. Und seine Multinationalität ebenfalls. Michael entstammt einer jüdischen Familie mit väterlicherseits litauischen und mütterlicherseits tschechischen Wurzeln. Er kam in Südafrika zur Welt. Die Pretoria Boys High School rühmt sich heute, unter anderen acht Supreme-Court-Richter, einen Milliardär, einen Erzbischof, vier Springbok-Rugby-Spieler und zwei Nobelpreisträger (neben Levitt den Entwickler eines Impfstoffs gegen Gelbfieber, Max Theiler) hervorgebracht zu haben. Als Michael fünfzehn ist, zieht die Familie nach England. Am King's College macht der heutige Chemie-Laureat seinen Bachelor in Physik. Lehraufträge für physikalische Chemie führen ihn Anfang der Achtziger an das Weizmann-Institut hier in Rechovot, und 1987 wird er Professor für Strukturbiologie an der Stanford University.

Sechsfache Großeltern – Rina und Michael Levitt

Michael hat einen israelischen, einen amerikanischen und einen britischen Pass.

Ein Weltbürger. Nein, doch nicht!

Wie sich herausstellt, kennt sich der junge Mann in Berlin nur leidlich aus, und ich habe die perfekte Idee, wie ich das ändern und ihn dorthin locken kann: Party! Ich lade ihn zu meinem Geburtstag ein. Zwar habe ich nicht vor, dreißig Meter große Holzpuppen abzubrennen, aber sonst ist alles erlaubt. Dresscode irgendwo zwischen Unterhose und Frack.

An der kurz zuvor stattfindenden Lindauer Tagung hatte Michael auch teilnehmen wollen, aber das hat dann leider doch nicht geklappt. Eigentlich ist den Organisatoren in Lindau keine Herausforderung zu groß, aber vielleicht waren sie doch überfordert mit dem einmaligen Fall, dass jemand gleichzeitig Nobelpreisträger und Young Scientist ist.

Im Sommer feiern wir in Berlin zwei Ereignisse aus den Siebzigern. Meine Geburt und Michaels Durchbruch beim Simulationsprogramm. Ich bin jetzt vierundzwanzig Jahre älter, als Michael sich fühlt, und tat 1974 die ersten Schreie, als er an das Laboratory of Molecular Biology in Cambridge ging. Dass ich in Hamburg, dem Tor zur Welt, laufen lernte, war sicher Vorbestimmung. Zur gleichen Zeit saß Michael als Gastwissenschaftler bei Francis Crick am Salk Institute in La Jolla und abends sicherlich am Strand, die grüne Sonne suchend.

Party!!

Ich kann Michael auf meiner Geburtstagsparty keinen Blick auf den Pazifik, eine brennende Dreißig-Meter-Holzpuppe oder das schwedische Königspaar bieten, nur auf das Brandenburger Tor, 40 Kerzen auf einer Torte und meine lieben Eltern.

Es wird ein Fest, wie ich es mir vorgestellt habe.

In der Nacht danach habe ich einen völlig abgefahrenen Traum.

Ich belausche drei Physiker, die alle aussehen wie Eki, und sie unterhalten sich über eine Katze. Nachdem es

Schrödingers Katze ja nun bei Isaac Newton gut hat, brauchen Schrödingers Erben ein neues Mieztier, und sie haben schon eines ins Auge gefasst: eine andere Berühmtheit, die Cheshire Cat. Jene Grinse-Katze versetzt bekanntlich nicht Alice von der Higgs-Party, sondern Alice im Wunderland in Erstaunen: „Ich habe schon oft eine Katze ohne ein Grinsen gesehen. Aber noch nie ein Grinsen ohne Katze!" Die Cheshire Cat kann unsichtbar werden, aber ihr Grinsen zurücklassen. Eine Begegnung, die auf das Wesentliche konzentriert ist. Normalerweise sind die Grundeigenschaften eines Wesens oder Objekts untrennbar mit diesem verbunden. Schrödingers Ekis wollen das ändern. Ziel: Die kurzfristige Trennung eines Systems von einer seiner wesentlichen Eigenschaften. Kaum ist Schrödingers Katze aus der Höllenmaschine befreit, soll die Cheshire Cat ins Interferometer. Und kommt sie da im Ganzen wieder raus?

Cut.

Ich lande in meinem neuen Lebensjahr. Mit einem „Badge"-Kater und allen meinen Eigenschaften!

Eki schwört, ich hätte nicht geträumt. Die Physiker und die Quanten-Cheshire-Cat – das sei völlig real. Nein, also natürlich Fach-Poesie, aber mit wahrer Grundidee. Neutronen-Interferometer. Teilt einen Neutronen-Strahl in einen oberen und einen unteren Teilstrahl. Und, zack, werden dabei Neutronen von einer ihrer wesentlichen Eigenschaften, dem magnetischen Moment, getrennt – als würde sich eine Neutronen-Katze oben, ihr magnetisches Grinsen aber unten in Richtung Ziel bewegen. Am Schluss der Reise auf getrennten Wegen wird das System wieder mit seiner Eigenschaft vereint.

Klingt mal wieder wie etwas, das jenseits meiner Vorstellungskraft liegt. Seit meiner Reise zu Nobelpreisträgern ist das jedoch nichts, was mich beunruhigt. Im Gegenteil. Wie oft hat sich mir die Welt auf eine Weise präsentiert, wie sie mir als Peter Badge, dem Fotografen, niemals begegnet wäre, und wie ich sie mir niemals angeschaut hätte. Schlichtweg, weil ich nicht gewusst hätte, dass man die Dinge so betrachten kann. Unser Zugang zu dieser Welt ist so vielfältig wie wir. Ich erforsche die Welt mit meinen Mitteln, ich sehe sie im Sucher, kenne sie im Weitwinkel, im Zoom. Aber meine „Weltsicht" – die verdanke ich auch meinen ganz besonderen Erfahrungen darüber, wie andere die Welt entdeckten und entdecken.

„Meine" bleibt sie dabei dennoch.

Also, Physik ist phantasievoll. Und Chemie ist poetisch. Und wenn die konservative Physik mit der Quantenchemie ein Softwarekind kriegt, dann freue ich mich mit dem sechsfachen Großvater Michael Levitt wie ein Riesenmolekül. Natürlich kann ich es auch kaum erwarten, dass wir uns alle wiedersehen bei den Nobelpreisen für SUSY und ein Grinsen ohne Katze.

Aber bei aller Hochachtung vor den Naturwissenschaftlern und ihrer unstillbaren Neugier auf das Unentdeckte, Unsichtbare und Unbekannte: Was mich in dieser Welt stets aufs Neue fasziniert, das ist

das Gesicht eines Menschen.
Genau so, wie es mir begegnet.

SEE YOU!

„What do we know but that we face
one another in this place?"

William Butler Yeats
(1865–1939)
Nobelpreis für Literatur, 1923

ANHANG

Dank an die Portraitierten

Ich habe über 400 Menschen portraitiert, die „der Menschheit den größten Nutzen brachten" und mein eigenes Leben enorm bereicherten. Jede Begegnung hat ihre eigene Geschichte, ihre eigene Faszination und ihre besondere Bedeutung für mich. Meine Portraits habe ich einmal „fotografische Kurzgeschichten" genannt. Diese „Kürze" erlaubte Fotobücher, in denen alle Laureaten vertreten sind. In diesem Buch war das leider nicht möglich. Auch kann meine „Weltreise zu Nobelpreisträgern" keine angemessene Würdigung der Leistungen und Persönlichkeiten sein. Dennoch hoffe ich, dass ich ein wenig die Tür aufstoßen konnte in eine faszinierende Welt. Dafür, dass sie mir diese Tür so viel weiter öffneten, als ich jemals zu hoffen gewagt habe, möchte ich allen Laureaten meinen aufrichtigen Dank aussprechen. Mein besonderer Dank geht dabei an den Kreis meiner Freunde, die dieses Buch tragen und die ich – soweit es um den „Nobelpreisträger, das unbekannte Wesen" geht – damit belastet habe, auch für andere zu stehen:

Vielen Dank an Linda Buck und Eddy Fischer für die humorvoll-charmante Repräsentation der Disziplin „Physiologie oder Medizin".

Vielen Dank an Aaron Ciechanover für die beeindruckende Repräsentation der Disziplin „Chemie" sowie die Vorstellung der Giganten der Physik.

Vielen Dank an John F. Nash Jr. für die Vertretung der „Ökonomie", den Ausflug in die höhere Mathematik und den faszinierenden Einblick in die innere Welt eines Genies.

Vielen Dank an Staatspräsident a. D. José Ramos-Horta, meinen „Boss", für die berührende Repräsentation der Abteilung „Frieden".

Vielen Dank an den Literaturnobelpreisträger, der mich motivierte, dieses Buch in Angriff zu nehmen und den mein Dank hoffentlich dort erreicht, wo er jetzt ist: **Gabriel García Márquez**. Die Party, für die wir uns verabredet haben, steigt, und er wird auf magisch-realistische Weise dabei sein!

Ich darf schließlich meine Hochachtung und Bewunderung auch den Vollstreckern des Testaments von Alfred Nobel und all denen, die sein Erbe in seinem Sinne weitertragen, aussprechen.

Mein Dank an Förderer und Unterstützer geht vor allem an

Dr. Peter Frieß, Deutsches Museum Bonn, **Dr. Arthur Molella** und **Dr. Marc Pachter**, Smithsonian Institutions, für so vieles, vor allem aber für ihr Vertrauen, als sie vor 15 Jahren mit mir den Kick-off zu diesem Projekt wagten;

Nikolaus Turner, Mitglied der Vorstände der Lindau Nobel Laureate Meetings, für seinen leidenschaftlichen Einsatz, mit dem er aus einem Fotoprojekt eine Lebensaufgabe formte, seine immer guten Ideen und seine bereichernde Begleitung auf mancher Reise;

Dr. h. c. Klaus Tschira und die **Klaus Tschira Stiftung** für die Aufnahme des Projekts in die schützende Hand der Stiftung, die seine Prolongation sicherte und vieles möglich machte, was sonst undenkbar gewesen wäre;

Professor Dr. h. c. Wolfgang Schürer, Chairman der Stiftung Lindauer Nobelpreisträgertagungen, für seine stets vertrauensvolle Förderung und engagierte Unterstützung Projekt und Fotograf betreffend. Mit ihm im Rücken war alles zu meistern, was es zu meistern galt;

Bettina Gräfin Bernadotte für ihre charmante und beeindruckende Art, das Erbe ihres Vaters fortzuführen. Ich danke der gräflichen Familie, mich alle Jahre wieder zu den Tagungen einzuladen;

Peter Brors für die allererste gemeinsame Ideenentwicklung zur „lesbaren" Weltreise;

Gérard A. Goodrow für seine langjährige Freundschaft und dafür, der erste Fan dieses Buchprojekts gewesen zu sein, sowie für die Herstellung des Kontakts zu meinem Verleger;

Francine leFrak und **Rick Friedberg** für ihre freundschaftliche Verbundenheit, ein New Yorker Zuhause und ihre seltene Gabe, sich selbstlos und mit Freude für die Anliegen und das Wohlergehen anderer einzusetzen;

Sandra Zarrinbal fürs Gedankenlesen, auch wenn mir das oft Angst machte.

Und last, not least gilt mein Dank

meinen Eltern und allen, die wissen, dass sie gemeint sind, wenn ich von **meiner Familie** spreche, für das Stück Heimat im Herzen, ohne das ich keine einzige Reise hätte antreten können!

Peter Badge

*„Es ist nicht notwendig, daß du aus dem Haus gehst.
Bleib bei deinem Tisch und horche. Horche nicht einmal,
warte nur. Warte nicht einmal, sei völlig still und allein.
Anbieten wird sich dir die Welt zur Entlarvung, sie kann
nicht anders, verzückt wird sie sich vor Dir winden."*

(Franz Kafka – Zürauer Aphorismen)

Ich reiste zu den Anfängen der Atombombe und an das Ende des Kalten Krieges, nach Los Alamos, Lopez Island und Lospalos; **erwanderte** das Neuron Valley, das Silicon Valley und Riemannsche Mannigfaltigkeiten; **begegnete** Achtzigjährigen in Badehosen, Hundertjährigen auf High Heels und Vierundfünfzigjährigen im Playboy; **wagte mich** in den Atom-, Zell- und des Pudels Kern; **hörte** Legenden, Wagner und den Urknall; **inspizierte** Helixstrukturen, Helicobacter und Helikopter; **lernte** von Giganten, Gärtnern und Genomforschern; **war fasziniert von** Beautiful Minds, Suspicious Minds und Minds on Strike; **wunderte mich** über Mediziner, die krank werden wollen, Physiker, die sich mit „Schweinerei" beschäftigen, und Mathematiker, die mit allem rechnen; **suchte** Engel in Memphis, Tempel in La Jolla und das Gottesteilchen in Genf; **trank mit** Bischöfen im College, mit Staatspräsidenten auf dem Oktoberfest und mit Physikern im Coffeeshop; **kostete von** Ingwer-Bier, Kokosnusswasser und Bakterien-Cocktails; **streichelte** Kater Eusebius, Schrödingers Katze und die Cheshire Cat; **staunte über** stumme Papageien, sprechende Leistenkrokodile und kommunistische Schmetterlinge; **fürchtete mich** vor Wüstenbussarden, Seifenblasen und Watsoncricks; **warf** mit Licht-, Higgs- und Kraftteilchen; **war geblendet** von asiatischen Knallfarben, sakralem Purpur und Lichtgestalten; **verkuppelte** Königs-, Elektronen- und Basenpaare; **reimte** Stern auf den sonderbaren Herrn und Jules Verne; **tanzte mit** Würstchen im Schneesturm, Luxus-Kids in Rangun und Trauernden in Soccer City; **verhedderte mich** in der Doppelhelix, den Fäden der String-Theorie und der Orthografie von Eyjafjallajökull; **feierte** Haustier-Geburtstage, brennende Männer und 100 Jahre Nobelpreis; **erfuhr von** Shikoku, Fataluku und Ubuntu; **schüttelte** die unsichtbare Hand, das Pack of Neurons und den Zinkfinger; **lauschte** Blechtrommeln, feministischen Trompeten und Elvis-Impersonators; **löste** Masse-, Parkettierungs- und (fast) alle Hilbert-Probleme; **befreite** Blondinen aus Dilemmata, Elektronen aus Ionenfallen und Katzen aus Höllenmaschinen; **entkam** Schießereien in Las Vegas, dem Kettensägenmassaker in Seattle und der Lubjanka in Moskau; **suchte** die grüne Sonne am Pazifik, lila Wolken in der Wüste und den Regenbogen in Südafrika; **entdeckte** das Geheimnis des Lebens, der Schönheit und des Bewusstseins und **schaute** Dellen in die Unendlichkeit.

Ich war auf Weltreise ...

... ohne Ortswechsel und

dank Peter Badge und „seinen" Nobelpreisträgern.

Ich folgte vom Schreibtisch aus ihrer Spur und
sammelte am Wegesrand Wörter, die von
„Genialen Begegnungen"
zu berichten wussten. Das tat ich nicht allein.

Beim Aufsammeln auf unbekanntem Terrain unterstützten mich

**Professor Dr. Burkhard Fricke
Ekkehard Sieker
Dr. Ramin Zarrinbal**

Alle Wörter bis zu ihrem Platz in diesem Buch begleitete

Christiane Blass

Den Blick auf das große Ganze wagte stets

Dr. Antje Weertz

*Danke!
Sandra Zarrinbal*

VERZEICHNIS ALLER GENANNTEN NOBELPREISTRÄGER

Peter Agre *1949*
› *Nobelpreis für Chemie 2003*
Vergabebegründung: „für Entdeckungen von Kanälen in Zellmembranen, speziell für die Entdeckung von Wasserkanälen"
Geteilt mit: Roderick MacKinnon

Kofi Annan *1938*
› *Nobelpreis für Frieden 2001*
Vergabebegründung: „für ihren Einsatz für eine strukturiertere und friedlichere Welt"
Geteilt mit: United Nations

Aung San Suu Kyi *1945*
› *Nobelpreis für Frieden 1991*
Vergabebegründung: „für ihren gewaltlosen Kampf für Demokratie und Menschenrechte"

Richard Axel *1946*
› *Nobelpreis für Physiologie oder Medizin 2004*
Vergabebegründung: „für ihre Entdeckungen der Riechrezeptoren und der Organisation des olfaktorischen Systems"
Geteilt mit: Linda B. Buck

Frederick G. Banting *1891–1941*
› *Nobelpreis für Physiologie oder Medizin 1923*
Vergabebegründung: „für die Entdeckung des Insulins"
Geteilt mit: John Macleod

John Bardeen *1908–1991*
› *Nobelpreis für Physik 1956*
Vergabebegründung: „für die Erforschung der Halbleiter und die Entdeckung des Transistoreffekts"
Geteilt mit: William B. Shockley, Walter H. Brattain

› *Nobelpreis für Physik 1972*
Vergabebegründung: „für ihre gemeinsam entwickelte Theorie der Supraleitung, auch BCS-Theorie genannt"
Geteilt mit: Leon N. Cooper, Robert Schrieffer

Menachem Begin *1913–1992*
› *Nobelpreis für Frieden 1978*
Vergabebegründung: „für ihren Beitrag zu den Friedensabkommen im Nahen Osten, und zum Frieden zwischen Ägypten und Israel"
Geteilt mit: Mohammed Anwar al-Sadat

Carlos Filipe Ximenes Belo *1948*
› *Nobelpreis für Frieden 1996*
Vergabebegründung: „für ihre Bemühungen um eine gerechte, friedliche Lösung im Krieg um Ost-Timor"
Geteilt mit: José Ramos-Horta

Paul Berg *1926*
› *Nobelpreis für Chemie 1980*
Vergabebegründung: „für seine Grundlagenforschung zur Biochemie der Nukleinsäuren, insbesondere im Hinblick auf die rekombinante DNA"
Geteilt mit: Walter Gilbert, Frederick Sanger

Hans Bethe *1906–2005*
› *Nobelpreis für Physik 1967*
Vergabebegründung: „für seine Beiträge zur Theorie der Kernreaktionen, insbesondere seine Entdeckungen hinsichtlich der Energieerzeugung in Sternen"

Günter Blobel *1936
› *Nobelpreis für Physiologie oder Medizin 1999*
Vergabebegründung: „für die Entdeckung der in Proteinen eingebauten Signale, die ihren Transport und die Lokalisierung in der Zelle steuern"

Baruch S. Blumberg *1925–2011*
› *Nobelpreis für Physiologie oder Medizin 1976*
Vergabebegründung: „für ihre Entdeckungen im Zusammenhang mit neuen Mechanismen der Entstehung und Verbreitung von Infektionskrankheiten"
Geteilt mit: D. Carleton Gajdusek

Niels Bohr *1885–1962*
› *Nobelpreis für Physik 1922*
Vergabebegründung: „für seine Verdienste um die Erforschung der Struktur der Atome und der von ihnen ausgehenden Strahlung"

Heinrich Böll *1917–1985*
› *Nobelpreis für Literatur 1972*
Vergabebegründung: „für seine literarische Arbeit, die durch ihren zeitgeschichtlichen Weitblick in Verbindung mit ihrer von sensiblem Einfühlungsvermögen geprägten Darstellungskunst zur Erneuerung der deutschen Literatur beitrug"

Max Born *1882–1970*
› *Nobelpreis für Physik 1954*
Vergabebegründung: „für seine Grundlagenforschung in der Quantenmechanik, besonders für seine statistische Interpretation der Wellenfunktion"
Geteilt mit: Walther Bothe

Lawrence Bragg *1890–1971*
› *Nobelpreis für Physik 1915*
Vergabebegründung: „für ihre Verdienste um die Erforschung der Kristallstrukturen mittels Röntgenstrahlen"
Geteilt mit: William Bragg

Willy Brandt *1913–1992*
› *Nobelpreis für Frieden 1971*
Vergabebegründung: „für seinen Einsatz für die Voraussetzungen, Frieden in Europa zu schaffen"

Linda B. Buck *1947
› *Nobelpreis für Physiologie oder Medizin 2004*
Vergabebegründung: „für ihre Entdeckungen der Riechrezeptoren und der Organisation des olfaktorischen Systems"
Geteilt mit: Richard Axel

Pearl S. Buck (Pseudonym von Pearl Walsh) *1892–1973*
› *Nobelpreis für Literatur 1938*
Vergabebegründung: „für ihre reichen, wahrhaft epischen Erzählungen aus dem Bauernleben in China und für ihre meisterhaften Biografien"

Ferdinand Buisson *1841–1932*
› *Nobelpreis für Frieden 1927*
Vergabebegründung: „für ihren Einsatz für den Frieden und ihren Beitrag zur deutsch-französischen Verständigung"
Geteilt mit: Ludwig Quidde

Adolf Butenandt *1903–1995*
› *Nobelpreis für Chemie 1939 (überreicht 1949)*
Adolf Butenandt wurde von den Behörden seines Heimatlandes gezwungen, den Preis abzulehnen, er erhielt Urkunde und Medaille 10 Jahre später.
Vergabebegründung: „für seine Arbeiten über Sexualhormone"
Geteilt mit: Leopold Ruzicka

Jimmy Carter *1924
› *Nobelpreis für Frieden 2002*
Vergabebegründung: „für seine jahrzehntelangen unermüdlichen Anstrengungen für friedliche Lösungen internationaler Konflikte, für die Förderung von Demokratie und Menschenrechten und das Vorantreiben wirtschaftlicher und sozialer Entwicklung"

Lord Robert Cecil *1864–1958*
› *Nobelpreis für Frieden 1937*
Vergabebegründung: „als einer der geistigen Väter des Völkerbunds und als entschiedener Befürworter der Staatengemeinschaft"

Aaron Ciechanover *1947
› *Nobelpreis für Chemie 2004*
Vergabebegründung: „für die Entdeckung des Ubiquitin-gesteuerten Proteinabbaus"
Geteilt mit: Avram Hershko, Irwin Rose

Stanley Cohen *1922
› *Nobelpreis für Physiologie oder Medizin 1986*
Vergabebegründung: „für ihre Entdeckung von Wachstumsfaktoren"
Geteilt mit: Rita Levi-Montalcini

Carl Cori *1896–1984*
› *Nobelpreis für Physiologie oder Medizin 1947*
Vergabebegründung: „für ihre Entdeckung der Abläufe beim katalytischen Glykogen-Stoffwechsel"
Geteilt mit: Gerty Cori, Bernardo Houssay

Gerty Cori *1896–1957*
› *Nobelpreis für Physiologie oder Medizin 1947*
Vergabebegründung: „für ihre Entdeckung der Abläufe beim katalytischen Glykogen-Stoffwechsel"
Geteilt mit: Carl Cori, Bernardo Houssay

Francis Crick *1916–2004*
> *Nobelpreis für Physiologie oder Medizin 1962*
Vergabebegründung: „für ihre Entdeckungen zur Molekularstruktur der Nukleinsäuren und ihre Bedeutung für die Informationsübertragung in lebender Substanz"
Geteilt mit: James Watson, Maurice Wilkins

Marie Curie *1867–1934*
> *Nobelpreis für Physik 1903*
Vergabebegründung: „in Anerkennung ihrer herausragenden Verdienste durch die gemeinsame Forschungsarbeit über die von Henri Becquerel entdeckten Strahlungsphänomene"
Geteilt mit: Henri Becquerel, Pierre Curie

> *Nobelpreis für Chemie 1911*
Vergabebegründung: „in Anerkennung ihrer Verdienste um die Weiterentwicklung der Chemie durch die Entdeckung der Elemente Radium und Polonium, die Isolierung von Radium und die Erforschung von Natur und Verbindungen dieses bedeutsamen Elements"

Hans G. Dehmelt **1922*
> *Nobelpreis für Physik 1989*
Vergabebegründung: „für die Entwicklung der Ionenfallentechnik"
Geteilt mit: Norman F. Ramsey, Wolfgang Paul

Paul A. M. Dirac *1902–1984*
> *Nobelpreis für Physik 1933*
Vergabebegründung: „für die Entdeckung neuer produktiver Formen der Atomtheorie"
Geteilt mit: Erwin Schrödinger

Peter C. Doherty **1940*
> *Nobelpreis für Physiologie oder Medizin 1996*
Vergabebegründung: „für ihre Entdeckungen zur Spezifität der zellvermittelten Immunabwehr"
Geteilt mit: Rolf M. Zinkernagel

Gerhard Domagk *1895–1964*
> *Nobelpreis für Physiologie oder Medizin 1939 (überreicht 1947)*
Gerhard Domagk wurde von den Behörden seines Heimatlandes gezwungen, den Preis abzulehnen, er erhielt Urkunde und Medaille jedoch acht Jahre später.
Vergabebegründung: „für die Entdeckung der antibakteriellen Wirkung des Prontosil"

Shirin Ebadi **1947*
> *Nobelpreis für Frieden 2003*
Vergabebegründung: „für ihren unerschrockenen Einsatz für Demokratie und Menschenrechte, insbesondere für ihr Engagement für die Rechte von Frauen und Kindern"

Gerald M. Edelman *1929–2014*
> *Nobelpreis für Physiologie oder Medizin 1972*
Vergabebegründung: „für ihre Entdeckungen zur chemischen Struktur der Antikörper"
Geteilt mit: Rodney R. Porter

Manfred Eigen **1927*
> *Nobelpreis für Chemie 1967*
Vergabebegründung: „für die Untersuchung extrem schneller chemischer Reaktionen durch die Störung ihres Gleichgewichts mit ultrakurzen Energieimpulsen"
Geteilt mit: Ronald G.W. Norrish, George Porter

Albert Einstein *1879–1955*
> *Nobelpreis für Physik 1921 (vergeben 1922)*
Vergabebegründung: „für seine Verdienste um die Theoretische Physik, besonders für seine Entdeckung des Gesetzes des fotoelektrischen Effekts"

François Englert **1932*
> *Nobelpreis für Physik 2013*
Vergabebegründung: „für die theoretische Entdeckung eines Mechanismus, der zum Verständnis des Ursprungs der Masse subatomarer Teilchen beiträgt und kürzlich durch die Entdeckung des vorhergesagten Elementarteilchens im Rahmen der ATLAS- und CMS-Experimente am Large Hadron Collider des CERN bestätigt wurde"
Geteilt mit: Peter Higgs

Leo Esaki **1925*
> *Nobelpreis für Physik 1973*
Vergabebegründung: „für ihre experimentellen Entdeckungen zum Tunneleffekt bei Halb- bzw. Supraleitern"
Geteilt mit: Ivar Giaever, Brian D. Josephson

John B. Fenn *1917–2010*
> *Nobelpreis für Chemie 2002*
Vergabebegründung: „für ihre Entwicklung von weichen Desorptions- und Ionisationsmethoden zur massenspektrometrischen Analyse von biologischen Makromolekülen"
Geteilt mit: Koichi Tanaka, Kurt Wüthrich

Enrico Fermi *1901–1954*
> *Nobelpreis für Physik 1938*
Vergabebegründung: „für den Nachweis neuer, durch Neutronenbeschuss erzeugter radioaktiver Elemente, und die damit verknüpfte Entdeckung der durch langsame Neutronen ausgelösten Kernreaktionen"

Edmond H. Fischer **1920*
> *Nobelpreis für Physiologie oder Medizin 1992*
Vergabebegründung: „für ihre Entdeckungen im Zusammenhang mit der reversiblen

Protein-Phosphorylierung als biologischem Regulationsmechanismus"
Geteilt mit: Edwin G. Krebs

Dario Fo *1926
> *Nobelpreis für Literatur 1997*
Vergabebegründung: „der in Nachfolge der mittelalterlichen Gaukler die Macht geißelt und die Würde der Schwachen und Gedemütigten wiederaufrichtet"

Werner Forssmann 1904–1979
> *Nobelpreis für Physiologie oder Medizin 1956*
Vergabebegründung: „für ihre Entdeckungen zur Herzkatheterisierung und zu pathologischen Veränderungen im Kreislaufsystem"
Geteilt mit: André F. Cournand, Dickinson W. Richards

James Franck 1882–1964
> *Nobelpreis für Physik 1925 (vergeben 1926)*
Vergabebegründung: „für ihre Entdeckung der Gesetze, die beim Zusammenstoß eines Elektrons mit einem Atom herrschen"
Geteilt mit: Gustav Hertz

Robert F. Furchgott 1916–2009
> *Nobelpreis für Physiologie oder Medizin 1998*
Vergabebegründung: „für ihre Arbeiten über die Rolle von Stickoxid als Botenstoff im Herz-Kreislauf-System"
Geteilt mit: Louis J. Ignarro, Ferid Murad

Gabriel García Márquez 1927–2014
> *Nobelpreis für Literatur 1982*
Vergabebegründung: „für seine Romane und Kurzgeschichten, in denen sich Phantastisches und Realistisches zu einer reich facettierten Vorstellungswelt verdichten, die Lebensweisen und Konflikte eines Kontinents spiegeln"

Walter Gilbert *1932
> *Nobelpreis für Chemie 1980*
Vergabebegründung: „für ihre Beiträge zur Bestimmung der Basensequenz in Nukleinsäuren"
Geteilt mit: Paul Berg, Frederick Sanger

Sheldon Glashow *1932
> *Nobelpreis für Physik 1979*
Vergabebegründung: „für ihre Beiträge zur Theorie der Vereinigung schwacher und elektromagnetischer Wechselwirkung zwischen Elementarteilchen, einschließlich u. a. der Voraussage der schwachen neutralen Ströme"
Geteilt mit: Abdus Salam, Steven Weinberg

Maria Goeppert Mayer 1906–1972
> *Nobelpreis für Physik 1963*
Vergabebegründung: „für ihre Entdeckung der nuklearen Schalenstruktur"
Geteilt mit: Eugene Wigner, J. Hans D. Jensen

Michail Sergejewitsch Gorbatschow *1931
> *Nobelpreis für Frieden 1990*
Vergabebegründung: „für seine führende Rolle im Friedensprozess, der heute große Teile der internationalen Gemeinschaft kennzeichnet"

Nadine Gordimer 1923–2014
> *Nobelpreis für Literatur 1991*
Vergabebegründung: „für ihr herausragendes schriftstellerisches Werk, das der Menschheit – mit den Worten Alfred Nobels – einen großen Nutzen erwiesen hat"

Al Gore Jr. *1948
> *Nobelpreis für Frieden 2007*
Vergabebegründung: „für ihren Einsatz für die Verbreitung des Wissens über den von Menschen verursachten Klimawandel und die Schaffung der notwendigen Grundlagen für dessen Bekämpfung"
Geteilt mit: Intergovernmental Panel on Climate Change

Günter Grass *1927
> *Nobelpreis für Literatur 1999*
Vergabebegründung: „weil er in munterschwarzen Fabeln das vergessene Gesicht der Geschichte gezeichnet hat"

David J. Gross *1941
> *Nobelpreis für Physik 2004*
Vergabebegründung: „für die Entdeckung der Asymptotischen Freiheit in der Theorie der starken Wechselwirkung"
Geteilt mit: H. David Politzer, Frank Wilczek

Roger Guillemin *1924
> *Nobelpreis für Physiologie oder Medizin 1977*
Vergabebegründung: „für ihre Entdeckungen zur Produktion von Peptidhormonen im Gehirn"
Geteilt mit: Andrew V. Schally, Rosalyn Yalow

Fritz Haber 1868–1934
> *Nobelpreis für Chemie 1918 (vergeben 1919)*
Vergabebegründung: „für die Synthese von Ammoniak aus dessen Bestandteilen"

Otto Hahn 1879–1968
> *Nobelpreis für Chemie 1944 (vergeben 1945)*
Vergabebegründung: „für seine Entdeckung der Spaltung schwerer Atomkerne"

Serge Haroche *1944
> *Nobelpreis für Physik 2012*
Vergabebegründung: „für die Entwicklung bahnbrechender experimenteller Methoden, die es ermöglichen, einzelne Quantensysteme zu messen und zu manipulieren"
Geteilt mit: David J. Wineland

ANHANG

Leland H. Hartwell **1939*
› *Nobelpreis für Physiologie oder Medizin 2001*
Vergabebegründung: „für ihre Entdeckungen der entscheidenden Regulatoren des Zellzyklus"
Geteilt mit: Tim Hunt, Sir Paul Nurse

James J. Heckman **1944*
› *Preis der Schwedischen Reichsbank in Wirtschaftswissenschaft zur Erinnerung an Alfred Nobel 2000*
Vergabebegründung: „für seine Entwicklung von Theorien und Methoden zur Analyse selektiver Stichproben"
Geteilt mit: Daniel L. McFadden

Alan Heeger **1936*
› *Nobelpreis für Chemie 2000*
Vergabebegründung: „für die Entdeckung und Entwicklung leitfähiger Polymere"
Geteilt mit: Alan G. MacDiarmid, Hideki Shirakawa

Werner Heisenberg *1901–1976*
› *Nobelpreis für Physik 1932 (vergeben 1933)*
Vergabebegründung: „für die Begründung der Quantenmechanik, deren Anwendung u. a. zur Entdeckung der allotropen Formen des Wasserstoffs führte"

Stefan W. Hell **1962*
› *Nobelpreis für Chemie 2014*
Vergabebegründung: „für die Entwicklung von ultrahochauflösender Fluoreszenzmikroskopie"
Geteilt mit: Eric Betzig, William E. Moerner

Avram Hershko **1937*
› *Nobelpreis für Chemie 2004*
Vergabebegründung: „für die Entdeckung des Ubiquitin-gesteuerten Proteinabbaus"
Geteilt mit: Aaron Ciechanover, Irwin Rose

Hermann Hesse *1877–1962*
› *Nobelpreis für Literatur 1946*
Vergabebegründung: „für sein inspiriertes dichterisches Werk, das neben Kühnheit und Tiefe zugleich klassische humanistische Ideale und hohe Kunst des Stils verkörpert"

Peter Higgs **1929*
› *Nobelpreis für Physik 2013*
Vergabebegründung: „für die theoretische Entdeckung eines Mechanismus, der zum Verständnis des Ursprungs der Masse subatomarer Teilchen beiträgt und kürzlich durch die Entdeckung des vorhergesagten Elementarteilchens im Rahmen des ATLAS- und CMS-Experimente am Large Hadron Collider des CERN bestätigt wurde"
Geteilt mit: François Englert

Roald Hoffmann **1937*
› *Nobelpreis für Chemie 1981*
Vergabebegründung: „für ihre unabhängig voneinander entwickelten Theorien über den Verlauf chemischer Reaktionen"
Geteilt mit: Kenichi Fukui

Leonid Hurwicz *1917–2008*
› *Preis der Schwedischen Reichsbank in Wirtschaftswissenschaft zur Erinnerung an Alfred Nobel 2007*
Vergabebegründung: „für ihre Grundlagenforschung zur Mechanismus-Design-Theorie"
Geteilt mit: Eric S. Maskin, Roger B. Myerson

Louis J. Ignarro **1941*
› *Nobelpreis für Physiologie oder Medizin 1998*
Vergabebegründung: „für ihre Arbeiten über die Rolle von Stickoxid als Botenstoff im Herz-Kreislauf-System"
Geteilt mit: Robert F. Furchgott, Ferid Murad

Martin Karplus **1930*
› *Nobelpreis für Chemie 2013*
Vergabebegründung: „für die Entwicklung von Multiskalenmodellen für komplexe chemische Systeme"
Geteilt mit: Michael Levitt, Arieh Warshel

Kim Dae-jung *1925–2009*
› *Nobelpreis für Frieden 2000*
Vergabebegründung: „für seinen Einsatz für Demokratie und Menschenrechte in Südkorea und Ostasien, insbesondere für seine Bemühungen um Frieden und Versöhnung mit Nordkorea"

Martin Luther King Jr. *1929–1968*
› *Nobelpreis für Frieden 1964*
Vergabebegründung: „für seinen gewaltlosen Kampf gegen die Rassentrennung und seinen Einsatz für die Bürgerrechte der schwarzen Bevölkerung der USA"

Rudyard Kipling *1865–1936*
› *Nobelpreis für Literatur 1907*
Vergabebegründung: „für seine Beobachtungsgabe, die Originalität seiner Phantasie, die männliche Kraft seiner Ideen und das bemerkenswerte Erzähltalent, die das Schaffen dieses weltberühmten Schriftstellers auszeichnen"

Frederik Willem de Klerk **1936*
› *Nobelpreis für Frieden 1993*
Vergabebegründung: „für ihren Einsatz für die friedliche Beendigung des Apartheid-Regimes und für die Schaffung der Grundlagen für ein neues demokratisches Südafrika"
Geteilt mit: Nelson Mandela

Aaron Klug *1926*
› *Nobelpreis für Chemie 1982*
Vergabebegründung: „für seine Entwicklung der kristallographischen Elektronenmikroskopie und seine strukturelle Entschlüsselung biologisch bedeutsamer Nukleinsäure-Protein-Komplexe"

Walter Kohn *1923*
› *Nobelpreis für Chemie 1998*
Vergabebegründung: „für seine Entwicklung der Dichtefunktionaltheorie"
Geteilt mit: John Pople

Masatoshi Koshiba *1926*
› *Nobelpreis für Physik 2002*
Vergabebegründung: „für bahnbrechende Beiträge zur Astrophysik, insbesondere den Nachweis kosmischer Neutrinos"
Geteilt mit: Raymond Davis Jr., Riccardo Giacconi

Edwin G. Krebs *1918–2009*
› *Nobelpreis für Physiologie oder Medizin 1992*
Vergabebegründung: „für ihre Entdeckungen im Zusammenhang mit der reversiblen Protein-Phosphorylierung als biologischem Regulationsmechanismus"
Geteilt mit: Edmond H. Fischer

Sir Harold Kroto *1939*
› *Nobelpreis für Chemie 1996*
Vergabebegründung: „für ihre Entdeckung der Fullerene"
Geteilt mit: Robert F. Curl Jr., Richard E. Smalley

Finn E. Kydland *1943*
› *Preis der Schwedischen Reichsbank in Wirtschaftswissenschaft zur Erinnerung an Alfred Nobel 2004*
Vergabebegründung: „für ihre Beiträge zur dynamischen Makroökonomik, insbesondere zur Zeitkonsistenz von Wirtschaftspolitik und zur treibenden Kraft von Konjunkturzyklen"
Geteilt mit: Edward C. Prescott

Selma Lagerlöf *1858–1940*
› *Nobelpreis für Literatur 1909*
Vergabebegründung: „in Würdigung des hohen Idealismus, der lebhaften Phantasie und der geistigen Wahrnehmung, die ihre Werke auszeichnen"

Max von Laue *1879–1960*
› *Nobelpreis für Physik 1914*
Vergabebegründung: „für seine Entdeckung der Beugung von Röntgenstrahlen an Kristallen"

Tsung-Dao Lee *1926*
› *Nobelpreis für Physik 1957*
Vergabebegründung: „für ihre Grundlagenforschung über die sogenannten Gesetze der Parität, die zu wichtigen Entdeckungen über die Elementarteilchen führten"
Geteilt mit: Chen Ning Yang

Philipp Lenard *1862–1947*
› *Nobelpreis für Physik 1905*
Vergabebegründung: „für seine Arbeiten über die Kathodenstrahlen"

Doris Lessing *1919–2013*
› *Nobelpreis für Literatur 2007*
Vergabebegründung: „die in ihren epischen Werken die Erfahrungen von Frauen festhielt und mit Skepsis, Leidenschaft und visionärer Kraft eine gespaltene Kultur einer genauen Prüfung unterzog"

Rita Levi-Montalcini *1909–2012*
› *Nobelpreis für Physiologie oder Medizin 1986*
Vergabebegründung: „für ihre Entdeckung von Wachstumsfaktoren"
Geteilt mit: Stanley Cohen

Michael Levitt *1947*
› *Nobelpreis für Chemie 2013*
Vergabebegründung: „für die Entwicklung von Multiskalenmodellen für komplexe chemische Systeme"
Geteilt mit: Martin Karplus, Arieh Warshel

Nelson Mandela *1918–2013*
› *Nobelpreis für Frieden 1993*
Vergabebegründung: „für ihren Einsatz für die friedliche Beendigung des Apartheid-Regimes und für die Schaffung der Grundlagen für ein neues demokratisches Südafrika"
Geteilt mit: Frederik Willem de Klerk

Thomas Mann *1875–1955*
› *Nobelpreis für Literatur 1929*
Vergabebegründung: „hauptsächlich für seinen großen Roman ‚Buddenbrooks', der mehr und mehr als eines der klassischen Werke der zeitgenössischen Literatur anerkannt wird"

Harry M. Markowitz *1927*
› *Preis der Schwedischen Reichsbank in Wirtschaftswissenschaft zur Erinnerung an Alfred Nobel 1990*
Vergabebegründung: „für ihre bahnbrechenden Beiträge zur Theorie der Finanzwirtschaft"
Geteilt mit: Merton H. Miller, William F. Sharpe

Barry J. Marshall *1951*
› *Nobelpreis für Physiologie oder Medizin 2005*
Vergabebegründung: „für die Entdeckung des Magenbakteriums Helicobacter pylori und seiner Bedeutung bei Gastritis und Magengeschwüren"
Geteilt mit: J. Robin Warren

Daniel L. McFadden **1937*
› *Preis der Schwedischen Reichsbank in Wirtschaftswissenschaft zur Erinnerung an Alfred Nobel 2000*
Vergabebegründung: „für seine Entwicklung von Theorien und Methoden zur Analyse diskreter Wahlentscheidungen"
Geteilt mit: James J. Heckman

Ferid Murad **1936*
› *Nobelpreis für Physiologie oder Medizin 1998*
Vergabebegründung: „für ihre Arbeiten über die Rolle von Stickoxid als Botenstoff im Herz-Kreislauf-System"
Geteilt mit: Robert F. Furchgott, Louis J. Ignarro

Yoichiro Nambu **1921*
› *Nobelpreis für Physik 2008*
Vergabebegründung: „für die Entdeckung des Mechanismus der spontanen Symmetriebrechung in der subatomaren Physik"
Geteilt mit: Makoto Kobayashi, Toshihide Maskawa

John F. Nash Jr. **1928*
› *Preis der Schwedischen Reichsbank in Wirtschaftswissenschaft zur Erinnerung an Alfred Nobel 1994*
Vergabebegründung: „für ihre wegweisende Analyse von Gleichgewichten in der nichtkooperativen Spieltheorie"
Geteilt mit: John C. Harsanyi, Reinhard Selten

Erwin Neher **1944*
› *Nobelpreis für Physiologie oder Medizin 1991*
Vergabebegründung: „für ihre Entdeckungen hinsichtlich der Funktion einzelner Ionenkanäle in Zellen"
Geteilt mit: Bert Sakmann

Walther Nernst *1864–1941*
› *Nobelpreis für Chemie 1920*
Vergabebegründung: „in Anerkennung seiner Arbeiten in der Thermochemie"

Christiane Nüsslein-Volhard **1942*
› *Nobelpreis für Physiologie oder Medizin 1995*
Vergabebegründung: „für ihre Entdeckungen zur genetischen Kontrolle der frühen Embryonalentwicklung"
Geteilt mit: Edward B. Lewis, Eric F. Wieschaus

Barack H. Obama **1961*
› *Nobelpreis für Frieden 2009*
Vergabebegründung: „für seine außergewöhnlichen Bemühungen, die internationale Diplomatie und die Zusammenarbeit zwischen den Völkern zu stärken"

Kenzaburô Ôe **1935*
› *Nobelpreis für Literatur 1994*
Vergabebegründung: „dafür, dass er mit dichterischen Mitteln eine fiktive Welt erschafft, in der sich Leben und Mythos zu einem erschütternden Bild menschlicher Not in der Gegenwart verdichten"

Douglas D. Osheroff **1945*
› *Nobelpreis für Physik 1996*
Vergabebegründung: „für ihre Entdeckung der Suprafluidität in Helium-3"
Geteilt mit: David M. Lee, Robert C. Richardson

Carl von Ossietzky *1889–1938*
› *Nobelpreis für Frieden 1935 (vergeben 1936)*
Vergabebegründung: „für seinen wertvollen publizistischen Beitrag zum Frieden und für seinen Kampf gegen Militarismus und Nationalismus"

Linus Pauling *1901–1994*
› *Nobelpreis für Chemie 1954*
Vergabebegründung: „für die Erforschung der Natur der chemischen Bindung und ihre Nutzung zur Aufklärung der Struktur komplexer Substanzen"

› *Nobelpreis für Frieden 1962 (vergeben 1963)*
Vergabebegründung: „als Kämpfer für die Beendigung von Atomwaffentests"

Shimon Peres **1923*
› *Nobelpreis für Frieden 1994*
Vergabebegründung: „für ihre Bemühungen um Frieden im Nahen Osten"
Geteilt mit: Yasser Arafat, Yitzhak Rabin

Adolfo Pérez Esquivel **1931*
› *Nobelpreis für Frieden 1980*
Vergabebegründung: „für seinen gewaltfreien Einsatz für Menschenrechte in Argentinien und anderen Ländern Lateinamerikas"

Harold Pinter *1930–2008*
› *Nobelpreis für Literatur 2005*
Vergabebegründung: „der in seinen Dramen die Abgründe unter alltäglichem Geschwätz aufdeckt und sich Zutritt zu den verschlossenen Räumen der Unterdrückung verschafft"

Max Planck *1858–1947*
› *Nobelpreis für Physik 1918 (vergeben 1919)*
Vergabebegründung: „in Anerkennung seiner Verdienste um die Weiterentwicklung der Physik durch seine Entdeckung der Energiequanten"

Ludwig Quidde *1858–1941*
› *Nobelpreis für Frieden 1927*
Vergabebegründung: „für ihren Einsatz für

den Frieden und ihren Beitrag zur deutsch-französischen Verständigung"
Geteilt mit: Ferdinand Buisson

José Ramos-Horta *1949*
› *Nobelpreis für Frieden 1996*
Vergabebegründung: „für ihre Bemühungen um eine gerechte, friedliche Lösung im Krieg um Ost-Timor"
Geteilt mit: Carlos Filipe Ximenes Belo

Robert C. Richardson *1937–2013*
› *Nobelpreis für Physik 1996*
Vergabebegründung: „für ihre Entdeckung der Suprafluidität in Helium-3"
Geteilt mit: David M. Lee, Douglas D. Osheroff

Wilhelm Conrad Röntgen *1845–1923*
› *Nobelpreis für Physik 1901*
Vergabebegründung: „in Anerkennung des außerordentlichen Verdienstes, das er sich durch die Entdeckung der später nach ihm benannten Strahlen erworben hat"

Theodore Roosevelt *1858–1919*
› *Nobelpreis für Frieden 1906*
Vergabebegründung: „für die Vermittlungsrolle im Friedensvertrag zwischen Russland und Japan von 1905"

Irwin Rose *1926*
› *Nobelpreis für Chemie 2004*
Vergabebegründung: „für die Entdeckung des Ubiquitin-gesteuerten Proteinabbaus"
Geteilt mit: Aaron Ciechanover, Avram Hershko

Sir Joseph Rotblat *1908–2005*
› *Nobelpreis für Frieden 1995*
Vergabebegründung: „für ihren Einsatz die Rolle von Kernwaffen in der internationalen Politik zu vermindern und langfristig solche Waffen abzuschaffen"
Geteilt mit: Pugwash Conferences on Science and World Affairs

Carlo Rubbia *1934*
› *Nobelpreis für Physik 1984*
Vergabebegründung: „für ihre entscheidenden Beiträge zu dem umfangreichen Projekt, das zur Entdeckung der Feldpartikel W und Z als Vermittler schwacher Wechselwirkung führte"
Geteilt mit: Simon van der Meer

Bertrand Russell *1872–1970*
› *Nobelpreis für Literatur 1950*
Vergabebegründung: „in Anerkennung seiner vielseitigen und bedeutenden Schriften, in denen er sich für humanitäre Ideale und Gedankenfreiheit einsetzt"

Mohammed Anwar al-Sadat *1918–1981*
› *Nobelpreis für Frieden 1978*
Vergabebegründung: „für ihren Beitrag zu den Friedensabkommen im Nahen Osten, und zum Frieden zwischen Ägypten und Israel"
Geteilt mit: Menachem Begin

Bert Sakmann *1942*
› *Nobelpreis für Physiologie oder Medizin 1991*
Vergabebegründung: „für ihre Entdeckungen hinsichtlich der Funktion einzelner Ionenkanäle in Zellen"
Geteilt mit: Erwin Neher

Abdus Salam *1926–1996*
› *Nobelpreis für Physik 1979*
Vergabebegründung: „für ihre Mitwirkung an der Theorie der Vereinigung schwacher und elektromagnetischer Wechselwirkung zwischen Elementarteilchen, einschließlich u. a. der Voraussage der schwachen neutralen Ströme"
Geteilt mit: Sheldon Glashow, Steven Weinberg

Frederick Sanger *1918–2013*
› *Nobelpreis für Chemie 1958*
Vergabebegründung: „für seine Arbeiten über die Struktur der Proteine, insbesondere des Insulins"

› *Nobelpreis für Chemie 1980*
Vergabebegründung: „für ihre Beiträge zur Bestimmung der Basensequenz in Nukleinsäuren"
Geteilt mit: Paul Berg, Walter Gilbert

Andrew V. Schally *1926*
› *Nobelpreis für Physiologie oder Medizin 1977*
Vergabebegründung: „für ihre Entdeckungen zur Produktion von Peptidhormonen im Gehirn"
Geteilt mit: Roger Guillemin, Rosalyn Yalow

Brian P. Schmidt *1967*
› *Nobelpreis für Physik 2011*
Vergabebegründung: „für die Entdeckung der beschleunigten Expansion des Universums durch Beobachtungen weit entfernter Supernovae"
Geteilt mit: Saul Perlmutter, Adam G. Riess

Erwin Schrödinger *1887–1961*
› *Nobelpreis für Physik 1933*
Vergabebegründung: „für die Entdeckung neuer produktiver Formen der Atomtheorie"
Geteilt mit: Paul A. M. Dirac

Albert Schweitzer *1875–1965*
› *Nobelpreis für Frieden 1952 (vergeben 1953)*
Vergabebegründung: „für seinen Einsatz im Urwaldkrankenhaus von Lambaréné im zentralafrikanischen Gabun und für seinen Einsatz für die Völkerverständigung"

Reinhard Selten **1930*
> *Preis der Schwedischen Reichsbank in Wirtschaftswissenschaft zur Erinnerung an Alfred Nobel 1994*
Vergabebegründung: „für ihre wegweisende Analyse von Gleichgewichten in der nichtkooperativen Spieltheorie"
Geteilt mit: John C. Harsanyi, John F. Nash Jr.

Michael Smith *1932–2000*
> *Nobelpreis für Chemie 1993*
Vergabebegründung: „für seine grundlegenden Beiträge zur Etablierung der Oligonukleotidbasierten, ortsspezifischen Mutagenese und ihrer Weiterentwicklung für Proteinuntersuchungen"
Geteilt mit: Kary B. Mullis

George F. Smoot **1945*
> *Nobelpreis für Physik 2006*
Vergabebegründung: „für ihre Entdeckung der Schwarzkörperform und der Anisotropie kosmischer Hintergrundstrahlung"
Geteilt mit: John C. Mather

Alexander Issajewitsch Solschenizyn *1918–2008*
> *Nobelpreis für Literatur 1970*
Vergabebegründung: „für die ethische Kraft, mit der er die unersetzlichen Traditionen der russischen Literatur weiterführte"

Wole Soyinka **1934*
> *Nobelpreis für Literatur 1986*
Vergabebegründung: „der mit weit gefasster kultureller Perspektive und poetischen Obertönen das Drama des menschlichen Seins formt"

Thomas C. Südhof **1955*
> *Nobelpreis für Physiologie oder Medizin 2013*
Vergabebegründung: „für ihre Entdeckungen der Mechanismen, die den Vesikeltransport regulieren, eines wichtigen Transportsystems unserer Zellen"
Geteilt mit: James E. Rothman, Randy W. Schekman

Earl W. Sutherland Jr. *1915–1974*
> *Nobelpreis für Physiologie oder Medizin 1971*
Vergabebegründung: „für seine Entdeckungen hinsichtlich der Wirkmechanismen von Hormonen"

Rabindranath Tagore *1861–1941*
> *Nobelpreis für Literatur 1913*
Vergabebegründung: „für seine zutiefst einfühlsame, frische, schöne Dichtung, durch die er seine poetischen Gedanken mit vollendeter Kunstfertigkeit in seiner eigenen englischen Ausdrucksweise zu einem festen Bestandteil der abendländischen Literatur machte"

Max Theiler *1899–1972*
> *Nobelpreis für Physiologie oder Medizin 1951*
Vergabebegründung: „für die Erforschung des Gelbfiebers und seiner Bekämpfung"

E. Donnall Thomas *1920–2012*
> *Nobelpreis für Physiologie oder Medizin 1990*
Vergabebegründung: „für ihre Erkenntnisse zur Organ- und Zelltransplantation als therapeutischem Ansatz in der Humanmedizin"
Geteilt mit: Joseph E. Murray

J.J. Thomson *1856–1940*
> *Nobelpreis für Physik 1906*
Vergabebegründung: „in Anerkennung der großen Verdienste seiner theoretischen und experimentellen Untersuchungen zum Durchgang von Elektrizität durch Gase"

Desmond Mpilo Tutu **1931*
> *Nobelpreis für Frieden 1984*
Vergabebegründung: „für seinen mit friedlichen Mitteln geführten Kampf gegen die Apartheidpolitik in seinem Land"

Simon van der Meer *1925–2011*
> *Nobelpreis für Physik 1984*
Vergabebegründung: „für ihre entscheidenden Beiträge zu dem umfangreichen Projekt, das zur Entdeckung der Feldpartikel W und Z als Vermittler schwacher Wechselwirkung führte"
Geteilt mit: Carlo Rubbia

Jacobus Henricus van 't Hoff *1852–1911*
> *Nobelpreis für Chemie 1901*
Vergabebegründung: „als Anerkennung des außerordentlichen Verdienstes, das er sich durch die Entdeckung der Gesetze der chemischen Dynamik und des osmotischen Druckes in Lösungen erworben hat"

Mario Vargas Llosa **1936*
> *Nobelpreis für Literatur 2010*
Vergabebegründung: „für seine Kartographie der Machtstrukturen und seine messerscharfen Bilder von Widerstand, Auflehnung und Niederlage"

Harold E. Varmus **1939*
> *Nobelpreis für Physiologie oder Medizin 1989*
Vergabebegründung: „für ihre Entdeckung des zellulären Ursprungs retroviraler Onkogene"
Geteilt mit: J. Michael Bishop

Martinus J.G. Veltman **1931*
> *Nobelpreis für Physik 1999*
Vergabebegründung: „für ihre Erkenntnisse zur Quantenstruktur elektroschwacher Wechselwirkungen in der Physik"
Geteilt mit: Gerardus 't Hooft

J. Robin Warren *1937
> *Nobelpreis für Physiologie oder Medizin 2005*
Vergabebegründung: „für die Entdeckung des Magenbakteriums Helicobacter pylori und seiner Bedeutung bei Gastritis und Magengeschwüren"
Geteilt mit: Barry J. Marshall

Arieh Warshel *1940
> *Nobelpreis für Chemie 2013*
Vergabebegründung: „für die Entwicklung von Multiskalenmodellen für komplexe chemische Systeme"
Geteilt mit: Martin Karplus, Michael Levitt

James Watson *1928
> *Nobelpreis für Physiologie oder Medizin 1962*
Vergabebegründung: „für ihre Entdeckungen zur Molekularstruktur der Nukleinsäuren und ihre Bedeutung für die Informationsübertragung in lebender Substanz"
Geteilt mit: Francis Crick, Maurice Wilkins

Steven Weinberg *1933
> *Nobelpreis für Physik 1979*
Vergabebegründung: „für ihre Mitwirkung an der Theorie der Vereinigung schwacher und elektromagnetischer Wechselwirkung zwischen Elementarteilchen, einschließlich u. a. der Voraussage der schwachen neutralen Ströme"
Geteilt mit: Sheldon Glashow, Abdus Salam

Elie Wiesel *1928
> *Nobelpreis für Frieden 1986*
Vergabebegründung: „für seinen Einsatz für die Rechte unterdrückter Menschen und seine Werke, die die Erinnerung an den größten Völkermord der Weltgeschichte wachhalten"

Torsten N. Wiesel *1924
> *Nobelpreis für Physiologie oder Medizin 1981*
Vergabebegründung: „für ihre Erkenntnisse zur Informationsverarbeitung im Sehwahrnehmungssystem"
Geteilt mit: Roger W. Sperry, David H. Hubel

Maurice Wilkins *1916–2004*
> *Nobelpreis für Physiologie oder Medizin 1962*
Vergabebegründung: „für ihre Entdeckungen zur Molekularstruktur der Nukleinsäuren und ihre Bedeutung für die Informationsübertragung in lebender Substanz"
Geteilt mit: Francis Crick, James Watson

Jody Williams *1950
> *Nobelpreis für Frieden 1997*
Vergabebegründung: „für ihren Einsatz für das Verbot und die Beseitigung von Antipersonenlandminen"
Geteilt mit: International Campaign to Ban Landmines

Woodrow Wilson *1856–1924*
> *Nobelpreis für Frieden 1919 (vergeben 1920)*
Vergabebegründung: „für seine Verdienste um die Beendigung des Ersten Weltkriegs und die Gründung des Völkerbunds"

David J. Wineland *1944
> *Nobelpreis für Physik 2012*
Vergabebegründung: „für die Entwicklung bahnbrechender experimenteller Methoden, die es ermöglichen, einzelne Quantensysteme zu messen und zu manipulieren"
Geteilt mit: Serge Haroche

Kurt Wüthrich *1938
> *Nobelpreis für Chemie 2002*
Vergabebegründung: „für seine Entwicklung der kernmagnetischen Resonanzspektroskopie zur Bestimmung der dreidimensionalen Struktur biologischer Makromoleküle in Lösung"
Geteilt mit: John B. Fenn, Koichi Tanaka

Malala Yousafzai *1997
> *Nobelpreis für Frieden 2014*
Vergabebegründung: „für ihren Kampf gegen die Unterdrückung von Kindern und Jugendlichen und für das Recht aller Kinder auf Bildung"
Geteilt mit: Kailash Satyarthi

Muhammad Yunus *1940
> *Nobelpreis für Frieden 2006*
Vergabebegründung: „für die Förderung wirtschaftlicher und sozialer Entwicklung von unten"
Geteilt mit: Grameen Bank

Rolf M. Zinkernagel *1944
> *Nobelpreis für Physiologie oder Medizin 1996*
Vergabebegründung: „für ihre Entdeckungen zur Spezifität der zellvermittelten Immunabwehr"
Geteilt mit: Peter C. Doherty

NAMENSREGISTER

A

Abacha, Sani 192
Agre, Peter 144, 160, 233, 242, 278, 333
Alarcón, Ricardo 319
Aldrin, Buzz 543
Alighieri, Dante 151–152
Alkatiri, Marí Bin Amude 277
Allen, Paul 120, 135
Alonso, Monica 294
Amundsen, Roald 102
Annan, Kofi 298
Aris, Michael 386
Aristoteles 464
Armstrong, Neil 543
Arthur, Joseph 195–196
Atiyah, Michael 521, 532–535, 538
Aung San 386
Aung San Suu Kyi 219, 270–271, 274, 278–280, 292, 344, 384–386, 388, 390–391, 395–399, 401–406
Aurel, Mark 87, 506
Avery, Oswald 421
Axel, Richard 130
Axelsson, Monica 157–158, 160–162, 171–173, 177, 179, 181–184, 187–189, 193, 195–198, 415, 436

B

Babyshambles 195
Bacardí (Familie) 293
Badge, Joachim 11, 51, 225, 339–341
Badge, Karla 37–38, 339–341
Badge, Marla 284, 325–326, 520
Badge, Stephanie 37, 48
Baerwaldt, Alexander 58
Banting, Frederick G. 13, 428

Bardeen, John 424–425
Bartók, Béla 300
Beatles 299
Becker, Boris 240–241
Begin, Menachem 246
Bell, E. T. 462
Belo, Carlos Filipe Ximenes 269, 288
Berg, Paul 425
Bernadotte, Bettina, Gräfin af Wisborg 10
Bernadotte, Lennart, Graf af Wisborg 10, 97
Berners-Lee, Tim 179
Bethe, Hans 89–98, 101, 106, 134, 509, 527
Bethe, Henry 92
Bethe, Rose 90–92, 94, 96–97
Bhargava, Manjul 491
Bishop, Michael 136
Bismarck, Otto von 341
Blair, Tony 186, 335
Blakemore, Colin 437
Blake, William 124
Blobel, Günter 518
Blumberg, Baruch S. 55
Bogart, Humphrey 276
Bo Hla Tint 401, 404
Bohr, Niels 74–75, 93, 229
Böll, Heinrich 259, 347, 359
Bonja, Edward Michael 155–156, 160–164, 195–196, 534
Borges, Jorge Luis 316
Born, Gustav 108
Born, Max 49, 60–64, 72, 76, 80, 108, 476–477, 500
Bourgeois, Louise Joséphine 542
Brady, James S. 331
Bragg, Lawrence 13
Brahms, Johannes 300
Brandt, Willy 42, 57, 373–375, 378
Brent, Roger 147–148
Brout, Robert 528

Buck, Linda B. 15, 115–116, 129–131, 137–142, 145, 147–152, 203, 393, 547
Buck, Pearl S. 140
Buisson, Ferdinand 126
Burton, James 534
Busch, Wilhelm 11, 334
Bush, George W. 246–247, 312, 335, 367
Butenandt, Adolf 104

C

Cameron, David 335–337
Carl XVI. Gustav 148
Carreras, José 143
Carroll, Lewis 29
Carter, Jimmy 228, 244–251, 256, 276, 313
Carter, Rosalynn 251
Casey, Paul 155, 187–190, 195, 198, 203
Cassirer, Reinhold 260
Castro Díaz-Balart, Fidel 55, 298
Castro, Fidel 55, 298, 303–304, 306, 310–313, 319–322
Castro, Raúl 312, 319, 323
Cecil, Lord Robert 103
Cerf, Vinton 179
Cervantes, Saavedra Miguel de 298
Chagall, Marc 186
Chargaff, Erwin 421, 448
Chopin, Frédéric 300
Ciechanover, Aaron 15, 29, 48–51, 53, 56–59, 61, 64–65, 73, 75, 77–80, 82, 97, 130, 157, 203, 338, 342, 506, 508–509, 513–515, 543
Clinton, Bill 257, 276, 298, 375, 447
Cohen, Stanley 164, 166–170, 506–507
Collins, Francis 447
Corbijn, Anton 157, 196, 436
Cori, Carl 136
Cori, Gerty 136
Cornell, Ezra 98
Craig, Daniel 75
Crick, Francis 172–173, 180–181, 421–422, 425, 428–429, 438–439, 441–444, 452–456, 486, 548
Crick, Odile 441
Crowe, Russell 459, 504
Crowe, Victoria 537
Cuffari, Tina 510–512
Curie, Marie 424–425
Cusack, John 101

D

Dalai Lama 321
Darwin, Charles 301, 439, 441, 448
Dean, James 276
Debussy, Achille-Claude 299
Dehmelt, Hans G. 9–10, 23, 115, 117–118, 120–123, 236, 377, 408
Depeche Mode 157
Descartes, René 462

Dietrich, Marlene 430
Dirac, Paul A. M. 67, 76
Diskin, Tom 155
Doherty, Peter C. 195, 198, 200–201, 205, 227, 238–240, 242, 429, 531
Domagk, Gerhard 104
Dostojewski, Fjodor Michailowitsch 297
Dreyfus, Alfred 126
du Bois-Reymond, Emil Heinrich 422, 479

E

Ebadi, Shirin 179
Eban, Abba 77
Edelman, Gerald M. 172, 179–183, 188, 228
Edelman, Judith 181
Edwards, Jorge 298
Eichmann, Adolf 56
Eigen, Manfred 18
Einstein, Albert 19, 53–54, 58, 60–64, 67–76, 79, 81–83, 87–90, 93, 103, 107, 152, 177–180, 203, 229, 263, 284, 301–302, 371, 477–480, 490–491, 497–504, 523, 526, 530, 541
Eisenhower, Mamie 332
Eisler, Hanns 54
Engdahl, Horace 40, 140
Englert, François 519, 527–528, 530–531, 534, 536, 538
Ernst August I. (Hannover) 81
Ernst, Max 186
Esaki, Leo 55
Ewald, Paul 97

F

Fawcett, April 185–186
Fawcett, Charles 185–186
Fenn, John B. 55
Fermi, Enrico 89, 93, 106
Fest, Joachim 260
Feuchtwanger, Lion 186
Fischer, Abram „Bram" 259
Fischer, Artur 444
Fischer, Beverly 118, 125–126, 128, 132, 148
Fischer, Edmond „Eddy" H. 12, 14, 15, 18, 32–35, 59, 115–116, 117–120, 124–138, 141–142, 148–149, 152, 157, 203, 230, 285, 312, 325, 455, 509, 547
Fischer, Nelly 126
Fo, Dario 345, 412–414, 511, 542
Forssmann, Werner 234
Franck, James 60–62, 72, 107, 478
Franco, Francisco 275
Frankenthaler, Helen 176
Franklin, Rosalind 137, 438, 441–442, 452–453
Frayn, Michael 75
Freeman, Cathy 255
Freeman, Morgan 253
Frisch, Otto Robert 93
Fry, Varian 186

Fuchs, Conrad Heinrich 490
Fuentes, Carlos 298–299
Furchgott, Robert F. 158–159

G

Gabriel, Peter 405
Gaitanaris, George 141–142
Gandhi, Mahatma 500
García Márquez, Gabriel 55, 182, 294–306, 309, 316, 322, 518–519, 526
Gates, Bill 10
Gates, Henry Louis 193
Gauck, Joachim 384–385
Gauß, Carl Friedrich 462, 473–474, 486–487, 489, 490
Gehry, Frank O. 135
Geller, Uri 479
George IV. 208
Gerberding, William 133
Gilbert, Walter 18, 75, 425
Glabus, Wolfgang 88
Glashow, Sheldon 524
Goebbels, Joseph 103
Goeppert Mayer, Maria 61, 477–478
Goethe, Johann Wolfgang von 456, 487
Goldberg Ansaldo, Stephanie 185–187, 190, 194, 253
Goldstein, Rebecca 462
Goldstone, Jeffrey 527–529, 536
Goodes, Adam 252
Goolagong, Evonne 255
Gorbatschowa, Raissa 372
Gorbatschow, Michail Sergejewitsch 211, 344, 363–368, 371–375, 384, 403, 512
Gordimer, Nadine 57, 192, 209, 258–264, 326, 373, 386, 408
Gore Jr., Al 250
Grant, Cary 166, 170
Grass, Günter 38–48, 81, 112, 258, 260, 444, 512
Gross, David J. 532
Grothendieck, Alexander 534–535
Guevara, Che 276, 298
Guillemin, François 176
Guillemin, Roger 18, 172–177
Guillén, Jorge Luis 317
Guralnik, Gerald 528
Gusmão, Xanana 290, 292, 324
Gustav V. von Schweden 97
Gysi, Gregor 417

H

Haber, Fritz 79
Hagen, Carl R. 528
Hagner, Michael 487
Hahn, Otto 49–50, 73, 75–77, 79–81, 93, 101, 107, 118, 457, 500
Hamburger, Victor 507

Han Seung-soo 383
Hardenberg, Carl-Hans Graf von 260
Hardin, Glen D. 323, 534
Haroche, Serge 66
Harris, Geoffrey 174
Hartwell, Leland „Lee" H. 141–142
Hawking, Stephen 540
Heckman, James J. 308–313, 316
Heeger, Alan 154, 170–172, 182
Heesch, Heinrich 488
Heine, Heinrich 184
Hein, Franz Karl 97
Heisenberg, Werner 13, 67–68, 74–76, 80, 90, 92–93, 107–108, 310, 455
Hell, Stefan W. 202
Hendrix, Jimi 135
Hershko, Avram 52
Herzl, Theodor 56
Herzog, Roman 435
Hesse, Hermann 33, 504
Heuss, Theodor 73
Higgs, Peter 518–520, 522, 526–541
Hilbert, David 423, 476–481, 488–489, 510
Hitchcock, Alfred 235
Hitler, Adolf 44, 61, 72, 74, 79, 86, 93, 97, 103–106, 118, 261, 460, 471, 480, 500
Hoffmann, Roald 18, 98–102, 104–106, 127
Honecker, Erich 366
Horta, Francisco 274–275
Hume, David 177–178, 180, 540
Hurwicz, Leonid 13

I

Ignarro, Louis J. 155, 158–160

J

Jale, Dennis 534
Jerofejew, Viktor 363
Jobs, Steve 545
John, Elton 162
Jordan, Pasqual 455
Jüttner, Harald 49, 51, 59

K

Kafka, Franz 300–301
Kahlo, Frida 302
Kahn, Louis I. 173
Kahn, Robert „Bob" E. 179
Karagezyan, Karen 368–369, 371, 373
Karnath, Lorie 215, 217–218, 221, 223, 225, 294–295, 301–302, 348–350, 352–357, 359, 361–362, 375–376, 379, 381, 449, 451–452
Karplus, Martin 18, 519, 545–546
Katzir, Ephraim 59

Kennedy, John F. 275–276, 335
Kennedy, Robert F. 275
Kennedy, Ted 275
Kibble, T. W. B. 527, 528, 530
Kiesinger, Kurt Georg 45
Kim Dae-jung 307, 344, 376–378, 381–383
Kim Jong-il 378
King Jr., Martin Luther 212–213, 251
Kipling, Rudyard 398–399, 407, 417
Klerk, Frederik Willem de 208, 210–217, 219–220, 242, 352
Klug, Aaron 425–426, 442
Knef, Hildegard 457
Kohl, Helmut 45, 211, 367
Kohn, Walter 47–48, 67, 509
Kolbe, Adolph 501
Konigsmark, Nancy 369, 426, 491
Koshiba, Masatoshi 55
Kournikowa, Anna 445
Kracauer, Siegfried 186
Krebs, Dedee 133
Krebs, Edwin G. 12, 115, 131–136
Krisel, William 163
Kroto, Sir Harold 21
Kurz, Bernhard 155
Kydland, Finn E. 55, 111, 116, 145–147

L

Lady Gaga 12, 14
Lagerlöf, Selma 37, 506
Langhans, Carl Gotthard 260
Laue, Max von 49, 68–69, 79, 107, 118, 453, 500
Laurie, Kris 229, 234–237
Lavater, Johann Caspar 487
Lee, Tsung-Dao 55
Lenard, Philipp 71
Lendl, Ivan 240
Lennon, John 157, 162, 439
Lessing, Doris 169, 345, 407–412, 415–418, 426, 540, 542
Lessing, Gottfried 408
Lessing, Peter 408, 412
Levi, Artur 59–60
Levi-Montalcini, Paola 510–511, 514
Levi-Montalcini, Rita 13, 34, 152, 167, 423, 430, 456, 486, 506–515, 524
Levitt, Michael 519–520, 542–548, 550
Levitt, Rina 544, 547
Lewis, Leonard 163–164
Lichtenberg, Georg Christoph 18, 106, 232, 472, 473, 487, 489, 505
Lincoln, Abraham 332–335
Lincoln, Mary 335
Lipchitz, Jacques 186
List, Jochen 387, 396
Long, Michael 252, 255
Lopez de Haro, Gonzalo 125
Lopez, Jennifer 201
Loriot 383
Lowe, Rob 330

M

Machel, Graça 218
Mandela, Nelson 192, 208–222, 249, 253–254, 256, 258–263, 312, 352, 361, 382
Mann, Golo 40, 260
Mann, Heinrich 186
Manning, Chelsea/Bradley 315–316
Mann, Thomas 40, 103, 285, 504
Marcu, Valeriu 186
Markowitz, Harry M. 172, 177–180
Marley, Bob 157
Marshall, Adrienne 233
Marshall, Barry J. 209, 227–238, 312
Martí, José 318–319
Martin Thomas, Dorothy 143
Ma Thida 396–399
Mayer, Joseph Edward 478
McCarthys, Eugene 42
McFadden, Daniel 151, 308, 311–313, 316
Meitner, Lise 76, 93
Merkel, Angela 10, 57
Messi, Lionel 203
Miró, Joan 137
Mischer, Friedrich 421
Molella, Arthur 328
Molella, Roya 329
Monroe, Marilyn 276, 451
Morent, Helmut 342
Morgenstern, Oskar 481
Moss, Kate 195
Mozart, Wolfgang Amadeus 33
Müller-Westernhagen, Marius 150, 228, 241, 252, 254, 338, 339, 413
Müller-Westernhagen, Romney 228, 252, 386–388, 396
Murad, Ferid 158
Mussolini, Benito 507

N

Nambu, Yoichiro 303, 519, 526–527, 536
Nascimento, Basilio do 288
Nash, Alicia 330, 463–465, 470, 472, 501, 504
Nash, Johnny 472
Nash Jr., John F. 15, 83, 185, 330, 423, 459–504, 529, 535
Neher, Erwin 11
Nernst, Walther 49, 68–69, 79
Neto, Sonia 303–304, 401
Neumann, John von 480–482
Newton, Isaac 35, 70, 462, 545–546, 549
Newton-John, Olivia 108
Nietzsche, Friedrich Wilhelm 454
Nixon, Richard 331
Nobel, Alfred 12–13, 16, 19, 46, 62, 78–79, 87, 100, 104, 126–128, 130, 231, 234, 509

Nobel, Immanuel 100
Noddack, Ida 93
Nüsslein-Volhard, Christiane 18, 127

O

Obama, Barack H. 305, 312–313, 325–328, 330–337
Ôe, Hikari 108–109
Ôe, Kenzaburô 55, 107–112
Oppenheimer, Julius Robert 76, 92–93, 477–478, 484, 502
Osheroff, Douglas D. 18
Ossietzky, Carl von 103
Ovid (Publius Ovidius Naso) 35

P

Palin, Michael 230
Pamuk, Orhan 512
Parade, Gustav 97
Parker, Thomas A. (Colonel) 155–156
Pascal, Blaise 462
Pauling, Linus 424–425, 545
Paul, Wolfgang 121
Pavarotti, Luciano 157
Peres, Shimon 55, 57
Pérez Esquivel, Adolfo 306–308, 313, 315–316
Picasso, Pablo 173
Pinter, Harold 242
Planck, Erwin 117–118, 260
Planck, Max 49, 69, 70–73, 117–118, 455, 500
Pleitgen, Fritz 346–348
Presley, Elvis Aaron 152–165, 171, 182, 185–189, 194–208, 238, 244, 276, 280–281, 299, 323, 331, 422, 534
Presley, Priscilla 160, 163–164, 188, 534
Pringsheim, Peter 186
Putin, Wladimir Wladimirowitsch 352, 359
Python, Monty 230

Q

Quidde, Ludwig 126

R

Rakete, Jim 475, 504
Rame, Franca 414
Ramos Filipe, Natalina 275
Ramos-Horta, José 15, 22, 201, 219, 269–292, 317–324, 327, 331, 334, 337–342, 401, 405
Reagan, Nancy 231
Reagan, Ronald 45, 331, 336, 365
Reeve, Christopher 102
Reinado, Alfred Alves 277, 291–292, 323

Renn, Jürgen 55
Rhee Syng-man 382
Richardson, Jerry 253
Richardson, Robert Coleman 55
Riemann, Bernhard 462, 474, 476–479, 489, 510
Rivera, Diego 302
Roberts, Dennis 160–163
Roberts, Larry 179
Rodham Clinton, Hillary 332
Rolling Stones 157
Röntgen, Wilhelm Conrad 14, 27
Roosevelt, Franklin D. 75, 93, 107, 331
Roosevelt, Theodore 249
Rose, Irwin 52
Rosenberg, Alfred 105
Rotblat, Sir Joseph 21, 82–89, 95–96, 262–263, 449, 491, 509
Ruak, Taur Matan 292, 338
Rubbia, Carlo 511–512, 524–527, 531–532
Russell, Bertrand 81–83, 87–88, 212–213, 263

S

Sadat, Mohammed Anwar al-S. 246
Safran, Clara 102
Safran, Hillel 102, 105
Safran, Roald 102
Sahl, Hans 186
Sakmann, Bert 11
Salam, Abdus 524
Sala, Oskar 9, 56–57, 234–235, 323
Salk, Jonas 173
Sanger, Frederick 18, 422, 425–438, 447, 537
Sanger, Margaret 427–428, 431
Santelli, Bob 134
Santos, Nelson 280, 339, 340
Santos, Nuxa 280, 282–283, 285
Saro-Wiwa, Ken 192
Saviano, Roberto 511
Schally, Andrew V. 174–175
Scheff, Jerry 534
Schinkel, Karl Friedrich 260
Schlöndorff, Volker 44
Schmidt, Brian P. 284, 338
Schreiber, Ulli 409–411
Schrödinger, Erwin 64–67, 420–422, 439, 455, 500, 520, 541, 545–546, 549
Schürer, Wolfgang 10, 210–211, 214
Schweinsteiger, Bastian 203
Schweitzer, Albert 245
Selten, Reinhard 468–469
Shakira 283
Sieker, Ekkehard „Eki" 64, 293–294, 303–304, 306–308, 313, 338, 348, 363, 488–489, 492, 499, 520–535, 548
Siemsen, Hans 186
Sinatra, Frank 157, 366, 399
Sinatra, Nancy 228, 243–245
Smith, Adam 459–460, 471

Smith, Michael 14
Smoot, George F. 532
Sohlman, Michael 46
Solschenizyn, Alexander Issajewitsch 15, 344, 346–348, 351–352, 355–363, 366, 368
Svetlowa, Natalja 352–355, 358–360
Sommerfeld, Arnold 89–91
Soyinka, Wole 185–194, 213, 236, 263
Stålsett, Gunnar Johan 25, 291
Stauffenberg, Claus Schenk Graf von 260
Stoltz Harvey, Thomas 491
Strauß, Franz Josef 81
Strindberg, August 127
Südhof, Thomas C. 241–242
Sullenberger, Chesley B. 494
Sutherland Jr., Earl W. 136
Szilárd, Leó 75, 93, 107, 173

T

Tadić, Boris 248
Tagore, Rabindranath 500
Taylor, Doris May 415
Theiler, Max 547
Thein Sein 385, 404
Thomas, E. Donnall 115, 141–143, 145
Thomson, J. J. 71
Tomlinson, Charles 100
Trotzki, Leo 303
Tschira, Klaus 89
Tucholsky, Kurt 458–459, 504
Turner, Nikolaus 47, 271, 307, 323, 328, 410–411
Tutt, Ronnie 534
Tutu, Desmond Mpilo 208, 223–226, 228, 230, 252–258, 315–316, 329, 334, 381, 384, 512

U

U2 157
Uhlig-Romero, Gerald 53, 55, 194, 323, 409, 499
Uhlig-Romero, Mara 323

V

van der Meer, Simon 525
van 't Hoff, Jacobus Henricus 501
Vargas Llosa, Mario 298, 306
Varmus, Harold E. 136
Veltman, Martinus J. G. 55, 532
Venter, Craig 447
Verne, Jules 127, 184, 243
Victoria von Schweden 10
Videla, Jorge Rafael 314
Virganskaja, Irina 368, 371–372
Vogel, Hermann Wilhelm 43
Volger, Bodo 36–37, 43, 140

W

Wagner, Richard 34, 127, 135
Walker, Alan 535
Warren, Robin 209, 227, 229, 231, 234, 236–238
Warshel, Arieh 333, 519, 545–546
Washington, George 335
Watson, James 172, 421–422, 425, 438–449, 452
Watson, Elizabeth 445–446
Weidermann, Volker 54
Weinberg, Steven 524
Weiß, Joachim „Joe" 95
Weizmann, Chaim 77, 79
Werfel, Franz 186
Wertheimer, Alfred 163
West, Sonny 195–198, 205, 331
Weyl, Hermann 480, 488
Wiesel, Elie 187
Wiesel, Torsten N. 506
Wilkins, Maurice 421–422, 438, 441–442, 449, 451–453, 491
Williams, Jody 185
Williams, Robbie 399
Wilson, Woodrow 249
Win, Ne 389
Win, Sandar 389
Win, Tin Myo 397
Wineland, David 66
Wüthrich, Kurt 55

Y

Yeats, William Butler 551
Yousafzai, Malala 13
Yunus, Muhammad 403

Z

Zappa, Frank 157
Zenon von Elea 462
Zinkernagel, Rolf M. 200
Zin Linn 401–402, 404
Zola, Émile 126–127
Zuckerman, Lord Solly 82
Zuniga, Daphne 101

AUSWAHLBIBLIOGRAPHIE*

Bird, Kai / Sherwin, Martin J.: J. Robert Oppenheimer – Die Biographie. Propyläen, Berlin 2009

Bonitz, Michael: Max Planck, das Wirkungsquantum und die moderne Physik. Max-Planck-Ringvorlesung. Institut für Theoretische Physik und Astrophysik. Christian-Albrechts-Universität Kiel, Kiel 2008

Bünte, Marco: „Problemstaat" Myanmar – Zum schwierigen Umgang mit dem Militärregime. In: GIGA Focus. German Institute für Global and Area Studies, Institut für Asien Studien. Nummer 11, Hamburg 2007. URL http://www.giga-hamburg.de/de/system/files/publications/gf_asien_0711.pdf (Stand: 29. Januar 2015)

Chargaff, Erwin: Das Feuer des Heraklit – Skizzen aus einem Leben vor der Natur. Klett-Cotta, Stuttgart 2002

Doherty, Peter: The Beginner's Guide to Winning the Nobel Prize – A Life in Science. The Miegunyah Press, Melbourne 2014

Edelman, Gerald M. / Tononi, Giulio: Gehirn und Geist – Wie aus Materie Bewusstsein entsteht. Verlag C.H. Beck, München 2002

Einstein, Albert / Born, Max: Briefwechsel 1916–1955. Langen Müller, München 2005

Emter, Elisabeth: Literatur und Quantentheorie – Die Rezeption der modernen Physik in Schriften zur Literatur und Philosophie deutschsprachiger Autoren (1925–1970). De Gruyter, Berlin New York 1995

Fest, Joachim: Staatsstreich – Der lange Weg zum 20. Juli. Siedler Verlag, Berlin 1994

Grass, Günter / Ôe, Kenzaburô: Gestern, vor 50 Jahren – Ein deutsch-japanischer Briefwechsel. Steidl, Göttingen 1995

Grüning, Michael: Ein Haus für Albert Einstein – Erinnerungen, Briefe, Dokumente. Verlag der Nation, Berlin 1990

Haas, Willy: Nobelpreisträger der Literatur – Ein Kapitel Weltliteratur des Zwanzigsten Jahrhunderts. Heinz Moos Verlag, Heidelberg 1962

Hahn, Dietrich: Otto Hahn, Begründer des Atomzeitalters – Eine Biographie in Bildern und Dokumenten. List Verlag, München 1979

Hahn, Otto: Mein Leben – Die Erinnerungen des großen Atomforschers und Humanisten. Piper, München 1986

Heffner, Henning / Schulz, Bastian: Myanmar im Wandel – Leitet der Reformkurs von Präsident Thein Sein eine historische Zeitenwende ein? Friedrich-Ebert-Stiftung, Bonn 2012

Heisenberg, Werner: Der Teil und das Ganze – Gespräche im Umkreis der Physik. Piper, München, 14. Aufl., 2014

Herweg, Malte: Die Flakhelfer – Wie aus Hitlers jüngsten Parteimitgliedern Deutschlands führende Demokraten wurden. Deutsche Verlagsanstalt, München 2013

Hesse, Hermann: Der Steppenwolf. In: Die Romane und die großen Erzählungen. Band 5. Jubiläumsausgabe. Suhrkamp, Frankfurt a. M. 1983

Holton, Gerald: Einstein, die Geschichte und andere Leidenschaften. Vieweg, Braunschweig Wiesbaden 1998

Ionno Butcher, Sandra: The Origins of the Russel-Einstein Manifesto. In: Pugwash History Series, Number 1, London 2005, S. 5-35

Jagne, Siga Fatima / Parekh, Pushpa Naidu (Hrg.): Postcolonial African Writers – A Bio-Bibliographical Critical Sourcebook. Greenwood Publishing Group, Santa Barbara 1998

Jeyifo, Biodun: Conversations with Wole Soyinka. University Press of Mississippi, 2001

Krahulec, Peter / Kubbig, Bernd W. / Thomas, Caroline: Hiroshima und Nagasaki. W&F Wissenschaft und Frieden Heft 2, Darmstadt 1995

---

* Im Innenteil bereits erwähnte Texte und Werke von Nobelpreisträgern werden i. d. R. nicht eigens aufgeführt, ebensowenig wie die Quellen (z. B. Biografietexte, Manuskripte der Nobel-lectures), die der Nobel-Stiftung zur Verfügung gestellt wurden und unter www.nobelprize.org abrufbar sind.

Kehlmann, Daniel: Die Vermessung der Welt. Rowohlt, Reinbek 2005

Kinnebrock, Werner: Bedeutende Theorien des 20. Jahrhunderts – Relativitätstheorie, Kosmologie, Quantenmechanik und Chaostheorie. Oldenbourg Wissenschaftsverlag, München 2011

Köbel, Martin (Hrg.): Ein Buch, ein Bekenntnis – Die Debatte um Günter Grass' „Beim Häuten der Zwiebel". Steidl Verlag, Göttingen 2007

Kohl, Helmut: Erinnerungen 1990–1994. Droemer Verlag, München 2007

Kuhn, H.W. / Nasar, S. (Hrg.): The Essential John Nash. Princeton University Press, Princeton, New Jersey, 2001

Lentzen, Manfred / Barwig, Angela: Italienische Literatur des 20. Jahrhunderts – Italienisches Theater des 20. Jahrhunderts in Einzelinterpretationen. Erich Schmidt Verlag, Berlin 2007

Levi-Montalcini, Rita / Calissano, Pietro: Der Nervenwachstumsfaktor. In: Spektrum der Wissenschaft, August 1979, S. 44–52

Lichtenberg, Georg Christoph: Aphorismen. Insel, Frankfurt a. M. Leipzig 1994

Los Alamos Science – Los Alamos National Laboratory. Volume 4, Number 7, Winter/Spring 1983

Mandela, Nelson: Der Lange Weg zur Freiheit. Fischer Taschenbuch, Frankfurt a. M. 2014

Mann, Thomas: Die Erzählungen. S. Fischer. Einmalige Sonderausgabe, Frankfurt a. M. 2005

Max-Planck-Institut für Wissenschaftsgeschichte (Hrg.): Pascual Jordan (1902–1980) – Mainzer Symposium zum 100. Geburtstag. Preprint 329, Max-Planck-Institut für Wissenschaftsgeschichte, Berlin 2007.
URL https://www.mpiwg-berlin.mpg.de/Preprints/P329.PDF
(Stand: 29. Januar 2015)

Mühleisen, Horst: Patrioten im Widerstand – Carl-Hans Graf von Hardenbergs Erlebnisbericht. Institut für Zeitgeschichte, Berlin München 1993

Müller, Tobias / Schmidt, Thomas M. (Hrg.): Ich denke also bin ich – Das Selbst zwischen Neurobiologie, Philosophie und Religion, Vandenhoek & Ruprecht, Göttingen 2011

Munzert, Reinhard: Der Steppenwolf und die moderne Psychologie, Erlangen 1999.
URL http://www.gss.ucsb.edu/projects/hesse/papers/munzert.pdf
(Stand: 29. Januar 2015)

Narihiko, Ito u. a. (Hrg.): Seit jenem Tag – Hiroshima und Nagasaki in der japanischen Literatur. Fischer Taschenbuch, Frankfurt 1984

Nasar, Sylvia: Auf den fremden Meeren des Denkens – Das Leben des genialen Mathematikers John Nash. Piper, München 1999

Norton, John D.: How Hume and Mach Helped Einstein Find Special Relativity. In: Discourse on a New Method – Reinvigorating the Marriage of History and Philosophy of Science. Open Court, Chicago and La Salle, IL, 2010, S. 359–386

Pauli, Wolfgang: Wissenschaftlicher Briefwechsel mit Bohr, Einstein, Heisenberg u. a. Springer Verlag, Berlin Heidelberg 2001

Ramos-Horta, José: FUNU – Ost-Timors Freiheitskampf ist nicht vorbei!. Ahriman-Verlag, Freiburg 1997

Resag, Jörg: Die Entdeckung des Unteilbaren – Quanten, Quarks und die Entdeckung des Higgs-Teilchens. Springer-Verlag, Berlin Heidelberg, 2. Auflage, 2014

Reuth, Ralf Georg (Hrsg.): Joseph Goebbels – Tagebücher, Bd. 3: 1935-1939. Piper, 4. Aufl., München 2008

Rheinberger, Hans-Jörg: Kurze Geschichte der Molekularbiologie. Preprint 24, Max-Planck-Institut für Wissenschaftsgeschichte, Berlin 1995.
URL http://www.mpiwg-berlin.mpg.de/Preprints/P24.PDF
(Stand: 29. Januar 2015)

Röthlein, Brigitte: Schrödingers Katze – Einführung in die Quantenphysik. Dtv, München 2013

Rotblat, Joseph: Eine Welt ohne Krieg – Zu Ehren Einsteins Streben nach Frieden. In: W&F Wissenschaft und Frieden, Dossier 50, Bonn 2005

Russell, Bertrand: Philosophie des Abendlandes. Piper, München Zürich 2004

Schirrmacher, Arne: Wiederaufbau ohne Wiederkehr – Die Physik in Deutschland nach 1945 und die historiographische Problematik des Remigrationskonzepts. Arbeitspapier, Münchner Zentrum für Wissenschafts- und Technikgeschichte, München 2005.
URL http://www.mzwtg.mwn.tum.de/fileadmin/w00bmt/www/Arbeitspapiere/schirrmacher_wiederaufbau.pdf
(Stand: 29. Januar 2015)

Schrödinger, Erwin: Was ist Leben? Die lebende Zelle mit den Augen des Physikers betrachtet. Piper, München, 3. Aufl., 1999

Schummer, Joachim: Frankenstein und die literarische Figur des verrückten Wissenschaftlers. In: Schlun, Betsy van / Neumann, Michael (Hrg.): Mythen Europas: Schlüsselfiguren der Imagination, Band 6. Pustet, Regensburg 2008, S. 58–79

Sigmund, Karl: Evolutionäre Spieltheorie – Von Gesellschaftsspielen zu Spielen mit Gesellschaften.
URL http://homepage.univie.ac.at/Karl.Sigmund/gesellspiel.pdf
(Stand: 29. Januar 2015)

Sprecher, Thomas (Hrg.): Was war das Leben? Man wusste es nicht – Thomas Mann und die Wissenschaften vom Menschen. Vittorio Klostermann GmbH, Frankfurt a. M 2008

Stengel, Richard: Mandelas Weg – Die Weisheit eines Lebens. Goldmann, 3. Aufl., München 2011

Stöckmann, Ingo: Der Wille zum Willen – Der Naturalismus und die Gründung der literarischen Moderne 1880–1900. De Gruyter, Berlin 2009

Tonelli, Guido / Sau Lan Wu / Riordan, Michael: Der lange Weg zum Higgs. In: Spektrum der Wissenschaft, November 2012, S. 54–61

Tucholsky, Kurt: Gedichte in einem Band. Insel, Frankfurt a. M. Leipzig 2006

Weyl, Hermann: David Hilbert and his mathematical work. (Nachruf), Menasha, Wisconsin, 1944. In: Bulletin of the American Mathematical Society. Volume 50 (1944), Number 9, S. 612–654

© 2015 DAAB MEDIA GMBH
Alle Rechte vorbehalten. Die vollständige oder auszugsweise Speicherung, Vervielfältigung oder Übertragung dieses Werkes, ob elektronisch, mechanisch, durch Fotokopie oder Nachdruck, durch fotomechanische Wiedergabe, Tonträger, Datenverarbeitungssysteme jeglicher Art oder das Internet, z. B. als PDF sowie die Verbreitung durch Film, Funk und Fernsehen, ist ohne vorherige schriftliche Genehmigung des Rechteinhabers urheberrechtlich untersagt. Zuwiderhandlungen werden strafrechtlich verfolgt.

Auch wenn alle Angaben und Texte mit größter Sorgfalt erarbeitet wurden, sind Fehler nicht auszuschließen. Verlag und Autoren übernehmen daher keine Verantwortung oder Haftung für Folgen, die auf fehlerhafte Angaben in der vorliegenden Ausgabe zurückgehen. Eingehende Hinweise werden nach inhaltlicher Überprüfung in Folgeauflagen berücksichtigt.

Veröffentlicht und weltweit vertrieben von
DAAB MEDIA GMBH
Maastrichter Str. 53
50672 Köln
Tel. + 49 221 690 48 210
Fax + 49 221 690 48 229
www.daab-media.com

Gedruckt auf Schleipen Fly®05 – spezialweiß 1,2-fach
ISBN 978-3-942597-27-2

Besuchen Sie uns auf www.genialebegegnungen.de
und erfahren Sie Aktuelles zu diesem Projekt.

© Umschlagfoto: Peter Badge/Typos1 – all rights reserved, 2015

© Foto Seite 40, 42, 84, 88, 101, 103, 123, 132, 145, 147, 160, 167, 176, 178, 181, 193, 214, 216, 239, 251, 252, 255, 262, 279, 301, 310, 311, 313, 336, 358, 359, 381, 382, 403, 406, 414, 416, 437, 444, 446, 450, 451, 469, 511, 538, 547: Peter Badge/Typos1 in cooperation with the Foundation Lindau Nobel Laureate Meetings – all rights reserved, 2015

© Foto Seite 34, 49, 55, 73, 96, 111 (oben), 129, 137, 155, 163, 166, 172, 190, 197, 201, 248, 249, 281, 287, 290, 304, 308, 321, 338, 341, 349, 394, 397, 411, 488 (oben), 495, 499, 515, 535: Peter Badge/Typos1 – all rights reserved, 2015

© Foto Seite 179, 534: Peter Badge/Typos1 in cooperation with the Heidelberg Laureate Forum – all rights reserved, 2015

© Foto Seite 37, 58, 111 (unten), 141, 152, 184, 305, 317, 322, 326, 362, 372, 433, 473, 488 (unten), 537, 548: Privatbesitz

© Foto Seite 237: Kris Laurie

© Foto Seite 337: The White House (Lawrence Jackson), Washington, D. C.

Cheflektorat: Christiane Blass, Köln

Textlektorat: Silke Adolph, Köln; Helga Berger, Gütersloh

Umschlag und Gestaltung: Meiré und Meiré, Köln

Layout: Cyclus · Visuelle Kommunikation, Dominique Loenicker, Stuttgart